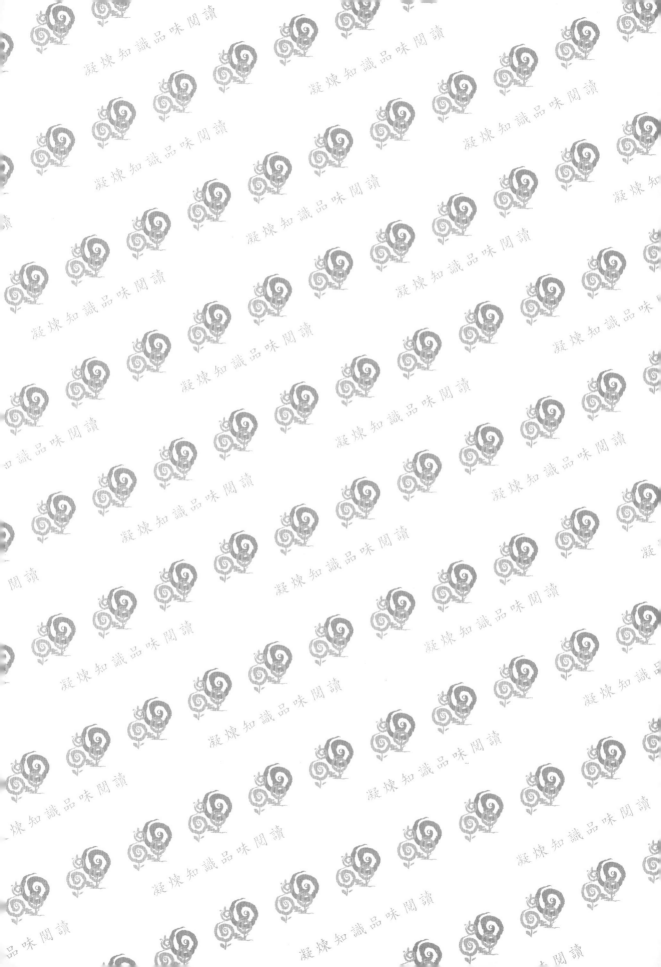

研究&方法

邏輯斯迴歸及離散選擇模型 ——應用STaTa統計

Logistic Regression and Discrete Choice Models in STaTa

張紹勳 著

五南圖書出版公司 印行

自 序

本書主要介紹分析二分類依變數時，最常使用的統計分析模型中的 logistic 迴歸模型，及其擴充模型包括：「邏輯斯迴歸搭配 ROC 曲線、多項邏輯斯迴歸、Alternative-specific multinomial probit regression、Alternative-specific multinomial 邏輯斯迴歸、邏輯斯迴歸搭配 ROC 曲線做工具之分類準確性、Exact 邏輯斯迴歸、異質機率模型、Ordered logit 迴歸分析、多層次 ordered logistic 迴歸、Rank-ordered logistic 迴歸、特定方案 Rank-ordered logistic 迴歸、零膨脹 ordered probit regression 迴歸、配對資料的條件邏輯斯迴歸、特定方案 conditional logit model、離散選擇模型、分式多項式 (Fractional polynomial) 迴歸、多層次邏輯斯迴歸、巢狀邏輯斯迴歸、panel-data 邏輯斯迴歸……」。透過例題分析，結合計算機統計軟體的使用，詳細闡述該模型原理及其應用；同時，還介紹如何將 logistic 迴歸模型擴展到次序 logistic 迴歸模型和多項 logit 模型，以分析次序變數和多分類名義變數為因變數的數據。

本書第一章介紹如何將 SAS、R 和 SPSS 檔案格式轉成 STaTa 可分析檔案，坊間常見的 41 種軟體及大型資料庫之檔案格式，都可轉至 STaTa 來分析。

在統計學中，邏輯斯迴歸分析或 logit 模型是一個迴歸模型，其中依變數 (DV) 是分類的。本文涵蓋二進制因變數的情況，即輸出只能取兩個值 "0" 和 "1"，這些值代表：通過／失敗、贏／輸、活／死或健康／生病。依變數具有兩個以上結果類別的情況可以在多項 logistic 迴歸中進行分析。在經濟學術語中，邏輯迴歸是定性反應／離散選擇模型的一個例子。

本書適用科系包括：財務金融、會計、公共衛生、生物醫學、工業工程、土木、醫學管理、航運管理、公共行政、人管、生產管理、行銷管理、教學／心理系、風險管理系、社會系、法學院、經濟系……等。

在 google scholar 學術搜尋中，查詢「logistic regression analysis」會出現 1,930,000 篇以上論文。可見邏輯斯迴歸分析係非常熱門的統計法。

在我們週圍，Logit 迴歸的資料常出現在不同領域中，包括：

(1) 公共衛生領域：某傳染病的死亡因素。

(2) 生物醫學領域：癌患者放射線治療所產生副作用、腎虛症與骨質疏鬆症

關聯性、憂鬱症狀之影響因子等 logistic 分析……等。

(3) 工程類中的建物地震損害程度評估模型、絕緣礙子火花偵測系統。

(4) 商業領域：客戶關係管理、公司企業的存活。市場研究之消費者對特定商品購買時間，客戶忠誠度。或者商業上客戶資料管理、行銷、企業倒閉、員工離職。

(5) 財務金融領域：個人消費性貸款、法人金融預警分析等。

(6) 保險統計學及人口統計學中的投保與否。

(7) 社會學中的事件歷史分析，研究女性婚姻抉擇因素、高齡人口選擇未來養老居住方式……等。

(8) 法學研究：犯罪的因素等。

(9) 工業領域：可靠度分析、工業製成、產品 cycle。

(10) 經濟研究：失業的因素，從就業時間到失業時間，到再就業時間等。

(11) 教育領域：老師離職、學生休退學／吸毒的因素等。

(12) 財管領域：財務危機與轉投資活動關係、貸款授信違約風險評估、銀行放款信用評等、應收帳款呆帳預測等。

(13) 行銷／企管類：旅客參與觀光旅遊線之消費型態、汽車保險續保、.投資型保險商品購買預測等。

社會科學、生物醫學、財金等領域，其統計係採用統計學、運籌學、經濟、數學等領域之定量方法。社會科學及自然科學二大領域中各個學科，它們有許多共通之研究設計及統計分析法，都與作者在五南出版 STaTa 一序列書名有關，包括：

一、《STaTa 與高等統計分析》一書，該書內容包括：描述性統計、樣本數的評估、變異數分析、相關、迴歸建模及診斷、重複測量……等。

二、《STaTa 在結構方程模型及試題反應理論的應用》一書，該書內容包括：路徑分析、結構方程模型、測量工具的信效度分析、因素分析……等。

三、《生物醫學統計：使用 STaTa 分析》一書，該書內容包括：類別資料分析 (無母數統計)、存活分析、流行病學、配對與非配對病例對照研究資料、盛行率、發生率、相對危險率比、勝出比 (Odds Ratio) 的計算、篩檢工具與 ROC 曲線、工具變數 (2SLS)……等。

四、《Meta 分析實作：使用 Excel 與 CMA 程式》一書，該書內容包括：統合分析 (meta-analysis)、勝出比 (Odds Ratio)、風險比、4 種有名效果量 (ES) 公式之單位變換等。

五、《Panel-data 迴歸模型：STaTa 在廣義時間序列的應用》一書，該書內容包括：多層次模型、GEE、工具變數 (2SLS)、動態模型……等。

六、《總體經濟與財務金融：STaTa 時間序列分析》一書，該書內容包括：誤差異質性、動態模型、序列相關、時間序列分析、VAR、共整合……等。

七、《多層次模型 (HLM) 及重複測量：使用 STaTa》一書，該書內容包括：線性多層次模型、vs. 離散型多層次模型、計數型多層次模型、存活分析之多層次模型、非線性多層次模型……等。

八、《模糊多準評估法及統計》一書，該書內容包括：AHP、ANP、TOP-SIS、Fuzzy 理論、Fuzzy AHP……等理論與實作。

九、《邏輯斯迴歸及離散選擇模型：應用 STaTa 統計》一書，該書內容包括：邏輯斯迴歸、vs. 多元邏輯斯迴歸、配對資料的條件 Logistic 迴歸分析、Multinomial Logistic Regression、特定方案 Rank-ordered logistic 迴歸、零膨脹 ordered probit regression 迴歸、配對資料的條件邏輯斯迴歸、特定方案 conditional logit model、離散選擇模型、多層次邏輯斯迴歸……等。

十、《有限混合模型 (FMM)：STaTa 分析 (以 EM algorithm 做潛在分類再迴歸分析)》一書，該書內容包括：FMM：線性迴歸、FMM：次序迴歸、FMM：Logit 迴歸、FMM：多項 Logit 迴歸、FMM：零膨脹迴歸、FMM：參數型存活迴歸……等理論與實作。

十一、《多變量統計：應用 STaTa 分析》一書，該書內容包括：MANOVA、因素分析、典型相關、區別分析、MDS……等。

此外，研究者如何選擇正確的統計方法，包括適當的估計與檢定方法，和統計概念等，都是實證研究中很重要的內涵，也是本書撰寫的目的之一。為了讓研究者能正確且精準使用 STaTa 統計分析，內文結合「理論、方法、統計」，期望

對產學界有拋磚引玉的效果。

　　最後，特別感謝全傑科技公司 (http://www.softhome.com.tw)，提供 STaTa 軟體，晚學才有機會撰寫 STaTa 一系列的書籍，以嘉惠學習者。

張紹勳 敬上

Contents

Contents

Contents

Chapter 05

多分類 (Multinomial) 依變數：多項邏輯斯迴歸分析 (mlogit、asmprobit、mprobit、bayes: mlogit 指令)　　　397

單層 vs. 多層次：Ordered logit 及其擴充模型 (ologit、oprobit、rologit meoprobit、asmprobit、asroprobit、heckoprobit 指令) 443

Contents

Chapter 07 配對資料的條件邏輯斯迴歸 (clogit、asclogit、bayes: clogit 指令)   579

Contents

二元 (Binary) 依變數：邏輯斯迴歸 (舊版 logit、新版 logistic 指令)

在 google scholar 學術搜尋中，查詢「logistic regression analysis」會出現 1,930,000 篇以上論文。可見邏輯斯迴歸分析係非常熱門的統計法。

迴歸分析之目的是要建立一統計模型，透過此模型由所控制的自變數來預測依變數之期望值或可能值。本書主要介紹分析二分類依變數時，最常使用的統計分析模型中的 logistic 迴歸模型，及其擴充模型的離散選擇模型，包括：「邏輯斯迴歸搭配 ROC 曲線、多項邏輯斯迴歸、Alternative-specific multinomial probit regression、Alternative-specific multinomial 邏輯斯迴歸、邏輯斯迴歸搭配 ROC 曲線做工具之分類準確性、Exact 邏輯斯迴歸、異質機率模型、Ordered logit 迴歸分析、多層次 ordered logistic 迴歸、Rank-ordered logistic 迴歸、特定方案 Rank-ordered logistic 迴歸、零膨脹 ordered probit regression 迴歸、配對資料的條件邏輯斯迴歸、特定方案 conditional logit model、離散選擇模型、分式多項式 (Fractional polynomial) 迴歸、多層次邏輯斯迴歸、巢狀邏輯斯迴歸、panel-data 邏輯斯迴歸…」。透過例題分析，結合計算機統計軟體的使用，詳細闡述該模型原理及其應用；同時，還介紹了如何將 logistic 迴歸模型擴展到次序 logistic 迴歸模型和多項 logit 模型，以分析次序變數和多分類名義變數爲依變數的數據。

本書第一章介紹如何將 SAS、R 和 SPSS 檔案格式轉成 STaTa 可分析檔案，坊間常見的 41 種「統計軟體或大型資料庫」之檔案格式，都可轉至 STaTa 來分析。

當你要使用本書 CD 所附資料檔的方法，你可以先將資料 copy 到硬碟之任一資料夾中。在 STaTa 畫面再設定工作目錄，爲剛才複製的資料夾路徑，即「File > Chang working directory」。例如，作者自定「"D:\08 mixed logit regression」爲工作目錄。接著再選「File > Open」，開啓任一「*.dta」資料檔，即可進行資料分析。

一、二元依變數、次序、multinomial 依變數的概念比較

傳統，最小平方法 (OLS) 估計法之線性迴歸，它不適合處理的變數，包括：
1. 是否染愛滋病毒？
2. 是否得癌症？
3. 家庭子女數？
4. 是否尋求民俗醫療？
5. 什麼人會有宗教信仰？

6. 學校學生打架事件發生次數。

　　他們有的是二元依變數，回答 yes/no 兩種可能，有的則是從 0 到某個有限整數的次數。有的則是有次序的質性變數，統稱爲受限的依變數 (limited dependent variable)。

在社會科學中，我們想解釋的現象也許是：

1. 二元／二分：勝／敗、(投／不投) 票、票投 1 號／票投 2 號。

　　當我們的依變數是二分類，我們通常以 1 表示我們感興趣的結果 (成功)，以 0 表示另外一個結果 (失敗)。此二元分布稱爲二項分布 (binomial distribution)。此種 logit 迴歸之數學式爲：

$$\log \left[\frac{P(Y=1)}{1-P(Y=1)}\right] = \beta_0 + \beta_1 X_1$$

$$\frac{P(Y=1)}{1-P(Y=1)} = e^{\beta_0 + \beta_1 X_1} = e^{\beta_0} (e^{\beta_1})^{X_1}$$

2. 次序 多分 (等第)：例如，滿意度，從非常不滿～非常滿意。此四分類的滿意度爲：

$$P(Y \le 1) = P(Y = 1)$$
$$P(Y \le 2) = P(Y = 1) + P(Y = 2)$$
$$P(Y \le 3) = P(Y = 1) + P(Y = 2) + P(Y = 3)$$

非常不滿意	不太滿意	有點滿意	非常滿意
$P(Y=1)$	$P(Y=2)$	$P(Y=3)$	$P(Y=4)$

截距一　　　　截距二　　　　截距三

$P(Y \le 1)$	$P(Y > 1)$	
$P(Y \le 2)$		$P(Y > 2)$
$P(Y \le 3)$		$P(Y > 3)$

- -

$$odds = \frac{P(Y \le j)}{P(Y > j)}$$

$$\text{logit}[P(Y \le 1)] = \log\left[\frac{P(Y=1)}{P(Y>1)}\right] = \log\left[\frac{P(Y=1)}{P(Y=2)+P(Y=3)+P(Y=4)}\right]$$

$$\text{logit}[P(Y \le 2)] = \log\left[\frac{P(Y \le 2)}{P(Y>2)}\right] = \log\left[\frac{P(Y=1)+P(Y=2)}{P(Y=3)+P(Y=4)}\right]$$

$$\text{logit}\,[P\,(Y \leq 3)] = \log\left[\frac{P(Y \leq 3)}{P(Y > 3)}\right] = \log\left[\frac{P(Y=1) + P(Y=2) + P(Y=3)}{P(Y=4)}\right]$$

$$\text{logit}\,[P(Y \leq j)] = \alpha - \beta X, j = 1, 2, \cdots, c - 1$$

當 c 有 4 組，自變數解釋：

$Y \leq 1$、$Y \leq 2$、$Y \leq 3$ 時，他們對 logit 的影響，會產生 $c - 1$ 個截距，故此模型又稱爲比例勝算 (proportional odds) 模型。

3. 多元勝算對數 (multinomial odds logit) 模型：三個候選人、政黨認同。

基本模型：

$$\log\left[\frac{P(Y=j)}{P(Y=c)}\right] = \alpha_j + \beta_j X_1, j = 1, ..., c - 1$$

例如，三類別宗教傾向 (level = 3 類當比較基準點)：道教、佛教、無。

$$\log\left[\frac{P(Y=1)}{P(Y=3)}\right] = \alpha_1 + \beta_1 X_1$$

$$\log\left[\frac{P(Y=2)}{P(Y=3)}\right] = \alpha_2 + \beta_2 X_1$$

二、邏輯模型的概念

邏輯模型 (logit model) 是離散選擇法模型之一，屬於多項（multinomial）變數分析之一（離散選擇模型之一），也是社會學、生物統計學、臨床、數量心理學、計量經濟學、市場行銷等統計實證分析的常用方法。

在統計學中，邏輯斯迴歸或次序迴歸或 multinomial 模型都是一個迴歸模型，其中依變數 (DV) 是分類的。它們涵蓋二元 (binary) 依變數的情況，即輸出只能取兩個值 "0" 和 "1"，這些值代表：通過 / 失敗、贏 / 輸、活 / 死或健康 / 生病。依變數具有兩個以上「結果 / 類別 / 方案」時，多項 logistic 迴歸即可分析它，或者如果多個類別有排名 (ranking)，則用次序邏輯斯迴歸來分析。在經濟學術語中，邏輯斯迴歸是質性反應 / 離散選擇模型之一例子。

邏輯斯迴歸由統計學家 David Cox 於 1958 年開發。Binary 邏輯斯模型用於一個或多個預測 (自) 變數 (特徵) 來估計二元反應的概率 (勝算比)。它允許人們說，風險因素的存在將使結果勝出概率提高了多少百分比。

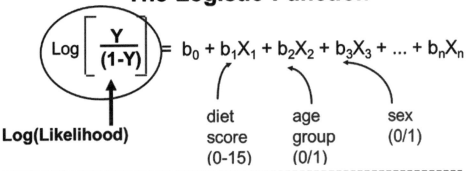

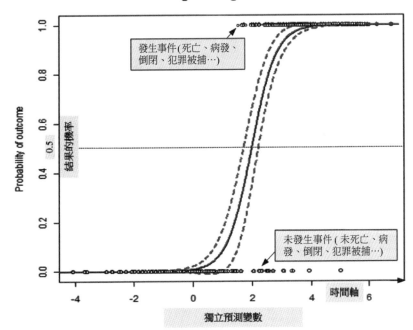

圖 1-1 multiple logistic 函數之示意圖

5

三、邏輯斯迴歸分析的 STaTa 報表解說

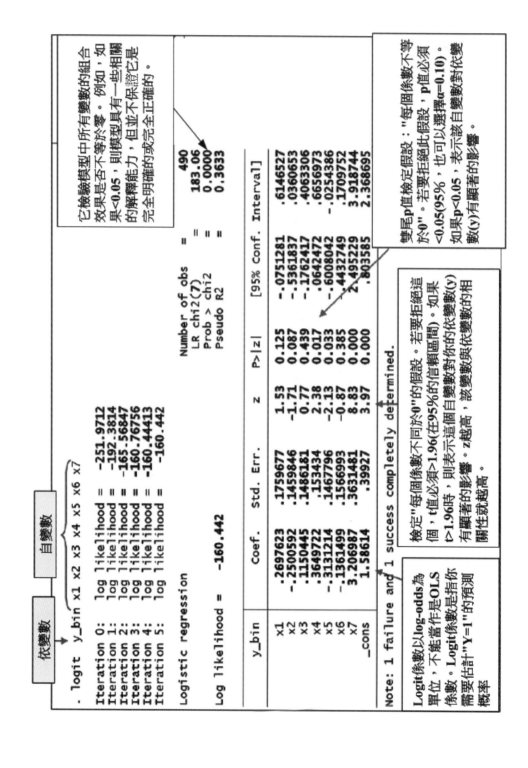

四、離散選擇模型

離散選擇模型 (discrete choice model, DCM)，其主要理論模型 DCM 模型很多，包括：二項 logit(binary logit)、多項 logit(multi-nominal logit)、巢狀 logit(nested logit)、有序 logit/probit(ordered logit /probit)、多層次混合 logit(mixed logit)、配對資料的條件邏輯斯迴歸、panel-data 邏輯斯迴歸、…等。常見的適配 DCM 軟體亦很多，包括 STaTa、SAS、NLOGIT、Python、R、Matlab…等，本書將以 STaTa 為主來介紹相應 DCM 的模型適配方法，希望透過這個分析過程，把 DCM 相關的理論知識和軟體應用方法做一個系統性的整理。

1-1 STaTa 如何讀入各種資料格式之資料

各統計軟體：類別依變數之迴歸指令如圖 1-2 所示。

	Model	Stata 11	SAS	R	LIMDEP	SPSS
OLS		`.regress`	REG	`lme()`	Regress$	Regression
Binary	Binary logit	`.logit`, `.logistic`	QLIM, LOGISTIC, GENMOD, PROBIT	`glm()`	Logit$	Logistic regression
	Binary probit	`.probit`	QLIM, LOGISTIC, GENMOD, PROBIT	`glm()`	Probit$	Probit
Bivariate	Bivariate probit	`.biprobit`	QLIM	`bprobit()`	Bivariateprobit$	-
Ordinal	Ordinal logit	`.ologit`	QLIM, LOGISTIC, GENMOD, PROBIT	`lrm()`	Ordered$, Logit$	Plum
	Generalized logit	`.gologit2`*	-	`logit()`	-	-
	Ordinal probit	`.oprobit`	QLIM, LOGISTIC, GENMOD, PROBIT	`polr()`	Ordered$	Plum
	Multinomial logit	`.mlogit`	LOGISTIC, CATMOD	`multinom()`, `mlogit()`	Mlogit$, Logit$	Nomreg
	Conditional	`.clogit`	LOGISTIC,	`clogit()`	Clogit$, Logit$	Coxreg

圖 1-2 各統計軟體：類別依變數之迴歸指令

> 定義：離散型 (類別) 資料
>
> 係指在測量的過程中以名義尺度或次序尺度所蒐集到的資料，如性別、高 vs. 低血糖類型。或者以等距 (工作滿足、考試成績)、比率尺度 (有絕對原點，如工作所得、年齡、高 vs. 低血糖類型) 所測量到的連續變數資料，經化簡為類別變數時 (如父母社會經濟地位 (SES) 分為高、中、低三組) 的資料。

1-1-1 資料輸入的方法：問卷、Excel 檔的讀入

接下來，根據資料類型或指令的不同，資料輸入的方法可分成以下 4 種：

一、輸入 EXCEL 資料：「Copy and paste」亦可

將 EXCEL 的資料輸入 STaTa 的方式還可細分成以下兩種：

1. 將 EXCEL 的資料輸入 STaTa 之前，必須先將資料存成 csv 檔，再利用指令 insheet 來讀資料。

範例：

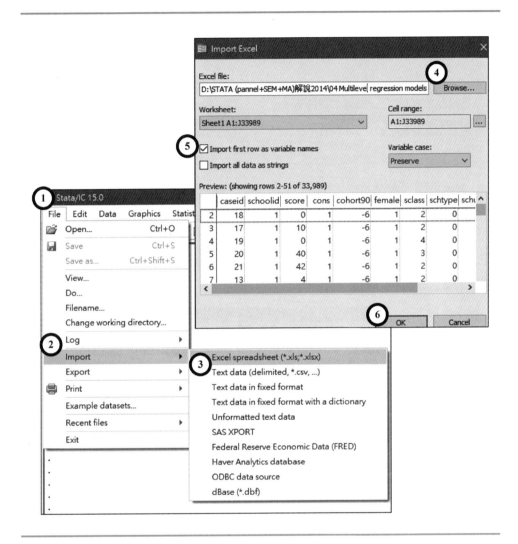

圖 1-3 「File → import」Excel、SAS、ODBC data-base、dBase

(1) 當 csv 檔的第一列無變數名稱時：請見「sample1-1.csv」

* 人工方式，事先用「檔案總管」，在 D 磁碟機新建「sample」資料夾
. cd d:\sample
. dir
. memory
. set memory 10m
* 這是讀取 Excel *.csv 檔最快速的方法。
. insheet using sample1-1.csv

圖 1-4 sample1-1.csv 之 Excel 資料檔

(2) 當 csv 檔的第一列有變數名稱時：請見「sample1-2.csv」

```
. insheet gender id race ses schtyp prgtype read write math science socst using
  sample1-2.csv
```

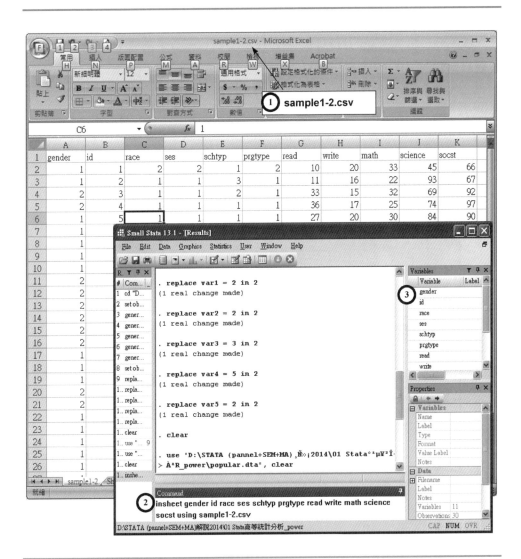

圖 1-5 sample1-2.csv 之 Excel 資料檔

11

2. Excel 欄位反白，直接 "Paste" 至 STaTa 之 Data Editor 工作表：

　　直接「反白 EXCEL 數據」再複製到 STaTa：STaTa「Window」下點選「Data > Data Editor(Edit)」，等出現「Data Editor(Edit)」工作表，再到 "Edit" 下選取 "Paste" 即可貼上資料。

二、輸入 ASCII 的資料型態

　　依區分，將 ASCII 的資料輸入 STaTa 的方式也有以下兩種：

1. 資料型態一：見「sample1-3.txt」

```
clear
infile gender id race ses schtyp str12 prgtype read write math science socst
using sample1-3.txt
```

Note：記住文字的設定方式 **(str#** variable name)。

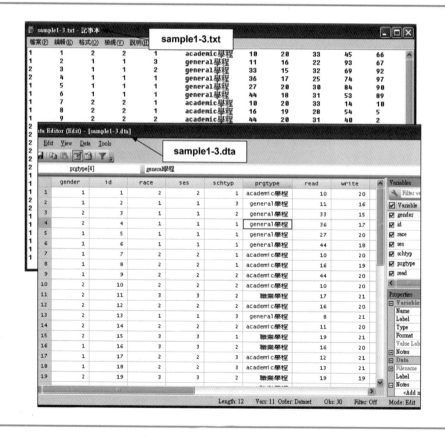

圖 1-6　ASCII 資料格式之 sample1-3.txt「infile」轉成 dta 格式檔

2. 資料型態二：請見「sample1-4.txt」

　　第二種的資料型態通常須要 codebook，如下表所示。

變數命名	欄位
id	1-2
eng	3-4
math	5-6
sex	7
micro	8-9
macro	10-11

```
. infix Gender 1 id 4-5 race 8 ses 11 schtyp 14 prgtype 17 read 20-21 write
24-25 math 28-29 science 32-33 socst 36-37 using sample1-4.txt
```

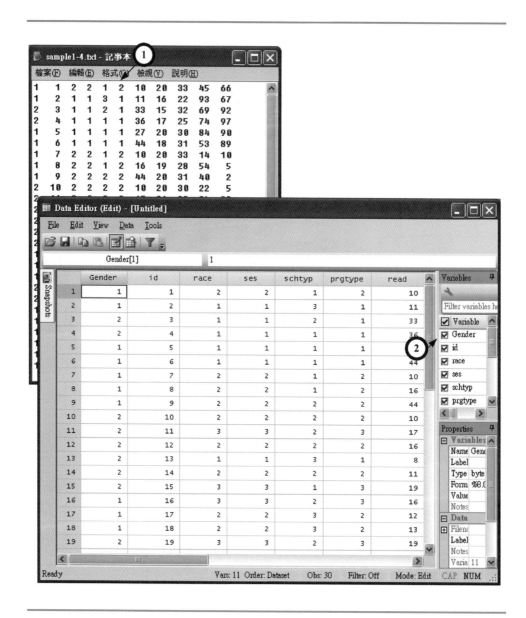

圖 1-7 sample1-4.txt 內容

三、利用「input end 指令」

方法一 Do-file editor 搭配「Input end 指令」輸入資料

將資料或是指令寫入 Do-file editor，再執行即可。例如：將下面資料複製並貼在 Do-file editor(選取「Window」下的「Do-file editor」) 上，再選擇「tools >Execute(do)」執行即可。最後再「File > Save as」為「Input_Example.do」檔。

```
clear
cd d:\
input id female race ses str3 schtype prog read write math science socst
147 1 1 3 pub 1 47 62 53 53 61
108 0 1 2 pub 2 34 33 41 36 36
18 0 3 2 pub 3 50 33 49 44 36
153 0 1 2 pub 3 39 31 40 39 51
50 0 2 2 pub 2 50 59 42 53 61
51 1 2 1 pub 2 42 36 42 31 39
102 0 1 1 pub 1 52 41 51 53 56
57 1 1 2 pub 1 71 65 72 66 56
160 1 1 2 pub 1 55 65 55 50 61
136 0 1 2 pub 1 65 59 70 63 51
end
```

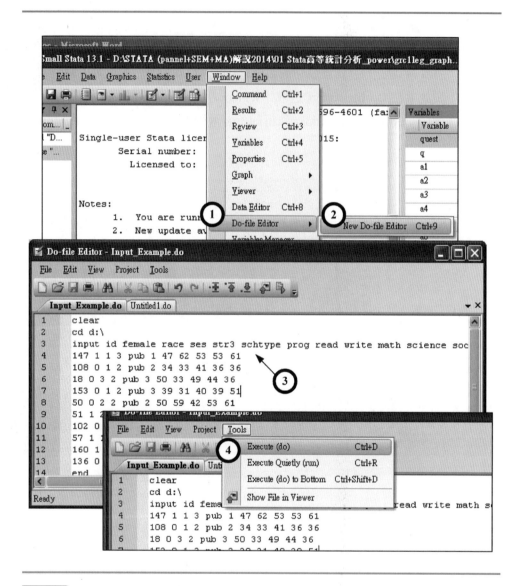

圖 1-8 Input_Example.do 畫面

方法二 先在「記事本」輸入下列之資料及「Input end 指令」，再全部反白，
貼至「Do-file Editor」來執行，並存到「Input_Example.do」檔，如下圖。

```
. cd "D:\STATA(pannel+SEM+MA) 解說 2014\04 Multilevel regression models"
D:\STATA(pannel+SEM+MA) 解說 2014\04 Multilevel regression models
* 先清檔
. clear all

* 直接讀入六個變數。其中，第 2 個變數為「字串長 25 字元」。
input quest str25 q       a1 a2 a3 a4 a5 a6
1 "Question 1"     0   2   37  45  12  4
1 "Benchmark Q1"   2   5   25  47  17  4
2 "Question 2"     1   37  2   40  17  3
2 "Benchmark Q2"   2   5   25  47  4   17
3 "Question 3"     1   2   40  37  17  3
3 "Benchmark Q3"   2   5   25  47  17  4
4 "Question 4"     1   2   37  17  3   40
4 "Benchmark Q4"   2   5   47  25  17  4
end

* 資料檔「grc1leg_graph.dta」存到「D:\STATA(pannel+SEM+MA) 解說 2014\04 Multi-
level regression models」資料夾
save " d:\", replace
```

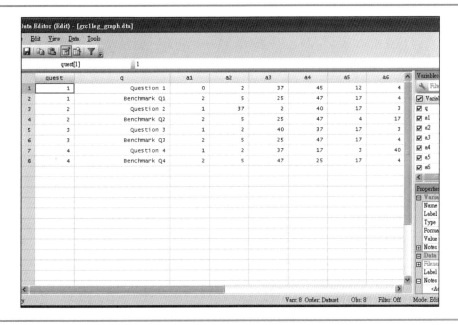

圖 1-9　用「input end」指令建資料檔 (存在 grc1leg_graph.dta)

四、編輯 / 開啓 STaTa 的資料格式

除了以上三種方法之外，還可以開啓之前以 STaTa 儲存的資料。

```
use grclleg_graph.dta
```

Note：webuse 指令則用在讀取網路上的資料 (webuse http://www. 某網址)。

sysuse 指令則用在讀取 STaTa 內附之資料檔。

最後，將資料輸入的相關指令整理成下表。

指令	說明
. **insheet**	read ASCII(text) data created by a spreadsheet
. **infile**	read unformatted ASCII(text) data
. **infix**	read ASCII(text) data in fixed format
. **input**	enter data from keyboard
. **use**	load a STaTa-format dataset

用 STaTa「Data Editor」視窗來新建資料檔 (*.dta)

Step 1. 選擇表「Data > Data Editor > Data Editor(Edit)」

Step 2. 先 key in 數據，「var_1、var_2、⋯、var_n」再改成你容易記的變數名稱。變數名第一個字，限英文字母，第二字以後就可用英文字母與阿拉伯數字或 "_" 字元的混合。

Step 3. 輸入「變數 Label」及「Value Label」

例如，性別 (sex)，編號：1 = 男，0 = 女。其建構「Value Label」的步驟如下圖。

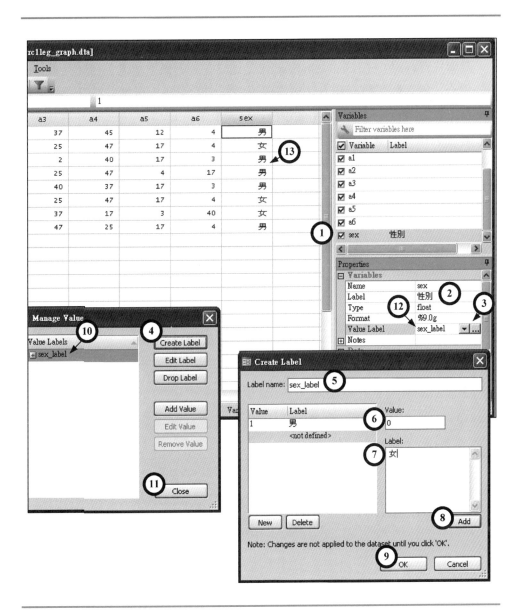

圖 1-10 性別 (sex)，1= 男，0= 女之建構「Value Label」畫面

```
. label define sex_label 1 "男" 0 "女"

. label values sex sex_label
```

1-1-2　SPSS 資料檔 (*.sav) 轉成 STaTa 格式

　　關聯式資料庫 (relational database)，是建立在關聯模型基礎上的資料庫，藉助於集合代數等數學概念和方法來處理資料庫中的資料。現實世界中的各種實體以及實體之間的各種聯繫均用關聯模型來表示。

　　普羅大眾所有關聯式資料庫 (Oracle, MySQL, Microsoft SQL Server, PostgreSQL and IBM DB2)、分析軟體 (R、SPSS、SAS、Relationsl Data-Base)，都可順利將其格式轉成 STaTa 資料檔來精準分析。首先介紹 SPSS(*.sav) 格式轉成 STaTa 資料檔。

方法一　進入 SPSS 套裝軟體之後，「File → Save As」，再存成 STaTa 格式。如下圖所示。

圖 1-11 SPSS 之「File → Save As」，再存成 STaTa 格式

方法二 使用 save translate 指令，SPSS 指令如下

```
. save translate outfile='C:\datahsb2.dta'
```

方法三　使用 usespss 指令
　　　　usespss 指令語法

```
. usespss using filename [, clear saving(filename) iff(condition)
inn(condition) memory(memsize) lowmemory(memsize)]
* 範例語法
*Load SPSS-format dataset
. desspss using "myfile.sav"
. usespss using "myfile.sav",
. usespss using "myfile.sav", clear
```

　　　例如，STaTa 想讀入 7_1.sav 檔，其指令為：

```
* 切換資料檔之路徑
. cd "D:\STATA \04 Multilevel regression models\CD"
. search usespss
* 開啟 SPSS 7_1.sav 檔
* This command works only in 32-bit STaTa for Windows
. usespss using "7_1.sav", clear
```

1-1-3 SAS 格式轉成 STaTa

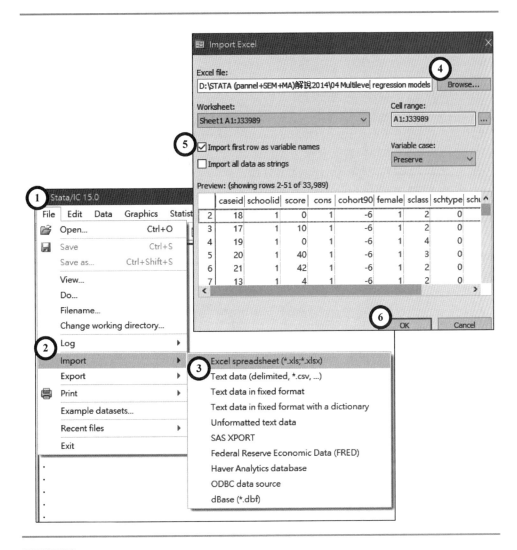

圖 1-12 「File → import」Excel、SAS、ODBC data-base、dBase

方法一 進入 SAS 軟體

　　SAS 的 proc export 可將 SAS data file 轉成 STaTa format. 如下例子：

```
libname data 'C:\data\';
libname library 'C:\Data\Formats';

proc export data=data.survey
file="C:\data\stata\survey"
dbms=STATA
replace;
fmtlib=library;
run;
```

方法二 STaTa 讀入 SAS XPORT(*.xpt) 檔

STaTa 可讀入 SAS XPORT data files(*.xpt)(made with the XPORT engine using the fdause command such as in the example code below)。指令詳細說明如下圖。

```
. fdause "C:\datahsb2.xpt"
```

圖 1-13 「help fdause」查指令語法之畫面

方法三 使用 ado-file usesas 指令來讀入 SAS data

注意：使用 sasexe.ado 前，你應先定 SAS 執行檔 (sas.exe) 及 savastata SAS macro file(savastata.sas) 的路徑。

usesas 指令語法：

```
* 先安裝 usesas.ado 外掛指令
. search usesas

* 再讀入 hsbdemo.sas7bdat
. usesas using "D:\data\hsbdemo.sas7bdat"
```

例如，STaTa 想讀入 SAS 檔，其指令之範例如下：

```
. findit usesas
* 切換資料檔之路徑
. cd "D:\STATA \04 Multilevel regression models\CD"
*Examples
. usesas using "mySASdata.sas7bdat"

. usesas using "c:\data\mySASdata.ssd01", check

. usesas using "mySASdata.xpt", xport

. usesas using "mySASdata.sas7bdat", formats

. usesas using "mySASdata.sd2", quotes

. usesas using "mySASdata.sas7bdat", messy

. usesas using "mySASdata.sas7bdat", keep(id--qvm203a) if(1980<year<2000)
in(1/500)

. usesas using "mySASdata.sas7bdat", describe

. usesas using "mySASdata.sas7bdat", describe nolist

* then submit the following actual invocation of usesas:
. usesas using "mySASdata.sas7bdat", clear keep(`r(sortlist)' `=
trim(name[1])'--`= name[2047]')
```

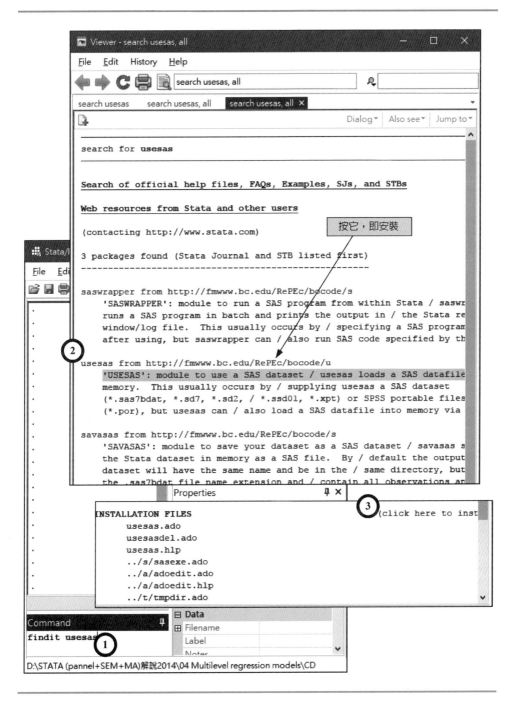

圖 1-14 「findit usesas」畫面

1-1-4 R 軟體之格式轉成 STaTa

write.dta {foreign}

圖 1-15 R 格式轉成 STaTa

小結

　　統計學是在資料分析的基礎上，研究如何檢定、蒐集、整理、歸納和分析反映資料的背後意涵，以給出正確決策訊息的科學。這一門學科自 17 世紀中葉產生並逐步發展，它廣泛地應用在各門學科，從自然科學、社會科學到人文學科，甚至被用於工商業及政府的情報決策。如今，隨著大數據 (big data) 時代來臨，統計的面貌也逐漸改變，與資訊、計算 (演算法) 等領域密

切結合，是資料科學 (data science) 中的重要主軸之一。由於 STaTa 可讀入的
資料庫已達無限大，非常適合聚合後 big data 之統計分析。此外，普羅大眾所
有關聯式資料庫 (Oracle, MySQL, Microsoft SQL Server, PostgreSQL and IBM
DB2)、分析軟體 (R、SPSS、SAS、其他 Relationsl Data-Base)，亦可順利將其
格式轉成 STaTa 資料檔來精準分析。值得一提的是，Stat/Transfer 可讀入的資
料庫之格式 (file formats) 高達 39 種。

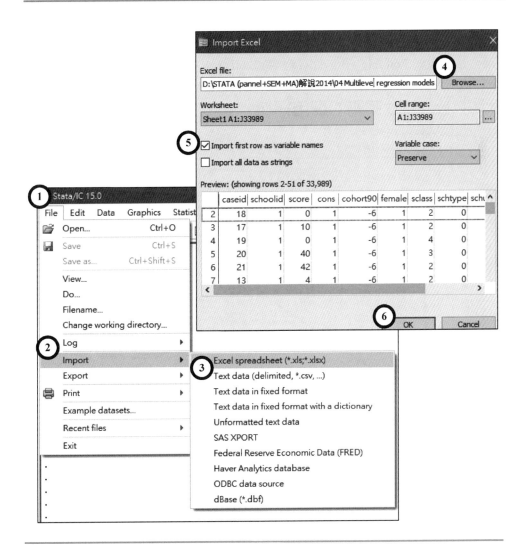

圖 1-16 「File → import」Excel、SAS、ODBC data-base、dBase

Stat/Transfer 可讀入的資料庫之格式 (file formats) 有下列 39 種：

1. 1-2-4；2. Access(Windows only)；3. ASCII-Delimited；4. ASCII-Fixed Format；5. dBASE and compatible formats；6. Data Documentation Initiative(DDI) Schemas；7. Epi Info；8. EViews；9. Excel；10. FoxPro；11. Gauss；12. Genstat；13. gretl；14. HTML Tables(write only)；15. JMP；16. LIMDEP；17. Matlab；18. Mineset；19. Minitab；20. Mplus(Write Only)；21. NLOGIT；22. ODBC；23. OpenDocument Spreadsheets；24. OSIRIS(read-only)；25. Paradox；26. Quattro Pro；27. R；28. RATS；29. SAS Data Files；30. SAS Value Labels；31. SAS CPORT(read-only)；32. SAS Transport Files；33. S-PLUS；34. SPSS Data Files；35. SPSS Portable；36. STaTa；37. Statistica；38. SYSTAT；39. Triple-S。

1-1-5 Logistic 迴歸的應用領域

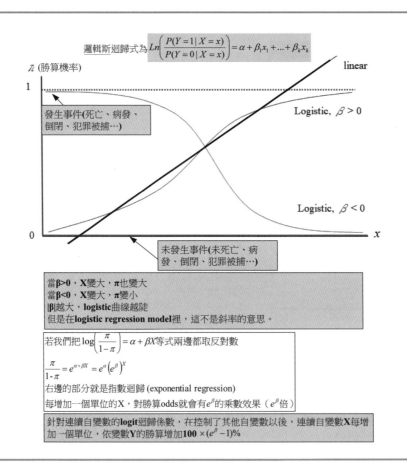

圖 **1-17** logistic 函數之示意圖二

Logistic 迴歸的應用領域，常見的研究議題包括：

工程類

1. Logistic 與 probit 迴歸方法進行山崩潛勢評估──以高雄荖濃溪集水區為例。
2. 以二元資料迴歸方法建構建物震害危險度最適預測模型──以中興新村都市計畫區為例。
3. 建物地震損害程度評估模型之研究。
4. 晶圓瑕疵分布之鑑別分析。
5. 應用邏輯斯迴歸模型建構絕緣礙子火花偵測系統。
6. 運用空間資訊技術建立崩塌地發生機率模型之研究──以雪霸國家公園為例。

社科類

7. 婚姻之路─影響東亞女性婚姻抉擇因素之探討。
8. 影響臺灣地區中高齡人口選擇未來養老居住方式之因子探討。

生物醫學類

9. 人類免疫缺陷病毒之蛋白水解達抑制劑其活性、分子接合能量與分子凸狀殼關係之研究。
10. 停經後婦女之腎虛症與骨質疏鬆症關聯性之研究。
11. 臺灣中高齡人口憂鬱症狀之影響因子探討。
12. 頭頸癌患者放射線治療對產生口乾分析。

財管類

13. 上市公司財務危機與轉投資活動關係之研究。
14. 臺灣股市績效預測分析的探討：以邏輯斯迴歸為例。
15. 中國大陸上市公司財務危機之探討──以中小企業板為例。
16. 公司績效、公司治理與財務危機關聯性之探討。
17. 臺灣養老市場金融需求之研究。
18. 房貸違約階段存活時間及影響因素之研究。
19. 信用卡資產組合風險之研究。
20. 修正後 O'glove 盈餘品質與財務危機之探討。
21. 個人小額信用貸款授信模型之個案研究。
22. 法拍屋房屋貸款授信違約風險評估之研究──考量投資客變數。

23. 財務彈性穩定性對 CEO 薪酬政策影響之研究。

24. 醫療險短期出險因素之研究。

25. 從選擇權觀點探討我國上櫃公司違約距離與違約風險。

26. 影響公務預算編用適切性認知之因素探討。

27. 影響房屋貸款逾期因素之實證分析。

28. 應用邏輯斯迴歸構建銀行放款信用評等模型。

29. 應收帳款呆帳預測之研究——以臺灣某化學公司爲例。

行銷／企管類

30. 來臺旅客參與觀光旅遊線之消費型態研究。

31. 觀光夜市之消費者選擇行爲研究——以大臺北地區夜市爲例。

32. 投資型保險商品購買預測之研究。

33. 溫泉休閒產業未來發展——以礁溪溫泉區爲例。

34. 汽車保險續保之研究——以汽車第三人責任保險爲例。

35. 企業購買選擇行爲與使用意願之研究——以網路電話閘道器爲例。

35. 母女影響與消費者購買偏好關係之研究。

商管類

36. 臺南市空屋現象之觀察與分析。

37. 臺灣電腦廠商在中國大陸投資趨勢之研究——以區位選擇觀點分析。

38. 國軍主計財務軍官離職率模型構建之研究。

39. 壽險保單申訴項目與申訴結果之研究。

40. 綠色能源產業公司之投資潛力評估——以綜效鑑識模型。

41. 營利事業所得稅逃漏稅預測模型之比較研究。

1-1-6 STaTa 之 binary regression 選擇表之對應指令

一、迴歸旨在預測

當我們想要「預測」一件事情，最常用的統計工具就是「迴歸」 (regression)，要被預測或被瞭解的變數叫做依變數 (dependent variable)，它可以是名目變數 (nominal)、次序變數 (ordinal)、等距變數 (interval) 以及比率變數 (ratio)。如果依變數是屬於後兩者，我們稱作連續變數 (continuous)，那麼我們

習慣用線性迴歸 (linear regression) 去適配資料。

然而在實際的情況下，所蒐集回來的資料不見得會是連續變數，而常常是名目變數與次序變數 (我們稱爲間斷變數，discrete variable)，例如醫學統計最常遇到的就是「有無復發」、「死亡與否」、「有無生病」。此時依變數只有兩種情況，那麼傳統的線性迴歸再也不適用於適配這樣的類別性資料，原因有很多，例如殘差常態性不可能成立、依變數的預測值可能會超過 1 等等。此時若對依變數作一個轉換，稱作 logit 轉換則可以解決以上諸多問題 (關於詳細的轉換過程要參見教科書)。

傳統線性迴歸的迴歸係數 (regression coefficient) 的解釋爲「當自變數增加一個單位，依變數則會增加多少單位」，但是在 logistic regression 的迴歸係數解釋爲「當自變數增加一個單位，依變數 1 相對依變數 0 的機率會增加幾倍」，也就是說「自變數增加一個單位，依變數有發生狀況 (習慣稱爲 event) 相對於沒有發生狀況 (non-event) 的比值」，這個比值就是勝算比 (odds ratio, OR)。我們可以這樣說，除了迴歸係數的解釋方法不太相同之外，基本上可說傳統線性迴歸跟 logistic regression 是一樣的分析。

以上我們提到的是當依變數是二元 (binary) 時的 logistic regression，不過有的時候依變數的類別會超過 3 類，例如人格心理學就常常把人格分成「五大人格」，而且這五個人格之間是互斥的 (沒有次序關係)，此時想要「預測」這個人的人格會是哪一種類型的迴歸方法就是多項邏輯模型 (multinomial logistic regression)，它是 logistic regression 的擴充，解釋方法都一樣。唯一不同之處在於要將依變數其中一個類別設爲「參照組」(baseline category/reference group)，假設依變數有三類，那麼迴歸係數解讀爲「當自變數增加一個單位，依變數 A 相對依變數 C 的機率會增加幾倍」，此時依變數 C 爲我們選定的參照組 (分母，或說被比較的那一組)，參照組可隨意設定，因爲結果會完全一樣。

二、STaTa 之 binary regression 選擇表之對應指令

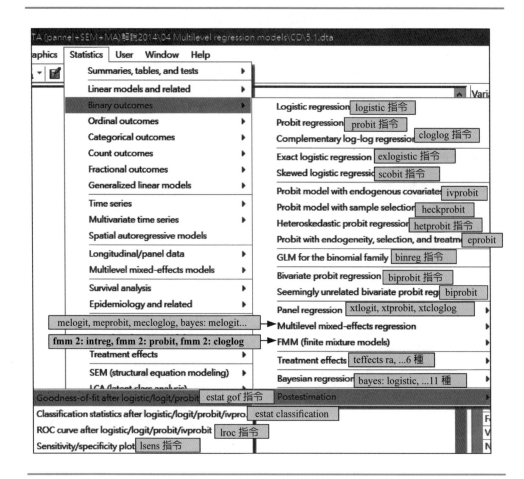

圖 1-18　binary regression 選擇表之對應指令

Logit 迴歸執行之後，才可做下列指令的事後檢定：

STaTa 指令	說明
. boxtid	進行自變數的冪次變換，並進行非線性檢定 (performs power transformation of independent variables and performs nonlinearity test)
. contrast	進行 (contrasts and ANOVA-style joint tests of estimates)
. estat (svy)	調查法之事後統計量 (postestimation statistics for survey data)
. estat ic	印出 Akaike's and Schwarz's Bayesian information criteria (AIC and BIC)
. estat summarize	印出樣本的描述統計量 (summary statistics for the estimation sample)
. estat vce	求變異數-共變數矩陣 [variance-covariance matrix of the estimators (VCE)]
. estimates	編目估算結果 (cataloging estimation results)
. fitstat	計算各種適配度的後估計指令 (is a post-estimation command that computes a variety of measures of fit)
. forecast *	動態預測及模擬 (dynamic forecasts and simulations)
. hausman *	Hausman's 界定檢定
. ldfbeta 外掛指令	求出 influence of each individual observation on the coefficient estimate (not adjusted for the covariate pattern)
. lfit	進行適配度檢定 (performs goodness-of-fit test, calculates either Pearson chi-square goodness-of-fit statistic or Hosmer-Lemeshow chi-square goodness-of-fit depending on if the group option is used)
. lincom	點估計、係數線性組合的檢定等 (point estimates, standard errors, testing, and inference for linear combinations of coefficients)
. linktest	模型界定的連接檢定 (performs a link test for model specification, in our case to check if logit is the right link function to use. This command is issued after the logit or logistic command)
. listcoef	列出了各種迴歸模型的估計係數 (lists the estimated coefficients for a variety of regression models, including logistic regression)
. lroc	繪圖並求出 ROC 曲線面積 (graphs and calculates the area under the ROC curve based on the model)
. lrtest *	概似比檢定 (likelihood-ratio test)
. lsens	繪靈敏度和特異性與概率截止值 (graphs sensitivity and specificity versus probability cutoff)
. lstat	顯示匯總統計 (displays summary statistics, including the classification table, sensitivity, and specificity)
. margins	求邊際平均數等 (marginal means, predictive margins, marginal effects, and average marginal effects)

STaTa 指令	說明
. marginsplot	繪剖面圖 [graph the results from margins (profile plots, interaction plots, etc.)]
. nlcom	點估計、係數線性組合的檢定等 (point estimates, standard errors, testing, and inference for nonlinear combinations of coefficients)
. predict	存預測值、殘差值、影響值 (predictions, residuals, influence statistics, and other diagnostic measures)
. predict dbeta	求出 Pregibon delta beta influence statistic
. predict dd	儲存 Hosmer and Lemeshow change in deviance statistic
. predict deviance	殘差的離均差 (deviance residual)
. predict dx2	儲存 Hosmer and Lemeshow change in chi-square influence statistic
. predict hat	儲存 Pregibon leverage
. predict residual	儲存 Pearson residuals; adjusted for the covariate pattern
. predict rstandard	儲存 standardized Pearson residuals; adjusted for the covariate pattern
. predictnl	求廣義預測值等 (point estimates, standard errors, testing, and inference for generalized predictions)
. pwcompare	估計配對比較 (pairwise comparisons of estimates)
. scatlog	繪出 produces scatter plot for logistic regression.
. suest	似不相關估計 (seemingly unrelated estimation)
. test	求出線性 Wald 檢定 (Wald tests of simple and composite linear hypotheses)
. testnl	求出非線性 Wald 檢定 (Wald tests of nonlinear hypotheses)

註：*forecast, hausman 及 lrtest 不適合在「svy：」開頭的迴歸。且 forecast 亦不適合在「mi」估計結果。

1-1-7 有限混合模型 (finite mixtures models, FMM) 之對應指令

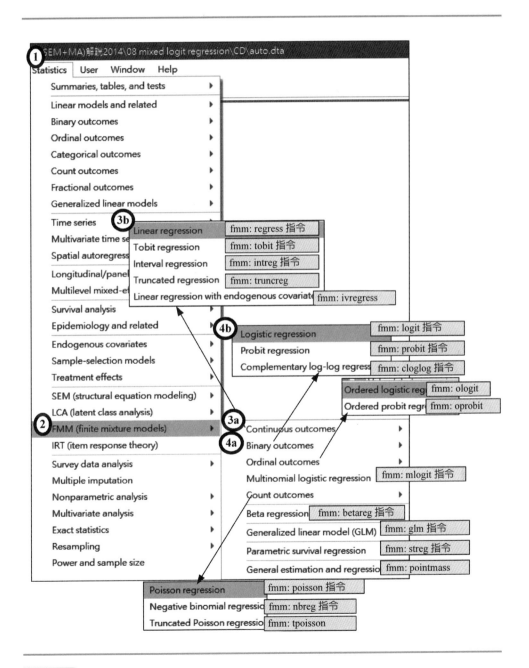

圖 1-19 有限混合模型之對應指令

fmm 估計法旨在「fitting finite mixture models」。

Finite mixture models (FMMs) 旨在對可觀察值來分類，調整聚類 (clustering)，並對不可觀察的異質性 (unobserved heterogeneity) 進行建模。有限混合建模中，可觀察的數據被假定屬於幾個不可觀察的子母群 (稱為 classes)，並且使用概率密度或迴歸模型的混合來對結果變數建模。在適配模型之後，也可以對每個觀察值之 classes 成員概率做預測。

STaTa v12 的 fmm「mix(density)」選項，結果變數可搭配的分布，有 7 種：

分布 (density)	說明
gamma	Gamma 分布
lognormal	Lognormal
negbin1	Negative Binomial-1 (constant dispersion)
negbin2	Negative Binomial-2 (mean dispersion)
normal	Normal or Gaussian
poisson	Poisson
studentt	Student-t with df degrees of freedom

STaTa v15 的「fmm: density 」選項，結果變數可搭配的分布，有下列 17 種：

分布 (density)	說明
Linear regression models	
fmm: regress	Linear regression
fmm: truncreg	Truncated regression
fmm: intreg	Interval regression
fmm: tobit	Tobit regression
fmm: ivregress	Instrumental-variables regression
Binary-response regression models	
fmm: logit	Logistic regression, reporting coefficients
fmm: probit	Probit regression
fmm: cloglog	Complementary log-log regression
Ordinal-response regression models	

分布 (density)	說明
fmm: ologit	Ordered logistic regression
fmm: oprobit	Ordered probit regression
Categorical-response regression models	
fmm: mlogit	Multinomial (polytomous) logistic regression
Count-response regression models	
fmm: poisson	Poisson regression
fmm: nbreg	Negative binomial regression
fmm: tpoisson	Truncated Poisson regression
Generalized linear models	
fmm: glm	Generalized linear models
Fractional-response regression models	
fmm: betareg	Beta regression
Survival regression models	
fmm: streg	Parametric survival models

「fmm:」可選擇 17 種分布之一，來適配你的依變數的分布。

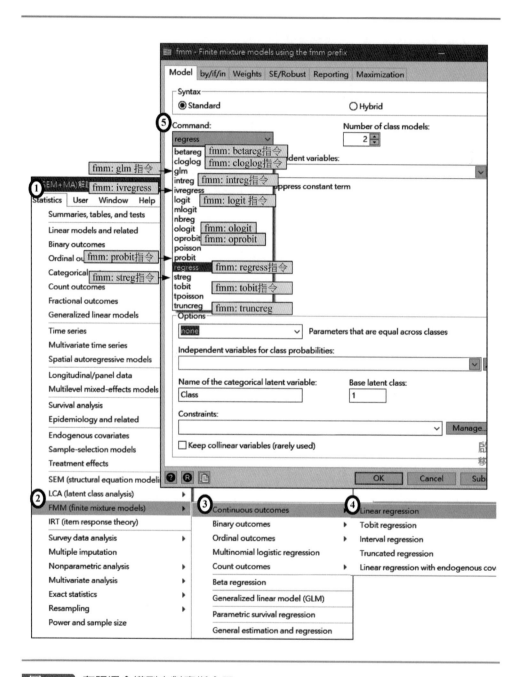

圖 1-20　有限混合模型之對應指令二

1-2 簡單邏輯斯迴歸的入門

　　統計中的迴歸分析 (regression analysis) 最主要的應用是用來做預測，我們透過資料庫中的某些已知的訊息，便可對未知的變數做預測。我們在考慮解釋變數的選取時，必須要注意我們所選出來的解釋變數和反應變數是否存在著因果關係，除此之外，如果解釋變數間的關係非常密切，則彼此之間或許存在有共線性的關係，顯然不適合放在同一個模型中。然而，在模型適配的過程當中，如果判定係數 (R-square) 的值愈大，並不一定表示迴歸模型適配的愈好，因為只要解釋變數的個數增加，相對於判定係數而言也會愈大，而且對於解釋反應變數的解釋力也會變得複雜。

一、一般迴歸分析

　　在實際工作中往往會發現某一事物或某一現象的變化，而許多事物與現象也都是相互聯繫的。例如某疾病的發病率與氣溫、溫度的關係；血壓下降程度與降壓藥的劑量和患者年齡的關係等。在這類問題中，反應變數 (Y) 同時會受到兩個或兩個以上自變數 (X_1、X_2、…) 的影響。研究這類多變數之間的關係，常用多元線性迴歸模型分析方法，在固定 X_i 之下，隨機抽取 X_i，$i = 1, 2, …, n$，則機率模型變為：

$$Y_i = \beta_0 + \beta_1 X_{i,1} + ... + \beta_k X_{i,k} + \varepsilon_i$$

通常假定 (assumption) ε_i 符合常態分配 $N(0, \sigma^2)$ 且彼此獨立 (iid)。

其中，誤差 ε 可解釋成『除了 X 以外其他會影響到 Y 的因素』(無法觀察到之因素)，亦可解釋為『用 X 來解釋 Y 所產生的誤差』。既然是無法觀察到的誤差，故誤差 ε 常稱為隨機誤差項 (error term)。

二、卜瓦松迴歸 (Poisson regression)

　　這種迴歸模型可稱為對數線性模型 (log linear model)，這種廣義的線性模型使用對數連結函數 (log link function)。主要使用於反應變數為間斷型資料。卜瓦松迴歸主要的應用是根據在某一段時間內已發生的次數，而以此資訊來推估未來的時間發生的行為。以銀行的信用卡客戶為例，我們可以根據某位顧客在過去一段時間內所刷卡的比例和消費金額，用來推算該顧客未來的消費行為和信用卡的使用機率，如此便可預估該顧客對其刷卡銀行的價值。

三、邏輯斯迴歸 (logistic regression)

　　這種迴歸模型可稱爲邏輯斯模型 (logistic model)，這種廣義的線性模型使用邏輯斯連結函數 (logistic link function)。主要使用於反應變數爲二元性資料，例如「成功」或「失敗」。邏輯斯迴歸與傳統的迴歸分析性質相似，不過它是用來處理類別性資料的問題，由於類別性資料是屬於離散型的資料，所以我們必須將此離散型資料轉爲介於 0 與 1 之間的連續型資料型態，才可以對轉換過後的連續型資料作迴歸。而主要目的，是爲了要找出類別型態的反應變數和一連串的解釋變數之間的關係。因此和迴歸分析中最大的差別在於反應變數型態的不同，所以邏輯斯迴歸在運用上也需符合傳統迴歸分析的一般假設，也就是避免解釋變數之間共線性的問題，以及符合常態分配和避免殘差存在自我相關等的統計基本假設。邏輯斯迴歸在反映變數爲離散型，且分類只有兩類或少數幾類時，便成了一個最標準的分析方法。然而，對於離散型變數有很多分析方法，而 Cox 根據兩個主要的理由選擇了邏輯斯分布：第一個理由是基於數學觀點而言，它是一個極富彈性且容易使用的函數；第二個理由則是因爲它適用於解釋生物學上的意義。

　　邏輯斯迴歸模型在統計的運用上已極爲普遍，不但對於二元化的離散型資料使用率高，尤其在醫學方面的使用更爲廣泛。在邏輯斯分布之下，不但可運用在單變量迴歸模型，也可推廣至多變量迴歸模型。

定義：<mark>單變量的邏輯斯模型</mark>

假設某一個肺癌患者在經過某種特殊治療 (X) 後，若存活者記爲 1，死亡者記爲 0，反應變數爲 $\pi(x)$ 代表存活者的機率，而 $\pi(x) = P(Y = 1 \mid x)$，則此機率 $\pi(x)$ 爲一伯努利分配 (Bernoulli distribution) 的參數，因此

$$E[Y \mid x] = \pi(x) = \frac{\exp(\beta_0 + \beta_1 x)}{1 + \exp(\beta_0 + \beta_1 x)}$$

爲一單變量的邏輯斯模型。

> **定義：多變量的邏輯斯模型**
>
> 假設有 i 個獨立的伯努利隨機變數，$Y = (Y_1, Y_2, \cdots, Y_i)$，而 Y_i 皆為二元反應變數，$i = 1, 2, \cdots, I$。令 $X = (X_{i0}, X_{i1}, \cdots, X_{ik})$ 為第 i 個自變數的向量，含有 k 個自變數，其中：
>
> $$E[Y \mid x] = \pi(x) = \frac{\exp(\sum_{j=0}^{k} \beta_j x_{ij})}{1 + \exp(\sum_{j=0}^{k} \beta_j x_{ij})} \ , \ i = 1,2,...,I$$
>
> 為多變量的邏輯斯模型。

　　當您希望能夠根據預測值變數集的數值來預測特性或結果的出現或缺席時，邏輯斯迴歸分析 (logistic regression) 就很有用。它和線性迴歸模型很相似，但是適合二元依變數的模型。邏輯斯迴歸係數可以用來估計模式中每一個自變數的勝算比。邏輯斯迴歸分析適用在較廣範圍的研究情況，而不是區別分析。

範例：對冠狀動脈心臟疾病 (CHD) 而言，什麼樣的生活型態特性是風險因素？假定以病人樣本來測量抽菸狀況、飲食、運動、酒精使用情形以及 CHD 狀況，可以利用這四種生活型態變數來建置模型，並預測在病人樣本中 CHD 的陽性或陰性。之後可以用這個模式得到每個因素的勝算比 (odds ratio, OR) 的預估，舉例來說，告訴您吸菸者比不吸菸者更容易得到 CHD 的可能性。

統計量：對於每一個分析：總觀察值、選取的觀察值、有效觀察值。對每一個類別變數：參數編碼。對於每一個步驟：輸入或移除的變數、疊代歷程、2-log 概似、適合度、Hosmer-Lemeshow 適配度統計量、模式卡方分布、改良卡方分布、分類表、相關變數、觀察組和預測機率圖、殘差卡方。對於方程式中的每一個變數：係數 (B)、B 的標準誤、Wald 統計、預估勝算比 (exp(B))、exp(B) 的信賴區間、若從模式移除項的對數概似。對每一個不在方程式中的每個變數：統計量評分。對於每一個觀察值：觀察組、預測機率、預測組、殘差、標準化殘差。

定義：**F 檢定**

1. 若虛無假設 $H_0：\beta_2 = 0, \beta_3 = 1$ 成立，則眞正的模型應該是

$$Y_t = \beta_1 + X_{3t} + \beta_4 X_{4t} + \cdots + \beta_k X_{kt} + \varepsilon_t$$

我們將其稱爲**受限制的模型** (restricted model)。我們若要估計該模型，應該整理如下 (以 $Y_t - X_{3t}$ 作爲被解釋變數)

$$Y_t - X_{3t} = \beta_1 + \beta_4 X_{4t} + \cdots + \beta_k X_{kt} + \varepsilon_t$$

以 OLS 估計該受限制的模型後，可以計算出其殘差平方和 ESS_R。

2. 相對於受限制的模型，若假設虛無假設不成立時的模型稱爲**未受限制的模型**（unrestricted model），亦即原始模型

$$Y_t = \beta_1 + \beta_2 X_{2t} + \beta_3 X_{3t} + \cdots + \beta_k X_{kt} + \varepsilon_t$$

以 OLS 估計未受限制的模型後，可以計算出其殘差平方和 ESS_U。

3. 檢定統計量：F 統計量

$$F = \frac{(ESS_R - ESS_U)/r}{ESS_U/(T-k)} \sim F(r, T-k)$$

式中 r 代表限制式的個數，該例中 $r = 2$。

4. 檢定的直覺：記得我們得到，解釋變數個數越多，殘差平方和越小 (R^2 越大)；因此受限制模型的殘差平方和 ESS_R，應該比未受限制模型的殘差平方和 ESS_U 大。若虛無假設是對的，則根據虛無假設所設定的受限制模型，其殘差平方和 ESS_R 應該與 ESS_U 差距不大 (因此 F 統計量很小)；但是如果虛無假設是錯誤的，ESS_R 應該與 ESS_U 差距很大 (F 統計量很大)。所以，如果所計算出的 F 統計量很大，就拒絕虛無假設；但若 F 統計量很小，就接受虛無假設。

定義：**Wald 檢定**

Wald 係數檢定：有時候受限制的模型並不是很容易寫出來，因此估計受限制的模型較不直接；這時可用 Wald 係數檢定。

1. 改寫限制式：通常我們可將限制式 (虛無假設) 寫爲

$$H_0：R\beta = q$$

式中 R 爲 $r \times k$ 矩陣，q 爲 $r \times 1$ 向量，r 就是我們所說的限制式個數。

例如：前例的虛無假設 $H_0：\beta_2 = 0, \beta_3 = 1$ 中，若我們令

$$R = \begin{pmatrix} 0 & 1 & 0 & 0 & \cdots & 0 \\ 0 & 0 & 1 & 0 & \cdots & 0 \end{pmatrix} \text{、} q = \begin{pmatrix} 0 \\ 1 \end{pmatrix}$$

則可將虛無假設改寫為 $H_0 : R\beta = q$。

2. 檢定的直覺：若虛無假設 $H_0 : R\beta = q$ 是正確的，則 $R\hat{\beta} - q$ 應該非常接近 0；若 $R\hat{\beta} - q$ 跟 0 差距很遠，代表虛無假設 $H_0 : R\beta = q$ 是錯誤的。

3. 檢定統計量：由 $\hat{\beta} \sim \mathrm{N}(\beta, \sigma^2 (X'X)^{-1})$，因此

$$R\hat{\beta} \sim \mathrm{N}(R\beta, \sigma^2 R (X'X)^{-1} R')$$

若虛無假設 $H_0 : R\beta = q$ 是正確的，則

$$R\hat{\beta} \sim \mathrm{N}(q, \sigma^2 R (X'X)^{-1} R')$$

亦即 $R\hat{\beta} - q \sim \mathrm{N}(0, \sigma^2 R (X'X)^{-1} R')$

因此 (這就是 r 個標準化後的常態變數之平方和)

$$(R\hat{\beta} - q)(\sigma^2 R (X'X)^{-1} R')^{-1} (R\hat{\beta} - q) \sim \text{符合} \chi^2 (r)$$

而我們之前已知 (未受限制模型的誤差項變異數估計)

$$\frac{(T-k)\hat{\sigma}^2}{\sigma^2} \sim \chi^2 (T-k)$$

因此

$$\frac{[(R\hat{\beta} - q)'(\sigma^2 R(X'X)^{-1} R')^{-1} (R\hat{\beta} - q)]/r}{\frac{(T-k)\hat{\sigma}^2}{\sigma^2}/(T-k)} \sim F(r, T-k)$$

而等式左邊即為

$$F = \frac{(R\hat{\beta} - q)'(\sigma^2 R(X'X)^{-1} R')^{-1} (R\hat{\beta} - q)}{r} \sim F(r, T-k)$$

這就是 **Wald 檢定統計量**。

4. 決策準則：設定顯著水準 α，並決定臨界值 $F_{1-\alpha}(r, T-k)$。

若 $F > F_{1-\alpha}(r, T-k)$ 就拒絕虛無假設，若 $F < F_{1-\alpha}(r, T-k)$ 就接受虛無假設。

1-2-1 簡單邏輯斯迴歸 (logistic regression model) 的介紹

迴歸分析可以幫助我們建立依變數 (dependent variable) 或稱反應變數 (response variable) 與自變數 (independent variable) 或稱共變數 (covariable) 間關係的統計模型，俾能藉由所選取的適當自變數以預測依變數，在所有統計分析工具中算是最常被使用。例如想預測身高這個依變數，可以選取與依變數相關性高的自變數，諸如體重、父母親身高與國民所得等，進行身高對這些自變數的迴歸分析。

邏輯斯迴歸分析適用於依變數爲二元類別資料的情形，若自變數只有一個，則稱爲單變數邏輯斯迴歸分析 (univariate logistic regression)，若自變數超過一個以上，則稱爲多變數邏輯斯迴歸分析 (multivariate logistic regression)，又可稱爲多元或複邏輯斯迴歸分析 (如下圖)。

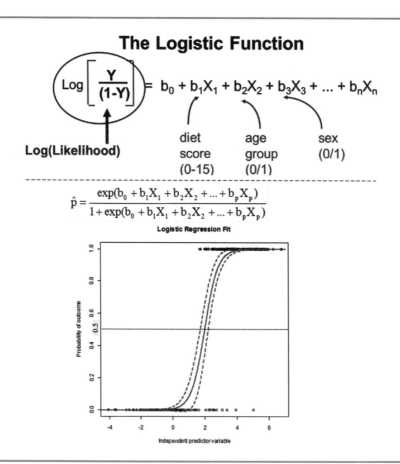

圖 1-21 multiple logistic 函數之示意圖

當依變數為二元的類別變數時，若想作迴歸分析，此時不能再使用一般的線性迴歸，而應該要改用二元邏輯斯迴歸分析。

二元邏輯斯迴歸式如下：

$$\text{logit}\left[\pi(x)\right] = \log\left(\frac{\pi(x)}{1-\pi(x)}\right) = \log\left(\frac{P(x=1)}{1-P(x=1)}\right) = \log\left(\frac{P(x=1)}{P(x=0)}\right) = \alpha + \beta x$$

公式經轉換為

$$\frac{P(x=1)}{P(x=0)} = e^{\alpha+\beta x}$$

1. 邏輯斯方程式很像原本的一般迴歸線性模式，不同點於現在的依變數變為事件發生機率的勝算比。
2. 因此現在的 β 需解釋為，當 x 每增加一單位時，事件發生的機率是不發生的 $\exp(\beta)$ 倍。
3. 為了方便結果的解釋與理解，一般我們會將依變數為 0 設為參照組 (event free)。

一、Logistic 迴歸的假定

邏輯斯迴歸的基本假定 (assumption) 與其他多變數分析之假設不同，因為它不需要假定分布類型。在邏輯斯分布中，自變數對於依變數之影響方式是以指數的方式來變動，即，此意味著邏輯斯迴歸無需具有符合常態分布的假設，但是如果預測變數為常態分布的話，結果會比較可靠。在邏輯斯迴歸分析中，自變數可以是類別變數 (category variable)，也可以是連續變數。

二、多元 logistic 迴歸模型

定義：單變數邏輯斯迴歸

假設 $\pi(x) = E(y \mid x)$，則模型表示如下：

成功率 $\pi(x) = \dfrac{e^{(\beta_0+\beta_1 x)}}{1+e^{(\beta_0+\beta_1 x)}}$

若將 $\pi(x)$ 做邏輯斯轉換，可得下列表示式：

$g(x) = \text{logit}\left[\pi(x)\right] = \ln\left(\dfrac{\pi(x)}{1-\pi(x)}\right) = \beta_0 + \beta_1 x + e$

經由此轉換，g(x) 便符合線性迴歸模型的性質，此時 g(x) 就為連續變數。

> 如果依變數為二分變項時，邏輯斯迴歸有以下特性：
> 1. 條件期望值的迴歸式必須介於 0～1 之間，即
> $$0 \le E(y \mid x) = \pi(x) = \frac{\exp(\beta_0 + \beta_1 x)}{1 + \exp(\beta_0 + \beta_1 x)} \le 1$$
> 2. 其誤差 ε 分布是服從二項分配而不是服從常態分配。
> 3. 用來處理線性迴歸的分析原則也可以用在邏輯斯迴歸上。

(一) Logistic 迴歸之特性：受限依變數的問題

　　線性迴歸 (以下稱最小平方法之 OLS) 是所有迴歸分析的入門與基礎。可是 OLS 有許多前提與假定，只有當這些前提與假定都存在時，OLS 所估算的線性函數參數值才會準確。其中有一個條件是依變數必須是呈常態分布的連續變數 (如某個小學二年級學生第一次月考的數學成績、某一個國家的國民體重、臺灣國內所有護理之家的住民跌倒率等等)，可是有很多時候我們研究或分析的依變數並非這種型態的變數，這時 OLS 便派不上用場。這些不符合 OLS 依變數條件要求的情況很多，計量經濟學通稱這些為「受限的依變數」(limited dependent variables, LDV)，針對不同的 LDV，統計學家與計量經濟學家大多已經發展出不同的模型去處理。

　　在研究上經常遇到的一種 LDV 情況，就是依變數是二元變數 (binary variable)，這類的變數的數值只有兩種可能，常見的例子比如：
1. 公司財務健全 vs. 破產之預測。
2. 市民罹患冠心病 (coronary heart disease, CHD) 的狀態 (有罹患或者沒有罹患)。
3. 應屆畢業大學生應徵職務的結果 (被錄取或者沒被錄取)。

　　二元 logistic 迴歸模型適合使用 logistic 迴歸程序或多元 logistic 迴歸程序。每種程序都有其他程序未提供的選項。理論上很重要的差異是 logistic 迴歸程序會產生所有的預測、殘差 (residual)、影響統計量 (Influence)、以及在個別觀察值等級使用資料的適配度測試，而不管資料是如何輸入的，以及共變數形式的數量是否小於觀察值的總數量。但是多元 logistic 迴歸程序會內部整合觀察值以形成預測變數相同的共變異數形式的子母體，以產生預測、殘差、以及根據這些子母體的適配度測試。如果所有的預測變數都是類別變數，或是任何連續預測變數只具有有限的變數值。
　　(1) 以使每個共變數樣式中都有數個觀察值。

(2) 子母體方式可以產生有效的適配度檢定和情報殘差，但是個別觀察值等級方法則不能。

(二) 二元依變數的模型：logit 模型與 probit 模型

　　解決受限依變數的問題的方法有好幾個，最常用的有兩種，第一種是「邏輯斯迴歸分析」(logistic regression，或稱為 logit model)，另一種是 probit model。這兩種方式都是透過非線性的函數去估算我們所感興趣的參數值，前者是使用 logit 函數，後者是使用常態分布的累積函數。這兩種非線性函數的共同點是它們的數值永遠界於 0 與 1 之間，因此我們所得到的迴歸預測值不會像線性迴歸所得到預測值有超過 1 或低於 0 的情況。其實這兩種函數值的分布情況很相似，不注意的話還看不出來它們的區別。下圖是 logit 函數值的分布圖。

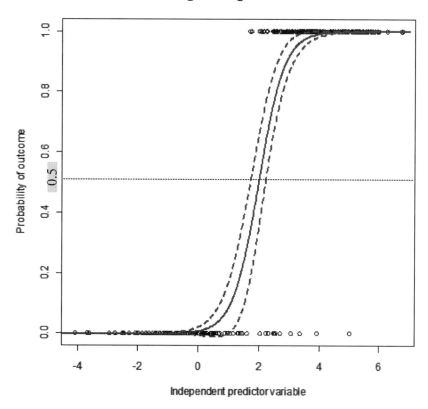

圖 1-22　logit 函數值的分布圖

　　如果依變數的編碼是二進制，例如違約：Y = 1，不違約：Y = 0，我們想知道的是預測違約的可能性，這就是典型<u>邏輯斯</u>迴歸，它於是創造一個潛在變數 (latent variable)Y*，令解釋變數只有一個 X，則二元資料的分析模型如下：

$$y_j^* = \beta_0 + \sum_{i=1}^{N} \beta_i x_{i,j} + \varepsilon_j$$

$$\begin{cases} y_j = 1 \text{ if } y_j^* \geq \theta \\ y_j = 0 \text{ if } y_j^* < \theta \end{cases}$$

其中，θ 為決斷值。

(三) Logit function 轉換

原始分數代入：

$$P = \frac{1}{1 + e^{-y^*}}$$

所得機率如下。

原始分數 y^*(score)	Prob (Default)
−8	0.03%
−7	0.09%
−6	0.25%
−5	0.67%
−4	1.80%
−3	4.74%
−2	11.92%
−1	26.89%
0	50.00%
1	73.11%
2	88.08%
3	95.26%

　　Logit 迴歸就是利用 logit 函數來建立模型，如：

$$E(Y_i) = \frac{1}{1 + e^{-(\beta_0 + \beta_1 X_{1i} + \beta_2 X_{2i} + \cdots + \beta_k X_{ki})}} = \frac{e^{\beta_0 + \beta_1 X_{1i} + \beta_2 X_{2i} + \cdots + \beta_k X_{ki}}}{1 + e^{\beta_0 + \beta_1 X_{1i} + \beta_2 X_{2i} + \cdots + \beta_k X_{ki}}}$$

其對應的函數圖形如下圖，形狀類似 S 形，E(Yi) 其值界於 0 與 1 間，為推估 Yi 的機率值。由上式可以解決一般線性模型其 Y 值代表機率時，Y 值超過 0 或 1 的窘境，使 logit 模型非常適合解決應變數為分類變數情形。

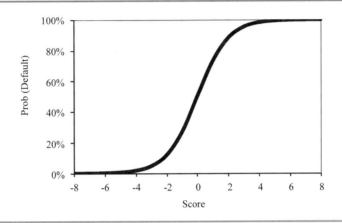

圖 1-23 prob() 之機率圖

(四) 簡單邏輯斯迴歸 (logistic regression model) 的解說

1. 令 X 為連續解釋變數；Y 為二元反應變數，即 $Y \sim B(1, \pi(x))$，其中 $\pi(x) = P(Y = 1 \mid X = x)$，為當 $X = x$ 時，$Y = 1$ 的機率。邏輯斯迴歸是假設 π 與 x 的關係為：

$$\log\left(\frac{\pi(x)}{1 - \pi(x)}\right) = \alpha + \beta x$$

π 先取勝算 (odds) 再取 log 的這種轉換，就成為 logit 轉換。這也是邏輯斯迴歸名稱的由來。

$$\text{logit}\,[\pi(x)] = \log\left(\frac{\pi(x)}{1 - \pi(x)}\right) = \alpha + \beta x$$

(1) π 與 x 的關係亦可寫成

$$\pi(x) = \frac{\exp(\alpha + \beta x)}{1 + \exp(\alpha + \beta x)}$$

(2) 邏輯斯迴歸是假設 π 與 x 的關係爲一 S 形，如圖 1-23。有時 π 隨 x 變大而 S 形變大，有時 π 隨 x 變大而 S 形變小。關鍵在係數 β。

2. 係數 β 的 $\boxed{解釋一}$：β 與 S 形的上升或下降速度的關係

(1) $\dfrac{d\pi(x)}{dx} = \beta\pi(x)[1 - \pi(x)]$：在 $X = x$ 時，切線的斜率。即 X 變化一單位，π 變化 $\beta\pi(x)[1 - \pi(x)]$。

若 $\beta > 0$，π 隨 x 變大而 S 形變大。

若 $\beta < 0$，π 隨 x 變大而 S 形變小。

若 $\beta = 0$，π 與 x 無關。

S 形的上升或下降速度在 $\pi(x) = 0.5$ 時最快，爲 0.25β。此時 $x = -\dfrac{\alpha}{\beta}$，稱爲中位有效水準 (median effective level)，並記爲 $EL_{50} = -\dfrac{\alpha}{\beta}$，代表此時 Y=1 的機率有 50%。

(2) 係數 β 的 $\boxed{解釋二}$：係數 β 與勝算 (odds) 的關係

$\dfrac{\pi(x)}{1 - \pi(x)} = \exp(\alpha + \beta x) = e^{\alpha}(e^{\beta})^x$：$X$ 變化一單位，勝算變化的倍數爲 e^{β}。（在 $X = x + 1$ 時，勝算爲 $X = x$ 時的 e^{β}）

若 $\beta > 0$，勝算隨 x 變大而變大。

若 $\beta < 0$，勝算隨 x 變大而變小。

若 $\beta = 0$，勝算與 x 無關。

(3) 係數 β 的 $\boxed{解釋三}$：係數 β 與對數勝算 (log odds) 的關係

$\log\left(\dfrac{\pi(x)}{1 - \pi(x)}\right) = \alpha + \beta x$：$X$ 變化一單位，對數勝算變化 β 單位。

（五）邏輯斯迴歸模型的統計分析

統計推論：最大概似估計量 $\hat{\beta} \sim N(\beta, *)$。

1. 效應的區間估計：β 的信賴區間爲 $\hat{\beta} \pm z_{\alpha/2} ASE$

2. 顯著性檢定：$H_0 : \beta = 0$

(1) Z 檢定：$z = \dfrac{\hat{\beta}}{ASE} \overset{H_0}{\sim} N(0, 1)$

(2) Wald 檢定：$W = \left(\dfrac{\hat{\beta}}{ASE}\right)^2 \overset{H_0}{\sim} \chi_1$

(3) LRT：

$$\Lambda = \frac{在 H_0 對時，概似函數的最大值}{無限制時，概似函數的最大值} = \frac{l_0}{l_1}$$

$$-2 \log \Lambda = -2(\log l_0 - \log l_1) = -2 (L_0 - L_1) \overset{H_0}{\sim} \chi_1$$

3. 當 $X = x$ 時，機率的估計：

(1) 點估計：

$$\hat{\pi}(x) = \frac{\exp(\hat{\alpha} + \hat{\beta}x)}{1 + \exp(\hat{\alpha} + \hat{\beta}x)}$$

(2) 區間估計：

    (a) 先計算：$\alpha + \beta x$ 的信賴區間。

        (I) $Var(\hat{\alpha} + \hat{\beta}x) = Var(\hat{\alpha}) + x^2 Var(\hat{\beta}) + 2x \, Cov(\hat{\alpha}, \hat{\beta})$

        (II) $(\hat{\alpha}, \hat{\beta}x) \pm z_{\alpha/2} \, ASE$

    (b) 再轉換成 $\pi(x)$ 的信賴區間。

(六) 簡單邏輯斯迴歸 (logistic regression model) 的特性

如果用 $\pi(x)$ 代表 logit 函數，其轉換公式為：

$$\pi(x) = \frac{1}{1 + e^{-x}}$$

1. 當 $x = 0$ 時，$e^{-x} = e^0 = 1$，因此 $\pi(0) = 1/(1 + 1) = 0.5$

2. 當 $x = \infty$ (無限大) 時，$e^{-x} = e^{-\infty} = 0$，因此 $\pi(\infty) = 1/(1 + 0) = 1$

3. 當 $x = -\infty$ (負無限大) 時，$e^{-x} = e^{\infty} = \infty$，因此 $\pi(-\infty) = 1/(1 + \infty) = 0$

相反地，$1 - \pi(x) = 1 - \dfrac{1}{1 + e^{-x}} = \dfrac{e^{-x}}{1 + e^{-x}}$

再對上面公式，取 odds ratio 之自然對數：$\log\left(\dfrac{\pi}{1 - \pi}\right) = \beta_0 + \beta_1 X + e_i$ 此數學式即是 logit 迴歸式，這些參數彼此關係如下表。

$$\ln\left(\frac{P}{1-P}\right) = a + bX$$

$$\frac{P}{1-P} = e^{a+bX}$$

$$P = \frac{e^{a+bX}}{1 + e^{a+bX}}$$

註：P 成功率，(1 − P) 失敗率，odds ratio = P/(1 − P)

1. 當勝算機率 (odds)π 從 0 增加到 1 時，odds 從 0 增加到 ∞，而對數 logit 則從 $-\infty$ 增加到 ∞。

2. 當 $\pi = 1/2$ 時，odds $= 1$，而 logit $= 0$。

3. 當 $\pi > 1/2$ 時，logit > 0。

4. 當 $\pi < 1/2$ 時，logit < 0。

此外

1. 當 $\beta_1 > 0$，X 變大，π 也變大。

2. 當 $\beta_1 < 0$，X 變大，π 變小。

3. $|\beta_1|$ 越大，logistic 曲線越陡。

   但是在 logistic regression model 裡，這不是斜率的意思。

4. 斜率會隨著 X 不同而不同。

   如果 $\pi = 0.5$，則勝算比 (odds) 為 $\frac{\pi}{1-\pi} = 1$，再取自然對數，可得：

   $$\log\left(\frac{\pi}{1-\pi}\right) = \log(1) = 0$$

   即 $0 = \beta_0 + \beta_1 X$

   所以 $X = -\beta_0 / \beta_1$

   當 $X = -\beta_0 / \beta_1$，$\pi = 0.5$。

5. $\beta_1 \times \pi(1-\pi)$ 是 logistic 曲線在特定 π 值時的切線斜率。

   若自變數 X 預測得知 $\pi = 0.5$，則在這個 X 值上切線的斜率是 $0.25 \times \beta_1$。

   當 $\pi = 1/2$ 時，切線斜率最大，logit $= 0$，也就是當 $X = -\beta_0 / \beta_1$ 時。

小結

在定量分析的實際研究中，線性迴歸模型 (linear regression model) 是最流行的統計方式。但許多社會科學問題的觀察，都只是分類而非連續的，此時線性迴歸就不適用了。

對於離散型 (類別) 變數有很多分析方法，有兩個原因使人會選擇邏輯斯迴歸：(1) 基於數學觀點，邏輯斯為一個極負彈性且容易使用的函數。(2) 適用於解釋生物／醫學上的意義。

利用邏輯斯迴歸的目的是在於建立一個最精簡和最能適配 (fit) 的分析結果，而且在實用上合理的模型，建立模型後可用來預測依變數與一組預測變數之間的關係。

在一般的迴歸分析中，dependent variable(DV) 是連續變數 (continuous

variable)；如果 DV 不是連續變數，而是二分變數 (dichotomous variable，如：男或女、存活或死亡、通過考試與否) 等情況，這時你就必須使用 logistic regression 了。

當然，如果你堅持的話，你也可以跑 OLS regression，一樣會得到結果的。如果你得到的 coefficient 是 0.056 的話，解讀就是：當 IV 增加 1 的時候，DV 發生的機率增加 5.6%。然而，這樣做是有缺點的，通常沒辦法準確地估算 IV 對 DV 的影響 (通常是低估)。

為了解決這個問題，統計學家用 odds ratio(勝算比) 於 logistic regression 之中。要說勝算比之前，要先瞭解什麼是勝算。勝算指的是：一件事情發生的機率與一件事情沒發生機率的比值。以拋硬幣為例，拿到正面與拿到反面的機率都是 0.5，所以 odds 就是 0.5/0.5 = 1。如果一件事情發生的機率是 0.1，那勝算是 0.1/0.9 = 1/9。如果一件事情發生的機率是 0.9，那勝算是 0.9/0.1 = 9。所以勝算是介於 0 與無限大之間。

odds ratio 則是兩件事情的 odds 作比較。舉個例子來說，如果高學歷的人高薪的勝算 (odds) 是 2.33，低學歷的人高薪的勝算是 0.67，那與低學歷的人比起來，高學歷的人高薪的勝算是他們的 3.48 倍 (2.33/0.67)，所以勝算比 (odds ratio) 就是 3.48。

最後要提到的，當依變數是次序尺度，例如「病患受傷等級」分成 4 類，但是並非為等距變數，此時要預測的統計工具可選用比例勝算模型 (odds proportional model) 或累積機率模型 (cumulative probability model)。此時迴歸係數的解讀為：當自變數 X 增加一個單位，「依變數 Y_1 相對依變數 Y_2 與 Y_3 的機率」以及「依變數 Y_1 與 Y_2 相對依變數 Y_3」的機率會增加幾倍，所以是一種累積機率的概念，實務上也很常用。

那如何解讀邏輯斯迴歸的結果呢？通常你會看到文章裡呈現兩種結果：一種如果沒特別指名的話，就叫迴歸係數 (coefficient)，它的 DV 是某件事的 log odds ratio，是勝算比取了自然對數；一種是 odds ratio。這兩種值是可以互相轉換的，如果你的 log odds ratio 得到的係數 (coefficient) 是 0.405，你可以計算 odds ratio，在 STaTa 指令列輸入「. display exp(0.405)」，會得到 1.500。所以在讀文章的時候一定要讀清楚作者呈現的是 log odds ratio 或是 odds ratio。

Logistic 迴歸之結果怎麼解讀呢？可從 log odds ratio 開始，解讀是：當 IV 增加一單位，log odds 會增加「某」多少量。其實這解讀與 OLS regression 的解讀是一樣。如果你看到的是 odds ratio，解讀是：當 IV 增加一單位，odds

會增加 (某 − 1)×100%。兩種解讀方式都套上剛剛的數字，那結果會是：

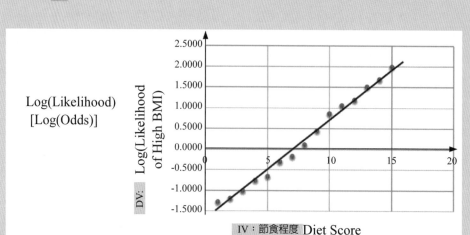

圖 1-24　log(odds), log(概似比) 之示意圖

1. log odds ratio ：當 IV 增加 1，log odds ratio of 某件事會增加 0.405。

2. odds ratio ：當 IV 增加 1，**odds of** 某件事會增加 (1.5 − 1)×100% = 50%。如果本來是 2，增加 50% 的話，會變成 2×50% + 2 = 3。換句話說，你也可以直接解讀為：當 IV 增加 1，**odds** 某件事 (或是某件事的勝算。注意：這裡是勝算，不是勝算比) 會變成原本的值乘以 1.5。

如果你的勝算比 (odds ratio) 的 coefficient 是 0.667，那應該怎麼解讀呢？當 IV 增加 1，某件事的勝算會變成原本的值 (or 勝算) 乘以 0.667。所以原本的勝算比如果是 3 的話，當 IV 增加 1 時，某件事的勝算會變成 2。你也可以說：當 IV 增加 1 時，某件事的勝算會減少 (1 − .667)×100% =33%。

1-2-2a 簡單 logistic 迴歸分析：年齡與罹患冠心病 (CHD) 關係

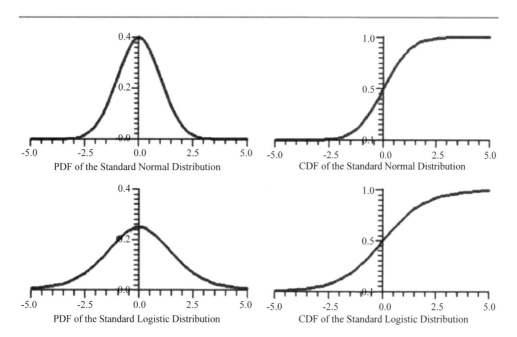

The Standard Normal and Standard Logistic Probability Distributions

圖 1-25　標準常態 vs. 標準 logistic 分布圖

　　例如，調查 125 名病人，年齡 (age) 與罹患冠心病 (CHD) 關係，收集數據如下圖。

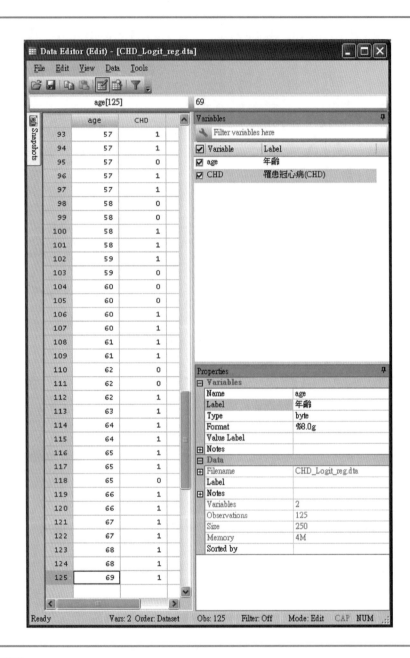

圖 1-26 年齡 (age) 與罹患冠心病 (CHD) 之資料檔「CHD_Logit_reg.dta」

倘若採傳統 OLS 的線性函數是：$CHD = \beta_0 + \beta_1 \times Age$。OLS 的分析基礎，如下圖之散布圖所示，因為資料分散圖顯示二組群之分布並非常態，故採 OLS 迴歸分析，似乎不太合理。

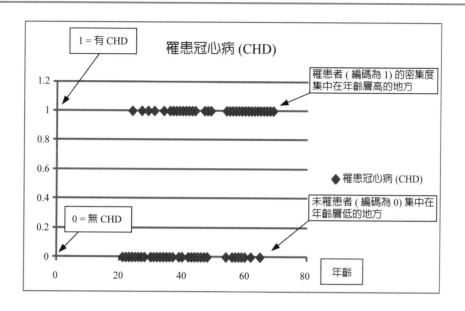

圖 1-27 年齡 (age) 與罹患冠心病 (CHD) 之散布圖

　　相對地，logit model 是透過 $\pi(\beta_0 + \beta_1 \times Age)$ 來描述 age 與 CHD 的關係，分析公式為：$CHD_i = \pi(\beta_0 + \beta_1 \times Age_i) + e_i$ (i = 1～125)。我們的目的是要去估算或找到 β_0 與 β_1 這兩個值，使 $\pi(\beta_0 + \beta_1 \times Age_i)$ 的 125 個數值最接近資料中這 N = 125 個 CHD_i 的值。

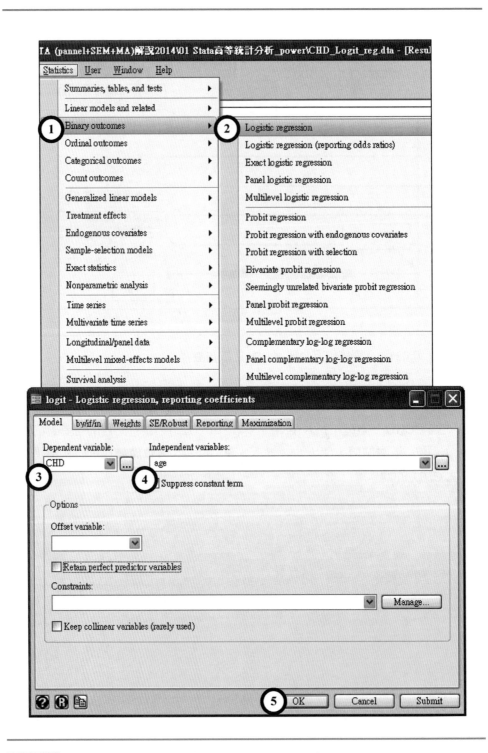

圖 1-28 年齡 (age) 與罹患冠心病 (CHD) 之 logit 分析畫面

非線性迴歸分析 (如 logistic regression) 在估算或尋找參數值 (β_0 與 β_1) 時，所用的數學原理不再是「最小平方和」，而是「最大可能性」(maximum likelihood)。意思是說所找到的這一組參數值，會使得所預測到的 N = 125 個 $\pi(\beta_0 + \beta_1 \times \text{Age}_i)$ 數值 (因為有 125 個年齡的值) 分別符合資料中 125 個 CHD_i 值的整體可能性達到最大。有趣的是，線性迴歸的「最小平方和」恰好也符合非線性迴歸的「最大可能性」的原理，事實上「最小平方和」是「最大可能性」一種特殊情況。因此，線性關係中，使用「最小平方和」與「最大可能性」所估算的參數值會是一致的。不過「最大可能性」可以適用的不僅在線性關係，連非線性關係也可以運用，而「最小平方和」只適用於線性關係的分析。

OLS 在運用「最小平方和」估算參數值時有公式可以直接去計算，但是非線性模型在運用「最大可能性」原理時，並非直接去計算參數值，而是由電腦一再嘗試疊代 (iteration) 運算，直到所找到的參數值達到最大可能性。所以一般電腦統計軟體在非線性迴歸模型的結果中都會呈現經過了幾次的疊代運算，才找到這組最理想 (最具代表性) 的參數值。

當我們找到參數值 (β_0 與 β_1) 時，便可以去計算 $\pi(\beta_0 + \beta_1 \times \text{Age}_i)$ 的值，所得到的這 125 個數值其實就是代表各個年齡的人得到 CHD 的可能性。因此，logit 函數的好處，就是將原本是「有或無 CHD(0, 1)」的結果，轉變成每一個年齡得到 CHD 的發生「機率」Pr(age)。針對上面的 125 位民眾的年齡與 CHD 的資料，用 logit model 去分析，假設得到的結果是 $\beta_0 = -5.310$，$\beta_1 = 0.111$，將此組 (β_0, β_1) 代入 $\pi(-5.310 + 0.111 \times \text{Age}_i)$ 去計算各個年齡的人預期得到 CHD 的可能發生率：

年齡 X 與患心臟病機率的關係式為 $\Pr(age_i) = \pi = \dfrac{e^{-5.31 + 0.111 \times age_i}}{1 + e^{-5.31 + 0.111 \times age_i}}$

經過邏輯轉換後：$g(x) = \ln \dfrac{\pi(x)}{1 - \pi(x)} = b_0 + b_1 X$

$$\ln\left(\frac{\pi}{1 - \pi}\right) = -5.310 + 0.111(\,年齡\,)$$

則此時 CHD 與年齡就呈線性關係。

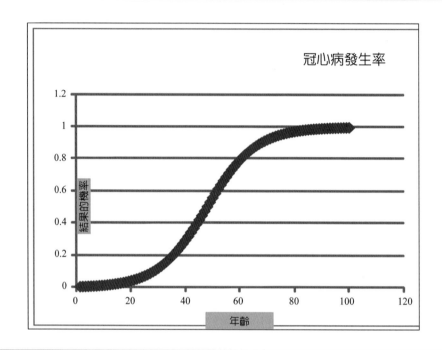

圖 1-29 各年齡得到罹患冠心病之機率 Pr(x)

我們可以來比較用 logit model 所預估的各年齡的人得到 CHD 的可能性與前面用年齡分組所得到的結果，將線性迴歸線畫在同一個散布圖，可以看到這兩種方式所得到的結果有重疊在一起，但是用 logit model 所得到的結果與實際的情況相當吻合。

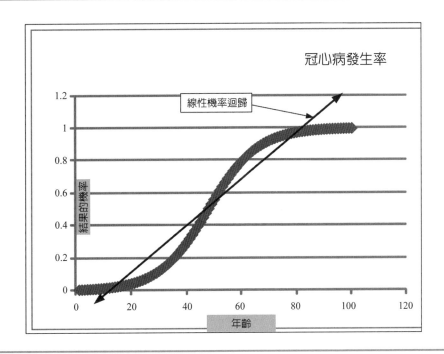

圖 1-30 線性機率迴歸 vs. logistic 迴歸 (當 $\beta > 0$ 時)

Logistic 迴歸的好處

　　在面對二元依變數的情況，logit model 可能是被運用最廣的。特別是在生物統計、醫學與流行病學的研究方面，logit model 有其優勢存在，因為 logit model 所得到的自變數的係數值透過簡單的換算，就可以得到生物醫學上常用到的一個指標值──「勝算比」(odds ratio)。在 logit model 中，如果我們使用的自變數也是二元變數，更能夠凸顯在結果解讀上的方便。

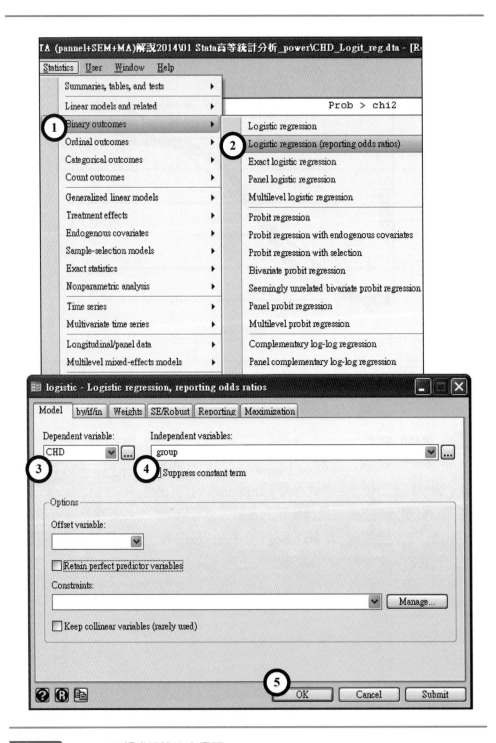

圖 1-31 logistic 迴歸求勝算比之畫面

我們再將上述 125 筆資料根據年齡分成兩組 (如下表)，第一組是年齡大於或等於 40 歲的人，另一組包含年齡小於 40 歲的人。用一個新變數 (group) 來代表這兩組，第一組是 group = 1，第二組是 group = 0。第一組中有 58.7% 的人得到 CHD，41.3% 的人沒有得到 CHD，其得到 CHD 的勝算 (odds，也就是這一組的人得到 CHD 的機會與沒得到 CHD 的機會的相對值) = 58.7%/41.3% = 1.423。較年輕組中有 16.2% 的人得到 CHD，83.8% 的人沒有得到 CHD，其得到 CHD 的勝算 = 16.2%/83.8% = 0.194。如果我們將第一組的勝算除以第二組的勝算，便可以算出這兩組得到 CHD 的勝算比值 (odds ratio)。此處所得到的結果告訴我們，年長組的人罹患 CHD 相較於沒有罹患 CHD 的情況，是年輕組的 7.353 倍。

```
----------------Group=1--------------Group=0
----------------Age>=40--------------Age<40
chd="1----------58.7%----------------16.2%"
chd="0----------41.3%----------------83.8%"
Odds-----------1.423-----------------0.194
Odds ratio-------1.423/0.194=7.353
```

現在我們用 logit model 去分析 CHD 與這兩組的關係 (將自變數由 Age 改成 group)，所得到的 group 的參數是 1.995049。很有趣的是，當我們去取這個值的指數時，exp(1.995049) = 7.35256，剛好是等於前面計算出來的 odds ratio。

需要強調的是，odds ratio 並不是指這兩組人罹患 CHD 的平均可能性的比值。這兩組人罹患 CHD 的平均可能性分別是 58.73% 與 16.22%，其比值是 3.62。

Logistic 迴歸分析結果的解讀

至於 logistic regression 結果的係數或勝算比值要如何解讀，這裡用一個簡例來說明：探討年齡與性別與冠心病發的關係，自變數分別是年齡 (1-100，連續變數) 與性別 (男與女，二元變數，女 = 1，男 = 0)。如果年齡與性別的係數分別是 0.1 與 −0.5，若直接從係數值來看，我們應該說冠心病發機率與年齡呈正相關，年齡愈大，冠心病發的機率愈大；冠心病發機率與女性的性別呈負相關，女性冠心病發機率要比男性來得小。

如果將係數轉換成勝算比值 (odds ratio)，年齡與性別的 odds ratio 分別為 1.105 與 0.6065(odds ratio = exp(係數值))。解釋的方式是：年齡每增加 1 歲，冠心病發的勝算值 (病發機率 / 未病發機率的比值) 是未增加前的 1.105 倍。在

二變數方面，會更容易解釋：女性冠心病發的勝算值 (病發機率 / 未病發機率的比值) 只有男性的 0.6065 倍。

此外，我們也可以說男性冠心病發的勝算值為女性的 1.648(1/0.6065) 倍 ($e^{-0.5}$ = 0.6065)。其實，如果我們將性別變數的男性改設定為 1，女性為 0，再跑一次 logistic regression，所得到的係數會是 0.5(從 −0.5 變成 0.5)，而 odds ratio = $e^{0.5}$ = 1.648，意義完全一樣，只是比較的基礎不同而已。

如果要解釋 logit model 中乘積項或交互項 (interaction term) 的係數或勝算比值的意義，就比較複雜了，不過大體上的相關性說明原則應該是跟前面所說的一樣。比如有一個乘積項是性別 x 抽菸與否 (抽菸 = 1，未抽菸 = 0)，如果此乘積項的係數是 0.2(正值，$e^{0.2}$ = 1.22)，可以解讀為：女性抽菸後得到冠心病的勝算率為男性的 1.22 倍；此即意謂：與男性相較之下，抽菸對女性 (性別：女 = 1，男 = 0) 得到冠心病發的影響要比抽菸對男性的影響來得大。或是：女性從不抽菸變成抽菸所帶來冠心病發的風險，要比男性從不抽菸變成抽菸所帶來冠心病發的風險來的高。亦即：女性性別與抽菸互動之下，與冠心病發機率有正相關 (乘積項的勝算比率是女性抽菸得到冠心病的勝算比率 / 男性抽菸得到冠心病的勝算比率)。

1-2-2b Logistic 迴歸之練習題：年齡與罹患冠心病 (CHD) 關係

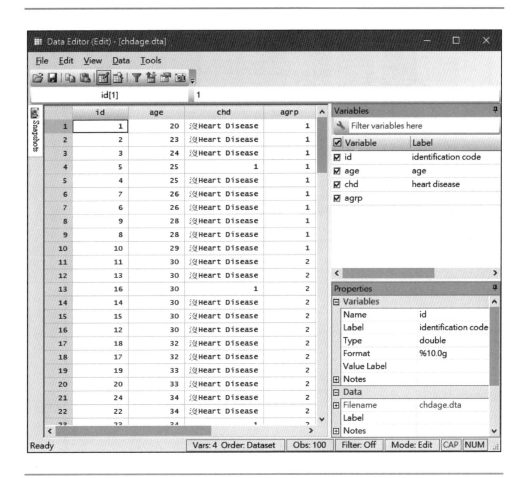

圖 1-32 「chdage.dta」資料檔內容 (N = 100 個 heart disease)

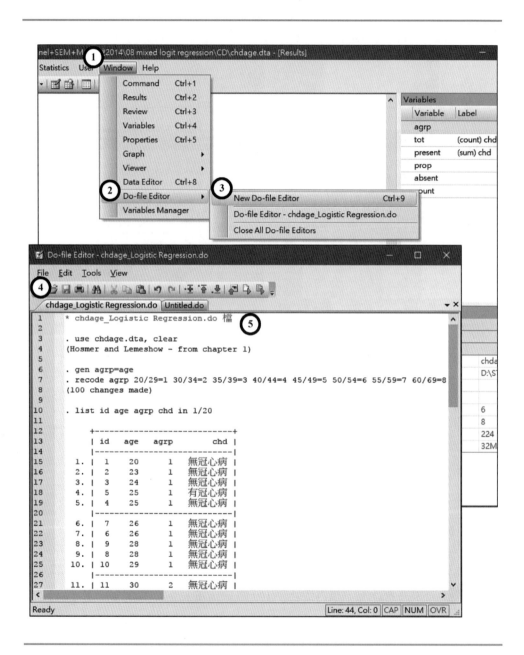

圖 1-33 「chdage_Logistic Regression.do」指令檔之內容

```
* chdage_Logistic Regression.do 檔

. use chdage.dta, clear
(Hosmer and Lemeshow - from chapter 1)

. gen agrp=age
. recode agrp 20/29=1 30/34=2 35/39=3 40/44=4 45/49=5 50/54=6 55/59=7 60/69=8
(100 changes made)

. list id age agrp chd in 1/20


     +---------------------------+
     |  id  age  agrp      chd |
     |---------------------------|
 1.  |  1   20    1    無冠心病 |
 2.  |  2   23    1    無冠心病 |
 3.  |  3   24    1    無冠心病 |
 4.  |  5   25    1    有冠心病 |
 5.  |  4   25    1    無冠心病 |
     |---------------------------|
 6.  |  7   26    1    無冠心病 |
 7.  |  6   26    1    無冠心病 |
 8.  |  9   28    1    無冠心病 |
 9.  |  8   28    1    無冠心病 |
10.  | 10   29    1    無冠心病 |
     |---------------------------|
11.  | 11   30    2    無冠心病 |
12.  | 13   30    2    無冠心病 |
13.  | 16   30    2    有冠心病 |
14.  | 14   30    2    無冠心病 |
15.  | 15   30    2    無冠心病 |
     |---------------------------|
16.  | 12   30    2    無冠心病 |
17.  | 18   32    2    無冠心病 |
18.  | 17   32    2    無冠心病 |
19.  | 19   33    2    無冠心病 |
20.  | 20   33    2    無冠心病 |
     +---------------------------+
```

* 繪散布圖 'chd-age'

. graph twoway scatter chd age, xlabel(20(10)70) ylabel(0(.2)1)

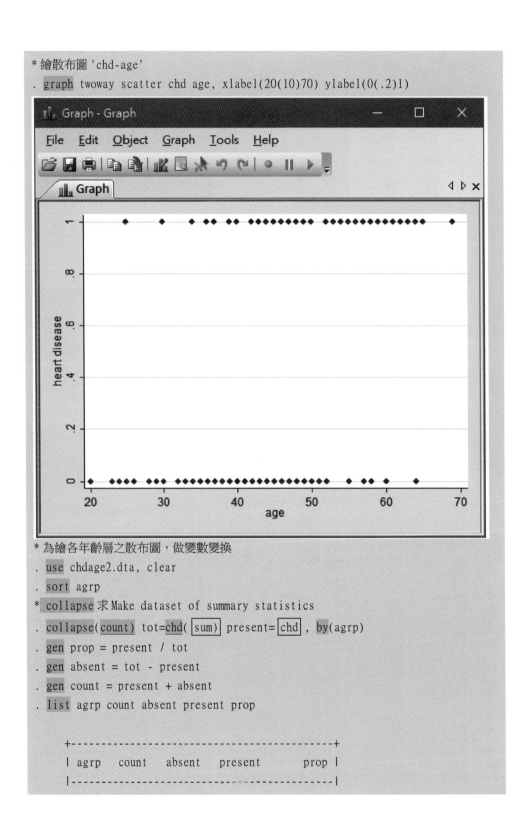

* 為繪各年齡層之散布圖，做變數變換

. use chdage2.dta, clear

. sort agrp

* collapse 求 Make dataset of summary statistics

. collapse(count) tot=chd(sum) present= chd , by(agrp)

. gen prop = present / tot

. gen absent = tot - present

. gen count = present + absent

. list agrp count absent present prop

```
    +----------------------------------------------+
    | agrp   count   absent   present      prop |
    |----------------------------------------------|
```

```
   1. |    1       10        9         1          .1 |
   2. |    2       15       13         2    .1333333 |
   3. |    3       12        9         3         .25 |
   4. |    4       15       10         5    .3333333 |
   5. |    5       13        7         6    .4615385 |
      |--------------------------------------------|
   6. |    6        8        3         5        .625 |
   7. |    7       17        4        13    .7647059 |
   8. |    8       10        2         8          .8 |
      +--------------------------------------------+
```

* 繪各年齡層之散布圖
. graph twoway scatter prop agrp, ylabel(0(.2)1) xlabel(1(1)8)
* 另存新檔
. save "D:\08 mixed logit regression\CD\chdage1.dta"

```
* 重開啟資料檔
. use chdage.dta, clear

. logistic chd age, coef

Logit estimates                           Number of obs   =        100
                                          LR chi2(1)      =      29.31
                                          Prob > chi2     =     0.0000
Log likelihood = -53.676546               Pseudo R2       =     0.2145


----------------------------------------------------------------------
     chd |    Coef.    Std. Err.     z    P>|z|   [95% Conf. Interval]
---------+------------------------------------------------------------
     age |  .1109211    .0240598    4.61   0.000    .0637647    .1580776
   _cons | -5.309453    1.133655   -4.68   0.000   -7.531376   -3.087531
----------------------------------------------------------------------

* 上式指令，亦可簡化成：
. logistic chd age

* 使用「estat vce」是計算出各參數估計量的共變異數矩陣。
. estat vce

Covariance matrix of coefficients of logit model

    e(V) |       age       _cons
---------+------------------------
     age |  .00057888
   _cons | -.02667702   1.2851728
```

1. 邏輯斯迴歸式為 $\log\left(\dfrac{P(Y=1\mid X=x)}{P(Y=0\mid X=x)}\right) = \alpha + \beta x = -5.31 + 0.111 \times \text{age}$。

2. 使用「estat vce」是計算出各參數估計量的共變異數矩陣。

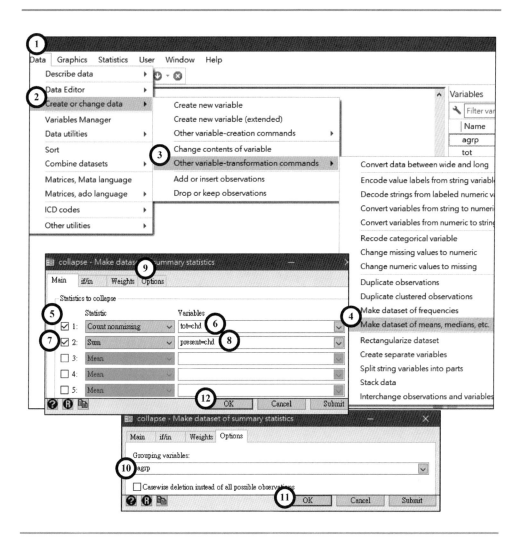

圖 1-34 「collapse(count) tot=chd(sum) present= chd , by(agrp)」畫面

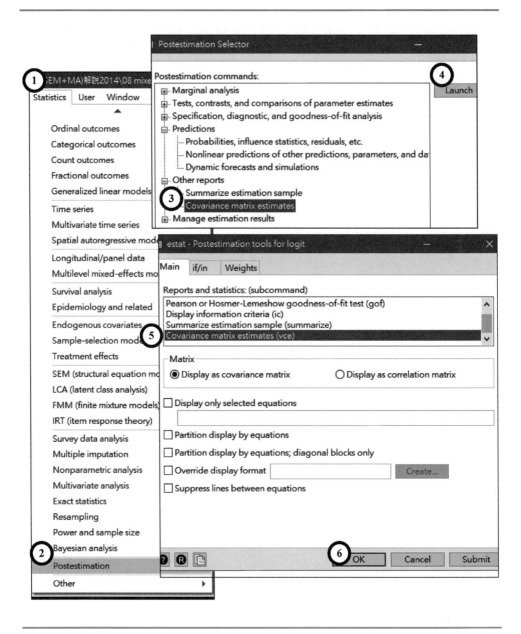

圖 1-35 「estat vce」事後指令之畫面

1-3 邏輯斯迴歸分析

　　邏輯斯迴歸 (logistic regression 或 logit regression)，即邏輯模型 (英語：logit model，也譯作「評定模型」、「分類評定模型」) 是離散選擇法模型之一，屬於多元變量分析範疇，是社會學、生物統計學、臨床、數量心理學、計量經濟學、市場行銷等統計實證分析的常用方法。

1-3-1 二元依變數之 logistic 迴歸分析：大學申請入學之關鍵條件？

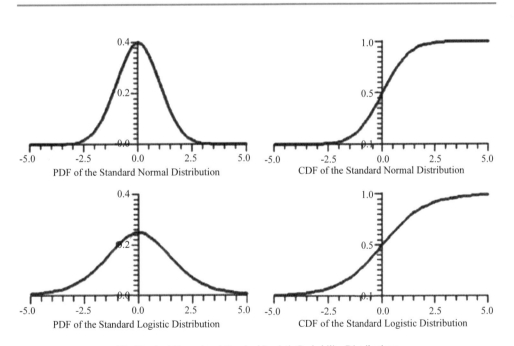

The Standard Normal and Standard Logistic Probability Distributions

圖 1-36 標準常態 vs. 標準 logistic 分布圖

　　logistic 迴歸旨在估計勝算比 (odds ratio)；Cox 迴歸旨在估計危險比 (hazard ratio)。logistic 迴歸，也稱為 logit 模型，用來模擬 binary 結果變數 (即依變數、反應變數)。在 logistic 迴歸模型中，依變數的 log odds，是一群預測變數

(predictor variables) 的線性組合。

　　Binary 是指「0、1」所組合的數據，故 STaTa 的 logit 迴歸或 logistic 迴歸，依變數的編碼，只限「0、1」，不可「1、2」。

　　對於較多變數且每個變數分成較多類組之資料，二元變數，其相對的列聯表 (contingency table) 會出現稀疏性，直接針對資料去找尋邏輯斯迴歸模型 (logistic regression model) 及對數線性模型 (log-linear model) 時，空細格 (empty cell) 會使參數估計值出現發散現象 (可改用 exlogistic 指令，exact logistic regression)。因此使用 STaTa 一些統計方法做資料分析，要注意如何篩選出那些才是重要的解釋變數或將變數 level(類組) 適當的合併，以降低稀疏性的發生率，使我們得到收斂的結果。

一、邏輯斯迴歸分析之重點

1. 邏輯斯迴歸模型解釋、邏輯斯迴歸的推論。
2. 模型檢驗、屬質變數的邏輯值模型、多元邏輯斯迴歸。
3. 樣本大小與檢定力 (power)。

二、Logistic 迴歸的原理：勝算比 (odds ratio) 或稱為相對風險 (relative risk)

　　以「受訪者是否 (0, 1) 發生某事件 (event)」(死亡、病發、倒閉、犯罪被捕…) 之二元 (binary) 依變數為例。logistic 迴歸係假設解釋變數 (x) 與受試者是否發生某事件 (y) 之間必須符合下列 logistic 函數：

$$P(y \mid x) = \frac{1}{1 + e^{-\sum b_i \times x_i}}$$

其中 b_i 代表對應解釋變數的係數，y 屬二元變數 (binary variable)，若 $y = 1$ 表示受訪者有發生某事件 (死亡、病發、倒閉、犯罪被捕……)；反之，若 $y = 0$ 則表示該受訪者未發生某事件。因此 $P(y = 1 \mid x)$ 表示當自變數 x 已知時，該受訪者有發生某事件的機率；$P(y = 0 \mid x)$ 表示當自變數 x 已知時，該乘客受訪者未發生某事件的機率。

　　Logistic 函數之分子分母同時乘以 $e^{\sum b_i \times x_i}$ 後，上式變為：

$$P(y \mid x) = \frac{1}{1 + e^{-\sum b_i \times x_i}} = \frac{e^{\sum b_i \times x_i}}{1 + e^{\sum b_i \times x_i}}$$

將上式之左右兩側均以 1 減去，可以得到：

$$1 - P(y \mid x) == \frac{1}{1 + e^{\sum b_i \times x_i}}$$

再將上面二式相除，則可以得到

$$\frac{P(y \mid x)}{1 - P(y \mid x)} == e^{\sum b_i \times x_i}$$

針對上式，兩邊同時取自然對數，可以得到：

$$\ln\left(\frac{P(y \mid x)}{1 - P(y \mid x)}\right) == \ln\left(e^{\sum b_i \times x_i}\right) = \sum b_i \times x_i$$

經由上述公式推導可將原自變數非線性的關係，轉換成以線性關係來表達。其中 $\frac{P(y \mid x)}{1 - P(y \mid x)}$ 可代表受訪者有發生某事件 (e.g. 死亡、病發、倒閉、犯罪被捕……) 的勝算比 (odds ratio) 或稱為相對風險 (relative risk)。

三、Cox 存活模型與 logit 模型之比較

Noh 等人 (2005) 發現，Cox 模型具有較低的型 I 錯誤 (α)。由於降低型 I 錯誤可以減少解釋變數 (e.g. 錯誤授信) 對結果變數的預測失準 (e.g. 金融機構所造成的損失)，而 Cox 存活模型係半參數模型，不必擔心是否違反常態／韋伯／脆弱分布之假定 (assumption)。

舉例來說，金融放款違約問題，存活分析最主要的好處在於可以預測違約接近的時點，雖然 logit 模型亦可預測出未來一段時間內的違約機率，但不能預測接近違約的時點。

Logistic 迴歸 (logistic 指令) 旨在估計勝算比 (odds ratio)；Cox 迴歸 (stcox、svy: stcox 指令) 及參數存活模型 (streg、svy: streg、stcrreg、xtstreg、mestreg 指令) 旨在估計危險比 (hazard ratio)。

Cox 存活模型之詳情，請見作者《生物醫學統計：使用 STaTa 分析》一書。

四、Logistic 迴歸的範例 (「binary_Logistic.dta」資料檔)

有 400 名學生申請入學資料，如下表所示。這個「binary_Logistic.dta」(dataset)，依變數 admit：代表入學申請是否被承認。預測變數有三個：GRE、GPA 和排名 (rank)，前二者是連續變數；rank 是類別變數代表你想就讀學院的學術威望 (1 代表最高的威望，4 代表最低的威望)。共有 400 名入學申請名單。

表 1-1 **400 名學生申請入學資料**

ID	依變數	預測變數		
	Admit(申請入學被承認嗎)	GRE 成績	GPA 成績	Rank(威望)
1	0	380	3.61	3
2	1	660	3.67	3
3	1	800	4	1
4	1	640	3.19	4
5	0	520	2.93	4
6	1	760	3	2
7	1	560	2.98	1
8	0	400	3.08	2
9	1	540	3.39	3
10	0	700	3.92	2
11	0	800	4	4
12	0	440	3.22	1
13	1	760	4	1
14	0	700	3.08	2
15	1	700	4	1
16	0	480	3.44	3
17	0	780	3.87	4
18	0	360	2.56	3
19	0	800	3.75	2
20	1	540	3.81	1
…	…	…	…	…
392	1	660	3.88	2
393	1	600	3.38	3
394	1	620	3.75	2
395	1	460	3.99	3
396	0	620	4	2
397	0	560	3.04	3
398	0	460	2.63	2
399	0	700	3.65	2
400	0	600	3.89	3

(一) STaTa 分析步驟

先設定工作目錄，「File > Chang working directory」，指定 CD 所附資料夾之路徑，接著再選「File > Open」，開啟「binary_Logistic.dta」資料檔。

| Step 1. | 先探索連續變數的平均數、標準差及類別變數的次數分布 |

command 指令：summarize gre gpa

選擇表 Menu：Statistics > Summaries, tables, and tests > Summary and descriptive statistics > Summary statistics
並選入：gre gpa

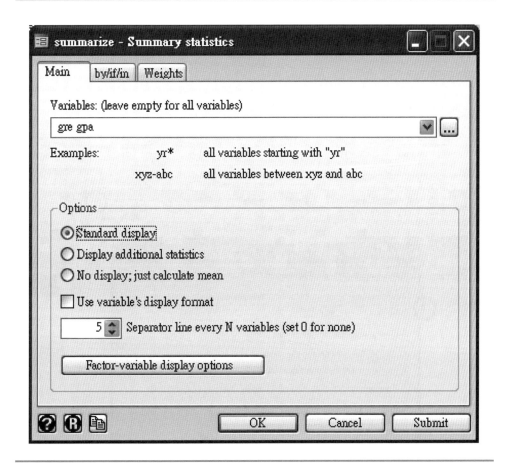

圖 **1-37** 連續變數之「Summary statistics」

連續變數之「Summary statistics」如下表：

```
. use binary_Logistic.dta ,clear

    Variable |        Obs        Mean    Std. Dev.         Min         Max
-------------+-------------------------------------------------------------
         gre |        400       587.7    115.5165         220         800
         gpa |        400      3.3899    .3805668        2.26           4
```

Step1-1. 類別變數的次數分布

command 指令：tabulate rank

選擇表Menu：Statistics > Summaries, tables, and tests > Frequency tables >
One-way table
並選入：rank

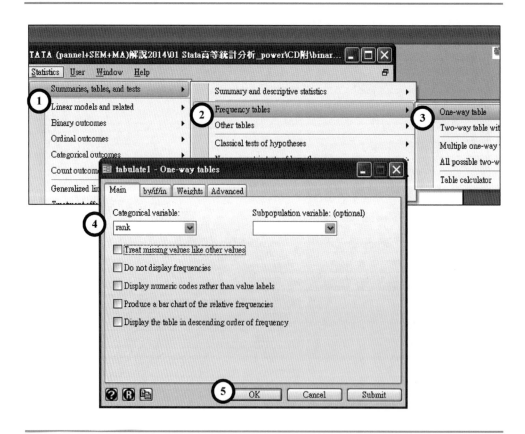

圖 1-38 類別變數之「One-way tables」

```
. tabulate rank
     rank |      Freq.      Percent       Cum.
----------+-----------------------------------
        1 |         61        15.25       15.25
        2 |        151        37.75       53.00
        3 |        121        30.25       83.25
        4 |         67        16.75      100.00
----------+-----------------------------------
    Total |        400       100.00
```

command 指令：**tab admit**

選擇表 Menu：Statistics > Summaries, tables, and tests > Tables > One-way tables

並選入：admit

```
. tab admit
    admit |      Freq.      Percent       Cum.
----------+-----------------------------------
        0 |        273        68.25       68.25
        1 |        127        31.75      100.00
----------+-----------------------------------
    Total |        400       100.00
```

Step1-2. 求兩類別變數之交叉表及卡方檢定

command 指令：**tabulate admit rank, chi2**

選擇表 Menu：Statistics > Summaries, tables, and tests > Tables > Two-way tables with measures of association

並選入：「Row variable」為 admit。「Column variable」為 rank。

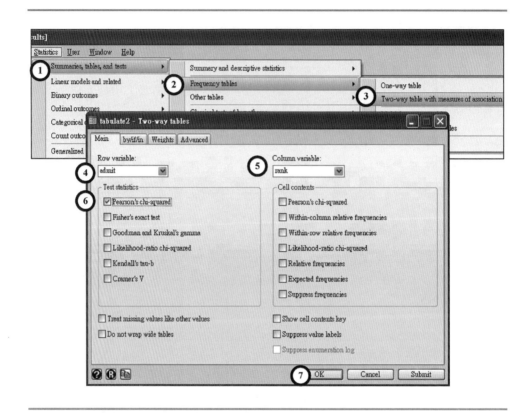

圖 1-39 **admit** 與 **rank** 兩變數之交叉表

```
. tabulate admit rank, chi2
          |                      rank
   admit  |      1         2         3         4 |    Total
----------+--------------------------------------+----------
       0  |     28        97        93        55 |      273
       1  |     33        54        28        12 |      127
----------+--------------------------------------+----------
   Total  |     61       151       121        67 |      400

Pearson chi2(3) =   25.2421    Pr = 0.000
```

註：**admit** 與 **rank** 兩變數達 0.05 顯著關聯性。

Step 2. 思考可用的分析法

1. Logistic 迴歸：本範例之解說重點。

2. Probit 迴歸：Probit 分析結果，類似 logistic 迴歸，這可依你個人偏好來選誰。

3. 最小平方法 (OLS) 迴歸：binary 反應變數，套在 OLS 迴歸，就變成條件機率所建構的「線性機率模型」。但誤差 (殘差) 就會違反「誤差同質性及常態性」的假定，導至結果產生無效的標準差及假設檢定。有關這類疑問，你可參考 Long(1997, p.38-40)。

4. Two-group 的區別 (discriminant) 分析：亦是二元依變數之多變量分析法。

5. Hotelling's T2：依變數「0/1」當作 grouping 變數。三個預測變數當作依變數。此法雖可行，但是只能求得「整體」檢定的顯著性，無法知道 3 個「個別」係數的顯著性，而且無法得知每個 "predictor" 調整後對其他二個 "predictor" 的影響力。

Step 3. Logistic 迴歸分析

command 指令：logit admit gre gpa i.rank

rank 變數前的「i」，宣告此類別變數為 Indicator(dummies) 變數，故 STaTa 才會將 rank 視為 logit 模型之一系列 Indicator 虛擬變數。

先在選擇表 Menu：Statistics > Binary outcomes > Logistic regression
再依下圖，分析界定二個連續變數為自變數；一個類別變數為 factor variable

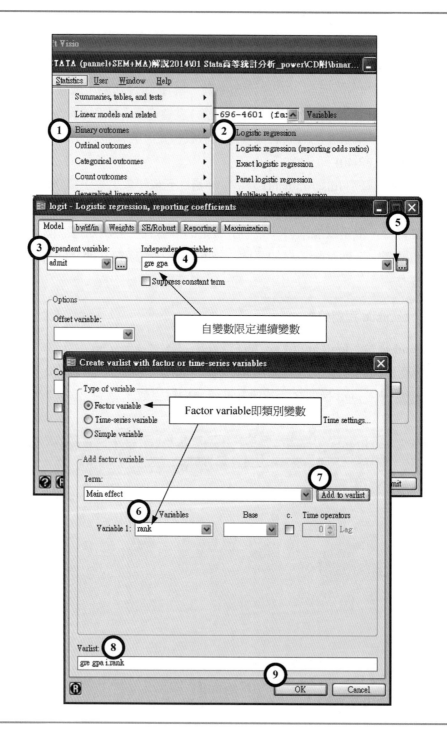

圖 1-40　logit 界定 gre 及 gpa 為自變數，rank 為「factor variable」

```
. use binary_Logistic.dta ,clear
* STaTa 新指令為 logistic；舊指令為 logit
* 符號「i.」是 unary operator to specify Indicators(dummies)variable.
* 符號「i.」宣告類別自變數，為指標 (Indicator) 變數，並以 rank 的 level 1 當比較
組
. logit admit gre gpa i.rank
Logistic regression                        Number of obs   =        400
                                           LR chi2(5)      =      41.46
                                           Prob > chi2     =     0.0000
Log likelihood = -229.25875                Pseudo R2       =     0.0829


-------------------------------------------------------------------------------
       admit |     Coef.    Std. Err.     z     P>|z|    [95% Conf. Interval]
-------------+-----------------------------------------------------------------
         gre |  .0022644    .001094     2.07   0.038     .0001202    .0044086
         gpa |  .8040377   .3318193     2.42   0.015     .1536838    1.454392
             |
        rank |
          2  | -.6754429   .3164897    -2.13   0.033    -1.295751   -.0551346
          3  | -1.340204   .3453064    -3.88   0.000    -2.016992   -.6634158
          4  | -1.551464   .4178316    -3.71   0.000    -2.370399   -.7325287
             |
       _cons | -3.989979   1.139951    -3.50   0.000    -6.224242   -1.755717
-------------------------------------------------------------------------------
* 改求 odds ration(OR)
. logit admit gre gpa i.rank, or


Logistic regression                        Number of obs   =        400
                                           LR chi2(5)      =      41.46
                                           Prob > chi2     =     0.0000
Log likelihood = -229.25875                Pseudo R2       =     0.0829


-------------------------------------------------------------------------------
       admit | Odds Ratio  Std. Err.     z     P>|z|    [95% Conf. Interval]
-------------+-----------------------------------------------------------------
         gre |  1.002267   .0010965    2.07   0.038     1.00012     1.004418
         gpa |  2.234545   .7414652    2.42   0.015     1.166122    4.281877
             |
        rank |
```

2	.5089309	.1610714	-2.13	0.033	.2736922	.9463578
3	.2617923	.0903986	-3.88	0.000	.1330551	.5150889
4	.2119375	.0885542	-3.71	0.000	.0934435	.4806919
_cons	.0185001	.0210892	-3.50	0.000	.0019808	.1727834

1. likelihood ratio chi-square=41.46，p=0.0001，表示你界定模型，至少有一個解釋變數的迴歸係數不為 0。

2. 報表「z」欄中，two-tail 檢定下，若 $|z| > 1.96$，則表示該自變數對依變數有顯著影響力。$|z|$ 值愈大，表示該自變數對依變數的關聯性 (relevance) 愈高。

3. Logit 係數「Coef.」欄中，是 log-odds 單位，故不能用 OLS 迴歸係數的概念來解釋。

4. 在上表，coefficients、standard errors、z-statistic、p-values 及 95%CI，都可看出 gre 和 gpa 均達統計顯著性。

5. 邏輯斯迴歸式為 $\ln\left(\dfrac{P(Y=1 \mid X=x)}{P(Y=0 \mid X=x)}\right) = \alpha + \beta_1 x_1 + ... + \beta_k x_k$

$$\ln\left(\frac{P_{\text{admit}}}{1-P_{\text{admit}}}\right) = -3.98 + 0.002 gre + 0.80 gpa - 0.67(rank=2)$$
$$- 1.34(rank=3) - 1.55(rank=4)$$

6. 在「無沒有其他解釋變數」的影響下，gre 每增加一單位，其勝算比就增加 $1.002(= \exp^{0.00226})$ 倍，且有統計上顯著的差異 (p = 0.038)。

   在「無沒有其他解釋變數」的影響下，gpa 每增加一單位，其勝算比就增加 $2.2345(= \exp^{0.804})$ 倍，且有統計上顯著的差異 (p = 0.015)。

7. 虛擬變數之 rank(你就讀學院的威望)，由最高「rank 1」降低一個單位，至「rank 2」，就會降低「log odds of admission」0.675 單位。

8. Pseudo R-squared = 8.29%，很像 OLS 複迴歸之 R-squared 所代表的「變異數解釋量」。

9. 邏輯斯迴歸式：$E(Y_i) = \dfrac{1}{1+e^{-(\beta_0+\beta_1 X_{1i}+\beta_2 X_{2i}+\cdots+\beta_k X_{ki})}} = \dfrac{e^{\beta_0+\beta_1 X_{1i}+\beta_2 X_{2i}+\cdots+\beta_k X_{ki}}}{1+e^{\beta_0+\beta_1 X_{1i}+\beta_2 X_{2i}+\cdots+\beta_k X_{ki}}}$

10. logit 以最大概似 (maximum likelihood) 來適配二元反應變數的 logit 模型。

Step 4. 事後之線性假設的檢定：「迴歸係數為 0」的檢定

　　由於 STaTa 會暫時保留「binary_Logistic.dta」資料檔的最近一次迴歸分析

結果，故 STaTa 任何迴歸 (最小平方法、logistic、ARIMA、VAR、EVCM、survival、panels data 等迴歸)，都可事後再檢定「迴歸係數 = 0 嗎？」，如下圖所示。

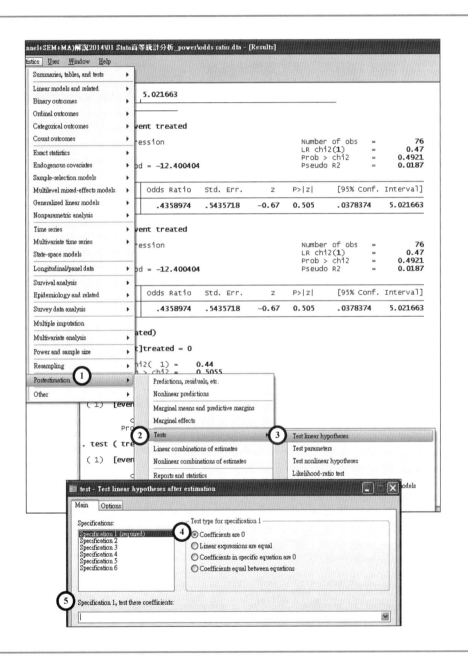

圖 1-41 STaTa 任何迴歸之事後再檢定

test 選擇表：Statistics > Postestimation > Tests > Test linear hypotheses

1. 「迴歸係數為 0」的檢定：test 指令：使用 test 指令來檢定：四個 levels 之 rank 類別變數的整體效果 (overall effect)。下列指令，就是變數 rank 整體效果是否顯著的統計檢定。

command 指令：test(2.rank 3.rank 4.rank)

rank 變數前的「2」，宣告此變數為 categorical 變數 (Indicator 變數)，其「rank 1 vs. rank 2」對 admit 變數的顯著。「**3.rank**」宣告「rank 2 vs. rank 3」對 admit 變數的顯著。「**4.rank**」宣告「rank 3 vs. rank 4」對 admit 變數的顯著。檢定結果，顯示「rank → admit」的「整體效果」達 0.05 水準顯著性，$\chi^2_{(3)}$ = 20.9(p = 0.001)。

```
. test (2.rank 3.rank 4.rank)
(1)   [admit]2.rank = 0
(2)   [admit]3.rank = 0
(3)   [admit]4.rank = 0

        chi2( 3) =    20.90
      Prob > chi2 =    0.0001
```

此外，我們亦可指定，不同「levels of rank」之間迴歸係數的假設。以下指令，就是檢定虛無假設 H_0：「**rank = 2**」與「**rank = 3**」兩者係數是相等的。結果得 $\chi^2_{(1)}$ = 5.51，p < 0.05，故拒絕虛無假設，表示「**rank = 2**」與「**rank = 3**」兩者對 admit 影響效果達顯著差異。倘若我們係要檢定兩者係數的差，亦可改用 **lincom** 指令。

command 指令：test(2.rank = 3.rank)

```
. test(2.rank = 3.rank)
(1)  [admit]2.rank - [admit]3.rank = 0

        chi2( 1)  =       5.51
      Prob > chi2 =      0.0190
```

Step 5. odds ratio 分析

您也可以用 **logistic** 指令，指數化 (exponentiate) 此 binary 迴歸係數，當作 odds ratio 來解釋該迴歸模型。

前面的卡方檢定 ($\chi^2 = 25.2421$, $p = 0.05$)，已可看出 admit 及 rank 這兩個類別變數是高度關聯性。故在此，純粹改以「**odds ratio**」當作 logistic 檢定的單位。

command 指令：logistic admit gre gpa i.rank

先在選擇表 Menu：Statistics > Binary outcomes > Logistic regression(reporting odds ratios)
再依下圖，分析界定二個連續變數為自變數；一個類別變數為 factor variable

圖 1-42 logistic 界定 gre 及 gpa 為自變數，rank 為「factor variable」

```
. use binary_Logistic.dta ,clear
* STaTa 新指令為 logistic；舊指令為 logit
. logistic admit gre gpa i.rank
```

```
Logistic regression                              Number of obs   =        400
                                                 LR chi2(5)      =      41.46
                                                 Prob > chi2     =     0.0000
Log likelihood = -229.25875                      Pseudo R2       =     0.0829
```

```
-------------------------------------------------------------------------------
     admit | Odds Ratio   Std. Err.      z    P>|z|     [95% Conf. Interval]
-----------+-------------------------------------------------------------------
       gre |   1.002267   .0010965     2.07   0.038      1.00012    1.004418
       gpa |   2.234545   .7414652     2.42   0.015     1.166122    4.281877
           |
      rank |
         2 |   .5089309   .1610714    -2.13   0.033     .2736922    .9463578
         3 |   .2617923   .0903986    -3.88   0.000     .1330551    .5150889
         4 |   .2119375   .0885542    -3.71   0.000     .0934435    .4806919
-------------------------------------------------------------------------------
```

```
. logistic admit gre gpa i.rank, coef
```

```
Logistic regression                              Number of obs   =        400
                                                 LR chi2(5)      =      41.46
                                                 Prob > chi2     =     0.0000
Log likelihood = -229.25875                      Pseudo R2       =     0.0829
```

```
-------------------------------------------------------------------------------
     admit |      Coef.   Std. Err.      z    P>|z|     [95% Conf. Interval]
-----------+-------------------------------------------------------------------
       gre |   .0022644   .001094      2.07   0.038     .0001202    .0044086
       gpa |   .8040377   .3318193     2.42   0.015     .1536838    1.454392
           |
      rank |
         2 |  -.6754429   .3164897    -2.13   0.033    -1.295751   -.0551346
         3 |  -1.340204   .3453064    -3.88   0.000    -2.016992   -.6634158
         4 |  -1.551464   .4178316    -3.71   0.000    -2.370399   -.7325287
           |
     _cons |  -3.989979   1.139951    -3.50   0.000    -6.224242   -1.755717
-------------------------------------------------------------------------------
```

1. LR 卡方值 = 41.46(p < 0.05)，表示你界定模型，至少有一個解釋變數的迴歸係數不爲 0。

2. 報表「z」欄中，two-tail 檢定下，若 |z| > 1.96，則表示該自變數對依變數有顯著影響力。|z| 值愈大，表示該自變數對依變數的關聯性 (relevance) 愈高。

3. logit 係數「Coef.」欄中，是 log-odds 單位，故不能用 OLS 迴歸係數的概念來解釋。

4. 邏輯斯迴歸式爲 $\ln\left(\dfrac{P(Y=1 \mid X=x)}{P(Y=0 \mid X=x)}\right) = \alpha + \beta_1 x_1 + \ldots + \beta_k x_k$

$$\ln\left(\frac{P_{申請入學成功}}{1 - P_{申請入學成功}}\right) = -3.99 + 0.0022 \times \text{gre} + 0.804 \times \text{gpa} - 0.675 \times (\text{rank} = 2)$$
$$- 1.34 \times (\text{rank} = 3) - 1.55 \times (\text{rank} = 3)$$

5. 在上表，coefficients、standard errors、z-statistic、p-values 及 95%CI，都可看出 gre 和 gpa 均達統計顯著性。

6. gpa 每增加一單位，「odds of admission」就增加 2.23 單位。

7. 指標變數 rank(你就讀學院的威望)，由最高「rank 1」降低一個單位，至「rank 2」，就會增加「odds of admission」0.5089 單位。

Step 6. 邊際效果

1. 類別型自變數之邊際效果

使用「margins 指令」旨在求迴歸模型的邊際效果。以下 margins 指令，係在所有變數 (2 個連續變數、4 個水準的類別變數) 保持在平均數 (at means) 時，預測「rank 每一 level 對 admission」的邊際效果。

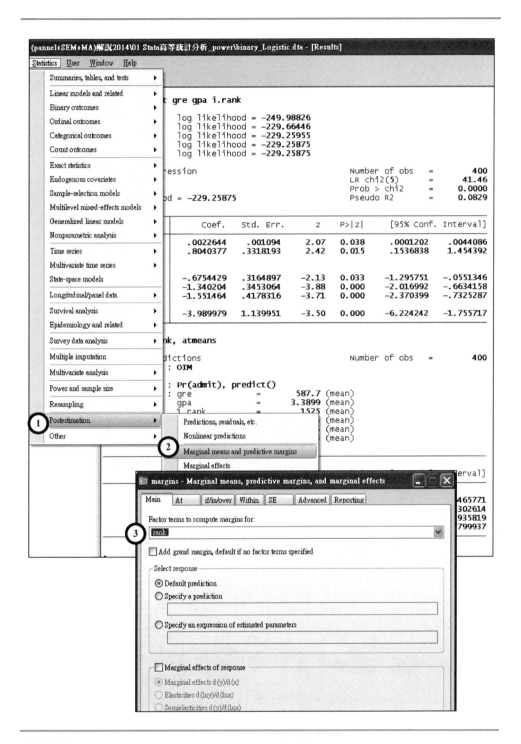

圖 1-43 「rank 每一 level 對 admission」的機率預測

command 指令：**margins rank, atmeans**

選擇表 Menu：

Statistics > Postestimation > Marginal means and predictive margins

Statistics > Postestimation > Marginal effects

```
. margins rank, atmeans
Adjusted predictions                          Number of obs    =       400
Model VCE      : OIM

Expression     : Pr(admit), predict()
at             : gre           =        587.7(mean)
                 gpa           =       3.3899(mean)
                 1.rank        =        .1525(mean)
                 2.rank        =        .3775(mean)
                 3.rank        =        .3025(mean)
                 4.rank        =        .1675(mean)

------------------------------------------------------------------------------
               |            Delta-method
               |     Margin   Std. Err.      z    P>|z|     [95% Conf. Interval]
-------------+----------------------------------------------------------------
         rank  |
           1   |   .5166016   .0663153     7.79   0.000     .3866261    .6465771
           2   |   .3522846   .0397848     8.85   0.000     .2743078    .4302614
           3   |    .218612   .0382506     5.72   0.000     .1436422    .2935819
           4   |   .1846684   .0486362     3.80   0.000     .0893432    .2799937
------------------------------------------------------------------------------
```

1. 邊際效果公式為：

$$\frac{\partial P(y=x|x)}{\partial x_c} = \frac{\exp(x\beta)}{[1+\exp(x\beta)^2]} = \Lambda(x\beta)(1-\Lambda(x\beta)\beta_c \text{ (marginal effect of } x_c)$$

$$\frac{\Delta P(y=x|x)}{\Delta x_b} = P(y=1|x_{-b}, x_b=1) - P(y=1|x_{-b}, x_b=0) \text{ (discrete change of } x_b)$$

2. 邊際效果分析結果，顯示在「gre 及 gpa 都在平均水準 (at means)」程度的學生，學校威信最高等級 (rank=1) 的名校學生，其申請入學 (admit) 的被錄取機

率 0.51 最高。學校威信較差 (rank = 2) 的學生之錄取機率爲 0.35。學校威信最差等級 (rank = 4) 的學生，錄取機率最低，只有 0.18。可見，你就讀學校是不是名校，確實會影響到研究所之申請錄取機率。

2. 連續型自變數之邊際效果

倘若你要知道，gre 從 200 至 800 分之間同學，每次間隔 100，其申請錄取機率爲何？就可以下 margins 指令。由於你沒有對其他變數指定「atmeans 或 at(...)」，STaTa 自動內定以「平均數」程度來估計機率值。假設，平均 gre = 200，則系統係以 gre = 200 來預測「gre 對 admit」的機率值。

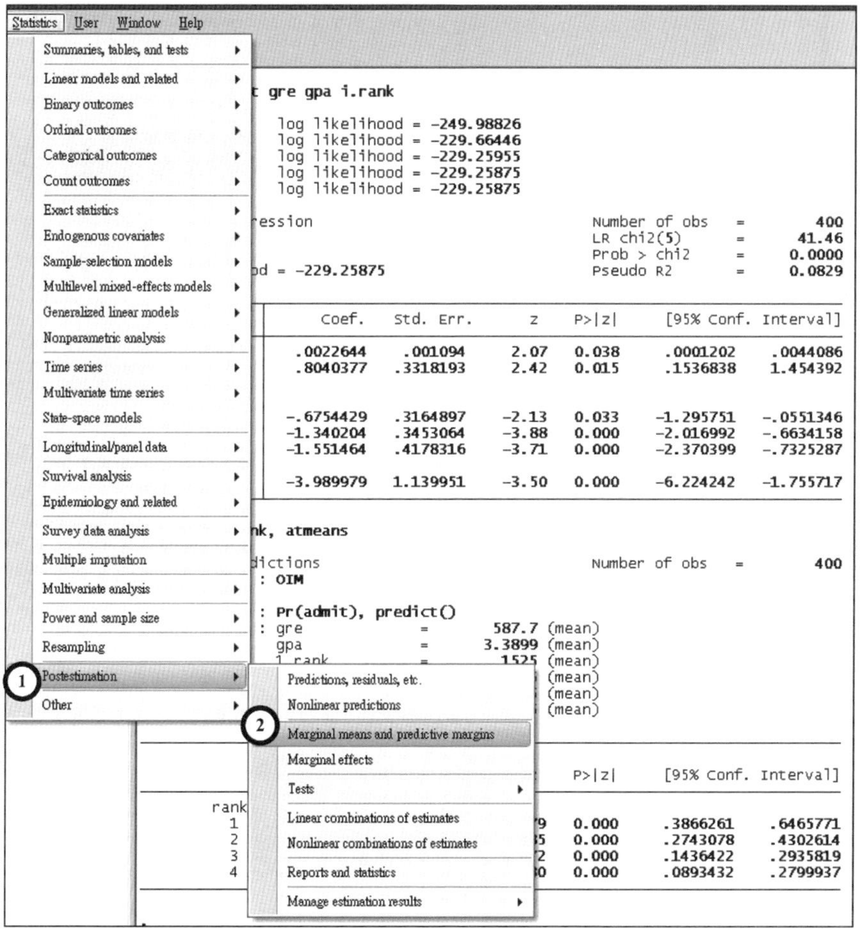

圖 1-44 選「機率預測」

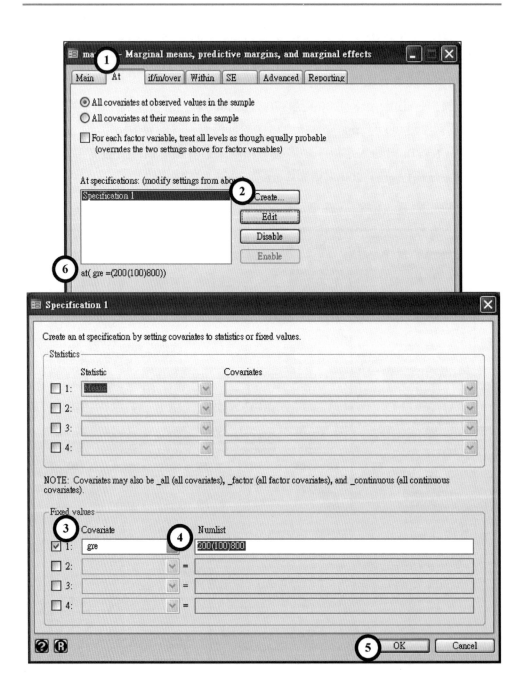

■ 圖 1-45　連續變數 **gre** 從 200 至 800 分，每隔 100，對 **admit** 之錄取率

command 指令：margins , at(gre=(200(100)800)) vsquish

```
. margins , at(gre=(200(100)800))  vsquish
Predictive margins                              Number of obs   =      400
Model VCE     : OIM

Expression    : Pr(admit), predict()
1._at         : gre            =         200
2._at         : gre            =         300
3._at         : gre            =         400
4._at         : gre            =         500
5._at         : gre            =         600
6._at         : gre            =         700
7._at         : gre            =         800


-------------------------------------------------------------------------
              |            Delta-method
              |    Margin   Std. Err.      z    P>|z|    [95% Conf. Interval]
--------------+----------------------------------------------------------
         _at  |
           1  |  .1667471   .0604432     2.76   0.006    .0482807    .2852135
           2  |   .198515   .0528947     3.75   0.000    .0948434    .3021867
           3  |  .2343805   .0421354     5.56   0.000    .1517966    .3169643
           4  |  .2742515   .0296657     9.24   0.000    .2161078    .3323951
           5  |  .3178483    .022704    14.00   0.000    .2733493    .3623473
           6  |  .3646908   .0334029    10.92   0.000    .2992224    .4301592
           7  |  .4141038   .0549909     7.53   0.000    .3063237    .5218839
-------------------------------------------------------------------------
```

在學生「**gpa** 及 **rank** 都保持平均水準」下，連續變數 gre 從 200 至 800 分 (每隔 100)，對 admit 之錄取率預測，結果顯示：(gre=200) 對 admit 之錄取率爲 16.7%。

Step 7. 迴歸模型適配度 (fit)

分析完任何迴歸 (clogit, cnreg, cloglog, intreg, logistic, logit, mlogit, nbreg, ocratio, ologit, oprobit, poisson, probit, regress, zinb, 及 zip) 之後，最近一次的迴歸 分析會暫存在 STaTa 記憶體中，因此事後才可用「fitstat」指令，來檢定「最後 一次迴歸分析」的適配度。

如何安裝 STaTa 提供之外掛指令「fitstat」呢？其實很簡單，只要在 Command 區鍵入「findit fitstat」(如下圖)，即可完成外掛「fitstat」指令檔 ado。

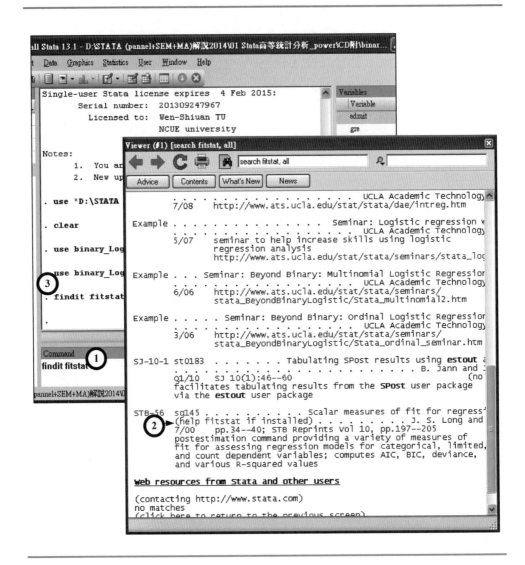

圖 1-46 外掛「fitstat」指令檔 ado 之操作畫面

「外掛 ado 指令檔 **fitstat**」時之畫面

STaTa 要先安裝「fitstat.pkg」，才可執行 **fitstat**：
Fitstat.ado from http://fmwww.bc.edu/RePEc/bocode/f
   'FITSTAT': module to compute fit statistics for single equation regression
   models / fitstat is a post-estimation command that computes a variety of /
   measures of fit for many kinds of regression models. It works / after the
   following: clogit, cnreg, cloglog, intreg, logistic, / logit, mlogit,
----
INSTALLATION FILES   (click here to install)
     fitstat.ado
     fitstat.hlp
----
package installation
----
package name: fitstat.pkg
  download from: http://fmwww.bc.edu/RePEc/bocode/f/

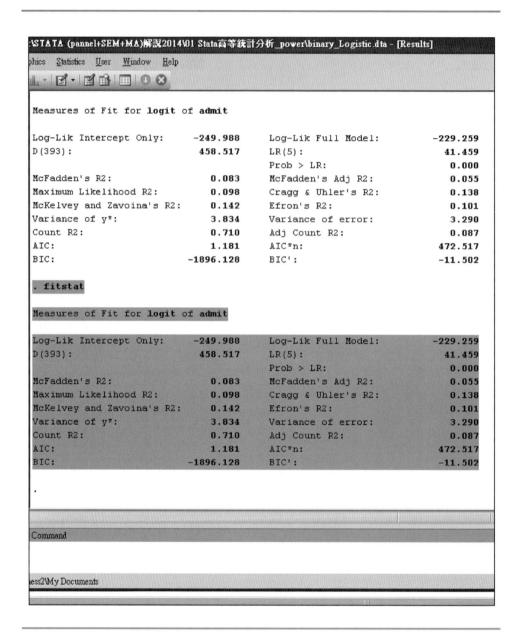

Measures of Fit for **logit** of **admit**

Log-Lik Intercept Only:	-249.988	Log-Lik Full Model:	-229.259
D(393):	458.517	LR(5):	41.459
		Prob > LR:	0.000
McFadden's R2:	0.083	McFadden's Adj R2:	0.055
Maximum Likelihood R2:	0.098	Cragg & Uhler's R2:	0.138
McKelvey and Zavoina's R2:	0.142	Efron's R2:	0.101
Variance of y*:	3.834	Variance of error:	3.290
Count R2:	0.710	Adj Count R2:	0.087
AIC:	1.181	AIC*n:	472.517
BIC:	-1896.128	BIC':	-11.502

圖 1-47 執行「fitstat.ado」指令檔之結果

1. 迴歸模型的評估常使用判定係數 (coefficient of determination) non-pseudo R^2 公式：

$$\text{non-pseudo } R^2 = \frac{SS_R}{SS_T}$$

2. STaTa 八種 pseudo R^2 計算公式，儘管與 non-pseudo R^2 不同，但背後之解釋意義卻很相似。

3. 安裝 fitstat 指令檔之後，直接在 Command 鍵入「fitstat」，即可求得八種 pseudo R^2。R^2 值愈大，表示你最近一次分析的迴歸解釋量就愈高。

4. AIC(Akaike information criterion)、BIC(Bayesian information criterion)
   資訊準則 (information criterion)：亦可用來說明模型的解釋能力 (較常用來作為模型選取的準則，而非單純描述模型的解釋能力)

   (1) AIC(Akaike Information Criterion)

   $$AIC = \ln\left(\frac{ESS}{T}\right) + \frac{2k}{T}$$

   (2) BIC(Bayes Information Criterion) 或 SIC(Schwartz) 或 SBC

   $$BIC = \ln\left(\frac{ESS}{T}\right) + \frac{k\ln(T)}{T}$$

   (3) AIC 與 BIC 越小，代表模型的解釋能力越好〔用的變數越少，或是誤差平方和越小〕。

   一般而言，當模型複雜度提高 (k 增大) 時，概似函數 L 也會增大，從而使 AIC 變小，但是 k 過大時，概似函數增速減緩，導致 AIC 增大，模型過於複雜容易造成過適配現象。目標是選取 AIC 最小的模型，AIC 不僅要提高模型適配度 (極大概似)，而且引入了懲罰項，使模型參數儘可能少，有助於降低過適配的可能性。

5. 判定係數 R^2、AIC 與 BIC，雖然是幾種常用的準則，但是卻沒有統計上所要求的『顯著性』。

6. 當我們利用判定係數或 AIC 與 BIC 找出一個適配度較佳的模型，但是我們卻不知道這個模型是否『顯著地』優於其他模型。

7. 適配度：概似比 (likelihood ratio, LR) 檢定
   概似比檢定 (likelihood ratio test, LRT)，是一種用來比較兩種模型的統計方法。它的原理是將一個複雜的模型拿來和另一個簡單的模型比較，判斷這個複雜的模型在詮釋一組特定的統計資料時是否比另一個模型更合適。這種方法只適用於比較 hierarchically nested models，也就是複雜的模型和簡單的模型比較，它們的差異僅止於參數的多寡。
   例如，假設我們要檢定 AR(2) 模型是否比 AR(1) 模型來的好，因此我們可以分別算出兩個模型的最大概似值分別為 L_U 與 L_R，則 LR 統計量為：
   $$LR = -2(L_R - L_U) \sim 符合 \chi^2_{(m)} 分配$$

假如，$p < 0.05$ 表示達顯著的話，則表示 AR(2) 模型優於 AR(1) 模型。

以本例 logistic 迴歸來說，結果得 LR(4)= 188.965, $p < 0.05$，表示我們界定的預測變數對依變數之模型，比「null model」顯著的好，即表示目前這個 logistic 迴歸模型適配得很好。

1-3-2 如何挑選最佳解釋變數們：早產兒之危險因子 (tabulate, gen、logistic/ logit 指令)

範例：如何界定最優的 logit 模型呢？「tabulate, gen」、logistic/ logit 指令

(一) 問題說明

為瞭解早產兒之影響因素有哪些？(分析單位：個人)

研究者收集數據並整理成下表，此「lowbwt.dta」資料檔內容之變數如下：

變數名稱	說明	編碼 Codes/Values
結果變數 / 依變數：low	早產兒嗎	0, 1(binary data)
解釋變數 / 自變數：lwt	產婦體重	
解釋變數 / 自變數：age	產婦年齡	
解釋變數 / 自變數：race_2	其他種族 vs. 黑人白人	0, 1(binary data)
解釋變數 / 自變數：race_3	白人種族 vs. 黑人其他種族	0, 1(binary data)
解釋變數 / 自變數：ftv	number of physician visits during the first trimester	

(二) 資料檔之內容

「lowbwt.dta」資料檔內容如下圖。

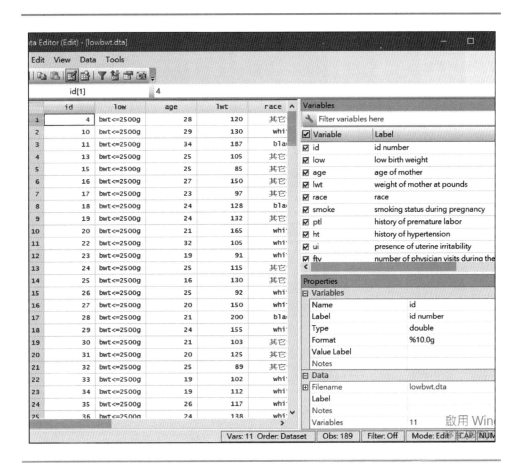

圖 1-48 「lowbwt.dta」資料檔內容 (N=189 個人)

觀察資料之特徵

```
* 開啟資料檔
. use lowbwt.dta, clear
(Hosmer and Lemeshow - from appendix 1)

* 以類別變數 race 三個水準，來產生三個虛擬變數，都以「race_」開頭：race_1、
race_2、race_3
. tabulate race, gen(race_)

        race |     Freq.     Percent      Cum.
-------------+-----------------------------------
       white |        96       50.79      50.79
       black |        26       13.76      64.55
       other |        67       35.45     100.00
-------------+-----------------------------------
       Total |       189      100.00

. list race race_2 race_3 in 1/3

         race    race_2     race_3
  1.    black        1          0
  2.    other        0          1
  3.    white        0          0

. des

Contains data from D:\08 mixed logit regression\CD\lowbwt.dta
  obs:           189
  vars:           11
  size:        16,632
-------------------------------------------------------------------
              storage   display    value
variable name  type     format     label     variable label
-------------------------------------------------------------------
id            double %10.0g                  id number
low           double %10.0g        low       low birth weight
age           double %10.0g                  age of mother
lwt           double %10.0g                  weight of mother at pounds
```

```
race            double %10.0g       race      race
smoke           double %10.0g       smoke     smoking status during pregnancy
ptl             double %10.0g       ptl       history of premature labor
ht              double %10.0g       ht        history of hypertension
ui              double %10.0g       ui        presence of uterine irritability
ftv             double %10.0g       ftv       number of physician visits during the
first trimester
bwt             double %10.0g                 嬰兒出生體重
----------------------------------------------------------------------------
```

定義：廣義邏輯斯迴歸模型 (generalized logistic regression model)

此模型首先指定某一組為參考組，接著其他組一一與此參考組做比較，其數學式如下：

$$\log\left(\frac{\pi_j}{\pi_1}\right) = \alpha_j + \beta_j x \text{，} j = 2, \cdots, J$$

若反應變數分三類，例如不重要、中等重要、很重要，則可得兩個數學式如下：

$$\log\left(\frac{\pi_{中等重要}}{\pi_{不重要}}\right) = \alpha_2 + \beta_2 x \text{，及} \log\left(\frac{\pi_{很重要}}{\pi_{不重要}}\right) = \alpha_3 + \beta_3 x$$

以上兩個數學式，可視為兩個二元邏輯斯迴歸模型。

(三) 分析結果與討論

Step 1. 解釋變數全部納入 logit 分析

```
* 開啟資料檔
. use lowbwt.dta, clear

. logit low age lwt race_2 race_3 ftv
Logistic regression                         Number of obs    =         189
                                            LR chi2(5)       =       12.10
```

```
                                            Prob > chi2      =     0.0335
Log likelihood = -111.28645                 Pseudo R2        =     0.0516

-----------------------------------------------------------------------------
    low |      Coef.    Std. Err.      z     P>|z|    [95% Conf. Interval]
--------+--------------------------------------------------------------------
    age |   -.023823    .0337296    -0.71    0.480    -.0899318    .0422859
    lwt |  -.0142446    .0065407    -2.18    0.029    -.0270642    -.001425
 race_2 |   1.003898    .497859      2.02    0.044     .0281121    1.979684
 race_3 |   .4331084    .3622403     1.20    0.232    -.2768694    1.143086
    ftv |  -.0493083    .1672391    -0.29    0.768    -.3770909    .2784743
  _cons |   1.295366    1.071443     1.21    0.227    -.8046244    3.395356
-----------------------------------------------------------------------------
```

1. 影響造成產婦生早產兒的因素，包括：lwt(媽媽體重太輕)、race_2(其他種族 比白黑人更易早產)，但 age、ftv 則不影響早產兒。

Step 2. 剩有顯著解釋變數，才納入 logit 分析

```
* 開啟資料檔
. use lowbwt.dta, clear

. logit low lwt race_2 race_3

Logistic regression                         Number of obs    =        189
                                            LR chi2(3)       =      11.41
                                            Prob > chi2      =     0.0097
Log likelihood = -111.62955                 Pseudo R2        =     0.0486

-----------------------------------------------------------------------------
    low |      Coef.    Std. Err.      z     P>|z|    [95% Conf. Interval]
--------+--------------------------------------------------------------------
    lwt |  -.0152231    .0064394    -2.36    0.018     -.027844    -.0026022
 race_2 |   1.081066    .4880522     2.22    0.027     .1245015    2.037631
 race_3 |   .4806033    .3566737     1.35    0.178    -.2184644    1.179671
  _cons |   .8057535    .8451667     0.95    0.340    -.8507428    2.46225
-----------------------------------------------------------------------------
. logit low lwt race_2 race_3, or
```

```
Logistic regression                      Number of obs    =       189
                                         LR chi2(3)       =     11.41
                                         Prob > chi2      =    0.0097
Log likelihood = -111.62955              Pseudo R2        =    0.0486


--------------------------------------------------------------------------
       low | Odds Ratio   Std. Err.      z    P>|z|     [95% Conf. Interval]
-----------+--------------------------------------------------------------
       lwt | .9848922     .0063421    -2.36   0.018     .9725401   .9974012
    race_2 | 2.947821     1.43869      2.22   0.027     1.132584   7.672411
    race_3 | 1.61705      .5767591     1.35   0.178     .8037521   3.253303
     _cons | 2.238382     1.891806     0.95   0.340     .4270976   11.73117
--------------------------------------------------------------------------
Note: _cons estimates baseline odds.
. estat vce


Covariance matrix of coefficients of logit model

      e(V) |      lwt        race_2      race_3       _cons
-----------+----------------------------------------------
       lwt | .00004146
    race_2 | -.00064703   .23819397
    race_3 | .00035585    .05320001   .12721584
     _cons | -.00521365   .02260223   -.1034968    .71429959
```

1. LR 卡方值 = 11.41 (p < 0.05)，表示你界定模型，至少有一個解釋變數的迴歸係數不爲 0。

2. 報表「z」欄中，two-tail 檢定下，若 |z| > 1.96，則表示該自變數對依變數有顯著影響力。|z| 值愈大，表示該自變數對依變數的關聯性 (relevance) 愈高。

3. logit 係數「Coef.」欄中，是 log-odds 單位，故不能用 OLS 迴歸係數的概念來解釋。

4. 邏輯斯迴歸式爲 $\ln\left(\dfrac{P(Y=1\,|\,X=x)}{P(Y=0\,|\,X=x)}\right) = \alpha + \beta_1 x_1 + ... + \beta_k x_k$

$$\ln\left(\frac{P_{bwt<=2500g}}{1-P_{bwt<=2500g}}\right) = 0.8057 - 0.0152 \times lwt + 1.081 \times (race=2) + 0.4806 \times (race=3)$$

上列迴歸方程式可解釋爲，在控制 race 的影響後，媽媽體重 (lwt) 每增加

1 磅生出早產兒的勝算為 0.9848(= $\exp^{-0.0152}$) 倍，且達到統計上的顯著差異 (p=0.018)。

在控制產婦體重 (lwt) 的影響後，白人產婦生出早產兒的<mark>勝算</mark>為黑人的 2.9478(= $\exp^{1.081}$) 倍，且有統計上顯著的差異 (p = 0.027)。相對的，白人產婦生出早產兒的<mark>勝算</mark>為其他種族的 1.617(= $\exp^{0.4806}$) 倍，但未達統計上顯著的差異 (p = 0.178)。

1-4 邏輯斯迴歸分析 (logit、glm 指令)

1-4-1 邏輯斯迴歸分析一 (母蟹 crab)：(logit、prvalue、glm 指令)

本範例指令，存在 crab_Categorical Analysis.do 檔。

範例：母馬蹄蟹有追求者嗎？

(一) 問題說明

為瞭解母馬蹄蟹被追求者之因素有哪些？(分析單位：母馬蹄蟹)

研究者收集數據並整理成下表，此「crab.dta」資料檔內容之變數如下：

變數名稱	說明	編碼 Codes/Values
結果變數 / 依變數：y	母馬蹄蟹有追求者嗎	0, 1(binary data)
解釋變數 / 自變數：width	母蟹寬度	21〜33.58 公分
解釋變數 / 自變數：color	母蟹分 4 顏色	1〜4 色彩程度
解釋變數 / 自變數：satell	原先追求者 (在洞口守候公蟹) 數目，再分割為有及無追求者兩類 (y)	0〜15 隻公蟹守候

(二) 資料檔之內容

「crab.dta」資料檔內容如下圖。

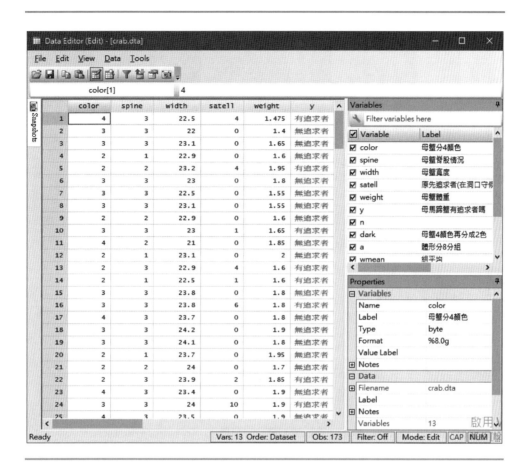

圖 1-49 「crab.dta」資料檔內容 (N=173 隻母蟹)

觀察資料之特徵

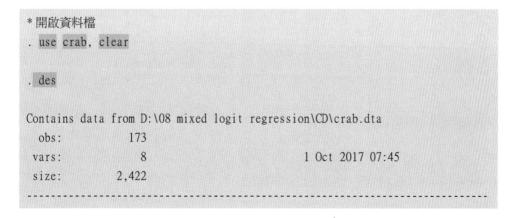

```
                 storage  display   value
variable name    type     format    label      variable label
--------------------------------------------------------------------------
color            byte     %8.0g                母蟹分 4 顏色
spine            byte     %8.0g                母蟹脊骨情況
width            float    %9.0g                母蟹寬度
satell           byte     %8.0g                原先追求者 ( 在洞口守候公蟹 ) 數目，再分割為有及
                                               無追求者兩類
weight           float    %9.0g                母蟹體重
y                byte     %8.0g      y_fmt     母馬蹄蟹有追求者嗎
n                byte     %8.0g
dark             byte     %8.0g      dark_fmt  母蟹 4 顏色再分成 2 色
```

(三) 分析結果與討論

Step 1. 變數變換

```
* 開啟資料檔
. use crab, clear

* 變數變換，產生變數 a( 分大小隻母蟹共 8 分組體形 ). ceil() 函數取上限
. gen a = ceil(width - 23.25) + 1

. replace a = 1 if  a<=0
(2 real changes made)

. replace a = 8 if a >8
(5 real changes made)

. sort a
* 求組平均
. egen wmean = mean(width), by(a)
. egen ssatell = total(y), by(a)
* 求百分比
. egen sn = total(n), by(a)
. gen prop_s = ssatell/sn
```

Step 2. 繪散布圖

* 繪 3 個散布圖之重疊
. graph twoway(lowess prop_s wmean)(scatter prop_s wmean)(scatter y width)

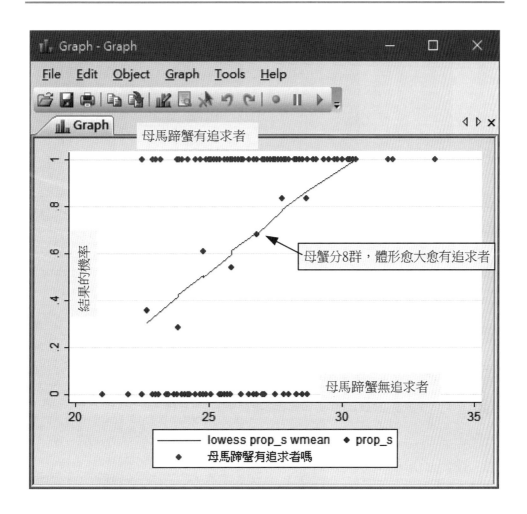

圖 1-50 「graph twoway(lowess prop_s wmean)(scatter prop_s wmean)(scatter y width)」
繪圖

Step 3. **logit** 分析

```
. use crab, clear

* 模型一 logit 迴歸
. logit y width, nolog

Logistic regression                          Number of obs   =        173
                                             LR chi2(1)      =      31.31
                                             Prob > chi2     =     0.0000
Log likelihood = -97.226331                  Pseudo R2       =     0.1387

-------------------------------------------------------------------------------
           y |      Coef.   Std. Err.      z    P>|z|     [95% Conf. Interval]
-------------+-----------------------------------------------------------------
       width |   .4972306   .1017361     4.89   0.000     .2978316    .6966297
       _cons |  -12.35082   2.628731    -4.70   0.000    -17.50304     -7.1986
-------------------------------------------------------------------------------

. logit y width, or

Logistic regression                          Number of obs   =        173
                                             LR chi2(1)      =      31.31
                                             Prob > chi2     =     0.0000
Log likelihood = -97.226331                  Pseudo R2       =     0.1387

-------------------------------------------------------------------------------
           y | Odds Ratio   Std. Err.      z    P>|z|     [95% Conf. Interval]
-------------+-----------------------------------------------------------------
       width |   1.644162   .1672706     4.89   0.000     1.346935    2.006977
       _cons |   4.33e-06   .0000114    -4.70   0.000     2.50e-08    .0007476
-------------------------------------------------------------------------------

. estat ic

-------------------------------------------------------------------------------
       Model |     Obs    ll(null)   ll(model)     df         AIC          BIC
-------------+-----------------------------------------------------------------
           . |     173   -112.8793   -97.22633      2    198.4527     204.7592
-------------------------------------------------------------------------------
```

1. 最大概似估計量 $\beta = 0.497$。

2. 效應的區間估計：

   (1) AES = 0.102。

   (2) β 的 95% 信賴區間為 $0.497 \pm 1.96 \times 0.102 = (0.298, 0.697)$。

3. 勝算

   (1) 寬度每增加 1cm，母馬蹄蟹有追求者的勝算為原先的 $e^{0.497} = 1.644$。

   (2) 寬度每增加 1cm，母馬蹄蟹有追求者的勝算的 95% 信賴區間為 $(e^{0.298}, e^{0.697})$ $= (1.35, 2.01)$。

   (3) 寬度每增加 1cm，母馬蹄蟹有追求者的勝算至多為原先的兩倍。

4. S 形的上升速度在 $\pi(x) = 0.5$ 時最快，為 0.25β。

   (1) 估計值為 $0.25 \hat{\beta} = 0.124$。

   (2) 95% 信賴區間為 $0.25(0.298, 0.697) = (0.074, 0.174)$。

5. 中位有效水準 (代表此時 Y = 1 的機率有 50%)

   (1) $EL_{50} = -\hat{\alpha} / \hat{\beta} = 12.351 / 0.497 = 24.8$。

6. 顯著性檢定：$H_0 : \beta = 0$

   (1) Z 檢定：$z = \dfrac{0.497}{0.102} = 4.9$，$p\_value = P(|z| > 4.9 < 0.0001)$。

   (2) Wald 檢定：$W = \left(\dfrac{0.497}{0.102}\right)^2 = 4.9^2 = 23.9$，$p\_value = P(\chi_1^2 > 23.9) < 0.0001$。

   (3) LRT：

   $$-2\log \Lambda = -2(\log l_0 - \log l_1) = -2(L_0 - L_1)$$

   $$= (-2L_0) - (-L_1) = 225.759 - 194.453 = 31.306$$

   $$p\_value = P(\chi_1^2 > 31.306) < 0.0001$$

7. 當 $X = 26.5$ 時，機率的估計：

   (1) 點估計：

   $$\hat{\pi}(26.5) = \frac{\exp(-12.351 + 0.497 \times 26.5)}{1 + \exp(-12.351 + 0.497 \times 26.5)} = 0.695$$

   (2) 區間估計：

   (a) 利用軟體得到的結果 $(0.61, 0.77)$。

   (b) 利用共變異數矩陣計算結果：

   (I) $\hat{\alpha} + \hat{\beta}x = -12.351 + 0.497 \times 26.5 = 0.825$

   (II) $Var(\hat{\alpha} + \hat{\beta}x) = 6.91 + 26.5^2 \times 0.01035 + 2 \times 26.5 \times (-0.2668) = 0.038$

   (III) $\alpha + \beta$ 的 95% 信賴區間為 $0.825 \pm 1.96 \times \sqrt{0.038} = (0.44, 1.21)$。

(IV)$\pi(26.5)$ 的 95% 信賴區間為 $\left(\dfrac{e^{0.44}}{1+e^{0.44}}, \dfrac{e^{1.21}}{1+e^{1.21}} \right) = (0.44, 1.21)$。

| Step 4. | 對照組：**linear model approach**

```
* 模型二 最小平方法 OLS 迴歸

. reg y width

      Source |       SS       df       MS              Number of obs =     173
-------------+------------------------------           F(  1,   171) =   32.85
       Model |  6.40974521     1  6.40974521           Prob > F      =  0.0000
    Residual |  33.3706016   171  .195149717           R-squared     =  0.1611
-------------+------------------------------           Adj R-squared =  0.1562
       Total |  39.7803468   172  .231281086           Root MSE      =  .44176

-------------+----------------------------------------------------------------
           y |      Coef.   Std. Err.      t    P>|t|     [95% Conf. Interval]
-------------+----------------------------------------------------------------
       width |   .0915308   .0159709     5.73   0.000     .0600052    .1230563
       _cons |  -1.765534   .4213581    -4.19   0.000    -2.597267   -.9338014
-------------+----------------------------------------------------------------

. estat ic

-----------------------------------------------------------------------------
       Model |    Obs    ll(null)   ll(model)     df       AIC         BIC
-------------+---------------------------------------------------------------
           . |    173   -118.3284   -103.1306      2    210.2611    216.5677
-----------------------------------------------------------------------------
```

1. 此線性迴歸分析結果，對照 Step 3. logit 迴歸分析，二者在：Coef.、Std. Err. 都有些微不同。故二元依變數採 logit 迴歸分析才是王道。

2. 使用「estat ic」是計算模型適配度 IC 指標：AIC、BIC。IC 值愈小模型適配愈佳。模型二 OLS 迴歸 AIC= 210.26 值比 模型一 logit 迴歸 AIC 大。故 模型一 logit 迴歸比 OLS 模型佳。此亦證明 binary 依變數，使用 logit 迴歸會比 OLS 模型佳。

Step 5. 繪 logit 迴歸的預測值之散布圖

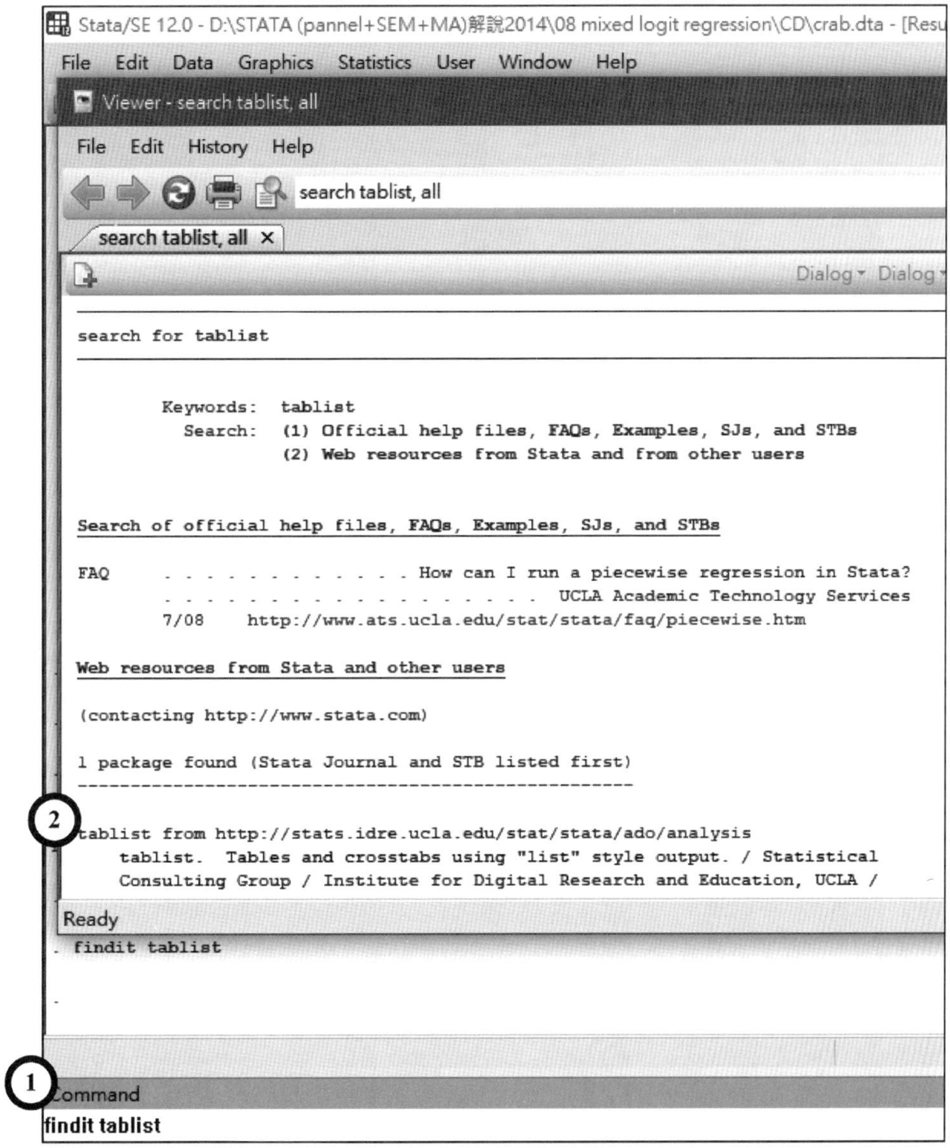

圖 1-51 「findit tablist」：安裝 tablist.ado 外掛指令

```
. quietly logit y width

*logit 迴歸之預測值存至 P 變數
. predict p

* 先安裝 tablist.ado 外掛指令，再執行它
. findit tablist
* 有 tablist 之 sort(v)，才可 graph 線條平滑化
. tablist width p, sort(v)


  +-------------------------+
  | width         p  Freq |
  |-------------------------|
  |    21    .129096     1 |
  |    22    .195959     1 |
  |  22.5   .2380991     3 |
  |  22.9   .2760306     3 |
  |    23    .286077     2 |
  |-------------------------|
  |  23.1   .2963393     3 |
  |  23.2   .3068116     1 |
  |  23.4   .3283577     1 |
  |  23.5   .3394157     1 |
  |  23.7   .3620558     3 |
  |-------------------------|
  |  23.8   .3736171     3 |
  |  23.9   .3853249     1 |
  |    24   .3971669     2 |
  |  24.1   .4091306     1 |
  |  24.2   .4212029     2 |
  |-------------------------|
  |  24.3   .4333699     2 |
  |  24.5   .4579326     7 |
  |  24.7   .4827014     5 |
  |  24.8   .4951253     1 |
  |  24.9   .5075554     3 |
  |-------------------------|
  |    25   .5199761     6 |
  |  25.1   .5323722     2 |
```

```
|   25.2    .5447285    2 |
|   25.3    .5570297    1 |
|   25.4    .5692616    3 |
|--------------------------|
|   25.5    .5814095    3 |
|   25.6    .5934595    2 |
|   25.7    .6053981    6 |
|   25.8    .6172119    7 |
|   25.9    .6288891    1 |
|--------------------------|
|    26     .6404177    6 |
|   26.1    .6517864    2 |
|   26.2    .6629848    8 |
|   26.3     .674003    1 |
|   26.5    .6954646    6 |
|--------------------------|
|   26.7    .7161084    3 |
|   26.8    .7261074    3 |
|    27     .7454343    5 |
|   27.1    .7547542    2 |
|   27.2     .763841    2 |
|--------------------------|
|   27.3    .7726924    1 |
|   27.4    .7813072    3 |
|   27.5    .7896843    6 |
|   27.6    .7978235    1 |
|   27.7    .8057253    2 |
|--------------------------|
|   27.8    .8133904    2 |
|   27.9    .8208204    2 |
|    28     .8280171    3 |
|   28.2    .8417205    4 |
|   28.3    .8482328    3 |
|--------------------------|
|   28.4    .8545237    2 |
|   28.5    .8605966    4 |
|   28.7    .8721051    2 |
|   28.9    .8827927    1 |
|    29     .8878404    6 |
```

```
|-------------------------|
|  29.3   .9018577     2  |
|  29.5   .9103148     1  |
|  29.7   .9181093     1  |
|  29.8   .9217708     1  |
|   30    .9286477     3  |
|-------------------------|
|  30.2   .9349627     1  |
|  30.3   .9379216     1  |
|  30.5   .9434658     1  |
|  31.7   .9680587     1  |
|  31.9   .9709946     1  |
|-------------------------|
|  33.5   .9866974     1  |
+-------------------------+
```

*logit 迴歸之預測值 P 變數，其描述性統計
. sum p

```
    Variable |      Obs      Mean    Std. Dev.       Min        Max
-------------+----------------------------------------------------
           p |      173   .6416185   .1980444    .129096   .9866974
```

* 有 tablist 之 sort(v)，才可 graph 線條平滑化
. graph twoway line p width, ytitle(" 機率 ") xlabel(20(2)34) sort

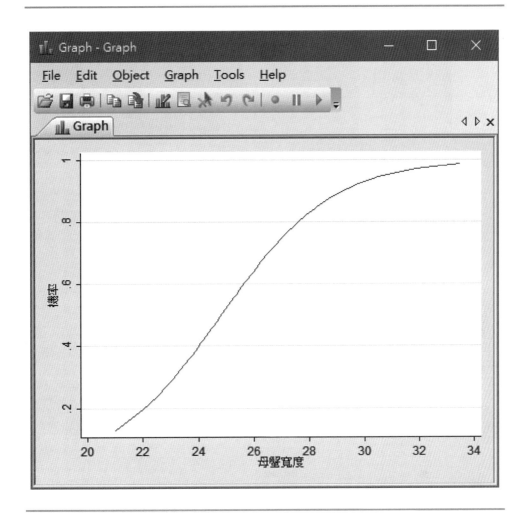

圖 1-52 「graph twoway line p width, ytitle(" 機率 ") xlabel(20(2)34) sort」繪圖

Step 6. logit 迴歸改求勝算比 (OR)

```
. logit y width, or nolog

Logit estimates                          Number of obs  =      173
                                         LR chi2(1)     =    31.31
                                         Prob > chi2    =   0.0000
Log likelihood = -97.226331              Pseudo R2      =   0.1387
```

```
----------------------------------------------------------------------
       y | Odds Ratio   Std. Err.      z    P>|z|    [95% Conf. Interval]
---------+------------------------------------------------------------
   width |   1.644162    .1672706    4.89   0.000    1.346935    2.006977
----------------------------------------------------------------------
```

* 先裝 prvaluen 外掛指令
. findit prvalue

* 求 width=26.3 之勝算比為 2.0674847
. prvalue, x(width=26.3)

logit: Predictions for y
  Pr(y=1|x):   0.6740   95% ci:(0.5915,0.7470)
  Pr(y=0|x):   0.3260   95% ci:(0.2530,0.4085)
     width
x=   26.3

. di .6740/.3260
2.0674847

* 求 width=27.3 之勝算比為 3.3994721
. prvalue, x(width=27.3)

logit: Predictions for y
  Pr(y=1|x):   0.7727   95% ci:(0.6830,0.8428)
  Pr(y=0|x):   0.2273   95% ci:(0.1572,0.3170)
     width
x=   27.3

. di .7727/.2273
3.3994721

. di 3.3994721/2.0674847

1. 母蟹寬度每大一個單位，其勝算比 (odds ratio) 提高為 1.66。
2. width 每增加一單位，「odds of 被追求 (y)」就增加 1.644 單位。

Step 7. 求每個效果之信賴區間 **(confidence intervals for effects)**

```
. logit y width,  nolog

Logit estimates                               Number of obs   =        173
                                              LR chi2(1)      =      31.31
                                              Prob > chi2     =     0.0000
Log likelihood = -97.226331                   Pseudo R2       =     0.1387
-------------------------------------------------------------------------------
         y |     Coef.   Std. Err.       z    P>|z|     [95% Conf. Interval]
-----------+-------------------------------------------------------------------
     width |  .4972306   .1017361     4.89    0.000     .2978316    .6966297
     _cons | -12.35082   2.628731    -4.70    0.000    -17.50304    -7.1986
-------------------------------------------------------------------------------


. logit y width,  or nolog

Logit estimates                               Number of obs   =        173
                                              LR chi2(1)      =      31.31
                                              Prob > chi2     =     0.0000
Log likelihood = -97.226331                   Pseudo R2       =     0.1387
-------------------------------------------------------------------------------
         y | Odds Ratio  Std. Err.       z    P>|z|     [95% Conf. Interval]
-----------+-------------------------------------------------------------------
     width |  1.644162   .1672706     4.89    0.000     1.346935    2.006977
-------------------------------------------------------------------------------
```

1. 邏輯斯迴歸式為 $\log\left(\dfrac{P(Y=1\,|\,X=x)}{P(Y=0\,|\,X=x)}\right) = \alpha + \beta x = -12.35 + 0.497 \times \text{width}$

2. width 每增加一單位，「odds of 被追求 (y)」就增加 1.644 單位。

Step 8. logit 模型診斷 **(model checking)**

```
. gen a = ceil(width - 23.25) + 1
. replace a = 1 if a<=0
(2 real changes made)
```

```
. replace a = 8 if a >8
(5 real changes made)

. sort a
. logit satell width, nolog

Logit estimates                          Number of obs   =      173
                                         LR chi2(1)      =    31.31
                                         Prob > chi2     =   0.0000
Log likelihood = -97.226331              Pseudo R2       =   0.1387
------------------------------------------------------------------------------
      satell |     Coef.   Std. Err.      z    P>|z|    [95% Conf. Interval]
-------------+----------------------------------------------------------------
       width |   .4972306   .1017361     4.89   0.000    .2978316    .6966297
       _cons |  -12.35082   2.628731    -4.70   0.000   -17.50304     -7.1986
------------------------------------------------------------------------------

. predict p
(option p assumed; Pr(satell))

. gen no=1-y
. gen nop = 1-p
. collapse(sum) yes=y no p nop, by(a)
. list

     +------------------------------------------+
     | a    yes    no          p          nop |
     |------------------------------------------|
  1. | 1      5     9    3.635427     10.36457 |
  2. | 2      4    10    5.305987     8.694013 |
  3. | 3     17    11    13.77762     14.22238 |
  4. | 4     21    18    24.22768     14.77232 |
  5. | 5     15     7     15.9378       6.0622 |
     |------------------------------------------|
  6. | 6     20     4    19.38335     4.616651 |
  7. | 7     15     3    15.65018     2.349822 |
  8. | 8     14     0    13.08195     .9180457 |
     +------------------------------------------+
```

```
. gen x2 =(yes-p)^2/p +(no-nop)^2/nop
. egen x2sum = total(x2)

. gen g2 = 2*yes*log(yes/p) + 2*no*log(no/nop)
(1 missing value generated)

. replace g2 = 2 if yes==0 | no==0
(1 real change made)

. egen g2sum=total(g2)
. list
    +----------------------------------------------------------------------+
    | a    yes    no        p          nop         x2     x2sum        g2      g2sum |
    |----------------------------------------------------------------------|
1.  | 1     5     9    3.635427   10.36457   .6918539   5.3201   .6460713   6.280302 |
2.  | 2     4    10    5.305987    8.694013   .5176301   5.320   .5386781   6.280302 |
3.  | 3    17    11   13.77762    14.22238   1.483761   5.3201   1.493428   6.280302 |
4.  | 4    21    18   24.22768    14.77232   1.135233   5.3201   1.109317   6.280302 |
5.  | 5    15     7    15.9378     6.0622    .2002557   5.3201   .1944201   6.280302 |
    |----------------------------------------------------------------------|
6.  | 6    20     4   19.38335    4.616651   .1019846   5.3201   .1057136   6.280302 |
7.  | 7    15     3   15.65018    2.349822   .2069104   5.3201   .1926733   6.280302 |
8.  | 8    14     0   13.08195    .9180457   .9824709   5.3201         2    6.280302 |
    +----------------------------------------------------------------------+
```

Step 9. 組平均來求 **logit** 模型、整體適配度 **gof**

```
. use crab, clear

. gen a = ceil(width - 23.25) + 1
. replace a = 1 if a<=0
. replace a = 8 if a >8
. sort a
* 母蟹寬度 (width) 之組平均，存至 mwidth 變數
. egen mwidth = mean(width), by(a)

* 當實驗組 組平均來求 logit 模型
```

```
. logit y mwidth, nolog

Logit estimates                           Number of obs    =        173
                                          LR chi2(1)       =      28.08
                                          Prob > chi2      =     0.0000
Log likelihood = -98.84003                Pseudo R2        =     0.1244
-------------------------------------------------------------------------
         y |     Coef.   Std. Err.      z    P>|z|    [95% Conf. Interval]
-----------+-------------------------------------------------------------
    mwidth |   .4654004   .0986921    4.72   0.000    .2719674   .6588334
     _cons |  -11.53299   2.552684   -4.52   0.000   -16.53616  -6.529821
-------------------------------------------------------------------------
```

* 整體適配度 gof
. estat gof

```
Logistic model for y, goodness-of-fit test
      number of observations =        173
number of covariate patterns =          8
            Pearson chi2(6) =        5.02
              Prob > chi2 =      0.5417
```

* 當對照組 未組平均來求 logit 模型
. logit y width, nolog

```
Logistic regression                       Number of obs    =        173
                                          LR chi2(1)       =      31.31
                                          Prob > chi2      =     0.0000
Log likelihood = -97.226331               Pseudo R2        =     0.1387

-------------------------------------------------------------------------
         y |     Coef.   Std. Err.      z    P>|z|    [95% Conf. Interval]
-----------+-------------------------------------------------------------
     width |   .4972306   .1017361    4.89   0.000    .2978316   .6966297
     _cons |  -12.35082   2.628731   -4.70   0.000   -17.50304    -7.1986
-------------------------------------------------------------------------
```

. estat gof

```
Logistic model for y, goodness-of-fit test
```

```
     number of observations =         173
number of covariate patterns =        66
       Pearson chi2(64) =           55.18
          Prob > chi2 =            0.7761
```

1. 母蟹寬度 (width) 之組平均當解釋變數，求得 logit 模型，母蟹寬度每大一單位，被成功追求的機率愈高。

2. 組平均來求 logit 模型、整體適配度 (gof)：$\chi^2_{(6)} = 5.02 (p > 0.05)$，接受「$H_0$：模型合適的」。

3. 未組平均來求 logit 模型、整體適配度 (gof)：$\chi^2_{(6)} = 55.18 (p > 0.05)$，接受「$H_0$：模型合適的」。

4. 未組平均 vs. 組平均，整體適配度 (gof) 之卡方值較小，表示未組平均 logit 模型較佳。

Step 10. 未分組之 **logit** 建模 (model on ungrouped data)

```
. logit y width, nolog

Logit estimates                          Number of obs   =        173
                                         LR chi2(1)      =      31.31
                                         Prob > chi2     =     0.0000
Log likelihood = -97.226331              Pseudo R2       =     0.1387

------------------------------------------------------------------------
        y |    Coef.    Std. Err.     z    P>|z|    [95% Conf. Interval]
----------+-------------------------------------------------------------
    width |  .4972306   .1017361    4.89   0.000    .2978316    .6966297
    _cons | -12.35082   2.628731   -4.70   0.000   -17.50304    -7.1986
------------------------------------------------------------------------

. estat gof, group(10) table

Logistic model for y, goodness-of-fit test
(Table collapsed on quantiles of estimated probabilities)
  +-----------------------------------------------------------+
  | Group |  Prob  | Obs_1 | Exp_1 | Obs_0 | Exp_0 | Total |
  |-------+--------+-------+-------+-------+-------+-------|
  |    1  | 0.3621 |    5  |  5.4  |   14  | 13.6  |   19  |
  |    2  | 0.4579 |    8  |  7.6  |   10  | 10.4  |   18  |
```

```
|    3 | 0.5200 |    10 |    7.6 |    5 |    7.4 |    15 |
|    4 | 0.6054 |     9 |   11.0 |   10 |    8.0 |    19 |
|    5 | 0.6518 |    11 |   10.1 |    5 |    5.9 |    16 |
|------+--------+-------+-------+------+-------+-------|
|    6 | 0.7161 |    11 |   12.3 |    7 |    5.7 |    18 |
|    7 | 0.7897 |    16 |   16.8 |    6 |    5.2 |    22 |
|    8 | 0.8417 |    12 |   11.5 |    2 |    2.5 |    14 |
|    9 | 0.8878 |    15 |   15.7 |    3 |    2.3 |    18 |
|   10 | 0.9867 |    14 |   13.1 |    0 |    0.9 |    14 |
+-----------------------------------------------------+
         number of observations =        173
            number of groups =           10
      Hosmer-Lemeshow chi2(8) =          4.63
                Prob > chi2 =            0.7963
```

1. Hosmer-Lemeshow 適配度檢定 (卡方 = 0.46，p > 0.05)，表示至少有一個自變數可以有效地解釋依變數。

Step 11. 組平均 **vs.** 未組平均之適配度比較 **(goodness of fit and likelihood-ratio model comparison tests)**

```
* 未組平均之適配度 R² 、AIC
. quietly logit y width, nolog

* 先裝 fitstat.ado 外掛指令
. findit fitstat
. fitstat
Measures of Fit for logit of y

Log-Lik Intercept Only:     -112.879   Log-Lik Full Model:       -97.226
D(171):                      194.453   LR(1):                     31.306
                                       Prob > LR:                  0.000
McFadden's R2:                 0.139   McFadden's Adj R2:          0.121
ML(Cox-Snell) R2:              0.166   Cragg-Uhler(Nagelkerke) R2: 0.227
McKelvey & Zavoina's R2:       0.251   Efron's R2:                 0.161
Variance of y*:                4.390   Variance of error:          3.290
```

```
Count R2:                0.705    Adj Count R2:              0.177
AIC:                     1.147    AIC*n:                   198.453
BIC:                  -686.760    BIC':                    -26.153
BIC used by STaTa:     204.759    AIC used by STaTa:       198.453
```

* 組平均之適配度 R² 、AIC
* 母蟹寬度 (width) 之組平均，存至 mwidth 變數
. egen mwidth = mean(width), by(a)
. quietly logit y mwidth, nolog

. fitstat
Measures of Fit for logit of y

```
Log-Lik Intercept Only:  -112.879  Log-Lik Full Model:      -98.840
D(171):                   197.680  LR(1):                    28.078
                                   Prob > LR:                 0.000
McFadden's R2:              0.124  McFadden's Adj R2:         0.107
ML(Cox-Snell) R2:          0.150  Cragg-Uhler(Nagelkerke) R2: 0.206
McKelvey & Zavoina's R2:   0.219  Efron's R2:                0.145
Variance of y*:            4.212  Variance of error:         3.290
Count R2:                  0.665  Adj Count R2:              0.065
AIC:                       1.166  AIC*n:                   201.680
BIC:                    -683.533  BIC':                    -22.925
BIC used by STaTa:       207.987  AIC used by STaTa:       201.680
```

1. 適配度 R² 愈大模型愈好，AIC 值愈小模型愈佳。

2. 「未組平均」之適配度 AIC = 1.147，小於「組平均」之適配度 AIC = 1.166，故「未組平均」logit 模型較佳。

3. AIC(Akaike 1974)、BIC(Schwarz 1978) 公式：

資訊準則 (information criterion)：亦可用來說明模型的解釋能力 (較常用來作為模型選取的準則，而非單純描述模型的解釋能力)

(1) AIC(Akaike information criterion)

$$AIC = \ln\left(\frac{ESS}{T}\right) + \frac{2k}{T}$$

(2) BIC(Bayes information criterion) 或 SIC(Schwartz) 或 SBC

$$BIC = \ln\left(\frac{ESS}{T}\right) + \frac{k\ln(T)}{T}$$

(3) AIC 與 BIC 越小，代表模型的解釋能力越好（用的變數越少，或是誤差平
方和越小）。

Step 12. residuals for logit models

```
. use crab, clear

. gen a = ceil(width - 23.25) + 1
. replace a = 1 if a<=0
. replace a = 8 if a >8
. sort a

* 求 null model( 即沒有任何自變數 ) 之 Pr(y)，並存至 pind 變數
. logit y
. predict pind
* 求組平均，並存至 mwidth 變數
. egen mwidth = mean(width), by(a)

. logit y mwidth, nolog
* 求組平均 logit 模型之 Pr(y)，並存至 p 變數
. predict p

* 求組平均 logit 模型之殘差，並存至 r 變數
. predict r, residuals
* 求組平均 logit 模型之預測值，並存至 h 變數
. predict h, hat
. gen aresid = r/sqrt(1-h)
. collapse(mean) mwidth r aresid pi=pind(sum) y p pind(count) n, by(a)
. gen rr=(y-pi*n)/sqrt(n*pi*(1-pi))
. list mwidth n y pind rr p r aresid

  +-------------------------------------------------------------------------+
  |  mwidth    n    y     pind         rr         p          r      aresid |
  |-------------------------------------------------------------------------|
1.| 22.69286  14    5   8.982659  -2.219718  3.843518   .6925753   .8564039 |
2.| 23.84286  14    4   8.982659  -2.777064  5.496007  -.8187712  -.9297187 |
3.|  24.775   28   17  17.96532   -.3804346 13.98114   1.141024   1.344962 |
4.| 25.83846  39   21  25.02312   -1.343444 24.20473  -1.057578  -1.240055 |
5.| 26.79091  22   15  14.11561    .3932084 15.80022   -.3792292  -.4173211 |
```

```
     |-------------------------------------------------------------------|
6.  |  27.7375    24   20   15.39884    1.95862   19.16056   .4270666   .4948038  |
7.  |  28.66667   18   15   11.54913    1.696214  15.46522   -.3152464  -.3611885 |
8.  |  30.40714   14   14   8.982659    2.796394  13.0486    1.010328   1.136103  |
     +-------------------------------------------------------------------+
```

Step 13. 繪「組平均」機率圖

```
. gen a = ceil(width - 23.25) + 1
. replace a = 1 if a<=0
. replace a = 8 if a >8
. sort a

* 依 a 來求組平均，並存至 mwidth 變數
. egen mwidth = mean(width), by(a)

. logit y mwidth, nolog

* 求組平均 logit 模型之 Pr(y)，並存至 p 變數
. predict p
. collapse(mean) mwidth  phat=p(sum) y p(count) n, by(a)
. gen obp=y/n
* 兩個 scatter 圖，重疊
. graph twoway(scatter obp mwidth)(scatter phat mwidth,
connect(1)),ylabel(0(.2)1) xlabel(22(2)32) ytitle("proportion")
```

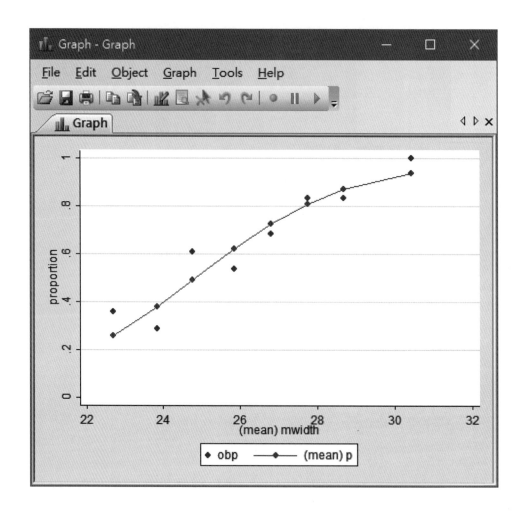

圖 1-53　繪「組平均」機率圖

Step 14.　**diagnostic measures of influence**

```
. use crab0, clear
* 求組平均，並存至 mwidth 變數
. egen mwidth = mean(width), by(a)
. logit y mwidth, nolog
* 新變數 d 為 (mean) db
. predict db, db
* 新變數 dx 為 (mean) dx
```

```
. predict dx, dx
* 新變數 dd 為 (mean) dd
. predict dd, dd
. collapse(mean) width db dd dx (sum) y n , by(a)
```

* For the model with the variable width as a predictor, we will use ungrouped data because it is easier to generate all the diagnostic statistics using the logit command. For the model with no predictors, we will have to group the data and use the glm command. Some further calculation is needed for creating the diagnostic statistics. The details are shown below.
* 執行 Generalized linear models, family(binomial), link(negative binomial)
*glm 執行 null model.

```
. glm y, fam(bin n)
```

Generalized linear models		No. of obs	=	8
Optimization	: ML	Residual df	=	7
		Scale parameter =		1
Deviance	= 34.03404409	(1/df) Deviance =		4.862006
Pearson	= 29.27657443	(1/df) Pearson =		4.182368

Variance function: V(u) = u*(1-u/n)   [Binomial]
Link function   : g(u) = ln(u/(n-u))   [Logit]

		AIC	=	7.401961
Log likelihood	= -28.60784483	BIC	=	19.47795

```
------------------------------------------------------------------
             |               OIM
         y |   Coef.   Std. Err.      z    P>|z|   [95% Conf. Interval]
-------------+----------------------------------------------------
     _cons |  .5823958   .1585498    3.67   0.000    .2716439   .8931477
------------------------------------------------------------------
```

* 存至新變數 din
```
. predict din, d
```

*glm 之預測值，存至 h2 變數
```
. predict h2, h
```

```
*glm 之殘差，存至 res 變數
. predict res, p
. gen x2=res^2/(1-h2)
. gen din2=din^2/(1-h2)
. drop din h2 res
. list width db dx dd x2 din2


    +----------------------------------------------------------------+
    |    width         db         dx         dd         x2      din2 |
    |----------------------------------------------------------------|
 1. | 22.69286  .3880239  .7334276  .6949906  5.360987   5.06951 |
 2. | 23.84286  .2501259  .8643769  .9014844  8.391136  7.966363 |
 3. |   24.775  .7044131  1.808922  1.822847  .1726785  .1704266 |
 4. | 25.83846  .5764279  1.537736  1.503042  2.330132  2.253074 |
 5. | 26.79091  .0367436  .1741569  .1699482  .1771392  .1803587 |
    |----------------------------------------------------------------|
 6. |  27.7375  .0838247  .2448309  .2565225  4.454101  5.030672 |
 7. | 28.66667  .0407948  .1304572  .1243544  3.211263  3.626952 |
 8. | 30.40714  .3413671   1.29073  2.491689  8.508358  13.51937 |
    +----------------------------------------------------------------+
```

1-4-2 質性自變數之 logit 迴歸 (AZT 處理對 AIDS 效果)(logit 指令)

數據 (data) 分二種：數值型 (numerical) 與類別型 (categorical)。numerical 是有數量單位的，而 categorical 就沒有。例如，性別、宗教信仰、血型都是 categorical 變數；分數 (體重、血壓) 和測量 (高度、EQ、滿意度) 都是 numerical 變數。

在統計學中，分類變數是一個變數，可以採取有限且通常固定的 (fixed) 數量的值，將每個個體或其他觀察單位根據某些定性屬性分布給特定組或名義類別 (nominal category)。在計算機科學和數學分支中，分類變數被稱爲枚舉或枚舉類型 (enumerations or enumerated types)。通常，分類變數的每個可能的值被稱爲級別 / 水準 (level)。與隨機分類變量相關聯的概率分布 (probability distribution) 稱爲分類分布 (categorical distribution)。

類別型資料 (categorical data)，又稱質性變數 (qualitative variable)。它是一種資料類型，資料中不同的觀察值代表著不同的種類。

分類標準則可依據過往研究或研究者所訂定之規則進行有限的分類。此種變數稱為質性變數。通常，純粹的分類數據以列聯表 (contingency table) 的形式來總結數據。

一個可以承受兩個值的分類變數稱為二進制變數或二分變數 (binary variable)：一個重要的特殊情況是 Bernoulli 變數。具有兩個以上可能值的分類變數稱為polytomous 變數；除非另有說明，否則分類變數通常被認為是多餘的。離散化 (discretization) 可將連續數據來分類化，例如血壓 (分高血壓 vs. 低血壓病人)。二分法是將連續數據或多項變數視為二進制變數。迴歸分析通常用一個或多個定量虛擬變數 (quantitative dummy variables) 來處理類別成員 (category membership)。

1. STaTa 指令 reg，它利用 OLS(ordinary least squares) 來做多元迴歸可能是社會學研究中最常用的統計分析方法。利用此法的基本條件是依變數為一個分數型的變數 (等距尺度測量的變數)，而自變數之測量尺度則無特別的限制。當自變數為類別變數時，我們可依類別數目 (k) 建構 k-1 個數值為 0 與 1 之虛擬變數 (dummy variable) 來代表不同之類別。因此，如果能適當的使用的話，多元迴歸分析是一相當有力的工具。

2. 多元迴歸分析主要有三個步驟：

   Step 1.：利用單變數和雙變數分析來檢視各個準備納入複迴歸分析的變數是否符合 OLS 線性迴歸分析的基本假定。

   Step 2.：建構迴歸模型，並評估所得到的參數估計和適合度檢定 (goodness of fit)。

   Step 3.：在我們認真考慮所得到的迴歸分析結果前，應做殘餘值 (residuals) 之診斷分析 (diagnosis)。但通常我們是先確定迴歸模型之設定 (specification) 是否恰當後，才會做深入之殘餘值分析。

3. logit 迴歸分析：

   二元邏輯斯迴歸與線性迴歸的差別，僅在於依變數 /outcome 尺度的不同，當依變數為二類的類別變數 (通常 Coding 1 & 0) 時，會採用二元邏輯斯迴歸進行分析；而當依變數為連續尺度的變數時，則是使用線性迴歸 (當依變數的水準為三類以上，則採用多項式邏輯斯迴歸)。

   二元邏輯斯迴歸結果的解釋並不困難，只要拆成兩個步驟來解釋，最後再合

在一起即可。

首先，是自變數的部分，無論是在跑線性迴歸、邏輯斯迴歸、廣義估計方程 (GEE)、階層線性模式 (HLM)、一般線性模式 (GLM)，自變數只分連續與類別兩種解釋。(1) 連續變數比較簡單，即數字越大越會怎麼樣 (後者的怎麼樣是要配合依變數的結果，所以到時與依變數結果搭配即完成敘述)。例如，年齡與血壓都是連續變數，所以解釋即為年齡越大越怎樣、血壓越高人越怎樣；(2) 而當自變數為類別變數時，大家可能聽過必須做虛擬編碼 (dummy code)，沒聽過也沒關係，只要記得此時類別變數裡會指定某一類為參照組 (又稱被比較組，可由研究者自行決定)，參照組一旦決定，所有的類別都會被解釋成與參照組做比較。例如，性別與運動前暖身為類別變數，這裡指定性別部分以女性為參照組，運動前暖身以無暖身為參照組，所以解釋即為男性相較女性還要怎麼樣、有暖身相較沒暖身還要怎麼樣。

範例一：質性自變數之 logit 迴歸 (logit models for qualitative predictors)：AZT 處理對 AIDS 效果

(一) 問題說明

研究者收集數據並整理成下表，此「azt.dta」資料檔內容之變數如下：

變數名稱	說明	編碼 Codes/Values
結果變數 / 依變數：symp	有 AIDS 症狀嗎	0,1(binary data)
解釋變數 / 自變數：azt	AZT 使用嗎 (X)	
解釋變數 / 自變數：color	種族	0,1(binary data)
權重：count	人數	11~93

(二) 資料檔之內容

「azt.dta」資料檔內容如下圖。

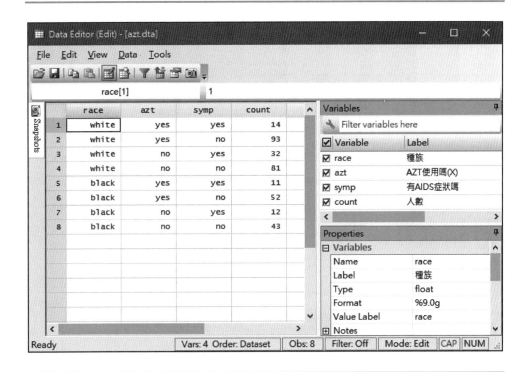

圖 1-54 「azt.dta」資料檔內容 (N=8 群組)

圖 1-54 「azt.dta」資料檔內容 (N=8 群組)

觀察資料之特徵

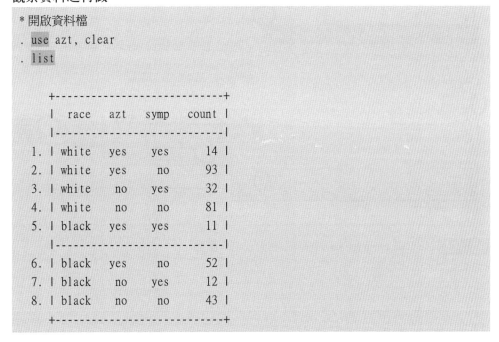

(三) 分析結果與討論

Step 1. 加權後之 **logit** 迴歸

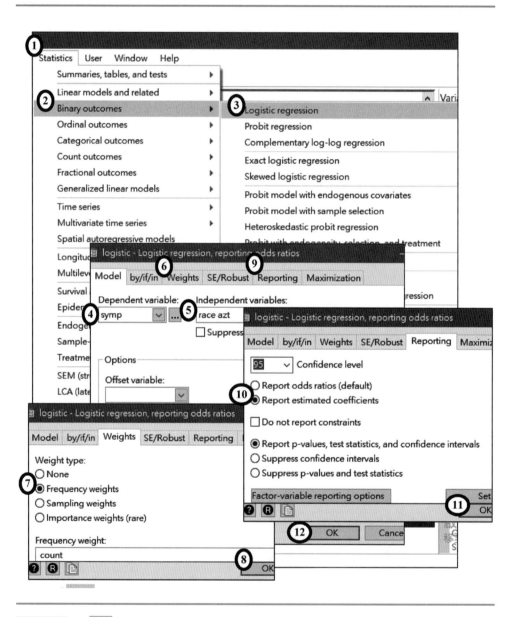

圖 1-55　「logit symp race azt [fw=count], coef」畫面

```
. use azt, clear
. logistic symp race azt [fweight = count], coef

Logistic regression                          Number of obs   =        338
                                             LR chi2(2)      =       6.97
                                             Prob > chi2     =     0.0307
Log likelihood = -167.57559                  Pseudo R2       =     0.0204

------------------------------------------------------------------------------
      symp |      Coef.   Std. Err.      z    P>|z|     [95% Conf. Interval]
-------------+----------------------------------------------------------------
      race |   .0554845   .2886132     0.19   0.848    -.510187     .621156
       azt |  -.7194597   .2789791    -2.58   0.010    -1.266249   -.1726707
     _cons |  -1.073574   .2629407    -4.08   0.000    -1.588928   -.5582193
------------------------------------------------------------------------------
```

* 某係數顯著性檢定：test 指令分析
```
. test azt

 ( 1)  [symp]azt = 0

           chi2(  1) =       6.65
         Prob > chi2 =      0.0099
```

* 求模型適配度 gof
```
. estat gof

Logistic model for symp, goodness-of-fit test

      number of observations =        338
number of covariate patterns =          4
         Pearson chi2(1) =         1.39
               Prob > chi2 =       0.2382
```

1. 種族 (race) 不影響得 AIDS 的機率 ($z = 0.19$, $p > 0.05$)。

2. azt 處方可顯著降低 AIDS 的機率 ($z = -2.58$, $P < 0.05$)。

   <u>邏輯斯迴歸式為</u> $\log\left(\dfrac{P(Y=1 \mid X=x)}{P(Y=0 \mid X=x)}\right) = \alpha + \beta x = -1.07 - 0.719 \times azt + 0.055 \times race$

3. 係數顯著性檢定：test 指令分析結果 ($\chi^2_{(1)} = -2.58$, P < 0.05)，表示 azt 對結果變數 (symp) 有顯著影響力 (危險因子)。

4. 模型適配度 gof 結果，$\chi^2_{(1)} = 1.39$, P > 0.05，故接受虛無假設「H_0：模型中至少有一解釋變數是適合 logit 模型」。

範例二：質性自變數之 logit 迴歸 (logit models for qualitative predictors)：horseshoe crab example using color and width predictors

```
. use crab, clear
*  Define characteristics
. char color[omit] 4

*符號「i.」為 unary operator to specify indicators(dummies)
. logit y i.color width

Logistic regression                          Number of obs    =          17
                                             LR chi2(4)       =       38.30
                                             Prob > chi2      =      0.0000
Log likelihood = -93.728515                  Pseudo R2        =      0.1697

------------------------------------------------------------------------------
         y |     Coef.    Std. Err.      z    P>|z|    [95% Conf. Interval]
-----------+------------------------------------------------------------------
     color |
         2 |   .0724169   .7398966     0.10   0.922   -1.377754    1.522588
         3 |  -.2237977   .7770832    -0.29   0.773   -1.746853    1.299257
         4 |  -1.329919   .8525264    -1.56   0.119    -3.00084    .3410018
           |
     width |    .467956   .1055464     4.43   0.000    .2610889    .6748231
     _cons |  -11.38519   2.873502    -3.96   0.000   -17.01715   -5.753232
------------------------------------------------------------------------------
* STaTa 新指令 logistic；舊指令為 logit
. logistic y i.color width
Logistic regression                          Number of obs    =         173
                                             LR chi2(4)       =       38.30
                                             Prob > chi2      =      0.0000
```

```
Log likelihood = -93.728515                    Pseudo R2      =    0.1697

-----------------------------------------------------------------------------
        y |  Odds Ratio   Std. Err.      z    P>|z|    [95% Conf. Interval]
----------+------------------------------------------------------------------
    color |
        2 |   1.075104    .7954654     0.10   0.922    .2521443    4.584072
        3 |    .7994769    .62126     -0.29   0.773    .1743217    3.666573
        4 |    .2644986   .2254921    -1.56   0.119    .0497453    1.406356
          |
    width |   1.596727   .1685288     4.43   0.000    1.298343    1.963686
    _cons |   .0000114   .0000327    -3.96   0.000    4.07e-08    .0031725
-----------------------------------------------------------------------------
```

1. 母蟹分 4 顏色 (color)：level-2 vs. level-1，level-3 vs. level-1，level-4 vs. level-1，三者係數都未達顯著水準，故母蟹顏色深淺並不影響它是否被追求的機率。

2. 母蟹寬度 (width) 係數爲正且達顯著水準，表示母蟹寬度愈大，愈受公蟹的追求。

3. 邏輯斯迴歸式爲 $\log\left(\dfrac{P(Y=1\mid X=x)}{P(Y=0\mid X=x)}\right) = \alpha + \beta x + \cdots$

$$\ln\left(\frac{P_{\text{母蟹有追求者}}}{1 - P_{\text{母蟹有追求者}}}\right) = -11.39 - 0.46 \times \text{width} + 0.055 \times \text{race} + 0.072 \times \text{race2} - 0.22 \times \text{race3} - 1.33 \times \text{race4}$$

1-5 邏輯斯迴歸之建模法 (logit、lrtest、tab1、lowess、fp/fracpoly 指令)

1-5-1 評比敵對模型，適配指標有七種

兩個敵對模型，熟優熟劣，STaTa 偵測法如下：

1. 專家之配對比較量表 (scale of paired comparison)：AHP 法 (層級分析法)。

2. SEM 適配度的準則 (criteria for goodness-of-fit)，如下表：

(1) 整體模型適配 (Overall model fit)
– Chi-Square test(建議值 p-value > 0.05)

(2) 增量適配指標 (Incremental fit indices)
– Comparative Fit Index(建議值 CFI >= 0.90)
– Non-Normed Fit Index(建議值 NNFI >=0.90)

(3) 殘差為主的指標 (Residual-based Indices)
– Root Mean Square Error of Approximation(建議值 RMSEA ,=0.05)
– Standardized Root Mean Square Residual(建議值 SRMR <= 0.05)
– Root Mean Square Residual(建議值 RMR <= 0.05)
– Goodness of Fit Index(建議值 GFI >= 0.95)
– Adjusted Goodness of Fit Index(建議值 AGFI >= 0.90)

(4) 比較兩個模型之指標 (Model Comparison Indices)
– Chi-Square Difference Test
– Akaike 資訊準則 (兩個競爭模型之 AIC 較小者，適配愈佳)
– Bayesian Information Criterion(兩個競爭模型之 BIC 較小者，適配愈佳)

3. 資訊準則 (information criteria, IC)：STaTa 提供「estat ic」事後指令。

資訊準則 (information criterion)：亦可用來說明模型的解釋能力 (較常用來作為模型選取的準則，而非單純描述模型的解釋能力)

(1) AIC(Akaike information criterion)

$$AIC = \ln\left(\frac{ESS}{T}\right) + \frac{2k}{T}$$

(2) BIC(Bayes information criterion) 或 SIC(Schwartz) 或 SBC

$$BIC = \ln\left(\frac{ESS}{T}\right) + \frac{k\ln(T)}{T}$$

(3) AIC 與 BIC 越小，代表模型的解釋能力越好（用的變數越少，或是誤差平方和越小）。

其中：K 是參數的數量，L 是概似函數。

假設條件是模型的誤差服從獨立常態分布。

設 n 為觀察數，RSS 為殘差平方和，那麼 AIC 變為：

AIC = 2k + n ln(RSS/n)

增加自由參數的數目，提高了模型適配性，AIC 鼓勵數據適配的優良性但是儘量避免出現過度適配 (overfitting) 的情況。

所以優先考慮的模型應是 AIC 值最小的那一個。赤池信息量準則的方法是尋找可以最好地解釋數據但包含最少自由參數的模型。

4. 誤差愈小者愈佳。例如，樣本外預測：

通常，執行樣本外預測的程序為：

Step 1. 以樣本內 $\{y_1, y_2, \cdots, y_N\}$ 來估計時間序列模型。

Step 2. 建構預測：$\hat{y}_{(N+1)\leftarrow N}, \hat{y}_{(N+2)\leftarrow(N+1)}, \cdots, \hat{y}_{(T)\leftarrow(T-1)}$。

Step 3. 以「$e = \hat{y} - y$」公式來建構預測誤差：$\hat{e}_{(N+1)\leftarrow N}, \hat{e}_{(N+2)\leftarrow(N+1)}, \cdots, \hat{e}_{(T)\leftarrow(T-1)}$。

Step 4. 計算 MSE 的估計式

$$\widehat{MSE} = \frac{1}{P} \sum_{j=T-P}^{T-1} \hat{e}_{j+1,j}^2$$

Step 5. 如果有兩個時間數列模型 A 與 B，我們可以分別求得：誤差均方 MSE_A 與 MSE_B，若 $MSE_A < MSE_B$，則稱模型 A 之預測表現比 B 佳。

5. LR(概似檢定) 法：常用在 ARIMA(p,d,q)、VAR、SVAR(結構式向量自我迴歸)、兩階段迴歸模型、似不相關迴歸、多層混合模型、logit 迴歸、次序迴歸…。

6. 判定係數 R^2：線性複迴歸，其 R^2 值愈大表示模型適配愈佳；相對地，非線性複迴歸(e.g.機率迴歸、logit 迴歸等)之 pseudo R^2 值愈大亦表示模型適配愈佳。

7. 繪 logistic 迴歸式之 ROC 曲線。

```
* 繪出 ROC 曲線下的面積 (area under ROC curve)
. lroc

Logistic model for admit

number of observations =        400
area under ROC curve   =     0.6928
```

AUC 數值一般的判別準則如下，若模型 AUC = 0.692 ≈ 0.7，落入「可接受的區別力 (acceptable discrimination)」區。

AUC=0.5	幾乎沒有區別力 (no discrimination)
0.5 ≦ AUC<0.7	較低區別力 (準確性)
0.7 ≦ AUC<0.8	可接受的區別力 (acceptable discrimination)
0.8 ≦ AUC<0.9	好的區別力 (excellent discrimination)
AUC ≧ 0.9	非常好的區別力 (outstanding discrimination)

1-5-2a 邏輯斯迴歸之共變數係數調整法 (fractional polynomial regression)(fp 或 fracpoly 指令)

範例：分式多項式迴歸之建模方法 (model-building strategies and methods for fractional polynomial regression)

(一) 問題說明

為瞭解 dfree 之危險因子有哪些？(分析單位：個人)

研究者收集數據並整理成下表，此「hosmeruis.dta」資料檔內容之變數如下：

變數名稱 age	說明	編碼 Codes/Values
結果變數 / 依變數：dfree	remained drug free for 12 months	0, 1(binary data)
解釋變數 / 自變數：age	age at enrollment-years	20～56 歲
解釋變數 / 自變數：beck	beck depression score at admission	0～54 分
解釋變數 / 自變數：ivhx	iv drug use history at admission	1～3 次數
解釋變數 / 自變數：ndrugtx	number of prior drug treatments	0～40 次數
解釋變數 / 自變數：race	種族	0, 1(binary data)
解釋變數 / 自變數：treat	treatment randomization assignment	0, 1(binary data)
解釋變數 / 自變數：site	處理治療地點 treatment site	0, 1(binary data)

(二) 資料檔之內容

「hosmeruis.dta」資料檔內容如下圖。

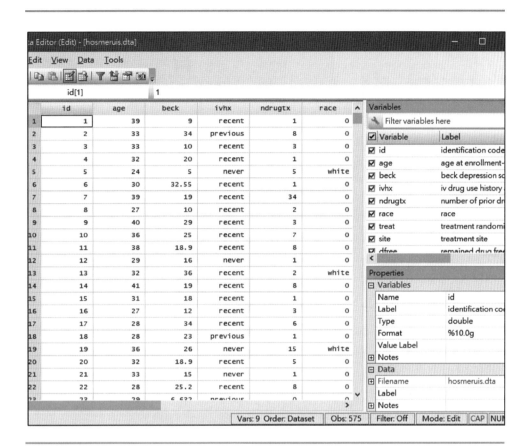

觀察資料之特徵

```
*開啟資料檔
. use hosmeruis, clear


. des


Contains data from D:\08 mixed logit regression\CD\hosmeruis.dta
  obs:          575
  vars:           9                          29 Sep 2017 16:00
  size:       41,400
```

```
------------------------------------------------------------------
             storage  display   value
variable name  type   format    label      variable label
------------------------------------------------------------------
id           double %10.0g                 identification code
age          double %10.0g                 age at enrollment-years
beck         double %10.0g                 beck depression score at admission
ivhx         double %10.0g       ivhx      iv drug use history at admission
ndrugtx      double %10.0g                 number of prior drug treatments
race         double %10.0g       race      race
treat        double %10.0g       treat     treatment randomization assignment
site         double %10.0g       site      treatment site
dfree        double %10.0g       dfree     remained drug free for 12 months
------------------------------------------------------------------
```

(三) 分析結果與討論

Step 1. 繪散布圖

```
* 開啟資料檔
. use hosmeruis, clear

* 繪散布圖 'dfree -age'
. graph twoway scatter dfree age
```

$$\hat{p} = \frac{\exp(b_0 + b_1 X_1 + b_2 X_2 + ... + b_p X_p)}{1 + \exp(b_0 + b_1 X_1 + b_2 X_2 + ... + b_p X_p)}$$

$$E(Y_i) = \frac{1}{1 + e^{-(\beta_0 + \beta_1 X_{1i} + \beta_2 X_{2i} + \cdots + \beta_k X_{ki})}} = \frac{e^{\beta_0 + \beta_1 X_{1i} + \beta_2 X_{2i} + \cdots + \beta_k X_{ki}}}{1 + e^{\beta_0 + \beta_1 X_{1i} + \beta_2 X_{2i} + \cdots + \beta_k X_{ki}}}$$

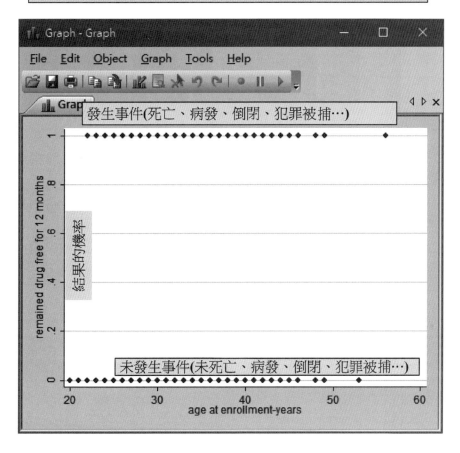

圖 1-57 「graph twoway scatter dfree age」繪散布圖 'dfree -age'

Step 2. 模型一 **vs. null model** 做概似比

```
* 模型一
. use hosmeruis, clear
. logit dfree age
```

Logistic regression   Number of obs   =   575
                                                   LR chi2(1)   =   1.40
                                                   Prob > chi2   =   0.2371
Log likelihood = -326.16544   Pseudo R2   =   0.0021

----
       dfree | Coef.   Std. Err.   z   P>|z| [95% Conf. Interval]
-------------+--
         age | .0181723   .015344   1.18   0.236   -.0119015   .048246
       _cons | -1.660226   .5110847   -3.25   0.001   -2.661934   -.6585188

```
. logit dfree age, or
```
Logistic regression   Number of obs   =   575
                                                   LR chi2(1)   =   1.40
                                                   Prob > chi2   =   0.2371
Log likelihood = -326.16544   Pseudo R2   =   0.0021

----
       dfree | Odds Ratio   Std. Err.   z   P>|z| [95% Conf. Interval]
-------------+--
         age | 1.018338   .0156254   1.18   0.236   .9881691   1.049429
       _cons | .1900959   .0971551   -3.25   0.001   .0698131   .5176174

```
* 概似比 (Likelihood-ratio test)，預留至系統變數 A
. estimates store A

* 求 null model( 即沒有任何自變數 )
. logit dfree
```

```
Logistic regression                              Number of obs   =       575
                                                 LR chi2(0)      =     -0.00
                                                 Prob > chi2     =        .
Log likelihood = -326.86446                      Pseudo R2       =   -0.0000


------------------------------------------------------------------------------
      dfree |      Coef.   Std. Err.      z    P>|z|     [95% Conf. Interval]
------------+-----------------------------------------------------------------
      _cons |  -1.068691    .095599   -11.18   0.000    -1.256061     -.88132
------------------------------------------------------------------------------

. estimates store B


* 最近一次迴歸分析與系統變數 A, 做概似比檢定
. lrtest A B


Logit:  likelihood-ratio test                    chi2(1)      =        1.40
                                                 Prob > chi2  =      0.2371
```

1. 解釋變數 age 對依變數 (dfree) 的迴歸係數為 0.018(Z = 1.18)，未達 0.05 顯著水準。

2. 模型一 vs. **null model** 做概似比，得 $\chi^2_{(1)}$ = **1.40(p > 0.05)**。概似比的值愈大，該模型愈佳。

3. 評比兩個敵對模型時，概似比的值愈大者，表示該模型愈佳。

Step 3. 模型二 vs. **null model** 做概似比 (**likelihood-ratio test, lrtest** 指令)

```
* 模型二
. logit dfree beck

Logit estimates                                  Number of obs   =       575
                                                 LR chi2(1)      =      0.64
                                                 Prob > chi2     =    0.4250
Log likelihood = -326.54621                      Pseudo R2       =    0.0010


------------------------------------------------------------------------------
      dfree |      Coef.   Std. Err.      z    P>|z|     [95% Conf. Interval]
------------+-----------------------------------------------------------------
```

```
      beck |   -.008225    .0103428    -0.80    0.426    -.0284965    .0120464
     _cons |  -.9272829    .2003166    -4.63    0.000    -1.319896   -.5346696
-----------------------------------------------------------------------------

* 概似比 (Likelihood-ratio test)，預留至系統變數 C
. estimates store C

* 求 null model ( 即沒有任何自變數 )
. logit dfree

Iteration 0:    log likelihood = -326.86446


Logit estimates                              Number of obs   =        575
                                             LR chi2(0)      =      -0.00
                                             Prob > chi2     =          .
Log likelihood = -326.86446                  Pseudo R2       =    -0.0000


-----------------------------------------------------------------------------
     dfree |     Coef.    Std. Err.      z     P>|z|    [95% Conf. Interval]
-----------+-----------------------------------------------------------------
     _cons |  -1.068691    .095599   -11.18    0.000    -1.256061     -.88132
-----------------------------------------------------------------------------


. estimates store D
* 最近一次迴歸分析與系統變數 C, 做概似比檢定
. lrtest C D
Logit: likelihood-ratio test                    chi2(1)      =       0.64
                                                Prob > chi2  =     0.4250
```

1. 解釋變數 beck 對依變數 (dfree) 的迴歸係數為 −0.008(Z = −0.80)，未達 0.05 顯著水準。

2. 模型二 vs. null model 做概似比，得 $\chi^2_{(1)} = 0.64 (p > 0.05)$。

3. 兩個敵對模型，概似比的值愈大者，表示該模型愈佳。

Step 4. 模型三 vs. null model 做概似比

```
* 模型三
. logit dfree ndrugtx
```

```
Logit estimates                              Number of obs    =       575
                                             LR chi2(1)       =     11.84
                                             Prob > chi2      =    0.0006
Log likelihood = -320.94485                  Pseudo R2        =    0.0181


-------------------------------------------------------------------------
      dfree |     Coef.    Std. Err.      z     P>|z|    [95% Conf. Interval]
------------+------------------------------------------------------------
    ndrugtx | -.0749582    .024681    -3.04    0.002    -.123332   -.0265844
      _cons | -.7677805   .130326    -5.89    0.000   -1.023215   -.5123462
-------------------------------------------------------------------------
```

* 概似比 (Likelihood-ratio test)，預留至系統變數 A
. estimates store A

* 求 null model(即沒有任何自變數)
. logit dfree

```
Logit estimates                              Number of obs    =       575
                                             LR chi2(0)       =     -0.00
                                             Prob > chi2      =         .
Log likelihood = -326.86446                  Pseudo R2        =   -0.0000


-------------------------------------------------------------------------
      dfree |     Coef.    Std. Err.      z     P>|z|    [95% Conf. Interval]
------------+------------------------------------------------------------
      _cons | -1.068691   .095599   -11.18    0.000   -1.256061    -.88132
-------------------------------------------------------------------------
```

. estimates store B

* 最近一次迴歸分析與系統變數 A, 做概似比檢定
. lrtest A B

```
Logit: likelihood-ratio test                     chi2(1)     =      11.8
                                                 Prob > chi2 =    0.0006
```

1. 解釋變數 ndrugtx 對依變數 (dfree) 的迴歸係數為 $-0.074(Z = -3.04)$，達 0.05 顯著水準。

2. 模型三 **vs. null model** 做概似比，得 $\chi^2_{(1)} = 11.84(\textbf{p < 0.05})$，亦達 0.05 顯著水準。故解釋變數 ndrugtx 可保留下來。

3. 兩個敵對模型，概似比的值愈大者，表示該模型愈佳。

Step 5. 模型四 **vs. null model** 做概似比

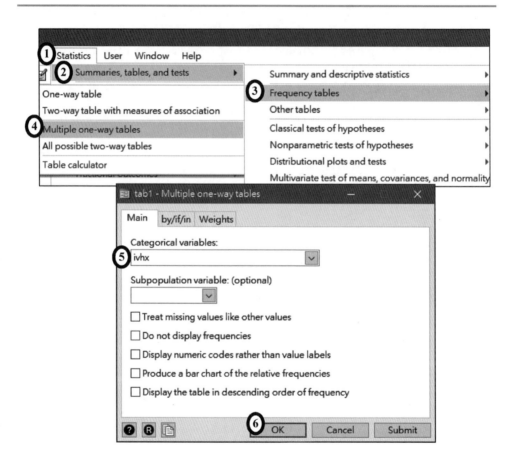

圖 1-58 「tabulate ivhx , generate(ivhx)」將 categorical variable 轉成 dummy variable

註：新版 STaTa V15 指令簡化為：「.tab1 ivhx」

* 先將 categorical variable 轉成 dummy variable
* 新版 STaTa V15 指令簡化為：「 . tabl ivhx」
. tabulate ivhx , generate(ivhx)

```
iv drug use |
 history at |
  admission |     Freq.     Percent      Cum.
------------+-----------------------------------
      never |      223       38.78       38.78
   previous |      109       18.96       57.74
     recent |      243       42.26      100.00
------------+-----------------------------------
      Total |      575      100.00
```

* 再執行 dummy variable 之 Logit 分析
. logit dfree ivhx2 ivhx3

```
Logit estimates                            Number of obs   =        575
                                           LR chi2(2)      =      13.35
                                           Prob > chi2     =     0.0013
Log likelihood = -320.18821                Pseudo R2       =     0.0204

------------------------------------------------------------------------------
    dfree |      Coef.   Std. Err.      z    P>|z|     [95% Conf. Interval]
----------+-------------------------------------------------------------------
    ivhx2 |  -.4810199   .2657063    -1.81   0.070    -1.001795    .0397548
    ivhx3 |  -.7748382   .2165765    -3.58   0.000     -1.19932   -.3503561
    _cons |  -.6797242   .1417395    -4.80   0.000    -.9575285   -.4019198
------------------------------------------------------------------------------
```

. estimates store A
. logit dfree

```
Logit estimates                            Number of obs   =        575
                                           LR chi2(0)      =      -0.00
                                           Prob > chi2     =          .
Log likelihood = -326.86446                Pseudo R2       =     0.0000

------------------------------------------------------------------------------
    dfree |      Coef.   Std. Err.      z    P>|z|     [95% Conf. Interval]
----------+-------------------------------------------------------------------
```

```
      _cons |  -1.068691    .095599   -11.18   0.000    -1.256061    -.88132
------------------------------------------------------------------------------

. estimates store B

. lrtest A B

Logit:  likelihood-ratio test                     chi2(2)    =      13.35
                                                   Prob > chi2 =     0.0013
```

1. 解釋變數「ivhx2、ivhx3」對依變數 (dfree) 的迴歸係數分別為 $-0.48(Z = -1.81, p > 0.05)$、$-0.77(Z = -3.58, p < 0.05)$。故至少 ivhx3 適合當解釋變數。

2. 模型四 vs. null model 做概似比，得 $\chi^2_{(1)} = \mathbf{13.35(p < 0.05)}$，表示至少有一個以上自變數是適合於此 logit 模型。

Step 6. 模型五 vs. **null model** 做概似比

```
. use hosmeruis, clear
* 模型五
. logit dfree race

Logit estimates                          Number of obs  =        575
                                         LR chi2(1)     =       4.62
                                         Prob > chi2    =     0.0315
Log likelihood = -324.55269              Pseudo R2      =     0.0071

------------------------------------------------------------------------------
      dfree |    Coef.   Std. Err.     z    P>|z|    [95% Conf. Interval]
------------+-----------------------------------------------------------------
       race |  .4591026   .2109763   2.18   0.030    .0455967    .8726085
      _cons |  -1.193922  .1141504  -10.46  0.000   -1.417653   -.9701919
------------------------------------------------------------------------------

* 概似比 (Likelihood-ratio test)，預留至系統變數 A
. estimates store A
* 求 null model( 即沒有任何自變數 )
. logit dfree

Iteration 0:   log likelihood = -326.86446
```

```
Logit estimates                              Number of obs   =        575
                                             LR chi2(0)      =      -0.00
                                             Prob > chi2     =          .
Log likelihood = -326.86446                  Pseudo R2       =    -0.0000

------------------------------------------------------------------------------
      dfree |     Coef.    Std. Err.      z     P>|z|    [95% Conf. Interval]
------------+-----------------------------------------------------------------
      _cons |  -1.068691   .095599    -11.18    0.000    -1.256061    -.88132
------------------------------------------------------------------------------

. estimates store B

*最近一次迴歸分析與系統變數A, 做概似比檢定
. lrtest A B

Logit: likelihood-ratio test                 chi2(1)    =       4.62
                                             Prob > chi2 =     0.0315
```

1. 解釋變數 race 對依變數 (dfree) 的迴歸係數為 0.45(Z= 2.18)，達 0.05 顯著水準。
   故可保留 race 當解釋變數。

2. 模型五 vs. null model 做概似比，得 $\chi^2_{(1)}$ = **4.62(p < 0.05)**，達 0.05 顯著水準。
   故可保留 race 當解釋變數。

Step 7. 模型六 vs. null model 做概似比

```
. use hosmeruis, clear
*模型六
. logit dfree treat

Logit estimates                              Number of obs   =        575
                                             LR chi2(1)      =       5.18
                                             Prob > chi2     =     0.0229
Log likelihood = -324.27534                  Pseudo R2       =     0.0079

------------------------------------------------------------------------------
      dfree |     Coef.    Std. Err.      z     P>|z|    [95% Conf. Interval]
------------+-----------------------------------------------------------------
```

```
     treat |   .437162    .1930633     2.26   0.024     .0587649    .8155591
     _cons |  -1.297816    .143296    -9.06   0.000    -1.578671   -1.016961
------------------------------------------------------------------------------
. estimates store A

. logit dfree

Iteration 0:   log likelihood = -326.86446

Logit estimates                                Number of obs   =       575
                                               LR chi2(0)      =     -0.00
                                               Prob > chi2     =         .
Log likelihood = -326.86446                    Pseudo R2       =   -0.0000


------------------------------------------------------------------------------
     dfree |    Coef.   Std. Err.      z    P>|z|    [95% Conf. Interval]
-----------+------------------------------------------------------------------
     _cons |  -1.068691   .095599    -11.18  0.000    -1.256061    -.88132
------------------------------------------------------------------------------


. estimates store B

. lrtest A B
Logit:  likelihood-ratio test                  chi2(1)      =       5.18
                                               Prob > chi2  =     0.0229
```

1. 解釋變數 treat 對依變數 (dfree) 的迴歸係數為 0.437(Z = 2.26)，達 0.05 顯著水準。故可保留 treat 當解釋變數。

2. 模型六 **vs. null model** 做概似比，得 $\chi^2_{(1)}$ = **5.18(p < 0.05)**，達 0.05 顯著水準。表示至少有一個可保留的解釋變數。

 Step 8. 模型七 **vs. null model** 做概似比

```
*模型七
. use hosmeruis, clear
. logit dfree site
```

```
Logit estimates                                Number of obs    =        575
                                               LR chi2(1)       =       1.67
                                               Prob > chi2      =     0.1968
Log likelihood =  -326.0315                    Pseudo R2        =     0.0025

-----------------------------------------------------------------------------
     dfree |     Coef.    Std. Err.      z     P>|z|    [95% Conf. Interval]
-----------+-----------------------------------------------------------------
      site |  .2642236    .2034167     1.30    0.194    -.1344658     .662913
     _cons | -1.15268     .1170732    -9.85    0.000    -1.382139   -.9232202
-----------------------------------------------------------------------------
```

* 概似比 (Likelihood-ratio test)，預留至系統變數 A
. estimates store A

* 求 null model(即沒有任何自變數)
. logit dfree

Iteration 0:   log likelihood = -326.86446

```
Logit estimates                                Number of obs    =        575
                                               LR chi2(0)       =      -0.00
                                               Prob > chi2      =          .
Log likelihood = -326.86446                    Pseudo R2        =    -0.0000

-----------------------------------------------------------------------------
     dfree |     Coef.    Std. Err.      z     P>|z|    [95% Conf. Interval]
-----------+-----------------------------------------------------------------
     _cons | -1.068691    .095599    -11.18    0.000    -1.256061     -.88132
-----------------------------------------------------------------------------
```

. estimates store B

* 最近一次迴歸分析與系統變數 (A), 做概似比檢定
. lrtest A B

```
Logit:  likelihood-ratio test                  chi2(1)        =       1.67
                                               Prob > chi2 =       0.1968
```

1. 解釋變數 site 對依變數 (dfree) 的迴歸係數為 0.26(Z = 1.30)，未達 0.05 顯著水

155

準。故可不保留。

2. 模型七 **vs. null model** 做概似比，得 $\chi^2_{(1)}$ = 1.67(p > 0.05)。故可不保留任何解釋變數。

3. 上述七個模型，共有 8 個解釋變數 (age、beck、ndrugtx、ivhx2、ivhx3、race、treat、site)，其中，迴歸係數顯著性 p 值「最大者」，為 beck(z = −0.08, p =0.426)，且概似比檢定，卡方值「最小者」，亦為 beck(χ^2 = 0.64, p = 0.05)。故下一步驟要統合「所有 8 個解釋變數」(所有危險因子) 時，優先捨棄 beck 變數。只剩 7 個解釋變數：age、ndrugtx、ivhx2、ivhx3、race、treat、site。

Step 9. 統合模型：將上述七個模型，所有解釋變數者才納入此多元 **logit** 迴歸

```
. use hosmeruis, clear
* 先將 categorical variable 轉成 dummy variable
* 新版 STaTa V15 指令簡化為：「. tabl ivhx」
. tabulate ivhx , generate(ivhx)

iv drug use |
history at |
admission |     Freq.      Percent       Cum.
------------+-----------------------------------
      never |      223        38.78       38.78
   previous |      109        18.96       57.74
     recent |      243        42.26      100.00
------------+-----------------------------------
      Total |      575       100.00

* 再執行 dummy variable 之迴歸分析
* 統合模型
. logit dfree age ndrugtx ivhx2 ivhx3 race treat site

Logit estimates                       Number of obs   =        575
                                      LR chi2(7)      =      34.48
                                      Prob > chi2     =     0.0000
Log likelihood = -309.62413           Pseudo R2       =     0.0527
```

```
--------------------------------------------------------------------------
   dfree |    Coef.   Std. Err.      z     P>|z|    [95% Conf. Interval]
---------+----------------------------------------------------------------
     age |  .0503708   .0173224    2.91    0.004    .0164196    .084322
 ndrugtx | -.0615121   .0256311   -2.40    0.016   -.1117481   -.0112761
   ivhx2 | -.6033296   .2872511   -2.10    0.036   -1.166331   -.0403278
   ivhx3 |  -.732722    .252329   -2.90    0.004   -1.227278   -.2381662
    race |  .2261295   .2233399    1.01    0.311   -.2116087    .6638677
   treat |  .4425031   .1992909    2.22    0.026    .0519002    .8331061
    site |  .1485845   .2172121    0.68    0.494   -.2771434    .5743125
   _cons | -2.405405   .5548058   -4.34    0.000   -3.492805   -1.318006
--------------------------------------------------------------------------
```

1. 模型一 簡單 logit 迴歸分析中，解釋變數 age 對依變數 (dfree) 的迴歸係數未達 0.05 顯著水準。考慮可捨棄，但在多元 logit 迴歸中，其係數爲 0.05(p < 0.05) 卻可保留當解釋變數。

2. 邏輯斯迴歸式爲 $\log\left(\dfrac{P(Y=1\mid X=x)}{P(Y=0\mid X=x)}\right) = \alpha + \beta x$

   $= -2.41 + 0.05 \times \text{age} - 0.06 \times \text{ndrugtx} - 0.6 \times \text{ivhx2} - 0.73 \times \text{ivhx3} + 0.23 \times \text{race} + 0.44 \times \text{treat} + 0.14 \times \text{site}$

3. 儘管 race、site 二個自變數之迴歸係數顯著性 P > 0.05，但這二個危險因子 P 值都很接近型 I 誤差臨界值 ($\alpha = 0.05$)，即健康組你誤判爲生病者之機率定爲 0.05，此時你仍可靠經驗或文獻探討，來決定這二個自變數的去留，並再次複驗一次。

4. 生物醫學領域，病人年齡一直都被視爲「重要」危險因子。在模型一簡單 logit 迴歸，發現年齡 (age) 對 **dfree** 是顯著的解釋因子，但 Step 9. 多元 logit 迴歸 (共 7 個自變數)，卻發現年齡 (age) 對 **dfree** 不是顯著的解釋因子。故再進行 Step 11. 「邏輯斯迴歸模型主要共變數係數調整方法：fractional polynomial regression」之前，先繪「dfree-age」logit 線形圖來瞭解是什麼因素造成的？

Step 10. 繪平滑化「**dfree-age**」線形圖

```
. use hosmeruis, clear
* lowess 指令旨在 Lowess smoothing
* 選擇表 :Statistics > Nonparametric analysis > Lowess smoothing
* lowess 功能 :lowess carries out a locally weighted regression of yvar on
  xvar, displays the graph, and optionally saves the smoothed variable.
. lowess dfree age, gen(var3) logit nodraw
. graph twoway line var3 age, sort xlabel(20(10)50 56)
```

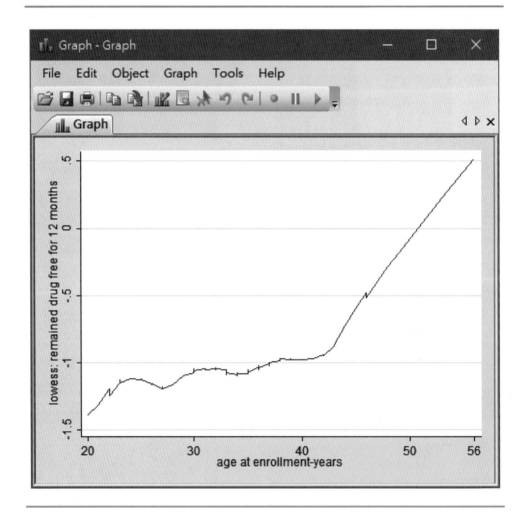

圖 1-59 「graph twoway line var3 age, sort xlabel(20(10)50 56)」繪平滑化之 logit 線形圖

1. 「dfree-age」線形圖，可看出「dfree-age」二者並不符合「標準的」logit 機率函數。故須細部再繪「dfree-age」關係圖，如下：

```
. use hosmeruis, clear
* 人工做變數變換：將連續變數 age 轉成 categorical variable
. sort age
. generate age1 =              (_n <= 148)
. generate age2 =(_n >= 149) &(_n <= 292)
. generate age3 =(_n >= 293) &(_n <= 458)
. generate age4 =(_n >= 459)
. logit dfree age2 age3 age4 ndrugtx ivhx2 ivhx3 race treat site

Logistic regression                         Number of obs   =       575
                                            LR chi2(9)      =     34.69
                                            Prob > chi2     =    0.0001
Log likelihood = -309.52103                 Pseudo R2       =    0.0531


------------------------------------------------------------------------
   dfree |     Coef.    Std. Err.     z     P>|z|    [95% Conf. Interval]
---------+--------------------------------------------------------------
    age2 |  -.165864    .2909137   -0.57   0.569   -.7360444    .4043163
    age3 |  .4693399     .27066    1.73   0.083   -.0611439    .9998237
    age4 |  .595771     .3124964    1.91   0.057   -.0167108    1.208253
 ndrugtx |  -.0587551   .0254688   -2.31   0.021    -.108673   -.0088371
   ivhx2 |  -.5545193   .2853626   -1.94   0.052    -1.11382    .0047811
   ivhx3 |  -.6725536   .2518601   -2.67   0.008    -1.16619   -.1789169
    race |   .2787172   .2238499    1.25   0.213   -.1600205    .7174549
   treat |   .4430577   .2000427    2.21   0.027    .0509812    .8351343
    site |   .1582001   .2188293    0.72   0.470   -.2706974    .5870976
   _cons |  -1.054837   .2705875   -3.90   0.000   -1.585179   -.5244956
------------------------------------------------------------------------

*preserve 指令旨在 preserves the data, guaranteeing that data will be restored
after program termination.
. preserve
```

1. 上述多元 logit 迴歸，納入 9 個解釋變數，其中有 5 個解釋變數達到顯著解釋力 (網底字)。

2. 由於「age2 vs. age1、age3 vs. age1、age4 vs. age1」迴歸係數，忽正忽負，故

可看出 age 對 dfree 的關係不正常。故再繪 **age 係數**之線形圖，如下：

```
* 先清空資料檔，再直接 input age 係數
. clear
. input age coef
24 0
30.5 -.165864
35.5 .4693399
47.5 .595771
end


. graph twoway scatter coef age, connect(l) ylabel(-.25(.25).75) xla-
bel(20(10)50) yline(0)
```

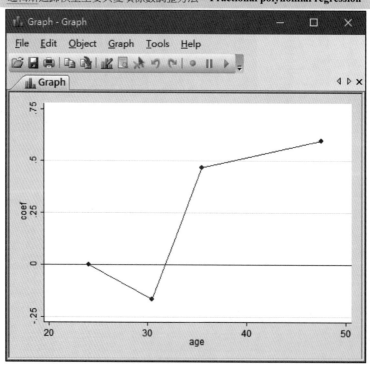

age係數之線形圖，顯示**"age對dfree"**關係非遞增(直線)關係，故須
"邏輯斯迴歸模型主要共變項係數調整方法：Fractional polynomial regression"

圖 1-60　「graph twoway scatter coef age, connect(l) ylabel(-.25(.25).75) xlabel(20(10)50)
yline(0)」圖

Step 11. 邏輯斯迴歸模型主要共變數係數調整方法：**fractional polynomial regression(age 自變數)**

在二元模型 (binary model) 中，自變數 (X) 與依變數 (Y) 的關聯性可能會受到 Z 變數額外效果的影響，此 Z 變數可能只和 X 有關聯性，也可能同時和 X 與 Y 都有關聯性，我們稱此 Z 變數為額外變數 (extraneous variable)。學者提出的 VDFV(values deviated from fitted values) 可以降低參數估計的偏誤 (bias)，尤其是當 X 與 Z 兩自變數間呈現非線性關係時效果更為明顯。

VDFV 法包含了兩個分析步驟，在第一步驟中需要先建構 X 和 Z 的關係以求得適配值 E(X|Z)(fitted value)，這一步驟所使用到的模型是 fractional polynomial model。適配值的建構可以只使用非疾病組的資料或是將疾病組與非疾病組的資料 (pooled data) 混合並一同考量，其間的取捨端視 Z 變數是否和 Y 有關。從我們的模擬研究結果中發現 VDFV-p(適配值的計算使用了 pooled data) 在 Z 和 Y 無關係時能提供較可信的結果，亦即偏誤和均方誤 (MSE) 都比較小，另一方面，VDFV-c(適配值的計算只使用了非疾病組的資料) 在 Z 和 Y 有關係時能提供較小的偏誤。

此外，當樣本數不夠大或是稀疏事件 (sparse data) 的情況發生時，傳統模型的參數估計值在準確性 (accuracy) 及精確性 (precision) 的表現均不佳，然而這些問題在 VDFV-p 與 VDFV-c 中都能得到改善。另外，我們分別使用了兩組胎兒成長資料分別呈現 Z 和 Y 的兩種不同關係，並且進行 VDFV 和傳統方法的分析比較。

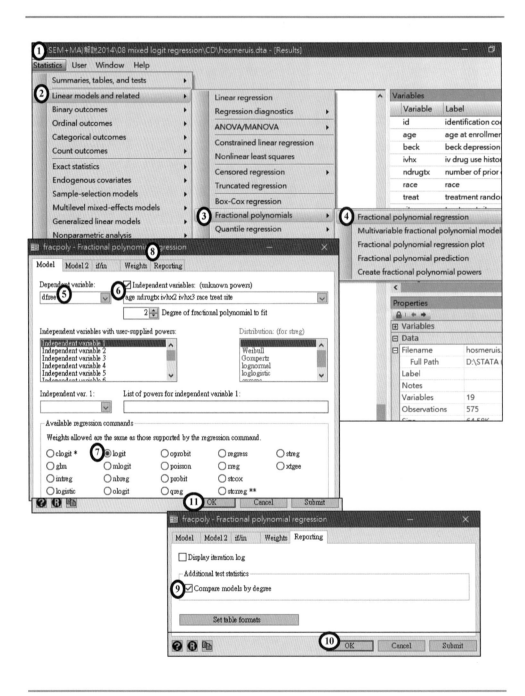

圖 1-61 「fracpoly logit dfree age ndrugtx ivhx2 ivhx3 race treat site, degree(2) compare」

註：Statistics > Linear models and related > Fractional polynomials > Fractional polynomial regression

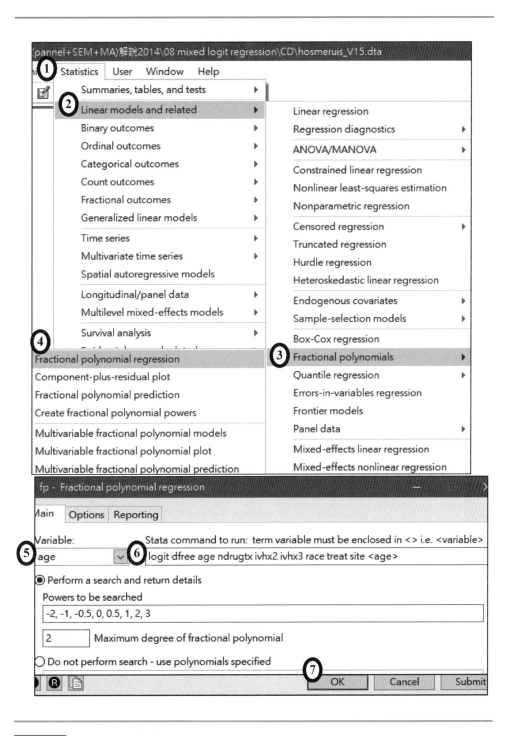

```
. use hosmeruis, clear
* 先將 categorical variable 轉成 dummy variable
* 新版 STaTa V15 指令簡化為:「. tab1 ivhx」
. tabulate ivhx , generate(ivhx)
* 再執行 dummy variable 之某迴歸分析

* 將先前 preserve 之迴歸參數，再回存至記憶體
. restore

* 執行分式多項式迴歸分析
* 新版 STaTa v15 用下列指令語法
. fp <age>, : logit dfree ndrugtx ivhx2 ivhx3 race treat site <age>

* 舊版 STaTa v12 用下列指令語法
. fracpoly logit dfree age ndrugtx ivhx2 ivhx3 race treat site, degree(2)
  compare

-> gen double Indru__1 = ndrugtx-4.542608696 if e(sample)
........
-> gen double Iage__1 = X^-2-.0953622163 if e(sample)
-> gen double I age__2 = X^3-33.95748331 if e(sample)
  (where: X = age/10 )


Logistic regression                          Number of obs   =       575
                                             LR chi2(8)      =     34.96
                                             Prob > chi2     =    0.0000
Log likelihood = -309.38436                  Pseudo R2       =    0.0535


------------------------------------------------------------------------------
       dfree |     Coef.   Std. Err.      z    P>|z|    [95% Conf. Interval]
-------------+----------------------------------------------------------------
     Iage__1 | -1.538626   4.575934    -0.34   0.737   -10.50729     7.43004
     Iage__2 |  .0116581   .0080977     1.44   0.150   -.0042132    .0275293
     Indru__1 | -.0620596   .0257223    -2.41   0.016   -.1124744   -.0116447
       ivhx2 | -.6057376   .2881578    -2.10   0.036   -1.170517   -.0409587
       ivhx3 | -.7263554   .2525832    -2.88   0.004   -1.221409   -.2313014
        race |  .2282107    .224089     1.02   0.308   -.2109957    .6674171
       treat |  .4392589   .1996983     2.20   0.028    .0478573    .8306604
        site |  .1459101    .217491     0.67   0.502   -.2803644    .5721846
```

```
      _cons |  -1.082342    .2416317    -4.48   0.000    -1.555931    -.6087524
------------------------------------------------------------------------------
Deviance:    618.77. Best powers of age among 44 models fit: -2 3.
```

* 自由度比較 (compare 選項)

```
Fractional polynomial model comparisons:
-------------------------------------------------------------------------
age              df      Deviance    Dev. dif.   P(*)   Powers
-------------------------------------------------------------------------
Not in model      0      627.801     9.032      0.060
Linear            1      619.248     0.480      0.923   1
m = 1             2      618.882     0.114      0.945   3
m = 2             4      618.769     --         --      -2 3
-------------------------------------------------------------------------
(*) P-value from deviance difference comparing reported model with m = 2 mod-
el
```

1. 本例捨棄傳統「logit 迴歸分析」，改用邏輯斯迴歸模型主要共變數係數調整方法：分式多項式迴歸 (fractional polynomial regression)。共變數係數調整後，8 個解釋變數有 4 個係數達到 0.05 顯著水準。

2. fractional polynomial model comparisons 之自由度比較 (compare 選項) 顯示：age 只接近 not in model，但沒有一個自由度達到顯著，故 age 仍可納入多元 logit 分析。

   Step 12.　邏輯斯迴歸模型主要共變數係數調整方法：**fractional polynomial regression(** ndrugtx 自變數 **)**

```
. use hosmeruis, clear
. lowess dfree ndrugtx, logit gen(low)
. sort ndrugtx
. twoway line low ndrugtx, ylabel(-1.9305 -.7306) xlabel(0 1 2 5(5)40
```

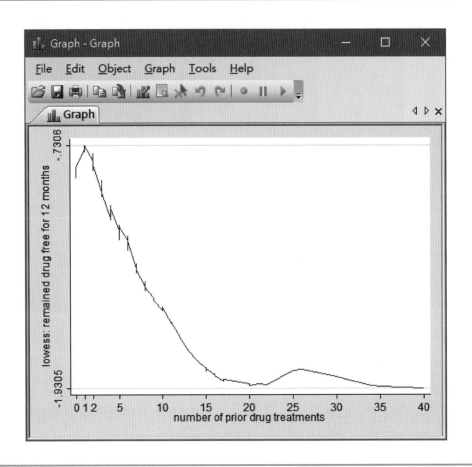

圖 1-63 「twoway line low ndrugtx, ylabel(-1.9305 -.7306) xlabel(0 1 2 5(5)40」圖

```
. gen group = .
. replace group = 1 if ndrugtx==0
. replace group = 2 if ndrugtx==1 | ndrugtx==2
. replace group = 3 if ndrugtx>=3 & ndrugtx<=15
. replace group = 4 if ndrugtx>15

*因類別自變數 level 超過 3 個，為搭配虛擬變數「i.group i.ivhx」，故多加「xi:」
  前置指令
. xi: logit dfree age i.group i.ivhx race treat site
i.group            _Igroup_1-4        (naturally coded; _Igroup_1 omitted)
```

```
i.ivhx            _Iivhx_1-3       (naturally coded; _Iivhx_1 omitted)


Logistic regression                      Number of obs   =        575
                                         LR chi2(9)      =      35.09
                                         Prob > chi2     =     0.0001
Log likelihood = -309.31915              Pseudo R2       =     0.0537



------------+----------------------------------------------------------------
      dfree |     Coef.   Std. Err.      z    P>|z|     [95% Conf. Interval]
------------+----------------------------------------------------------------
        age |   .0505779   .0172932     2.92   0.003     .0166838    .084472
   _Igroup_2 |   .4060124   .3090247     1.31   0.189    -.1996649    1.01169
   _Igroup_3 |  -.1536915   .3116762    -0.49   0.622    -.7645655   .4571825
   _Igroup_4 |  -.5852777   .6205672    -0.94   0.346    -1.801567   .6310117
    _Iivhx_2 |  -.6477825   .2898193    -2.24   0.025    -1.215818   -.079747
    _Iivhx_3 |  -.7955052   .2542323    -3.13   0.002    -1.293791  -.2972191
       race |   .2411928   .2244176     1.07   0.282    -.1986576   .6810432
      treat |   .4199453   .1996789     2.10   0.035     .0285818   .8113087
       site |   .1618909   .2206026     0.73   0.463    -.2704822    .594264
      _cons |  -2.660089   .6059571    -4.39   0.000    -3.847743  -1.472435
------------+----------------------------------------------------------------
```

1. 乍看之下，連續變數 ndrugtx 之分組後，係數幾乎都未達顯著，事實可能不是
   這樣，因為你的分組標準可能出問題 (分太多類)。故須下列步驟的更正。

2. 當類別自變數的 level 超過 3 個，為搭配虛擬變數「i. 某變數名」，要多加
   「xi:」前置指令，報表才會在該變數前多加「_I」符號。

3. 將連續變數 ndrugtx 轉成 group 虛擬變數之係數值，再繪成線形圖，如下：

```
. preserve
. clear
. input midpt coeff
0 0
1.5 .406
9 -.154
28 -.585
end

. graph twoway scatter coeff midpt, yline(0) connect(1) xlabel(0 1 2 5(5)20 28)
```

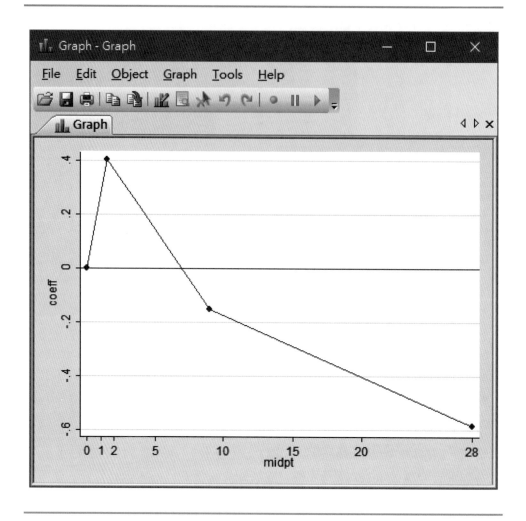

圖 1-64 「graph twoway scatter coeff midpt, yline(0) connect(l) xlabel(0 1 2 5(5)20 28)」圖

上述分析，乍看之下，連續變數 ndrugtx 之分組後，係數幾乎都未達顯著，事實不是這樣，因爲你的分組標準 (變數變換) 可能出問題。故須下列步驟的更正。

```
. restore

* although the book describes generating ndrgfp1 and ndrgfp2 as below, it ap-
pears that for the tables, they were also centered as in ndrgfp1a1t and ndrg-
fp2a1t.
```

```
. generate ndrgfp1 =((ndrugtx + 1) / 10)^(-1)
. generate ndrgfp2 = ndrgfp1 * ln((ndrugtx + 1) / 10)
. generate ndrgfp1alt =((ndrugtx + 1) / 10)^(-1) - 1.804204581
. generate ndrgfp2alt =((ndrugtx + 1) / 10)^(-1) * ln((ndrugtx + 1) / 10) +
1.064696882
. generate lgtfp = -4.314 + 0.981*ndrgfp1 + 0.361*ndrgfp2
. summarize lgtfp
. global mlgfp = r(mean)
. summarize low
. global mlow = r(mean)
. generate lgtfp1 = lgtfp +($mlow-$mlgfp)
. twoway(line low ndrugtx)(line lgtfp1 ndrugtx), ylabel(-2.184 -.547) xla-
bel(0 1 2 5(5)40)
```

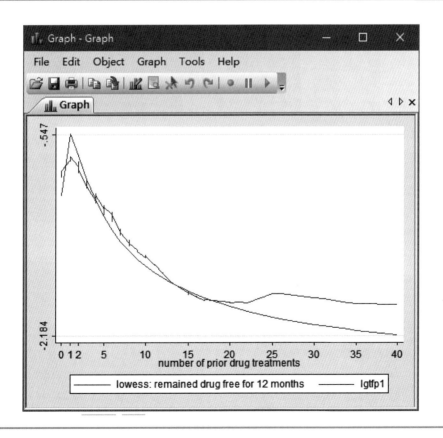

圖 1-65 「twoway(line low ndrugtx)(line lgtfp1 ndrugtx), ylabel(-2.184 -.547) xlabel(0 1 2 5(5)40)」圖

```
* Matching the transformations
. logit dfree age ndrgfp1 ndrgfp2 ivhx2 ivhx3 race treat site

Logistic regression                              Number of obs   =      575
                                                 LR chi2(8)      =    40.28
                                                 Prob > chi2     =   0.0000
Log likelihood = -306.72558                      Pseudo R2       =   0.0616

------------------------------------------------------------------------------
      dfree |      Coef.   Std. Err.      z    P>|z|     [95% Conf. Interval]
------------+-----------------------------------------------------------------
        age |   .0544455   .0174877     3.11   0.002     .0201702    .0887208
     ndrgfp1 |   .9814532   .2888488     3.40   0.001      .41532    1.547586
     ndrgfp2 |   .3611252   .1098594     3.29   0.001     .1458047    .5764456
      ivhx2 |  -.6088269   .2911069    -2.09   0.036    -1.179386   -.0382679
      ivhx3 |  -.7238122   .2555649    -2.83   0.005     -1.22471   -.2229142
       race |   .2477026   .2242156     1.10   0.269    -.1917519    .6871571
      treat |   .4223666   .2003655     2.11   0.035     .0296574    .8150759
       site |   .1732142   .2209763     0.78   0.433    -.2598915    .6063198
      _cons |  -4.313812   .7924561    -5.44   0.000    -5.866997   -2.760627
------------------------------------------------------------------------------
```

1. 正確的變數變換後，ndrgfp1 及 ndrgfp2 的迴歸係數才達顯著。二者亦是代表「ndrugtx」變數之最佳的類別變數。故後面章節中，ndrgfp1 及 ndrgfp2 二者在「1-7-1 Logit 模型搭配 ROC 曲線來找最佳 cut-off 點」，仍會再被引用。

2. 換 ndrgfp1alt、ndrgfp2alt 再 logit 分析，如下。

```
. logit dfree age ndrgfp1alt ndrgfp2alt ivhx2 ivhx3 race treat site

Logistic regression                              Number of obs   =      575
                                                 LR chi2(8)      =    40.28
                                                 Prob > chi2     =   0.0000
Log likelihood = -306.72558                      Pseudo R2       =   0.0616

------------------------------------------------------------------------------
      dfree |      Coef.   Std. Err.      z    P>|z|     [95% Conf. Interval]
------------+-----------------------------------------------------------------
        age |   .0544455   .0174877     3.11   0.002     .0201702    .0887208
```

```
ndrgfp1alt |   .9814526    .2888486    3.40   0.001    .4153197    1.547585
ndrgfp2alt |   .3611249    .1098593    3.29   0.001    .1458046    .5764451
     ivhx2 |  -.6088269    .2911069   -2.09   0.036   -1.179386   -.0382679
     ivhx3 |  -.7238122    .2555649   -2.83   0.005   -1.22471    -.2229142
      race |   .2477026    .2242156    1.10   0.269   -.1917519    .6871572
     treat |   .4223666    .2003655    2.11   0.035    .0296574    .8150759
      site |   .1732142    .2209763    0.78   0.433   -.2598915    .6063198
     _cons |  -2.927559    .5866548   -4.99   0.000   -4.077381   -1.777736
------------------------------------------------------------------------------
```

1. 換 ndrgfp1alt、ndrgfp2alt 再 logit 分析，二者的迴歸係數都達顯著。

Step 13. 兩個自變數之交互作用項 (本例共 2 項)，都納入模型中

```
* 產生交互作用項
. gen agendrgfp1 = age*ndrgfp1
. gen racesite = race*site
. logit dfree age ndrgfp1 ndrgfp2 ivhx2 ivhx3 race treat site agendrgfp1 rac-
esite

Logit estimates                                Number of obs   =       575
                                               LR chi2(10)     =     55.77
                                               Prob > chi2     =    0.0000
Log likelihood = -298.98146                    Pseudo R2       =    0.0853

------------------------------------------------------------------------------
     dfree |     Coef.   Std. Err.      z    P>|z|    [95% Conf. Interval]
-----------+------------------------------------------------------------------
       age |   .1166385    .0288749    4.04   0.000    .0600446    .1732323
   ndrgfp1 |   1.669035    .407152     4.10   0.000    .871032     2.467038
   ndrgfp2 |   .4336886    .1169052    3.71   0.000    .2045586    .6628185
     ivhx2 |  -.6346307    .2987192   -2.12   0.034   -1.220109   -.0491518
     ivhx3 |  -.7049475    .2615805   -2.69   0.007   -1.217636   -.1922591
      race |   .6841068    .2641355    2.59   0.010    .1664107    1.201803
     treat |   .4349255    .2037596    2.13   0.033    .035564     .834287
      site |   .516201     .2548881    2.03   0.043    .0166295    1.015773
agendrgfp1 |  -.0152697    .0060268   -2.53   0.011   -.0270819   -.0034575
  racesite |  -1.429457    .5297806   -2.70   0.007   -2.467808   -.3911062
     _cons |  -6.843864    1.219316    -5.61   0.000   -9.23368    -4.454048
------------------------------------------------------------------------------
```

1. agendrgfp1 及 racesite 二個交互作用項，其迴歸係數都達顯著。

2. 以上 10 個解釋變數，其迴歸係數都達顯著，這亦是所找到的最終模型。再將這 10 個「 Coef. 」代入下式即可。

3. <u>邏輯斯</u>迴歸式為 $\log\left(\dfrac{P(Y=1\,|\,X=x)}{P(Y=0\,|\,X=x)}\right) = \alpha + \beta_1 x_1 + ... + \beta_k x_k$

Step 14. 敵對模型適配度之總評比

```
* 六個模型 (model 0~model 5) 適配度之總評比
* model 0
. quietly logit dfree age beck ivhx2 ivhx3 ndrugtx race treat site
. estimates store A0
* model 1
. quietly logit dfree age ivhx2 ivhx3 ndrugtx treat
. estimates store A1
* model 2
. quietly logit dfree age ivhx2 ivhx3 ndrugtx race treat
. estimates store A2
* model 3
. logit dfree age ivhx2 ivhx3 ndrugtx treat site
. estimates store A3
* model 4
. quietly logit dfree age beck ivhx2 ivhx3 ndrugtx treat
. estimates store A4
* model 5
. quietly logit dfree age ivhx3 ndrugtx treat
. estimates store A5

. lrtest A0 A1
Logit: likelihood-ratio test                      chi2(3)     =     1.34
                                                  Prob > chi2 =   0.7198

. lrtest A0 A2
Logit: likelihood-ratio test                      chi2(2)     =     0.47
                                                  Prob > chi2 =   0.7922

. lrtest A0 A3
```

```
Logit:  likelihood-ratio test                    chi2(2)    =      1.01
                                                  Prob > chi2 =    0.6021


. lrtest A0 A4
Logit:  likelihood-ratio test                    chi2(2)    =      1.34
                                                  Prob > chi2 =    0.5119


. lrtest A0 A5
Logit:  likelihood-ratio test                    chi2(4)    =      6.34
                                                  Prob > chi2 =    0.1751
```

1. 以上五個概似比檢定，都以 model 0 為比較基準點，五個卡方檢定 P 值都 >
   0.05，都接受虛無假設：前模型優於後模型。故 model 0 是最優的模型。

2. 更詳細的模型適配度評比，請見本書「1-7 Logit+ROC 曲線來評比敵對 logit
   模型，哪個好？」介紹。

1-5-2b 分式多項式迴歸 (fractional polynomial regression)：練習題 (fp 或 fracpoly 指令)

```
* 分式多項式迴歸
. webuse igg

*Fit a second-degree fractional polynomial regression model
. fracpoly: regress sqrtigg age


........
-> gen double Iage__1 = age^-2-.1299486216 if e(sample)
-> gen double Iage__2 = age^2-7.695349038 if e(sample)

      Source |      SS        df       MS              Number of obs =      298
-------------+------------------------------           F(  2,   295) =     64.4
       Model |  22.2846976      2   11.1423488         Prob > F      =   0.0000
    Residual |  50.9676492    295   .172771692         R-squared     =   0.3042
-------------+------------------------------           Adj R-squared =   0.2995
       Total |  73.2523469    297   .246640898         Root MSE      =   .41566
```

```
--------------------------------------------------------------------------
    sqrtigg |     Coef.   Std. Err.        t    P>|t|    [95% Conf. Interval]
------------+-------------------------------------------------------------
    Iage__1 |  -.1562156    .027416    -5.70   0.000    -.2101713    -.10226
    Iage__2 |   .0148405   .0027767     5.34   0.000     .0093757   .0203052
      _cons |   2.283145   .0305739    74.68   0.000     2.222974   2.343315
--------------------------------------------------------------------------
Deviance:   319.45. Best powers of age among 44 models fit: -2 2.
```

*Fit a fourth-degree fractional polynomial regression model and compare to models of lower degrees

. fracpoly, degree(4) compare: regress sqrtigg age

-> gen double Iage__1 = ln(age)-1.020308063 if e(sample)
-> gen double Iage__2 = age^3-21.34727694 if e(sample)
-> gen double Iage__3 = age^3*ln(age)-21.78079878 if e(sample)
-> gen double Iage__4 = age^3*ln(age)^2-22.22312461 if e(sample)

```
    Source |       SS      df       MS              Number of obs =     298
-----------+------------------------------           F(  4,   293) =   32.63
     Model | 22.5754541      4  5.64386353           Prob > F      =  0.0000
  Residual | 50.6768927    293  .172958678           R-squared     =  0.3082
-----------+------------------------------           Adj R-squared =  0.2987
     Total | 73.2523469    297  .246640898           Root MSE      =  .41588
```

```
--------------------------------------------------------------------------
    sqrtigg |     Coef.   Std. Err.        t    P>|t|    [95% Conf. Interval]
------------+-------------------------------------------------------------
    Iage__1 |   .8761824   .1898721     4.61   0.000     .5024962   1.249869
    Iage__2 |  -.1922029   .0684934    -2.81   0.005    -.3270044  -.0574015
    Iage__3 |   .2043794    .074947     2.73   0.007     .0568767   .3518821
    Iage__4 |  -.0560067   .0212969    -2.63   0.009     -.097921  -.0140924
      _cons |   2.238735   .0482705    46.38   0.000     2.143734   2.333736
--------------------------------------------------------------------------
Deviance:   317.74. Best powers of age among 494 models fit: 0 3 3 3.
```

Fractional polynomial model comparisons:

```
--------------------------------------------------------------------------
age              df    Deviance    Res. SD   Dev. dif.  P(*)   Powers
```

```
----------------------------------------------------------------------
Not in model    0       427.539    .49663    109.795    0.000
Linear          1       337.561    .42776    19.818     0.006   1
m = 1           2       327.436    .420554   9.692      0.140   0
m = 2           4       319.448    .415658   1.705      0.794   -2 2
m = 3           6       319.275    .416243   1.532      0.473   -2 1 1
m = 4           8       317.744    .415883   --         --      0 3 3 3
----------------------------------------------------------------------
```

(*) P-value from deviance difference comparing reported model with m = 4 model

*Fit a fractional polynomial regression model using powers -2 and 2
. fracpoly: regress sqrtigg age -2 2

-> gen double Iage__1 = age^-2-.1299486216 if e(sample)
-> gen double Iage__2 = age^2-7.695349038 if e(sample)

```
    Source |       SS        df       MS              Number of obs =      298
-----------+------------------------------           F(  2,   295) =     4.49
     Model | 22.2846976       2   11.1423488          Prob > F      =   0.0000
  Residual | 50.9676492     295   .172771692          R-squared     =   0.3042
-----------+------------------------------           Adj R-squared =   0.2995
     Total | 73.2523469     297   .246640898          Root MSE      =   .41566
```

```
----------------------------------------------------------------------
   sqrtigg |    Coef.    Std. Err.      t     P>|t|    [95% Conf. Interval]
-----------+----------------------------------------------------------
   Iage__1 | -.1562156    .027416    -5.70    0.000   -.2101713    -.10226
   Iage__2 |  .0148405   .0027767     5.34    0.000    .0093757   .0203052
     _cons |  2.283145   .0305739    74.68    0.000    2.222974   2.343315
----------------------------------------------------------------------
```

Deviance: 319.45.

1-6 邏輯斯迴歸搭配 ROC 曲線來做篩檢工具之分類準確性

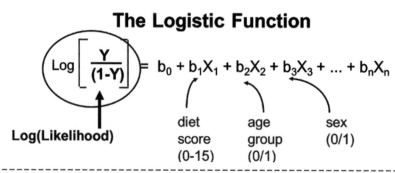

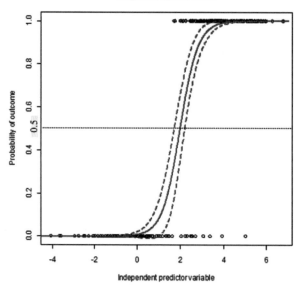

圖 1-66　multiple logistic 函數之示意圖

1-6-1 TypeI 誤差 α 及 TypeII 誤差 β：ROC 圖切斷點的由來

一、檢定力 (1- β) vs. Type I 誤差 α 及 Type II 誤差 β

統計檢定進行時，除了可探測結果之顯著性，相對的存在一定的風險，即可能發生誤差 (error) 的機會。

假設檢定的目的就是利用統計的方式，推測虛無假設 H_0 是否成立。若虛無假設事實上成立，但統計檢驗的結果不支持虛無假設 (拒絕虛無假設)，這種錯誤稱為第一型錯誤 α。若虛無假設事實上不成立，但統計檢驗的結果支持虛無假設 (接受虛無假設)，這種錯誤稱為第二型錯誤 β。

1. 何謂顯著水準 α(significance level α) ？何謂型 I 誤差 (type I error) ？何謂型 II 誤差 (type II error) ？何謂檢定力 (the power of a test) ？

(1) 顯著水準 α (significance level α)：α 指決策時所犯第一型誤差的「最大機率」，所以依據統計研究的容忍程度，一般我們在檢定前都要先界定最大的第一型誤差，再進行檢定。

(2) 第一型誤差 α (type I error)：當虛無假設 H_0 為真，卻因抽樣誤差導致決策為拒絕 H_0，此種誤差稱為型 I 誤差。型 I 誤差 = 拒絕 H_0 | H_0 為真，α = P(Reject H_0 | H_0 is true)

(3) 第二型誤差 β (type II error)：當虛無假設 H_0 為假，卻因抽樣誤差導致決策不拒絕 H_0，此種誤差稱為型 II 誤差。型 II 誤差 = 不拒絕 H_0 | H_0 為假，β = P(Non-Reject H_0 | H_0 is false)

(4) 當虛無假設 H_0 為假，經檢定後拒絕 H_0 的機率稱為檢定力 (power)(也就是正確拒絕 H_0 的機率)。power=P(Reject H_0 | H_0 is false)

2. 顯著水準即是型 I 誤差的最大機率，當 α 越大則 β 越小 power 越大。
3. 當 α 為零時，根本無法拒絕 H_0，則根本不會有 power。
4. 樣本數 n 越大，則 α、β 越小 power 越大。

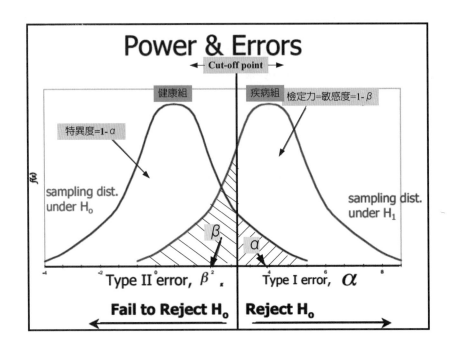

圖 1-67 檢定力 $(1-\beta)$ vs. Type I 誤差 α 及 Type II 誤差 β

　　當我們在進行統計檢定時，基本上根據有限的樣本數量，對母體的實際分布作一推估，必然會有誤差之風險。這種「誤差」可分 2 種：

(1) 第一型誤差 (type I error)α：當虛無假設 H_0 為眞，卻因抽樣誤差導致決策為拒絕 H_0(the probability of rejecting a true null hypothesis)，此種誤差稱為 α 誤差。犯 Type I error 之機率即為 α。

(2) 第二型誤差 (type II error)β：當虛無假設 H_0 為假，卻因抽樣誤差導致決策不拒絕 H_0(the probability of failing to reject a false null hypothesis)，此種誤差稱為 β 誤差。Type II error 之機率為 β。

　　第一型誤差 (α)、第二型誤差 (β) 與 ROC 分類之關係，如下表：

	真實情況 (TRUE STATE) / 工具檢驗結果	
決定 (Decision)	H_1 為真 (結果陽性)，即 H_0 為假	H_0 為真 (工具檢驗結果為陰性)
拒絕 H_0 (判定為有病)	疾病組正確檢驗結果為有病 (陽性) 機率 $p = 1 - \beta$ 敏感度 (True Positive, TP) : a	Type I error：健康組誤診為陽性 機率 $p = \alpha$ False Positive(FP): b
接受 H_0 (判定為沒病)	Type II error：疾病組誤診為無病 機率 $p = \beta$ False Negative(FN) : c	健康組正確檢驗結果為無病 (陰性) 機率 $p = 1 - \alpha$ 特異度 (True Negative, TN) : d

　　根據檢定之前提與結果正確與否，可產生兩種不同之誤差情況，分別為第一型誤差 α 及第二型誤差 β。以利用驗孕棒驗孕為例。若用驗孕棒為一位孕婦驗孕，真實結果是沒有懷孕，這是第一型錯誤。若用驗孕棒為一位未懷孕的女士驗孕，真實結果是已懷孕，這是第二型錯誤。

	真實情況 (TRUE STATE)	
決定 (Decision)	H_1 為真 (即 H_0 為假)：嫌疑犯真的有作案	H_0 為真：嫌疑犯真的無作案
嫌疑犯有罪	正確決定 (敏感度) 機率 $p = 1 - \beta$ 檢定力 = 敏感度 = $1 - \beta$	Type I error (偽陽性) 機率 $p = \alpha$
嫌疑犯無罪	Type II error (偽陰性) 機率 $p = \beta$	正確決定 (特異度) 機率 $p = 1 - \alpha$ 特異度 = $1 - \alpha$

二、切斷點 (cut-off point) 移動對 Type I 誤差 (α) 與 Type II 誤差 (β) 的影響

　　臨床上對於糖尿病初期診斷最常使用的是空腹血糖值測定，正常人空腹血糖值平均是 100mg/dl，標準差為 8.5mg/dl，而糖尿病患者空腹血糖值平均為 126mg/dl，標準差為 15.0mg/dl，假設兩族群的空腹血糖值皆為常態分布。現在想利用空腹血糖值來建立一個簡單的診斷是否有糖尿病的診斷工具，假如空腹血糖值大於切斷點 C 則判定有糖尿病，反之，小於切斷點 C 則無糖尿病，下圖是以 C = 115 為切斷點下，Type I 誤差 (α) 及 Type II 誤差 (β) 的關係。

由下圖可看出：當我們把切斷點 C 值提高 (往右移) 時，Type I 誤差 (α) 機率降低，但同時卻升高了 Type II 誤差 (β) 的機率，根據檢定力公式：power = $1 - \beta$，當 Type II 誤差 β 越大，則檢定力 power 也隨之變小。

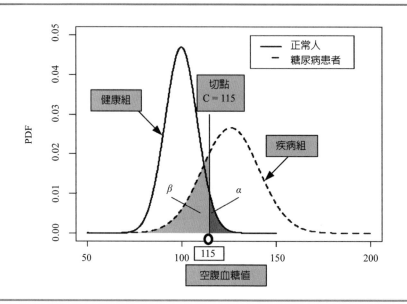

圖 1-68 當我們把切斷點提高時，Type I error(α) 機率降低，但同時卻升高了 Type II error(β) 的機率

以驗孕棒驗孕為例，若調高驗孕棒敏感度 (斷點往左移)，雖可降低 α 誤差，但卻提高 β 誤差。有關如何求得風險評級最佳斷點，STaTa 提供 rocfit、roctab 二個指令。詳情請見《生物醫學統計使用 STaTa 分析》一書「6-3-3」節及「6-3-4」節。

三、P 值 (P-values) 計算：通常以 Type I error(通常取 α = 0.05) 為 P 值比較的臨界值

1. P 值是計算在虛無假設 H_0 成立時，比觀測的檢定統計值 (如 χ^2, z, t, HR...) 更極端 (與虛無假設不一致) 的機率。

2. 當 P 值很小時 (通常取 P < 0.05)，有二種可能：(1) 虛無假設 H_0 是正確的，但我們觀測到一筆發生機率很低的資料 (這顯然不太可能發生)；(2) 虛無假設 H_0 是錯的，資料不是來自虛無假設，這個可能性比較大，所以有充分證據來拒絕 (reject) 虛無假設。

3. P 值可視為當虛無假設 H_0 成立時，依據資料會拒絕虛無假設的「風險」(risk)，當風險很小時 (通常取 P < 0.05)，我們當然傾向拒絕虛無假設。所以當這風險小於我們設定的顯著水準 α 時，我們就有充分證據來拒絕虛無假設。

1-6-2 ROC 曲線、敏感度 / 特異性：不同篩檢工具之分類準確性比較

一、樣本資料

ROC 曲線旨在評估不同篩檢工具之分類準確性 (accuracy)。有關 ROC 的理論介紹，請見作者《生物醫學統計：使用 STaTa 分析》一書第 6 章。

承接《生物醫學統計：使用 STaTa 分析》一書「1-7-3c 二元依變數之模型：Logistic 迴歸之實例」。

範例 (「**binary_Logistic.dta**」資料檔)

在此只介紹 ROC 曲線面積、敏感度 / 特異性如何分析。

有 400 名學生申請入學資料，如下表所示。這個「binary_Logistic.dta」(dataset)，依變數 admit：代表入學申請是否被錄取。預測變數有三個：GRE、GPA 和排名 (rank)，前二者是連續變數；rank 是類別變數代表你想就讀學院的學術威望 (1 最高的威望，4 代表最低的威望)。共有 400 名入學申請名單。

表 1-2　**400 名學生申請入學資料**

ID	依變數	預測變數		
	Admit(被錄取)	GRE 成績	GPA 成績	Rank(威望)
1	0	380	3.61	3
2	1	660	3.67	3
3	1	800	4	1
4	1	640	3.19	4
5	0	520	2.93	4
6	1	760	3	2
7	1	560	2.98	1
8	0	400	3.08	2
9	1	540	3.39	3
10	0	700	3.92	2

表 1-2 **400 名學生申請入學資料（續）**

ID	依變數	預測變數		
	Admit(被錄取)	GRE 成績	GPA 成績	Rank(威望)
11	0	800	4	4
12	0	440	3.22	1
13	1	760	4	1
14	0	700	3.08	2
15	1	700	4	1
16	0	480	3.44	3
17	0	780	3.87	4
18	0	360	2.56	3
19	0	800	3.75	2
20	1	540	3.81	1
...	...	...	...	...
392	1	660	3.88	2
393	1	600	3.38	3
394	1	620	3.75	2
395	1	460	3.99	3
396	0	620	4	2
397	0	560	3.04	3
398	0	460	2.63	2
399	0	700	3.65	2
400	0	600	3.89	3

二、STaTa 分析步驟

Step 1. 求 logistic 迴歸式

```
. logit admit gre gpa i.rank

Logistic regression                          Number of obs    =         400
                                             LR chi2(5)       =       41.46
                                             Prob > chi2      =      0.0000
Log likelihood = -229.25875                  Pseudo R2        =      0.0829
```

```
-----------------------------------------------------------------------
   admit |      Coef.   Std. Err.       z    P>|z|    [95% Conf. Interval]
---------+-------------------------------------------------------------
     gre |   .0022644    .001094     2.07   0.038     .0001202    .0044086
     gpa |   .8040377   .3318193     2.42   0.015     .1536838    1.454392
         |
    rank |
       2 |  -.6754429   .3164897    -2.13   0.033    -1.295751   -.0551346
       3 |  -1.340204   .3453064    -3.88   0.000    -2.016992   -.6634158
       4 |  -1.551464   .4178316    -3.71   0.000    -2.370399   -.7325287
         |
   _cons |  -3.989979   1.139951    -3.50   0.000    -6.224242   -1.755717
-----------------------------------------------------------------------
```

1. 概似比 (likelihood ratios, LR) 是敏感性與特異性的比值，旨在評估檢驗工具的效能。概似比值愈大，表示模型愈佳。當 LR > 10 代表此工具具有很強的臨床實證判斷意義，LR 介於 2~5 之間則代表此工具臨床實證判斷的意義較弱。本例 log likelihood = −229.25，表示你界定自變數們之迴歸係數，對依變數的預測仍有顯著意義。

2. 本例求得，推選入學是否被 admit 之 logistic 迴歸式為：

   Pr(admit=1)=F(0.0026×gre+0.804×gpa−0.675×2.rank−1.34×3.rank−1.55×4.rank−3.989)

   其中，F(·) 為累積 logistic 機率分布。

Step 2. 繪 logistic 迴歸式之 ROC 曲線

```
* 繪出 ROC 曲線下的面積 (area under ROC curve)
. lroc

Logistic model for admit

number of observations =        400
area under ROC curve   =     0.6928
```

AUC 數值一般的判別準則如下，本例模型 AUC = 0.692 ≈ 0.7，落入「可接受的區別力 (acceptable discrimination)」區。

AUC = 0.5	幾乎沒有區別力 (no discrimination)
0.5 ≦ AUC < 0.7	較低區別力 (準確性)
0.7 ≦ AUC < 0.8	可接受的區別力 (acceptable discrimination)
0.8 ≦ AUC < 0.9	好的區別力 (excellent discrimination)
AUC ≧ 0.9	非常好的區別力 (outstanding discrimination)

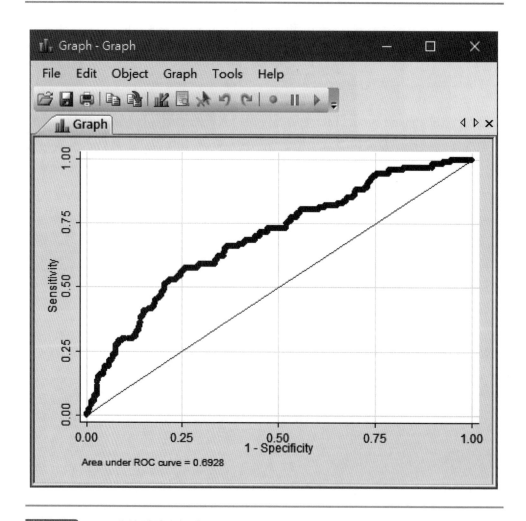

圖 1-69 ROC 曲線面積之結果

Step 3-1. 繪 logistic 迴歸模型之 ROC

　　本例，求得 logistic 迴歸式爲：

$$Pr(admit = 1) = F(0.0026 \times gre + 0.804 \times gpa - 0.675 \times 2.rank - 1.34 \times 3.rank - 1.55 \times 4.rank - 3.989)$$

其中，F(·) 爲累積 logistic 機率分布。

　　根據上式之 logistic 迴歸，再令矩陣 b：

```
* 根據上式之 Logistic 迴歸，來設定矩陣 b 之元素
. matrix input b =(0.0026, 0.804, -0.675, -1.34, -1.55 , -3.989)
. matrix colnames b = gre gpa 2.rank 3.rank 4.rank _cons

* 用 admit 依變數，來繪 b 矩陣之 ROC 圖
. lroc admit, beta(b)
```

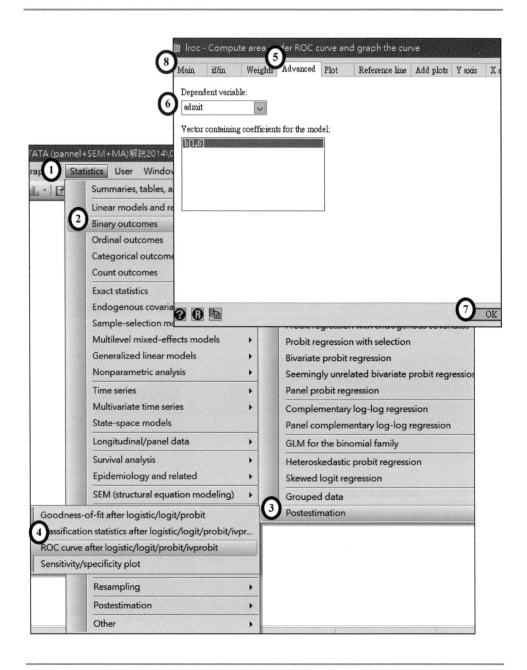

圖 1-70 「Iroc admit, beta(b)」之選擇表

註：Statistics > Binary outcomes > Postestimation > ROC curve after logistic/logit/probit/ivprobit

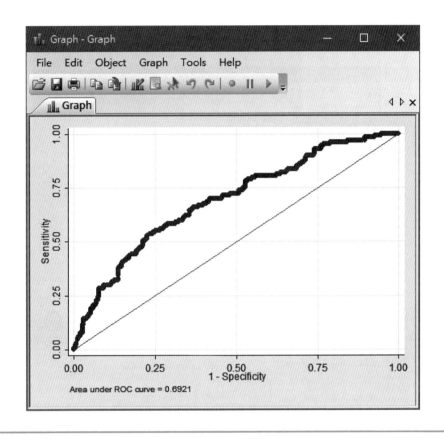

圖 1-71 lroc admit, beta(b)」繪出 ROC 圖

　　圖形之縱軸 (y-axis) 為真陽性率 (true positive rate, TPR)，又稱為敏感度 (sensitivity)。橫軸 (x-axis) 為偽陽性率 (false-posiitive rate, FPR)，以 1-特異度 (specificity) 表示。而敏感度為將結果正確判斷為陽性的機率，特異度係將結果正確判斷為負向或陰性的機率。當指定一個分界點 (cut-point) 來區分檢驗的陽性與陰性時，這個分界點會影響到診斷工具的敏感度 (sensitivity) 及特異度 (specificity)。在醫學上，敏感度表示有病者被判為陽性的機率，而特異度表示無病者被判為陰性的機率。在曲線上的任何一個點都會對應到一組敏感度與「1-特異度」，而敏感度與特異度會受到分界點移動的影響。

Step 3-2. 繪敏感度 vs. 特異性之斷點機率函數

　　ROC 曲線下面積愈大，表示該模型預測力愈佳。接著，再繪靈敏度和特異性的斷點概率函數之曲線圖。此 logistic 迴歸之事後指令 lsens 如下：

. lsens

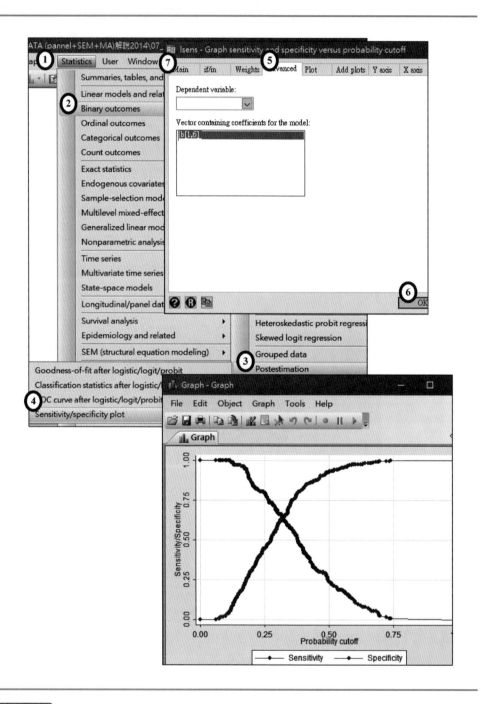

圖 1-72 「lsens」繪 logit 模型之敏感度、特異性 vs. 斷點機率

註：Statistics > Binary outcomes > Postestimation > Sensitivity/specificity plot

　　圖 1-72 之縱軸 (y-axis) 爲眞陽性率 (true positive rate, TPR)，又稱爲敏感度 (sensitivity) 再除以特異度的比值；橫軸 (x-axis) 爲截斷點機率。其中，敏感度爲將結果正確判斷爲陽性的機率，特異度係將結果正確判斷爲負向或陰性的機率。當指定一個分界點 (cut-point) 來區分檢驗的陽性與陰性時，這個分界點會影響到診斷工具的敏感度及特異度。在醫學上，敏感度表示有病者被判爲陽性的機率，而特異度表示無病者被判爲陰性的機率。在曲線上的任何一個點都會對應到一組敏感度與「1-特異度」，而敏感度與特異度會受到分界點移動的影響。

　　ROC 曲線結合了敏感度和特異度兩個指標，除了判別某一診斷工具的準確度外，還可更進一步地建議診斷工具的最佳切點 (best cut-off point)。一般常用尋找切點的方法爲 Youden 指數 (index)，即將每一個切點的敏感度 (sensitivity) 與特異度 (specificity) 相加，並取最大值，即爲最佳切點。

1-7　Logit+ROC 曲線來評比敵對 logit 模型，哪個好？

　　本章節會用到 STaTa logit 模型之事後指令 (estat gof, estat classification, lsens, lroc, lroc)，多數在下圖之下半部。

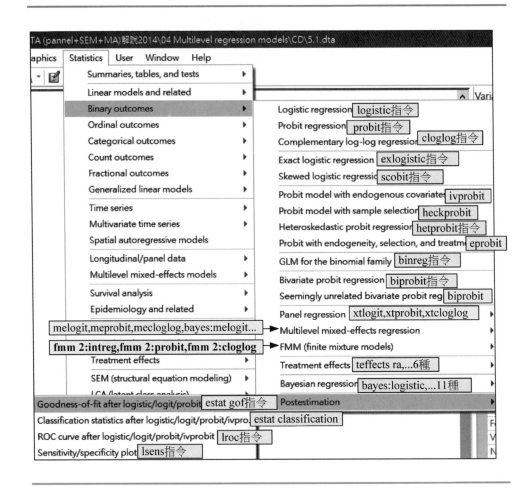

圖 1-73 binary regression 選擇表之對應指令

1-7-1 ROC 曲線、cut-off 點

一、ROC 曲線之重點整理

在疾病篩檢診斷工具正確性評估研究上，一般會考量以同一組實驗對象接受多種不同篩檢或診斷工具。對於此種施測工具分類正確性評估。此 2×2 ROC 分類表，源自下表之第一型誤差 (α) 及第二型誤差 (β)。

第一型誤差 (α)、第二型誤差 (β) 與 ROC 分類之對應關係，如下表：

	真實情況 (TRUE STATE) / 工具檢驗結果	
決定 (Decision)	H_1 為真 (結果陽性)，即 H_0 為假	H_0 為真 (工具檢驗結果為陰性)
拒絕 H_0 (判定為有病)	疾病組正確檢驗結果為有病 (陽性) 機率 $p = 1 - \beta$ 敏感度 (True Positive, TP)：a	Type I error：健康組誤診為陽性 機率 $p = \alpha$ False Positive(FP)：b
接受 H_0 (判定為沒病)	Type II error：疾病組誤診為無病 機率 $p = \beta$ False Negative(FN)：c	健康組正確檢驗結果為無病 (陰性) 機率 $p = 1 - \alpha$ 特異度 (True Negative, TN)：d

以發展障礙之篩檢工具為例，其結果如下表之 2×2 分類表，它有 4 個 (交叉細格) 之測驗準確度績效 (performance)，分別為：敏感度 (sensitivity)、精確度 (specificity)、陽性預測值(positive predictive value, PPV)、陰性預測值(negative predictive value, NPV)。

準確度績效之診斷 (diagnosis)：
假陽性：是指健康的人診斷試驗結果為不正常，如同無辜的人。
假陰性：是指有病的人診斷試驗結果為正常，如同消遙法外的歹徒。

發展篩檢測驗的結果 ＼ 決策	發展狀態		Total
	判定為難以遲緩	判定為發展正常	
陽性 (Positive)	a (true-positive)	b (false-positive)	a + b
陰性 (Negative)	c (false-positive	d (true-positive))	c + d
Total			a + b + c + d

sensitivity = a / (a + b)

specificity = d / (b + d)

positive predicitive value = a / (a + b)

negative predicitive value = d / (c + d)

overall accuracy = (a + d) / (a + b + c + d)

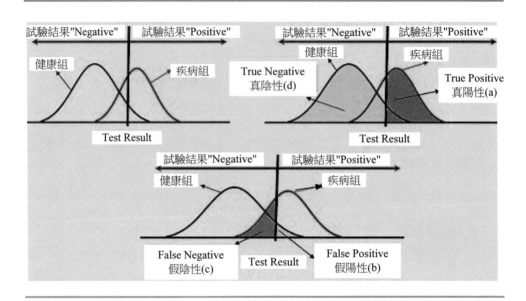

圖 1-74 將真陽性、假陽性、假陰性、真陰性之細格人數分別以 a, b, c, d 來表示

細格人數	Disease(+) 生病	Disease(-) 健康	
Test Result(+) 陽性	a 真陽性	b 假陽性	a + b
Test Result(-) 陰性	c 假陰性	d 真陰性	c + d
	a + c	b + d	

1. Sensitivity(敏感度)(即檢定力 = 敏感度 = $1 - \beta$)：為有病者診斷結果為陽性的比率
   = 真陽性率 = 真陽性 / 生病 = a/a+c
   當高靈敏診斷試驗的結果為陰性，此為未罹患此疾病相當可靠的指標。

2. Specificity(特異性)(即 $1 - \alpha$)：為沒病者診斷結果為陰性的比率
   = 真陰性率 = 真陰性 / 健康 = d/b + d
   在特異性高的診斷試驗，結果陽性即表有病，因為罕見偽陽性。

3. Positive Predictive Value, PPV(陽性預測值)：診斷試驗結果呈現陽性且確實有病者的比率
   = 真陽性 / 陽性試驗結果 = a/a + b

4. Negative Predictive Value, NPV(陰性預測值)：診斷試驗結果呈陰性且確實無患病者的比率

= 真陰性 / 陰性試驗結果 = d/c+d

5. 概似比 (likelihood ratios, LR)

概似比為兩個機率值的比值，即在有病病人中一個特定測驗結果的機率和沒病病人中一個特定測驗結果的機率比值，概似比可以表示為：

$$LR\ (t) = \frac{P(T=t\,|\,D=1)}{P(T=t\,|\,D=0)}$$

其中 t 可以是一個單一測驗值，一個測驗區間，一個決策門檻的一端。當測驗結果和一個門檻值的一端相關聯時，我們有正的和負的概似比，分別可以表示為：

$$LR(+) = \frac{P(T=1\,|\,D=1)}{P(T=1\,|\,D=0)}$$

$$LR\ (-) = \frac{P(T=0\,|\,D=1)}{P(T=0\,|\,D=0)}$$

其中，LR(+) 為敏感度和假陽性率的比值，而 LR(-) 為假陽性率和特異性的比值。

分子：疾病中診斷試驗 (陽性或陰性) 比率。

分母：無疾病中診斷試驗 (陽性或陰性) 比率。

概似比反映一個特定的測驗結果在判斷有病和沒病之間的證據大小。當概似比的值等於 1 代表在病人有病和沒病的情況下，測驗結果是相等的；而當概似比的值大於 1 代表測驗結果在病人有病的情況下有較大的可能性；反之，當概似比的值小於 1 則代表測驗結果在病人沒病的情況下有較大的可能性。

概似比 (LR) 公式，亦可改寫成：

$$LR(+) = \frac{\Pr\{T+/D+\}}{\Pr\{T+/D-\}} = \frac{真陽性率}{假陽性率} = \frac{\text{Sensitivity}}{(1-\text{Specificity})} = \frac{(a/a+c)}{(b/b+d)}$$

$$LR(-) = \frac{\Pr\{T-/D+\}}{\Pr\{T-/D-\}} = \frac{真陰性率}{假陰性率} = \frac{1-\text{Sensitivity}}{\text{Specificity}} = \frac{(c/a+c)}{(d/b+d)}$$

6. 概似比 (likelihood ratios, LR) 數值所代表的臨床意義

概似比 (LR)	詮釋 (Interpretation)
LR >10	強有力證據，有疾病 (Strong evidence to rule in disease)
5～10	中度證據，有疾病 (Moderate evidence to rule in disease)
2～5	弱的證據，有疾病 (Weak evidence to rule in disease)
0.5～2.0	No significant change in the likelihood
0.2～0.5	弱的證據，無疾病 (Weak evidence to rule out disease)
0.1～0.2	中度證據，無疾病 (Moderate evidence to rule out disease)
LR <0.1	強有力證據，無疾病 (Strong evidence to rule out disease)

二、切斷點 (cut-off point) 移動對 Type I 誤差 (α) 與 Type II 誤差 (β) 的影響

臨床上對於糖尿病初期診斷最常使用的是空腹血糖值測定，正常人空腹血糖值平均是 100 mg/dl，標準差為 8.5 mg/dl，而糖尿病患者空腹血糖值平均為 126 mg/dl，標準差為 15.0 mg/dl，假設兩族群的空腹血糖值皆為常態分布。現在想利用空腹血糖值來建立一個簡單的診斷是否有糖尿病的診斷工具，假如空腹血糖值大於切斷點 C 則判定有糖尿病，反之，小於切斷點 C 則無糖尿病，下圖是以 C = 115 為切斷點下，Type I 誤差 (α) 及 Type II 誤差 (β) 的關係。

由下圖可看出：當我們把切斷點 C 值提高 (往右移) 時，Type I 誤差 (α) 機率降低，但同時卻升高了 Type II 誤差 (β) 的機率，根據檢定力公式：power=1-β，當 Type II 誤差 β 越大，則檢定力 power 也隨之變小。

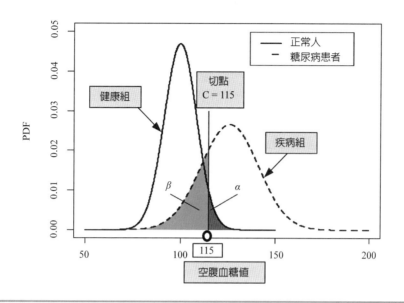

圖 1-75 當我們把切斷點提高時，Type I error(α) 機率降低，但同時卻升高了 Type II error(β) 的機率

　　以驗孕棒驗孕為例，若調高驗孕棒敏感度 (斷點往左移)，雖可降低 α 誤差，但卻提高 β 誤差。有關如何求得風險評級最佳斷點，STaTa 提供 rocfit、roctab 二個指令。詳情請見《生物醫學統計：使用 STaTa 分析》一書「6-3-3」節及「6-3-4」節。

三、P 值 (P-values) 計算：通常以 Type I error(通常取 $\alpha = 0.05$) 為 P 值比較的臨界值

1. P 值是計算在虛無假設 H_0 成立時，比觀測的檢定統計值 (如 χ^2, z, t, HR...) 更極端 (與虛無假設不一致) 的機率。

2. 當 P 值很小時 (通常取 P < 0.05)，有二種可能：(1) 虛無假設 H_0 是正確的，但我們觀測到一筆發生機率很低的資料 (這顯然不太可能發生)；(2) 虛無假設 H_0 是錯的，資料不是來自虛無假設，這個可能性比較大，所以有充分證據來拒絕 (reject) 虛無假設。

3. P 值可視為當虛無假設 H_0 成立時，依據資料會拒絕虛無假設的「風險」(risk)，當風險很小時 (通常取 P < 0.05)，我們當然傾向拒絕虛無假設。所以當這風險小於我們設定的顯著水準 α 時，我們就有充分證據來拒絕虛無假設。

1-7-2 Logit 模型搭配 ROC 曲線來找最佳 cut-off 點 (logit、estat classification、lsens、lroc、graph 指令)

本章節將續本書「1-5-2 邏輯斯迴歸之建模法」例子，樣本數據一樣，同為「hosmeruis.dta」或「uis.dat」檔。之前邏輯斯迴歸之建模法，係用到「logit、lrtest、tab1、lowess、fp/fracpoly 指令」，這裡加入 ROC 曲線之分類法。

有關 ROC 曲線，詳情請見作者《生物醫學統計：使用 STaTa 分析》一書。

範例：眾多 logit 模型，該挑哪一個呢？(assessing the fit of the model)

範例：建模方法 (model-building strategies and methods for logistic regression)

(一) 問題說明

為瞭解 dfree 之危險因子有哪些？(分析單位：個人)

研究者收集數據並整理成下表，此「hosmeruis.dta」資料檔內容之變數如下：

變數名稱 age	說明	編碼 Codes/Values
結果變數 / 依變數： dfree	remained drug free for 12 months	0,1(binary data)
解釋變數 / 自變數：age	age at enrollment-years	20〜56 歲
解釋變數 / 自變數：beck	beck depression score at admission	0〜54 分
解釋變數 / 自變數：ivhx	iv drug use history at admission	1〜3 次數
解釋變數 / 自變數：ndrugtx	number of prior drug treatments	0〜40 次數
解釋變數 / 自變數：race	種族	0,1(binary data)
解釋變數 / 自變數：treat	treatment randomization assignment	0,1(binary data)
解釋變數 / 自變數：site	處理治療地點 treatment site	0,1(binary data)

(二) 資料檔之內容

「hosmeruis.dta」資料檔內容如下圖。

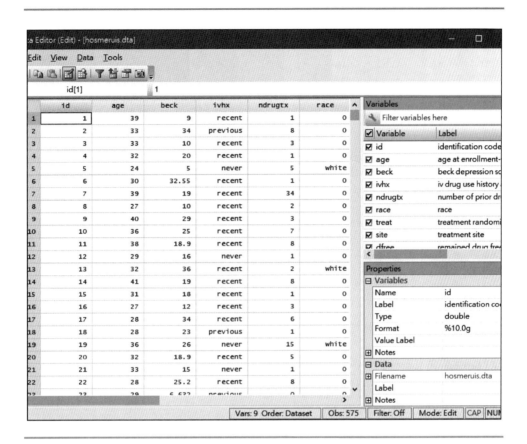

圖 1-76
「hosmeruis.dta」資料檔內容 (N=575 個人)

觀察資料之特徵

```
* 開啟資料檔
. use uis.dta, clear
* 或開啟
. use hosmeruis, clear


. des


Contains data from D:\08 mixed logit regression\CD\hosmeruis.dta
  obs:           575
  vars:            9                          29 Sep 2017 16:00
  size:        41,400
```

```
--------------------------------------------------------------------
            storage  display   value
variable name  type   format    label     variable label
--------------------------------------------------------------------
id           double %10.0g                identification code
age          double %10.0g                age at enrollment-years
beck         double %10.0g                beck depression score at admission
ivhx         double %10.0g      ivhx      iv drug use history at admission
ndrugtx      double %10.0g                number of prior drug treatments
race         double %10.0g      race      race
treat        double %10.0g      treat     treatment randomization assignment
site         double %10.0g      site      treatment site
dfree        double %10.0g      dfree     remained drug free for 12 months
--------------------------------------------------------------------
```

(三) 分析結果與討論

Step 1. 先 logit 分析，再求 ROC 分類之正確率

之前，「1-5-2 邏輯斯迴歸之建模法」例子，已找出較佳的解釋變數，有 10 個，如下：

```
* 開啟資料檔
. use hosmeruis, clear
* 或開啟
. use uis.dta, clear

. gen ndrgfp1 =((ndrugtx+1)/10)^(-1)
. gen ndrgfp2 = ndrgfp1*log((ndrugtx+1)/10)
. gen agendrgfp1 = age*ndrgfp1
. gen racesite = race*site
. quietly logit dfree age ndrgfp1 ndrgfp2 ivhx2 ivhx3 race treat site agen
        drgfp1 racesite
```

Step 2. ROC 分類之正確率，會隨著 **cut-off** 值移動而變動，故要 **ROC** 曲線
再評比：未指定 **cut-off** 值

```
* 未指定 cut-off 值
. estat classification


Logistic model for dfree


                -------- True --------
Classified |        D          ~D  |     Total
-----------+----------------------------+-----------
     +     |        16         11  |        27
     -     |       131        417  |       548
-----------+----------------------------+-----------
   Total   |       147        428  |       575


Classified + if predicted Pr(D) >= .5
True D defined as dfree != 0
-------------------------------------------------
Sensitivity                    Pr( +| D)   10.88%
Specificity                    Pr( -|~D)   97.43%
Positive predictive value      Pr( D| +)   59.26%
Negative predictive value      Pr(~D| -)   76.09%
-------------------------------------------------
False + rate for true ~D       Pr( +|~D)    2.57%
False - rate for true D        Pr( -| D)   89.12%
False + rate for classified +  Pr(~D| +)   40.74%
False - rate for classified -  Pr( D| -)   23.91%
-------------------------------------------------
Correctly classified                       75.30%
-------------------------------------------------
```

Step 3. **cutoff(.6)**

```
. estat classification, cutoff(.6)

Logistic model for dfree


              -------- True --------
Classified |       D          ~D  |     Total
-----------+-------------------------+----------
    +      |       5           0  |       5
    -      |     142         428  |     570
-----------+-------------------------+----------
  Total    |     147         428  |     575


Classified + if predicted Pr(D) >= .6
True D defined as dfree != 0
--------------------------------------------------
Sensitivity                    Pr( +| D)    3.40%
Specificity                    Pr( -|~D)  100.00%
Positive predictive value      Pr( D| +)  100.00%
Negative predictive value      Pr(~D| -)   75.09%
--------------------------------------------------
False + rate for true ~D       Pr( +|~D)    0.00%
False - rate for true D        Pr( -| D)   96.60%
False + rate for classified +  Pr(~D| +)    0.00%
False - rate for classified -  Pr( D| -)   24.91%
--------------------------------------------------
Correctly classified                       75.30%
--------------------------------------------------
```

Step 4. cutoff(.05)

```
. quietly logit dfree age ndrgfp1 ndrgfp2 ivhx2 ivhx3 race treat site agen-
drgfp1 racesite


. estat classification, cutoff(.05)

Logistic model for dfree


              -------- True --------
Classified |       D            ~D  |       Total
-----------+--------------------------+-----------
     +     |      146           417  |        563
     -     |        1            11  |         12
-----------+--------------------------+-----------
   Total   |      147           428  |        575


Classified + if predicted Pr(D) >= .05
True D defined as dfree != 0
--------------------------------------------------
Sensitivity                    Pr( +| D)   99.32%
Specificity                    Pr( -|~D)    2.57%
Positive predictive value      Pr( D| +)   25.93%
Negative predictive value      Pr(~D| -)   91.67%
--------------------------------------------------
False + rate for true ~D       Pr( +|~D)   97.43%
False - rate for true D        Pr( -| D)    0.68%
False + rate for classified +  Pr(~D| +)   74.07%
False - rate for classified -  Pr( D| -)    8.33%
--------------------------------------------------
Correctly classified                       27.30%
--------------------------------------------------
```

Step 5. cutoff(.1)

```
. estat classification, cutoff(.1)

Logistic model for dfree


                -------- True --------
Classified |         D          ~D  |      Total
-----------+--------------------------+-----------
    +      |        141         363  |       504
    -      |          6          65  |        71
-----------+--------------------------+-----------
  Total    |        147         428  |       575


Classified + if predicted Pr(D) >= .1
True D defined as dfree ~= 0
--------------------------------------------------
Sensitivity                    Pr( +| D)    95.92%
Specificity                    Pr( -|~D)    15.19%
Positive predictive value      Pr( D| +)    27.98%
Negative predictive value      Pr(~D| -)    91.55%
--------------------------------------------------
False + rate for true ~D       Pr( +|~D)    84.81%
False - rate for true D        Pr( -| D)     4.08%
False + rate for classified +  Pr(~D| +)    72.02%
False - rate for classified -  Pr( D| -)     8.45%
--------------------------------------------------
Correctly classified                        35.83%
--------------------------------------------------
```

Step 6. **cutoff(.15)**

```
. estat classification, cutoff(.15)

Logistic model for dfree


                -------- True --------
Classified |        D            ~D  |      Total
-----------+----------------------------+-----------
     +     |       133           292  |        425
     -     |        14           136  |        150
-----------+----------------------------+-----------
   Total   |       147           428  |        575


Classified + if predicted Pr(D) >= .15
True D defined as dfree ~= 0
--------------------------------------------------
Sensitivity                     Pr( +| D)   90.48%
Specificity                     Pr( -|~D)   31.78%
Positive predictive value       Pr( D| +)   31.29%
Negative predictive value       Pr(~D| -)   90.67%
--------------------------------------------------
False + rate for true ~D        Pr( +|~D)   68.22%
False - rate for true D         Pr( -| D)    9.52%
False + rate for classified +   Pr(~D| +)   68.71%
False - rate for classified -   Pr( D| -)    9.33%
--------------------------------------------------
Correctly classified                        46.78%
--------------------------------------------------
```

Step 7. **cutoff(.2)**

```
. estat classification, cutoff(.2)

Logistic model for dfree


                -------- True --------
Classified |       D          ~D |     Total
-----------+--------------------------+-----------
    +      |      120         230 |      350
    -      |       27         198 |      225
-----------+--------------------------+-----------
  Total    |      147         428 |      575


Classified + if predicted Pr(D) >= .2
True D defined as dfree ~= 0
-------------------------------------------------
Sensitivity                   Pr( +| D)   81.63%
Specificity                   Pr( -|~D)   46.26%
Positive predictive value     Pr( D| +)   34.29%
Negative predictive value     Pr(~D| -)   88.00%
-------------------------------------------------
False + rate for true ~D      Pr( +|~D)   53.74%
False - rate for true D       Pr( -| D)   18.37%
False + rate for classified + Pr(~D| +)   65.71%
False - rate for classified - Pr( D| -)   12.00%
-------------------------------------------------
Correctly classified                      55.30%
-------------------------------------------------
```

Step 8.	cutoff(.25)

```
. estat classification, cutoff(.25)

Logistic model for dfree

                -------- True --------
Classified |        D           ~D  |       Total
-----------+------------------------+-----------
     +     |        97          166 |        263
     -     |        50          262 |        312
-----------+------------------------+-----------
   Total   |       147          428 |        575

Classified + if predicted Pr(D) >= .25
True D defined as dfree ~= 0
--------------------------------------------------
Sensitivity                     Pr( +| D)   65.99%
Specificity                     Pr( -|~D)   61.21%
Positive predictive value       Pr( D| +)   36.88%
Negative predictive value       Pr(~D| -)   83.97%
--------------------------------------------------
False + rate for true ~D        Pr( +|~D)   38.79%
False - rate for true D         Pr( -| D)   34.01%
False + rate for classified +   Pr(~D| +)   63.12%
False - rate for classified -   Pr( D| -)   16.03%
--------------------------------------------------
Correctly classified                        62.43%
--------------------------------------------------
```

1. lsens 指令找出最佳 cut-off 值在 dfree 為 0.255。如下表所示。

```
. estat classification, cutoff(.255)

Logistic model for dfree

                -------- True --------
Classified |       D         ~D  |     Total
-----------+--------------------------+-----------
    +      |       96        159 |      255
    -      |       51        269 |      320
-----------+--------------------------+-----------
  Total    |      147        428 |      575

Classified + if predicted Pr(D) >= .255
True D defined as dfree != 0
--------------------------------------------------
Sensitivity                   Pr( +| D)    65.31%
Specificity                   Pr( -|~D)    62.85%
Positive predictive value     Pr( D| +)    37.65%
Negative predictive value     Pr(~D| -)    84.06%
--------------------------------------------------
False + rate for true ~D      Pr( +|~D)    37.15%
False - rate for true D       Pr( -| D)    34.69%
False + rate for classified + Pr(~D| +)    62.35%
False - rate for classified - Pr( D| -)    15.94%
--------------------------------------------------
Correctly classified                       63.48%
--------------------------------------------------
```

1. lsens 指令找出最佳 cut-off 值在 dfree 為 0.255。即「Sensitivity+Specificity」
   達到極大化。

2. Sensitivity 為 65.31%；Specificity 為 62.85%。

Step 9. cutoff(.3)

```
. estat classification, cutoff(.3)

Logistic model for dfree


                -------- True --------
Classified |        D           ~D  |      Total
-----------+--------------------------+-----------
     +     |        84         119  |      203
     -     |        63         309  |      372
-----------+--------------------------+-----------
   Total   |       147         428  |      575


Classified + if predicted Pr(D) >= .3
True D defined as dfree ~= 0
----------------------------------------------------
Sensitivity                     Pr( +| D)    57.14%
Specificity                     Pr( -|~D)    72.20%
Positive predictive value       Pr( D| +)    41.38%
Negative predictive value       Pr(~D| -)    83.06%
----------------------------------------------------
False + rate for true ~D        Pr( +|~D)    27.80%
False - rate for true D         Pr( -| D)    42.86%
False + rate for classified +   Pr(~D| +)    58.62%
False - rate for classified -   Pr( D| -)    16.94%
----------------------------------------------------
Correctly classified                         68.35%
----------------------------------------------------
```

| Step 10. | cutoff(.5) |

```
. estat classification, cutoff(.5)

Logistic model for dfree

                -------- True --------
Classified |        D          ~D  |    Total
-----------+--------------------------+-----------
     +     |       16          11  |       27
     -     |      131         417  |      548
-----------+--------------------------+-----------
   Total   |      147         428  |      575

Classified + if predicted Pr(D) >= .5
True D defined as dfree ~= 0
--------------------------------------------------
Sensitivity                   Pr( +| D)   10.88%
Specificity                   Pr( -|~D)   97.43%
Positive predictive value     Pr( D| +)   59.26%
Negative predictive value     Pr(~D| -)   76.09%
--------------------------------------------------
False + rate for true ~D      Pr( +|~D)    2.57%
False - rate for true D       Pr( -| D)   89.12%
False + rate for classified + Pr(~D| +)   40.74%
False - rate for classified - Pr( D| -)   23.91%
--------------------------------------------------
Correctly classified                      75.30%
--------------------------------------------------
```

| Step 11. | lsens 指令旨在 graph sensitivity and specificity versus probability cutoff |

```
. quietly logit dfree age ndrgfp1 ndrgfp2 ivhx2 ivhx3 race treat site agen-
drgfp1 racesite
. lsens
```

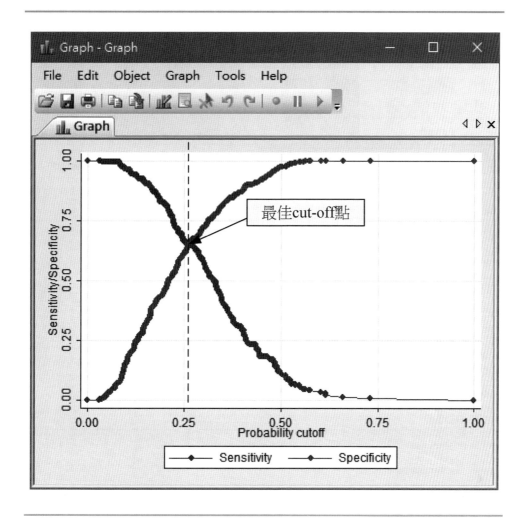

圖 1-77 lsens 指令找出最佳 cut-off 值在 dfree 為 0.255

Step 12. lroc 指令旨在 **compute area under ROC curve and graph the curve**

```
. quietly logit dfree age ndrgfpl ndrgfp2 ivhx2 ivhx3 race treat site agen-
drgfpl racesite
. lroc

Logistic model for dfree

number of observations =       575
area under ROC curve   =    0.6989
```

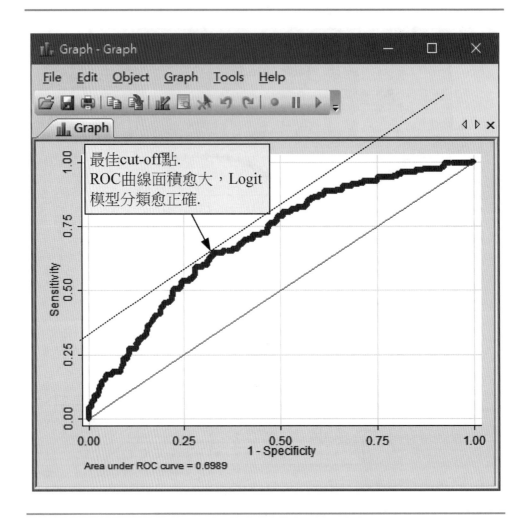

圖 1-78 lroc 指令找出最佳 cut-off 值 (最大 ROC 曲線面積為 0.6989)

Step 13.

```
. logit dfree age ndrgfp1 ndrgfp2 ivhx2 ivhx3 race treat site agendrgfp1 rac-
esite

Logistic regression                        Number of obs   =        575
                                           LR chi2(10)     =      55.77
                                           Prob > chi2     =     0.0000
Log likelihood = -298.98146                Pseudo R2       =     0.0853
```

```
---------------------------------------------------------------------
     dfree |     Coef.   Std. Err.      z    P>|z|    [95% Conf. Interval]
-----------+---------------------------------------------------------
       age |   .1166385   .0288749    4.04   0.000    .0600446    .1732323
    ndrgfp1 |   1.669035    .407152    4.10   0.000    .871032    2.467038
    ndrgfp2 |   .4336886   .1169052    3.71   0.000    .2045586    .6628185
      ivhx2 |  -.6346307   .2987192   -2.12   0.034   -1.220109   -.0491518
      ivhx3 |  -.7049475   .2615805   -2.69   0.007   -1.217636   -.1922591
       race |   .6841068   .2641355    2.59   0.010    .1664107    1.201803
      treat |   .4349255   .2037596    2.13   0.033    .035564     .834287
       site |    .516201   .2548881    2.03   0.043    .0166295    1.015773
  agendrgfp1 |  -.0152697   .0060268   -2.53   0.011   -.0270819   -.0034575
   racesite |  -1.429457   .5297806   -2.70   0.007   -2.467808   -.3911062
      _cons |  -6.843864   1.219316   -5.61   0.000    -9.23368   -4.454048
---------------------------------------------------------------------
```

Step 14. 繪「**Pregibon's dbeta-Pr(dfree)**」散布圖

```
. predict p
(option pr assumed; Pr(dfree))
. predict db, db
. graph twoway scatter db p, xlabel(0(.2)1) ylabel(0 .15 .3)
```

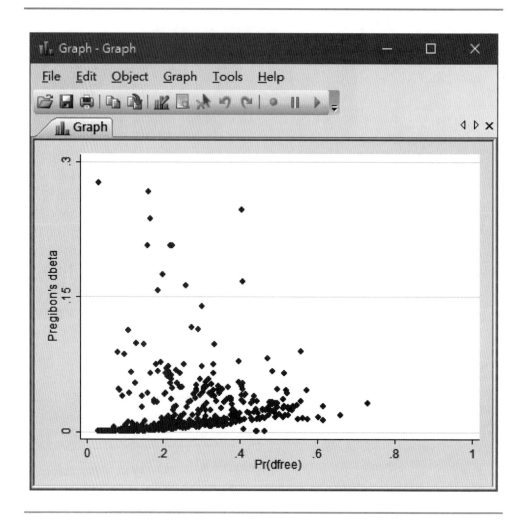

圖 1-79 繪「Pregibon's dbeta-Pr(dfree)」散布圖

Step 15. 繪「**H-L dX^2 - Pr(dfree)**」散布圖

```
. predict dx, dx2
. graph twoway scatter dx p [weight=db], xlabel(0(.2)1) ylabel(0 15 30)
msymbol(oh)
(analytic weights assumed)
```

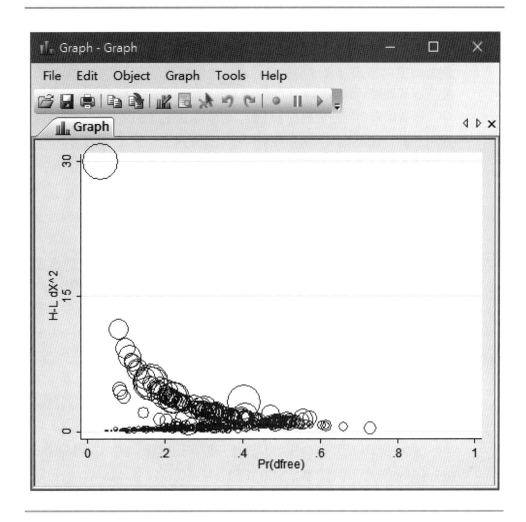

圖 **1-80** 繪「H-L dX^2 - Pr(dfree)」散布圖

1-8 小數據：exact logistic regression(是否染愛滋病毒之二種血清檢測值)(exlogistic 指令)

https://stats.idre.ucla.edu/sas/dae/exact-logistic-regression/

　　STaTa 提供 exlogistic 指令，專門針對小樣本、分層資料做邏輯斯迴歸，謂之 exact logistic regression。

---

exact logistic regression 的應用

中樞聽覺障礙與阿茲海默症：從耳道到大腦皮質

背景：聽覺障礙的原因包含周邊聽覺障礙、中樞聽覺障礙、注意力問題或聽覺理解問題，造成病人生活困難，更可能引發失智症者妄想。近年來，聽覺障礙與阿茲海默症 (Alzheimer's disease, AD) 的關係逐漸受到重視，國外甚至有學者提出聽覺障礙可能是阿茲海默症的危險因子。中樞聽覺動用的腦區包含顳葉、前額葉與頂葉，若此為早期阿茲海默症受損腦區，中樞聽覺可能受到影響。

目的：本研究欲比較不同年齡層 (極) 輕度阿茲海默症病人與認知健康者中樞聽覺之差異，並加以探討阿茲海默症與中樞聽覺障礙的關係。

方法：予隨機抽樣之 AD 組與認知健康組一般及神經心理學測驗、周邊聽力測驗、聽覺理解測驗與中樞聽力測驗 (dichotic digits test, DDT 及 dichotic sentence identification, DSI)，並分析兩組左右耳同時接受不同聲音時的反應。

結果：共 102 位 AD 病人 (60–69 歲 32 位、70–79 歲 33 位、80 歲以上 37 位) 與 91 位健康者 (60–69 歲 35 位、70–79 歲 31 位、80 歲以上 25 位) 完成本研究。依年齡分層比較，三個年齡層在周邊聽覺、聽覺理解與中樞聽覺的表現皆為 AD 組較差；經 Pearson's correlation coefficient 分析，AD 組額葉功能與中樞聽力測驗分數有正相關；經 exact logistic regression 分析，DDT 總分與 DSI 總分越高的受試者，為 AD 的勝算比皆越低，且在三個年齡層皆達顯著。

結論：三個年齡層中，阿茲海默症病人的中樞聽覺表現皆較認知健康組差，且中樞聽覺表現與阿茲海默症之關聯在 exact logistic regression 中達統計顯著。

範例：**是否染愛滋病毒之二種血清檢測值**

　　STaTa 提供 exlogistic 指令，專門針對小樣本、分層資料做邏輯斯迴歸，謂之 exact logistic regression。

(一) 問題說明

　　為瞭解是否染愛滋病毒 (HIV) 之二種血清 (cd4、cd8) 檢測值？(分析單位：抽血人)

研究者收集數據並整理成下表，此「hiv1.dta」資料檔內容之變數如下：

變數名稱	說明	編碼 Codes/Values
結果變數／依變數：hiv	1=positive HIV; 0=negative HIV	0,1(binary data)
解釋變數／自變數：cd4	血清 CD4 值	ordinal 0, 1, 2
解釋變數／自變數：cd8	血清 CD8 值	ordinal 0, 1, 2

(二) 資料檔之內容

「hiv1.dta」資料檔內容如下圖。

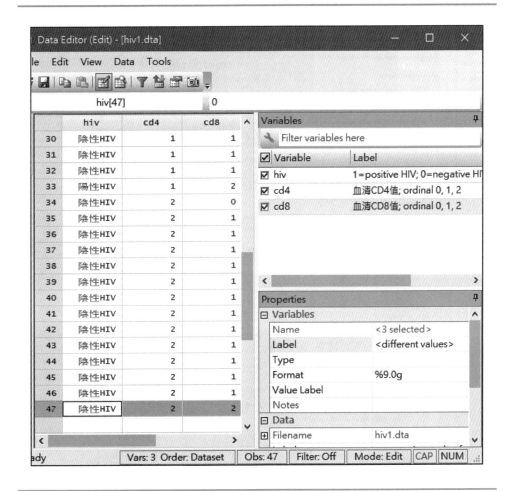

圖 1-81 「hiv1.dta」資料檔內容 (N=47 抽血人)

(三) 分析結果與討論

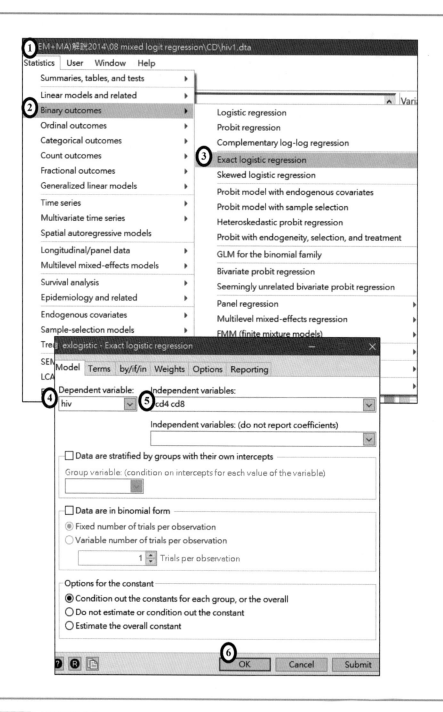

圖 1-82 「exlogistic hiv cd4 cd8」畫面

```
*開啟資料檔
. webuse hiv1
(prospective study of perinatal infection of HIV-1)

* Perform exact logistic regression of hiv on cd4 and cd8
. exlogistic hiv cd4 cd8


Exact logistic regression                    Number of obs  =        47
                                             Model score    =  13.34655
                                             Pr >= score    =    0.0006
------------------------------------------------------------------------------
      hiv | Odds Ratio    Suff.   2*Pr(Suff.)    [95% Conf. Interval]
----------+-------------------------------------------------------------------
      cd4 |  .0918469       10       0.0004     .0090986      .4394722
      cd8 |  4.915363       12       0.0528     .9863042      49.7931
------------------------------------------------------------------------------

* Replay results, but report estimated coefficients rather than odds ratios
. exlogistic, coef

Exact logistic regression                    Number of obs  =        47
                                             Model score    =  13.34655
                                             Pr >= score    =    0.0006
------------------------------------------------------------------------------
      hiv |    Coef.     Suff.   2*Pr(Suff.)    [95% Conf. Interval]
----------+-------------------------------------------------------------------
      cd4 | -2.387632      10       0.0004    -4.699633     -.8221807
      cd8 |  1.592366      12       0.0528    -.0137905      3.907876
*Replay results and report conditional scores test
. exlogistic, test(score)

Exact logistic regression                    Number of obs  =        47
                                             Model score    =  13.34655
                                             Pr >= score    =    0.0006
------------------------------------------------------------------------------
      hiv | Odds Ratio    Score    Pr>=Score     [95% Conf. Interval]
----------+-------------------------------------------------------------------
      cd4 |  .0918469    12.88022    0.0003     .0090986      .4394722
      cd8 |  4.915363     4.604816   0.0410     .9863042      49.7931
------------------------------------------------------------------------------
```

1. 邏輯斯迴歸式為 $\ln\left(\dfrac{P(Y=1\,|\,X=x)}{P(Y=0\,|\,X=x)}\right) = \alpha + \beta_1 x_1 + ... + \beta_k x_k$

$$\ln\left(\frac{P_{\text{有HIV}}}{1-P_{\text{有HIV}}}\right) = -2.387 \times \text{cd4} + 1.592 \times \text{cd8}$$

2. 上列迴歸方程式可解釋為在控制 cd8 的影響後，血清 cd4 每增加 1 單位有 HIV 的勝算為 $0.0918(= \exp^{-2.3876})$ 倍，且達到統計上的顯著差異 (p = 0.0004)。

3. 控制 cd4 的影響後，血清 cd8 每增加 1 單位有 HIV 的勝算為 $4.915(= \exp^{1.5923})$ 倍，且達到統計上的顯著差異 (p = 0.0528)。

1-9 偏態 (skewed) 邏輯斯迴歸：進口車 vs. 美國本土車的差異 (scobit 指令)

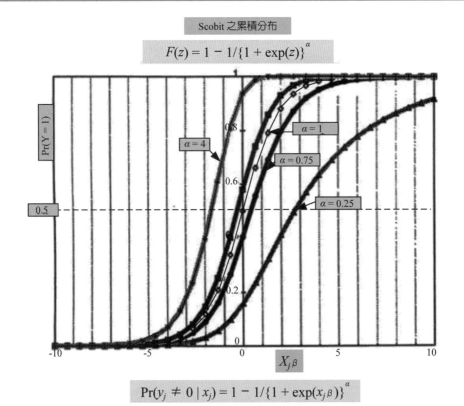

圖 1-83 偏態邏輯斯迴歸之示意圖

範例：偏態邏輯斯迴歸，scobit 指令

(一) 問題說明

在美國，為比較進口車與美國自產車之性能差異有哪些？(分析單位：汽車)

研究者收集數據並整理成下表，此「auto.dta」資料檔內容之變數如下：

變數名稱	說明	編碼 Codes/Values
結果變數 / 依變數：foreign	進口車嗎。22 進口車、52 美國自產車	0,1 (binary data)
解釋變數 / 自變數：make	Make and Model	
解釋變數 / 自變數：mpg	耗油率 (mpg, 每加侖幾英哩)	12~41 mpg
解釋變數 / 自變數：weight	車重量 (lbs.)	1760~ 4840 lbs

(二) 資料檔之內容

「auto.dta」資料檔內容如下圖。

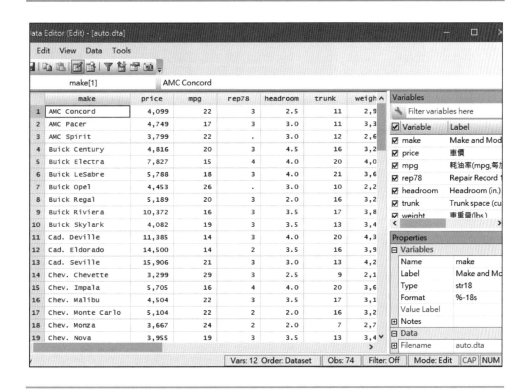

圖 1-84 「auto.dta」資料檔內容 (N=74 汽車)

觀察資料之特徵

```
* 開啟資料檔
. sysuse auto
. keep make mpg weight foreign
. describe
```

```
  obs:            74                    1978 Automobile Data
  vars:            4                    22 Oct 2017 16:05
  size:         1,702                   (_dta has notes)
------------------------------------------------------------------------
              storage   display   value
variable name  type     format    label     variable label
------------------------------------------------------------------------
make           str18    %-18s                Make and Model
mpg            int      %8.0g                耗油率 (mpg, 每加侖幾英哩 )
weight         int      %8.0gc               車重量 (lbs.)
foreign        byte     %8.0g     origin     進口車嗎
------------------------------------------------------------------------
```

```
. inspect foreign
```

```
foreign:  Car type                              Number of Observations
------------------                             --------------------------------

                                               Total      Integers   Nonintegers
|  #                      Negative               -            -            -
|  #                      Zero                   52          52            -
|  #                      Positive               22          22            -
|  #                                         -----------  -----------  -----------
|  #   #                  Total                  74          74            -
|  #   #                  Missing                -
+----------------------                       -----------
0                      1                          74
    (2 unique values)
```

```
. histogram foreign, discrete frequency
```

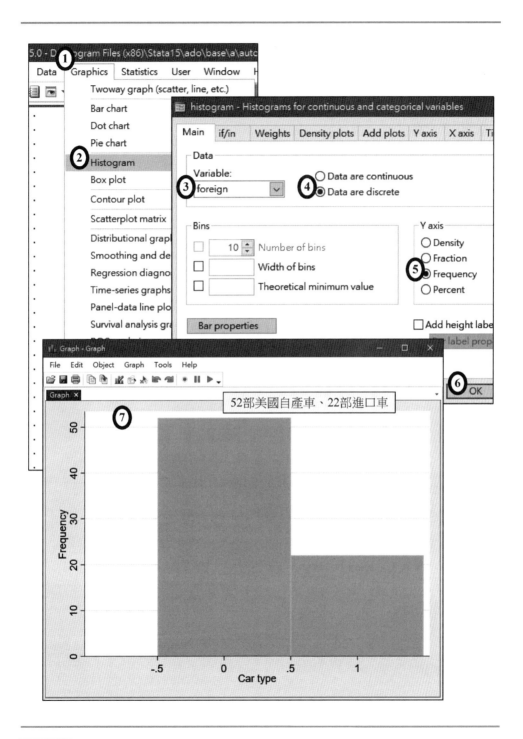

圖 1-85 「histogram foreign, discrete frequency」畫面 (22 部進口車、52 部美國自產車)

由於 22 部進口車 (foreign=1)、52 部美國自產車 (foreign=0)，比例懸殊，故改用偏態 logit 迴歸分析。

(三) 分析結果與討論

Step 1. 偏態 logit 迴歸分析

```
* 開啟資料檔
. sysuse auto

* Fit skewed logistic regression model
. scobit foreign mpg

Fitting logistic model:

Iteration 0:   log likelihood =  -45.03321
Iteration 1:   log likelihood = -39.380959
Iteration 2:   log likelihood = -39.288802
Iteration 3:   log likelihood =  -39.28864
Iteration 4:   log likelihood =  -39.28864

Fitting full model:

Iteration 0:   log likelihood =  -39.28864
Iteration 1:   log likelihood = -39.286393
Iteration 2:   log likelihood = -39.284415
Iteration 3:   log likelihood = -39.284234
Iteration 4:   log likelihood = -39.284197
Iteration 5:   log likelihood = -39.284196

Skewed logistic regression              Number of obs    =       74
                                        Zero outcomes    =       52
Log likelihood =  -39.2842              Nonzero outcomes =       22

-------------------------------------------------------------------
    foreign |    Coef.   Std. Err.     z    P>|z|   [95% Conf. Interval]
------------+------------------------------------------------------
        mpg |  .1813879  .2407362    0.75   0.451  -.2904463   .6532222
```

```
      _cons |  -4.274883   1.399305    -3.06   0.002   -7.017471   -1.532295
------------+----------------------------------------------------------------
   /lnalpha |  -.4450405   3.879885    -0.11   0.909   -8.049476    7.159395
------------+----------------------------------------------------------------
      alpha |   .6407983   2.486224                     .0003193    1286.133
------------+----------------------------------------------------------------
LR test of alpha=1: chi2(1) = 0.01                       Prob > chi2 = 0.9249
```

Note: Likelihood-ratio tests are recommended for inference with scobit models.

1.「. scobit y x」指令對應的模型為：

   $\Pr(y_j \neq 0 \mid x_j) = 1 - 1/\{x + \exp(x_j\beta)\}^{\alpha}$

2. 本 logit 模型為：

   $\Pr(\text{foreign} = 1) = F(\beta_0 + \beta_1 \text{mpg})$

   其中，F(z) 為累積常態分布：

   $F(z) = 1 - 1/\{1 + \exp(z)\}^{\alpha}$

3. 由於概似比檢定，LR test of alpha=1: chi2(1) = 0.01（p > 0.05）故接受 H_0：本
   模型適合做偏態 logit 迴歸分析。

Step 2. 具 **robust standard errors** 之偏態 **logit** 迴歸分析

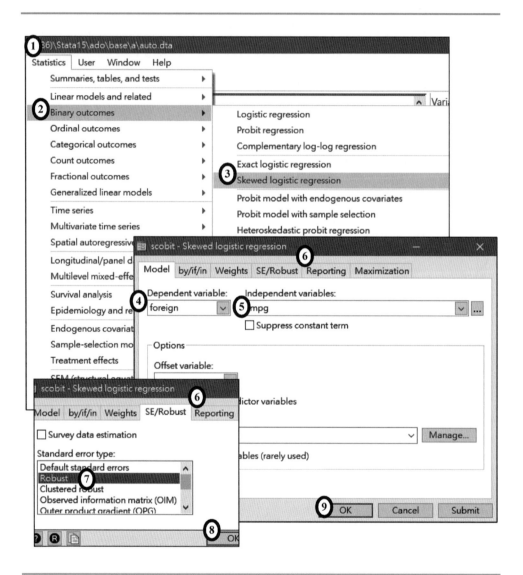

圖 1-86 「scobit foreign mpg, vce(robust)」畫面

註：Statistics > Binary outcomes > Skewed logistic regression

```
* 開啟資料檔
. sysuse auto

* Same as above, but specify robust standard errors
```

```
. scobit foreign mpg, vce(robust)
Fitting logistic model:

Iteration 0:    log pseudolikelihood =  -45.03321
Iteration 1:    log pseudolikelihood = -39.380959
Iteration 2:    log pseudolikelihood = -39.288802
Iteration 3:    log pseudolikelihood =  -39.28864
Iteration 4:    log pseudolikelihood =  -39.28864

Fitting full model:

Iteration 0:    log pseudolikelihood =  -39.28864
Iteration 1:    log pseudolikelihood = -39.286393
Iteration 2:    log pseudolikelihood = -39.284415
Iteration 3:    log pseudolikelihood = -39.284234
Iteration 4:    log pseudolikelihood = -39.284197
Iteration 5:    log pseudolikelihood = -39.284196

Skewed logistic regression                 Number of obs   =      74
                                           Zero outcomes   =      52
Log pseudolikelihood = -39.2842            Nonzero outcomes =     22

------------------------------------------------------------------------------
             |             Robust
     foreign |    Coef.   Std. Err.     z    P>|z|   [95% Conf. Interval]
-------------+----------------------------------------------------------------
         mpg |  .1813879  .3028487    0.60   0.549   -.4121847    .7749606
       _cons | -4.274883  1.335521   -3.20   0.001   -6.892455   -1.657311
-------------+----------------------------------------------------------------
    /lnalpha | -.4450405  4.71561    -0.09   0.925   -9.687466    8.797385
-------------+----------------------------------------------------------------
       alpha |  .6407983  3.021755                    .0000621    6616.919
------------------------------------------------------------------------------
```

1. 有 vce(robust) 時，標準誤爲 0.3028。可見 robust 迴歸分析，會增加自變數
   mpg 約 25% 的標準誤 (standard error)。沒有 vce(robust) 時，標準誤爲 0.241，
   其 confidence interval 爲 [−0.29, 0.65]。

邏輯斯 (Logistic) 迴歸
的診斷 (diagnostics)

　　迴歸分析旨在建立一統計模型，透過此模型由所控制的自變數來預測依變數之期望值或可能值。迴歸診斷 (diagnostics) 是檢查界定的迴歸模型，是否符合該迴歸的假定 (assumptions)。不符合迴歸假定的分析，會產生估計的偏誤 (bias)。

　　邏輯斯迴歸 (logistic regression 或 logit regression)。英語：logit model，也譯作「評定模型」、「分類評定模型」) 是離散選擇法模型之一，屬於多元變數分析範疇，是社會學、生物統計學、臨床、數量心理學、計量經濟學、市場行銷等統計實證分析的常用方法。

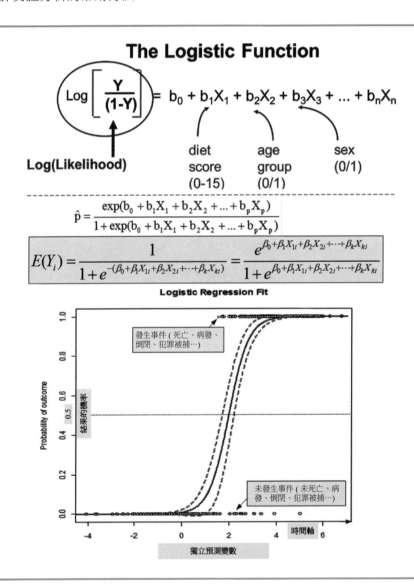

圖 2-1 multiple logistic 函數之示意圖

2-1 邏輯斯迴歸的假定 (assumption)

2-1-1 邏輯斯迴歸的 IIA 假定 (assumption)

一、邏輯斯分布公式

$$P(Y=1\,|\,X=x) = \frac{e^{x'\beta}}{1+e^{x'\beta}}$$

其中，迴歸係數 β 用最大概似來估計。

二、IIA 假定

「**I**ndependent and **i**rrelevant **a**lternatives」方案彼此獨立之假定，也稱作「IIA 效應」，指 logit 模型中的各個 替選方案 是獨立的不相關的。

假如，一個新產品 D 引入市場，有能力占有 20% 的市場：

Case 1. 如果滿足 IIA 假定，各個產品 (方案) 獨立作用，互不關聯 (互斥)：新產品 D 占有 20% 的市場份額，剩下的 80% 在 A、B、C 之間按照 6:3:1 的比例瓜分，分別占有 48%、24% 和 8%。

Case 2. 如果不滿足 IIA 假定，比如新產品 (方案)D 跟產品 B 幾乎相同，則新產品 D 跟產品 B 嚴重相關：新產品 D 奪去產品 B 的部分市場，占有總份額的 20%，產品 B 占有剩餘的 10%，而產品 A 和 C 的市場份額保持 60% 和 10% 不變。這推論不是正確的。

(一) 滿足 IIA 假定的優點

1. 可以獲得每個個性化的選擇集合的一致的參數估計。
2. 各個類別的子集的一般化的估計。
3. 節省電腦演算法的計算時間。
4. 可選項 (方案) 數目很多的時候尤其如此。

(二) IIA 假定的檢定法

STaTa 有關 IIA 檢定的相關指令，包含：

> asroprobit 指令旨在：Alternative-specific rank-ordered probit regression。
> clogit 指令旨在：Conditional (fixed-effects) logistic regression。
> hausman 指令旨在：Hausman specification test。
> nlogit 指令旨在：Nested logit regression。
> suest 指令旨在：Seemingly unrelated estimation。
> bayes: clogit 指令旨在：Bayesian conditional logistic regression。

其中，hausman 和 McFadden 提出的 Hausman 檢定法，其範例見本書「2-1-2 橫斷面 Hausman 檢定：OLS vs. 2SLS 誰優？(hausman 指令)」。

(三) IIA 問題的解決方法

1. 多項 probit 模型 (mlogit、mprobit、asmprobit 指令)
2. 一般化極值模型有分三種模型：
   (1) 巢式 logit 模型 (nestreg、nlogit、bayes: mecloglog、bayes: meglm、bayes: menbreg、bayes: meologit、bayes: mepoisson、bayes: meprobit、bayes: mixed 指令)
   (2) 配對資料的條件 logit 模型 (clogit、asclogit、nlogit、rologit、slogit、bayes: menbreg、menbreg 指令)
   (3) 廣義分類 logit 模型 (glm、binreg、gllamm、gmm、ivpoisson、nbreg 指令)
3. 混合效果 logit 模型 (gllamm、bayes: mecloglog、bayes: meglm、bayes: meintreg、bayes: melogit 等指令)

三、二元依變數之認定模型有三類

依變數 / 結果變數	統計量	組別比較	迴歸模型
1. 連續變數 numerical	平均數 mean	t-test/ANOVA	linear regression
2. 類別變數 categorical	百分比 percentage	chi-square test	logistic regression
3. 存活時間 persontime	KM estimates (survival curves)	log-rank test	Cox regression

註：Cox regression 請見作者《生物醫學統計：使用 STaTa 分析》一書。Linear regression 請見作者《STaTa 與高等統計分析》一書。

2-1-2 橫斷面 Hausman 檢定：OLS vs. 2SLS 誰優？ (hausman 指令)

為了驗證考慮工具變數後的迴歸係數，是否為不偏誤的一致性估計量，你對納入工具變數前後的迴歸結果進行 Hausman 檢定。檢定結果可得到 Wald 卡方 (Wald chi-square) 值，若它顯著異於零的結果，則拒絕虛無假設 H_0，亦即可知未納入工具變數的迴歸係數雖然顯著但卻為偏誤估計量。因此，納入工具變數後的迴歸分析，才可得到不偏誤的一致性估計量。

STaTa 提供 hausman 檢定，有二個指令：

1. hausman 指令：它係「reg、mlogit、probit…」等迴歸之事後指令。
2. xthtaylor 指令：它係「xtreg」panel 迴歸之事後指令。

xthtaylor 指令，旨在做誤差成分模型的 Hausman-Taylor 估計「Hausman-Taylor estimator for error-components models」。

你若要證明，兩階段迴歸比一階段迴歸誰優，則要分二次做 Hausman 檢定：

第 1 步：regression equation 與 hausman selection「兩階段迴歸」檢定，來證明兩階段迴歸確實比較優。

第 2 步：selection equation 與 hausman selection「兩階段迴歸」檢定，亦證明兩階段迴歸確實比較優。

以上二者都獲得證實之後，你才可放心執行 ivgression、ivprobit、xtivreg、xtlogit 等指令之兩階段迴歸。

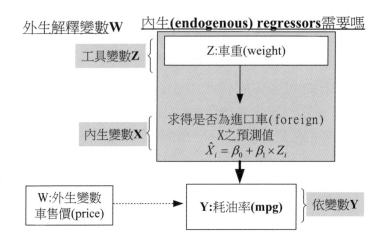

外生解釋變數 **W**   <u>內生 **(endogenous) regressors**需要嗎</u>

工具變數 **Z** — Z:車重(weight)

內生變數 **X** — 求得是否為進口車(foreign)
X 之預測值
$\hat{X}_i = \beta_0 + \beta_1 \times Z_i$

W:外生變數
車售價(price) —→ **Y:耗油率(mpg)**   依變數 **Y**

圖 2-2 預測進口車之 OLS vs. 2SLS 誰優？(hausman 指令)

範例：預測汽車耗油率 (mpg) 因素，OLS vs. 2SLS 誰優？
(hausman 指令)

Step 1. 線性迴歸 (OLS) vs. 兩階段迴歸誰優呢？hausman 檢定

(一) Hausman 檢定之範例 (「hausman 某迴歸名稱」指令)

先 OLS 迴歸再「heckman…, select」，最後再 Hausman 檢定。

觀察變數的特徵

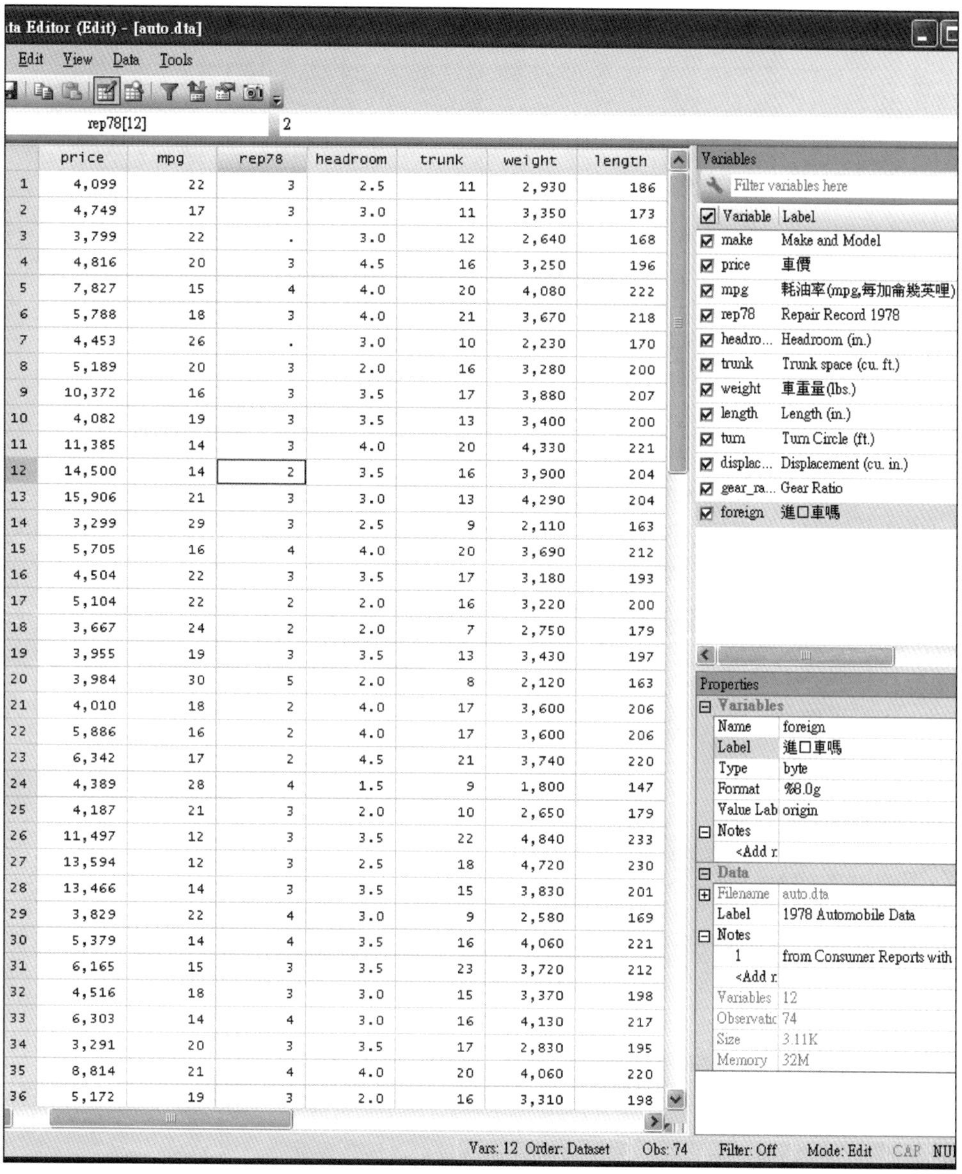

	price	mpg	rep78	headroom	trunk	weight	length
1	4,099	22	3	2.5	11	2,930	186
2	4,749	17	3	3.0	11	3,350	173
3	3,799	22	.	3.0	12	2,640	168
4	4,816	20	3	4.5	16	3,250	196
5	7,827	15	4	4.0	20	4,080	222
6	5,788	18	3	4.0	21	3,670	218
7	4,453	26	.	3.0	10	2,230	170
8	5,189	20	3	2.0	16	3,280	200
9	10,372	16	3	3.5	17	3,880	207
10	4,082	19	3	3.5	13	3,400	200
11	11,385	14	3	4.0	20	4,330	221
12	14,500	14	2	3.5	16	3,900	204
13	15,906	21	3	3.0	13	4,290	204
14	3,299	29	3	2.5	9	2,110	163
15	5,705	16	4	4.0	20	3,690	212
16	4,504	22	3	3.5	17	3,180	193
17	5,104	22	2	2.0	16	3,220	200
18	3,667	24	2	2.0	7	2,750	179
19	3,955	19	3	3.5	13	3,430	197
20	3,984	30	5	2.0	8	2,120	163
21	4,010	18	2	4.0	17	3,600	206
22	5,886	16	2	4.0	17	3,600	206
23	6,342	17	2	4.5	21	3,740	220
24	4,389	28	4	1.5	9	1,800	147
25	4,187	21	3	2.0	10	2,650	179
26	11,497	12	3	3.5	22	4,840	233
27	13,594	12	3	2.5	18	4,720	230
28	13,466	14	3	3.5	15	3,830	201
29	3,829	22	4	3.0	9	2,580	169
30	5,379	14	4	3.5	16	4,060	221
31	6,165	15	3	3.5	23	3,720	212
32	4,516	18	3	3.0	15	3,370	198
33	6,303	14	4	3.0	16	4,130	217
34	3,291	20	3	3.5	17	2,830	195
35	8,814	21	4	4.0	20	4,060	220
36	5,172	19	3	2.0	16	3,310	198

圖 2-3 「auto.dta」資料檔

本例係以車價 (price) 來預測該車的耗油率 (mpg)，試問此模型需要工具變數嗎？

Step 1-1. 先做 **OLS** 迴歸當作對照組

　指令為：regress mpg price

Step 1-2. 再做「**heckman** …, **select**」迴歸，以 **select** 來納入工具變數

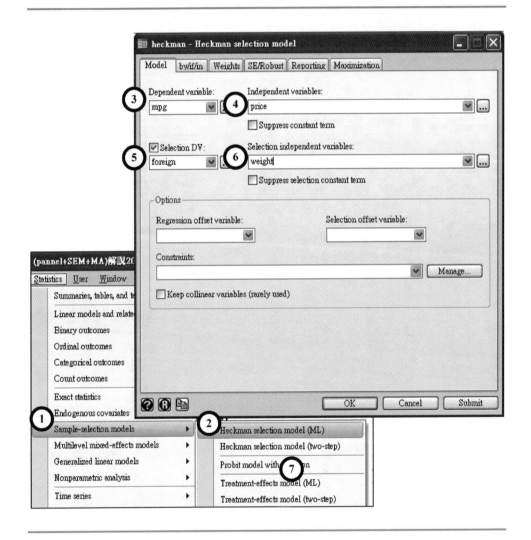

圖 2-4　「heckman mpg price, select(foreign=weight)」之畫面

範例一：OLS 迴歸之後的 hausman 檢定
* 開啟 stata 系統之 auto.dta 資料檔
. sysuse auto

* 先「未納入工具變數」OLS 迴歸。依變數為耗油率 (mpg)；解釋變數為車價 (price)。
. regress mpg price
* 估計的係數存至資料檔中 reg 變數
. estimates store reg

* 再「heckman…, select」迴歸。依變數為耗油率 (mpg)；解釋變數為車價 (price)。
. heckman mpg price, select(foreign=weight)

```
Heckman selection model                         Number of obs     =       74
(regression model with sample selection)        Censored obs      =       52
                                                Uncensored obs    =       22

                                                Wald chi2(1)      =     3.33
Log likelihood = -94.94709                      Prob > chi2       =   0.0679

------------------------------------------------------------------------------
             |      Coef.   Std. Err.      z    P>|z|     [95% Conf. Interval]
-------------+----------------------------------------------------------------
mpg          |
       price |  -.001053    .0005769    -1.83   0.068    -.0021837    .0000776
       _cons |  34.05654    3.015942    11.29   0.000     28.1454     39.96768
-------------+----------------------------------------------------------------
foreign      |
      weight |  -.001544    .0003295    -4.69   0.000    -.0021898   -.0008983
       _cons |  3.747496    .8814804     4.25   0.000     2.019826    5.475166
-------------+----------------------------------------------------------------
     /athrho |  -.7340315   .5612249    -1.31   0.191    -1.834012    .3659491
     /lnsigma |  1.733092   .2358148     7.35   0.000     1.270904    2.195281
-------------+----------------------------------------------------------------
         rho |  -.6255256   .3416276                     -.9502171    .3504433
       sigma |  5.658124    1.334269                      3.564072    8.982524
      lambda |  -3.539301   2.633223                     -8.700324    1.621722
------------------------------------------------------------------------------
LR test of indep. eqns. (rho = 0):   chi2(1) =      1.25   Prob > chi2 = 0.2629
```

1. 本例，先「未納入工具變數」OLS 迴歸當對照組。

2. 再執行「**heckman**⋯**, select**」迴歸，分析結果爲：

(1) Step 1. 做 regression equation 之結果：$mpg_i = 34.06 - 0.001price_i + u_1$。
車價 (price) 對耗油率 (mpg) 的 marginal effect 爲係數 -0.001，即車價 (price) 每增加一單位，耗油率就下降 0.001 單位。

邊際效果公式爲：

$$\frac{\partial P(y=x\,|\,x)}{\partial x_c} = \frac{\exp(x\beta)}{[1+\exp(x\beta)^2]} = \Lambda\,(x\beta)(1-\Lambda\,(x\beta)\beta_c \text{ (marginal effect of } x_c)$$

$$\frac{\Delta P(y=x\,|\,x)}{\Delta x_b} = P\,(y=1|x_{-b}, x_b=1) - P\,(y=1|x_{-b}, x_b=0) \text{ (discrete change of } x_b)$$

(2) Step 2. 做 selection equation 之結果：$foreign_i = 3.74 - 0.0015weight_i + u_2$

(3) 二個迴歸式殘差「u_1 與 u_2」的相關 $\rho = -0.625$。

(4) athrho 爲 $\tan^{-1}(\rho) = \frac{1}{2}\ln(\frac{1+\rho}{1-\rho}) = -0.734$。

(5) 依變數 mpg 此迴歸殘差的標準誤 $\sigma = 5.65$。

(6) 經濟學家，常以 lambda 值來判定「selectivity effect」，本例選擇效果 $\lambda = \rho\sigma = -3.539$。

(7) 「LR test of indep. eqns.」概似比，得到卡方 $=1.25$(p>0.05)，故接受「Cov(u_1, u_2)= 0」二個殘差係獨立的假定，表示 regression equation 殘差 u_1 及 selection equation 殘差 u_2 無相關。故 selection equation 「$foreign_i = 3.74 - 0.0015weight_i + u_2$」，其中 $weight_i$ 適合當 regression equation 「$mpg_i = 34.06 - 0.001price_i + u_1$」的工具變數。

定義： **F 檢定**

1. 若虛無假設 $H_0 : \beta_2 = 0, \beta_3 = 1$ 成立，則眞正的模型應該是

$$Y_t = \beta_1 + X_{3t} + \beta_4\,X_{4t} + \cdots + \beta_k\,X_{kt} + \varepsilon_t$$

我們將其稱爲受限制的模型 (restricted model)。我們若要估計該模型，應該整理如下 (以 $Y_t - X_{3t}$ 作爲被解釋變數)

$$Y_t - X_{3t} = \beta_1 + \beta_4\,X_{4t} + \cdots + \beta_k\,X_{kt} + \varepsilon_t$$

以 OLS 估計該受限制的模型後，可以計算出其殘差平方和 ESS_R。

2. 相對於受限制的模型，若假設虛無假設不成立時的模型稱為**未受限制的模型**（unrestricted model），亦即原始模型

$$Y_t = \beta_1 + \beta_2 X_{2t} + \beta_3 X_{3t} + \cdots + \beta_k X_{kt} + \varepsilon_t$$

以 OLS 估計未受限制的模型後，可以計算出其殘差平方和 ESS_U。

3. 檢定統計量：F 統計量

$$F = \frac{(ESS_R - ESS_U)/r}{ESS_U/(T-k)} \sim F(r, T-k)$$

式中 r 代表限制式的個數，該例中 $r = 2$。

4. 檢定的直覺：記得我們得到，解釋變數個數越多，殘差平方和越小 (R^2 越大)；因此受限制模型的殘差平方和 ESS_R，應該比未受限制模型的殘差平方和 ESS_U 大。若虛無假設是對的，則根據虛無假設所設定的受限制模型，其殘差平方和 ESS_R 應該與 ESS_U 差距不大 (因此 F 統計量很小)；但是如果虛無假設是錯誤的，ESS_R 應該與 ESS_U 差距很大 (F 統計量很大)。所以，如果所計算出的 F 統計量很大，就拒絕虛無假設；但若 F 統計量很小，就接受虛無假設。

定義： **Wald 檢定**

Wald 係數檢定：有時候受限制的模型並不是很容易寫出來，因此估計受限制的模型較不直接；這時可用 Wald 係數檢定。

1. 改寫限制式：通常我們可將限制式 (虛無假設) 寫為

$$H_0 : R\beta = q$$

式中 R 為 $r \times k$ 矩陣，q 為 $r \times 1$ 向量，r 就是我們所說的限制式個數。

例如：前例的虛無假設 $H_0 : \beta_2 = 0, \beta_3 = 1$ 中，若我們令

$$R = \begin{pmatrix} 0 & 1 & 0 & 0 & \cdots & 0 \\ 0 & 0 & 1 & 0 & \cdots & 0 \end{pmatrix} \cdot q = \begin{pmatrix} 0 \\ 1 \end{pmatrix}$$

則可將虛無假設改寫為 $H_0 : R\beta = q$。

2. 檢定的直覺：若虛無假設 $H_0 : R\beta = q$ 是正確的，則 $R\hat{\beta} - q$ 應該非常接近 0；若 $R\hat{\beta} - q$ 跟 0 差距很遠，代表虛無假設 $H_0 : R\beta = q$ 是錯誤的。

3. 檢定統計量：由 $\hat{\beta} \sim N(\beta, \sigma^2 (X'X)^{-1})$，因此

$$R\hat{\beta} \sim N(R\beta, \sigma^2 R (X'X)^{-1} R')$$

若虛無假設 $H_0 : R\beta = q$ 是正確的，則

$$R\hat{\beta} \sim N(q, \sigma^2 R (X'X)^{-1} R')$$

亦即 $R\hat{\beta} - q \sim N(0, \sigma^2 R (X'X)^{-1} R')$

因此 (這就是 r 個標準化後的常態變數之平方和)

$$(R\hat{\beta} - q)(\sigma^2 R (X'X)^{-1} R')^{-1} (R\hat{\beta} - q) \sim \text{符合} \chi^2 (r)$$

而我們之前已知 (未受限制模型的誤差項變異數估計)

$$\frac{(T-k)\hat{\sigma}^2}{\sigma^2} \sim \chi^2 (T-k)$$

因此

$$\frac{[(R\hat{\beta} - q)'(\sigma^2 R(X'X)^{-1} R')^{-1}(R\hat{\beta} - q)]/r}{\frac{(T-k)\hat{\sigma}^2}{\sigma^2}/(T-k)} \sim F (r, T-k)$$

而等式左邊即為

$$F = \frac{(R\hat{\beta} - q)'(\sigma^2 R(X'X)^{-1} R')^{-1}(R\hat{\beta} - q)}{r} \sim F (r, T-k)$$

這就是 **Wald 檢定統計量**。

4. 決策準則：設定顯著水準 α，並決定臨界值 $F_{1-\alpha}(r, T-k)$。

若 $F > F_{1-\alpha}(r, T-k)$ 就拒絕虛無假設，若 $F < F_{1-\alpha}(r, T-k)$ 就接受虛無假設。

Step 1-3. **Hausman 檢定**，比較 **regression equation** 迴歸 vs. 工具變數 **heckman** 迴歸，來看哪一個迴歸較優？

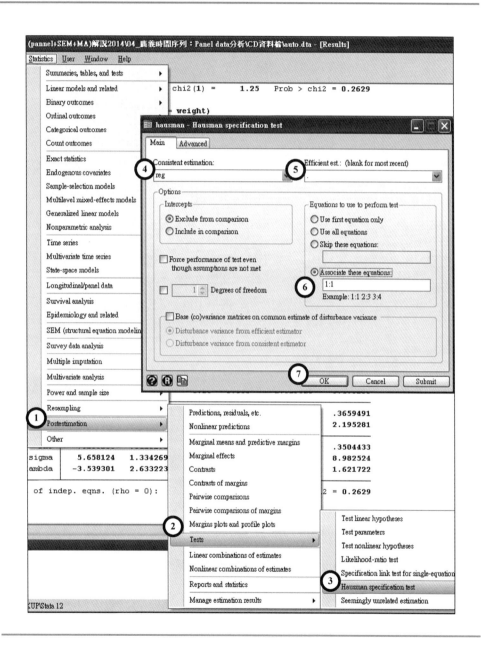

圖 2-5 「hausman reg．, equation(1：1)」之畫面

```
* 設定「equations()」選項 : to force comparison when one estimator uses equa-
tion names and the other does not
. hausman reg ., equation(1:1)




          ---- Coefficients ----
        |      (b)          (B)            (b-B)      sqrt(diag(V_b-V_B))
        |      reg           .          Difference         S.E.
--------------+------------------------------------------------------------
   price |  -.0009192     -.001053        .0001339            .
--------------------------------------------------------------------------
                  b = consistent under Ho and Ha; obtained from regress
                  B = inconsistent under Ha, efficient under Ho; obtained from heckman


   Test:  Ho:  difference in coefficients not systematic

          chi2(1) = (b-B)'[(V_b-V_B)^(-1)](b-B)
                  =     -0.06     chi2<0 ==> model fitted on these
                                  data fails to meet the asymptotic
                                  assumptions of the Hausman test;
                                  see suest for a generalized test
```

1. 本例，先執行「無工具變數」之 regression equation 迴歸，再執行「**heckman**…, **select**」迴歸之後，接著二者做 Hausman 檢定比較，來判定「無工具變數之 regression equation」vs.「有工具變數兩階段迴歸」，何者較適切？結果得 $\chi^2_{(1)}$ = -0.06，若卡方值 < 0，故接受「Ho: difference in coefficients not systematic」，表示本例採用後者：「有工具變數」模型較適切；反之則相反。

　　由上述 Hausman 檢定結果，本例接受虛無假設 H_0 且卡方值 < 0，亦即納入工具變數的 regression equation 迴歸，才可得到不偏誤的一致性估計量。

Step 2. Selection equation vs. 兩階段迴歸誰優呢：Hausman 檢定

> 再試問，有或無工具變數，哪一種模型較適合「車重 (weight) 來預測該車是否為進口車 (foreign)」？

　　承前例，之前 Hausman 檢定證實，regresson equation 與 selection equation 二者係獨立的。接著，你還要再單獨偵測 selection equation 之適配性。由於本例

selection equation 的依變數 foreign 是 binary 變數，故先執行 probit 迴歸，來當作 Hausman 檢定的對照組。

Step 2-1. 先做 **probit** 迴歸當作 **Hausman** 檢定之對照組

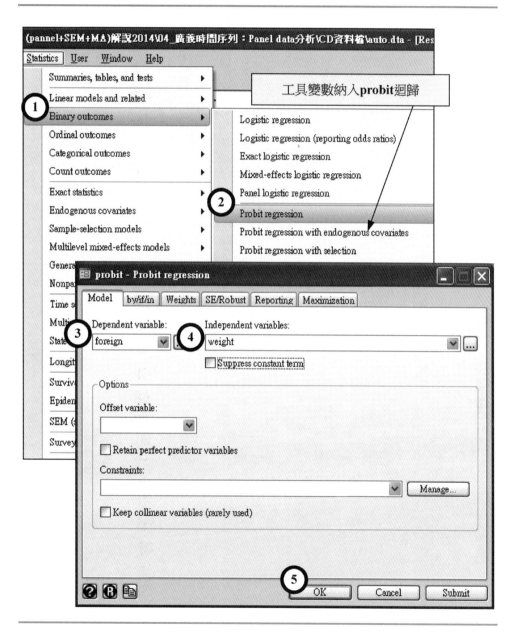

圖 2-6 「**probit** foreign weight」之畫面

| Step 2-2. | 再做「**heckman** …, **select**」迴歸，以 **select** 來納入工具變數 |

| Step 2-3. | **Hausman** 檢定，比較 selection equation 之 **probit** 迴歸 vs. 工具變數 **heckman** 兩階段迴歸，來看哪一個迴歸較優？ |

> 試問以車重 (weight) 當進口車嗎 (foreign) 之工具變數，此模型會比傳統 probit 模型優嗎？

範例二：Probit 迴歸之後的 Hausman 檢定
* 開啟 auto.dta 資料檔之前，先設定你的工作目錄「File > Change Working Dictionary」
. use auto
* 做 probit 迴歸。依變數為「進口車嗎 (foreign)」；解釋變數為車重量 (weight)。
. probit foreign weight
. estimates store probit_y
. heckman mpg price, select(foreign=weight)

```
Heckman selection model                       Number of obs    =        74
(regression model with sample selection)      Censored obs     =        52
                                              Uncensored obs   =        22

                                              Wald chi2(1)     =      3.33
Log likelihood = -94.94709                    Prob > chi2      =    0.0679


----------------------------------------------------------------------------
            |      Coef.   Std. Err.      z    P>|z|    [95% Conf. Interval]
------------+---------------------------------------------------------------
mpg         |
      price |   -.001053    .0005769   -1.83   0.068   -.0021837     .0000776
      _cons |   34.05654    3.015942   11.29   0.000     28.1454     39.96768
------------+---------------------------------------------------------------
foreign     |
     weight |   -.001544    .0003295   -4.69   0.000   -.0021898    -.0008983
```

```
    _cons |   3.747496   .8814804    4.25   0.000    2.019826    5.475166
----------+----------------------------------------------------------------
   /athrho |  -.7340315   .5612249   -1.31   0.191   -1.834012    .3659491
  /lnsigma |   1.733092   .2358148    7.35   0.000    1.270904    2.195281
----------+----------------------------------------------------------------
       rho |  -.6255256   .3416276                   -.9502171    .3504433
     sigma |   5.658124   1.334269                    3.564072    8.982524
    lambda |  -3.539301   2.633223                   -8.700324    1.621722
----------+----------------------------------------------------------------
LR test of indep. eqns. (rho = 0):   chi2(1) =      1.25   Prob > chi2 = 0.2629
```

1. 本例，先「無工具變數」selection equation 之 probit 迴歸當對照組。

2. 再執行「**heckman**…, **select**」兩階段迴歸，分析結果爲：

(1) Step 1. 做 regression equation 之 logit 迴歸模型爲：

$Pr(mpg) = F(34.06 - 0.001 \times price + u_1)$

其中，$F(\cdot)$ 爲標準常態分配的累積分析函數。

在 Type I 誤差 $\alpha = 5\%$ 水準下，車輛價格 (price) 與耗油率 (lfp) 之機率呈顯著負相關，即車子愈貴耗油率愈低，車子價格每貴一個單位，耗油率就降 0.001 單位。

(2) Step 2. 做 selection equation 之結果：$Pr(foreign) = F(3.75 - 0.0015 \times weight + u_2)$

(3) 二個迴歸式殘差「u_1 與 u_2」的相關 $\rho = -0.625$。

(4) athrho 爲 $\tan^{-1}(\rho) = \frac{1}{2}\ln(\frac{1+\rho}{1-\rho}) = -0.734$。

(5) 依變數 mpg 此迴歸殘差的標準誤 $\sigma = 5.65$。

(6) 經濟學家，常以 lambda 值來判定「selectivity effect」，本例選擇效果 $\lambda = \rho\sigma = -3.539$。

(7)「LR test of indep. eqns.」概似比，得到卡方 $= 1.25 (p > 0.05)$，故接受「$Cov(u_1, u_2) = 0$」二個殘差係獨立的假定。

由上述 Hausman 檢定結果，本例接受虛無假設 H_0 且卡方值 < 0，亦即納入工具變數的 selection equation 之迴歸，才可得到不偏誤的一致性估計量。

```
*比較 :probit model and selection equation of heckman model
. hausman probit_y ., equation(1:2)

            ---- Coefficients ----
         |      (b)           (B)            (b-B)      sqrt(diag(V_b-V_B))
         |    probit_y          .          Difference          S.E.
---------+---------------------------------------------------------------
  weight |   -.0015049      -.001544         .0000391              .
---------------------------------------------------------------------------

                     b = consistent under Ho and Ha; obtained from probit
          B = inconsistent under Ha, efficient under Ho; obtained from heckman

   Test:  Ho:  difference in coefficients not systematic

              chi2(1) = (b-B)'[(V_b-V_B)^(-1)](b-B)
                      =    -0.78    chi2<0 ==> model fitted on these
                                    data fails to meet the asymptotic
                                    assumptions of the Hausman test;
                                    see suest for a generalized test
```

Step 3. **正式進入：工具變數之兩階段迴歸 (ivregress 2sls 指令)**

等到 Hausman 檢定確定了兩階段迴歸比一階段迴歸優之後，再正式進行如下之 ivregress 指令。此 2SLS 模型認定為：

1. 依變數：汽車之耗油率 (mpg)。
2. 外生解釋變數 (exogenous regressors)：車價 (price)。
3. 工具變數：車重量 (weight)。
4. 內生解釋變數 (endogenous regressors)：進口車嗎 (foreign)。

兩階段迴歸分析指令，如下圖。

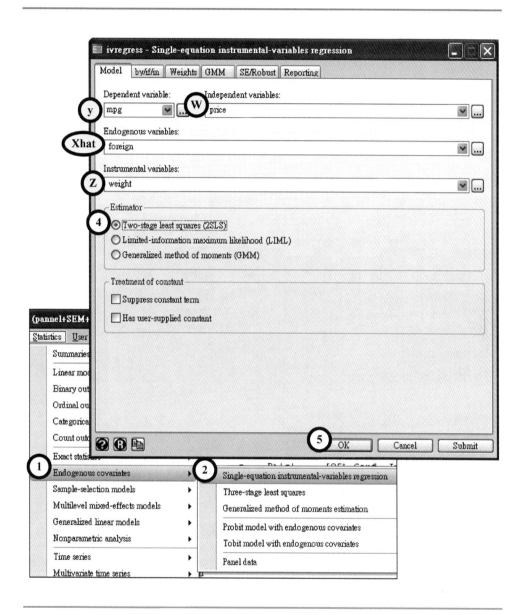

圖 2-7 「ivregress 2sls mpg price (foreign = weight)」畫面

```
. use auto, clear

. ivregress 2sls mpg price (foreign = weight)

Instrumental variables (2SLS) regression          Number of obs =      74
                                                   Wald chi2(2)  =   57.84
                                                   Prob > chi2   =  0.0000
                                                   R-squared     =  0.1644
                                                   Root MSE      =  5.2527

-----------------------------------------------------------------------------
     mpg |     Coef.    Std. Err.      z    P>|z|     [95% Conf. Interval]
---------+-------------------------------------------------------------------
 foreign |   11.26649   1.818216     6.20   0.000     7.702849    14.83012
   price |  -.0010048   .0002089    -4.81   0.000    -.0014142   -.0005954
   _cons |   24.14267   1.493853    16.16   0.000     21.21478    27.07057
-----------------------------------------------------------------------------
Instrumented:  foreign
Instruments:   price weight
```

含 IV 之 2SLS 分析結果：

$$mpg_i = 24.14_i + 11.27\,foreign_i - 0.001\,price_i + \varepsilon_i$$

耗油率$_i$ = 24.14$_i$ + 11.27進口車嗎$_i$ − 0.001車價$_i$ + ε_i

2-2 界定誤差 (specification error)

模型界定 (model specification) 是指：該模型應適當界定 (應納入模型的變數有遺漏嗎？不相關變數有被排除嗎？)。

2-2-1 多元 (複) 線性迴歸診斷 (diagnostics) 之重點整理

1. 利用 OLS(ordinary least squares) 估計法來做多元迴歸是社會學研究中最常用的統計分析方法。利用此法的基本條件是依變數為一個分數型的變數 (等距尺度測量的變數)，而自變數之測量尺度則無特別的限制。當自變數為類別變數時，你可依類別數目 (k) 建構 k-1 個數值為 0 與 1 之虛擬變數 (dummy

variable) 來代表不同之類別。因此，如果能適當的使用的話，多元迴歸分析是一相當有力的工具。

2. 多元迴歸分析主要有三個步驟：

Step 1. 利用單變數和雙變數分析來檢視各個準備納入複迴歸分析的變數是否符合 OLS 線性迴歸分析的基本假定。

Step 2. 選定迴歸模式，並評估所得到的參數估計和適合度檢定 (goodness of fit)。

Step 3. 在你認真考慮所得到的迴歸分析結果前，應做殘餘值 (residuals) 之診斷分析 (diagnosis)。但通常你是先確定迴歸模式之設定 (specification) 是否恰當後，才會做深入之殘餘值分析。

3. 迴歸分析的第一步是——檢視每個即將納入迴歸分析模式的變數。首先，你必須先確定依變數有足夠的變異 (variability)，而且是接近常態分配 (迴歸係數的估計並不要求依變數是常態分配，但對此估計做假設測定時，則是要求殘餘值應為常態分配。而依變數離開常態分配的狀態很遠時，殘餘值不是常態分配的可能性增大)。其次，各自變數也應該有適當的變異，並且要瞭解其分配之形狀和異常的個案 (outlying cases；outliers)。

你可用直方圖 (histogram) 和 normal P-P(probability plot) 圖等來測定依變數是否拒絕其為常態分配的假設，以及是否有異常之個案。同樣的，你可用直方圖和其他單變數之統計來檢視各個自變數之分配形狀、程度，以及異常個案等。

4. 做雙變數相關之分析之主要目的是檢視變數間之關係是否為線性關係 (linearity) 和是否為共線性 (collinearity) 之情況。最基本的做法是看雙變數之相關矩陣。如果依變數與自變數間之關係很弱或比自變數間之相關弱的話，就應質疑所設定之多元迴歸模式是否適當。

檢視自變數與依變數間是否為線性關係的基本做法是看雙變數間之散布圖 (scatter plot)。進階且比較好的做法是在控制其他自變數後，再看某一自變數與依變數間之部分線性關係 (partial linearity)。線性關係是迴歸分析重要的假定 (assumption)，而且指的是自變數與依變數間之部分線性關係。你並不用太關心自變數間是否為線性關係，但如對自變數間關係之設定有誤時，也會導致你對虛假關係不適當的控制和解釋上的錯誤。

探索自變數與依變數間部分線性關係的方式是在控制其他自變數後，逐一檢視某一自變數及進一步加入此自變數之平方後，看看兩個迴歸模式間是否達

顯著之差異。如果是的話，則此自變數與依變數間之關係並不是線性關係。當發現自變數與依變數間並非線性關係時，除了將該自變數之平方加入迴歸分析的方法外，也可將該自變數做對數轉換 (log transformation)，例如你常將個人之收入做對數轉換之處理。究竟如何處理是適當的，是以理論為基礎。

5. 在決定迴歸分析的模式後，你應進一步檢視自變數間是否有多元共線性 (multicollinearity) 的問題，也就是自變數間是否有高度相關的問題。如果自變數間高度相關的話，會影響到對迴歸係數之假設測定。你可以用因素分析來檢查自變數間是否有多元共線性，或者是逐一將某一自變數 (當成為依變數) 和所有其他自變數做多元迴歸分析。

STaTa 所提供之 collinearity 的統計量包括 tolerance、VIF(variance inflation factor) 和 condition index 等。這些統計是有關聯性的。如 tolerance 與 VIF 就是互為倒數，如果是 tolerance 越小，就表示該自變數與其他自變數間之共線性越高或幾乎是其他自變數的線性組合。STaTa 共線性診斷的指令如下，包括：

> orthog 指令：計算正交變數 (Orthogonalize variables and compute orthogonal polynomials)。
>
> _rmcoll 指令：去除共線性變數 (Remove collinear variables)。
>
> _check_omit 指令：檢查共線性行為 (Programmer's utility for checking collinearity behavior)。
>
> _rmcoll2list 指令：檢查兩個變數列表的共線性 (Check collinearity in union of two lists of variables)。
>
> _rmcollright 指令：從迴歸式右邊刪除共線變數 (Remove collinear variables from the right)。

6. 如果自變數是類別的變數，你可以將這些類別一一建構成為虛擬變數。依照類別數目 (k)，你只需建構 k-1 個虛擬變數即可。如性別有兩類，因此你只需建構一個「男性」的虛擬變數。如果受訪者為男性，則其「男性」變數為 1，如為女性，則其「男性」變數為 0。同理，如果一個類別變數有四類，如血型是分成 A、B、O、AB 四區，則你可將此類別變數建構成「B」、「O」及「AB」等三個虛擬變數。當受訪者是在 A 時，其在此三虛擬變數的值會都是

0。至於將那個類別作為參考類別 (reference category)，也就是不建構為虛擬變數的類別，通常是次數最多的類別。你也可依理論或研究假設的需要，來考量是將那個類別作為參考類別。

當你將這些虛擬變數納入迴歸模式後，個別虛擬變數的迴歸係數 (如果達統計顯著的話)，就是此虛擬變數所代表之類別與參考類別間在截距上的差距。如果你假設此類別變數對依變數的影響，不只是在截距上的不同，且會有不同的斜率，也就是與另一自變數間有交互作用 (interaction)，你可以進一步將虛擬變數與此另一自變數相乘而成另一新變數 (如「男性＊受教育年數」)。你可將原來的兩個自變數及此新變數一起納入迴歸分析中。如果此新變數之迴歸係數達顯著的話，則其意義是與虛擬變數相乘之自變數 (如受教育年數) 對依變數的影響會因虛擬變數所代表的類別不同 (如性別) 而有不同的斜率 (即影響力)。例如當受教育年數對收入的影響，男性比女性來得大時，則迴歸分析結果可能一方面表現在「男性」此一虛擬變數的正向係數達顯著，表示在受同樣教育年數的條件下，男性的起薪比女性高。另一方面也表現在「男性 × 受教育年數」之正向係數達顯著，表示男性每年受教育對收入的回報大過女性。

此外，當你假設自變數與依變數的關係為 U 型時，或是依變數會隨自變數之數值增大而變化趨緩時，你就可建構一自變數的平方，將此自變數及其平方一起納入，如果此平方的變數達顯著，則你可知此自變數對依變數的影響不是直線性的。

7. 如果你的迴歸分析是建立在一個因果模式上，那你可進行多層次迴歸分析。看你研究的焦點為何，你可逐一將自變數加入迴歸模式中，然後看不同階段之迴歸模式的整體解釋力和各個自變數解釋力的變化。

8. 嚴謹的迴歸分析是要進一步對 residuals 做檢視後，才報告分析所得到之結果。殘餘值是指每個個案將其自變數之數值代入迴歸模式中計算在依變數之預測值，然後將實際觀察到之值與此預測值相減後所得到之殘餘。對殘餘值之診斷主要有兩項：

(1) influence diagnosis：此診斷要看的是有無一些異常的個案可能對迴歸模式的估計造成不當之影響，並膨脹 standard errors。特別是當樣本數較小時，你要當心此可能性。在 STaTa 的迴歸分析之 Save 的選項中，可將標準化處理後之殘餘值 (standardized residuals) 儲存起來。STaTa 也會將標準化之殘餘值大於 3 的個案之 ID 報告出來。如果此類個案數目不多的話 (依機

率，每一百個標準化之殘餘值中會有 5 個殘餘值之 z 值大於 2)，那你就可說是沒有異常個案影響迴歸模式估計的問題。

(2) normality 與 hetroskedasticity：OLS 迴歸分析假定在 prediction function 之不同 level 的殘餘值是常態分配，而且變異量是相同的。因此，你可利用單變數之分析來檢視預測值和殘餘值是否為常態分配，以及兩者間是否有相關 (依照假定迴歸模式之殘餘項應和自變數間沒有相關)，以及殘餘值在 prediction function 之各 level 是否有相同之變異。

2-2-2 線性迴歸的診斷

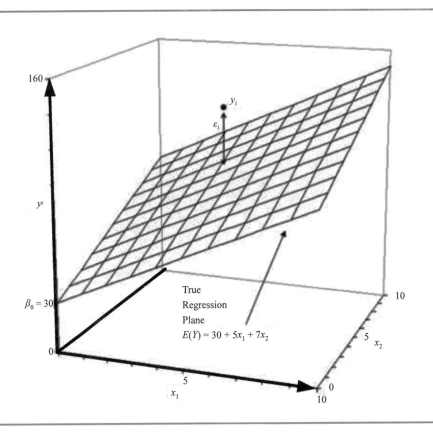

圖 2-8 多元迴歸之示意圖

多元迴歸，又稱複迴歸 (multiple regression model)，其模型為：

$$y = \beta_0 + \beta_1 X_1 + \beta_2 X_2 + \cdots + \beta_k X_k + e$$

(1) 模型的參數 β_k 對每個觀察值而言都是相同的。

(2) β_k：當 X_k 增加一單位，而所有其他變數均保持不變時的 $E(y)$ 變動。

多元迴歸分析之先前假定 (assumptions)，包括：

1. 迴歸係數是線性 (linearity)：預測變數和依變數之間是線性關係。即迴歸係數 β_k 是一次方。

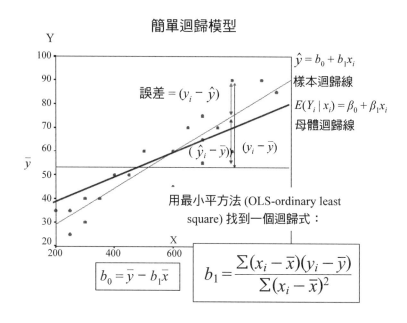

簡單迴歸模型

圖 2-9 預測變數和依變數之間是線性關係

2. 常態性 (normality)：OLS 是假定 (assumption) e_i 為常態分配，$e_i \sim N(0, \sigma^2)$ 或 $y_i \sim$ 符合常態分配，平均數 0，變異數為 σ^2。

3. 誤差變異數同質 [homogeneity of variance (homoscedasticity)]：殘差 $e_i = Y_i - \hat{Y}_i$，e_i 是觀測值 Y_i 與適配值之間的差。迴歸分析之先前條件就是，誤差變異應該是常數的 (恆定)。

Var(e_i) = σ^2 變異數同質性。

每組的殘差項的變異數均相等。而每一組的變異數實際上是指「$X = x_i$」條件下的 Y 之變異數，因此 σ^2 也可以表為 $\sigma^2_{Y|X}$。

4. 誤差獨立性 (independence)：每一個觀察值的誤差，應與其他觀察值的誤差無關聯。e_i 彼此不相關，即 $Cov(e_i, e_j) = 0$。

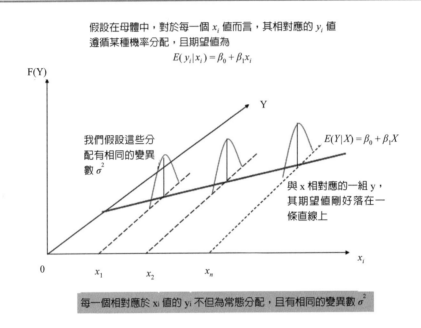

假設在母體中，對於每一個 x_i 值而言，其相對應的 y_i 值
遵循某種機率分配，且期望值為
$$E(y_i|x_i) = \beta_0 + \beta_1 x_i$$

我們假設這些分配有相同的變異數 σ^2

$E(Y|X) = \beta_0 + \beta_1 X$

與 x 相對應的一組 y，其期望值剛好落在一條直線上

每一個相對應於 x_i 值的 y_i 不但為常態分配，且有相同的變異數 σ^2

圖 2-10 殘差同異性之示意圖

對殘餘值之診斷主要有兩項：

(1) 有影響力的極端值 (influence diagnosis)：此診斷要看的是有無一些異常的個案可能對迴歸模式的估計造成不當之影響，並膨脹 standard errors。特別是當樣本數較小時，你要當心此可能性。STaTa list 指令「if」選項可將標準化之殘餘值大於 3 的觀察值之 ID 報告出來。如果此類觀察值數目不多的話 (依機率，每一百個標準化之殘餘值中會有 5 個殘餘值之 z 值大於 2)，那你就可說是沒有異常個案影響迴歸模式估計的問題。

(2) normality 與 hetroskedasticity：你可利用單變數之分析來檢視預測值和殘餘值是否為常態分配，以及兩者間是否有相關 (依照假定迴歸模式之殘餘項應和自變數間沒有相關)，以及殘餘值在 prediction function 之各 level 是否有相同之變異。在 STaTa 之迴歸分析中也是利用 predictive 指令將 predicted values 和 residuals 儲存後做進一步的分析。你也可直接利用 Plots 內的選項來做這些檢視的工作。

5. model specification：該模型應適當界定 (應納入模型的變數有遺漏嗎？不相關變數有被排除嗎？)。

6. collinearity(即線性相關)：預測變數們之間若有高度共線性，就會造成迴歸係數的錯計。

　　STaTa 線性迴歸的診斷法，已有提供許多圖形法和統計檢定法。「OLS 線性迴歸的診斷」STaTa 提供的指令，如下：

1. 偵測線性迴歸是否異常、有影響力的觀察值

指令	統計功能
predict	used to create predicted values, residuals, and measures of influence.
rvpplot	graphs a residual-versus-predictor plot.
rvfplot	graphs residual-versus-fitted plot.
lvr2plot	graphs a leverage-versus-squared-residual plot.
dfbeta	calculates DFBETAs for all the independent variables in the linear model.
avplot	graphs an added-variable plot, a.k.a. partial regression plot.

2. 殘差常態性 (normality of residuals) 之檢定

kdensity	produces kernel density plot with normal distribution overlayed.
pnorm	graphs a standardized normal probability (P-P) plot.
qnorm	plots the quantiles of varname against the quantiles of a normal distribution.
iqr	resistant normality check and outlier identification.
swilk	performs the Shapiro-Wilk W test for normality.

3. 殘差異質性 (heteroskedasticity) 之檢定

rvfplot	graphs residual-versus-fitted plot.
hettest	performs Cook and Weisberg test for heteroskedasticity.
whitetst	computes the White general test for heteroskedasticity.

4. 共線性 (multicollinearity) 之檢定

vif	calculates the variance inflation factor for the independent variables in the linear model.
collin	calculates the variance inflation factor and other multicollinearity diagnostics

5. 非線性 (non-linearity) 之檢定

acprplot	graphs an augmented component-plus-residual plot.
cprplot	graphs component-plus-residual plot, a.k.a. residual plot.

6. 模型界定之檢定

linktest	performs a link test for model specification.
ovtest	performs regression specification error test (RESET) for omitted variables.

STaTa 提供 Logit 迴歸診斷之事後指令，其語法如下：

```
    predict [type] newvar [if] [in] [, statistic nooffset rules asif]

statistic              Description

Main
  pr                   probability of a positive outcome; the default
  xb                   linear prediction
  stdp                 standard error of the prediction
* dbeta                Pregibon (1981) Delta-Beta influence statistic
* deviance             deviance residual
* dx2                  Hosmer, Lemeshow, and Sturdivant (2013) Delta chi-squared
                         influence statistic
* ddeviance            Hosmer, Lemeshow, and Sturdivant (2013) Delta-D influence
                         statistic
* hat                  Pregibon (1981) leverage
* number               sequential number of the covariate pattern
* residuals            Pearson residuals; adjusted for number sharing covariate
                         pattern
* rstandard            standardized Pearson residuals; adjusted for number sharing
                         covariate pattern
  score                first derivative of the log likelihood with respect to xb

Unstarred statistics are available both in and out of sample; type predict ... if
  e(sample) ... if wanted only for the estimation sample.  Starred statistics are
  calculated only for the estimation sample, even when if e(sample) is not
  specified.
pr, xb, stdp, and score are the only options allowed with svy estimation results.
```

2-2-3 邏輯斯迴歸的界定適當嗎？優質辦校之因素 (logit、boxtid、linktest 指令)

模型界定 (model specification) 是指：該模型應適當界定 (應納入模型的變數有遺漏嗎？不相關變數有被排除嗎？)。

為了使邏輯斯迴歸分析有效，模型必須滿足邏輯斯迴歸的假定 (assumption)。當邏輯斯迴歸分析的假定不能滿足時，可能會遇到，諸如係數估計偏差或邏輯斯迴歸係數非常大的標準誤差等問題，這些問題可能導致無效的統計推斷。

因此，在使用模型進行統計推斷之前，就需要檢查一下模型是否足夠好，並檢查影響係數估計值的影響因素。在本章中，將重點介紹如何評估模型適配，如何診斷模型中的潛在問題，以及如何識別對模型適配或參數估計有顯著影響的觀察值。先來回顧一下邏輯斯迴歸假定。

1. 真實條件概率是自變數的邏輯斯函數 (The true conditional probabilities are a logistic function of the independent variables)。
2. 沒有重要的變數被省略 (No important variables are omitted)。
3. 沒有納入不該的額外變數 (No extraneous variables are included)。
4. 自變數的測量沒有誤差 (The independent variables are measured without error)。
5. 觀察值彼此互相獨立 (The observations are independent)。
6. 自變數不是其他變數的線性組合：共線性 (The independent variables are not linear combinations of each other)。

範例 ：Logit 模型界定適當嗎？(logit、linktest 指令)

當建立邏輯斯迴歸模型時，假設結果變數的對數是自變數的線性補償 (linear ombination)。這涉及兩個方面，因為正在處理邏輯斯迴歸方式的等式「=」左右雙方。首先，考慮方程左側的結果變數的連接函數。假設 logit 函數（邏輯斯迴歸）的標準誤 (se) 是正確的。其次，在方程的右邊，假設已經包括了所有相關變數，且沒有包括不應該在模型中的任何變數，而 logit 函數是預測變數的線性組合。但可能發生的是，logit 函數作為連接函數不是正確的選擇，或者結果變數的 logit 與獨立變數之間的關係不是線性關係。在這兩種情況下，都有一個界定錯誤 (specification error)。與使用其他替代連接功能選項（例如概率（基於正態分布））相比，連接功能的錯誤指定通常不會太嚴重。在實務中，你更關心你的

模型是否具有所有相關的預測因子，並且它們的線性組合是否足夠。

STaTa linktest 指令可用於檢測你模型的界定錯誤 (specification error)，它是 logit 或 logistic 指令之事後指令。連接測試背後的想法是，如果模型被正確指定，那麼除了機會之外，還不能找到統計學上顯著的其他預測因子。本例執行 logit 或 logistic 指令之後，linktest 再使用線性預測值 (_hat 系統變數) 及線性預測值的平方 (_hatsq) 二者當預測因子來重建模型。

變數 _hat，因為它是來自模型的預測值，理應是統計學上顯著的預測因子，否則你界定的模型是錯誤的。另一方面，假如你的模型被正確地指定，變數 _hatsq 不應該具有很多預測能力。因此，如果 _hatsq 是顯著的 ($p < 0.05$)，那麼 linktest 也會顯著的，這意味著你已經省略了相關的自變數，或者你的連接函數沒有被正確界定。

(一) 問題說明

本例旨在瞭解優質辦校之影響因素有哪些？(分析單位：學校)

研究者收集數據並整理成下表，此「apilog.dta」資料檔內容之變數如下：

變數名稱	說明	編碼 Codes/Values
結果變數 / 依變數：hiqual	優質學校嗎	0, 1 (binary data)
解釋變數 / 自變數：yr_rnd	全年制學校嗎 Year Round School	0, 1 (binary data)
解釋變數 / 自變數：meals	免費餐的學生比例 pct free meals	0〜100%
解釋變數 / 自變數：cred_ml	合格教師比例 , Med vs Lo	0, 1 (binary data)
解釋變數 / 自變數：awards	有資格獲得獎勵嗎 eligible for awards	0, 1 (binary data)

(二) 資料檔之内容

「apilog.dta」資料檔內容如下圖。

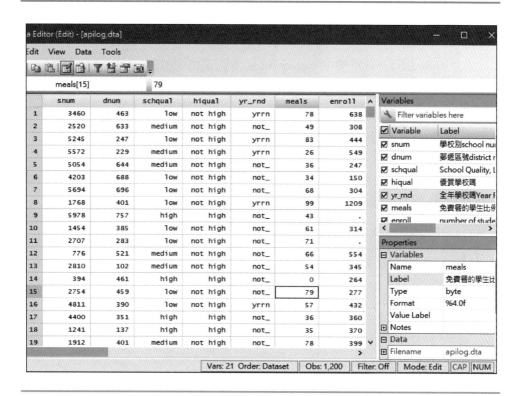

圖 2-11 「apilog.dta」資料檔內容 (N=1200 個人，707 個學校)

觀察資料之特徵

```
* 開啟資料檔
. use apilog.dta, clear

. des hiqual yr_rnd meals cred_ml awards

              storage   display    value
variable name  type     format     label     variable label
-------------------------------------------------------------------------------
hiqual         byte     %9.0g      high       優質學校嗎
yr_rnd         byte     %4.0f      yr_rnd     全年制學校嗎 Year Round School
meals          byte     %4.0f                 免費餐的學生比例 pct free meals
cred_ml        byte     %9.0g      ml         合格教師比例，Med vs Lo
awards         byte     %7.0g      awards     有資格獲得獎勵嗎 eligible for awards
```

(三) 分析結果與討論

Step 1.

在「apilog.dta」資料檔中，cred_ml 自變數是 707 所學校之合格證書教師是中或低百分比。對於這個學校的人群，認為變數 yr_rnd、meals 和 cred_ml 是預測學校 api 分數「api 連測二年再分成依變數 hiqual 之 high、not_high 二類別」的預測因素。故採用 logit 命令，及事後指令 linktest。

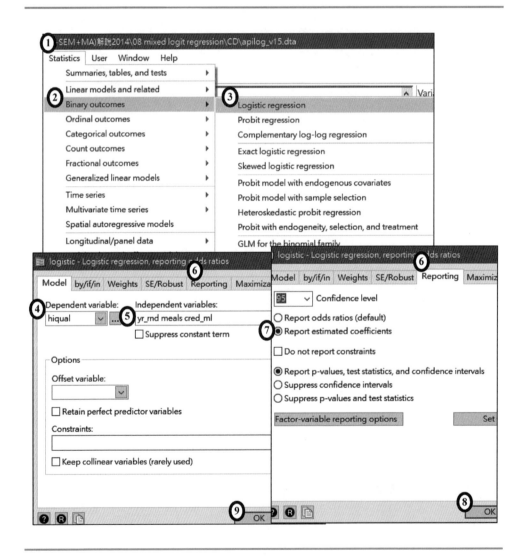

圖 2-12 「logistic hiqual yr_rnd meals cred_ml, coef」畫面

```
* 開啟資料檔
. use apilog.dta, clear
* STaTa 新指令為 logistic ；舊指令為 logit
* model 1
. logistic hiqual yr_rnd meals cred_ml, coef


Logistic regression                              Number of obs   =        707
                                                 LR chi2(3)      =     385.27
                                                 Prob > chi2     =     0.0000
Log likelihood = -156.38516                      Pseudo R2       =     0.5519


------------------------------------------------------------------------------
      hiqual |     Coef.    Std. Err.      z     P>|z|    [95% Conf. Interval]
-------------+----------------------------------------------------------------
      yr_rnd | -1.185658    .5016301    -2.36    0.018   -2.168835   -.2024809
       meals | -.0932877    .0084252   -11.07    0.000   -.1098008   -.0767746
     cred_ml |  .7415144    .3152037     2.35    0.019    .1237266    1.359302
       _cons |  2.411226    .3987573     6.05    0.000    1.629676    3.192776
------------------------------------------------------------------------------

* 改印 OR 值
. logit hiqual yr_rnd meals cred_ml, or


Logistic regression                              Number of obs   =        707
                                                 LR chi2(3)      =     385.27
                                                 Prob > chi2     =     0.0000
Log likelihood = -156.38516                      Pseudo R2       =     0.5519


------------------------------------------------------------------------------
      hiqual | Odds Ratio  Std. Err.      z     P>|z|    [95% Conf. Interval]
-------------+----------------------------------------------------------------
      yr_rnd |  .3055451    .1532706    -2.36    0.018    .1143107    .8167021
       meals |  .9109314    .0076748   -11.07    0.000    .8960126    .9260986
     cred_ml |  2.099112    .6616478     2.35    0.019    1.131706    3.893475
       _cons |  11.14762    4.445194     6.05    0.000    5.102221    24.35594
------------------------------------------------------------------------------
```

1. LR 卡方值 = 385.27(p < 0.05)，表示界定模型，至少有一個解釋變數的迴歸係數不為 0。

2. 報表「z」欄中，two-tail 檢定下，若 |z| > 1.96，則表示該自變數對依變數有顯著影響力。|z| 值愈大，表示該自變數對依變數的關聯性 (relevance) 愈高。

3. Logit 係數「Coef.」欄中，是 log-odds 單位，故不能用 OLS 迴歸係數的概念來解釋。

4. 邏輯斯迴歸式為 $\ln\left(\dfrac{P(Y=1\mid X=x)}{P(Y=0\mid X=x)}\right) = \alpha + \beta_1 x_1 + \ldots + \beta_k x_k$

$$\ln\left(\frac{P_{\text{high\_qulity}}}{1-P_{\text{high\_qulity}}}\right) = 2.41 - 1.185 \times \text{yr\_rnd} - .093 \times \text{meals} + 0.742 \times \text{cred\_m1}$$

三個預測因子都是統計學上顯著的預測因子。上列迴歸方程式可解釋為，在控制其他自變數的影響後，全年學校「yr_rnd = 1」成為高品質 api 的勝算為非全年學校「yr_rnd = 0」的 $0.3055(= \exp^{-1.185})$ 倍，且有統計上顯著的差異 (p = 0.018)。

在控制其他自變數的影響後，免費餐的學生比例 (meals) 每增加一單位，成為高品質 api 的勝算降為 $0.910(= \exp^{-0.0930})$ 倍，且達到統計上的顯著差異 (p = 0.000)。

「中度」合格教師比例的學校 (cred_ml = 0) 其學生 api 品質的勝算為「低度」合格教師比例 (cred_ml = 1) 的 $2.099(= \exp^{0.7415})$ 倍，且有統計上的顯著差異 (p=0.019)。

5. logit 以最大概似 (maximum likelihood) 來適配二元反應變數的 logit 模型。

| Step 2. | **linktest** 指令旨在 **specification link test for single-equation models**

```
. linktest, nolog

Logistic regression                          Number of obs   =       707
                                             LR chi2(2)      =    391.76
                                             Prob > chi2     =    0.0000
Log likelihood = -153.13783                  Pseudo R2       =    0.5612

------------------------------------------------------------------------
   hiqual |     Coef.   Std. Err.      z    P>|z|    [95% Conf. Interval]
----------+-------------------------------------------------------------
     _hat |  1.209837   .1280198     9.45   0.000    .9589229    1.460751
   _hatsq |  .0735317   .0265482     2.77   0.006    .0214983    .1255651
    _cons | -.1381412   .1636432    -0.84   0.399   -.4588759    .1825935
------------------------------------------------------------------------
```

1. 變數 _hat，因為它是來自模型的預測值，理應是統計學上顯著的預測因子，否則界定的模型是錯誤的。另一方面，假如模型被正確地指定，變數 _hatsq 不應該具有很多預測能力。因此，如果 _hatsq 是顯著的 (p < 0.05)，那麼 linktest 也會顯著的，這意味著已經省略了相關的自變數，或者連接函數沒有被正確界定。

2. 本例，三個預測因子都是統計學上顯著的預測因子。但 _hatsq z 值 (= 0.0735) 亦達到顯著的 (p < 0.05)，表示可能省略了相關的自變數，或者連接函數沒有被正確界定。糾正這種情況的第一步驟：檢查是否包含了所有相關的變數，通常會認為已經包含了所有的變數，但是卻忽略了一些預測變數之間可能的交互作用 (interactions)。

Step 3.

所以試圖在模型中添加一個交互項，就建立一個交互變數「ym = yr_rnd * meals」，並將其添加到模型中，然後再次嘗試 linktest。

```
* model 2 添加交互項「ym = yr_rnd * meals」
. gen ym=yr_rnd*meals

. logit hiqual yr_rnd meals cred_ml ym , nolog

Logistic regression                             Number of obs   =        707
                                                LR chi2(4)      =     390.13
                                                Prob > chi2     =     0.0000
Log likelihood = -153.95333                     Pseudo R2       =     0.5589


------------------------------------------------------------------------------
     hiqual |      Coef.   Std. Err.      z    P>|z|     [95% Conf. Interval]
------------+-----------------------------------------------------------------
     yr_rnd |  -2.816989   .8625013    -3.27   0.001    -4.50746   -1.126517
      meals |  -.1014958   .0098204   -10.34   0.000    -.1207434   -.0822483
    cred_ml |   .7795475   .3205748     2.43   0.015     .1512325    1.407863
         ym |   .0459029   .0188068     2.44   0.015     .0090422    .0827635
      _cons |   2.668048    .429688     6.21   0.000     1.825875    3.510221
------------------------------------------------------------------------------

. linktest
```

```
Logistic regression                           Number of obs   =        707
                                              LR chi2(2)      =     390.87
                                              Prob > chi2     =     0.0000
Log likelihood = -153.58393                   Pseudo R2       =     0.5600

-----------------------------------------------------------------------
   hiqual |    Coef.    Std. Err.      z     P>|z|    [95% Conf. Interval]
----------+------------------------------------------------------------
    _hat  |  1.063142   .1154731    9.21    0.000    .8368188    1.289465
   _hatsq |  .0279257   .031847     0.88    0.381   -.0344934    .0903447
    _cons | -.0605556   .1684181   -0.36    0.719   -.390649     .2695379
-----------------------------------------------------------------------
```

1. 本模型添加交互項「ym = yr_rnd * meals」之後，_hat 達顯著性、_hatsq 未達顯著性。且 4 個自變數的係數都達顯著性，表示界定模型是好的。

2. 來比較 model 1 及 model 2 。

   model 1 為：

   logit(hiqual) = 2.4112 − 1.1856*yr_rnd -.09328* meals + 0.74151*cred_ml

   logit(api 高分嗎) = 2.4112 − 1.1856* 全年制學校嗎 − .09328* 免費餐的學生比例 + 0.74151* 合格教師比例

   model 2 為：

   logit(hiqual) = 2.6680 − 2.8169*yr_rnd − 0.10149 * meals + 0.77954*cred_ml + 0.04590 * ym

   logit(api 高分嗎) = 2.6680 − 2.8169* 全年制學校嗎 − 0.10149* 免費餐的學生比例 + 0.77954* 合格教師比例 + 0.04590*ym 交互作用項

3. 因為交互作用項 ym 的係數 (z = 2.44, p < 0.05)，表示免費餐的學生比例 (meals) 影響 api 高分的效果，受到學校是否為全年制 (yr_rnd) 的干擾 (調節)。更確切來說，如果該學校不是年終制學校，meals 對結果變數 hiqual 的 logit 影響是 −0.10149；相反地，學校是年終制學校，meals 對結果變數 hiqual 的效果是 −0.10149 + 0.04590 = −0.05559。這現象是合理的，因為全年制學校通常在免費或低價餐的比例 (meals)，會高於非全年制學校。因此，在全年制學校裡，meals 不再像普通學校那麼有影響力。這表示，如果沒有正確地界定模型，

meals 自變數的參數估計是有偏誤 (bias)。

Step 4. **linktest** 指令有時不是很好的工具，須有理論基礎來建模

我們需要記住，linkest 只是輔助檢查模型的工具，它仍有其限制。如果我們有一個理論來指導我們的模型建構，我們再根據理論來檢查我們的模型，有理論支持模型會更好的。

我們來看另一個例子，linktest 指令就不是很好的工具。我們使用 yr_rnd 和 awards 當作預測因子，建立一個模型來預測依變數 hiqual。

```
* Model 3
. logit hiqual yr_rnd awards
```

```
Logistic regression                              Number of obs   =      1,200
                                                 LR chi2(2)      =     115.15
                                                 Prob > chi2     =     0.0000
Log likelihood = -699.85289                      Pseudo R2       =     0.0760
```

hiqual	Coef.	Std. Err.	z	P>|z|	[95% Conf. Interval]
yr_rnd	-1.75562	.2454361	-7.15	0.000	-2.236666	-1.274574
awards	.9673149	.1664374	5.81	0.000	.6411036	1.293526
_cons	-1.260832	.1513874	-8.33	0.000	-1.557546	-.9641186

```
. linktest
```

```
Logistic regression                              Number of obs   =      1,200
                                                 LR chi2(2)      =     115.16
                                                 Prob > chi2     =     0.0000
Log likelihood = -699.84626                      Pseudo R2       =     0.0760
```

hiqual	Coef.	Std. Err.	z	P>|z|	[95% Conf. Interval]
_hat	.9588803	.3737363	2.57	0.010	.2263706	1.69139

```
    _hatsq |   -.0177018    .1542421     -0.11    0.909    -.3200106    .2846071
     _cons |   -.0121639    .1400388     -0.09    0.931    -.2866349    .2623071
-------------------------------------------------------------------------------
```

1. Model 3 之 pseudo R^2 是 0.076，「yr_rnd awards」自變數對依變數解釋量非常低。雖然 linktest 求得 _hatsq 亦非常不顯著 (p = 0.909)，但 linktest 判斷力仍不夠好。事實證明，_hatsq 及 _hat 相關為 −0.9617，即使求得 _hatsq 非常不顯著，但它仍無法提供超過 _hat 的判斷資訊。

Step 5.

由 Model 2 可知，meals 對結果變數非常有預測力。故 Model 4 再納入它。

這一次，linktest 證明 Model 4 是顯著的。Model 3 與 Model 4 哪一個模型較佳？由於 pseudo R-square 從 0.076 升到 0.5966，故 Model 4 比 Model 3 優。這告訴我們，linktest 是一個有限的工具，它像其他工具一樣可檢測模型界定錯誤 (specification errors)。儘管 linktest 可輔助幫助我們檢測模型，但我們仍需我們主觀判斷才好。

```
* model 4
. logit hiqual yr_rnd awards meals

Logistic regression                             Number of obs   =       1,200
                                                LR chi2(3)      =      903.82
                                                Prob > chi2     =      0.0000
Log likelihood = -305.51798                     Pseudo R2       =      0.5966

-------------------------------------------------------------------------------
    hiqual |     Coef.    Std. Err.      z     P>|z|     [95% Conf. Interval]
-----------+-------------------------------------------------------------------
    yr_rnd |  -1.022169    .3559296    -2.87    0.004    -1.719778    -.3245592
    awards |   .5640354    .2415158     2.34    0.020     .0906733    1.037398
     meals |  -.1060895    .0064777   -16.38    0.000    -.1187855    -.0933934
     _cons |   3.150059    .3072509    10.25    0.000     2.547858    3.752259
-------------------------------------------------------------------------------
```

```
. linktest

Logistic regression                      Number of obs    =      1,200
                                         LR chi2(2)       =     914.71
                                         Prob > chi2      =     0.0000
Log likelihood = -300.07286              Pseudo R2        =     0.6038

------------------------------------------------------------------------
   hiqual |     Coef.    Std. Err.      z     P>|z|    [95% Conf. Interval]
----------+-------------------------------------------------------------
     _hat |   1.10886    .0726224     15.27   0.000    .9665228    1.251197
   _hatsq |   .062955    .0173623      3.63   0.000    .0289255    .0969846
    _cons |  -.1864183   .1190091     -1.57   0.117   -.4196718    .0468352
------------------------------------------------------------------------
```

1. 儘管 linktest 可輔助幫助我們檢測模型，但我們仍需主觀判斷才好。

2. _hat 理應達到顯著，但 _hatsq 亦達到顯著，可能是線性自變數對依變數的變化量不是線性。故用 boxtid 外掛指令來解決。

Step 6. boxtid 外掛指令來解決依變數在預測變數上的變化量可能不是線性的

Assumption：線性 (linearity)

簡單地說，迴歸分析法都假定 independent variable 與 dependent variable 呈現線性的關係。畫個圖就可以看出來了 (見下圖)。

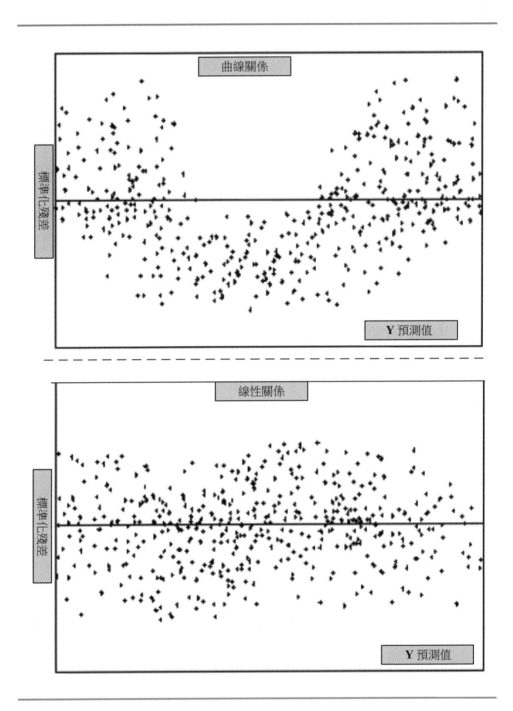

圖 2-13 殘差 vs. Y 預測值關係：呈線性、曲線關係

之前，證明 model 2 添加交互項「ym = yr_rnd * meals」，才可化解 specification error 問題。相同地，若某些預測變數沒有被正確轉換，我們也會有 specification error 問題。例如，依變數在預測變數上的變化量可能不是線性的，可是線性的預測變數卻被納入模型中。為了解決這個問題，STaTa 提供 boxtid 外掛指令。boxtid 指令旨在求：Box-Tidwell and exponential regression models。

```
. logistic hiqual yr_rnd meals, coef

Logistic regression                              Number of obs   =      1,200
                                                 LR chi2(2)      =     898.30
                                                 Prob > chi2     =     0.0000
Log likelihood = -308.27755                      Pseudo R2       =     0.5930

------------------------------------------------------------------------------
      hiqual |      Coef.   Std. Err.      z    P>|z|     [95% Conf. Interval]
-------------+----------------------------------------------------------------
      yr_rnd |  -.9908117   .3545668    -2.79   0.005    -1.68575   -.2958736
       meals |  -.1074156   .0064857   -16.56   0.000   -.1201273   -.0947039
       _cons |    3.61557   .2418968    14.95   0.000    3.141461    4.089679
------------------------------------------------------------------------------

. linktest, nolog

Logistic regression                              Number of obs   =      1,200
                                                 LR chi2(2)      =     908.87
                                                 Prob > chi2     =     0.0000
Log likelihood = -302.99327                      Pseudo R2       =     0.6000

------------------------------------------------------------------------------
      hiqual |      Coef.   Std. Err.      z    P>|z|     [95% Conf. Interval]
-------------+----------------------------------------------------------------
        _hat |    1.10755   .0724056    15.30   0.000    .9656381    1.249463
       _hatsq |   .0622644   .0174387     3.57   0.000    .0280852    .0964436
       _cons |  -.1841694   .1185286    -1.55   0.120   -.4164812    .0481423
------------------------------------------------------------------------------
```

```
* 先安裝 boxtid 外掛指令
. findit  boxtid
. boxtid logit hiqual yr_rnd meals
Iteration 0:  Deviance =  608.6424
Iteration 1:  Deviance =  608.6373 (change = -.0050887)
Iteration 2:  Deviance =  608.6373 (change = -.0000592)
-> gen double Imeal__1 = X^0.5535-.7047873475 if e(sample)
-> gen double Imeal__2 = X^0.5535*ln(X)+.4454623098 if e(sample)
   (where: X = (meals+1)/100)
[Total iterations: 2]
```

Box-Tidwell regression model

Logistic regression

Number of obs	=	1200
LR chi2(3)	=	906.22
Prob > chi2	=	0.0000
Pseudo R2	=	0.5982

Log likelihood = -304.31863

hiqual	Coef.	Std. Err.	z	P>|z|	[95% Conf. Interval]
Imeal__1	-12.13661	1.60761	-7.55	0.000	-15.28747	-8.985755
Imeal_p1	.0016505	1.961413	0.00	0.999	-3.842647	3.845948
yr_rnd	-.998601	.3598947	-2.77	0.006	-1.703982	-.2932205
_cons	-1.9892	.1502115	-13.24	0.000	-2.283609	-1.694791

meals	-.1074156	.0064857	-16.562	Nonlin. dev. 7.918	(P = 0.005)
p1	.5535294	.1622327	3.412		

Deviance: 608.637.

1. meals 變數對依變數之線性檢定 (nonlinearity)，結果 z = -7.55(p < 0.05)。故拒絕 H_0：線性的 (p1 = 1)。但本例求得 p1 = 0.55 ，表示 meals 變數最好「開平方根 (square-root transformation)」，如下：

```
. gen m2=meals^.5

. logit hiqual yr_rnd m2, nolog

Logistic regression                          Number of obs    =       1,200
                                             LR chi2(2)       =      905.87
                                             Prob > chi2      =      0.0000
Log likelihood = -304.48899                  Pseudo R2        =      0.5980


------------------------------------------------------------------------------
     hiqual |      Coef.   Std. Err.      z    P>|z|     [95% Conf. Interval]
------------+-----------------------------------------------------------------
     yr_rnd |  -1.000602   .3601437    -2.78   0.005    -1.706471   -.2947332
         m2 |  -1.245371   .0742987   -16.76   0.000    -1.390994   -1.099749
      _cons |   7.008795   .4495493    15.59   0.000     6.127694    7.889895
------------------------------------------------------------------------------

. linktest, nolog

Logistic regression                          Number of obs    =       1,200
                                             LR chi2(2)       =      905.91
                                             Prob > chi2      =      0.0000
Log likelihood = -304.47104                  Pseudo R2        =      0.5980


------------------------------------------------------------------------------
     hiqual |      Coef.   Std. Err.      z    P>|z|     [95% Conf. Interval]
------------+-----------------------------------------------------------------
       _hat |   .9957904   .0629543    15.82   0.000     .8724021    1.119179
      _hatsq |  -.0042551   .0224321    -0.19   0.850    -.0482212    .039711
      _cons |   .0120893   .1237232     0.10   0.922    -.2304037    .2545824
------------------------------------------------------------------------------
```

1. meals 變數最好「開平方 (square-root transformation)」之後，linktest 分析結果
   顯示 model 4 界定非常好。因線性預測值 _hat 達到顯著，且線性預測值 _hat
   的平方 _hatsq 未達到顯著。

2-3 Logit 迴歸的診斷：適配度 (logit、lfit、fitstat 指令)

2-3-1 Logit 迴歸診斷之 STaTa 指令

STaTa 指令	說明
. boxtid	進行自變數的冪次變換，並進行非線性檢定 (performs power transformation of independent variables and performs nonlinearity test)
. contrast	進行 contrasts and ANOVA-style joint tests of estimates
. estat (svy)	調查法之事後統計量 (postestimation statistics for survey data)
. estat ic	印出 Akaike's and Schwarz's Bayesian information criteria (AIC and BIC)
. estat summarize	印出樣本的描述統計量 (summary statistics for the estimation sample)
. estat vce	求變異數—共變數矩陣 [variance-covariance matrix of the estimators (VCE)]
. estimates	編目估算結果 (cataloging estimation results)
. fitstat	計算各種適配度的後估計指令 (is a post-estimation command that computes a variety of measures of fit)
. forecast *	動態預測及模擬 (dynamic forecasts and simulations)
. hausman *	Hausman's 界定檢定
. ldfbeta 外掛指令	求出 influence of each individual observation on the coefficient estimate (not adjusted for the covariate pattern)
. lfit	進行適配度檢定 (performs goodness-of-fit test, calculates either Pearson chi-square goodness-of-fit statistic or Hosmer-Lemeshow chi-square goodness-of-fit depending on if the group option is used)
. lincom	點估計、係數線性組合的檢定等 (point estimates, standard errors, testing, and inference for linear combinations of coefficients)
. linktest	模型界定的連接檢定 (performs a link test for model specification, in our case to check if logit is the right link function to use. This command is issued after the logit or logistic command)
. listcoef	列出了各種迴歸模型的估計係數 (lists the estimated coefficients for a variety of regression models, including logistic regression)
. lroc	繪圖並求出 ROC 曲線面積 (graphs and calculates the area under the ROC curve based on the model)

STaTa 指令	說明
. lrtest *	概似比檢定 (likelihood-ratio test)
. lsens	繪靈敏度和特異性與概率截止值 (graphs sensitivity and specificity versus probability cutoff)
. lstat	顯示匯總統計 (displays summary statistics, including the classification table, sensitivity, and specificity)
. margins	求邊際平均數等 (marginal means, predictive margins, marginal effects, and average marginal effects)
. marginsplot	繪剖面圖 [graph the results from margins (profile plots, interaction plots, etc.)]
. nlcom	點估計、係數線性組合的檢定等 (point estimates, standard errors, testing, and inference for nonlinear combinations of coefficients)
. predict	存預測值、殘差值、影響值 (predictions, residuals, influence statistics, and other diagnostic measures)
. predict dbeta	求出 Pregibon delta beta influence statistic
. predict dd	儲存 Hosmer and Lemeshow change in deviance statistic
. predict deviance	殘差的離均差 (deviance residual)
. predict dx2	儲存 Hosmer and Lemeshow change in chi-square influence statistic
. predict hat	儲存 Pregibon leverage
. predict residual	儲存 Pearson residuals; adjusted for the covariate pattern
. predict rstandard	儲存 standardized Pearson residuals; adjusted for the covariate pattern
. predictnl	求廣義預測值等 (point estimates, standard errors, testing, and inference for generalized predictions)
. pwcompare	估計配對比較 (pairwise comparisons of estimates)
. scatlog	繪出 produces scatter plot for logistic regression.
. suest	似不相關估計 (seemingly unrelated estimation)
. test	求出線性 Wald 檢定 (Wald tests of simple and composite linear hypotheses)
. testnl	求出非線性 Wald 檢定 (Wald tests of nonlinear hypotheses)

註：* forecast, hausman 及 lrtest 不適合在「svy：」開頭的迴歸。且 forecast 亦不適合在「mi」估計結果。

定義： F 檢定

1. 若虛無假設 $H_0 : \beta_2 = 0, \beta_3 = 1$ 成立，則眞正的模型應該是

$$Y_t = \beta_1 + X_{3t} + \beta_4 X_{4t} + \cdots + \beta_k X_{kt} + \varepsilon_t$$

我們將其稱爲受限制的模型 (restricted model)。我們若要估計該模型，應該整理如下 (以 $Y_t - X_{3t}$ 作爲被解釋變數)

$$Y_t - X_{3t} = \beta_1 + \beta_4 X_{4t} + \cdots + \beta_k X_{kt} + \varepsilon_t$$

以 OLS 估計該受限制的模型後，可以計算出其殘差平方和 ESS_R。

2. 相對於受限制的模型，若假設虛無假設不成立時的模型稱爲未受限制的模型（unrestricted model），亦即原始模型

$$Y_t = \beta_1 + \beta_2 X_{2t} + \beta_3 X_{3t} + \cdots + \beta_k X_{kt} + \varepsilon_t$$

以 OLS 估計未受限制的模型後，可以計算出其殘差平方和 ESS_U。

3. 檢定統計量： F 統計量

$$F = \frac{(ESS_R - ESS_U)/r}{ESS_U/(T-k)} \sim F(r, T-k)$$

式中 r 代表限制式的個數，該例中 $r = 2$。

4. 檢定的直覺：記得我們得到，解釋變數個數越多，殘差平方和越小 (R^2 越大)；因此受限制模型的殘差平方和 ESS_R，應該比未受限制模型的殘差平方和 ESS_U 大。若虛無假設是對的，則根據虛無假設所設定的受限制模型，其殘差平方和 ESS_R 應該與 ESS_U 差距不大 (因此 F 統計量很小)；但是如果虛無假設是錯誤的， ESS_R 應該與 ESS_U 差距很大 (F 統計量很大)。所以，如果所計算出的 F 統計量很大，就拒絕虛無假設；但若 F 統計量很小，就接受虛無假設。

定義： Wald 檢定

Wald 係數檢定：有時候受限制的模型並不是很容易寫出來，因此估計受限制的模型較不直接；這時可用 Wald 係數檢定。

1. 改寫限制式：通常我們可將限制式 (虛無假設) 寫爲

$$H_0 : R\beta = q$$

式中 R 爲 $r \times k$ 矩陣， q 爲 $r \times 1$ 向量， r 就是我們所說的限制式個數。

例如：前例的虛無假設 $H_0 : \beta_2 = 0, \beta_3 = 1$ 中，若我們令

$$R = \begin{pmatrix} 0 & 1 & 0 & 0 & \cdots & 0 \\ 0 & 0 & 1 & 0 & \cdots & 0 \end{pmatrix} \text{、} q = \begin{pmatrix} 0 \\ 1 \end{pmatrix}$$

則可將虛無假設改寫為 $H_0 : R\beta = q$。

2. 檢定的直覺：若虛無假設 $H_0 : R\beta = q$ 是正確的，則 $R\hat{\beta} - q$ 應該非常接近 0；若 $R\hat{\beta} - q$ 跟 0 差距很遠，代表虛無假設 $H_0 : R\beta = q$ 是錯誤的。

3. 檢定統計量：由 $\hat{\beta} \sim N(\beta, \sigma^2 (X'X)^{-1})$，因此

$$R\hat{\beta} \sim N(R\beta, \sigma^2 R(X'X)^{-1} R')$$

若虛無假設 $H_0 : R\beta = q$ 是正確的，則

$$R\hat{\beta} \sim N(q, \sigma^2 R(X'X)^{-1} R')$$

亦即 $R\hat{\beta} - q \sim N(0, \sigma^2 R(X'X)^{-1} R')$

因此 (這就是 r 個標準化後的常態變數之平方和)

$$(R\hat{\beta} - q)(\sigma^2 R(X'X)^{-1} R')^{-1} (R\hat{\beta} - q) \sim 符合 \chi^2(r)$$

而我們之前已知 (未受限制模型的誤差項變異數估計)

$$\frac{(T-k)\hat{\sigma}^2}{\sigma^2} \sim \chi^2(T-k)$$

因此

$$\frac{[(R\hat{\beta} - q)'(\sigma^2 R(X'X)^{-1} R')^{-1} (R\hat{\beta} - q)]/r}{\dfrac{(T-k)\hat{\sigma}^2}{\sigma^2}/(T-k)} \sim F(r, T-k)$$

而等式左邊即為

$$F = \frac{(R\hat{\beta} - q)'(\sigma^2 R(X'X)^{-1} R')^{-1} (R\hat{\beta} - q)}{r} \sim F(r, T-k)$$

這就是 **Wald** 檢定統計量。

4. 決策準則：設定顯著水準 α，並決定臨界值 $F_{1-\alpha}(r, T-k)$。

若 $F > F_{1-\alpha}(r, T-k)$ 就拒絕虛無假設，若 $F < F_{1-\alpha}(r, T-k)$ 就接受虛無假設。

2-3-2 Logit 模型適配度有三方法？優質辦校之因素 (logit、lfit、fitstat 指令)

Logistic 迴歸分析，會印出 log likelihood chi-square 及 pseudo R-square 來表示模型的適配度 (goodness-of-fit)。

範例：Logit 模型你界定的適當嗎？(logit、linktest 指令)

承前例之資料檔「apilog.dta」。

(一) 問題說明

本例旨在瞭解優質辦校之影響因素有哪些？(分析單位：學校)

研究者收集數據並整理成下表，此「apilog.dta」資料檔內容之變數如下：

變數名稱	說明	編碼 Codes/Values
結果變數 / 依變數：hiqual	優質學校嗎	0,1 (binary data)
解釋變數 / 自變數：yr_rnd	全年制學校嗎 Year Round School	0,1 (binary data)
解釋變數 / 自變數：meals	免費餐的學生比例 pct free meals	0~100%
解釋變數 / 自變數：cred_ml	合格教師比例 , Med vs. Lo	0,1 (binary data)
解釋變數 / 自變數：awards	有資格獲得獎勵嗎 eligible for awards	0,1 (binary data)

(二) 資料檔之內容

「apilog.dta」資料檔內容如下圖。

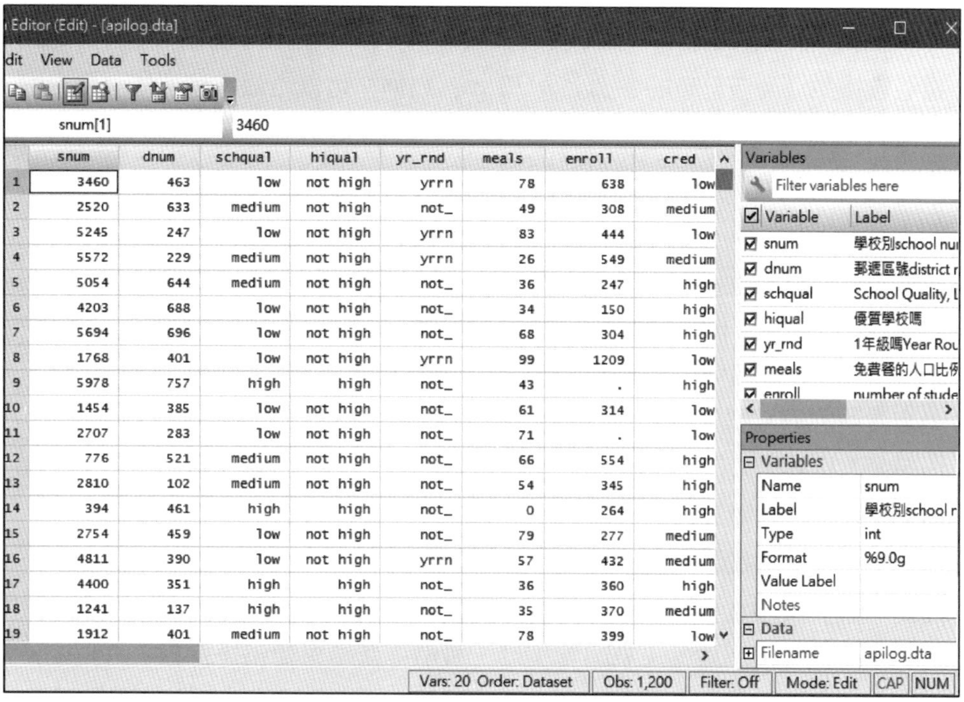

	snum	dnum	schqual	hiqual	yr_rnd	meals	enroll	cred
1	3460	463	low	not high	yrrn	78	638	low
2	2520	633	medium	not high	not_	49	308	medium
3	5245	247	low	not high	yrrn	83	444	low
4	5572	229	medium	not high	yrrn	26	549	medium
5	5054	644	medium	not high	not_	36	247	high
6	4203	688	low	not high	not_	34	150	high
7	5694	696	low	not high	not_	68	304	high
8	1768	401	low	not high	yrrn	99	1209	low
9	5978	757	high	high	not_	43	.	high
10	1454	385	low	not high	not_	61	314	low
11	2707	283	low	not high	not_	71	.	low
12	776	521	medium	not high	not_	66	554	high
13	2810	102	medium	not high	not_	54	345	high
14	394	461	high	high	not_	0	264	high
15	2754	459	low	not high	not_	79	277	medium
16	4811	390	low	not high	yrrn	57	432	medium
17	4400	351	high	high	not_	36	360	high
18	1241	137	high	high	not_	35	370	medium
19	1912	401	medium	not high	not_	78	399	low

圖 2-14 「apilog.dta」資料檔內容 (N=1200 個人，707 個學校)

(三) 分析結果與討論

在「apilog.dta」資料檔中，cred_ml 自變數是 707 所學校之合格證書教師是中或低百分比。對於這個學校的人群，認爲變數 yr_rnd、meals 和 cred_ml 是預測學校 api 分數「api 連測二年再分成依變數 hiqual 之 high、not_high 二類別」的預測因素。

定義：最大概似

要講最大概似估計（maximum likelihood estimation）之前，要先定義概似函數（likelihood function）。

在日常生活中，很多時候我們知道某些資料是來自於某個分布，但卻不知道其相關參數爲何？

舉個情境來說明，已知某個學校有好幾千位學生，其身高分布符合高斯分布（Gaussian distribution）。如今我們抽取其中 100 位學生來量身高，想要透過這些數據知道高斯分布的參數（μ 和 σ）爲何？這就是最大概似估計要做的事情。

也就是說，已知我們有 N 個採樣 { $X_1, X_2, X_3, ... , X_N$ } 來自於某分布（如上例的 100 位學生來自於高斯分布）。

目的是要尋找該分布的分布參數 θ[如上例，高斯分布的分布參數 $\theta = (\mu, \sigma)$] 因此我們在所有 θ 的可能值裡面選一個使這個採樣的可能性最大。

爲什麼要說「使這個採樣的可能性最大」(最大概似) 呢？

先來看個例子。

假設嚼食檳榔的人罹患口腔癌的機率是不嚼食檳榔的人的 28 倍。已知某人罹患了口腔癌，試問某人是否有嚼食檳榔呢？

在正常情況下，我們會去猜某人有嚼食檳榔。

因爲「某人有嚼食檳榔」這件事情會得到「某人罹患口腔癌」的機率會是最大的。所以我們認爲某人有嚼食檳榔。雖然這個結果並不是百分之百正確。有嚼食檳榔不能百分之百保證就會得到口腔癌。有口腔癌也不能百分之百保證就是有嚼食檳榔。但是我們用這樣的方法來使這個模型「最合理」。

定義：概似函數

上段，已知一組採樣 X 要求出分布參數 θ。故概似函數通常都被寫作 $L(\theta | X)$。但事實上概似函數可看成是條件機率的逆反，$L(\theta | X)$ 的值會等於 $P(X | \theta)$。

$P(X | \theta)$ 是什麼呢？就是在已知 θ 的情況下得到採樣 X 的機率。

以 100 個學生爲例，獲得這 100 個學生採樣的機率就是每個學生採樣機率的乘積（學生互相獨立），即 $P(X | \theta) = P(X_1 | \theta) \times P(X_2 | \theta) \times P(X_3 | \theta) \times ... \times P(X_{100} | \theta)$。

再看一個例子怎麼運用這個概似函數。

例：已知丟一個公平的硬幣，出現正面及反面的機率各是 0.5。

如今做實驗，假設出現正面的機率是 p，出現反面的機率是 1 – p。

若投擲四次得到的結果是 E = { 正正正反 }，試問 p 爲何？

我們可以寫下概似函數 L(p|E) = p×p×p×(1 – p) = p^3×(1 – p)

求導得 p = 0.75 時 L(p|E) 最大。

因此根據此實驗結果，我們認為「P(正) = 0.75」是最合理的。

但事實上 P(正) 應該要等於 0.5。

故最大概似估計並不能保證估計的正確性，它只能找出一個最適合的分布參數來合理說明目前得到的採樣資訊。

額外要提到的是，在大部分情況下，概似函數並不會長得像上面那個例子那樣的簡單，通常都是個很複雜的式子。

由於概似函數一般都是以乘積的形式呈現，求導時會非常不方便。因此寫出概似函數的下一步通常都是先取對數，變成 log-likelihood function。

這樣的好處是原本的乘積就會變成「對數的和」，在求導時會容易且方便許多。

[Step 1.] [方法一]：用**概似比及 Pseudo R^2 來判定模型適配度**

```
* 開啟資料檔
. use apilog.dta, clear
* 新變數為交互作用項
. gen ym=yr_rnd*meals

. logit hiqual yr_rnd meals cred_ml ym

Iteration 0:   log likelihood = -349.01971
Iteration 1:   log likelihood = -192.43886
Iteration 2:   log likelihood = -157.59484
Iteration 3:   log likelihood = -153.98173
Iteration 4:   log likelihood = -153.95333
Iteration 5:   log likelihood = -153.95333

Logistic regression                    Number of obs   =       707
                                       LR chi2(4)      =    390.13
                                       Prob > chi2     =    0.0000
Log likelihood = -153.95333            Pseudo R2       =    0.5589

------------------------------------------------------------------
   hiqual |    Coef.   Std. Err.      z    P>|z|   [95% Conf. Interval]
----------+-------------------------------------------------------
```

```
    yr_rnd |  -2.816989   .8625013    -3.27   0.001    -4.50746   -1.126517
     meals |  -.1014958   .0098204   -10.34   0.000   -.1207434   -.0822483
   cred_ml |   .7795475   .3205748     2.43   0.015    .1512325    1.407863
        ym |   .0459029   .0188068     2.44   0.015    .0090422    .0827635
     _cons |   2.668048    .429688     6.21   0.000    1.825875    3.510221
--------------------------------------------------------------------------
* 手動求卡方值
. di  2*(349.01917-153.95333)
390.13168


* 手動求 pseudo R-square
* A  pseudo R-square  is in slightly different flavor, but captures more or
less the same thing in that it is the proportion of change in terms of like-
lihood.
. di  (349.01971-153.95333)/349.01971
0.55889789
```

1. 對數概似之卡方是考驗整體模型是否具有統計意義。它是你界定模型與 intercept-only 模型二者對數概似之差的 2 倍。即 $2*(349.01917 - 153.95333)$。

2. 由於 STaTa 用疊代法求 intercept-only 模型時，「log likelihood at Iteration 0 = -349.01971」就是空模型的對數概似 (log likelihood of the empty model)。

3. 通常概似比愈大，表示你界定模型愈佳。本例求得 LR $\chi^2_{(4)}$ = 390.13($p < 0.05$)，達到顯著性，表示你界定模型中至少有一個自變數可有效預測二元依變數。本例，卡方檢定的自由度 df=4，代表界定 logit 模型有 4 個自變數。

Step 2. 方法二：**Hosmer-Lemeshow's 來判定模型適配度 (goodness-of-fit)**

　　Hosmer-Lemeshow's goodness-of-fit test 旨在預測次數和觀察次數，二者若愈緊密匹配表示模型愈佳。Hosmer-Lemeshow 適配度是根據觀測次數和預期次數的列聯表 (contingency table) 來計算 Pearson 卡方值。通常 Hosmer-Lemeshow 做法是將預測變數組合成 10 組，以形成 2×10 的 contingency table。

```
* 開啟資料檔
. use apilog.dta, clear
* model 5 無交互作用項 ym
. quietly logit hiqual yr_rnd meals cred_ml
```

```
. lfit, group(10) table

Logistic model for hiqual, goodness-of-fit test

  (Table collapsed on quantiles of estimated probabilities)
  +---------------------------------------------------------+
  | Group |   Prob | Obs_1 | Exp_1 | Obs_0 | Exp_0 | Total |
  |-------+--------+-------+-------+-------+-------+-------|
  |     1 | 0.0008 |     1 |   0.0 |    71 |  72.0 |    72 |
  |     2 | 0.0019 |     1 |   0.1 |    71 |  71.9 |    72 |
  |     3 | 0.0037 |     0 |   0.2 |    71 |  70.8 |    71 |
  |     4 | 0.0079 |     0 |   0.4 |    68 |  67.6 |    68 |
  |     5 | 0.0210 |     1 |   0.9 |    71 |  71.1 |    72 |
  |-------+--------+-------+-------+-------+-------+-------|
  |     6 | 0.0564 |     2 |   2.5 |    68 |  67.5 |    70 |
  |     7 | 0.1553 |     4 |   7.4 |    68 |  64.6 |    72 |
  |     8 | 0.4952 |    23 |  21.9 |    47 |  48.1 |    70 |
  |     9 | 0.7512 |    44 |  43.4 |    26 |  26.6 |    70 |
  |    10 | 0.9590 |    62 |  61.1 |     8 |   8.9 |    70 |
  +---------------------------------------------------------+

            number of observations =       707
                 number of groups =        10
            Hosmer-Lemeshow chi2(8) =     39.70
                     Prob > chi2 =     0.0000
```

* 新版 STaTa 用「estat gof」來取代 lfit
```
. estat gof

Logistic model for hiqual, goodness-of-fit test

            number of observations =       707
    number of covariate patterns =       256
            Pearson chi2(252) =    1187.35
                  Prob > chi2 =     0.0000
```

* model 6 有交互作用項 ym
```
. quietly logit hiqual yr_rnd meals cred_ml ym
```

279

```
. lfit, group(10) table

Logistic model for hiqual, goodness-of-fit test

(Table collapsed on quantiles of estimated probabilities)
+-----------------------------------------------------------+
| Group |   Prob | Obs_1 | Exp_1 | Obs_0 | Exp_0 | Total |
|-------+--------+-------+-------+-------+-------+-------|
|     1 | 0.0016 |     0 |   0.1 |    71 |  70.9 |    71 |
|     2 | 0.0033 |     1 |   0.2 |    73 |  73.8 |    74 |
|     3 | 0.0054 |     0 |   0.3 |    74 |  73.7 |    74 |
|     4 | 0.0096 |     1 |   0.5 |    64 |  64.5 |    65 |
|     5 | 0.0206 |     1 |   1.0 |    69 |  69.0 |    70 |
|-------+--------+-------+-------+-------+-------+-------|
|     6 | 0.0623 |     4 |   2.5 |    69 |  70.5 |    73 |
|     7 | 0.1421 |     2 |   6.6 |    66 |  61.4 |    68 |
|     8 | 0.4738 |    24 |  22.0 |    50 |  52.0 |    74 |
|     9 | 0.7711 |    44 |  43.3 |    25 |  25.7 |    69 |
|    10 | 0.9692 |    61 |  61.6 |     8 |   7.4 |    69 |
+-----------------------------------------------------------+

               number of observations =       707
                      number of groups =        10
              Hosmer-Lemeshow chi2(8) =       9.15
                         Prob > chi2 =       0.3296
```

* 新版 STaTa 用「estat gof」來取代 lfit
```
. estat gof

Logistic model for hiqual, goodness-of-fit test

                number of observations =       707
          number of covariate patterns =       256
                   Pearson chi2(251) =     308.51
                         Prob > chi2 =       0.0077
```

1. model 5 無交互作用項 ym，Hosmer-Lemeshow $\chi^2_{(8)}$ = 39.70，p = 0.0000，表示界定 logit 模型適配度不好。

2. model 6 有交互作用項 ym，Hosmer-Lemeshow $\chi^2_{(8)} = 9.15$，p = 0.329，表示界定 logit 模型適配度很好。

3. 可見，Hosmer-Lemeshow $\chi^2_{(df)}$ 值愈小 (p 值愈大)，表示界定的模型適配度愈佳。

4. model 6 有交互作用項 ym 之 goodness-of-fit test：若改用「estat gof」，求得 Pearson chi2(1146) = 308.51(p < 0.05)，表示本模型適配仍不夠好。

Step 3. 方法三：**AIC (Akaike information criterion) 及 BIC (Bayesian information criterion) 當模型適配度**

STaTa 提供 fitstat 指令，可求得界定 logit 模型的適配度。其中，AIC 或 BIC (Bayesian information criterion) 值愈小，表示模型適配度愈佳。

資訊準則 (information criterion)：亦可用來說明模型的解釋能力 (較常用來作為模型選取的準則，而非單純描述模型的解釋能力)

(1) AIC(Akaike information criterion)

$$AIC = \ln\left(\frac{ESS}{T}\right) + \frac{2k}{T}$$

(2) BIC(Bayes information criterion) 或 SIC(Schwartz) 或 SBC

$$BIC = \ln\left(\frac{ESS}{T}\right) + \frac{k\ln(T)}{T}$$

(3) AIC 與 BIC 越小，代表模型的解釋能力越好（用的變數越少，或是誤差平方和越小）。

```
* 開啟資料檔
. use apilog.dta, clear
* model 7 無交互作用項 ym
. quietly logit hiqual yr_rnd meals cred_ml
. fitstat

Measures of Fit for logit of hiqual

Log-Lik Intercept Only:        -349.020   Log-Lik Full Model:       -156.385
D(703):                         312.770   LR(3):                     385.269
                                          Prob > LR:                   0.000
McFadden's R2:                    0.552   McFadden's Adj R2:           0.540
ML (Cox-Snell) R2:                0.420   Cragg-Uhler(Nagelkerke) R2:  0.670
McKelvey & Zavoina's R2:          0.742   Efron's R2:                  0.587
```

```
Variance of y*:                   12.753  Variance of error:             3.290
Count R2:                          0.909  Adj Count R2:                  0.536
AIC:                               0.454  AIC*n:                       320.770
BIC:                           -4299.634  BIC':                       -365.586
BIC used by STaTa:               339.014  AIC used by STaTa:           320.770


* model 8  有交互作用項 ym
. quietly logit hiqual yr_rnd meals cred_ml ym

. fitstat


Measures of Fit for logit of hiqual

Log-Lik Intercept Only:         -349.020  Log-Lik Full Model:         -153.953
D(702):                          307.907  LR(4):                       390.133
                                           Prob > LR:                     0.000
McFadden's R2:                     0.559  McFadden's Adj R2:             0.545
ML (Cox-Snell) R2:                 0.424  Cragg-Uhler(Nagelkerke) R2:    0.676
McKelvey & Zavoina's R2:           0.715  Efron's R2:                    0.585
Variance of y*:                   11.546  Variance of error:             3.290
Count R2:                          0.904  Adj Count R2:                  0.507
AIC:                               0.450  AIC*n:                       317.907
BIC:                           -4297.937  BIC':                       -363.889
BIC used by STaTa:               340.712  AIC used by STaTa:           317.907
```

1. 無交互作項之 model 7 的 AIC=0.454。有交互作項之 model 8 的 AIC = 0.450。由於 model 8 的 AIC 比 model 7 小，故有交互作用項 ym model 8 較優。

2-4 共線性 (collinearity) 診斷：優質辦校之因素 (logit、lfit、estat gof、collin 指令)

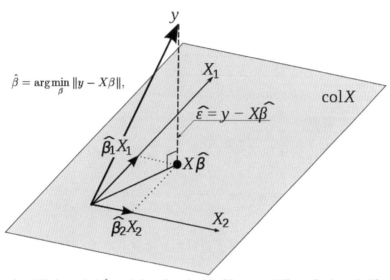

where ||·|| is the standard L^2norm in the n-dimensional Euclidean space R^n. The predicted quantity $X\beta$ is just a certain linear combination of the vectors of regressors. Thus, the residual vector $y - X\beta$ will have the smallest length when y is projected orthogonally onto the linear subspace spanned by the columns of X. The OLS estimator in this case can be interpreted as the coefficients of vector decomposition of $\hat{y} = Py$ along the basis of X.

圖 2-15 X1,X2 對 Y 預測之共線性示意圖

線性迴歸分析：共線性問題

　　許多研究者在作迴歸分析的時候，常常沒有對於自變數之間的相關性作審慎的評估，就貿然地將許多個自變數同時放到迴歸方程式裡頭：

$Y \sim$ Gaussian (Normal)

$Variance(Y) = 1$, where $E[Y] = \mu$

$Y = \beta_0 + \beta_1 X_1 + \beta_2 X_2 + ... + \beta_p X_p + Error$

> 　　以上面這個方程式爲例，研究同時將 X_1、X_2⋯直到 X_p 放到線性迴歸方程式裡頭，因此研究者可得到 p 個未標準化迴歸係數（在本例 β 指的是未標準化迴歸係數）。每一個迴歸係數的意義是「在排除了其他所有自變數對依變數的預測效果之下，這個自變數與依變數的關係」，因此許多人員都忽略了其實同時也是「考慮其他自變數跟這個自變數的關係之下，這個自變數與依變數的關係」。因此當自變數之間的相關性太高的時候，會導致多元共線性 (multi-collinearity) 的產生。

一、共線性的變數

1. 許多變數可能會以某種規律性的方式一起變動，這種變數被稱爲是共線性 (collinearity)。

2. 當有數個變數牽涉在模型內時，這樣的問題歸類爲共線性或多元共線性 (multicollinearity)。

3. 當模型出現共線性的問題時，要從資料中衡量個別效果 (邊際產量) 將是非常困難的。

4. 當解釋變數幾乎沒有任何變異時，要分離其影響是很困難的，這個問題也是屬於共線性的情況。

5. 共線性所造成的後果：

   (1) 只要解釋變數之間有一個或一個以上的完全線性關係。則完全共線性或完全線性重合的情況會存在，則最小平方估計式無法定義。例：若 r_{23} (correlation coefficient)$=\pm 1$，則 $Var(b_2)$ 是沒有意義的，因爲零出現在分母中。

   (2) 當解釋變數之間存在近似的完全線性關係時，最小平方估計式的變異數、標準誤和共變數中有一些可能會很大，則表示：樣本資料所提供有關於未知參數的資訊相當的不精確。

   (3) 當估計式的標準誤很大時，則檢定結果不顯著。問題在於共線性變數未能提供足夠的資訊來估計它們的個別效果，即使理論可能指出它們在該關係中的重要性。

   (4) 對於一些觀察值的加入或刪除，或者刪除一個明確的不顯著變數是非常敏感的。

   (5) 如果未來的樣本觀察值之內的共線性關係仍然相同，正確的預測仍然是可能的。

二、如何分辨與降低共線性？

1. 相關係數 X_1、X_2，若 $Cov(X_1, X_2) > 0.9$ 時，則表示有強烈的線性關係

   例：如何判斷 X_1、X_2、X_3 有 collinear 呢？請見範例之 STaTa 分析。

2. 估計「輔助迴歸」(auxiliary regressions)

   $X_2 = a_1x_1 + a_3x_3 + \cdots + a_kx_k + e$

   若 R^2 高於 0.8，其含意為 X_2 的變異中，有很大的比例可以用其他解釋變數的變異來解釋。

3. STaTa 所提供之 collinearity 的統計包括 tolerance、VIF(variance inflation factor) 和 collin 等指令。

三、共線性對迴歸的衝擊

　　多元共線性是指多元迴歸分析中，自變數之間有相關存在的一種現象，是一種程度的問題 (degree of matters)，而不是全有或全無 (all or none) 的狀態。多元共線性若是達嚴重的程度時，會對多元迴歸分析造成下列的不良影響：

1. 膨脹最小平方法 (least squares) 估計參數值的變異數和共變數，使得迴歸係數的估計值變得很不精確。

2. 膨脹迴歸係數估計值的相關係數。

3. 膨脹預測值的變異數，但對預測能力不影響。

4. 造成解釋迴歸係數及其信賴區間估計之困難。

5. 造成整體模式的檢定達顯著，但個別迴歸係數之檢定不顯著的矛盾現象和解釋上之困擾。

6. 造成迴歸係數的正負號與所期望者相反的衝突現象，這是由於自變數間之壓抑效果 (suppress effect) 造成的。

四、共線性之診斷法

　　一個比較簡單的診斷方法是察看自變數間的相關係數矩陣，看看該矩陣中是否有元素值 (即自變數兩兩之間的相關係數值) 是大於 0.90 以上者，若有，即表示該二變數互為多元共線性變數，並認為該迴歸分析中有嚴重的多元共線性問題存在。另一個比較正式、客觀的診斷法，則為使用第 j 個自變數的「變異數膨脹因子」(variance inflation factor) 作為判斷的指標，凡變異數膨脹因子指標值大於 10 者，即表示第 j 個自變數是一個多元共線性變數。在一般的迴歸分析中，針對這種多元共線性問題，有些統計學家會建議將多元共線性變數

予以刪除，不納入迴歸方程式中。但避免多元共線性問題所造成困擾的最佳解決方法，不是刪除該具有多元共線性變數，而是使用所謂的「偏差迴歸分析」(biased regression analysis, BRA)。其中以「山脊型迴歸」(ridge regression) 最受到學者們的重視和使用；除此之外，尚有「主成分迴歸」(principal component regression)、「潛在根迴歸」(latent root regression)、「貝氏法迴歸」(Baysean regression)、「遞縮式迴歸」(shrinkage regression) 等。不過這些偏差迴歸分析法所獲得的迴歸係數值都是「有偏差的」(biased)，亦即這些迴歸係數的期望值不等於母群體的迴歸係數值，所以稱作偏差迴歸係數估計值，而本補救多元共線性問題的方法即稱作偏差迴歸分析法。

五、範例：共線性之診斷法 (logit、collin) 指令

(一) 問題說明

本例旨在瞭解優質辦校之影響因素有哪些？(分析單位：學校)

研究者收集數據並整理成下表，此「apilog.dta」資料檔內容之變數如下：

變數名稱	說明	編碼 Codes/Values
結果變數 / 依變數：hiqual	優質學校嗎	0,1 (binary data)
解釋變數 / 自變數：yr_rnd	全年制學校嗎 Year Round School	0,1 (binary data)
解釋變數 / 自變數：meals	免費餐的學生比例 pct free meals	0~100%
解釋變數 / 自變數：cred_ml	合格教師比例, Med vs. Lo	0,1 (binary data)
解釋變數 / 自變數：awards	有資格獲得獎勵嗎 eligible for awards	0,1 (binary data)

(二) 資料檔之內容

承前例之資料檔「apilog.dta」，其內容如下圖。

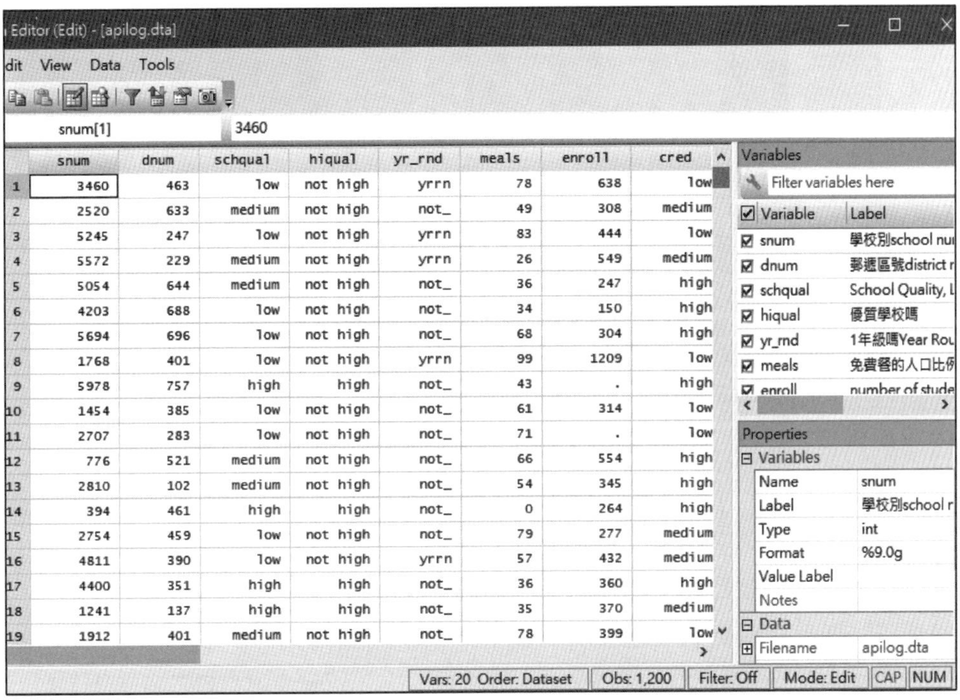

	snum	dnum	schqual	hiqual	yr_rnd	meals	enroll	cred
1	3460	463	low	not high	yrrn	78	638	low
2	2520	633	medium	not high	not_	49	308	medium
3	5245	247	low	not high	yrrn	83	444	low
4	5572	229	medium	not high	yrrn	26	549	medium
5	5054	644	medium	not high	not_	36	247	high
6	4203	688	low	not high	not_	34	150	high
7	5694	696	low	not high	not_	68	304	high
8	1768	401	low	not high	yrrn	99	1209	low
9	5978	757	high	high	not_	43	.	high
10	1454	385	low	not high	not_	61	314	low
11	2707	283	low	not high	not_	71	.	low
12	776	521	medium	not high	not_	66	554	high
13	2810	102	medium	not high	not_	54	345	high
14	394	461	high	high	not_	0	264	high
15	2754	459	low	not high	not_	79	277	medium
16	4811	390	low	not high	yrrn	57	432	medium
17	4400	351	high	high	not_	36	360	high
18	1241	137	high	high	not_	35	370	medium
19	1912	401	medium	not high	not_	78	399	low

圖 2-16 「apilog.dta」資料檔內容 (N=1,200 個人，707 個學校)

在「apilog.dta」資料檔中，cred_ml 自變數是 707 所學校之合格證書教師是中或低百分比。對於這個學校的人群，認爲變數 yr_rnd、meals 和 cred_ml 是預測學校 api 分數「api 連測二年再分成依變數 hiqual 之 high、not_high 二類別」的預測因素。

(三) 分析結果與討論

假設你用人工方式，故意新建 perli 變數爲「yr_rnd、meals」之和，人工成 perli 變數與「yr_rnd、meals」二者都有高度共線性。接著再將高度共線性的三個自變數，納入 logit 分析。

由於 STaTa 提供 logit、logistic 具有人工智慧，會將高度共線性的自變數自動刪除。請看本例的示範。

Step 1. **Logit** 會自動刪除高相關的自變數嗎？

```
* 開啟資料檔
. use apilog.dta, clear
. gen perli=yr_rnd+meals
* STaTa 新指令為 logistic；舊指令為 logit

. logit hiqual perli meals yr_rnd

note: yr_rnd omitted because of collinearity
```

```
Logistic regression                        Number of obs    =       1,200
                                           LR chi2(2)       =      898.30
                                           Prob > chi2      =      0.0000
Log likelihood = -308.27755                Pseudo R2        =      0.5930

------------------------------------------------------------------------------
      hiqual |     Coef.   Std. Err.      z    P>|z|    [95% Conf. Interval]
-------------+----------------------------------------------------------------
       perli |  -.9908117  .3545668   -2.79   0.005   -1.68575   -.2958736
       meals |   .8833961  .3542846    2.49   0.013    .1890111   1.577781
      yr_rnd |          0  (omitted)
       _cons |    3.61557  .2418968   14.95   0.000    3.141461   4.089679
------------------------------------------------------------------------------
* 求積差相關
. corr perli meals yr_rnd
(obs=1,200)

             |    perli    meals   yr_rnd
-------------+---------------------------
       perli |   1.0000
       meals |   0.9999   1.0000
      yr_rnd |   0.3205   0.3094   1.0000
```

1. 由於 perli 變數與「yr_rnd、meals」二者都有高度共線性，故 logit 分析時，yr_rnd 變數自動被刪除。

2. corr 指令求得積差相關，亦可看出 perli、yr_rnd、meals 三者高度相關。

Pearson 的相關係數：

樣本相關係數 $r = \dfrac{SS_{xy}}{\sqrt{SS_{xx} SS_{yy}}} = b_1 \dfrac{S_x}{S_y}$

母體相關係數 $\rho = \dfrac{Cov(X,\ Y)}{\sigma_X \sigma_Y} = \dfrac{E[(X - \mu_X)(Y - \mu_Y)]}{\sigma_X \sigma_Y}$

$\boxed{\text{Step 2.}}$ 調節多重共線性

調節多重共線性是常見的事，因為自變量之間的任何高相關就表示共線性。當發生嚴重的多重共線性時，係數的標準誤差趨於非常大（膨脹），有時估計的邏輯迴歸係數可能非常不可靠。以本例來說，logit 分析的依變數為 hiqual、預測變數為「avg_ed, yr_rnd, meals」及「yr_rnd、full」交互作用項。logit 分析之後，再求 goodness-of-fit test，goodness-of-fit test indicates 結果顯示模型適配得很好。

```
* 開啟資料檔
. use apilog.dta, clear

. gen yxfull= yr_rnd*full
* Model 9 未總平減之交互作用項 yxfull，納入自變數
. logit hiqual avg_ed yr_rnd meals full yxfull, nolog or

Logistic regression                      Number of obs    =       1,158
                                         LR chi2(5)       =      933.71
                                         Prob > chi2      =      0.0000
Log likelihood = -263.83452              Pseudo R2        =      0.6389

------------------------------------------------------------------------
   hiqual |  Odds Ratio   Std. Err.      z    P>|z|   [95% Conf. Interval]
----------+-------------------------------------------------------------
   avg_ed |   7.163137    2.041598     6.91   0.000    4.097306    12.52299
   yr_rnd |   70719.26    208021.8     3.80   0.000    221.674     2.26e+07
    meals |   .9240607    .0073503    -9.93   0.000    .9097661      .93858
     full |   1.051269    .0152645     3.44   0.001    1.021773    1.081617
   yxfull |   .8755202    .0284635    -4.09   0.000     .821473    .9331234
    _cons |   .0003155    .0005553    -4.58   0.000      .00001    .0099316
------------------------------------------------------------------------
Note: _cons estimates baseline odds.
```

```
. lfit, group(10)
Logistic model for hiqual, goodness-of-fit test

    (Table collapsed on quantiles of estimated probabilities)

          number of observations =        1158
              number of groups =          10
    Hosmer-Lemeshow chi2(8) =             5.50
                Prob > chi2 =           0.7034
```

* 新版 STaTa 用「estat gof」來取代 lfit

```
. estat gof

Logistic model for hiqual, goodness-of-fit test

          number of observations =        1158
    number of covariate patterns =       1152
          Pearson chi2(1146) =         965.79
                Prob > chi2 =          1.0000
```

1. goodness-of-fit test：用 Hosmer-Lemeshow chi2(8) = 5.50(p > 0.05)，表示本模型適配得很好。

2. goodness-of-fit test：用 gof，Pearson chi2(1146) = 965.79(p > 0.05)，表示本模型適配得很好。

3. 然而，請注意到變量 yr_rnd 的 odd ratio 和標準誤差是非常高的。顯然出了某問題：即自變量之間的多重共線性導致非常大的 odds ratio 和標準誤。故我們再用 collin 指令來檢測多重共線性。

Step 3. collin 指令來檢測共線性

```
* Model 9 未總平減之交互作用項 yxfull，納入自變數，求 collin
. collin avg_ed yr_rnd meals full yxfull
(obs=1,158)
```

```
Collinearity Diagnostics

                    SQRT              R-
Variable     VIF    VIF   Tolerance  Squared
------------------------------------------------
avg_ed       3.28   1.81   0.3050    0.6950
yr_rnd      35.53   5.96   0.0281    0.9719
meals        3.80   1.95   0.2629    0.7371
full         1.72   1.31   0.5819    0.4181
yxfull      34.34   5.86   0.0291    0.9709
------------------------------------------------
Mean VIF    15.73


                  Cond
      Eigenval    Index
------------------------------------------------
1      4.2438    1.0000
2      1.4280    1.7239
3      0.2897    3.8275
4      0.0239   13.3373
5      0.0110   19.6021
6      0.0037   33.8829
------------------------------------------------
Condition Number        33.8829
Eigenvalues & Cond Index computed from scaled raw sscp (w/ intercept)
Det(correlation matrix)    0.0058
```

1. 共線性二個診斷指標：tolerance (an indicator of how much collinearity that a regression analysis can tolerate) 及 VIF (variance inflation factor-an indicator of how much of the inflation of the standard error could be caused by collinearity).

2. 「允差 (tolerance)」和「VIF」都是檢定「共線性」的指標，且是一體的兩面，後者為前者的倒數。

   「允差」和「VIF」的觀念並不困難，卻又是一個統計中文譯名的大障礙，以致許多中文文獻談到此，都不知所云；許多教學又只背結果，不問原因過程，以致相當比例的解釋，並不正確。

「允差 (tolerance)」和「VIF」的的定義如下：

$$Tolerane = 1 - R_j^2$$

$$VIF = \frac{1}{Tolerance}$$

定義 R_j^2：在多自變數 $(X_i, \cdots, X_j)$ 中，以 X_j 為依變數，再以其餘自變數 $(X_i, \cdots, X_{j-1})$ 對 X_j 作多元迴歸分析，所得之 R^2。

R_j^2 愈大，即 X_j 之變異量，與其他自變數重疊愈大。

3. 典型統計文獻，宣稱若 tolerance 小於 0.1，就有「共線性」現象。理由是該自變數與其他自變數重疊達到 80%、甚至 90% 以上，獨立性低，當然不適合作為中介變數。

典型統計文獻，宣稱若 VIF 大於 10，就可能有「共線性」現象。因為是人為指標，所以是相對主觀的判斷，要視個案―自變數的數量、自變數資料的類型…等，綜合研判，原則上，是 VIF 愈大該 X_j 變數之獨立變異量程度愈低。

4. Model 9 未總平減之交互作用項 yxfull，納入自變數。求得 yxfull 變數之 tolerance = 0.0291、VIF = 34.34。表示 yxfull 自變數有嚴重共線性問題。

Step 4. 求 R_j^2

由於本例，人為故意，由二個自變數「yr_rnd、full」乘積當交互作用項，存至依變數 yxfull，故這種迴歸式勢必存在嚴重共線性。這種以二個自變數「A,B」乘積當交互作用項「A*B」的情況，在行為科學中常見到。

```
. gen yxfull=  yr_rnd*full
. regress  yxfull full meals yr_rnd avg_ed


      Source |       SS           df       MS      Number of obs   =     1,158
-------------+----------------------------------   F(4, 1153)      =   9609.80
       Model |  1128915.43         4   282228.856  Prob > F        =    0.0000
    Residual |  33862.2808     1,153   29.3688472  R-squared       =    0.9709
-------------+----------------------------------   Adj R-squared   =    0.9708
       Total |  1162777.71     1,157   1004.9937   Root MSE        =    5.4193


------------------------------------------------------------------------------
      yxfull |      Coef.   Std. Err.      t    P>|t|     [95% Conf. Interval]
-------------+----------------------------------------------------------------
        full |   .2313279   .0140312    16.49   0.000     .2037983    .2588574
```

```
   meals |    -.00088    .0099863    -0.09   0.930    -.0204733    .0187134
   yr_rnd |    83.10644   .4408941   188.50   0.000     82.2414    83.97149
   avg_ed |   -.4611434   .3744277    -1.23   0.218    -1.195779    .2734925
    _cons |   -19.38205   2.100101    -9.23   0.000    -23.5025    -15.2616
----------------------------------------------------------------------------
. corr yxfull yr_rnd full
(obs=1,200)

                 |    yxfull    yr_rnd     full
    -------------+---------------------------
         yxfull |    1.0000
         yr_rnd |    0.9810    1.0000
           full |   -0.1449   -0.2387    1.0000
```

1. 求得 $R_j^2 = 0.9709$，故 tolerance $= 1 - .9709 = 0.0291$。VIF $= 1/.0291 = 34.36$ (the difference between 34.34 and 34.36 being rounding error).

2. 根據經驗，不理想的允差為 0.1 或更小（VIF $\geqq$ 10），故本模型是有嚴重的共線性 (collinearity problem)。

3. corr 求得相關值，顯示 yxfull 與連續變數 yr_rnd 有高相關。故須經過總平減程序。

Step 5. 用總平減 (grand centering) 來消除：二個自變數「A,B」乘積當交互作用項「AB」的共線性

```
* Model 10 總平減之交互作用項 yxfc，再納入模型當自變數
* 總平減 (centering) 程序：先求總平均（full_M），再相減
. egen full_M = mean(full)
* 連續變數總平減 (centering) 後，再與類別變數做相乘，乘積項再當交互作用項，即可
減低共線性。
. gen fullc=full-full_M
. gen yxfc=yr_rnd*fullc

. corr yxfc  yr_rnd fullc
(obs=1,200)

                 |    yxfc     yr_rnd     fullc
```

```
------------+----------------------------
      yxfc |   1.0000
    yr_rnd |  -0.3910   1.0000
     fullc |   0.5174  -0.2387   1.0000


. logit  hiqual avg_ed yr_rnd meals fullc yxfc, nolog or

Logistic regression                          Number of obs   =      1,158
                                             LR chi2(5)      =     933.71
                                             Prob > chi2     =     0.0000
Log likelihood = -263.83452                  Pseudo R2       =     0.6389


------------------------------------------------------------------------------
    hiqual | Odds Ratio   Std. Err.      z    P>|z|     [95% Conf. Interval]
-----------+------------------------------------------------------------------
    avg_ed |   7.163137   2.041598     6.91   0.000     4.097306    12.52299
    yr_rnd |   .5778192   .2126559    -1.49   0.136     .2808811    1.18867
     meals |   .9240607   .0073503    -9.93   0.000     .9097661     .93858
     fullc |   1.051269   .0152645     3.44   0.001     1.021773    1.081617
      yxfc |   .8755202   .0284635    -4.09   0.000      .821473    .9331234
     _cons |   .0258573   .0262962    -3.59   0.000     .0035232    .1897725
------------------------------------------------------------------------------
```

Note: _cons estimates baseline odds.

* 以上，先 logit 迴歸分析，再共線性診斷
. collin hiqual avg_ed yr_rnd meals fullc yxfc
(obs=1,158)

Collinearity Diagnostics

Variable	VIF	SQRT VIF	Tolerance	R-Squared
hiqual	2.40	1.55	0.4173	0.5827
avg_ed	3.46	1.86	0.2892	0.7108
yr_rnd	1.24	1.12	0.8032	0.1968
meals	4.46	2.11	0.2241	0.7759
fullc	1.72	1.31	0.5816	0.4184
yxfc	1.54	1.24	0.6488	0.3512

```
-------------------------------------------------------
Mean VIF        2.47

                               Cond
               Eigenval        Index
-------------------------------------
    1          3.3446          1.0000
    2          1.8551          1.3427
    3          0.7122          2.1671
    4          0.6507          2.2672
    5          0.3505          3.0892
    6          0.0798          6.4738
    7          0.0071         21.7708
-------------------------------------
Condition Number           21.7708
Eigenvalues & Cond Index computed from scaled raw sscp (w/ intercept)
Det(correlation matrix)      0.0551
```

1. Model 10 總平減之交互作用項 yxfc，再納入模型當自變數。求得 yxfc 變數 之 tolerance = 1.54、VIF = 0.6488。表示 yxfc 自變數已消除之前交互作用項存 有嚴重共線性問題。

2. 對照之前，Model 9 未總平減之交互作用項 yxfull，求得 yxfull 變數之 tolerance = 0.0291、VIF = 34.34。係表示 yxfull 自變數有嚴重共線性問題。

3. 自變數 yr_rnd 不再是顯著預測因子；但 yr_rnd、full 是新納入的顯著預測因子。

Step 6. 二個敵對模型，誰適配度優呢？評比誰的 **AIC** 較小

```
* Model 10 總平減之交互作用項 yxfc，再納入模型當自變數
. quietly logit  hiqual avg_ed yr_rnd meals fullc yxfc, nolog or
. estat ic
Akaike's information criterion and Bayesian information criterion

-------------------------------------------------------------------
    Model |     Obs    ll(null)  ll(model)      df         AIC        BIC
---------+---------------------------------------------------------
```

```
    . |       1,158  -730.6871   -263.8345        6     539.669   569.9957
--------------------------------------------------------------------------
```

* Model 11 無總平減之交互作用項 yxfc：當對照組
. quietly logit hiqual avg_ed yr_rnd meals fullc , nolog or

. estat ic

Akaike's information criterion and Bayesian information criterion

```
   Model |      Obs  ll(null)  ll(model)       df       AIC        BIC
---------+----------------------------------------------------------------
    . |       1,158  -730.6871   -270.3403        5    550.6806   575.9528
```

Note: N=Obs used in calculating BIC; see [R] BIC note.

1. Model 10 總平減之交互作用項 yxfc，其 AIC= 539.669。
2. Model 11 無總平減之交互作用項 yxfc，其 AIC= 550.6806。
3. 由於 Model 10 AIC 小於 Model 11，故納入「總平減之交互作用項 yxfc」比無納入「總平減之交互作用項 yxfc」優。

2-5 偵測 influence 的觀察值：優質辦校之因素 (scatter、clist 指令)

　　某一觀察值，實質地與其他觀察值不同，就叫離群值 (outlier)，它會嚴重影響整個迴歸係數的估計。偵測異常的觀察值有以下 3 個方法：

1. 離群值 (outliers)：在迴歸中，有很大的殘差者，就是離群值。易言之，在預測變數們對依變數有異常的值。造成離群值的原因，可能是取樣特性所造成的，也有可能是 key in 錯誤。

2. Leverage(槓桿量)：在預測變數有極端值的觀察值，叫做高 leverage。槓桿量就是偏離平均值有多遠的測量。每個觀察值的 leverage 都會影響迴歸係數的估計。

3. Influence(影響值)：若某一觀察值去掉後，對整個模型的適配或參數的估計

有很大影響，則此觀察值稱為影響值。故 influence 可想像為槓桿和離群值的組合。

影響值的衡量有多種指標，一般均與 Hat matrix 有關：

(1) Dfbeta(difference of beta)：當某一觀察值去掉後，參數估計的變化情況。

(2) c (change in joint confidence interval)：當某一觀察值去掉後，參數聯合信賴區間的變化情況。

(3) ΔX^2 或 ΔG^2：當某一觀察值去掉後，ΔX^2 或 ΔG^2 的變化情況。

範例：偵測異常且有影響力的觀察值 (influential observations) (scatter、clist 指令)

承前例之資料檔「apilog.dta」。

(一) 問題說明

本例旨在瞭解優質辦校之影響因素有哪些？(分析單位：學校)

研究者收集數據並整理成下表，此「apilog.dta」資料檔內容之變數如下：

變數名稱	說明	編碼 Codes/Values
結果變數 / 依變數：hiqual	優質學校嗎	0,1 (binary data)
解釋變數 / 自變數：yr_rnd	全年制學校嗎 Year Round School	0,1 (binary data)
解釋變數 / 自變數：meals	免費餐的學生比例 pct free meals	0~100%
解釋變數 / 自變數：cred_ml	合格教師比例 , Med vs. Lo	0,1 (binary data)
解釋變數 / 自變數：awards	有資格獲得獎勵嗎 eligible for awards	0,1 (binary data)

(二) 資料檔之內容

「apilog.dta」資料檔內容如下圖。

「apilog.dta」資料檔內容 (N=1,200 個人，707 個學校)

(三) 分析結果與討論

在「apilog.dta」資料檔中，cred_ml 自變數是 707 所學校之合格證書教師是中或低百分比。對於這個學校的人群，認為變數 yr_rnd、meals 和 cred_ml 是預測學校 api 分數「api 連測二年再分成依變數 hiqual 之 high、not_high 二類別」的預測因素。故採用 logit 命令，及繪圖指令 (scatter、clist)。

Step 1. 連續變數總平減 (grand centering) 後，再與類別變數做相乘，乘積項
再當交互作用項。再將模型預測值 ŷ，繪出其散布圖

圖 2-18 「logistic hiqual avg_ed yr_rnd meals fullc yxfc, coef」畫面

```
* 開啟資料檔
. use apilog.dta, clear
* 總平減 (centering) 程序：先求總平均（full_M），再相減
. egen full_M = mean(full)
* 連續變數總平減 (centering) 後，再與類別變數做相乘，乘積項再當交互作用項，即可
減低共線性。
. gen fullc=full-full_M
. gen yxfc=yr_rnd*fullc
* Model 10 總平減之交互作用項 yxfc，再納入模型當自變數

. logistic hiqual avg_ed yr_rnd meals fullc yxfc, coef

Logistic regression                          Number of obs   =       1,158
                                             LR chi2(5)      =      933.71
                                             Prob > chi2     =      0.0000
Log likelihood = -263.83452                  Pseudo R2       =      0.6389

------------------------------------------------------------------------------
      hiqual |      Coef.   Std. Err.      z    P>|z|     [95% Conf. Interval]
-------------+----------------------------------------------------------------
      avg_ed |   1.968948   .2850145     6.91   0.000     1.41033    2.527566
      yr_rnd |  -.5484943   .368032     -1.49   0.136    -1.269824   .1728351
       meals |  -.0789775   .0079544    -9.93   0.000    -.0945678  -.0633872
       fullc |   .0499983   .01452       3.44   0.001     .0215396   .078457
        yxfc |  -.1329371   .0325104    -4.09   0.000    -.1966563  -.0692179
       _cons |  -3.655163   1.016975    -3.59   0.000    -5.648396  -1.661929
------------------------------------------------------------------------------
```

Step 2. 繪「標準化殘差—預測值 $\hat{y}$」之各種散布圖

```
* 預測值 ŷ 存至 p
. predict p
(option pr assumed; Pr(hiqual))
(42 missing values generated)

* 標準化殘差存至 stdres
. predict stdres, rstand
(42 missing values generated)
* 繪「標準化殘差 - 預測值 ŷ」之散布圖
. scatter stdres p, mlabel(snum) ylab(-4(2) 16) yline(0)
```

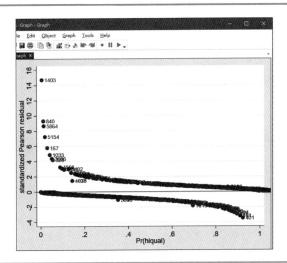

圖 2-19 「scatter stdres p, mlabel(snum) ylab(-4(2) 16) yline(0)」之結果

```
. gen id=_n
. scatter stdres id, mlab(snum) ylab(-4(2) 16) yline(0)
```

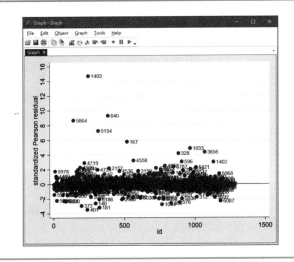

圖 2-20 「scatter stdres id, mlab(snum) ylab(-4(2) 16) yline(0)」之結果

```
. predict dv, dev
(42 missing values generated)
. scatter dv p, mlab(snum) yline(0)
```

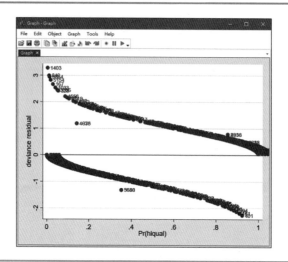

圖 2-21 「scatter dv p, mlab(snum) yline(0)」之結果

```
. scatter dv id, mlab(snum)
```

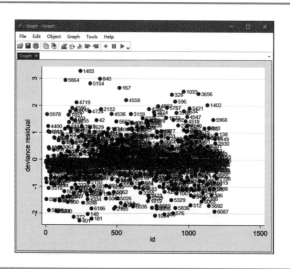

圖 2-22 「scatter dv id, mlab(snum)」之結果

```
. predict hat, hat
(42 missing values generated)


. scatter hat p, mlab(snum)  yline(0)
```

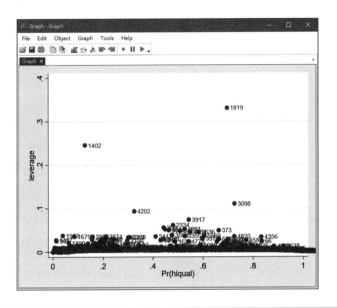

圖 **2-23** 「scatter hat p, mlab(snum) yline(0)」之結果

Step 3. 找出離群值

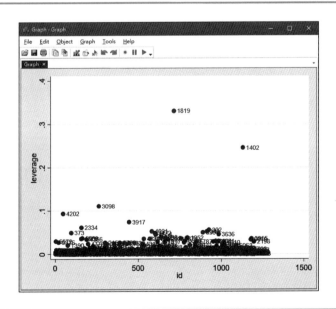

圖 **2-24** 「scatter hat id, mlab(snum)」之結果

上面各散布圖旨在呈現離群之位置，這些圖共使用二種型態的統計量：

(1) the plots of the statistics against the predicted values。

(2) the plots of these statistics against the index id (it is therefore also called an index plot)。

這兩種類型的散布圖，基本上傳達了相同的信息。數據點 (data points) 似乎在 index 圖上更加分散，使得你更容易看到極端值的 index。我們從這些 plots 看到什麼呢？我們看到一些 observations 遠離其他大多數觀察值，這些 points 是需要你特別注意的。例如，1403 號學校的觀察結果具有非常高的 Pearson 和 deviance residual。此觀察值對應的結果變數 hiqual=1，但預測的概率卻非常低 (meaning that the model predicts the outcome to be 0)，導致它的殘差大。可是 observation 1403 它在 leverage 值卻不壞。也就是說，不納入這個 particular observation，我們的邏輯迴歸估計與納入這個 particular observation 的模型，二者不會有太大的不同 (迴歸具有 robust)。讓我們根據圖表列出最傑出的觀察結果。接著，下面指令只關心散布圖中最 outstanding observations 。

```
. scatter hat id, mlab(snum)
* clist 旨在List values of variables
. clist if snum==1819 | snum==1402 | snum==1403
```

Observation 243

snum	1403	dnum	315	schqual	high
hiqual	high	yr_rnd	yrrnd	meals	100
enroll	497	cred	low	cred_ml	low
cred_hl	low	pared	medium	pared_ml	medium
pared_hl	.	api00	808	api99	824
full	59	some_col	28	awards	No
ell	27	avg_ed	2.19	ym	100
perli	101	yxfull	59	full_M	88.12417
fullc	-29.12417	yxfc	-29.12417	p	.0046147
stdres	14.71426	id	243	dv	3.27979
hat	.0037409				

Observation 715

snum	1819	dnum	401	schqual	low
hiqual	not high	yr_rnd	yrrnd	meals	100

enroll	872	cred	low	cred_ml	low
cred_hl	low	pared	low	pared_ml	low
pared_hl	low	api00	406	api99	372
full	51	some_col	0	awards	Yes
ell	74	avg_ed	5	ym	100
perli	101	yxfull	51	full_M	88.12417
fullc	-37.12417	yxfc	-37.12417	p	.6947385
stdres	-1.844302	id	715	dv	-1.540511
hat	.330909				

Observation 1131

snum	1402	dnum	315	schqual	high
hiqual	high	yr_rnd	yrrnd	meals	85
enroll	654	cred	low	cred_ml	low
cred_hl	low	pared	medium	pared_ml	medium
pared_hl	.	api00	761	api99	717
full	36	some_col	23	awards	Yes
ell	30	avg_ed	2.37	ym	85
perli	86	yxfull	36	full_M	88.12417
fullc	-52.12417	yxfc	-52.12417	p	.1270583
stdres	3.017843	id	1131	dv	2.03131
hat	.2456215				

1. 最有影響力之離群值，依序為：Observation 243 、 Observation 715 、 Observation 1131 。

2. 以上統計量，在每個 observation 中你可以找到什麼？有什麼讓他們特別突出呢？Observation with snum = 1402 有大的 leverage 值，其 percentage of fully credential teachers =36。但更細節選項來看 full 的分配時，我們查覺到 36% 是非常低的，因為 full 的 5% 分割點是 61 分 (不是 36 分)。另外，其 api 分數卻非高 (api00 = 761)。這與我們的直覺有所抵觸，即 low percent of fully credential teachers，該校應該是一個績效不佳的學校。

Step 4. 排除離群值，再 **logit** 迴歸分析，新舊模型比較若有顯著差異，表示離群值敏感度高；反之，表示你界定的模型具有 **robust**。

現在我們來比較邏輯迴歸，「有vs.無」排除此 Observation with snum = 1402 ，看它對迴歸係數估計有多大的影響。

```
* STaTa 新指令為 logistic；舊指令為 logit
* 對照組：未排除離群值「snum=1402」
 . logistic hiqual avg_ed yr_rnd meals fullc yxfc, coef

Logistic regression                          Number of obs   =      1,158
                                             LR chi2(5)      =     933.71
                                             Prob > chi2     =     0.0000
Log likelihood = -263.83452                  Pseudo R2       =     0.6389

------------------------------------------------------------------------------
     hiqual |     Coef.   Std. Err.      z    P>|z|    [95% Conf. Interval]
------------+-----------------------------------------------------------------
     avg_ed |  1.968948   .2850145     6.91   0.000     1.41033    2.527566
     yr_rnd |  -.5484943   .368032    -1.49   0.136    -1.269824   .1728351
      meals |  -.0789775  .0079544    -9.93   0.000    -.0945678  -.0633872
      fullc |   .0499983    .01452     3.44   0.001     .0215396    .078457
       yxfc |  -.1329371  .0325104    -4.09   0.000    -.1966563  -.0692179
      _cons |  -3.655163  1.016975    -3.59   0.000    -5.648396  -1.661929
------------------------------------------------------------------------------

* 實驗組：有排除離群值「snum=1402」
. logit  hiqual avg_ed yr_rnd meals fullc yxfc if snum!=1402, nolog

Logistic regression                          Number of obs   =      1,157
                                             LR chi2(5)      =     938.13
                                             Prob > chi2     =     0.0000
Log likelihood = -260.49819                  Pseudo R2       =     0.6429

------------------------------------------------------------------------------
     hiqual |     Coef.   Std. Err.      z    P>|z|    [95% Conf. Interval]
------------+-----------------------------------------------------------------
     avg_ed |  2.067168    .29705     6.96   0.000     1.48496    2.649375
     yr_rnd |  -.7849496  .404428    -1.94   0.052    -1.577614   .0077148
      meals |  -.0767859   .008003    -9.59   0.000    -.0924716  -.0611002
      fullc |   .0504302  .0145186    3.47   0.001     .0219742   .0788861
       yxfc |  -.0765267  .0421418    -1.82   0.069    -.1591231   .0060697
      _cons |  -4.032019  1.056265    -3.82   0.000    -6.102261  -1.961777
------------------------------------------------------------------------------
```

1. 「有 vs. 無」排除此 Observation with snum = 1402，logit 迴歸係數估計，yxfc 係數由顯著變到未顯著。

2. 至於「snum=1819 」、「snum=1403」這二個 outlier，你可仿照以上 「snum=1402」的做法，比較有無排除它，對本模型的敏感度變化。

```
. clist if avg_ed==5

Observation 262
        snum      3098      dnum       556      schqual       low
      hiqual   not high    yr_rnd   not_yrrnd     meals        73
      enroll      963       cred      high       cred_ml        .
      cred_hl     high      pared      low       pared_ml      low
      pared_hl    low       api00      523       api99         509
        full       99     some_col      0        awards         No
         ell       60      avg_ed        5          ym           0
       perli       73      yxfull        0        full_M     88.12417
       fullc    10.87583    yxfc         0           p       .7247195
         hat    .1109719


Observation 715
        snum      1819      dnum       401      schqual       low
      hiqual   not high    yr_rnd     yrrnd      meals        100
      enroll      872       cred       low       cred_ml       low
      cred_hl     low       pared      low       pared_ml      low
      pared_hl    low       api00      406       api99         372
        full       51     some_col      0        awards        Yes
         ell       74      avg_ed        5          ym         100
       perli      101      yxfull       51        full_M     88.12417
       fullc   -37.12417    yxfc     -37.12417       p       .6947385
       stdres  -1.844302     id        715          dv      -1.540511
         hat    .330909


Observation 1081
        snum      4330      dnum       173      schqual       high
```

hiqual	high	yr_rnd	not_yrrnd	meals	1
enroll	402	cred	high	cred_ml	.
cred_hl	high	pared	low	pared_ml	low
pared_hl	low	api00	903	api99	873
full	100	some_col	0	awards	Yes
ell	2	avg_ed	5	ym	0
perli	1	yxfull	0	full_M	88.12417
fullc	11.87583	yxfc	0	p	.998776
stdres	.0350143	id	1081	dv	.0494933
hat	.0003725				

.

1. 上面分析顯示，snum = 1819，其 avg_ed = 5。這意味著此學校，每個學生家長都是研究所學歷。這聽起來太好了，但不能成眞。因爲是這筆數據輸入錯誤。

離散選擇模型 (asmprobit、mlogit、fmlogit、bayes: mlogit、mprobit、clogit、asclogit、ologit、logit、xtologit、zip 等指令)

邏輯斯模型 (logit model) 也是離散選擇法模型之一，屬於多項變數分析範疇，是社會學、生物統計學、臨床、數量心理學、計量經濟學、市場行銷等統計實證分析的常用方法。

個體之離散選擇模型 (discrete choice model) 廣泛應用於國外的交通運輸及行銷領域，而國內交通運輸領域，也長期以此模型分析個體的運具選擇行為。反觀國內的行銷領域，因較難取得消費者的商品品牌購買紀錄，而鮮少應用個體選擇模型分析消費者的選擇行為，值得大家努力來關注它。

例如，以問卷收集消費者對三個洗髮精品牌的選擇行為，以個體選擇模型中的多項邏輯斯模型 (multinomial logit model)、巢狀邏輯斯模型 (nested multinomial logit model)、混合效果邏輯斯模型 (mixed logit model) 進行分析，檢驗促銷活動、消費者特性對洗髮精選擇行為的影響。可發現：洗髮精的原價格及促銷折扣、贈品容量、加量不加價等促銷活動，皆對消費者的選擇行為有顯著的影響力，其中促銷折扣與贈品容量影響的程度較大，是較具有效果的促銷活動。而消費者的性別、年齡、職業及品牌更換的頻率，皆影響洗髮精的選擇行為。消費者若固定選擇自己最常購買的洗髮精，此類型的消費者與其他人的品牌選擇行為，也有顯著的不同。此外，也發現海倫仙度絲與潘婷間的替代、互補性較強。

3-1 離散選擇模型 (discrete choice models, DCM)

類別選擇 (discrete choices) 係由 McFadden(1974) 發展出之理論和實證方法。在 1970 年代以前，經濟理論和計量經濟學的分析都侷限於數值連續的經濟變數 (像消費、所得、價格等)。類別選擇的問題雖然是無所不在，傳統上卻沒有一個嚴謹的分析架構，McFadden 填補了這個空隙，他對類別選擇問題的研究在很短的時間內就發展成為新領域。

McFadden 對類別選擇問題的分析，認為不論要選的類別是什麼，每一個類別選擇的經濟個體來說，或多或少都有考量效用 (沒有效用的類別當然不會被考慮)，某一個類別的脫穎而出，必然是因為該類別能產生出最高的效用 (utility)。McFadden 將每一個類別的效用分解為兩部分：(1) 受「類別本身的特質」以及「做選擇之經濟個體的特質」所影響之可衡量效用 (V_{rj}^{i})；(2) 是一個隨機變數 ε_{rj}^{i}，它代表所有其他不可觀測的效用。

替選方案的效用 (U_{rj}^i) 可分成兩部分：

(1) 可衡量固定效用 (V_{rj}^i)：替選方案可以被觀測的效用。

(2) 不可衡量之隨機效用 (ε_{rj}^i)：不可觀測的效用 (誤差)。

也因為效用包含一個誤差之隨機變數 (ε_{rj}^i)，所以每一個類別效用本身也都是隨機的。影響各個類別之可衡量效用 (V_{rj}^i) 值不是固定不變，而是隨機變動的。換句語說，經濟個體不會固定不變只選擇某一類別，我們最多只能說某個經濟個體選擇某類別的機率是多少，這套想法 McFadden 稱之為「隨機效用模型」(random utility model, RUM)。通過分類 McFadden 大大擴展了效用理論的適用範圍。

McFadden 接著對隨機效用 (ε_{rj}^i) 做出一些巧妙的分配假定，使得選擇各類別的機率 (乃至於整個概似函數) 都可以很簡單的公式表示出來，我們因此可用標準的統計方法 (最大概似估計法) 將「類別特質」以及「經濟個體特質」對類別選擇的影響估計出來。McFadden 將這種計量模型取名為「條件 logit 模型」(conditional logit model，clogit 指令)，由於這種模型的理論堅實且計算簡單，幾乎沒有一本計量經濟學的教科書不介紹這種模型以及類似的「多項 logit 模型」(multinomial logit model；mlogit、nlogit、ologit、rlogit…指令)。

多項 logit 模型雖然好用，但和所有其他的計量模型一樣都有某些限制，多項 logit 模型最大的限制，在於各個類別必須是獨立互斥且不相互隸屬。因此在可供選擇的類別中，不能有主類別和次類別混雜在一起的情形。例如，旅遊交通工具的選擇時，主類別可粗分為航空、火車、公用汽車、自用汽車四大類，但若將航空類別再依三家航空公司細分出三個次類別而得到總共六個類別，則多項 logit 模型就不適用，因為航空、火車、公用汽車、自用汽車均屬同一等級的主類別，而航空公司的區別則是較次要的類別，不應該混雜在一起。在這個例子中，主類別和次類別很容易分辨，但在其他研究領域中就可能不是那麼容易分辨，若不慎將不同層級的類別混在一起，則由多項 logit 模型所得到的實證結果就會有偏誤 (bias)。為解決這個問題，McFadden 除了設計出多個檢定法 (如 LR test for IIA (tau = 1))，來檢查「主從隸屬」問題是否存在外，還發展出一個較為一般化的「階層多項 logit 模型」(nested multinoimal logit model，nlogit 指令)，不僅可同時處理主類別和次類別，尚保持多項 logit 模型的優點：理論完整而計算簡單。

McFadden 更進一步的發展出可同時處理類別和連續型經濟變數的混合模型，並將之應用到家庭對電器類別以及用電量 (連續型變數) 需求的研究上。一般來說，(1) 當反應變數 (response variable/dependent variable) 是二分類變數，且相應個體的共變數（covariate variable/independent variable）有 1 個以上時，對應的 logistic 迴歸稱爲「多變量 logit 模型」；(2) 當反應變數是多分類變數時，對應的 logistic 模型成爲「多項 logit 模型」，這裡多項 logit 模型係指依變數是多類別的，不只是 (0, 1) 這麼簡單。

3-1-1 離散選擇模型 (DCM) 概念

一、什麼是離散選擇模型 (discrete choice models, DCM)

離散選擇模型 (DCM)，也叫做基於選擇的聯合分析模型 (choice-based conjoint analysis, CBC)，例如 rank-ordered logistic regressiono 可用 rologit 指令。DCM 是一種非常有效且實用的市場研究技術 (Amemiya & Takeshi, 1981)。該模型是在實驗設計的基礎上，通過模擬所要研究產品 / 服務的市場競爭環境，來測量消費者的購買行爲，從而獲知消費者如何在不同產品 / 服務屬性水準和價格條件下進行選擇。這種技術可廣泛應用於新產品開發、市場占有率分析、品牌競爭分析、市場區隔和定價策略等市場營銷領域。同時離散選擇模型也是處理離散的、非線性定性數據且複雜性高之多項統計分析技術，它採用 multinomial logit model(mlogit、clogit、asclogit…指令) 進行統計分析。這項技術最初是由生物學家發明的，生物學家利用這種方法研究不同劑量 (dose) 殺蟲劑對昆蟲是否死亡的影響 (存活分析指令有：stcox、xtstreg、mestreg 等指令)。

離散選擇模型使得經濟學家能夠對那些理論上是連續的，但在實際中只能觀察到離散值的機率比 (例如：如果一個事件發生則取 1，如果不發生則取 0) 建立模型 (logit 迴歸分析有：logit、asmixlogit、asclogit、clogit、cloglog exlogistic、fracreg、glm、mlogit、nlogit、ologit、scobit、slogit 等指令)。在研究對私人交通工具提供交通服務需求的模型中，人們只能觀察到消費者是否擁有這一輛汽車 (間斷)。但是這輛汽車所提供的服務量 (連續) 卻是不可觀察的。

離散選擇模型之應用領域如下：

1. 接受介入案例組 (case group) 病人，再與一組吃安慰劑治療的對照組 (control group) 進行對比，看某治療法是否成功。STaTa 提供指令爲：配對資料的條件邏輯斯迴歸 (clogit 指令)、Alternative-specific conditional logit(McFadden's

choice)(asclogit 指令)。

2. 解釋婦女的工作選擇行爲。

3. 選擇某一專業學習。

4. 在一籃子商品中對某一商品的購買決策。

5. 情境條件下 (e.g. 飢餓行銷)，市場占有率的建模。

6. 根據「回憶者」(表現出來) 的特徵衡量廣告活動的成功。

7. 解釋顧客價值概念 (分類模型)。

8. 顧客滿意度研究 (分類模型)。

二、離散選擇模型的基礎

1. 一般原理

離散選擇模型的一般原理爲隨機效用理論 (random utility theory)：假設選擇者有 J 個備選方案 (alternative)，分別對應一定的效用 U，該效用由固定與隨機兩部分加和構成，固定效用 (V_{rj}^{i}) 能夠被觀測要素 x 所解釋，而隨機部分 ε 代表了未被觀測的效用及誤差的影響。選擇者的策略爲選擇效用最大的備選方案，那麼每個備選方案被選中的概率，可以表示爲固定效用的函數：$P=f(V_{rj}^{i})$，函數的具體形式取決於隨機效果的分布。在大多數模型設定中，可見效用 V 被表述爲解釋要素 X 的線性組合形式，其迴歸式爲 $V = \beta X$，β 爲係數 (coef.) 向量，其中 β 值和顯著性水準 (z 檢定) 來決定解釋變數的影響力。

2. 應用價值

離散選擇模型的應用領域非常廣，市場與交通是最主要兩大領域。(1) 市場研究中經典的效用理論和聯合分析 (conjoint analysis) 方法，二者都和離散選擇模型有直接淵源。通過分析消費者對不同商品、服務的選擇偏好，LR 檢定來預測市場需求。(2) 在交通領域，利用離散選擇模型分析個體層面對目的地、交通方式、路徑的選擇行爲，進而預測交通需求的方法，比傳統的交通小區層面的集計方法更具有顯著的優勢，已成爲研究主流。此外，生醫、社會科學、環境、社會、空間、經濟、教育、心理、行銷廣告等領域的研究常見到。

離散選擇模型的主要貢獻有三方面：

(1) 揭示行爲規律。通過對迴歸係數 β 估計值的 (正負) 符號、大小、顯著性的分析，可以判斷哪些要素眞正影響了行爲，其方向和重要程度如何。對於不同類型的人群，還可以比較群組間的差異。

(2) 估計支付意願。一般通過計算其他要素與價格的係數 (coef.) 之比得到

該要素的貨幣化價值，該方法也可推廣到兩個非價格要素上。值得注意的是，有一類研究通過直接向受訪者拋出價格進而徵詢其是否接受的方式，估計個體對物品、設施、政策的支付意願，這種被稱爲意願價值評估 (contingent valuation method, CVM) 的方法廣泛應用於對無法市場化的資源、環境、歷史文化等的評價。應用案例有：Breffle 等 (1998) 對未開發用地、Treiman 等 (2006) 對社區森林、Báez-Montenegro 等 (2012) 對文化遺址價值的研究。

(3) 展開模擬分析。一般以 "what-if" 的方式考察諸如要素改變、政策實施、備選方案增減等造成的前後差異，或是對方案、情景的效果進行前瞻。例如，Yang 等 (2010) 模擬了高鐵進入後對原有交通方式選擇的影響。Müller 等 (2014) 模擬了兩種不同的連鎖店佈局方案分別的經濟效益。以上模擬都是在集合層面上進行的，相比之下，個體層面的模擬更加複雜。有的研究基於個體的最大可能選擇，例如 Zhou 等 (2008) 對各地用地功能變更的推演模擬；更多研究是藉助蒙特卡洛 (Monte Carlo) 方法進行隨機抽樣 (bayesmh，simulate，permute，bayestest interval 指令)，例如 Borgers 等 (2005，2006) 分別在巨集觀、微觀尺度下對行人在商業空間中連續空間選擇行爲的模擬。

3. 基礎模型形式：多項 logit 模型 (asclogit、nlogit、mi impute mlogit、discrim logistic 等指令)

多項 logit 模型 (multinomial logit model, MNL；mlogit 指令) 是最簡單的離散選擇模型形式，它設定隨機效用服從獨立的極值分布。有關 mlogit 指令請見第 5 章。

多項 logit 模型是整個離散選擇模型體系的基礎，在實際中也最爲常用，一方面是由於其技術門檻低、易於實現。另一方面也與其簡潔性、穩健、通用性、樣本數低、技術成熟、出錯率少等分不開的 (Ye et al, 2014)。雖然 MNL 模型存在的固有理論缺陷 (如假定隨機效用要獨立性)，但在一些複雜問題上採用更加精細化的模型卻很適宜。根據 Hensher 等 (2005) 的看法：前期應以 MNL 模型爲框架投入 50% 以上的時間，將有助於模型的整體優化，包括發現更多解釋變數、要素水準更爲合理等。可見，MNL 模型儘管較爲簡單，但其基礎地位在任何情況下都舉足輕重，應當引起研究者的高度重視。

三、離散選擇模型主要應用 (mlogit 指令為基礎)

離散選擇模型主要用於測量消費者在實際或模擬的市場競爭環境下,如何在不同產品 / 服務中進行選擇。通常是在正交實驗設計的基礎上,構造一定數量的產品 / 服務選擇集 (choice set),每個選擇集包括多個產品 / 服務的輪廓 (profile),每一個輪廓是由能夠描述產品 / 服務重要特徵的屬性 (attributes) 以及賦予每一個屬性的不同水準 (level) 組合構成。例如消費者購買手機的重要屬性和水準可能包括:品牌 (A、B、C)、價格 (2,100 元、19,880 元、3,660 元)、功能 (簡訊、簡訊語音、圖片簡訊) 等。離散選擇模型是測量消費者在給出不同的產品價格、功能條件下是選擇購買品牌 A,還是品牌 B 或者品牌 C,還是什麼都不選。離散選擇模型的 2 個重要的假設是:(1) 消費者是根據構成產品 / 服務的多個屬性來進行理解和作選擇判斷;(2) 消費者的選擇行為要比偏好行為更接近現實情況。

又如,臺商根據經濟部投審會所核准的對外投資廠商,其投資區位,若依地主國地緣位置及經濟發展程度劃分,可分為北美洲、歐洲、亞洲已開發國家或新興工業化國家以及大陸與東南亞國家等四大區位。進而探討勞動成本、資金成本、市場大小、基礎建設、及群聚效果在臺商對外直接投資區位的選擇決策中所扮演的角色。

離散選擇模型與傳統的全輪廓聯合分析 (full profiles conjoint analysis) 都是在全輪廓的基礎上,採用分解的方法測量消費者對某一輪廓 (產品) 的選擇與偏好,對構成該輪廓的多個屬性和水準的選擇與偏好,都用效用值 (utilities) 來描述。

定義:聯合分析 (conjoint analysis)

聯合分析法又稱多屬性組合模型,或狀態優先分析,是一種多元的統計分析方法,它產生於 1964 年。雖然最初不是為市場營銷研究而設計的,但這種分析法在提出不久就被引入市場營銷領域,被用來分析產品的多個特性如何影響消費者購買決策問題。

聯合分析是用於評估不同屬性對消費者的相對重要性,以及不同屬性水平給消費者帶來的效用的統計分析方法。

聯合分析始於消費者對產品或服務(刺激物)的總體偏好判斷(渴望程度評分、購買意向、偏好排序等),從消費者對不同屬性及其水平組成的產品的總體評價(權衡),可以得到聯合分析所需要的資訊。

> 　　在研究的產品或服務中，具有哪些特徵的產品最能得到消費者的歡迎。一件產品通常擁有許多特徵如價格、顏色、款式以及產品的特有功能等，那麼在這些特性之中，每個特性對消費者的重要程度如何？在同樣的（機會）成本下，產品具有哪些特性最能贏得消費者的滿意？要解決這類問題，傳統的市場研究方法往往只能作定性研究，而難以作出定量的回答。聯合分析（conjoint analysis，也譯為交互分析）就是針對這些需要而產生的一種市場分析方法。
>
> 　　聯合分析目前已經廣泛應用於消費品、工業品、金融以及其他服務等領域。在現代市場研究的各個方面，如新產品的概念篩選、開發、競爭分析、產品定價、市場細分、廣告、分銷、品牌等領域，都可見到聯合分析的應用。

　　但是，離散選擇模型與傳統的聯合分析的最大區別在於：離散選擇模型不是測量消費者的偏好 (現今有 rologit 指令)，而是獲知消費者如何在不同競爭產品選擇集中進行選擇。因此，離散選擇模型在定價研究中是一種更為實際、更有效、也更複雜的技術。具體表現在：

1. 將消費者的選擇置於模擬的競爭市場環境，「選擇」更接近消費者的實際購買行為 (消費者的選擇)。
2. 行為要比偏好態度更能反映產品不同屬性和水準的價值，也更具有針對性。
3. 消費者只需做出「買」或「不買」的回答，數據獲得更容易，也更準確。
4. 消費者可以做出「任何產品都不購買」的決策，這與現實是一致的。
5. 實驗設計可以排除不合理的產品組合，同時可以分析產品屬性水準存在交互作用的情況。
6. 離散選擇集能夠較好地處理產品屬性水準個數 (大於 4) 較多的情況。
7. 統計分析模型和數據結構更為複雜，但可以模擬更廣泛的市場競爭環境。
8. 模型分析是在消費者群體層面，而非個體層面。

　　離散選擇模型主要採用離散的、非線性的 multinomial logit 統計分析技術，其依變數是消費者在多個可選產品中，選擇購買哪一種產品；而自變數是構成選擇集的不同產品屬性。

　　目前統計分析軟體主要有 STaTa 及 SAS，二者均另外提供比例風險迴歸 (proportional hazards regression) 分析。此外，Sawtooth 軟體公司開發了專用的 CBC 市場研究分析軟體 (choice-based conjoint analysis)，該軟體集成了從選擇集

實驗設計、問卷生成、數據收集到統計分析、市場模擬等離散選擇模型的市場研究全過程。

四、離散選擇模型的其他應用

難以相信，至今經濟學的某些領域中，離散選擇模型尚未完全被應用。最早的應用是對交通方式／市場的選擇。在選擇交通方式的模型中，要求被調查者對每天的外出情況進行記錄。記錄的數據包括出發地點和終點、距離、乘車時間、外出支出、被調查者的收入以及乘車之前和下車之後的步行時間。這些數據用來理解交通方式的不同選擇：私家車、公車、火車或其他方式。這些交通方式選擇的統計模型經常被交通部規劃部門採用。例如，這些數據可以用來規劃兩座城市之間新修高速公路的運載能力。

離散選擇模型應用最廣泛，且獲得計量經濟學大突破的，是勞動經濟學領域。研究問題包括：就業、對職業的選擇、參加工會嗎、是否工作、是否尋找工作、是否接受一個職位、是否要加入工會……都是二元選擇問題，它都可以用離散選擇模型建模。在勞動經濟學中，一個多元選擇的例子是：就業、上大學、從軍之間的選擇問題。例如，軍方通過職業路徑選擇模型來評估提供軍事服務的經濟回報。軍方可以通過提高退伍軍人的收入等市場機制來鼓勵從軍。

離散選擇模型還應用於信貸分布 (銀行應該向誰提供貸款)、立法和投票記錄、出生和人口動態變化、企業破產和犯罪行為……等。

五、離散選擇模型的相關內容

離散選擇模型，最初是由生物統計學家在研究流行病、病毒以及發病率時發展起來的 (Ben-Akiva, Moshe,1985)。這種存活分析 (stcox 指令) 是被用來為實驗結果建模的，實驗結果通常是以比值的形式衡量 (例如在施用給定劑量的殺蟲劑後，昆蟲死亡的比例)。這些技術獲得經濟學採用，原因有二：(1) 經濟學家研究的許多變數是離散的或是以離散形式度量的。一個人要麼就業，要麼失業。一家企業即使不知道漲價的具體幅度也可以聲稱下個月將要漲價。(2) 由於調查問卷題目越來越多，造成被調查者的疲憊。調查問卷上的問題若只是定性反應類型的問題，只提出定性問題，才可提高有效樣本的比例，及提高受訪者完成提問的準確性。

離散選擇採最大概似法 (maximum likelihood) 來估計，加上電腦統計技術的快速發展、儲存和處理大量數據的能力增強，才可對這些數據的隨機過程進行

更精確的統計分析。

離散選擇模型另一重要的影響，在於計畫評估領域，例如：

1. 擴建一座機場將會產生多少新的交通流量？
2. 對撫養未成年兒童的家庭實行稅收減免，是否能使教育投資提高？
3. 地方政府未能平衡一項新的預算，是否會影響其在信貸市場的借貸能力？
4. 顧客喜歡藍色還是紅色的衣服 / 包裝？

以上規劃技術，無論是公共部門還是私人部門都可應用離散選擇模型來解答這些問題。

3-1-2 離散選擇模型 (DCM) 之數學式：以住宅選擇為例

一、離散選擇行為之 logit 延伸模型

由於過去有關住宅選擇的相關文獻 (如 Mc Fadden, 1973) 均指出購屋消費的選擇行為是屬於個體的離散選擇行為。家戶及住宅供給者必須自某些特定之替選方案中選取其中最大效用或利益的住宅。因此，近年來利用離散選擇理論 (discrete choice theory) 中的 logit 模型來建立住宅消費選擇模型的相關文獻愈來愈多，原因是傳統在消費者決策行為研究的文獻大都使用多屬性效用模型之效果較佳。其最基本假設在於決策者可將其偏好直接以效用函數予以表現，但效用函數是否能真正地反映出消費者對住宅此一特殊產品屬性的偏好，實有相當之爭議。

離散選擇理論之基礎主要來自經濟學的消費者行為及心理學的選擇行為兩個領域，但一般經由消費者行為所導出之理論應用較為廣泛。

Logit 模型乃屬於個體選擇理論之一種應用模型。其通常有兩種用途：(1) 解釋行為與現象。(2) 預測行為與現象。其他 logit 模型的延伸變化模型，包括：

1. 多項 logit 模型 (multinomial logit model，mlogit 指令)，最被廣泛使用的。因為其具有簡單的數學架構及容易校估的優勢，但也因為模型有基本假定：方案間的獨立性 (independence of irrelevant alternatives, IIA)，而限制了它的應用。
2. 最常被使用的巢狀多項 logit 模型 (nested multinomial logit model，nlogit、melogit meologit、meoprobit、mepoisson…指令)，它是多項 logit 模型的變形。此模型是由 McFadden 的廣義極值模型 (generalized extreme value model, GEV) 所導出，模型中允許同一群組內的方案之效用是不獨立的，但是卻仍受限於同一群組中的方案間具有同等相關性的假定，此點可能與現實的狀況不

合。

3. 次序性廣義極值模型 (ordered generalized extreme value)。STaTa 提供 ologit、oprobit、rologit、zioprobit,bayes: heckoprobit、bayes: meologit…等指令。

4. 成對組合 logit 模型 (paired combinatorial logit)。STaTa 提供 asclogit、clogit、nlogit、rologit、slogit、bayes: clogit... 指令)。

5. 交叉巢狀 logit 模型 (cross-nested logit)。STaTa 提供 bayes: melogit、bayes: meologit 指令。

6. 異質性廣義極值模型 (heteroskedastic extreme value)。STaTa 提供 fracreg、binreg、glm、gmm、hetprobit、ivregress、nl、bayes: glm,... 等指令。

定義：廣義極端值分布 (generalized extreme value distribution)

一些日常生活中的自然現象，像是洪水、豪雨降雨量、強陣風、空氣污染等等。這些自然現象平常很少能觀察到，但一發生卻又會造成重大災害。那麼要如何計算其發生的機率呢？極端值分布就是用來估算這些現象發生的機率。以下是廣義極端值分布的數學式：

極端值分布有三個參數，分別為位置參數 (location) μ、尺度參數 (scale) σ、形狀參數 (shape) k。

令 X 為一連續隨機變數，若 X 符合極端值分布，其機率密度分布函數 (P.D.F) 為：

$$f(x) = \begin{cases} \dfrac{1}{\sigma} \exp\left(-\exp\left(-\dfrac{x-\mu}{\sigma}\right) - \dfrac{x-\mu}{\sigma}\right) & if \quad k=0 \\ \dfrac{1}{\sigma} \exp\left[-\left(1+k\dfrac{x-\mu}{\sigma}\right)^{\frac{-1}{k}}\right]\left(1+k\dfrac{x-\mu}{\sigma}\right)^{-1-\frac{1}{k}} & for \quad 1+k\dfrac{x-\mu}{\sigma}>0, \quad if \quad k\neq 0 \end{cases}$$

例如，有一份記錄英國約克郡 (Yorkshire) 裡 Nidd 河 35 年來每年最高水位的資料。

65.08	65.60	75.06	76.22	78.55	81.27	86.93
87.76	88.89	90.28	91.80	91.80	92.82	95.47
100.40	111.54	111.74	115.52	131.82	138.72	148.63
149.30	151.79	153.04	158.01	162.99	172.92	179.12
181.59	189.04	213.70	226.48	251.96	261.82	305.75

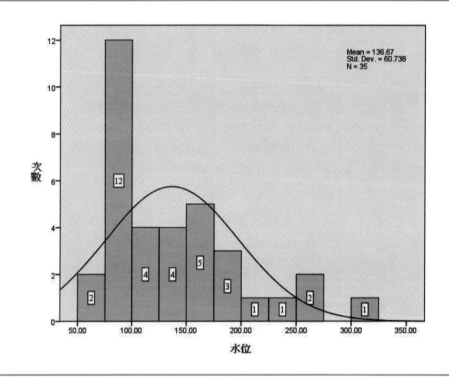

圖 3-1 Nidd 河 35 年來每年最高水位

從直方圖我們可以看到 35 年最高水位的分布情況集中在 75 至 100 之間，但是卻有少數幾年的水位突然高漲兩、三倍。在這種情況之下，如果用一般的分布去推估水位突然暴漲的機率一定會非常低，因爲我們不希望只是因爲沒有觀察到就低估它發生的機率。如果套用極端值分布去估計的話，可以推得分布中三個參數的數值分別是 (location) μ = 36.15、尺度參數 (scale) σ = 103.12、形狀參數 (shape) k = 0.32。

我們就能利用這些估計參數來預測下一年最高水位，其水位小於 100 的機率是 0.566，介於 100 到 200 之間的機率是 0.192，超過 200 的機率是 0.242。

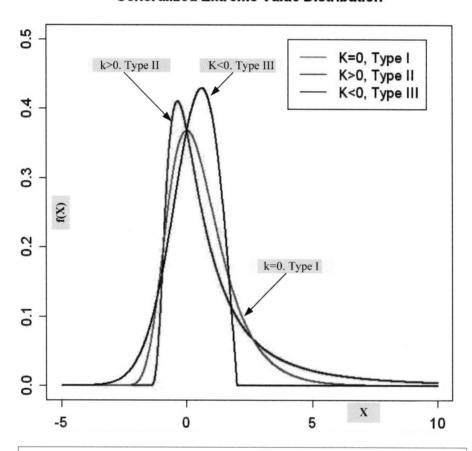

$$f(x) = \begin{cases} \dfrac{1}{\sigma} \exp\left(-\exp\left(-\dfrac{x-\mu}{\sigma}\right) - \dfrac{x-\mu}{\sigma}\right) & if \quad k=0 \\[3mm] \dfrac{1}{\sigma} \exp\left[-\left(1+k\dfrac{x-\mu}{\sigma}\right)^{\frac{-1}{k}}\right]\left(1+k\dfrac{x-\mu}{\sigma}\right)^{-1-\frac{1}{k}} & for \quad 1+k\dfrac{x-\mu}{\sigma}>0, \ if \quad k\neq 0 \end{cases}$$

圖 3-2 廣義極端值分布的機率密度函數圖形

次序性廣義極值模型 (OGEV) 是指我們在選擇時會有次序性地作抉擇，可是在唯一的文獻中 (Small，1987) 所做出的結果不如巢狀 logit 模型 (NL)，且與多項 logit 模型無顯著差異。成對組合 logit 模型 (PCL) 允許方案間具有不同的相關程度，可是在方案較多時有不易校估的問題存在。交叉巢狀 logit 模型 (CNL) 及異質性廣義極值模型 (HEV)，同樣具有校估困難的問題。

上述幾種 logit 模型，多數範例會在本書中介紹。

二、Logit 模型之一般化

這裡將介紹住宅租購與區位方案聯合選擇模型來說明離散選擇行為模型之基本理論及其一般式。離散選擇理論 (discrete choice theory) 導源於隨機效用的概念，認為在理性的經濟選擇行為下，選擇者 (如家戶 i) 必然選擇效用最大化的替選方案 (如住宅區位 j)。假設消費者對住宅選擇，他有 j = 1, 2, …, J 個住宅區位可選擇，每個住宅區位方案又可提供消費者 r = 1, 2(即租屋或購屋) 二種選擇，此消費者選擇某一住宅區位 j 及住宅租購 r 方案之組合 (以下稱為替選方案) 之效用可用 U_{rj}^i 表示；U_{rj}^i 乃替選方案 rj 之屬性 Z_{rj}^i 與消費者 i 之社會經濟特性 S^i 之函數。而替選方案的效用 (U_{rj}^i) 可分成兩部分：

(1) 可衡量效用 (V_{rj}^i)，代表替選方案可以被觀測的效用。

(2) 隨機效用 (ε_{rj}^i) 代表不可觀測的效用。

另外，替選方案的效用 (U_{rj}^i) 為了方便起見，一般都假設效用函數為線性，以數學式表示如下式：

$$U_{rj}^i(Z_{rj}^i, S^i) = V_{rj}^i(Z_{rj}^i, S^i) + \varepsilon_{rj}^i(Z_{rj}^i, S^i)$$

其中，隨機效用 ε_{rj}^i 除了代表不可觀測的效用之外，尚包括了許多誤差來源，例如對可衡量效用的誤差、函數指定誤差、抽樣誤差以及變數選定誤差等。對隨機效用作不同的機率分配假設，可以得到不同的選擇模型，在離散選擇理論中一般常用的機率分配假設為常態分配 (normal distribution) 及 Gumbel 分配。若假設 ε_{rj}^i 呈常態分配，則可以推導出 Probit 模型；若假設 ε_{rj}^i 呈相同且獨立之第一型態極端值分配 (IID,Type I extreme-value distribution) 即 Gumbel 分配，則可以推導出 logit 模型 (Mcfadden，1973)。由於 Probit 模型無法推導出簡化的計算式，因此不易計算其選擇機率，也因此使得 Probit 模型在實證應用上受到限制。

McFadden(1978) 對極端值分配 (extreme value distribution) 有明確定義。其第一型態極端值分配之累積分配函數 (CDF) 為：

$$F(\varepsilon) = \exp\{-\exp[-\delta(\varepsilon - \eta)]\}$$

其平均數為 $\{\eta + r/\delta\}$，而變異數為 $(\sigma^2 = \pi^2/6\delta^2)$。其中，$r$ 為尤拉 (Euler) 係數，其值約為 0.577；π 為圓周率，值約 3.14；而 η 為眾數 (mode)；δ 為離散參數 (dispersion parameter) 或稱為異質係數 (heterogeneity coefficient)，其數值大小恰與變異數 σ^2 之大小相反。當 δ 值趨近極大值時，σ^2 趨近於 0；反之當 δ 值趨近 0 時，σ^2 趨近於極大值。離散參數在巢式 logit 模型中將可用以檢定包容值的係數是否合理，並可據以驗證模型的巢層結構。

根據上述，假設家戶 (i) 選擇住宅區位 (j) 的機率 P_{rj}^i 取決於該住宅所帶給家戶的效用大小 U_{rj}^i。當住宅區位的效用愈大時，該住宅區位被家戶選擇的機率就愈大。其數學式表示如下式：

$$\begin{aligned}
P_{rj}^i &= P_{rob}(U_{rj}^i > U_{mn}^i), \forall rj \neq mn \\
&= P_{rob}(V_{rj}^i + \varepsilon_{rj}^i > V_{mn}^i + \varepsilon_{mn}^i), \forall rj \neq mn \\
&= P_{rob}(\varepsilon_{rj}^i + V_{rj}^i - V_{mn}^i > \varepsilon_{mn}^i), \forall rj \neq mn
\end{aligned}$$

其中，P_{rj}^i 代表消費者 i 選擇替選方案 r_j 之機率。為了簡潔起見，上標 i 已省略。令 ε 表示向量，而 $F(\varepsilon)$ 表示 ε 之累積機率密度函數，將上式微分後可表示為下式：

$$P_{rj}^i = \int_{-\infty}^{\infty} F_{rj}(\varepsilon_{rj} + V_{rj} - V_{mn}) d\varepsilon_{rj}$$

上式中 $F_{rj}()$ 表示函數 F 對 ε_{rj}^i 微分之一次導數，$\varepsilon_{rj} + V_{rj} - V_{mn}$ 為向量形式，其中 mn 項等於 $\varepsilon_{rj} + V_{rj} - V_{mn}$。對函數之分配作不同假設即可得出不同的離散選擇模型。以下所要探討之多項 logit 模型 (MNL) 與巢狀多項 logit 模型 (NMNL) 皆可由上式離散選擇模型一般式所導出。

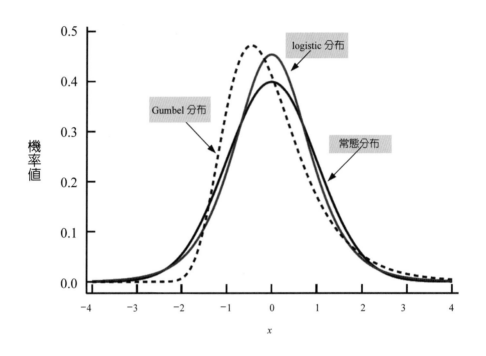

圖 3-3 Gumbel、常態、logistic 密度函數之比較，其平均數 1，變異數 1

三、單層次：多項 logit 模型

$$P_{rj}^i = \int_{-\infty}^{\infty} F_{rj}(\varepsilon_{rj} + V_{rj} - V_{mn})d\varepsilon_{rj}$$

若將上式中 ε_{rj}^i 假定獨立且具有相同的極端值分配 (即 Gumbel 分配或第一型極值)，則其數學式如下式：

$$P_{rob}(\varepsilon_{rj} \leq \varepsilon) = \exp[-\exp(-\varepsilon_{rj})]$$

由上式可導出離散選擇模型中，使用最廣之 MNL 模型。因此，選擇第 rj 個方案的機率值 P_{rj} 如下式：

$$P_{rj} = \frac{\exp(\delta V_{rj})}{\sum_{rj \in RJ} \exp(\delta V_{mn})}$$

上式爲多項 logit 模型 (MNL)，如下圖所示。若當只有兩個替選方案可供選擇時，則稱爲二項 logit 模型 (binary logit)。

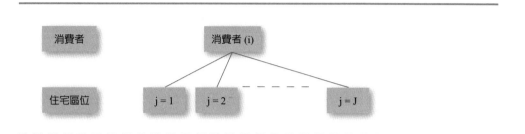

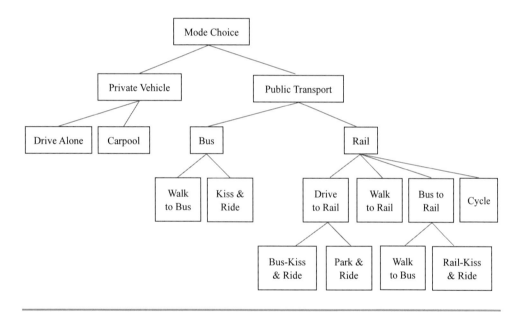

圖 3-4　多項 logit 模型 (上圖)vs. 巢狀模型 (下圖) 之示意圖

由上式，可進一步導出 MNL 模型的一個重要特性。以數學式表示此特性如下式：

$$\frac{P_{rj}}{P_{mn}} = \frac{\exp(\delta V_{rj})}{\exp(\delta V_{mn})} = \exp[(\delta(V_{rj} - V_{mn})]$$

上式即所謂的不相干方案獨立性 (簡稱 IIA 特性)。IIA 特性說明選擇兩替選方案的機率之相對比值 (P_{rj} / P_{mn}) 僅與該兩替選方案效用之差 ($V_{rj} - V_{mn}$) 有關，而與其他替選方案之是否存在無關。對於多項 logit 模型的 IIA 特性的優缺點如下：

優點一：當消費者有新的替選方案可供選擇時，僅須將此新替選方案之效用代入公式便可，不須重新估計效用函數之參數值。此可由下面二個式表示。

$$P_{rj} = \frac{\exp(\delta V_{rj})}{\sum\limits_{mn=1}^{MN} \exp(\delta V_{mn})}$$

$$P'_{rj} = \frac{\exp(\delta V_{rj})}{\sum\limits_{mn=1}^{MN+1} \exp(\delta V_{rj})}$$

P_{rj} 為原來選擇替選方案 r_j 之機率，P'_{rj} 為加入一新替選方案後選擇替選方案 rj 之機率，由上面二個式子，可看出各替選方案之選擇機率將成等比例減少，但各替選方案間之相對選擇機率則不變。IIA 特性在預測上的這個優點必須在當效用函數之所有變數皆為共生變數方可行，若效用函數有替選方案特定變數時，因為新方案特定變數之係數值無法決定，將造成顯著之預測誤差。

優點二：與參數的估計有關。當替選方案之數目過多時 (如區位之選擇) 雖然理論上仍可採用 logit 模型，但在實際應用上，蒐集資料所需之時間與成本，以及測定變數參數值之計算時間與成本，將使模型之建立極為困難。由 IIA 特性卻僅抽取所有替選方案中之部分替選方案，理論上其結果將與全部替選方案所求得者相同。

缺點一：為假設各替選方案之間完全獨立，如何決定所謂不同的替選方案即成為一難題。以下將以著名的紅色公車與藍色公車為例說明，假設一旅行者可選擇小汽車或紅色汽車二種替選交通工具，而此二種交通工具可衡量部分之效用相同，因此任一交通工具之被選擇機率將為二分之一。若現在新引進一交通工具稱為藍色公車，此種公車除顏色外所有屬性皆與紅色公車完全相同，則可知旅行者選擇小汽車、紅色汽車、藍色汽車之機率將均為三分之一。故雖然公車的顏色對旅行者交通工具選擇之行為並無影響，藉著改變公車的顏色卻可以大大增加公車的搭乘機率，此乃不合理的現象。

由上述得知，在建立多項 logit 模型時，須先確認各替選方案的獨立性，否則所推導的結果會不符合決策者的行為。但在許多實證研究中卻發現，要使所有替選方案完全獨立是不大可能達成的，因此為解決此問題，一般有兩種方

法。一為「市場區隔法 (market segmentation)」，即將選擇者按照社會經濟條件先行分類，但一般僅能部分解決各替選方案間非彼此獨立的問題。另一個方法為「巢狀 logit 模型」，此方法不但最常被使用，也可以完全解決 IIA 的問題。以下將介紹巢狀多項 logit 模型的建構過程。

四、巢狀 / 多層次：多項 logit 模型

McFadden(1973) 所推導的巢狀 logit 模型是最常被用來克服不相關替選方案獨立特性 (IIA 特性) 的模型，而多項 logit 模型與巢狀多項 logit 模型之差異主要在於選擇替選方案之機率；前者估算替選方案機率時，各替選方案是同時存在的，而後者是估算連續的機率。另外，巢狀 logit 模型假設選擇決策是有先後順序的過程，並且係將相似的方案置於同一巢，可考慮巢內方案間的相關性。本文以二層巢狀模型為例說明，擴大到二層以上的情況亦雷同，茲將其模型結構分別說明如下。假設消費者 (i) 選擇住宅的決策程序是先決定租購行為 (k)，再決定住宅區位 (j)。其結構如下圖所示，此時，其消費者選擇之效用函數如下式所示：

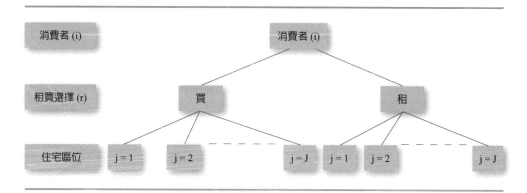

圖 3-5 二層之巢狀住宅選擇之決策結構

$$U_{jr}^i = V_r^i + V_j^i + V_{jr}^i + \varepsilon_r^i + \varepsilon_{jr}^i$$

其中，

V_r^i 代表上巢層各方案之效用，用以衡量房屋租購所帶給消費者 (i) 之可衡量效用。

V_j^i 及 V_{jr}^i 表示下巢層各住宅區位所帶來給消費者 (i) 之可衡量效用。

ε_j^i 及 ε_{jr}^i 分別表示上、下巢層之隨機效用。

若假設 δ_j^i 及 δ_{jr}^i 均爲相同且獨立之第一型態極端值分配，而上巢層之離散參數爲 δ_1，下巢層之離散參數爲 δ_2，則住宅租購及住宅區位之聯合選擇機率 (P_{jr}^i) 如下式：

$$P_{jr}^i = P_r^i \times P_{j|r}^i$$

其中，P_r^i 爲選擇住宅租購之邊際機率 (marginal probability)，而 $P_{j|r}^i$ 爲選擇住宅區位之條件機率 (conditional probability)。兩項機率之計算分別如下列二式：

$$P_{j|r}^i = \frac{\exp[\delta_2(V_j^i + V_{jr}^i)]}{\exp(I_j^i)}$$

$$I_r^i = \ln\left[\sum_{n \in A_r} \exp(\delta_2(V_n^i + V_{nr}^i))\right]$$

而

$$P_r^i = \frac{\exp[\delta_2 V_r^i + (\delta_1/\delta_2)I_r^i)]}{\sum_m \exp[\delta_1 V_m^i + (\delta_1/\delta_2)I_m^i)]}$$

上式 I_j^i 式所計算之 I_j^i 即爲第 r 種租購類型之包容值 (inclusive value)。其中，A_r 代表第 r 種租購類型內之住宅區位替選方案的集合。

上式 I_r^i 代入 $P_{j|r}^i$ 式中，即可看出下巢層內之住宅區位選擇皆爲多項 logit 模型。其中包容值的係數爲 (δ_1/δ_2)，而 δ_1 與 δ_2 分別表示上巢層 (或稱第一巢層) 及下巢層 (或稱第二巢層) 的離散參數 (dispersion parameter)。而由 Gumbel 分配之變異數計算公式可以得知離散參數又恰與該巢層之效用函數中不可衡量部分 (P_r^i 及 $P_{j|r}^i$) 之變異數呈反向變動關係。

一般合理的巢層結構假設是，上巢層的變異大於下巢層的變異。換言之，若假設住宅租購選擇的內部變異相對較大，而住宅區位選擇的內部變異相對較小，則家戶的決策程序是先選擇住宅租購，再就同一住宅租購選擇下進行住宅區位選擇。基於此假設，則上下層的變異數必然有 $\sigma_1 > \sigma_2$ 的關係，因而 $\sigma_1 < \sigma_2$。因此，包容值的係數 (δ_1/δ_2) 必然介於 0 與 1 之間，所以可以透過對包容值係數的檢定予推論住宅選擇之決策程序，故有下列 4 種情況產生：

(Case 1) 包容值係數 = 1：則表示上、下巢層之變異一樣大，所以此巢層 logit 模型可以簡化成爲多項 logit 模型；意即，家戶在選擇住宅租購或住宅

區位時無程序上的差別，爲同時決策選擇。

(Case 2) 包容值係數 = 0：則表示下巢層之變異遠小於上巢層之變異，相對之下幾乎可以忽略下巢層之內部變異；意即，下巢層之住宅區位方案彼此間具高度相似性。

(Case 3) 包容值係數 > 1：則表示下巢層之變異數大於上巢層之變異數，因此可以推論上、下巢層的結構可能反置。

(Case 4) 1 < 包容值係數 < 0：則表示該所有替選方案集合內之替選方案的確是存在相關性的，此時則應用巢式多項 logit 以解決相關替選方案之非獨立性問題方才適當。

五、Logit 模型估計與檢定

多項及巢式 logit 模型參數的校估方法一般乃採全部資訊最大概似法 (full information maximum likelihood method, FIML 法)，此種方法乃對所有可供選擇的集合中之每一元素加以組合，將每種組合視爲一替選方案，然後找出使對數概似函數值 (log likelihood function) 爲極大之參數值。此二種模型之檢定可分爲模型參數檢定、logit 模型結構檢定、漸進 t 檢定、預測成功率與彈性值檢定五種方法：

(一) 模型參數檢定

有關多項及巢式 logit 模型參數值之估計方法很多，目前使用最廣則爲最大概似估計法 (maximum likelihood method) 與二階段估計法 (two step estimation) 校估。由此最大概似估計法校估出來之係數值稱爲「最大概似估計值」，其具有一致性 (consistency)、有效性 (efficiency) 及充分性 (sufficiency)，但不一定具有不偏性 (unbiasedness)。不過此偏誤一般將隨著樣本數的增加而迅速減少，因此當樣本數趨於無限大時，最大概似估計值將趨近爲常態分配。

在參數之校估上，利用最大概似估計法直接求出使對數概似函數 (log likehood function) 爲極大值之參數值 α、β 與 σ。如下式所示：

$$\ln L(\alpha, \beta, \sigma) = \sum \sum_{ij=1}^{J} f_{ij} \times \ln P_{ij}(\alpha, \beta, \sigma, X, Y)$$

上式中 i 表示樣本個體；P_{ij} 爲樣本 i 選擇替選方案 j 之機率。

當 $f_{ij} = 1$ 時，指的是所觀測之樣本 i 選擇該替選方案 j，否則 $f_{ij} = 0$，此爲一

步驟估計法又稱爲「充分訊息最大概似估計法 (FIML)」。理論上利用此方法即可求出極大之參數值 α、β 與 σ，但實際上因效用函數不爲線性時，將使估計式極爲困難，因此一般估計上多採用較無效率但估計方式較簡易之部分訊息之二步驟估計法 (two step estimation) 以校估參數。

所謂二階段估計法，即先估計下巢層之參數，再估計上巢層之參數。因此由上式之對數概似函數，依估計之順序可寫成邊際對數概似函數與條件對數概似函數之和，如下列三式所示：

$$\ln L = \ln L_{\text{邊際}} + \ln L_{\text{條件}}$$
$$\ln L_{\text{條件}}(\alpha) = \sum_i \sum_{l \in k} f_{l|k} \times \ln L_{l|k}(\alpha, X)$$
$$\ln L_{\text{邊際}}(\beta, \alpha) = \sum_i \sum_{l \in kl} f_l \times \ln P_l(\alpha, \beta, \sigma, X, Y)$$

其中，l 爲次市場之下的各替選方案，k 爲各次市場，向量 X 表示次市場之下的各替選方案之屬性向量，向量 Y 則表示各次市場的方案屬性向量，α、β 與 σ 則爲待估計之參數向量。同樣地，當 $f_{l|k} = 1$ 時，指所觀測之樣本選擇該替選方案 l，否則 $f_{l|k} = 0$；又 $P_{l|k}$ 爲該樣本選擇替選方案 l 之機率。採用二步驟估計參數之優點在於各步驟時之效用函數均爲線性，可較容易估出各概似函數之極大參數值。故在多項與巢式 logit 模型中，一般都採用二步驟估計法校估所需之參數值。

另外，評估 logit 模型是否能反映眞實選擇行爲的統計量主要有「概似比統計量」與「參數檢定」。其中概似比統計量乃以概似比檢定爲基礎，一般最常被用來檢定 logit 模型爲等占有率模型或市場占有率模型，亦可用來檢定各模型間是否有顯著的不同，以找出最佳模型或是檢定模型所有參數之顯著性等。而參數檢定則針對整個模型所有變數的各參數值作檢定，包含檢定參數之正負號是否符合先驗知識之邏輯，並檢定在某種信賴水準下是否拒絕參數值爲 0 之 t 檢定。

(二) Logit 模型結構檢定

在模型參數校估完成後，必須透過一些統計上的檢定方法來判斷模型的好壞。以最大概似估計法校估參數之模型，常用的統計檢定包括「概似比指標檢定」、「概似比統計量檢定」、「漸進 t 檢定」等。各項說明如下：

1. 概似比指標檢定 (likelihood-ratio index，ρ^2)

在最小平方估計法中，是以判定係數 (R^2) 來衡量模型之適配度，但在 logit 模型中觀測之選擇機率僅有選擇 ($Y_{ij} = 1$) 或未選擇 ($Y_{ij} = 0$) 兩種情形，而沒有消

費者眞正的機率，故一般以 ρ^2 來檢定模型之優劣，如下式：

$$\rho^2 = 1 - \frac{\ln L(\hat{\alpha}_k)}{\ln L(0)}$$

其中，

$\ln L(\hat{\alpha}_k)$：參數推估值爲 $\hat{\alpha}_k$ 時之對數概似函數值。

$\ln L(0)$：等市場占有率 (equal share) 模型，即所有參數皆爲 0 時之對數概似函數值。

由於 $\ln L(0)$ 之絕對值較 $\ln L(\hat{\alpha}_k)$ 大，故 ρ^2 永遠介於 0 與 1 之間，而愈接近 1 時表示模型與數據間的適配程度愈高。

2. 概似比統計量 (likelihood ratio statistics)

概似比統計量最常被用來作檢定，即爲等占有率模型與市場占有率模型，也就是以概似比檢定爲基礎來檢定模型所有參數是否均爲 0 的虛無假設。概似比統計量定義如下：

$$\lambda = \frac{L(0)}{L(\hat{\alpha}_k)}$$

其中，$L(0)$：等占有率之概似函數

$L(\hat{\alpha}_k)$：你所測定模型之概似函數

k：變數個數

λ 經過運算，得到統計量如下式：

$$-2\ln \lambda = -2[\ln L(0) - \ln L(\hat{\alpha}_k)]$$

當樣本數很大時，統計量 $(-2\ln \lambda)$ 之數值將會趨近於自由度爲 k 之卡方分配 (chi-square distribution)，此值稱爲概似比統計量。經查卡方分配表後可以判斷吾人所測定之模型是否顯著優於等占有率模型，亦即檢定是否所有參數均顯著不爲零之虛無假設。

(三) 漸進 t 檢定 (asymptotic t test)

概似比檢定乃針對整個模型之所有參數是否全部爲零作檢定，而漸近 t 檢定則是對每一參數是否等於零作個別之檢定。對概似函數的二次導數乘上 (-1) 之反函數，即爲各參數之變異數—共變異數矩陣 (variance-covariance matrix)，其對角線數值開根號即爲各參數值之標準差 (SE_k)。各參數 $(\hat{\alpha}_k)$ 之顯著性即由下

式之 t 統計量加以檢定：

$$t_{\hat{\alpha}_k} = \frac{\hat{\alpha}_k - 0}{SE_k}$$

(四) 預測成功率 (predicted probabilities)

評估我們所測定的模型是否能反映選擇行為的一個很簡單的方法便是看此模型能準確的預測多少的選擇行為。以下分別定義並加以說明：

【定義】

N_{jm}：實際觀測替選方案 j，但模型預測為替選方案 m 之選擇者總數。

N_j：選擇替選方案 j 之選擇者的實際觀測總數。

$\hat{N}_j$：模型所預測選擇替選方案 j 之選擇者總數。

N：選擇者 i 之總數，即 $N = \sum i$。

N_{jj}：模型預測選擇替選方案 j，而實際選擇替選方案 j 之選擇者總數。

---

1. 單位加權 (unit weight)

將各替選方案中被選擇機率最大者的機率為 1，而將選擇者選擇其他方案的機率設定為 0，然後再將加權過的機率相加而得。

2. 機率和 (probability sum)

將各個選擇所選各替選方案的機率直接相加而得。

3. 實際觀測之市場占有率

選擇者 i 選擇替選方案 j 的屬性 (X_{jk}^i) 平均值如下式：

$$\frac{1}{N}\sum_{i=1}^{N}\sum_{j\in C_i} P_j^i \times X_{jk}^i$$

其中，X_{jk}^i 指定為方案 j 之方案特定虛擬變數，即若選擇者選擇方案 j 為 1，其餘則否。當模型設定為飽和模型時，X_{jk}^i 之屬性平均值可以稱為「方案 j 之市場占有率」；若方案有 j 個，最多可指定 $(j-1)$ 個方案特定虛擬變數。

4. 模型預測之市場占有率

選擇者 i 選擇替選方案 j 的屬性 (X_{jk}^i) 期望值為：

$$\frac{1}{N}\sum_{i=1}^{N}\sum_{j\in C_i} P_j^i \times X_{jk}^i$$

5. 預測成功率（即判中率）

預測成功率 $= \dfrac{N_{jj}}{\hat{N}_j}$，對所有方案預測成功比率 $= \sum_j \dfrac{N_{jj}}{\hat{N}_j}$，又稱正確預測百分比 (%，correctly predicted)。

(五) 彈性值

有關多項與巢式 logit 模型彈性之公式，如下 (Ben-Akiva & Lerman1985)：

直接彈性 (direct elasticity)

$$E_{X_{jk}^i}^{P_j^i} = \left(\frac{\partial P_j^i}{\partial X_{jk}^i} \right) \left(\frac{X_{jk}^i}{P_j^i} \right)$$

上式表示，對任何一位選擇者 i 而言，某特定替選方案 (j) 的效用函數中的某一個變數 (X_{jk}^i) 改變一個百分比時，對於該選擇者 (i) 選擇該特定方案 (j) 的選擇機率 (P_j^i) 改變的百分比。

> **小結**
>
> 有關雙層巢狀迴歸分析，請見本書「8-4 雙層巢狀模型：巢狀結構的餐廳選擇」範例介紹。

3-2 多項機率迴歸分析 (multinomial probit regression)：三種保險的選擇 (mprobit 指令)

mprobit 指令的概似函數，係假定 (assmuption)：在所有決策單位面臨相同的選擇集 (choice set)，即數據中觀察的所有結果 (all decision-making units face the same choice set, which is the union of all outcomes observed in the dataset.)。如果您的模型不考慮要符合此假定，那麼你可使用 asmprobit 命令。

範例：多項機率迴歸 (multinomial probit regression)(mprobit 指令)

(一) 問題說明

為瞭解三種保險計畫之影響因素有哪些？(分析單位：個人)

研究者收集數據並整理成下表，此「sysdsn1.dta」資料檔內容之變數如下：

變數名稱	說明	編碼 Codes/Values
結果變數 / 依變數：insure	3 種保險選擇	1~3
解釋變數 / 自變數：age	NEMC(ISCNRD-IBIRTHD)/365.25	18.11~86.07 歲
解釋變數 / 自變數：male	男性嗎	0,1(binary data)
解釋變數 / 自變數：nonwhite	白人嗎	0,1(binary data)
解釋變數 / 自變數：site	地區	1~3

　　有效樣本為 616 美國心理抑鬱症患者 (Tarlov et al. 1989; Wells et al. 1989)。患者可能：有賠償 (服務費用) 計畫或預付費計畫，如 HMO，或病人可能沒有保險。人口統計變數包括：age, gender, race 及 site。賠償 (indemnity) 保險是最受歡迎的替代方案，故本例中之 mprobit 指令內定選擇它作為比較基本點。

(二) 資料檔之內容

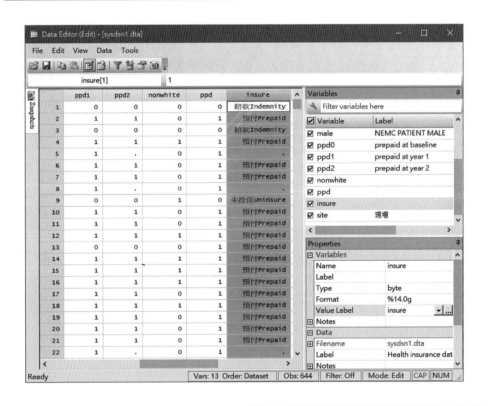

圖 3-6　「sysdsn1.dta」資料檔內容 (N=644 保險受訪人)

觀察資料之特徵

```
* 開啟資料檔
. webuse sysdsn1

. des insure age male nonwhite site


                storage   display    value
variable name   type      format     label      variable label
--------------------------------------------------------------------------------
insure          byte      %14.0g     insure
age             float     %10.0g                NEMC(ISCNRD-IBIRTHD)/365.25
male            byte      %8.0g                 NEMC PATIENT MALE
nonwhite        float     %9.0g
site            byte      %9.0g                 現場
```

(三) 分析結果與討論

```
. webuse sysdsn1

* 符號「i.」宣告為 Indications(dummies)
* 適配 multinomial probit model
. mprobit insure age male nonwhite i.site
Multinomial probit regression                  Number of obs   =      615
                                               Wald chi2(10)   =    40.18
Log likelihood = -534.52833                    Prob > chi2     =   0.0000


--------------------------------------------------------------------------------
     insure |     Coef.   Std. Err.      z    P>|z|    [95% Conf. Interval]
------------+-------------------------------------------------------------------
```

賠款 Indemnity | (base outcome)(level=1) 當比較基準點

```
------------+-------------------------------------------------------------------
```

預付 Prepaid |

```
        age | -.0098536   .0052688   -1.87   0.061   -.0201802    .000473
       male |  .4774678   .1718316    2.78   0.005    .1406841   .8142515
   nonwhite |  .8245003   .1977582    4.17   0.000    .4369013   1.212099
```

```
          |
    site  |
       2  |    .0973956    .1794546     0.54    0.587    -.2543289     .4491201
       3  |    -.495892    .1904984    -2.60    0.009     -.869262    -.1225221
          |
    _cons |     .22315     .2792424     0.80    0.424     -.324155     .7704549
----------+-------------------------------------------------------------------
```

未投保Uninsure |

```
     age  |   -.0050814    .0075327    -0.67    0.500    -.0198452    .0096823
    male  |    .3332637    .2432986     1.37    0.171    -.1435929    .8101203
nonwhite  |    .2485859    .2767734     0.90    0.369      -.29388    .7910518
          |
    site  |
       2  |   -.6899485    .2804497    -2.46    0.014     -1.23962    -.1402771
       3  |   -.1788447    .2479898    -0.72    0.471    -.6648957    .3072063
          |
    _cons |   -.9855917    .3891873    -2.53    0.011    -1.748385    -.2227986
----------------------------------------------------------------------------
```

* Same as above, but use outcome 2 to normalize the location of the latent variable
. mprobit insure age male nonwhite i.site, baseoutcome(2)

```
Multinomial probit regression                 Number of obs    =       615
                                               Wald chi2(10)    =     40.18
Log likelihood = -534.52833                    Prob > chi2      =    0.0000


----------------------------------------------------------------------------
   insure |     Coef.   Std. Err.      z    P>|z|    [95% Conf. Interval]
----------+-----------------------------------------------------------------
```

賠款 Indemnity |

```
     age  |    .0098536    .0052688     1.87    0.061     -.000473    .0201802
    male  |   -.4774678    .1718316    -2.78    0.005    -.8142515    -.1406841
nonwhite  |   -.8245003    .1977582    -4.17    0.000    -1.212099    -.4369013
          |
    site  |
       2  |   -.0973956    .1794546    -0.54    0.587    -.4491201     .2543289
       3  |     .495892    .1904984     2.60    0.009     .1225221      .869262
```

```
              |
      _cons  |   -.22315     .2792424    -0.80   0.424   -.7704549    .324155
--------------+------------------------------------------------------------------
預付 Prepaid  | (base outcome)(level=2) 當比較基準點
--------------+------------------------------------------------------------------
未投保 Uninsure |
       age   |   .0047722    .0075831     0.63   0.529   -.0100905    .0196348
       male  |  -.1442041    .2421424    -0.60   0.551   -.6187944    .3303863
    nonwhite |  -.5759144    .2742247    -2.10   0.036   -1.113385   -.0384439
              |
       site  |
         2   |  -.7873441    .279943     -2.81   0.005   -1.336022   -.2386658
         3   |   .3170473    .2518598     1.26   0.208   -.1765889    .8106836
              |
      _cons  |  -1.208742    .391901     -3.08   0.002   -1.976854   -.4406299
--------------+------------------------------------------------------------------
```

1. 上述這些自變數所建立 multinomial logit 迴歸如下：

$$\ln\left(\frac{P_2}{P_1}\right) = \beta_0 + \beta_1 X1_i + \beta_2 X2_i + \beta_3 X3_i + \beta_4 X4_i + \beta_5 X5_i + ...$$

$$\ln\left(\frac{P_{預付}}{P_{賠款}}\right) = 0.22\text{-}0.009 \times \text{age} + 0.477 \times \text{male} + 0.82 \times \text{nonwhite} + 0.087 \times (\text{site}=2)$$
$$-0.49 \times (\text{site}=3)$$

$$\ln\left(\frac{P_{未投保}}{P_{賠款}}\right) = -0.98 + 0.005 \times \text{age} + 0.33 \times \text{male} + 0.248 \times \text{nonwhite} + 0.087$$
$$\times (\text{site}=2) - 0.49 \times (\text{site}=3)$$

3-3 多項概率模型來進行離散選擇建模 (discrete choice modeling using multinomial probit model)(asmprobit 指令)

3-3-1 Alternative-specific multinomial probit regression：三種保險計畫的選擇 (asmprobit 指令)

替代方案(alternative)是指二者之一、多選一、交替、可採用方法、替換物。

mprobit 指令的概似函數，其假定 (assmuption)：在所有決策單位面臨相同的選擇集 (choice set)，即數據中觀察的所有結果 (all decision-making units face the same choice set, which is the union of all outcomes observed in the dataset.)。如果您的模型不考慮要符合此假定，那麼你可使用 asmprobit 命令。

(一) 問題說明

為瞭解三種保險計畫之影響因素有哪些？(分析單位：個人)

研究者收集數據並整理成下表，此「sysdsn1.dta」資料檔內容之變數如下：

變數名稱	說明	編碼 Codes/Values
結果變數 / 依變數：insure	3 種保險選擇	1～3
解釋變數 / 自變數：age	NEMC(ISCNRD-IBIRTHD)/365.25	18.11～86.07 歲
解釋變數 / 自變數：male	男性嗎	0, 1(binary data)
解釋變數 / 自變數：nonwhite	白人嗎	0, 1(binary data)
解釋變數 / 自變數：site	地區	1～3

有效樣本為 616 美國心理抑鬱症患者 (Tarlov et al. 1989; Wells et al. 1989)。患者可能：有賠償 (服務費用) 計畫或預付費計畫，如 HMO，或病人可能沒有保險。人口統計變數包括：age, gender, race 及 site。賠償 (indemnity) 保險是最受歡迎的替代方案，故本例中之 mprobit 指令內定選擇它作為比較基本點。

(二) 資料檔之內容

「sysdsn1.dta」資料檔內容如下圖。

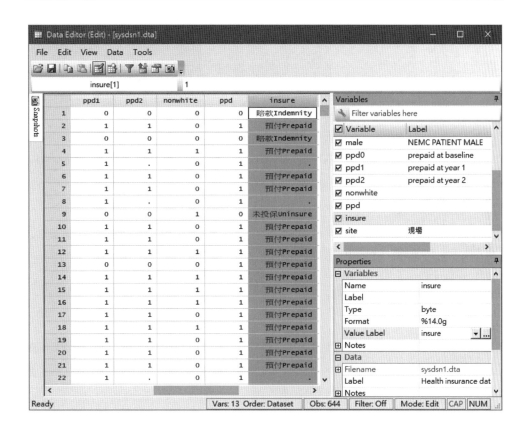

圖 3-7 「sysdsn1.dta」資料檔內容 (N=644 保險受訪人)

觀察資料之特徵

```
. use sysdsnl.dta

. des
Contains data from D:\08 mixed logit regression\CD\sysdsnl.dta
  obs:           644                          Health insurance data
  vars:           13                          9 Oct 2017 15:54
--------------------------------------------------------------------------
              storage   display   value
variable name   type    format    label     variable label
--------------------------------------------------------------------------
patid          float    %9.0g                保險人編號
noinsur0       byte     %8.0g                沒有保險 ( 比較基準點 )
noinsur1       byte     %8.0g                第 1 年沒有保險
noinsur2       byte     %8.0g                第 2 年沒有保險
age            float    %10.0g               NEMC(ISCNRD-IBIRTHD)/365.25
male           byte     %8.0g                NEMC PATIENT MALE
ppd0           byte     %8.0g                prepaid at baseline
ppd1           byte     %8.0g                prepaid at year 1
ppd2           byte     %8.0g                prepaid at year 2
nonwhite       float    %9.0g
ppd            byte     %8.0g
insure         byte     %9.0g      insure
site           byte     %9.0g
```

(三) 分析結果與討論

Step 1. 進行 iternative-specific multinomial probit regression(asmprobit 指令)

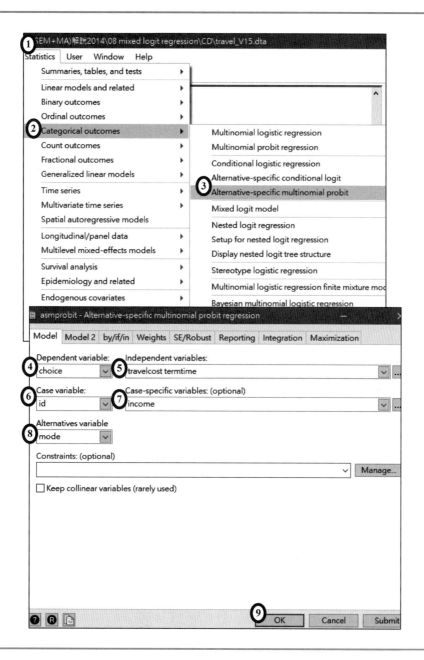

圖 3-8 「asmprobit choice travelcost termtime, case(id) alternatives(mode) casevars(income)」畫面

```
* 開啟資料檔
. use sysdsn1.dta

* Fit alternative-specific multinomial probit model by using the default dif-
ferenced
covariance parameterization
. asmprobit choice travelcost termtime, case(id) alternatives(mode)
casevars(income)

Alternative-specific multinomial probit     Number of obs    =      840
Case variable: id                           Number of cases  =      210

Alternative variable: mode                  Alts per case: min =       4
                                                           avg =     4.0
                                                           max =       4

Integration sequence:       Hammersley
Integration points:             200         Wald chi2(5)    =    32.05
Log simulated-likelihood = -190.09418       Prob > chi2     =   0.0000
```

choice	Coef.	Std. Err.	z	P>|z|	[95% Conf. Interval]	
mode						
travelcost	-.00977	.0027834	-3.51	0.000	-.0152253	-.0043146
termtime	-.0377095	.0094088	-4.01	0.000	-.0561504	-.0192686
air	(base alternative) 當比較的基準點					
train						
income	-.0291971	.0089246	-3.27	0.001	-.046689	-.0117052
_cons	.5616376	.3946551	1.42	0.155	-.2118721	1.335147
bus						
income	-.0127503	.0079267	-1.61	0.108	-.0282863	.0027857
_cons	-.0571364	.4791861	-0.12	0.905	-.9963239	.882051
car						
income	-.0049086	.0077486	-0.63	0.526	-.0200957	.0102784
_cons	-1.833393	.8186156	-2.24	0.025	-3.43785	-.2289357

```
-----------+--------------------------------------------------------------
  /ln12_2 |  -.5502039   .3905204   -1.41   0.159    -1.31561    .2152021
  /ln13_3 |  -.6005552   .3353292   -1.79   0.073   -1.257788   .0566779
-----------+--------------------------------------------------------------
   /l2_1  |   1.131518   .2124817    5.33   0.000    .7150612   1.547974
   /l3_1  |   .9720669   .2352116    4.13   0.000    .5110606   1.433073
   /l3_2  |   .5197214   .2861552    1.82   0.069   -.0411325   1.080575
-----------+--------------------------------------------------------------

(mode=air is the alternative normalizing location)
(mode=train is the alternative normalizing scale)


* Same as above, but use the structural covariance parameterization
. asmprobit choice travelcost termtime, case(id) alternatives(mode)
casevars(income) structural


* Same as above, but specify an exchangeable correlation matrix
. asmprobit choice travelcost termtime, case(id) alternatives(mode)
casevars(income) correlation(exchangeable)
```

1. 上述這些自變數所建立 multinomial logit 迴歸式如下：

$$\ln\left(\frac{P_2}{P_1}\right) = \beta_0 + \beta_1 X1_i + \beta_2 X2_i + \beta_3 X3_i + \beta_4 X4_i + \beta_5 X5_i + ...$$

$$\ln\left(\frac{P_{\text{train}}}{P_{\text{air}}}\right) = 0.5616 - .029 \times \text{income}$$

$$\ln\left(\frac{P_{\text{bus}}}{P_{\text{air}}}\right) = -0.057 - 0.0127 \times \text{income}$$

$$\ln\left(\frac{P_{\text{car}}}{P_{\text{air}}}\right) = -1.833 - .0049 \times \text{income}$$

3-3-2 使用多項概率模型進行離散選擇建模：四種旅行方式的選擇 (asmprobit 指令)

範例：使用多項概率模型進行離散選擇建模 (discrete choice modeling using multinomial probit model) 四種旅行方式的選擇 (asmprobit 指令)

(一) 問題說明

為瞭解四種選擇旅行方式之影響因素有哪些？(分析單位：個人)

研究者收集數據並整理成下表，此「travel.dta」資料檔內容之變數如下：

變數名稱	說明	編碼 Codes/Values
結果變數 / 依變數：choice	選擇旅行方式	0,1(binary data)
解釋變數 / 自變數：travelcost	旅行成本	30～269(美仟元)
解釋變數 / 自變數：termtime	terminal time(0 for car)	0～99
case(id)	案例編號	1～210
alternatives(mode)	旅行方式的選擇	1～4
casevars(income)	家庭收入	2～72

(二) 資料檔之內容

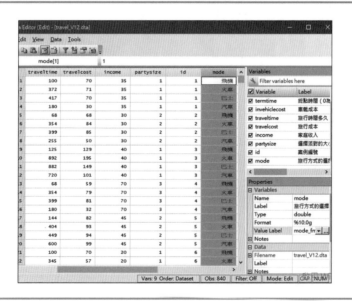

圖 3-9 「travel.dta」資料檔內容 (N=840 個人)

觀察資料之特徵

```
. use travel.dta

. des

Contains data from D:\STATA(pannel+SEM+MA) 解說 2014\08 mixed logit regres-
sion\CD\travel_V12.dta
  obs:            840
  vars:             9                    9 Oct 2017 15:31
  size:        60,480
-------------------------------------------------------------------------
              storage  display   value
variable name  type    format    label      variable label
-------------------------------------------------------------------------
choice         double  %10.0g               選擇旅行方式
termtime       double  %10.0g               終點時間 (0 為汽車 )
invehiclecost  double  %10.0g               車載成本
traveltime     double  %10.0g               旅行時間多久
travelcost     double  %10.0g               旅行成本
income         double  %10.0g               家庭收入
partysize      double  %10.0g               選擇派對的大小
id             double  %10.0g               案例編號
mode           double  %10.0g    mode_fmt   旅行方式的選擇
```

(三) 分析結果與討論

Step 1. 進行 **iternative-specific multinomial probit regression(asmprobit指令)**

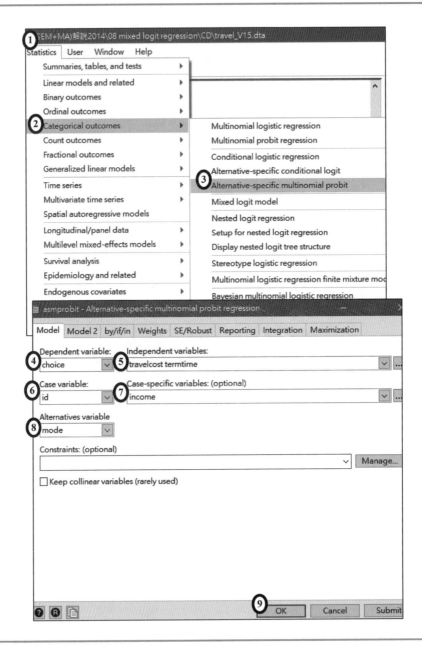

圖 3-10 「asmprobit choice travelcost termtime, case(id) alternatives(mode) casevars(income)」畫面

```
* 開啟資料檔
. use sysdsn1.dta

* Fit alternative-specific multinomial probit model by using the default dif-
ferenced
covariance parameterization
. asmprobit choice travelcost termtime, case(id) alternatives(mode)
casevars(income)


Alternative-specific multinomial probit      Number of obs   =        840
Case variable: id                            Number of cases =        210

Alternative variable: mode                   Alts per case: min =         4
                                                            avg =       4.0
                                                            max =         4

Integration sequence:       Hammersley
Integration points:              200         Wald chi2(5)    =       2.05
Log simulated-likelihood = -190.09418        Prob > chi2     =     0.0000


------------------------------------------------------------------------------
      choice |    Coef.    Std. Err.      z     P>|z|    [95% Conf. Interval]
-------------+----------------------------------------------------------------
mode         |
   travelcost|    -.00977   .0027834    -3.51   0.000   -.0152253    -.0043146
    termtime |  -.0377095   .0094088    -4.01   0.000   -.0561504    -.0192686
-------------+----------------------------------------------------------------
air          | (base alternative) 當比較的基準點
-------------+----------------------------------------------------------------
train        |
      income |  -.0291971   .0089246    -3.27   0.001    -.046689    -.0117052
       _cons |   .5616376   .3946551     1.42   0.155   -.2118721     1.335147
-------------+----------------------------------------------------------------
bus          |
      income |  -.0127503   .0079267    -1.61   0.108   -.0282863     .0027857
       _cons |  -.0571364   .4791861    -0.12   0.905   -.9963239      .882051
-------------+----------------------------------------------------------------
car          |
      income |  -1.833086   .0077486    -0.63   0.526   -.0200957     .0102784
       _cons |  -1.833393   .8186156    -2.24   0.025    -3.43785    -.2289357
```

```
------------+-------------------------------------------------------------
   /ln12_2 |  -.5502039    .3905204    -1.41   0.159    -1.31561    .2152021
   /ln13_3 |  -.6005552    .3353292    -1.79   0.073   -1.257788   .0566779
------------+-------------------------------------------------------------
     /12_1 |   1.131518    .2124817     5.33   0.000    .7150612   1.547974
     /13_1 |   .9720669    .2352116     4.13   0.000    .5110606   1.433073
     /13_2 |   .5197214    .2861552     1.82   0.069   -.0411325   1.080575
------------------------------------------------------------------------------
```

(mode=air is the alternative normalizing location)
(mode=train is the alternative normalizing scale)

* Same as above, but use the structural covariance parameterization
. asmprobit choice travelcost termtime, case(id) alternatives(mode)
casevars(income) structural

* Same as above, but specify an exchangeable correlation matrix
. asmprobit choice travelcost termtime, case(id) alternatives(mode)
casevars(income) correlation(exchangeable)

1. 上述這些自變數所建立 multinomial logit 迴歸如下：

$$\ln(\frac{P_2}{P_1}) = \beta_0 + \beta_1 X1_i + \beta_2 X2_i + \beta_3 X3_i + \beta_4 X4_i + \beta_5 X5_i + ...$$

$$\ln(\frac{P_{train}}{P_{air}}) = -0.029 + .5616 \times income$$

$$\ln(\frac{P_{bus}}{P_{air}}) = -0.057 - .0127 \times income$$

$$\ln(\frac{P_{car}}{P_{air}}) = -1.833 - 1.833 \times income$$

04

Logit 迴歸、Linear Probability、Probit、Cox 迴歸之比較

迴歸分析 (regression analysis) 可以一次檢視多個自變數對於依變數的預測效果，當依變數為連續變數時適合用線性迴歸 (linear regression) 分析、當依變數為二元類別變數時則最適用邏輯斯迴歸 (logistic regression)、當依變數為計數變數 (count data) 則適用以 Poisson regression 來分析，甚至是結合二元類別及受限資料 (censored data) 的 Cox regression，或是其他種類的迴歸。

在統計學中，邏輯斯迴歸或 logit 迴歸或 logit 模型是一個迴歸模型，其中依變數 (DV) 是分類的。本文涵蓋二進制因變數的情況，即輸出只能取兩個值 "0" 和 "1"，這些值代表：通過 / 失敗、贏 / 輸、活 / 死或健康 / 生病。依變數具有兩個以上結果類別的情況可以在多項 logistic 迴歸中進行分析，或者如果多個類別被排序，則在順序邏輯斯迴歸中。在經濟學術語中，邏輯斯迴歸是定性反應 / 離散選擇模型的一個例子。

邏輯斯迴歸由統計學家 David Cox 於 1958 年開發。二進制邏輯模型用於基於一個或多個預測 (或獨立) 變數 (特徵) 來估計二進制反應的概率。

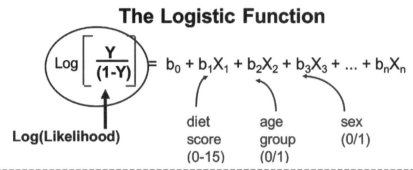

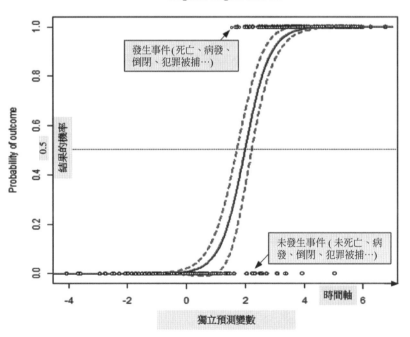

圖 4-1 multiple logistic 函數之示意圖

邏輯斯迴歸 (logistic regression 或 logit regression)，即邏輯模型 (英語：logit model，也譯作「評定模型」、「分類評定模型」) 是離散選擇法模型之一，屬於多重變量分析範疇，是社會學、生物統計學、臨床、數量心理學、計量經濟學、市場行銷等統計實證分析的常用方法。

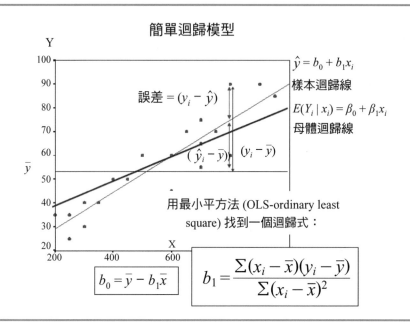

簡單迴歸模型

圖 4-2 預測變數和依變數之間是線性關係

4-1 Probit 迴歸模型之解說

Linear probability 迴歸之應用例子，包括：

1. 探討臺商製造業赴廈門設廠與回流臺灣之區位選擇。
2. 影響需求臺灣貿易商之因素。
3. 探討通路、保費及繳費別對解約率之影響。
4. 探討性別、保額及繳費期間對解約率之影響。
5. 臺灣省國民中學教師流動因素與型態之研究。

　　Probit 迴歸分析與邏輯斯迴歸分析最大的不同點，在於在 probit 迴歸分析中依變數不再是二元變數 (即 0 與 1)，而是介於 0 與 1 之間的百分比變數。進行

probit 迴歸分析時，與前節在邏輯斯分析時所導出之模式相同。

成功的機率：$P = \dfrac{e^{f(x)}}{1 + e^{f(x)}}$

失敗機率為：$1 - P = \dfrac{1}{1 + e^{f(x)}}$

勝算比 (odds ratio) 為：$\dfrac{P}{1-P} = e^{f(x)}$

$\ln\dfrac{P}{1-P} = f(x) = \beta_0 + \beta_1 X + \beta_2 X_2 + \cdots + \beta_k X_k$

其中，誤差 ε 可解釋成『除了 X 以外其他會影響到 Y 的因素』（無法觀察到之因素），亦可解釋為『用 X 來解釋 Y 所產生的誤差』。既然是無法觀察到的誤差，故誤差 ε 常稱為隨機誤差項 (error term)。

(一) Probit 模式之假設

H_0：probit 模式適配度 (goodness of fit) 佳

H_1：probit 模式適配度 (goodness of fit) 不佳

(二) Probit 模式之例子解說

研究者想瞭解，400 名學生申請入學機率是否被接受 (admit, 0 = 未接受，1 = 被接受)，是否受到學生之 GRE、GPA 成績及推薦學校聲望 (rank) 的影響。資料檔內容如下。

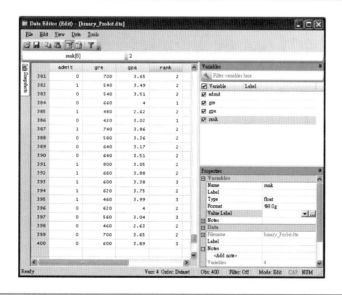

圖 4-3 probit 迴歸之「binary_Probit.dta」資料檔 (N=400, 4 variables)

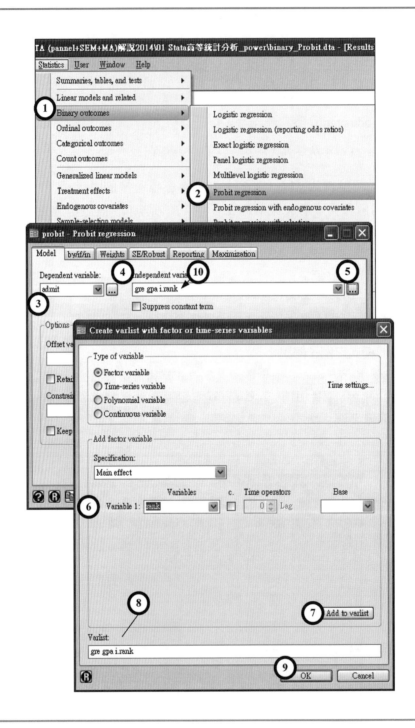

圖 4-4 probit 迴歸之分析畫面 (宣告類別變數 rank 為 Indicator variables)

```
. use binary_Probit.dta, clear

. summarize gre gpa

    Variable |        Obs        Mean    Std. Dev.        Min        Max
-------------+--------------------------------------------------------
         gre |        400       587.7     115.5165        220        800
         gpa |        400      3.3899    .3805668       2.26          4

. tab rank

       rank |      Freq.     Percent        Cum.
------------+-----------------------------------
          1 |         61       15.25       15.25
          2 |        151       37.75       53.00
          3 |        121       30.25       83.25
          4 |         67       16.75      100.00
------------+-----------------------------------
      Total |        400      100.00

. tab admit rank
```

* 高中學校聲望 Rank=1，入學率最高 =(33/61 人)、Rank=4 入學率最低 =(12/67)

```
            |                      rank
      admit |         1          2          3          4 |     Total
------------+--------------------------------------------+----------
          0 |        28         97         93         55 |       273
          1 |        33         54         28         12 |       127
------------+--------------------------------------------+----------
      Total |        61        151        121         67 |       400

. probit admit gre gpa i.rank
```

* 因為 rank 次序變數，為前面加「i.」表示是「Factorial Variable」

```
Probit regression                               Number of obs   =        400
                                                LR chi2(5)      =      41.56
                                                Prob > chi2     =     0.0000
```

```
Log likelihood = -229.20658                    Pseudo R2     =     0.0831

------------------------------------------------------------------------------
    admit |    Coef.    Std. Err.      z     P>|z|    [95% Conf. Interval]
----------+-------------------------------------------------------------------
      gre | .0013756    .0006489     2.12    0.034    .0001038    .0026473
      gpa | .4777302    .1954625     2.44    0.015    .0946308    .8608297
          |
     rank |
        2 | -.4153992   .1953769    -2.13    0.033   -.7983308   -.0324675
        3 |  -.812138   .2085956    -3.89    0.000   -1.220978   -.4032981
        4 | -.935899    .2456339    -3.81    0.000   -1.417333   -.4544654
          |
    _cons | -2.386838   .6740879    -3.54    0.000   -3.708026   -1.065649
------------------------------------------------------------------------------
```

1. 整個迴歸模型達顯著水準 $\chi^2_{(5)} = 41.56$, p < 0.05。

2. 整個迴歸模型解釋量 R^2 為 8.31%。

3. 二個連續之自變數 GRE、GPA 成績都會影響學生申請大學之成功率。

4. GRE 每增加 1 單位，Z 值就增加 0.001。

5. GPA 每增加 1 單位，Z 值就增加 0.478。

6. 類別之自變數 rank，就讀高中學校聲望，由「1 級到 2 級」Z 值就減少 0.415(z = -2.13, P = 0.033 < 0.05)、「2 級到 3 級」(z = -3.89, P = < 0.05)、「3 級到 4 級」(z = -3.81, P = <0.05)，rank 每降一級，都會顯著降低大學入學之申請成功率。

```
. test  2.rank 3.rank 4.rank

 ( 1)  [admit]2.rank = 0
 ( 2)  [admit]3.rank = 0
 ( 3)  [admit]4.rank = 0

       chi2(  3) =    21.32
     Prob > chi2 =     0.0001
```

類別變數 rank 之整體效果達顯著，$\chi^2_{(3)} = 21.32(p < 0.05)$。

```
. test 2.rank = 3.rank

( 1)  [admit]2.rank - [admit]3.rank = 0
        chi2( 1) =     5.60
      Prob > chi2 =     0.0179
```

P < 0.05，故拒絕「H_0：coefficient for rank=2 is equal to the coefficient for rank=3」。

```
. margins rank, atmeans
* 計算 Rank 每一等級平均之入學申請成功率

Adjusted predictions                         Number of obs   =       400
Model VCE     : OIM

Expression : Pr(admit), predict()
at         : gre            =       587.7(mean)
             gpa            =       3.3899(mean)
             1.rank         =       .1525(mean)
             2.rank         =       .3775(mean)
             3.rank         =       .3025(mean)
             4.rank         =       .1675(mean)

------------------------------------------------------------------------
             |            Delta-method
             |    Margin   Std. Err.      z    P>|z|   [95% Conf. Interval]
-------------+----------------------------------------------------------
        rank |
          1  |  .5163741   .0656201     7.87   0.000    .3877611   .6449871
          2  |  .3540742   .0394725     8.97   0.000    .2767096   .4314388
          3  |  .2203289   .0383674     5.74   0.000    .1451302   .2955277
          4  |  .1854353   .0487112     3.81   0.000    .0899631   .2809075
------------------------------------------------------------------------
```

GRE、GPA 都維持在平均數時，學生若能就讀聲望最高等級 (rank = 1) 的學

校，其入學成功率最高，機率高達 0.25。相反地，學生若就讀學校聲望最低等級 (rank = 4) 的學校，其入學成功率最低，只有 0.19。

```
. fitstat
*先用「findit fitstat」指令，找到 fitstat 套裝，再執行該 ADO 指令檔
Measures of Fit for probit of admit

Log-Lik Intercept Only:      -249.988    Log-Lik Full Model:      -229.207
D(393):                       458.413    LR(5):                     41.563
                                          Prob > LR:                 0.000
McFadden's R2:                  0.083    McFadden's Adj R2:          0.055
Maximum Likelihood R2:          0.099    Cragg & Uhler's R2:         0.138
McKelvey and Zavoina's R2:      0.165    Efron's R2:                 0.101
Variance of y*:                 1.197    Variance of error:          1.000
Count R2:                       0.710    Adj Count R2:               0.087
AIC:                            1.181    AIC*n:                    472.413
BIC:                        -1896.232    BIC':                     -11.606
```

1. 整個 probit 迴歸模型之適配度顯著性，LR(5) 即 likelihood ratio 檢定，自由度為 5(因 2 + 3 個自變數)，p = 0.000 < 0.05。表示本例界定的模型，比「null model」顯著來得好，故可以說，本例 probit 迴歸模型適配良好。

2. 六個複相關平方 R^2 的值在 0.099 到 0.165 之間，故 3 個自變數之整體解釋量不算高。

3. AIC(Akaike information criterion) 屬於一種判斷任何迴歸 (e.g 時間序列模型) 是否恰當的訊息準則，一般來說數值愈小，時間序列模型的適配較好。AIC = 1.18 不算高。

4. BIC(Bayesian information criterion) 亦屬於一種判斷任何迴歸是否恰當的訊息準則，一般來說數值愈小，時間序列模型的適配較好。但較少有研究者用它。BIC = -1896.232，非常小，故模型適配得很好。

資訊準則 (information criterion)：亦可用來說明模型的解釋能力 (較常用來作爲模型選取的準則，而非單純描述模型的解釋能力)

(1) AIC(Akaike information criterion)

$$AIC = \ln\left(\frac{ESS}{T}\right) + \frac{2k}{T}$$

(2) BIC(Bayes information criterion) 或 SIC(Schwartz) 或 SBC

$$BIC = \ln\left(\frac{ESS}{T}\right) + \frac{k\ln(T)}{T}$$

(3) AIC 與 BIC 越小，代表模型的解釋能力越好（用的變數越少，或是誤差平方和越小）

4-2 Binary 依變數：linear probability, probit 及 logit 迴歸分析之比較

依變數爲類別型變數之多元迴歸，採用 STaTa 的線性迴歸、logit 模型及 probit 模型，所得結果都是非常接近。請看本例這三種不同的多元迴歸之比較。

範例：線性機率、probit 及 logit 三種迴歸模型

(一) 問題說明

例子：研究者調查 753 名公民，問卷題項包括：

依變數爲類別型 lfp：有償勞動力：1=yes 0=no

預測變數有下列 7 個，有些是類別變數、有些是連續自變數。

1. 連續型自變數 k5：# kids < 6。
2. 連續型自變數 k618：# kids 7-18。
3. 連續型自變數 age：妻子年齡。
4. 類別型自變數 wc：太太學歷爲大學嗎：1=yes 0=no。
5. 類別型自變數 hc：先生學歷爲大學嗎：1=yes 0=no。
6. 連續型自變數 lwg：log(太太薪水)。因爲薪水不符常態分布，故取自然對數，才符合常態。
7. 連續型自變數 inc：家庭收入 (不含妻的薪水)。

(二) 資料檔之內容

「binlfp2_reg_logit_probit.dta」資料檔內容如下圖。

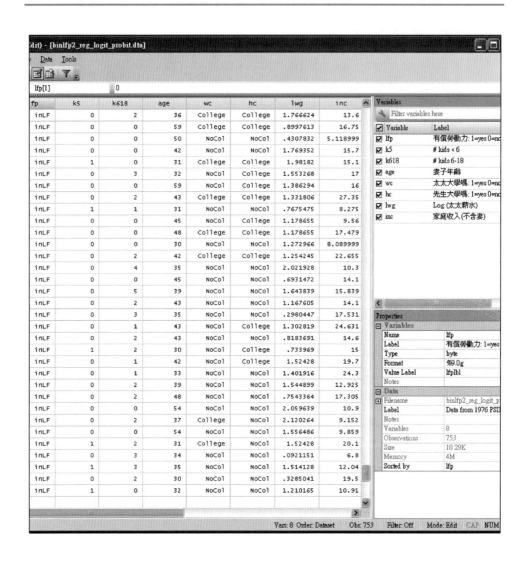

圖 4-5　「binlfp2_reg_logit_probit.dta」資料檔 (N=753 , 8 variables)

```
. use binlfp2_reg_logit_probit.dta
(Data from 1976 PSID-T Mroz)
. label variable lfp「有償勞動力：1=yes 0=no」
. label variable k5 "# kids < 6"
. label variable k618 "# kids 7-18"
. label variable age「妻子年齡」
. label variable wc「太太學歷為大學嗎：1=yes 0=no」
. label variable hc「先生學歷為大學嗎：1=yes 0=no」
. label variable lwg「Log( 太太薪水 ) 因薪水不符常態取自然對數」
. label variable inc「家庭收入 ( 不含妻的薪水 )」
```

(三) 多元迴歸之選擇表操作

迴歸分析前，先對各變數之屬性，通盤瞭解。指令有：「describe」、「sum」。

```
. use binlfp2_reg_logit_probit.dta
(Data from 1976 PSID-T Mroz)

. describe
Contains data from binlfp2_reg_logit_probit.dta
  obs:           753                      Data from 1976 PSID-T Mroz
  vars:            8                      11 Feb 2014 20:37
  size:        10,542                     (_dta has notes)
-------------------------------------------------------------------------
              storage   display    value
variable name   type    format     label      variable label
-------------------------------------------------------------------------
lfp            byte     %9.0g      lfplbl     有償勞動力：1=yes 0=no
k5             byte     %9.0g                 # kids < 6
k618           byte     %9.0g                 # kids 7-18
age            byte     %9.0g                 妻子年齡
wc             byte     %9.0g      collbl     太太大學嗎：1=yes 0=no
hc             byte     %9.0g      collbl     先生大學嗎：1=yes 0=no
lwg            float    %9.0g                 Log( 太太薪水 )
inc            float    %9.0g                 家庭收入 ( 不含妻 )
-------------------------------------------------------------------------
```

```
Sorted by:  lfp
. sum
       Variable |      Obs        Mean    Std. Dev.       Min         Max
----------------+-------------------------------------------------------
            lfp |      753    .5683931    .4956295          0           1
             k5 |      753    .2377158     .523959          0           3
           k618 |      753    1.353254    1.319874          0           8
            age |      753    42.53785    8.072574         30          60
             wc |      753    .2815405    .4500494          0           1
----------------+-------------------------------------------------------
             hc |      753    .3917663    .4884694          0           1
            lwg |      753    1.097115    .5875564   -2.054124    3.218876
            inc |      753    20.12897     11.6348   -.0290001          96
```

Step 1. 線性之多元迴歸 (OLS)，當對照組

選擇表操作

Statistics > Linear models and related > Linear regression

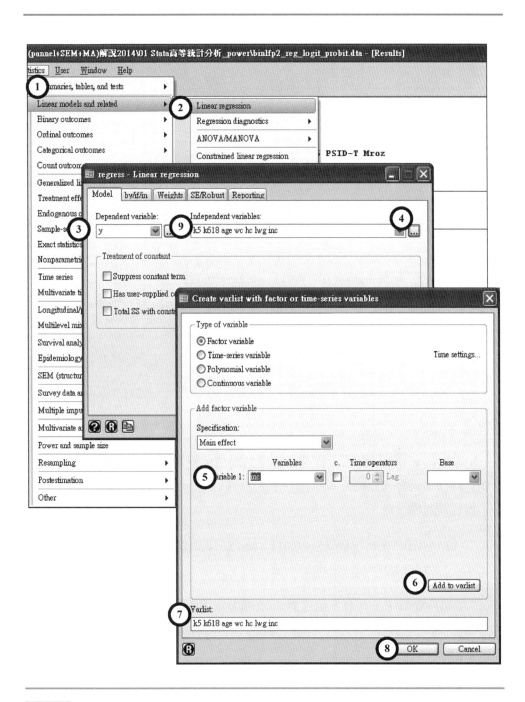

圖 4-6 線性之多元迴歸之選擇表

```
. regress lfp k5 k618 age wc hc lwg inc, tsscons

      Source |       SS       df       MS              Number of obs =     753
-------------+------------------------------           F(  7,   745) =   18.83
       Model | 27.7657494        7  3.96653564         Prob > F      =  0.0000
    Residual | 156.962006      745  .210687257         R-squared     =  0.1503
-------------+------------------------------           Adj R-squared =  0.1423
       Total | 184.727756      752  .245648611         Root MSE      =  .45901


-------------+----------------------------------------------------------------
         lfp |      Coef.   Std. Err.      t    P>|t|     [95% Conf. Interval]
-------------+----------------------------------------------------------------
          k5 |   -.294836   .0359027    -8.21   0.000    -.3653185   -.2243534
        k618 |   -.011215   .0139627    -0.80   0.422     -.038626     .016196
         age |  -.0127411   .0025377    -5.02   0.000     -.017723   -.0077591
          wc |    .163679   .0458284     3.57   0.000     .0737109    .2536471
          hc |    .018951    .042533     0.45   0.656    -.0645477    .1024498
         lwg |   .1227402   .0301915     4.07   0.000     .0634697    .1820107
         inc |  -.0067603   .0015708    -4.30   0.000     -.009844   -.0036767
       _cons |   1.143548   .1270527     9.00   0.000      .894124    1.392972
-------------+----------------------------------------------------------------
```

STaTa 指令 reg 具有人工智慧，它遇到類別依變數時，會捨 OLS 統計法而自動改採機率模型來分析。本例 reg 指令分析結果如下：

線性迴歸模型為：

$$Lfp = 1.143 - 0.294 \times k5 - 0.011 \times k618 - 0.0127 \times age + .163 \times wc$$
$$+ .0189 \times hc - 0.006 \times inc$$

7 個解釋變數中，共有 5 個達到 0.05 顯著水準的預測力，包括：k5、age、hc、lwg、inc。此結果與下列「logit 迴歸、機率迴歸 (**probit** 指令)」分析結果非常相似。

Step 2. **Logit 迴歸**

當依變數為二元的類別變數時，若想作迴歸分析，此時不能再使用一般的線性迴歸，而應該要改用二元邏輯斯迴歸分析。

二元邏輯斯迴歸式如下：

$$\text{logit}\,[\pi(x)] = \log\left(\frac{\pi(x)}{1-\pi(x)}\right) = \log\left(\frac{P(x=1)}{1-P(x=1)}\right) = \log\left(\frac{P(x=1)}{P(x=0)}\right) = \alpha + \beta x$$

公式經轉換為

$$\frac{P(x=1)}{P(x=0)} = e^{\alpha + \beta x}$$

1. 邏輯斯方程式很像原本的一般迴歸線性模式，不同點於現在的依變數變為事件發生機率的勝算比。
2. 因此現在的 β 需解釋為，當 x 每增加一單位時，事件發生的機率是不發生的 $\exp(\beta)$ 倍。
3. 為了方便結果的解釋與理解，一般來說我們會將依變數為 0 設為參照組 (event free)。

選擇表操作

```
Statistics > Binary outcomes > Logistic regression
```

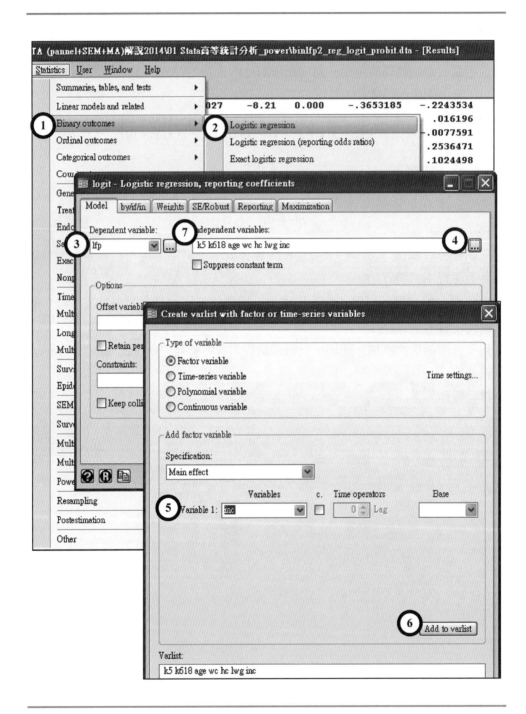

圖 4-7 logit 迴歸之選擇表

註：STaTa 新指令為 logistic；舊指令為 logistic

*STaTa 舊版用 logit 指令；新版用 logistic 指令
. logit lfp k5 k618 age wc hc lwg inc

Logistic regression

			Number of obs	=	753	
			LR chi2(7)	=	124.48	
			Prob > chi2	=	0.0000	
Log likelihood = -452.63296			Pseudo R2	=	0.1209	

lfp	Coef.	Std. Err.	z	P>|z|	[95% Conf. Interval]	
k5	-1.462913	.1970006	-7.43	0.000	-1.849027	-1.076799
k618	-.0645707	.0680008	-0.95	0.342	-.1978499	.0687085
age	-.0628706	.0127831	-4.92	0.000	-.0879249	-.0378162
wc	.8072738	.2299799	3.51	0.000	.3565215	1.258026
hc	.1117336	.2060397	0.54	0.588	-.2920969	.515564
lwg	.6046931	.1508176	4.01	0.000	.3090961	.9002901
inc	-.0344464	.0082084	-4.20	0.000	-.0505346	-.0183583
_cons	3.18214	.6443751	4.94	0.000	1.919188	4.445092

. logistic lfp k5 k618 age wc hc lwg inc
或
. logit lfp k5 k618 age wc hc lwg inc, or

Logistic regression

			Number of obs	=	753	
			LR chi2(7)	=	124.48	
			Prob > chi2	=	0.0000	
Log likelihood = -452.63296			Pseudo R2	=	0.1209	

lfp	Odds Ratio	Std. Err.	z	P>|z|	[95% Conf. Interval]	
k5	.2315607	.0456176	-7.43	0.000	.1573902	.3406843
k618	.9374698	.0637487	-0.95	0.342	.820493	1.071124
age	.939065	.0120042	-4.92	0.000	.9158296	.9628899
wc	2.241788	.5155662	3.51	0.000	1.428352	3.518469
hc	1.118215	.2303967	0.54	0.588	.7466962	1.674583
lwg	1.83069	.2761003	4.01	0.000	1.362193	2.460317
inc	.9661401	.0079304	-4.20	0.000	.9507211	.9818092

```
   _cons |  24.09828   15.52833    4.94   0.000    6.815425    85.20776
------------------------------------------------------------------------------
Note: _cons estimates baseline odds.
```

1. LR 卡方值 = 124.48(p < 0.05)，表示你界定模型，至少有一個解釋變數的迴歸係數不為 0。

2. 報表「z」欄中，two-tail 檢定下，若 |z| > 1.96，則表示該自變數對依變數有顯著影響力。|z| 值愈大，表示該自變數對依變數的關聯性 (relevance) 愈高。

3. logit 係數「Coef.」欄中，是 log-odds 單位，故不能用 OLS 迴歸係數的概念來解釋。

4. 上述這些自變數所建立 logit 迴歸式如下：

$$\ln\left(\frac{P_2}{P_1}\right) = \beta_0 + \beta_1 X1_i + \beta_2 X2_i + \beta_3 X3_i + \beta_4 X4_i + \beta_5 X5_i + ...$$

$$\ln\left(\frac{P_{有薪勞動力}}{P_{無薪者}}\right) = 4.94 - 7.43 \times k5 - 0.95 \times k618 - 4.92 \times age + 3.51 \times wc$$

$$+ 0.54 \times hc + 4.01 \times lwg - 4.20 \times inc$$

上列迴歸方程式可解釋為，在控制其他變數的影響後，「k5 = 1」有薪勞動力的勝算為「k5 = 0」的 0.23156(= $\exp^{-7.43}$) 倍，且有統計上顯著的差異 (p = 0.000)。

在控制其他變數的影響後，「wife college = 1」有薪勞動力的勝算為「wife college = 0」的 2.242(= $\exp^{0.8073}$) 倍，且有統計上顯著的差異 (p = 0.000)。

在控制其他變數的影響後，「husband college = 1」有薪勞動力的勝算為「husband college = 0」的 1.118(= $\exp^{0.1117}$) 倍，但無統計上顯著的差異 (p = 0.588)。

在控制其他變數的影響後，年齡 (age) 每增加 1 歲有薪勞動力的勝算為 0.939 (= $\exp^{-0.0628}$) 倍，且有統計上顯著的差異 (p = 0.000)。

在控制其他變數的影響後，先生個人收人 (inc) 每增加 1 單位有薪勞動力的勝算為 0.966(= $\exp^{-0.0344}$) 倍，且有統計上顯著的差異 (p = 0.000)。

```
. quietly logit lfp k5 k618 age wc hc lwg inc

. fitstat, sav(r2_1)
```
*前次迴歸之參數等適配度，暫存到 r2_1

```
. quietly logit lfp k5 age wc  lwg inc

. fitstat, using(r2_1)
```
*最近迴歸之適配度，與前次迴歸 r2_1 做比較
Measures of Fit for logit of lfp

*	前次迴歸 Current	本次迴歸 Saved	二個迴歸適配度之差距 Difference
Model:	logit	logit	
N:	753	753	0
Log-Lik Intercept Only:	-514.873	-514.873	0.000
Log-Lik Full Model:	-453.228	-452.633	-0.595
D:	906.455(747)	905.266(745)	1.190(2)
LR:	123.291(5)	124.480(7)	1.190(2)
Prob > LR:	0.000	0.000	0.552
McFadden's R2:	0.120	0.121	-0.001
McFadden's Adj R2:	0.108	0.105	0.003
Maximum Likelihood R2:	0.151	0.152	-0.001
Cragg & Uhler's R2:	0.203	0.204	-0.002
McKelvey and Zavoina's R2:	0.214	0.217	-0.004
Efron's R2:	0.153	0.155	-0.002
Variance of y*:	4.183	4.203	-0.019
Variance of error:	3.290	3.290	0.000
Count R2:	0.681	0.693	-0.012
Adj Count R2:	0.262	0.289	-0.028
AIC:	1.220	1.223	-0.004
AIC*n:	918.455	921.266	-2.810
BIC:	-4041.721	-4029.663	-12.059
BIC':	-90.171	-78.112	-12.059

Difference of   12.059 in BIC' provides very strong support for current model.

Note: p-value for difference in LR is only valid if models are nested.

1. AIC(Akaike information criterion), BIC(Bayesian information criterion) 兩項資訊準則。AIC 與 BIC 所計算出來的值越小，則代表模型的適配度越佳。

   $AIC = T \times Ln(SS_E) + 2k$

   $BIC = T \times Ln(SS_E) + 2k \times Ln(T)$

2. 判定係數 R^2、AIC 與 BIC，雖然是幾種常用的準則，但是卻沒有統計上所要求的『顯著性』。

3. 當我們利用判定係數或 AIC 與 BIC 找出一個適配度較佳的模型，但是我們卻不知道這個模型是否『顯著地』優於其他模型。

4. 適配度檢定：概似比 (likelihood ratio, LR) 檢定

   例如，假設我們要檢定 AR(2) 模型是否比 AR(1) 模型來的好，因此我們可以分別算出兩個模型的最大概似值分別為 L_U 與 L_R，則 LR 統計量為：

   $LR = -2(L_R - L_U) \sim$ 符合 $\chi^2_{(m)}$

   假如，P < 0.05 表示達顯著的話，則表示 AR(2) 模型優於 AR(1) 模型。

   以本例 logit 迴歸來說，結果得 LR(2)=1.190,P>0.05，表示我們「最近一次」界定的 logit 迴歸模型，並沒有比「前次」界定的 logit 模型來得好。

5. 若將 P 值不顯著的預測變數 (k618、wc、hc) 三者捨棄之後，再進行第二次迴歸，並比較兩批迴歸適配度之比較，分析解說如下：

   前次 logit 迴歸為：

   $$\ln\left(\frac{P_{\text{有薪勞動力}}}{P_{\text{無薪者}}}\right) = 4.94 - 7.43 \times k5 - 0.95 \times k618 - 4.92 \times age + 3.51 \times wc$$

   $$+ 0.54 \times hc + 4.01 \times lwg - 4.20 \times inc$$

   與最近一次的 logit 迴歸，兩者適配度的準則並無顯著的差異 (likelihood ratio=1.19, P>0.05)，故用較簡潔的最近一次迴歸：

   $$\ln\left(\frac{P_{\text{有薪勞動力}}}{P_{\text{無薪者}}}\right) = 2.901 - 1.43 \times k5 - 0.0585 \times age + 0.54 \times wc$$

   $$+ 0.6156 \times lwg - 0.0336 \times inc$$

   是不錯的決定。且前後二次迴歸之 AIC 差 = -0.004，顯示前次迴歸比後一次迴歸，AIC 值大。故我們可說，後一次 logit 迴歸模型是精簡且有預測效果的。

   Step 3. 機率 (probit) 迴歸

   選擇表操作

   ```
   Statistics > Binary outcomes > Probit regression
   ```

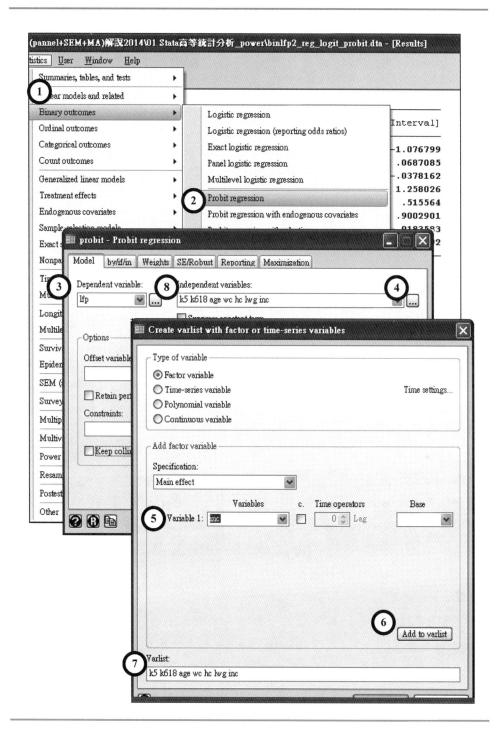

圖 4-8　probit 迴歸之選擇表

```
. probit lfp k5 k618 age wc hc lwg inc

Probit regression                           Number of obs   =      753
                                            LR chi2(7)      =   124.36
                                            Prob > chi2     =   0.0000
Log likelihood = -452.69496                 Pseudo R2       =   0.1208

-------------------------------------------------------------------------------
    lfp |      Coef.   Std. Err.      z    P>|z|     [95% Conf. Interval]
--------+----------------------------------------------------------------------
     k5 |  -.8747111   .1135584    -7.70   0.000    -1.097281    -.6521408
   k618 |  -.0385945   .0404893    -0.95   0.340    -.1179521     .0407631
    age |  -.0378235   .0076093    -4.97   0.000    -.0527375    -.0229095
     wc |   .4883144   .1354873     3.60   0.000     .2227641     .7538647
     hc |   .0571703   .1240053     0.46   0.645    -.1858755     .3002162
    lwg |   .3656287   .0877792     4.17   0.000     .1935846     .5376727
    inc |   -.020525   .0047769    -4.30   0.000    -.0298875    -.0111625
  _cons |   1.918422   .3806539     5.04   0.000     1.172354      2.66449
-------------------------------------------------------------------------------
```

1. Pr(Lfp) = F(1.918 − 0.874×k5 − 0.0385×k618 − 0.038×age + 0.488×wc + 0.057×hc + 0.366×lwg − 0.02× inc)。

   F(‧) 為標準常態分布的累積分析函數。

2. 七個自變數，也是有五個達到顯著水準，包括：k5、age、hc、lwg、inc。

   在 5% 誤差水準下，小孩人數小於 5(k5)、妻子年齡 (age)、家庭收入 (inc)，分別與有償勞動力 (lfp) 之機率呈顯著負相關，而太太是否有大學學歷 (wc)、太太薪水 (lwg) 與有償勞動力 (lfp) 之機率則呈顯著正相關。

小結

　　由上三種不同的迴歸模型，可看出：線性迴歸 (**reg** 指令)、logit 迴歸 (**logistic** 指令) 及 probit 迴歸 (**probit** 指令)，三者分析類別依變數，七個自變數之迴歸係數顯著性及 p 值都是非常接近。只是三者計算公式之單位不同而已。此外，線性迴歸的依變數，不論是連續變數或類別變數都可以。但 logit 迴歸及 porbit 迴歸的依變數，只限類別變數才可以。

　　線性迴歸、logit 迴歸及 probit 迴歸三者的預測變數 (自變數)，不論是連續變數或類別變數都可納入。

4-3 Logit 模型、Cox 迴歸、probit 模型的概念比較

一、存活分析如何應用在財金業

　　存活分析法在財務金融研究亦有實務應用的價值。因爲往昔信用卡使用者之違約風險評估，多數研究皆在固定時點判定未來一段特定期間內是否會發生違約 (如區別分析) 或發生違約的機率 (如 logit 模型以及 probit 模型)，無法提供持卡人在未來不同時點的違約機率 (或存活率)。應用在醫學及精算領域廣爲使用的存活分析，透過與信用卡使用者違約相關的可能因素，來建立預警模型或存活率表，銀行即能以更長期客觀的方式來預估客戶未來各時點發生違約的機率，進而降低後續處理違約的成本。

　　有鑑於，區別分析法必須假定 (assumption) 自變數爲常態分布。對銀行業而言，其結果看不出程度上的差別 (只有違約或不違約)；而 logit 模型以及 probit 模型之信用評分方法，就改進了區別分析法對於處理名目變數和分布假定上的缺點，但仍無法提供金融檢查主管單位在未來不同時點的違約機率 (或存活率)。若能以醫學領域的存活分析法，來建立一完整的銀行之客戶危機模型、存活率表 (survival table)，存活分析法即能應用於金融監理與風險的預測。

　　故銀行業，若能用醫學、財金、會計及行銷領域使用的存活分析 (survival analysis)，透過違約相關的可能因素，建立預警模型及存活率表，即能使銀行以更客觀的方式，來預估客戶未來各時點發生違約的機率，即可降低處理違約的後續成本。

二、二元依變數 (binary variable) 的統計法

　　對二元 (binary) 依變數而言，其常用統計法的優缺點如下表。

研究方法	基本假定 (assumption)	優點	缺點
多變量區別分析	1. 自變數符合常態性 2. 依變數與自變數間具線性關係 3. 自變數不能有共線性存在 4. 變異數同質性	1. 同時考慮多項變數，對整體績效衡量較單變量客觀 2. 可瞭解哪些財務變數最具區別能力	1. 較無法滿足假定 2. 無法有效處理虛擬變數 3. 模型設立無法處理非線性情形 4. 樣本選擇偏差，對模型區別能力影響很大 5. 使用該模型時，變數須標準化，而標準化使用之平均數和變異數，係建立模型時以原始樣本求得，使用上麻煩且不合理
存活分析：比例危險模型 (PHM)	1. 假定時間分布函數與影響變數之間沒有關係 2. 假定各資料間彼此獨立	1. 模型估計不須假定樣本資料之分布型態 2. 同時提供危險機率與存續時間預測	模型中的基準危險函數為樣本估計得出，樣本資料須具有代表性
probit 模型	1. 殘差項須為常態分布 2. 累積機率分布函數為標準常態分布 3. 自變數間無共線性問題 4. 樣本個數必須大於迴歸參數個數 5. 各群預測變數之共變數矩陣為對角化矩陣	1. 可解決區別分析中自變數非常態之分類問題 2. 求得之機率值介於 0 與 1 之間，符合機率論之基本假定 3. 模型適用於非線性情形 4. 可解決區別分析中非常態自變數之分類問題 5. 機率值介於 0 與 1 之間，符合機率假定之前題模型適用於非線性狀況	1. 模型使用時，必須經由轉換步驟才能求得機率 2. 計算程序較複雜
logit 模型	1. 殘差項須為韋伯分布 2. 累積機率分布函數為 logistic 分布 3. 自變數間無共線性問題 4. 樣本必須大於迴歸參數個數 5. 各群預測變數之共變數矩陣為對角化矩陣	同 probit 模型	同 probit 模型

研究方法	基本假定 (assumption)	優點	缺點
類神經網路	無	1. 具有平行處理的能力，處理大量資料時的速率較快 2. 具有自我學習與歸納判斷能力 3. 無須任何機率分析的假定 4. 可作多層等級判斷問題	1. 較無完整理論架構設定其運作 2. 其處理過程有如黑箱，無法明確瞭解其運作過程 3. 可能產生模型不易收斂的問題
CUSUM 模型	不同群體間其共變數矩陣假定為相同	1. 考慮前後期的相關性 2. 採用累積概念，增加模型的敏感度 3. 不須作不同時點外在條件仍相同的不合理假定	計算上較複雜

註：作者在《生物醫學統計：使用 STaTa 分析》書中，有介紹「Cox 比例危險模型 (proportional hazards model)」

三、線性迴歸 (linear regression) 的侷限性

(1) 無法處理設限資料

例如：研究不同診所照護下的存活情形，若病人轉診或失去追蹤，就會把這筆資料當作遺漏 (missing) 值。

(2) 無法處理和時間相依的共變數 (個人 / 家族之危險因子、環境之危險因子)。

(3) 因為事件發生的時間多數屬非常態分布情形，例如，韋伯 / Gamma / 對數常態，或脆弱模型、加速失敗時間模型，故並不適合以下線性模型：OLS、線性機率迴歸 (probit regression)、廣義線性模型 (generalized linear models)、限制式線性迴歸 (constrained linear regression)、廣義動差法 [generalized method of moments estimation(GMM)]、多變量迴歸 (multivariate regression)、Zellner's seemingly unrelated regression、線性動態追蹤資料 (linear dynamic panel-data estimation) 等。

四、Logistic 迴歸的原理

(一)Logistic 迴歸的侷限性

(1) 忽略事件發生時間的資訊

例如：研究不同診所照護下是否存活或死亡，無法看到存活期間多長？

(2) 無法處理「時間相依的共變數」，由於邏輯斯迴歸都是假設變數不隨時間
變動。
例如：研究心臟病移植存活情形，等待心臟病移植時間 (χ_1 變數) 是心臟病
移植存活情形的共變數，若要考慮等待心臟病移植的時間 (χ_1 變數)，來看
心臟病移植存活 (censored data) 情形，那 logistic 迴歸無法處理這樣的時間
相依的共變數。

(二) Logistic 迴歸的原理：勝算比 (odds ratio) 或稱為相對風險 (relative risk, RR)

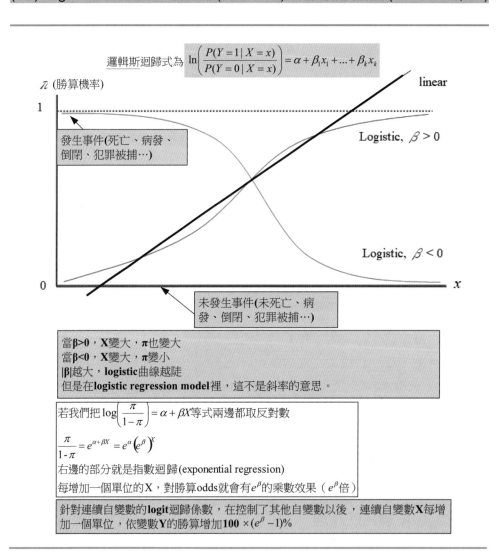

邏輯斯迴歸式為 $\ln\left(\dfrac{P(Y=1|X=x)}{P(Y=0|X=x)}\right) = \alpha + \beta_1 x_1 + \ldots + \beta_k x_k$

π (勝算機率)

發生事件(死亡、病發、倒閉、犯罪被捕…)

linear

Logistic, $\beta > 0$

Logistic, $\beta < 0$

未發生事件(未死亡、病發、倒閉、犯罪被捕…)

當 $\beta > 0$，X 變大，π 也變大
當 $\beta < 0$，X 變大，π 變小
$|\beta|$ 越大，logistic 曲線越陡
但是在 logistic regression model 裡，這不是斜率的意思。

若我們把 $\log\left(\dfrac{\pi}{1-\pi}\right) = \alpha + \beta X$ 等式兩邊都取反對數

$\dfrac{\pi}{1-\pi} = e^{\alpha+\beta X} = e^{\alpha}\left(e^{\beta}\right)^X$

右邊的部分就是指數迴歸 (exponential regression)
每增加一個單位的 X，對勝算 odds 就會有 e^{β} 的乘數效果（e^{β} 倍）

針對連續自變數的 logit 迴歸係數，在控制了其他自變數以後，連續自變數 X 每增加一個單位，依變數 Y 的勝算增加 $100 \times (e^{\beta}-1)\%$

圖 4-9 logistic 函數之示意圖

　　以「受訪者是否 (0, 1) 使用公車資訊服務」之二元 (binary) 依變數爲例。logistic 迴歸係假設解釋變數 (χ_1) 與乘客是否使用公車資訊服務 (y) 之間必須符合下列 logistic 函數：

$$P(y \mid x) = \frac{1}{1 + e^{-\sum b_i \times x_i}}$$

其中 b_i 代表對應解釋變數的參數，y 屬二元變數 (binary variable)。若 y = 1，表示該乘客有使用公車資訊服務；反之，若 y = 0，則表示該乘客未使用公車資訊服務。因此 P(y=1|x) 表示當自變數 x 已知時，該乘客使用公車資訊服務的機率；P(y=0|x) 表示當自變數 x 已知時，該乘客不使用公車資訊服務的機率。Logistic 函數之分子分母同時乘以 $e^{\sum b_i \times x_i}$ 後，上式變爲：

$$P(y \mid x) = \frac{1}{1 + e^{-\sum b_i \times x_i}} = \frac{e^{\sum b_i \times x_i}}{1 + e^{\sum b_i \times x_i}}$$

將上式之左右兩側均以 1 減去，可以得到：

$$1 - P(y \mid x) == \frac{1}{1 + e^{\sum b_i \times x_i}}$$

再將上面二式相除，則可以得到

$$\frac{P(y \mid x)}{1 - P(y \mid x)} == e^{\sum b_i \times x_i}$$

針對上式，兩邊同時取自然對數，可以得到：

$$\ln\left(\frac{P(y \mid x)}{1 - P(y \mid x)}\right) == \ln\left(e^{\sum b_i \times x_i}\right) = \sum b_i \times x_i$$

經由上述公式推導可將原自變數非線性的關係，轉換成以線性關係來表達。其中 $\dfrac{P(y \mid x)}{1 - P(y \mid x)}$ 可代表乘客使用公車資訊服務的勝算比 (odds ratio, OR) 或稱爲相對風險 (relative risk, RR)。

(三) 醫學期刊常見的風險測量 (risk measure in medical journal)

　　在醫學領域裡頭常常將依變數 (dependent variable / outcome) 定義爲二元的變數 (binary/dichotomous)，有一些是天生的二元變數，例如病人死亡與否、病人洗腎與否。有些則是人爲定義爲二元變數，例如心臟科常將病人的左心室射血分數 (left ventricular ejection fraction, LVEF) 小於 40%(or 35%) 爲異常，或腎

臟科將病人的腎絲球過濾率 (estimated Glomerular filtration rate, eGFR) 定義為小於 60% 為異常。

　　醫學領域之所以會如此將 outcome 作二分化的動作，有個主要原因是可以簡化結果的闡釋，例如可直接得到以下結論：「糖尿病病人比較容易會有 eGFR 異常，其相對風險 (relative risk, RR) 為 3.7 倍」或是：「飯前血糖每高 1 單位，則病人的 eGFR 異常的勝算比 (odds ratio, OR) 會低 1.5%」，因此可針對其他可能的影響因子作探討，並且得到一個「風險測量」。

定義：相對風險 (relative risk, RR) 又稱相對危險性

　　在流行病統計學中，相對風險 (relative risk) 是指暴露在某條件下，一個 (產生疾病的) 事件的發生風險。相對風險概念即是指一暴露群體與未暴露群體發生某事件的比值。

　　相對風險，其計算方式請見下表，簡單來說一開始就先把受試者分成暴露組 (exposed group) 與非暴露組 (unexposed group)，然後向前追蹤一段時間，直到人數達到原先規劃的條件。

	Disease	No Disease	
Exposed	A	B	N1
Unexposed	C	D	N2
	N3	N4	Total N

$$RR = \frac{\text{Incidence}_{\text{Exposed}}}{\text{Incidence}_{\text{Unexposed}}} = \frac{A/N_1}{C/N_2}$$

　　此時暴露組發生事件的比例為 A/N1，非暴露組發生事件的比例為 C/N2，此時兩者相除即為相對風險 (RR)。假使相對風險顯著地大於 1 就代表暴露組的風險顯著地比非暴露組更高，例如之前舉的抽菸與肺癌的世代研究，抽菸組發生肺癌的比例為 3% 而未抽菸組罹患肺癌比例為 1%，此時相對風險即為 $\frac{3\%}{1\%}$ = 3，代表抽菸罹患肺癌的風險是沒有抽菸者的 3 倍之多，也可說抽菸罹患肺癌的風險相較於沒有抽菸者多出 2 倍 (3-1=2)。

定義：勝算比 (odds ratio, OR)

　　勝算比，其計算方式如下表。首先要先瞭解何謂「勝算」(odds)，勝算定義

是「兩個機率相除的比值」。以下表的疾病組 (disease group) 爲例，A/N3 表示疾病組中有暴露的機率，C/N3 指的是健康組中有暴露的機率，因此此兩者相除即爲疾病組中有暴露的勝算 (A/C)。同樣地，B/D 即爲健康組中有暴露的勝算，此時將 A/C 再除以 B/D 即爲「疾病組相對於健康組，其暴露的勝算比」，也就是說兩個勝算相除就叫做勝算比。

	Disease	No Disease	
Exposed	A	B	N1
Unexposed	C	D	N2
	N3	N4	Total N

$$OR = \frac{[(A/N_3)/(C/N_3)]}{[(B/N_4)/(D/N_4)]} = \frac{A/C}{B/D} = \frac{A \times D}{B \times C}$$

很多人在解釋勝算比的時候都會有錯誤，最常見的錯誤就是誤把勝算比當成相對風險來解釋。以之前舉的抽菸跟肺癌的病例對照研究爲例，50 位肺癌組中有 70% 曾經抽菸而 150 位健康組中 (即對照組) 僅有 40% 曾經抽過菸，此時勝算比即爲 $\frac{70\%}{40\%}$ = 1.75。這個 1.75 的意義其實不是很容易解釋，它並非表示抽菸組罹患肺癌的風險是未抽菸組的 1.75 倍，而是肺癌組有抽菸的勝算 (但它不是機率) 是健康組的 1.75 倍，而這個勝算指的又是「有抽菸的機率除以沒有抽菸的機率」。總而言之，我們還是可以說肺癌跟抽菸具有相關性，也可以說抽菸的人比較容易會有肺癌罹患風險，但是不要提到多出多少倍的風險或機率就是了。

一般而言在醫學期刊勝算比出現的機會比相對風險多，一部分原因當然是大家較少採用耗時又耗力的前瞻性研究 (只能用相對風險)，另外一個原因是勝算比可用在前瞻性研究也可用在回溯性研究，而且它的統計性質 (property) 比較良好，因此統計學家喜歡用勝算比來發展統計方法。

小結

　　勝算比是試驗組的勝算 (odds) 除以對照組的勝算 (odds)。各組的 odds 為研究過程中各組發生某一事件 (event) 之人數除以沒有發生某一事件之人數。通常被使用於 case-control study 之中。當發生此一事件之可能性極低時，則 relative risk 幾近於勝算比 (odds ratio)。

4-4 異質機率模型：模擬資料 (heteroskedastic probit model)(hetprobit 指令)

若依變數 y 的標準差並非像常態分配預設一般維持不變，而會隨著平均數增大而增大。你可根據圖形或 white test 來發現 heteroskedasticity 的問題。

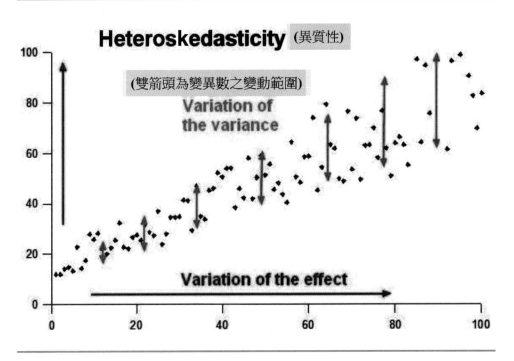

圖 4-10　heteroskedastic probit model 之示意圖

hetprobit 指令語法如下：

Syntax

hetprobit *depvar* [*indepvars*] [*if*] [*in*] [*weight*],

het (*varlist* [, offset (*varname₀*)]) [*options*]

options	Description
Model	
*het (*varlist* [...])	independent variables to model the variance and possible offset variable
noconstant	suppress constant term
offset(*varname*)	include *varname* in model with coefficient constrained to 1
asis	retain perfect predictor variables
constraints(*constraints*)	apply specified linear constraints
collinear	keep collinear variables
SE/Robust	
vce(*vcetype*)	*vcetype* may be oim, robust, cluster *clustvar*, opg, bootstrap, or jackknife
Reporting	
level(#)	set confidence level; default is level (95)
noskip	perform likelihood-ratio test
nolrtest	perform Wald test on variance
nocnsreport	do not display constraints
display_options	control column formats, row spacing, line width, display of omitted variables and base and empty cells, and factor-variable labeling
Maximization	
maximize_options	control the maximization process; seldom used
coeflegend	display legend instead of statistics

*het() is required. The full specification is het (*varlist* [, offset (*varname₀*)])
indepvars and *varlist* may contain factor variables; see [U] 11.4.3 Factor variables.
depvar, *indepvars*, and *varlist* may contain time-series operators; see [U] 11.4.4 Time-series varlists.
bootstrap, by, fp, jackknife, rolling, statsby, and svy are allowed; see [U] 11.1.10 Prefix commands.
Weights are not allowed with the bootatrap prefix; see [R] bootstrap.
vce (), noskip, and weights are not allowed with the svy prefix; see [SVY] svy.
fweights, iweights, and pweights are allowed; see [U] 11.1.6 weight.

範例：誤差異質性之機率模型 (heteroskedastic probit model)(hetprobit 指令)

(一) 資料檔之內容

用模擬來產生 1000 筆資料，並存至「hetprobxmpl.dta」資料檔，其模擬指令如下。

```
. set obs 1000
obs was 0, now 1000
. set seed 1234567
. gen x = 1-2*runiform()
* runiform() 產生 uniform 分布之 0~1 隨機值。
. gen xhet = runiform()
. gen sigma = exp(1.5*xhet)
* normal(z) 產生 0~1 之 cumulative standard normal distribution.
. gen p = normal((0.3+2*x)/sigma)
. gen y = cond(runiform()<=p,1,0)
. hetprob y x, het(xhet)
```

「hetprobxmpl.dta」資料檔內容如下圖。

圖 4-11 「hetprobxmpl.dta」資料檔內容 (N=1000 個數據)

觀察資料之特徵

```
* 開啟資料檔
. webuse hetprobxmpl

* 二個散布圖重疊
. twoway(scatter y x, sort)(scatter p x)

* 繪 xhet-x 散布圖
. twoway(scatter xhet x)
```

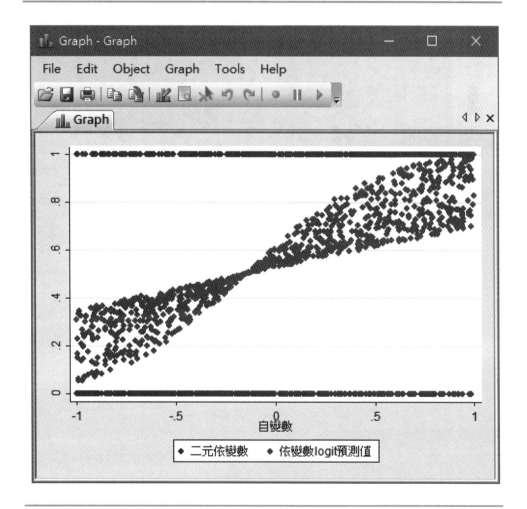

圖 4-12 「twoway(scatter y x, sort)(scatter p x)」結果

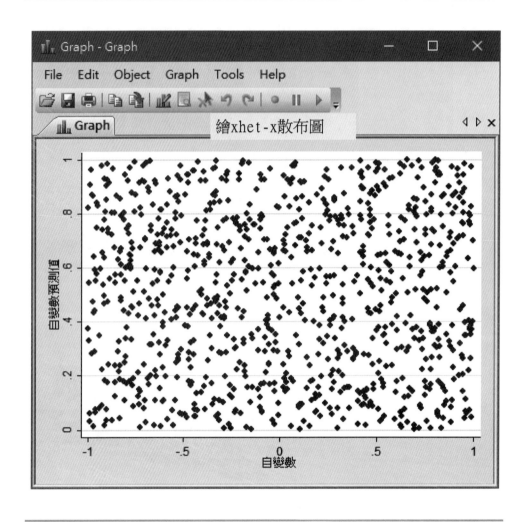

圖 4-13 「twoway(scatter xhet x)」結果

(二) 分析結果與討論

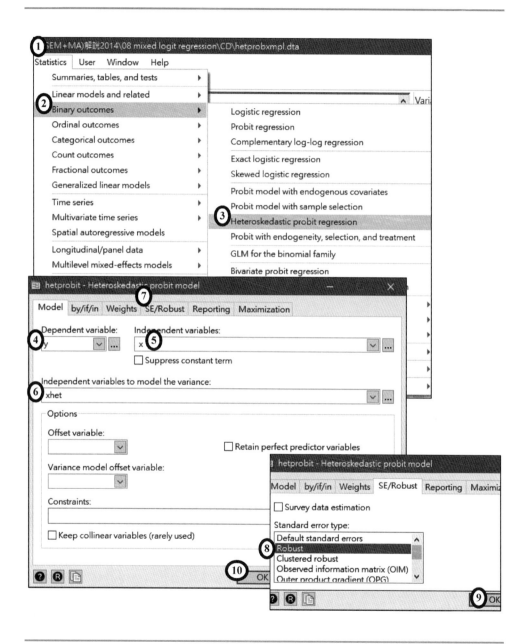

圖 4-14 「hetprobit y x, het(xhet) vce(robust)」畫面

```
* 開啟資料檔
. webuse hetprobxmpl

*Fit heteroskedastic probit model and use xhet to model the variance
*STaTa v15 用 hetprobit 指令，但 STaTa v12 用 hetprob 指令
. hetprobit y x, het(xhet)
Heteroskedastic probit model              Number of obs    =       1000
                                          Zero outcomes    =        452
                                          Nonzero outcomes =        548

                                          Wald chi2(1)     =      78.66
Log likelihood = -569.4783                Prob > chi2      =     0.0000

------------------------------------------------------------------------
        y |     Coef.   Std. Err.      z    P>|z|    [95% Conf. Interval]
----------+-------------------------------------------------------------
y         |
        x |  2.228031   .2512073     8.87   0.000    1.735673    2.720388
    _cons |  .2493822   .0862833     2.89   0.004     .08027     .4184943
----------+-------------------------------------------------------------
lnsigma2  |
     xhet |  1.602537   .2640131     6.07   0.000    1.085081    2.119993
------------------------------------------------------------------------
Likelihood-ratio test of lnsigma2=0 : chi2(1) =    44.06   Prob > chi2 = 0.0000
*Fit heteroskedastic probit model and request robust standard errors
. hetprobit y x, het(xhet) vce(robust)
(略)
* The vce(robust) standard errors for two of the three parameters are larger
than the previously reported conventional standard errors.
```

1. 整個迴歸模型達顯著水準 $\chi^2_{(1)}$ = **78.66**, $p < 0.05$。

2. 機率迴歸式為：

   $Pr(y = 1) = F\{(\beta_0 + \beta_1 x)/\exp(\gamma_1 xhet)\}$

   $Pr(y = 1) = F\{\dfrac{0.249 + 2.228 \times X}{e^{1.60xhet}}\}$

   $F\{\cdot\}$ 為累積常態分布。

3. Wald 檢定是：full model versus the constant-only model，即 $\dfrac{\beta_0 + \beta_1 x}{\beta_0}$ 指數

比達到顯著性 ($\chi^2_{(1)} = 44.06$，p < 0.05)。意即概似比之異質性檢定，它是「full model with heteroskedasticity against the full model without」是顯著的 (significant)，故本例拒絕「H_0：誤差無異質性」。表示本例不可忽視自變數 xhet 的修正值。

4-5 Bivariate probit 迴歸 vs. 二個似乎無相關依變數「private, vote」模型，誰優？(biprobit 指令)

Bivariate Probit Conditional Means

$\text{Prob}[y_{i1} = 1, y_{i2} = 1] = \Phi_2(\beta_1' x_{i1}, \beta_2' x_{i2}, \rho)$

This is not a conditional mean. For a generic x that might appear in either index function

$$\frac{\partial \text{Prob}[y_{i1} = 1, y_{i2} = 1]}{\partial x_i} = g_{i1}\beta_1 + g_{i2}\beta_2$$

$$g_{i1} = \varphi(\beta_1' x_{i1})\Phi\left(\frac{\beta_2' x_{i2} - \rho\beta_1' x_{i1}}{\sqrt{1-\rho^2}}\right), g_{i2} = \varphi(\beta_2' x_{i2})\Phi\left(\frac{\beta_1' x_{i1} - \rho\beta_2' x_{i2}}{\sqrt{1-\rho^2}}\right)$$

The term in β_1 is 0 if x_i does not appear in x_{i1} and likewise for β_2.

$$E[y_{i1} | x_{i1}, x_{i2}, y_{i2} = 1] = \text{Prob}[y_{i1} = 1 | x_{i1}, x_{i2}, y_{i2} = 1] = \frac{\Phi_2(\beta_1' x_{i1}, \beta_2' x_{i2}, \rho)}{\Phi(\beta_2' x_{i2})}$$

$$\frac{\partial E[y_{i1} | x_{i1}, x_{i2}, y_{i2} = 1]}{\partial x_i} = \frac{1}{\Phi(\beta_2' x_{i2})}(g_{i1}\beta_1 + g_{i2}\beta_2) - \frac{\Phi_2(\beta_1' x_{i1}, \beta_2' x_{i2}, \rho)\varphi(\beta_2' x_{i2})}{[\Phi(\beta_2' x_{i2})]^2}\beta_2$$

$$= \left[\frac{g_{i1}}{\Phi(\beta_2' x_{i2})}\right]\beta_1 + \left[\frac{g_{i2}}{\Phi(\beta_2' x_{i2})} - \frac{\Phi_2(\beta_1' x_{i1}, \beta_2' x_{i2}, \rho)\varphi(\beta_2' x_{i2})}{[\Phi(\beta_2' x_{i2})]^2}\right]\beta_2$$

圖 4-15 bivariate probit regression 之示意圖

有關雙變數之機率模型的介紹，你亦可參閱文獻：Greene (2012, 738–752)、Pindyck and Rubinfeld (1998). Poirier(1980) 則有解說 partial observability model。Van de Ven and Van Pragg (1981) 解說「probit model with sample selection」。

範例：Bivariate probit 迴歸 vs. 二個似乎無相關依變數「private, vote」模型，誰優？(同一個 biprobit 指令)

本例資料檔取自 Pindyck and Rubinfeld (1998, 332)。變數包括：

1. private：孩子是否上私立學校。
2. years：家庭到現在居住年數。
3. logptax：財產登記稅額。
4. loginc：收入記錄
5. vote：家長是否投票贊同增加財產稅

本例希望瞭解雙變數：(1) private：兒童是否上私立學校；(2) vote：家長是否投票贊同增加財產稅，這二個不相干的依變數是否受其他共變量的影響？

(一) 問題說明

為瞭解二個似乎無相關依變數「private, vote」之影響因素有哪些？(分析單位：家長)

研究者收集數據並整理成下表，此「school.dta」資料檔內容之變數如下：

變數名稱	說明	編碼 Codes/Values
結果變數 / 依變數：private	小孩讀私校嗎	0,1(binary data)
結果變數 / 依變數：vote	投票贊成加財產稅嗎	0,1(binary data)
解釋變數 / 自變數：logptax	log(財產稅)	5.9915～7.4955 美元
解釋變數 / 自變數：loginc	log(收入)	8.294～10.82 美元
解釋變數 / 自變數：years	家庭一直在現址居住之年數	1～49 年

(二) 資料檔之內容

「school.dta」資料檔內容如下圖。

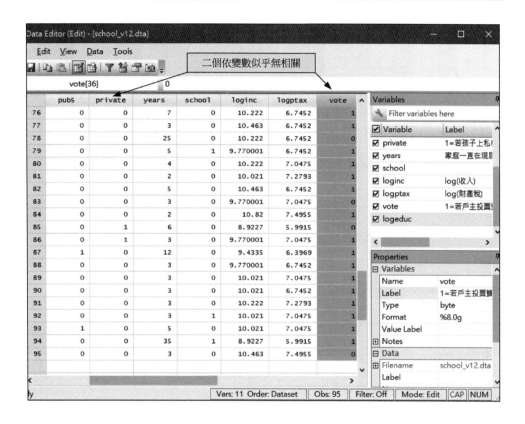

圖 4-16 「school.dta」資料檔內容 (N=95 個家長)

觀察資料之特徵

```
* 開啟資料檔
. webuse school

. des private vote logptax loginc years

              storage   display    value
variable name  type     format     label      variable label
-------------------------------------------------------------------
private        byte     %8.0g                 1= 若孩子上私校
vote           byte     %8.0g                 1= 若戶主投票贊成增加財產稅
logptax        float    %9.0g                 log( 財產稅 )
loginc         float    %9.0g                 log( 收入 )
years          byte     %8.0g                 家庭一直在現址居住之年數
```

(三) 分析結果與討論

Step 1. **Bivariate probit regression**：當對照組 (也是 biprobit 指令)

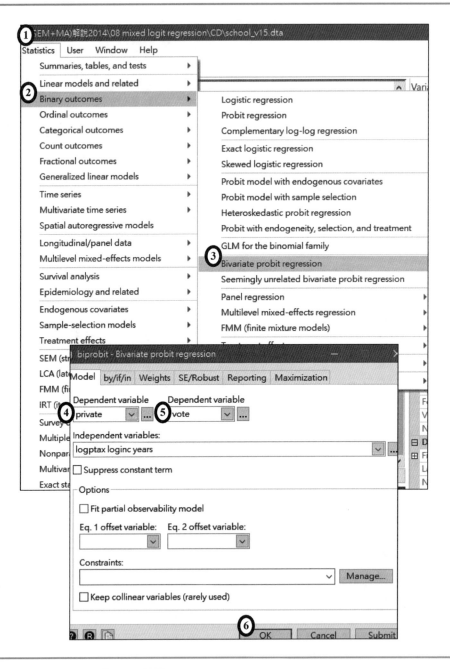

圖 4-17 「biprobit private vote logptax loginc years」畫面

* 開啟資料檔
. webuse school

* 模型一：Bivariate probit regression
. biprobit private vote logptax loginc years

Fitting comparison equation 1 :
Iteration 0:   log likelihood = -31.967097
Iteration 1:   log likelihood = -31.452424
Iteration 2:   log likelihood = -31.448958
Iteration 3:   log likelihood = -31.448958

Fitting comparison equation 2 :

Iteration 0:   log likelihood = -63.036914
Iteration 1:   log likelihood = -58.534843
Iteration 2:   log likelihood = -58.497292
Iteration 3:   log likelihood = -58.497288

Comparison: log likelihood = -89.946246

Fitting full model :

Iteration 0:   log likelihood = -89.946246
Iteration 1:   log likelihood = -89.258897
Iteration 2:   log likelihood = -89.254028
Iteration 3:   log likelihood = -89.254028

```
Bivariate probit regression                Number of obs    =         95
                                           Wald chi2(6)     =       9.59
Log likelihood = -89.254028                Prob > chi2      =     0.1431


-----------------------------------------------------------------------
            |    Coef.   Std. Err.      z    P>|z|   [95% Conf. Interval]
------------+----------------------------------------------------------
private     |
   logptax  | -.1066962  .6669782   -0.16   0.873   -1.413949   1.200557
```

```
   loginc |   .3762037   .5306484    0.71   0.478    -.663848    1.416255
    years |  -.0118884   .0256778   -0.46   0.643   -.0622159    .0384391
    _cons |  -4.184694   4.837817   -0.86   0.387   -13.66664    5.297253
----------+----------------------------------------------------------------
vote      |
  logptax |  -1.288707   .5752266   -2.24   0.025   -2.416131   -.1612839
   loginc |    .998286   .4403565    2.27   0.023    .1352031    1.861369
    years |  -.0168561   .0147834   -1.14   0.254   -.0458309    .0121188
    _cons |  -.5360573   4.068509   -0.13   0.895   -8.510188    7.438073
----------+----------------------------------------------------------------
  /athrho |  -.2764525   .2412099   -1.15   0.252   -.7492153    .1963102
----------+----------------------------------------------------------------
      rho |  -.2696186   .2236753                   -.6346806    .1938267

LR test of rho=0 : chi2(1) = 1.38444                 Prob > chi2 = 0.2393

. estat ic

Akaike's information criterion and Bayesian information criterion

-----------------------------------------------------------------------------
   Model |      Obs   ll(null)  ll(model)     df        AIC        BIC
---------+-------------------------------------------------------------------
       . |       95         .  -89.25403      9   196.5081   219.4929
-----------------------------------------------------------------------------
```

1. 以上報表印出三個疊代 (iteration) 記錄。第 1 個疊代記錄著第 1 個方程式；第 2 個疊代記錄著第 2 個方程式。若 $\rho = 0$，代表這二個模型之 log likelihood 的總和，等於 bivariate probit model 的 log likelihood。最後一個疊代 (iteration) 記錄，為 full bivariate probit model 的 log likelihood。

2. 本例 $\rho = -0.2696$，不等於 0，且 LR test of rho = 0 結果，求得卡方值 = 1.38(P > 0.05)，表示 comparison equation 1、2 與 full model 適配度比值無差異，故本樣本設計適合雙變量機率迴歸。

3. 模型一：bivariate probit regression，樣本適配此模型，求得 AIC = 196.508。

4. 另外，模型一比模型二：至少其 (vote = logptax loginc years) 迴歸係數，有二個達到顯著。故模型一至少比模型二優。

補充公式：

Methods and formulas

The log likelihood, $\ln L$, is given by

$$\xi_j^\beta = x_j\beta + \text{offset}_j^\beta$$
$$\xi_j^\gamma = z_j\gamma + \text{offset}_j^\gamma$$
$$q_{1j} = \begin{cases} 1 & \text{if } y_{1j} \neq 0 \\ -1 & \text{otherwise} \end{cases}$$
$$q_{2j} = \begin{cases} 1 & \text{if } y_{2j} \neq 0 \\ -1 & \text{otherwise} \end{cases}$$
$$\rho_j^* = q_{1j}q_{2j}\rho$$
$$\ln L = \sum_{j=1}^n w_j \ln \Phi_2\left(q_{1j}\xi_j^\beta, q_{2j}\xi_j^\gamma, \rho_j^*\right)$$

where $\Phi_2()$ is the cumulative bivariate normal distribution function (with mean $[0\ \ 0]'$) and w_j is an optional weight for observation j. This derivation assumes that

$$y_{1j}^* = x_j\beta + \epsilon_{1j} + \text{offset}_j^\beta$$
$$y_{2j}^* = z_j\gamma + \epsilon_{2j} + \text{offset}_j^\gamma$$
$$E(\epsilon_1) = E(\epsilon_2) = 0$$
$$\text{Var}(\epsilon_1) = \text{Var}(\epsilon_2) = 1$$
$$\text{Cov}(\epsilon_1, \epsilon_2) = \rho$$

where y_{1j}^* and y_{2j}^* are the unobserved latent variables; instead, we observe only $y_{ij} = 1$ if $y_{ij}^* > 0$ and $y_{ij} = 0$ otherwise (for $i = 1, 2$).

In the maximum likelihood estimation, ρ is not directly estimated, but atanh ρ is

$$\text{atanh } \rho = \frac{1}{2}\ln\left(\frac{1+\rho}{1-\rho}\right)$$

From the form of the likelihood, if $\rho = 0$, then the log likelihood for the bivariate probit models is equal to the sum of the log likelihoods of the two univariate probit models. A likelihood-ratio test may therefore be performed by comparing the likelihood of the full bivariate model with the sum of the log likelihoods for the univariate probit models.

Step 2. 二個依變數似不相關之機率迴歸 (seemingly unrelated bivariate probit regression)(也是 biprobit 指令)

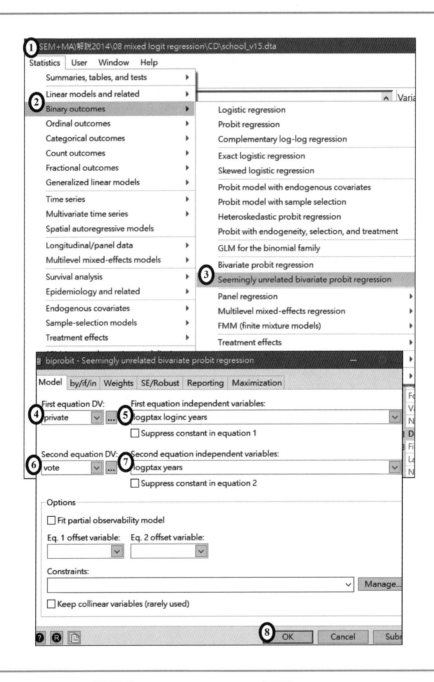

圖 4-18 「biprobit(private = logptax loginc years)(vote = logptax years)」畫面

* 開啟資料檔
. webuse school

模型二：Seemingly unrelated bivariate probit regression

. biprobit(private = logptax loginc years)(vote = logptax years)

Seemingly unrelated bivariate probit

		Number of obs	=	95
		Wald chi2(5)	=	4.77
Log likelihood = -92.215278		Prob > chi2	=	0.4440

	Coef.	Std. Err.	z	P>|z|	[95% Conf. Interval]
private						
logptax	-.194247	.6677031	-0.29	0.771	-1.502921	1.114427
loginc	.5289522	.5339413	0.99	0.322	-.5175536	1.575458
years	-.0107319	.0255361	-0.42	0.674	-.0607818	.039318
_cons	-5.108515	4.83203	-1.06	0.290	-14.57912	4.362089
vote						
logptax	-.6138309	.4585021	-1.34	0.181	-1.512478	.2848167
years	-.0230864	.0143602	-1.61	0.108	-.0512319	.0050591
_cons	4.773266	3.235681	1.48	0.140	-1.568552	11.11508
/athrho	-.2801136	.2453392	-1.14	0.254	-.7609696	.2007424
rho	-.2730102	.2270529			-.6416477	.1980887

LR test of rho=0: chi2(1) = 1.37223   Prob > chi2 = 0.2414

. estat ic

Akaike's information criterion and Bayesian information criterion

Model	Obs	ll(null)	ll(model)	df	AIC	BIC

```
    .  |      95       .   -92.21528      8    200.4306   220.8616
----------------------------------------------------------------------

* Seemingly unrelated bivariate probit regression with robust standard errors
. biprobit( private = logptax loginc years)( vote = logptax years), vce(robust)
(略)
```

1. 模型二：seemingly unrelated bivariate probit regression，樣本適配此模型，
   求得 AIC=200.4306。由於 模型一：bivariate probit regression，模型適配度
   AIC=196.508，小於模型二，故模型一比模型二優。

多分類 (Multinomial) 依變數：多項邏輯斯迴歸分析 (mlogit、asmprobit、mprobit、bayes: mlogit 指令)

在迴歸分析中若反依變數為二元類別變數 (binary variable)，例如手術的兩個結果 (存活或死亡)，若以此為反依變數，則二元邏輯斯迴歸模型 (binary logistic regression model) 經常會用來分析。而若反依變數為超過二元的類別變數，例如研究者欲探討不同年齡層對睡眠品質重要性的看法，以三分法的李可特量尺 (3-point Likert scale：1. 不重要、2. 中等重要、3. 很重要) 測量個案對睡眠品質重要性的看法，它就是多項 (multinomial) 邏輯斯迴歸。

多項 (multinomial)logit 模型是整個離散選擇模型體系的基礎，在實際中也最為常用，一方面是由於其技術門檻低、易於實現。

一、二元依變數、次序、multinomial 依變數的概念比較

在社會科學中，我們想解釋的現象也許是：

1. 二元 / 二分：勝 / 敗、(投 / 不投) 票、票投 1 號 / 票投 2 號。

   當我們的依變數是二分類，我們通常以 1 表示我們感興趣的結果 (成功)，以 0 表示另外一個結果 (失敗)。此二元分布稱為二項分布 (binomial distribution)。此種 logit 迴歸之數學式為：

   $$\log \left[\frac{P(Y=1)}{1-P(Y=1)}\right] = \beta_0 + \beta_1 X_1$$

   $$\frac{P(Y=1)}{1-P(Y=1)} = e^{\beta_0 + \beta_1 X_1} = e^{\beta_0} (e^{\beta_1})^{X_1}$$

2. 次序 多分 (等第)：例如，滿意度，從非常不滿～非常滿意。此四分類的滿意度為：

   $$P(Y \leq 1) = P(Y = 1)$$

   $$P(Y \leq 2) = P(Y = 1) + P(Y = 2)$$

   $$P(Y \leq 3) = P(Y = 1) + P(Y = 2) + P(Y = 3)$$

非常不滿意	不太滿意	有點滿意	非常滿意
$P(Y=1)$	$P(Y=2)$	$P(Y=3)$	$P(Y=4)$

截距一　　　　截距二　　　　截距三

$P(Y \leq 1)$	$P(Y > 1)$		
$P(Y \leq 2)$		$P(Y > 2)$	
$P(Y \leq 3)$			$P(Y > 3)$

$$odds = \frac{P(Y \leq j)}{P(Y > j)}$$

$$\text{logit}\,[P\,(Y \leq 1)] = \log\left[\frac{P(Y=1)}{P(Y>1)}\right] = \log\left[\frac{P(Y=1)}{P(Y=2)+P(Y=3)+P(Y=4)}\right]$$

$$\text{logit}\,[P\,(Y \leq 2)] = \log\left[\frac{P(Y \leq 2)}{P(Y>2)}\right] = \log\left[\frac{P(Y=1)+P(Y=2)}{P(Y=3)+P(Y=4)}\right]$$

$$\text{logit}\,[P\,(Y \leq 3)] = \log\left[\frac{P(Y \leq 3)}{P(Y>3)}\right] = \log\left[\frac{P(Y=1)+P(Y=2)+P(Y=3)}{P(Y=4)}\right]$$

$$\text{logit}\,[P(Y \leq j)] = \alpha - \beta X, j = 1, 2, \cdots, c-1$$

當 c 有 4 組，自變數解釋：

$Y \leq 1$、$Y \leq 2$、$Y \leq 3$ 時，他們對 logit 的影響，會產生 $c-1$ 個截距，故此模型又稱為比例勝算 (proportional odds) 模型。

3. 多元勝算對數 (multinomial logit) 模型：三個候選人、政黨認同。

基本模型：

$$\log\left[\frac{P(Y=j)}{P(Y=c)}\right] = \alpha_j + \beta_j X_1, j = 1,...,c-1$$

例如，三類別宗教傾向 (level = 3 類當比較基準點)：道教、佛教、無。

$$\log\left[\frac{P(Y=1)}{P(Y=3)}\right] = \alpha_1 + \beta_1 X_1$$

$$\log\left[\frac{P(Y=2)}{P(Y=3)}\right] = \alpha_2 + \beta_2 X_1$$

5-1 多項邏輯斯模型 (multinominal logit model, MNL)

當依變數為二元的類別變數時，若想作迴歸分析，此時不能再使用一般的線性迴歸，而應該要改用二元邏輯斯迴歸分析。

二元邏輯斯迴歸式如下：

$$\text{logit}\,[\pi(x)] = \log\left(\frac{\pi(x)}{1-\pi(x)}\right) = \log\left(\frac{P(x=1)}{1-P(x=1)}\right) = \log\left(\frac{P(x=1)}{P(x=0)}\right) = \alpha + \beta x$$

公式經轉換為

$$\frac{P(x=1)}{P(x=0)} = e^{\alpha + \beta x}$$

1. 邏輯斯方程式很像原本的一般迴歸線性模式，不同點於現在的依變數變爲事件發生機率的勝算比。
2. 因此現在的 β 需解釋爲，當 x 每增加一單位時，事件發生的機率是不發生的 $\exp(\beta)$ 倍。
3. 爲了方便結果的解釋與理解，一般來說我們會將依變數爲 0 設爲參照組 (event free)。

一、多項邏輯斯模型 (multinominal logit model, MNL) 概述

多項邏輯斯 (MNL) 是 logit 類模型的基本形式，其效用隨機項 $\varepsilon_{i,q}$ 相互獨立且服從同一 Gumble 極值分布。基於概率理論，J 個選擇項 MNL 模型可以表示成：

$$P_{i,q} = \frac{\exp(bV_{i,q})}{\sum_{j=i}^{J} \exp(bV_{j,q})} = \frac{1}{1 + \sum_{J \neq 1} \exp(b(V_{J,q} - V_{i,q}))} \text{，} i = 1, 2, \cdots\cdots, J \qquad (5\text{-}1)$$

$P_{i,q}$ 是外出者 q 對選擇項 i 的概率，b 是參數。

MNL 模型通過效用函數確定項的計算就可以獲得個體不同交通方式的選擇概率。通過模型檢定，其效用函數的隨機項因素影響已經被表達在參數 b 中。

由於模型概念明確、計算方便而在經濟、交通等多方面得到廣泛應用。

MNL 模型也在應用中受到某些制約，最大限制在於各種交通方式在邏輯上必須是對等的 (IIA 特性)。如果主要方式和次要方式混雜在一起，所得到的結果就會有誤差。MNL 模型應用中表現的另一點不足是計算概率僅與交通方式效用項差值有關，而與效用值自身大小無關，缺乏方式之間的相對比較合理性。

產生限制或不足的根本原因是 logit 模型在推導中假定了效用隨機項是獨立分布的 (IID：independent and identical distribution)，但在現實中存在著影響各選擇項效用的共同因素，組成效用項的某個因素發生變化，會引發多種交通方式市場份額的變化，其影響大小可以引用經濟學中的交叉彈性係數來表達。

二、多項邏輯斯模型發展出幾個重要模型

現有 MNL 模型的改進中常用的有 BCL 模型 (Box-Cox logit)、NL(巢狀) 模型 (nested logit mode1)、Dogit 模型和 BCD 模型 (Box-Cox dogit)。

BCL 模型對效用項計算進行變換，方式選擇概率計算與效用項的大小有了關聯，也改善了方式之間的合理可比性。

NL 模型是對 MNL 的直接改進，它由交通方式的邏輯劃分、結構係數與 MNL 子模型共同構成。由於各種方式之間明確了邏輯關係，子巢內交通方式選擇概率由結構係數控制，因此它緩解了 IIA 問題，是目前應用最為廣泛的模型之一。但巢狀層次結構的構造沒有一定的規則可循，方式劃分的不同帶來計算結果也不盡相同。

Dogit 將交通方式選擇劃分為「自由選擇」與「強迫選擇」兩部分，「強迫選擇」方式是交通的基本必要消費 (如上下班、上下學)，「自由選擇」相對為非基本消費，且服從 MNL 模型。Dogit 模型比 MNL 模型減少了交叉彈性係數，改變子選擇項數量對其他選擇項的概率影響相應減小。此外，每個選擇項的交叉彈性係數可以不同，使得選擇項之間的柔性增加。

BCD 模型組合了 BCL 模型的效用確定項計算變換與 Dogit 模型，它同時完成了 BCL 和 Dogit 兩個模型從 IIA 到交叉彈性兩個方面的改進。

三、多項邏輯斯模型的新延伸模型

1. CNL 模型 (cross-nested logit)

CNL 模型 (Voshva，1998) 是 MNL 模型的又一改進模型，為了體現各選擇項之間的相關和部分可替代性，它設有 m 個選擇子巢，允許各選擇項按不同的比例分布到各個結構參數相同的選擇子巢中，其單一選擇項概率可表達為所有被選中的包含該選擇項的子巢概率和子巢內選擇該選擇項概率的乘積和：

$$P_i = \sum_m P_{i/m} \cdot P_m = \sum_m \left[\frac{(\alpha_{im} e^{V_i})^{1/\theta}}{\sum_{j \in N_m} (\alpha_{jm} e_j^v)^{1/\theta}} \cdot \frac{\sum_{j \in N_m} (\alpha_{jm} e_j^v)^{1/\theta}}{\sum_m (\sum_{j \in N_m} (\alpha_{jm} e_j^v)^{1/\theta})^\theta} \right] \tag{5-2}$$

V_i 是 i 選擇項可觀測到的效用值，N 是選擇巢 m 中的選擇項數目，$\theta \in (0, 1)$ 是各巢之間的結構係數，$\alpha_{im} = 1$ 是選擇項 i 分布到 m 巢的份額，對所有 i 和 m 它滿足：

$$\sum_m \alpha_{im} = 1$$

$$P_i = \sum_{J \neq 1} P_{i/ij} \cdot P_{ij} = \sum_{j \neq 1} \left\{ \frac{(\alpha e^{V_i})^{1/\theta_{iJ}}}{(\alpha e^{V_i})^{1/\theta_{ij}} + (\alpha e^{V_j})^{1/\theta_{ij}}} \cdot \frac{[(\alpha e^{V_i})^{1/\theta_{iJ}} + (\alpha e_j^V)^{1/\theta_{iJ}}]_{iJ}^\theta}{\sum_{k=1}^{J-1} \sum_{m=k+1}^{J} [(\alpha e^{V_k})^{1/\theta_{km}} + (\alpha e_m^V)^{1/\theta_{km}}]_{km}^\theta} \right\} \tag{5-3}$$

其中，J 爲選擇項總數，$\theta \in (0, 1)$ 爲每個對的結構參數，$\alpha = \dfrac{1}{j-1}$ 爲分布份額參數，表示 i 分布到 (i, j) 對的概率。由於模型子巢是選擇對，兩選擇項之間不同的交叉彈性、部分可替代性可以充分表達，從而進一步緩解了 IIA 特性。但相同的分布參數值 (這與 CNL 模型可任意比例分布不同)，限制了交叉彈性係數的最大值，也限制了最大相關。

如果改 PCL 結構參數 0 可變，結合 CNL 可變的選擇項分布份額參數值，便組成具有充分「柔性」的 GNL 模型 (Wen & Koppelman, 2000)，PCL 和 CNL 模型是 GNL 模型的特例。

2. 誤差異質多項邏輯斯模型 (heteroskedastic mutinomial logit, HMNL) **和共變異質多項邏輯斯模型** COVNL **模型** (covariance heterogeneous nested logit)

HMNL 模型 (Swait & Adamowicz, 1996) 從另一個角度、由 MNL 模型發展而來，它保留了 MNL 模型的形式、IIA 特性和同一的交叉彈性，但它允許效用隨機項之間具有相異變異數，它認爲不同外出者對效用的感受能力和應對方法是不同的，這種不同可以通過隨機效用項相異變異數表達在模型中。不同於 MNL，HMNL 認爲，不同的外出者感受到的選擇項集合與選擇分類方式是不完全相同的，因此效用可觀測項定義爲與選擇項 i 和整個被選擇的交通系統劃分方式 q(即方式選擇的樹形結構) 有關的函數。

E_q 爲個人特性 (如收入) 與被選擇系統 (如選擇項數量、選擇項之間的相似程度) 的函數。尺度因數 $\mu(E_q)$ 是表達交通系統組成 (樹形結構) 複雜程度的函數。由於計算概率值受到尺度因數的控制，各選擇項之間就具有了不同相關關係與部分可替代的「柔性」：

$$P_{i,q} = \frac{e^{\mu(E_q)V_{J,q}}}{\sum_{j=1}^{J} e^{\mu(E_q)V_{J,q}}} \tag{5-4}$$

HMNL 模型定義的尺度因數可以確保不同外出者所感受到的不盡相同的交通系統的選擇項之間有不同的交叉彈性和相關性。

COVNL 模型 (Bhat, 1997) 是一種擴展的巢狀模型，它在選擇巢之間允許有不同變異數，通過結構係數函數化以達到選擇巢之間的相關性和部分可替代性的目的：

$$\theta_{m,q} = F(\alpha + \gamma' \cdot X_q) \tag{5-5}$$

式中，結構係數 $\theta \in (0, 1)$，F 是傳遞函數，X_q 是個人和交通相關的特性向量，α 和 γ' 是需要估計的參數，可根據經驗給定。從模型各選擇項的可變的交叉彈性係數 ($\eta^{P_j}_{X,k} = -\mu(E_q)\beta_k, X_{i,k}, P_j, E_q$ 可變，交叉彈性可變) 可以看出，選擇項之間可以存在不同相關關係與柔性的部分可替代性。如果 $\gamma' = 0$，則 COVNL 模型退化為 NL 模型。

四、MNL 模型的發展脈絡與方法

一般認為，MNL 模型隱含了三個假定：(1) 效用隨機項獨立且服從同一極值分布 (IID)；(2) 各選擇項之間具有相同不變的交叉響應；(3) 效用隨機項間相同變異數。這三項假定均不符合交通方式選擇的實際情況，並引發一些謬誤。MNL 模型正是通過改善模型相對比較合理性，緩解或解除一個或多個隱含假定而發展起來的，其改進方法主要包括：

1. 對效用可觀測項計算進行非線性變換，改善單個因素對可觀測效用的邊際影響，提高各選擇項計算概率的相對比較合理性，BCL 模型屬於此類型。另一種途徑是選擇項採用「市場競爭」的思想進行分類與份額分布，從而達到緩解 IIA 特性的目的，此類型包括 Dogit 和 BCD 模型等。

2. 建立「柔性模型結構」，它通過建立樹型巢狀結構、常數或非常數的結構參數以及各選擇項分布到各子巢的份額參數，效用隨機項服從同一分布且相互獨立性，同時也使得各選擇項交叉響應特性按分布差異產生變化。此類模型有 NL、CNL、PCL 和 GNL 模型以及其他的改進型，包括：(1) GenMNL(generalized MNL；Swait, 2000) 模型 (分布參數不可變的 GNL 模型)。(2)fuzzy nest logit(FNL)(Voshva, 1999) 模型 (允許多級子巢嵌套的 GNL 模型)。(3)OGEV fordered generalized extreme value(Small,1987) 模型：將部分可替代性好的選擇項分布到同一子巢中，通過改變同一個子巢中選擇項的數目、每個子巢中各選擇項分布份額和每個子巢的結構參數。達到各選擇項之間不同水平相關、部分可替代的目的。(4)PD (principles of differentiation；Bresnahanet al., 1997) 模型：認為同一類相近性質選擇項之間的競爭遠大於不同類選擇項之間的競爭，模型依循多種因素定義子類 (子巢)，並依循每種因素定義了多級水平。它不同於 NL 模型的有序樹形結構，是從一個有別於其他模型的角度建立樹形巢結構，允許不同因素的交叉彈性。

3. 將各選擇項效用隨機項之間或選擇子巢之間異變異數來改善 IIA 引發的問題，HMNL 和 COVNL 模型屬於此類型。

5-2 多項 (multinomial) logit 迴歸之多項選擇

一般在研究迴歸分析時，常遇到依變數為二擇一的問題，如高中畢業後，是否繼續讀大學？或是公司成長至某階段時，是否選擇上市？此種問題一般可使用 binomial logit 迴歸或 binomial probit 迴歸來作分析。然而在某些情況下，迴歸分析所面臨的選擇不止是二擇一的問題，如某一通勤者可能面臨自己開車、搭公車或捷運去上班的三擇一問題。或是，公司面臨是否初次發行公司債，若是選擇發行，則要選擇普通公司債，或是轉換公司債？此時決策者面臨多個方案選擇，一個較佳的解決方式，為使用多項邏輯斯 (multinomial logit) 迴歸，此迴歸可同時解決多重方案的選擇問題。

Multinomial logit 迴歸係指「當依變數分類超過二項」之多項選擇迴歸。例如，美國總統大選選民民意調查，欲瞭解選民之性別、年齡層及學歷別，如何影響投票給當時三位候選人。

STaTa 多項選擇迴歸 (multinomial choice)：又分 multinomial probit, multinomial (polytomous)logistic 迴歸兩大類。

舉例來說，財務危機研究方法眾多，且持續不斷的推陳出新，包括：採取逐步多元區別分析法 (stepwise multiple discriminant analysis, MDA)、邏輯斯迴歸分析 (logit model)、機率單位迴歸 (probit model)、遞迴分割演算迴歸 (recursive partitioning model)、類神經網路 (artificial neural netwoks)、比較決策樹 (classification and regression trees, CART) 等資料探勘技術、概略集合理論 (rough sets theory)、存活分析 (survival analysis) 等方法不斷的進步更新。

表 5-1 「預警」迴歸之統計方法比較表

方法	假定條件	優點	缺點
單變數 （如 odds ratio）	1. 分析性變數 2. 資料分布服從常態分布	適合單一反依變數不同組別之比較	比較母體若超過二群以上則較不適合
區別分析	1. 反依變數為分類別變數，而解釋變數為分析性 2. 資料分布服從常態分布	1. 可同時考慮多項指標，對整體績效衡量較單變數分析客觀 2. 可瞭解哪些財務比率最具區別能力	1. 不適合處理分類別解釋變數 2. 財務資料較難以符合常態假設 3. 迴歸使用前，資料須先經標準化
邏輯斯迴歸	1. 反依變數為分類別變數	1. 解釋變數可以是分析性或分類別 2. 可解決區別分析中自變數資料非常態的問題 3. 迴歸適用於非線性 4. 資料處理容易、成本低廉	加入分類別解釋變數，參數估計受到樣本數量影響
probit 迴歸	1. 殘差項須為常態分布 2. 各群體之共變數矩陣為對角化矩陣	1. 可解決區別分析中自變數資料非常態的問題 2. 機率值介於 0 與 1 之間 3. 迴歸適用非線性狀況	1. 迴歸使用前必須經由資料轉換 2. 計算程序較複雜（這二個疑問 STaTa 都可輕易解決）

　　誠如 Zmijewski(1984) 所說，財務比率資料大多不符合常態分布，有些「依變數 (Y) 為 nomial 變數，且 Levels 個數大於 2」，而邏輯斯迴歸、multinomial logit 迴歸恰可解決自變數非常態、迴歸非線性與依變數 (Y) 非連續變數的疑問，且 STaTa 資料處理容易。因此，本章節特別介紹：多元邏輯斯迴歸 (multinomial logit model, MNLM)。

5-3 Multinomial logit 迴歸之解說 (mlogit 指令)

　　Multinomial logit 迴歸之應用領域，包括：

1. 預期財富向下移轉對子女教育之影響——實證分析。
2. 以多項邏輯斯迴歸模型分析青少年 BMI 與身體活動量之相關性。
3. 臺灣選民經濟投票行為之研究：以四次總統大選為例。
4. 法拍屋拍定拍次、競標人數與得標價之決定因素：以士林法院為例。

5. 企業槓桿與研發技術槓桿之研發策略選擇之研究。

6. 董事會結構、操作衍生性金融商品交易對資訊透明度的影響。

7. 信用卡業務的徵審過程、繳款改變與違約之研究。

8. 商業銀行如何衡量住宅貸款之違約機率與違約損失率──內部模型法之應用。

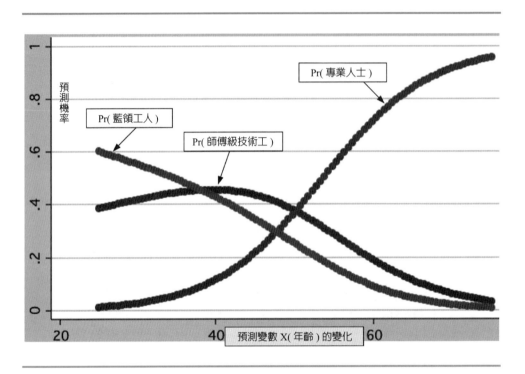

圖 5-1 multinomial logit 迴歸之示意圖 (依變數為職業別，自變數為年齡)

　　例如，影響我國上市公司初次公開發行公司債之因素為下列 6 個預測變數，其 logit 迴歸之表示式為：

$$\ln(IPO_{it}) = F(\beta_0 + \beta_1 Sales_i + \beta_2 \text{Growth}_i + \beta_3 Capex_i + \beta_4 MTB_i + \beta_5 R\&D_i + \beta_6 Inteship_i)$$

上式中的 IPO_{it} 為一 Nomial 變數，若公司在 t 年度決定發行公司債，則其值為 1，否則為 0。

　　F(·) 為標準常態分布的累積分布函數。

1. 使用銷售額 ($Sales_{it-1}$) 作為公司規模的代理變數，以發行債券前一會計年度 (t − 1) 年末之值取自然對數。由於規模愈大的公司愈有可能藉由首次公開發行公司債來獲取外部資金，因此預期 $Sales_{it-1}$ 之係數將是正值。

2. 銷售額成長率 (*Growth*~it~) 為銷售額的變動程度，定義為發行債券前一年與發行當年銷售額之變化率，而 *Capex*~it-1~ 是指發行前一年度該公司的資本支出占總資產帳面價值的比例。

3. *Growth*~it~ 與 *Capex*~it-1~ 是用以衡量每家公司對於融資需求的程度，我們預期此二變數與初次發行公司債的機率之間為正相關。

4. *MTB*~it-1~ 為市值對帳面值比，亦即 (權益市值＋負債總額帳面值)/ 資產總額帳面值之比例，我們使用 *MTB*~it-1~ 作為預期公司未來成長機會的代理變數。

5. *R & D*~it-1~ 為研發費用率，是指每家公司的研究發展費用占銷售額之比例。

6. *Inership*~it-1~ 代表內部人持股比例，以董監事與經理人的持股比例來衡量。本文預期 *MTB*~it-1~ 與 *Inership*~it-1~ 二變數與初次發行公司債的機率之間為負相關，而 *R & D*~it-1~ 與初次發行公司債的機率之間呈正相關。

Multinomial logit 迴歸之推導

令 N 個方案其機率分別為 $P_1, P_2, \cdots, P_N$。故 multinomial logit 迴歸可以下列式子表示之：

$$\log(\frac{P_{jt}}{p_{1t}}) = X_t \beta_j \quad, \quad j = 2,3,\cdots,N \quad; \quad t = 1,2,3,\cdots,T$$

其中，

t：表第 t 個觀察值。

T：表觀察值的個數。

X_t：表解釋變數的 $1 \times K$ 個向量中之第 t 個觀察值。

β_j：表未知參數的 $K \times 1$ 個向量。

上式，$N - 1$ 的方程式，其必要條件為 $P_{1t} + P_{2t} + \cdots + P_{Nt} = 1$，且各機率值皆不相等。故各機率值可以下列式子表示之：

$$P_{1t} = \frac{1}{1 + \sum_{j=2}^{N} e^{X_t \beta_i}}$$

$$P_{1t} = \frac{e^{X_t \beta_i}}{1 + \sum_{j=2}^{N} e^{X_t \beta_i}} \quad, \quad i = 2,3,\cdots,N$$

此迴歸可藉由最大概似法 (likelihood) 中觀察其最大概似函數來估計：

$$L = \prod_{t \in \theta_1} P_{1t} \times \prod_{t \in \theta_2} P_{2t} \times \cdots \times \prod_{t \in \theta_n} P_{Nt}$$

$$\theta_j = \{t \mid 第\ j\ 個觀察值\}$$

Π 是機率 p 連乘之積。

因此

$$L = \prod_{t \in \theta_1} \frac{1}{1 + \sum\limits_{j=2}^{N} e^{X_t \beta_j}} \times \prod_{i=2}^{N} \prod_{t \in \theta_1} \frac{e^{X_t \beta_j}}{1 + \sum\limits_{j=2}^{N} e^{X_t \beta_j}} = \prod_{t=1}^{T} \left(\frac{1}{\sum\limits_{j=2}^{N} e^{X_t \beta_j}} \right) \times \prod_{i=2}^{N} \prod_{t \in \theta_1} e^{X_t \beta_j}$$

而此概似函數的最大值可藉由非線性的最大化方式求得。為獲取 β_1, β_2, $\cdots$, β_N 的有效估計量，必須建構一個資訊矩陣 (information matrix)，可以下列式子表示之：

$$F = \begin{bmatrix} F_{22} & F_{23} & F_{24} \cdots F_{2N} \\ F_{32} & F_{33} & \cdots & F_{3N} \\ \vdots & \vdots & \ddots & \vdots \\ F_{N2} & F_{N3} & \cdots & F_{NN} \end{bmatrix}$$

其中

$$F_{rr} = \sum_{t=1}^{T} P_{rt}(1 - P_{rt}) X_t^{'} X_t\ ，\ r = 2, 3, \cdots, N$$

$$F_{rs} = -\sum_{t=1}^{T} (P_{rt} P_{st}) X_t^{'} X_t\ ，\ r = 2, 3, \cdots, N$$

F 的反矩陣即為 $\hat{\beta}$ 之漸進共變異數矩陣 (asymptotic covariance matrix)，其中，$\hat{\beta} = [\hat{\beta}_2, \hat{\beta}_3, \cdots, \hat{\beta}_N]$。multinomial logit 迴歸需要選擇某一方案當作「基底」(base) 方案，而將其他方案與此「基底」進行比較，因此我們在上述的三個方案當中，選擇以不發行公司債作為基底方案。其中，logit 迴歸方程式的應變數為第 i 個方案相對於基底方案之「勝算比」(log-odds) 機率。

假設 multinomial logit 迴歸之自變數有 6 個，包括：公司規模 (Sales)、融資需求 (growth)、預期未來成長機會 (MTB)、研究發展費用率 (R&D)、內部人持股率 (inership)。上述這些自變數所建立 multinomial logit 迴歸如下：

$$\ln\left(\frac{P_{si}}{P_{ni}}\right) = \beta_0 + \beta_1 Sales_i + \beta_2 \text{Growth}_i + \beta_3 Capex_i + \beta_4 MTB_i + \beta_5 R\&D_i + \beta_6 Inteship_i$$

$$\ln\left(\frac{P_{ci}}{P_{ni}}\right) = \beta_0 + \beta_1 Sales_i + \beta_2 \text{Growth}_i + \beta_3 Capex_i + \beta_4 MTB_i + \beta_5 R\&D_i + \beta_6 Inteship_i$$

其中

1. P_{ni} 代表第 i 家公司選擇「不發行」公司債的機率。

2. P_{si} 與 P_{ci} 分別表示第 i 家公司選擇「發行」有擔保公司債及可轉換公司債之機率。

　經 multinomial logit 迴歸分析結果如下表。

表 5-2　**Multinomial logit 迴歸模式預測初次發行公司債**

自變數	$\ln\left(\dfrac{P_{si}}{P_{ni}}\right)$ (P-value)	$\ln\left(\dfrac{P_{ci}}{P_{ni}}\right)$ (P-value)
銷售額	1.084 [a2] (0.209)	0.769 [a] (0.160)
銷售額成長率	0.012 [b] (0.005)	0.012 [b] (0.005)
資本支出 / 總資產	0.028 (0.021)	0.043 [a] (0.016)
市值對帳面值比	−0.902 [a] (0.277)	−0.061 (0.136)
研發費用率	0.179 [b] (0.074)	0.119 [b] (0.058)
內部人持股比例	−0.024 [c] (0.013)	−0.012 (0.010)

註：1.P_{ni}, P_{si}, P_{ci} 分別代表第 i 家公司選擇「不發行」公司債、有擔保公司債、可轉換公司債之機率。

　　2.a, b, c 分別表示達 1%,5%,10% 的顯著水準。括弧中之數值為標準誤 (standard errors)。

　　結果顯示：銷售額 (Sales) 在 1% 顯著水準下，分別與「選擇發行有擔保公司債相對於不發行公司債之機率」以及「選擇發行可轉換公司債相對於不發行公司債之機率」呈現顯著正相關。

　　其次，衡量公司融資需求的兩個代理變數：銷售額成長率 (Growth) 與資本

支出占總資產比例 (Capex) 之研究結果顯示，Growth 在 5% 水準下，分別與發行有擔保公司債以及可轉換公司債之機率呈顯著正相關。雖然 Capex 是在 1% 顯著水準下，僅與發行可轉換公司債的機率呈正相關，但是 Capex 對於全體樣本發行有擔保公司債仍是有正面的影響性存在。

5-4 Multinomial logit 迴歸分析：職業選擇種類 (mlogit 指令)

本例之「occ 職業別」是屬 nomial 變數，其編碼為：1= Menial 工作者，2 = BlueCol，3 = Craft，4 = WhiteCol，5 = Prof。這 5 種職業類別之 codes 意義，並不是「1 分 < 2 分 < 3 分 < 4 分 < 5 分」。因此這種 nomial 依變數，採用 binary logit 與 OLS 迴歸都不太對，故 STaTa 提供「multinomial logit 迴歸」，來分析「多個自變數」對 multinomial 依變數各類別之兩兩對比的勝算機率。

一、範例：multinomial logit 迴歸

(一) 問題說明

研究者先文獻探討以歸納出影響職業別的遠因，並整理成下表，此「nomocc2_Multinomial_Logit.dta」資料檔之變數如下：

變數名稱	影響職業選擇種類的遠因	編碼 Codes/Values
occ	職業選擇的種類	(1)Menial (2)BlueCol (3)Craft (4)WhiteCol (5) Prof
white	1. 白人嗎？(種族優勢)	1=white 0=not white
ed	2. 受教育年數	
exper	3 工作經驗的年數	

(二) 資料檔之內容

「nomocc2_Multinomial_Logit.dta」資料檔內容如下圖。

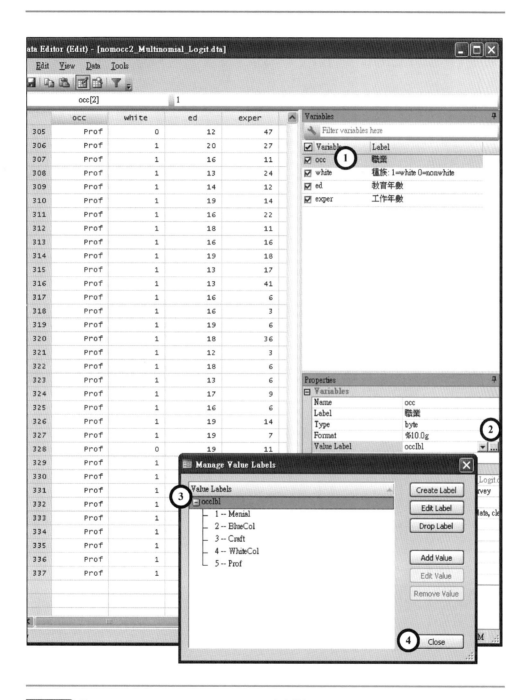

圖 5-2 「nomocc2_Multinomial_Logit.dta」資料檔 (N=337, 4 variables)

(三) Multinomial logit 迴歸之選擇表操作

Statistics > Categorical outcomes > Multinomial logistic regression

| Setp 1. | **Multinomial logit 迴歸，看 3 個自變數之預測效果**

```
. use nomocc2_Multinomial_Logit.dta
* 職業別 ( 第 1 個類別為比較基準 ) 之 Multinomial Logit 迴歸
. mlogit occ white ed exper, baseoutcome(1)
```

```
Multinomial logistic regression              Number of obs   =        337
                                             LR chi2(12)     =     166.09
                                             Prob > chi2     =     0.0000
Log likelihood = -426.80048                  Pseudo R2       =     0.1629

------------------------------------------------------------------------------
     occ |     Coef.   Std. Err.      z    P>|z|    [95% Conf. Interval]
---------+--------------------------------------------------------------------
Menial   | (base outcome)
---------+--------------------------------------------------------------------
BlueCol  |
   white |  1.236504   .7244352     1.71   0.088   -.1833631    2.656371
      ed | -.0994247   .1022812    -0.97   0.331   -.2998922    .1010428
   exper |  .0047212   .0173984     0.27   0.786   -.0293789    .0388214
   _cons |  .7412336    1.51954     0.49   0.626    -2.23701    3.719477
---------+--------------------------------------------------------------------
Craft    |
   white |  .4723436   .6043097     0.78   0.434   -.7120817    1.656769
      ed |  .0938154    .097555     0.96   0.336   -.0973888    .2850197
   exper |  .0276838   .0166737     1.66   0.097    -.004996    .0603636
   _cons | -1.091353   1.450218    -0.75   0.452   -3.933728    1.751022
---------+--------------------------------------------------------------------
WhiteCol |
   white |  1.571385   .9027216     1.74   0.082   -.1979166    3.340687
      ed |  .3531577   .1172786     3.01   0.003    .1232959    .5830194
   exper |  .0345959   .0188294     1.84   0.066    -.002309    .0715007
   _cons | -6.238608   1.899094    -3.29   0.001   -9.960764   -2.516453
```

```
----------+----------------------------------------------------------------
Prof      |
   white  |  1.774306    .7550543    2.35   0.019    .2944273    3.254186
      ed  |  .7788519    .1146293    6.79   0.000    .5541826    1.003521
   exper  |  .0356509    .018037     1.98   0.048    .000299     .0710028
   _cons  | -11.51833    1.849356   -6.23   0.000   -15.143     -7.893659
```

註：「Z 欄」的 z 值，是指標準常態分布之標準分數。

1. 上述這些自變數所建立 multinomial logit 迴歸式如下：

$$\ln\left(\frac{P_2}{P_1}\right) = \beta_0 + \beta_1 X1_i + \beta_2 X2_i + \beta_3 X3_i + \beta_4 X4_i + \beta_5 X5_i + ...$$

$$\ln\left(\frac{P_{BlueCol}}{P_{Menial}}\right) = 0.74 + 1.24 \times white - 0.099 \times ed + 0.004 \times exper$$

......

$$\ln\left(\frac{P_{Prof}}{P_{Menial}}\right) = -11.5 + 1.77 \times white + 0.778 \times ed + 0.0356 \times exper$$

以 occ = 1(Menial) 為比較基礎，它與「其他 4 種」職業，是否因為「種族 (white)、學歷高低 (ed)、工作年資 (exper)」而影響呢？multinomial logistic 迴歸分析結果如下：

2. 「Menial vs. BlueCol」職業比較：「種族 (white)、學歷高低 (ed)、工作年資 (exper)」，三者並無顯著影響受訪者，是否擔任「卑微、藍領」工作的機率。

3. 「Menial vs. Craft」職業比較：「種族 (white)、學歷高低 (ed)、工作年資 (exper)」，三者並無顯著影響受訪者，是否擔任「卑微、師傅級工人」工作的機率。

4. 「Menial vs. WhiteCol」職業比較：教育程度 (z = + 3.01, P < 0.05)，表示低教育者多數擔任卑微工作；高學歷多數擔任白領工作的機率是顯著的。可見，要當白領階級，學歷是必要條件。

5. 「Menial vs. BlueCol」職業比較：「種族 (white)、學歷高低 (ed)、工作年資 (exper)」，三者會顯著影響受訪者，是否擔任「卑微、專業人士」工作的機率。可見，在美國求職要找專業工作 (金融分析師、律師、教師、CEO)，除了學歷要高、工作資歷要深外，白人種族優勢仍是必要的關鍵因素。

> **Setp 2.** 以依變數某類別為比較基準，做三個自變數之概似比 **(LR)** 檢定
>
> 再以 occ = 5「專業人士」身份為職業別的比較基準點，本例所進行：概似

比 (LR) 檢定、Wald 檢定，結果如下：

```
* 以「occ=5」為職業別之間的比較基礎，
. quietly mlogit occ white ed exp, baseoutcome(5)

* 三個自變數之概似比檢定
. mlogtest, lr

Likelihood-ratio tests for independent variables (N=337)

Ho: All coefficients associated with given variable(s) are 0.


             |     chi2    df    P>chi2
-------------+------------------------------
       white |    8.095     4     0.088
          ed |  156.937     4     0.000
       exper |    8.561     4     0.073
----------------------------------------

* 三個自變數之 Wald 檢定
. mlogtest, wald

* Wald tests for independent variables (N=337)

Ho: All coefficients associated with given variable(s) are 0.


             |     chi2    df    P>chi2
-------------+------------------------------
       white |    8.149     4     0.086
          ed |   84.968     4     0.000
       exper |    7.995     4     0.092
----------------------------------------
```

1. 以「專業人士」職業身份為職業別的比較基準點，再與「其他 4 種」職業做機率比較。經概似比 (likelihood ratio,LR) 檢定結果顯示，「專業人士 vs. 其他 4 種職業」在學歷 (ed) 方面有顯著機率差別。$\chi^2_{(4)} = 156.937(p < 0.05)$，拒絕「$H_0$：預測變數所有迴歸係數都是 0」，接受 H_1「自變數的迴歸係數有一不

爲 0」。要成爲「專業人士」的機率，係與學歷呈正相關。學歷愈高，當選「專業人士」的機率就愈高。

2. Wald 檢定，在學歷 (ed) 方面，$\chi^2_{(4)} = 84.968(p < 0.05)$，亦拒絕「$H_0$: Allcoefficients associated with given variable(s) are 0」，故要成爲「專業人士」，高學歷係可顯著提升其當選的機率，即學歷是必要條件之一。

3. mlogit 迴歸之事後檢定，「Likelihood-ratio tests(mlogtest, lr)」及「Wald tests(mlogtest, wald)」兩者都可測出：預測變數之預測效果是否顯著。

Setp 3. 以依變數某類別爲比較基準，並與「其他類別」做線性假設之檢定

test 語法：旨在 Test linear hypotheses after estimation

```
test coeflist                           (Syntax 1)
test exp = exp [= ...]                   (Syntax 2)
test [eqno]
```

test 選擇表：

```
Statistics > Postestimation > Tests > Test linear hypotheses
```

```
* 以職業別「5=專業人士」爲比較基準。做 Multinomial Logit 迴歸，但不印出
. quietly mlogit occ white ed exp, baseoutcome(5)

*「occ=4」白領階級與其他 4 種職業別做係數檢定
. test  [4]
 ( 1)   [WhiteCol]white = 0
 ( 2)   [WhiteCol]ed = 0
 ( 3)   [WhiteCol]exper = 0


        chi2(  3) =    22.20
      Prob > chi2 =     0.0001
```

在「occ=4」白領階級與其他 4 種職業別之事後比較，$\chi^2_{(3)} = 22.2(p < 0.05)$，拒絕「$H_0$：種族、學歷、工作資歷三者的迴歸係數爲 0」。故種族 (white)、學歷 (ed)、工作資歷 (exper) 三者是可有效區別「專業人士 vs. 其他 4 種職業別」的勝算機率。

Setp 4. 自變數每變化一個單位，所造成邊際 (margin) 效果

* 限制以 occ=5(專業人士)為基準，進行 Multinomial Logit 迴歸，quietly 報表不印出
.quietly mlogit occ white ed exp, basecategory(5)

* 職業別邊際 (margin) 效果之機率變化
. prchange

mlogit: Changes in Probabilities for occ

* 由「非白人轉變白人」，擔任專業人士的機率，平均增加 11.6%
white

	Avg|Chg|	Menial	BlueCol	Craft	WhiteCol	Prof
0->1	.11623582	-.13085523	.04981799	-.15973434	.07971004	.1610615

*「學歷每增加一年」，擔任專業人士的機率，平均增加 5.895%
ed

	Avg|Chg|	Menial	BlueCol	Craft	WhiteCol	Prof
Min->Max	.39242268	-.13017954	-.70077323	-.15010394	.02425591	.95680079
-+1/2	.05855425	-.02559762	-.0683161	-.05247185	.01250795	.13387768
-+sd/2	.1640657	-.07129153	-.19310513	-.14576758	.03064777	.37951647
MargEfct	.05894859	-.02579097	-.06870635	-.05287415	.01282041	.13455107

*「工作經歷每增加一年」，擔任專業人士的機率，平均增加 0.233%
exper

	Avg|Chg|	Menial	BlueCol	Craft	WhiteCol	Prof
Min->Max	.12193559	-.11536534	-.18947365	.03115708	.09478889	.17889298
-+1/2	.00233425	-.00226997	-.00356567	.00105992	.0016944	.00308132
-+sd/2	.03253578	-.03167491	-.04966453	.01479983	.02360725	.04293236
MargEfct	.00233427	-.00226997	-.00356571	.00105992	.00169442	.00308134

	Menial	BlueCol	Craft	WhiteCol	Prof
Pr(y|x)	.09426806	.18419114	.29411051	.16112968	.26630062

	white	ed	exper
x=	.916914	13.095	20.5015
sd_x=	.276423	2.94643	13.9594

Setp 5. 繪各預測變數變動一個單位時，當選各職業別之機率變化圖

```
. mlogplot white ed exper, std(0ss) p(.1) min(-.25) max(.5) dc ntics(4)
```

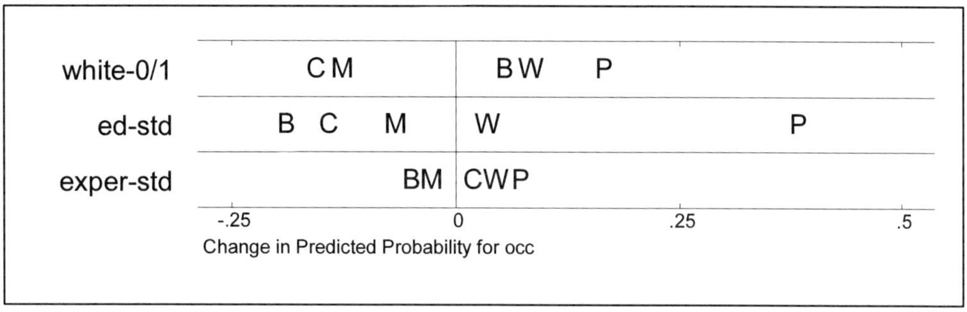

圖 5-3 種族 (white)、學歷 (ed)、工作經驗 (exper) 三者變動一個單位時，當選各職業別之機率變化圖

註：B 為 BlueCol(藍領階級)。C 為 Craft(師傅級工人)。M 為 Menial(低微工人)。P 為 Prof(專業人士)。W 為 WhiteCol(白領階級)

1. White = 0，非白人多數人是從事 C、M。White = 1，白人多數係從事 B、M、P。

2. 學歷在平均數以下者，多數人是從事 B、C、M。學歷在平均數以上者，多數人是從事 W、P。尤其，擔任 Prof(專業人士) 職務，其高學歷遠遠超越其他職業者。

3. 工作資歷在平均數以下者，多數人是從事 B、M。工作資歷在平均數以上者，多數人是從事 C、W、P。但差距不大。

Setp 6. 以「專業人士」人口比例最高之白人來說，試比較他擔任各行業間之機率

```
. quietly mlogit occ white ed exp, baseoutcome(5)
* 僅以白人來看，列出名目依變數 5 個群組之間，兩兩係數比較 (3 個自變數對 occ 的勝算機率 )
listcoef white

mlogit (N=337): Factor Change in the Odds of occ
```

```
Variable: white (sd=.27642268)

Odds comparing      |
Alternative 1       |
to Alternative 2    |      b        z      P>|z|     e^b     e^bStdX
--------------------+---------------------------------------------------
Menial  -BlueCol    |  -1.23650   -1.707   0.088    0.2904   0.7105
Menial  -Craft      |  -0.47234   -0.782   0.434    0.6235   0.8776
Menial  -WhiteCol   |  -1.57139   -1.741   0.082    0.2078   0.6477
Menial  -Prof       |  -1.77431   -2.350   0.019    0.1696   0.6123
BlueCol -Menial     |   1.23650    1.707   0.088    3.4436   1.4075
BlueCol -Craft      |   0.76416    1.208   0.227    2.1472   1.2352
BlueCol -WhiteCol   |  -0.33488   -0.359   0.720    0.7154   0.9116
BlueCol -Prof       |  -0.53780   -0.673   0.501    0.5840   0.8619
Craft   -Menial     |   0.47234    0.782   0.434    1.6037   1.1395
Craft   -BlueCol    |  -0.76416   -1.208   0.227    0.4657   0.8096
Craft   -WhiteCol   |  -1.09904   -1.343   0.179    0.3332   0.7380
Craft   -Prof       |  -1.30196   -2.011   0.044    0.2720   0.6978
WhiteCol-Menial     |   1.57139    1.741   0.082    4.8133   1.5440
WhiteCol-BlueCol    |   0.33488    0.359   0.720    1.3978   1.0970
WhiteCol-Craft      |   1.09904    1.343   0.179    3.0013   1.3550
WhiteCol-Prof       |  -0.20292   -0.233   0.815    0.8163   0.9455
Prof    -Menial     |   1.77431    2.350   0.019    5.8962   1.6331
Prof    -BlueCol    |   0.53780    0.673   0.501    1.7122   1.1603
Prof    -Craft      |   1.30196    2.011   0.044    3.6765   1.4332
Prof    -WhiteCol   |   0.20292    0.233   0.815    1.2250   1.0577
--------------------------------------------------------------------
```

　　僅白人在各類業別 (occ) 的勝算機率來看，白人在「Menial-Prof」、「Craft-Prof」職業別之人口比例，有顯著差異。即白人多數擔任 Prof 工作，非白人多數擔任 Menia、Craft 工作。

5-5 多項邏輯斯迴歸分析：乳房攝影 (mammograph) 經驗的影響因素 (mlogit 指令)

<u>範例</u>：3 種乳房攝影 (mammograph) 經驗的影響因素 (mlogit 指令)

(一) 問題說明

為瞭解 3 種乳房攝影 (mammograph) 經驗之影響因素有哪些？(分析單位：個人)。

研究者收集數據並整理成下表，此「mammog.dta」資料檔內容之變數如下：

變數名稱	說明	編碼 Codes/Values
結果變數 / 依變數：me	mammograph 乳房攝影經驗	0～2 共三種選擇
解釋變數 / 自變數：sympt	除非出現症狀，否則不需要乳房攝影	5～17
解釋變數 / 自變數：pb	乳房攝影的認知益處	0, 1 (binary data)
解釋變數 / 自變數：hist	有乳腺癌史的母親或姐妹	0, 1 (binary data)
解釋變數 / 自變數：bse	有人教你如何檢查自己的乳房：那是 bse	1～3

(二) 資料檔之內容

「mammog.dta」資料檔內容如下圖。

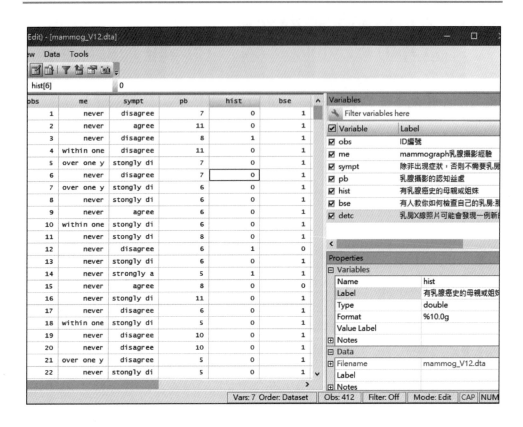

圖 5-4 「mammog.dta」資料檔內容 (N=412 個人)

觀察資料之特徵

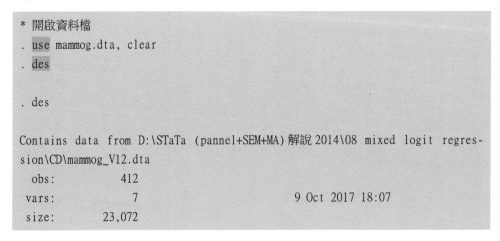

```
* 開啟資料檔
. use mammog.dta, clear
. des

. des

Contains data from D:\STaTa (pannel+SEM+MA) 解說 2014\08 mixed logit regres-
sion\CD\mammog_V12.dta
  obs:          412
  vars:           7                              9 Oct 2017 18:07
  size:      23,072
```

```
---------------------------------------------------------------
                storage   display     value
variable name   type      format      label   variable label
---------------------------------------------------------------
obs             double  %10.0g                ID 編號
me              double  %10.0g        me      mammograph 乳房攝影經驗
sympt           double  %10.0g        sympt   除非出現症狀，否則不需要乳房攝影
pb              double  %10.0g                乳房攝影的認知益處
hist            double  %10.0g                有乳腺癌史的母親或姐妹
bse             double  %10.0g                有人教你如何檢查自己的乳房：那是 bse
detc            double  %10.0g        detc    乳房攝影可能會發現一例新的乳腺癌的可能性
---------------------------------------------------------------
```

* 卡方檢定得：卡方 =13.05(p<0.05)

. tab2 me hist , chi2

-> tabulation of me by hist

```
                    | 有乳腺癌史的母親或姐妹
mammograph 乳房攝     |              f
        影經驗 |          0           1 |     Total
------------------+----------------------+----------
          never |        220          14 |       234
within one year |         85          19 |       104
over one year ago |       63          11 |        74
------------------+----------------------+----------
          Total |        368          44 |       412

        Pearson chi2(2) =   13.0502   Pr = 0.001
```

(三) 分析結果與討論

Step 1. 簡單 multinomial (polytomous) logistic regression

求「hist → me」影響機率。

```
. use mammog.dta, clear

. mlogit me hist

Multinomial logistic regression                    Number of obs   =        412
                                                   LR chi2(2)      =      12.86
                                                   Prob > chi2     =     0.0016
Log likelihood = -396.16997                        Pseudo R2       =     0.0160


-------------------------------------------------------------------------------
            me |      Coef.   Std. Err.      z    P>|z|     [95% Conf. Interval]
---------------+---------------------------------------------------------------
never          |  (base outcome) （當比較基準點）
---------------+---------------------------------------------------------------
within_one_year |
          hist |   1.256357   .3746603     3.35   0.001     .5220368    1.990678
          _cons |  -.9509763   .1277112    -7.45   0.000    -1.201286   -.7006669
---------------+---------------------------------------------------------------
over_one_year_ago |
          hist |   1.009332   .4274998     2.36   0.018     .1714478    1.847216
          _cons |  -1.250493   .1428932    -8.75   0.000    -1.530558   -.9704273
-------------------------------------------------------------------------------

. estat vce

Covariance matrix of coefficients of mlogit model

             | 1                        | 2
        e(V) |      hist      _cons |      hist      _cons
-------------+------------------------+------------------------
1            |                        |
        hist |  .14037035             |
       _cons | -.01631016   .01631016 |
-------------+------------------------+------------------------
2            |                        |
        hist |  .07597403  -.00454545 |  .18275604
       _cons | -.00454545   .00454545 | -.02041847   .02041847
```

1. 上述這些自變數所建立 multinomial logit 迴歸式如下：

$$\ln(\frac{P_2}{P_1}) = \beta_0 + \beta_1 X1_i + \beta_2 X2_i + \beta_3 X3_i + \beta_4 X4_i + \beta_5 X5_i + ...$$

$$\ln(\frac{P_{\text{within\_one\_year}}}{P_{\text{never}}}) = -0.95 + 1.256 \times \text{hist}$$

$$\ln(\frac{P_{\text{over\_one\_year\_ago}}}{P_{\text{never}}}) = -1.25 + 1.009 \times \text{hist}$$

Step 2. 簡單 **multinomial (polytomous) logistic regression**

求「detc → me」影響機率。

```
. tab2 me detc, chi2

-> tabulation of me by detc

                    | 乳房攝影可能會發現一例新的乳
mammograph 乳房攝    |        腺癌的可能性
     影經驗 | not likel  somewhat  very like |   Total
-------------------+---------------------------------+----------
          never |    13          77          144 |    234
within one year |     1          12           91 |    104
over one year ago |   4          16           54 |     74
-------------------+---------------------------------+----------
          Total |    18         105          289 |    412

      Pearson chi2(4) =   24.1481    Pr = 0.000

. mlogit me i.detc

Multinomial logistic regression              Number of obs    =        412
                                             LR chi2(4)       =      26.80
                                             Prob > chi2      =     0.0000
Log likelihood = -389.20054                  Pseudo R2        =     0.0333

--------------------------------------------------------------------------
           me |     Coef.   Std. Err.      z    P>|z|    [95% Conf. Interval]
--------------+-----------------------------------------------------------
never         | (base outcome) 當比較基準點
--------------+-----------------------------------------------------------
within_one_year |
         detc |
            2 |  .7060494   1.083163    0.65   0.515   -1.416911     2.82901
            3 |  2.105994   1.046353    2.01   0.044    .0551794    4.156809
              |
        _cons | -2.564948   1.037749   -2.47   0.013   -4.598898   -.5309985
--------------+-----------------------------------------------------------
over_one_year_ago |
         detc |
            2 | -.3925617    .634358   -0.62   0.536   -1.635881    .8507572
```

```
      3 |   .1978257   .5936211    0.33   0.739    -.9656503    1.361302
        |
   _cons |  -1.178655   .5717719   -2.06   0.039    -2.299307   -.0580027
-------------------------------------------------------------------------
. mlogit me i.detc, rrr

Multinomial logistic regression              Number of obs   =      412
                                             LR chi2(4)      =    26.80
                                             Prob > chi2     =   0.0000
Log likelihood = -389.20054                  Pseudo R2       =   0.0333

-------------------------------------------------------------------------
      me |      RRR    Std. Err.      z    P>|z|    [95% Conf. Interval]
-------------+-----------------------------------------------------------
never    |  (base outcome)
-------------+-----------------------------------------------------------

within_one_year  |
    detc |
      2 |   2.025972   2.194458    0.65   0.515    .2424618    16.92869
      3 |   8.215268   8.596073    2.01   0.044     1.05673    63.86742
        |
   _cons |  .0769232   .0798269   -2.47   0.013    .0100629    .5880176
-------------+-----------------------------------------------------------
over_one_year_ago |
    detc |
      2 |   .6753247   .4283976   -0.62   0.536    .1947808    2.341419
      3 |   1.21875    .7234758    0.33   0.739    .3807355    3.901269
        |
   _cons |  .3076923   .1759298   -2.06   0.039    .1003283    .9436474
-------------------------------------------------------------------------
```

1. 卡方檢定結果：$\chi^2_{(4)} = 4.148 (p < .05)$，表示「detc → me」有顯著關聯性。

2. 上述這些自變數所建立 multinomial logit 迴歸式如下：

$$\ln\left(\frac{P_2}{P_1}\right) = \beta_0 + \beta_1 X1_i + \beta_2 X2_i + \beta_3 X3_i + \beta_4 X4_i + \beta_5 X5_i + \ldots$$

$$\ln\left(\frac{P_{within\_one\_year}}{P_{never}}\right) = -2.56 + 0.706 \times (detc = 2) + 2.106 \times (detc = 3)$$

$$\ln\left(\frac{P_{over\_one\_year\_ago}}{P_{never}}\right) = -1.178 - 0.39 \times (detc = 2) + 0.198 \times (detc = 3)$$

3. 上述這些自變數所建立相對風險比 (RRR) 爲：

上列迴歸方程式可解釋爲在「無沒有其他解釋變數」的影響下，

(1) 乳房攝影「within_one_year 對 never」：

(detc = 2) 有乳房攝影頻率的相對風險爲 (detc = 1)0.675(= $\exp^{0.706}$) 倍，但統計未達顯著的差異 (p = 0.515)。

(detc = 3) 有乳房攝影頻率的相對風險爲 (detc = 1)1.219 (= $\exp^{2.106}$) 倍，且統計達到顯著的差異 (p = 0.515)。

(2) 乳房攝影「over_one_year_ago 對 never」：

(detc = 2) 有乳房攝影頻率的相對風險爲 (detc = 1)2.025(= $\exp^{-0.392}$) 倍，但統計未達顯著的差異 (p= 0.536)。

(detc = 3) 有乳房攝影頻率的相對風險爲 (detc = 1)8.215 (= $\exp^{0.198}$) 倍，但統計未達顯著的差異 (p = 0.739)。

Step 3. 多元 **multinomial (polytomous) logistic regression**

求「i.sympt pb hist bse i.detc → me」影響機率。

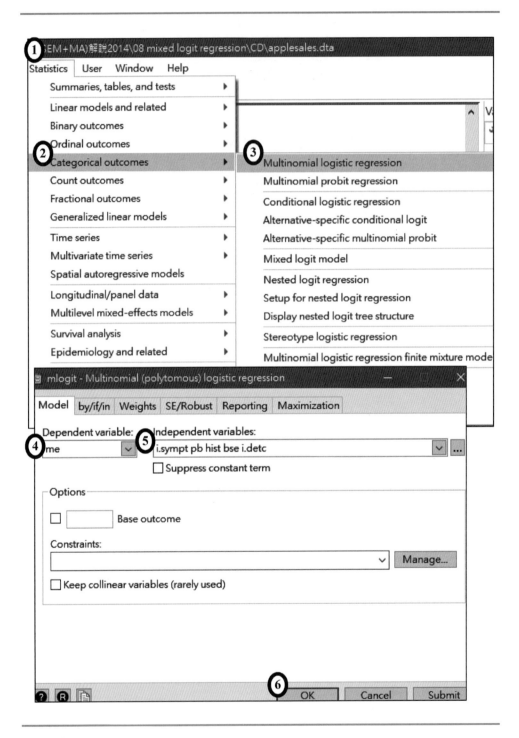

圖 5-5 「mlogit me i.sympt pb hist bse i.detc」畫面

```
*符號「i.」宣告為 indicators (dummy variable)
*因類別自變數 level 超過 3 個，為搭配虛擬變數「i.sympt i.detc」，故多加「xi:」前置指令

. xi: mlogit me i.sympt pb hist bse i.detc

i.sympt            _Isympt_1-4        (naturally coded; _Isympt_1 omitted)
i.detc             _Idetc_1-3         (naturally coded; _Idetc_1 omitted)

Multinomial logistic regression              Number of obs   =        412
                                             LR chi2(16)     =     111.30
                                             Prob > chi2     =     0.0000
Log likelihood = -346.95096                  Pseudo R2       =     0.1382

------------------------------------------------------------------------------
         me |     Coef.    Std. Err.      z     P>|z|    [95% Conf. Interval]
------------+-----------------------------------------------------------------
never       |  (base outcome)
------------+-----------------------------------------------------------------
within_one_year |
  _Isympt_2 |  .1100371   .9227608     0.12    0.905   -1.698541    1.918615
  _Isympt_3 |  1.924708   .7775975     2.48    0.013    .4006448    3.448771
  _Isympt_4 |  2.456993   .7753323     3.17    0.002    .9373692    3.976616
         pb | -.2194368   .0755139    -2.91    0.004   -.3674413   -.0714323
       hist |  1.366239   .4375196     3.12    0.002    .5087162    2.223762
        bse |  1.291666    .529891     2.44    0.015    .2530991    2.330234
   _Idetc_2 |  .0170196   1.161896     0.01    0.988   -2.260255    2.294294
   _Idetc_3 |  .9041367   1.126822     0.80    0.422   -1.304393    3.112666
       _cons| -2.998748    1.53922    -1.95    0.051   -6.015564    .0180672
------------+-----------------------------------------------------------------
over_one_year_ago |
  _Isympt_2 | -.2900834   .6440636    -0.45    0.652   -1.552425    .972258
  _Isympt_3 |  .8173135   .5397921     1.51    0.130   -.2406597    1.875287
  _Isympt_4 |  1.132239   .5476704     2.07    0.039    .0588251    2.205654
         pb | -.1482068   .0763686    -1.94    0.052   -.2978866    .0014729
       hist |  1.065437    .459396     2.32    0.020     .165037    1.965836
        bse |  1.052144   .5149894     2.04    0.041    .0427837    2.061505
   _Idetc_2 | -.9243929   .7137382    -1.30    0.195   -2.323294    .4745083
   _Idetc_3 | -.6905329   .6871078    -1.00    0.315   -2.037239    .6561736
       _cons| -.9860912   1.111832    -0.89    0.375   -3.165242    1.193059
------------------------------------------------------------------------------
```

1. 當類別自變數的 level 超過 3 個，為搭配虛擬變數「i. 某變數名」，要多加「xi:」前置指令，報表才會在該變數前多加「_I」符號。

2. 上述這些自變數所建立 multinomial logit 迴歸式如下：

$$\ln\left(\frac{P_2}{P_1}\right) = \beta_0 + \beta_1 X1_i + \beta_2 X2_i + \beta_3 X3_i + \beta_4 X4_i + \beta_5 X5_i + \dots$$

$$\ln\left(\frac{P_{within\_one\_year}}{P_{never}}\right) = -2.99 + 0.11 \times (sympt = 2) + 1.92 \times (sympt = 3)$$
$$+ 2.46 \times (sympt = 4) - 0.22 \times pb + 1.37 \times hist + 1.29 \times bse$$
$$+ 0.017 \, (detc = 2) + 0.90 \, (detc = 3)$$

$$\ln\left(\frac{P_{over\_one\_year\_ago}}{P_{never}}\right) = -0.98 - 0.29 \times (sympt = 2) + 0.82 \times (sympt = 3)$$
$$+ 1.13 \times (sympt = 4) - 0.14 \times pb + 1.06 \times hist + 1.05 \times bse$$
$$- 0.92(detc = 2) - 0.69 (detc = 3)$$

2. over_one_year_ago 對 never 乳房攝影經驗，_I sympt 的係數有半數未達顯著水準，可能是 sympt 四個分類太多 level，故它再簡化成二個分類 (存至 symptd)。

Step 4. **sympt 四個分類簡化成二個分類 (存至 symptd)**

求「symptd pb hist bse i.detc → me」影響機率。

```
. gen symptd = .
(412 missing values generated)

. replace symptd = 0 if sympt == 1 | sympt == 2
(113 real changes made)
. replace symptd = 1 if sympt == 3| sympt == 4

*因類別自變數 level 超過 3 個，為搭配虛擬變數「i.detc」，故多加「xi:」前置指令
. xi: mlogit me symptd pb hist bse i.detc
i.detc          _Idetc_1-3      (naturally coded; _Idetc_1 omitted)

Multinomial logistic regression            Number of obs    =       412
                                           LR chi2(12)      =    107.70
                                           Prob > chi2      =    0.0000
Log likelihood = -348.74797                Pseudo R2        =    0.1338

------------------------------------------------------------------------
          me |     Coef.    Std. Err.     z    P>|z|   [95% Conf. Interval]
-------------+----------------------------------------------------------
never        |  (base outcome)
-------------+----------------------------------------------------------
within_one_year |
      symptd |   2.09534    .4573975    4.58   0.000   1.198857    2.991822
          pb |  -.2510121   .0729327   -3.44   0.001   -.3939575   -.1080667
        hist |   1.293281   .4335351    2.98   0.003    .4435674    2.142994
         bse |   1.243974   .5263056    2.36   0.018    .2124338    2.275514
    _Idetc_2 |   .0902703   1.161023    0.08   0.938   -2.185293    2.365834
    _Idetc_3 |   .9728095   1.126269    0.86   0.388   -1.234638    3.180257
        _cons |  -2.703744   1.434412   -1.88   0.059   -5.515141    .1076526
-------------+----------------------------------------------------------
over_one_year_ago |
      symptd |   1.121365   .3571979    3.14   0.002    .4212696    1.82146
          pb |  -.1681062   .0741724   -2.27   0.023   -.3134815   -.0227309
        hist |   1.014055   .4538042    2.23   0.025    .1246152    1.903495
         bse |   1.02859    .5139737    2.00   0.045    .0212204    2.03596
    _Idetc_2 |  -.9021328   .7146177   -1.26   0.207   -2.302758    .4984923
    _Idetc_3 |  -.6698223   .687579    -0.97   0.330   -2.017452    .6778078
        _cons |  -.9987677   1.071963   -0.93   0.351   -3.099777    1.102242
------------------------------------------------------------------------
```

1. sympt 四個分類簡化成二個分類 (存至 symptd)，再預測 me 依變數，其迴歸係數都達到顯著。成效不錯。

2. 由於 detc 的係數都未達顯著，故下一步就刪除它。故「symptd pb hist bse i.detc」這五個自變數就簡化成「symptd pb hist bse」四個自變數，如下。

Step 5. **Multinomial (polytomous) logistic regression：快逼近最終模型**

　　求四個自變數「symptd pb hist bse → me」影響機率。直到所有解釋變數的迴歸係數都達顯著為止。

```
. mlogit me symptd pb hist bse

Multinomial logistic regression                 Number of obs   =       412
                                                LR chi2(8)      =     99.16
                                                Prob > chi2     =    0.0000
Log likelihood = -353.01904                     Pseudo R2       =    0.1231

--------------------------------------------------------------------------
          me |      Coef.   Std. Err.      z    P>|z|     [95% Conf. Interval]
-------------+------------------------------------------------------------
never        |  (base outcome)
-------------+------------------------------------------------------------
within_one_year |
      symptd |   2.230428   .4519582     4.94   0.000     1.344606    3.11625
          pb |  -.2825439    .071349    -3.96   0.000    -.4223855   -.1427024
        hist |    1.29663   .4293032     3.02   0.003     .4552112   2.138049
         bse |    1.22096   .5210419     2.34   0.019     .1997363   2.242183
       _cons |  -1.788764   .8470717    -2.11   0.035    -3.448994   -.1285338
-------------+------------------------------------------------------------
over_one_year_ago |
      symptd |   1.153122   .3513753     3.28   0.001      .464439   1.841805
          pb |  -.1577922   .0711783    -2.22   0.027     -.297299   -.0182853
        hist |   1.061324   .4526774     2.34   0.019     .1740928   1.948556
         bse |   .9603821   .5072023     1.89   0.058    -.0337162    1.95448
       _cons |   -1.74214   .8086823    -2.15   0.031    -3.327128    -.157152
--------------------------------------------------------------------------
```

Step 6. **Multinomial (polytomous) logistic regression 之最終模型**

　　自變數再加一個 _Idetc_3，並求五個自變數「symptd pb hist bse detcd → me」影響機率。直到所有解釋變數的迴歸係數都達顯著為止。

```
. rename  _Idetc_3 detcd

. mlogit me symptd pb hist bse detcd

Multinomial logistic regression            Number of obs   =      412
                                           LR chi2(10)     =   106.07
                                           Prob > chi2     =   0.0000
Log likelihood = -349.5663                 Pseudo R2       =   0.1317

-----------------------------------------------------------------------------
         me |     Coef.   Std. Err.      z    P>|z|     [95% Conf. Interval]
------------+----------------------------------------------------------------
never       | (base outcome)
------------+----------------------------------------------------------------
within_one_year |
     symptd |  2.094749   .4574301     4.58   0.000    1.198203    2.991296
         pb | -.2494746    .072579    -3.44   0.001   -.3917268   -.1072223
       hist |  1.309864   .4336022     3.02   0.003    .4600194    2.159709
        bse |  1.237011    .525424     2.35   0.019    .2071989    2.266823
      detcd |  .8851838   .3562378     2.48   0.013    .1869705    1.583397
      _cons | -2.623758   .9263963    -2.83   0.005   -4.439461   -.8080544
------------+----------------------------------------------------------------
over_one_year_ago |
     symptd |  1.127417   .3563621     3.16   0.002    .4289601    1.825874
         pb | -.1543182   .0726206    -2.12   0.034    -.296652   -.0119845
       hist |  1.063179   .4528412     2.35   0.019    .1756262    1.950731
        bse |  .9560103   .5073366     1.88   0.060   -.0383512    1.950372
      detcd |  .1141572   .3182122     0.36   0.720   -.5095273    .7378416
      _cons | -1.823882   .8550928    -2.13   0.033   -3.499833   -.1479305
-----------------------------------------------------------------------------
```

1. 最終模型：上述五個自變數所建立 multinomial logit 迴歸式如下：

$$\ln\left(\frac{P_2}{P_1}\right) = \beta_0 + \beta_1 X1_i + \beta_2 X2_i + \beta_3 X3_i + \beta_4 X4_i + \beta_5 X5_i + \dots$$

$$\ln\left(\frac{P_{\text{within\_one\_year}}}{P_{\text{never}}}\right) = -2.62 + 2.09 \times (\textbf{symptd}) - 0.25 \times \text{pb} + 1.31 \times \text{hist} + 1.24 \times \text{bse} + 0.89 \times \textbf{detcd}$$

$$\ln\left(\frac{P_{\text{over\_one\_year\_ago}}}{P_{\text{never}}}\right) = 1.82 + 1.13 \times (\textbf{symptd}) - 0.15 \times \text{pb} + 1.06 \times \text{hist} + 0.96 \times \text{bse} + 0.11 \times \textbf{detcd}$$

5-6 邏輯斯迴歸之共變數係數調整法 (fractional multinomial logit model)：六種行政預算編列比例之因素 (fmlogit 外掛指令)

邏輯斯迴歸之共變數係數調整法：分式多項 logit 迴歸 (fractional multinomial logit model)。

fmlogit 外掛指令如下：

```
Fitting a fractional multinomial logit model by quasi maximum likelihood

    fmlogit depvars [weight] [if] [in] [, etavar(varlist) cluster(clustervar)
            constraints (numlistlmatname)} level(#) nolog maximize_options]
```

fmlogit 之事後指令如下：

```
Description
post estimation tool specifically for fmlogit:

    dfmlogit displays discrete changes and marginal effects after fmlogit.

The following standard postestimation commands are also available:

    command         description

INCLUDE help post_estat
    estimates       cataloging estimation results
    lincom          point estimates, standard errors, testing, and inference for
                        linear combinations of coefficients
    lrtest          likelihood-ratio test
    mfx             marginal effects or elasticities
    nlcom           point estimates, standard errors, testing, and inference for
                        nonlinear combinations of coefficients
    predict         predictions
    predictnl       point estimates, standard errors, testing, and inference for
                        generalized predictions
    suest           seemingly unrelated estimation
    test            wald tests of simple and composite linear hypotheses
    testnl          wald tests of nonlinear hypotheses
```

範例 ：邏輯斯迴歸之共變數係數調整法：分式多項 logit 迴歸 (fractional multinomial logit model): (fmlogit 外掛指令)

(一) 問題說明

為瞭解行政預算編列之影響因素有哪些？(分析單位：德國 429 個地區)

研究者收集數據並整理成下表，此「citybudget.dta」資料檔內容之變數如下：

變數名稱	說明	Codes/Values
結果變數 / 依變數：governing	用於行政治理的預算比例	0.0275954～0.3264249
結果變數 / 依變數：safety	安全的預算比例	0.0589247～0.328855
結果變數 / 依變數：education	教育的預算比例	0.0284012～0.5837153
結果變數 / 依變數：recreation	娛樂的預算比例	0.0314276～0.2405437
結果變數 / 依變數：social	社會工作的預算比例	0.0405695～0.5422478
結果變數 / 依變數：urbanplanning	用於城市規劃的比例預算	0.0809614～0.7852967
解釋變數 / 自變數：minorityleft	左派是市政府的少數嗎	0, 1(binary data)
解釋變數 / 自變數：noleft	市政府沒有左派嗎	0, 1(binary data)
解釋變數 / 自變數：houseval	一間房子的平均價值在 10 萬歐元	0.72～3.63
解釋變數 / 自變數：popdens	人口密度在 1000 平方公里內	0.025～5.711

共六個依變數，四個解釋變數。

(二) 資料檔之內容

「citybudget.dta」資料檔內容如下圖。

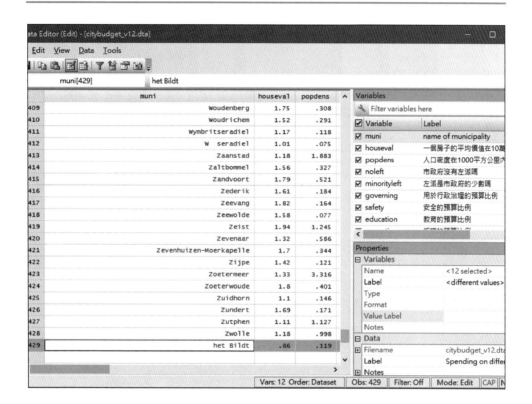

圖 5-6 「citybudget.dta」資料檔內容 (德國 N=429 個地區)

觀察資料之特徵

```
. use http://fmwww.bc.edu/repec/bocode/c/citybudget.dta, clear
(Spending on different categories by Dutch cities in 2005)
. des governing safety education recreation social urbanplanning minority
noleft  houseval popdens


              storage   display    value
variable name type      format     label        variable label
-------------------------------------------------------------------
governing     float     %9.0g                   用於行政治理的預算比例
safety        float     %9.0g                   安全的預算比例
education     float     %9.0g                   教育的預算比例
recreation    float     %9.0g                   娛樂的預算比例
```

```
social            float   %9.0g       社會工作的預算比例
urbanplanning     float   %9.0g       用於城市規劃的比例預算
minorityleft      float   %9.0g       左派是市政府的少數嗎
noleft            float   %9.0g       市政府沒有左派嗎
houseval          float   %8.0g       一間房子的平均價值在 10 萬歐元
popdens           float   %8.0g       人口密度在 1000 平方公里內
```

(三) 分析結果與討論

Step 1.

```
* 開啟資料檔
. use http://fmwww.bc.edu/repec/bocode/c/citybudget.dta, clear
(Spending on different categories by Dutch cities in 2005)

*先安裝外掛指令 dfmlogit
. findit dfmlogit
* fmlogit 指令，eta 指令前是界定依變數們(第 1 個當比較基準點)，eta 指令後是界定自變
  數們
. fmlogit governing safety education recreation social urbanplanning,
  eta(minorityleft noleft houseval popdens)

ML fit of fractional multinomial logit       Number of obs    =        392
                                             Wald chi2(20)    =     275.23
Log pseudolikelihood = -673.12025            Prob > chi2      =     0.0000

-------------------------------------------------------------------------------
             |             Robust
             |    Coef.   Std. Err.     z    P>|z|    [95% Conf. Interval]
-------------+-----------------------------------------------------------------
eta_safety   |
minorityleft |  .1893638   .0596067    3.18   0.001    .0725368    .3061908
      noleft |   .082542   .0616854    1.34   0.181   -.0383592    .2034432
    houseval | -.1400078   .0558587   -2.51   0.012   -.2494889   -.0305266
     popdens |  .0115814   .0212536    0.54   0.586   -.0300748    .0532377
       _cons |   .74898    .092535     8.09   0.000    .5676147    .9303453
-------------+-----------------------------------------------------------------
eta_education|
minorityleft |  .0387367   .1181969    0.33   0.743   -.1929249    .2703983
      noleft | -.3648018   .1185739   -3.08   0.002   -.5972024   -.1324013
    houseval | -.6371485   .1248264   -5.10   0.000   -.8818037   -.3924933
     popdens |  .0927616   .0374607    2.48   0.013    .0193399    .1661832
       _cons |  1.215266   .1979107    6.14   0.000    .8273682    1.603164
-------------+-----------------------------------------------------------------
```

```
eta_recreation |
   minorityleft |    .2226632    .071707     3.11   0.002    .0821201    .3632062
         noleft |    .0138519   .0757628     0.18   0.855   -.1346405    .1623443
        houseval |   -.2308754   .0705698    -3.27   0.001   -.3691897   -.0925611
        popdens |    .0720411   .0256728     2.81   0.005    .0217234    .1223588
          _cons |    .4208606   .1160496     3.63   0.000    .1934076    .6483136
---------------+--------------------------------------------------------------------
   eta_social  |
   minorityleft |     .136064   .0895568     1.52   0.129   -.0394641     .311592
         noleft |   -.1467066   .0928848    -1.58   0.114   -.3287575    .0353442
        houseval |   -.6208166   .0934095    -6.65   0.000   -.8038958   -.4377373
        popdens |     .198176   .0273592     7.24   0.000    .1445529     .251799
          _cons |    1.706708   .1595395    10.70   0.000    1.394016      2.0194
---------------+--------------------------------------------------------------------
eta_urbanplan~g |
   minorityleft |    .2344396   .1064104     2.20   0.028    .0258791    .4430001
         noleft |    .0302175   .1141221     0.26   0.791   -.1934578    .2538928
        houseval |   -.1785858   .0862281    -2.07   0.038   -.3475897   -.0095819
        popdens |    .1604767   .0417837     3.84   0.000    .0785822    .2423713
          _cons |    .9818296   .1534122     6.40   0.000    .6811473    1.282512
---------------+--------------------------------------------------------------------
```

1. 本例樣本取自德國 429 個地方政府，共六個依變數，四個解釋變數。

2. fmlogit 指令，eta 指令前是界定依變數們 (第 1 個 governing 當比較基準點)，eta 指令後是界定自變數們。

3. 邏輯斯迴歸式為 $\ln\left(\dfrac{P(Y=1\,|\,X=x)}{P(Y=0\,|\,X=x)}\right) = \alpha + \beta_1 x_1 + ... + \beta_k x_k$

$$\ln\left(\frac{P_{safety}}{P_{governing}}\right) = \alpha + \beta_1 x_1 + ... + \beta_k x_k = 0.75 + 0.19 \times \text{minorityleft} + 0.08 \times \text{noleft}$$

$$- 0.14 \times \text{houseval} + 0.01 \times \text{popdens}$$

…(略)

$$\ln\left(\frac{P_{urbanplanning}}{P_{governing}}\right) = \alpha + \beta_1 x_1 + ... + \beta_k x_k = 0.98 + 0.23 \times \text{minorityleft} + 0.03 \times \text{noleft}$$

$$- 0.178 \times \text{houseval} + 0.16 \times \text{popdens}$$

4. 由於「**minorityleft**、**noleft**」二者對六個地方政府預算「safety(安全的預算比例)、education(教育的預算比例)、recreation(娛樂的預算比例)、social(社會工作的預算比例)、urbanplanning(用於城市規劃的比例預算)」，有的達顯著影響力，有的未達顯著影響力，故進行下列邊際效果。

Step 2. 求邊際效果

```
. margins, at(minorityleft=0 noleft=0 )

Predictive margins                        Number of obs    =     392
Model VCE    : Robust

Expression   : predicted proportion for outcome governing, predict()
at           : minorityleft    =         0
               noleft          =         0

------------------------------------------------------------------
             |            Delta-method
             |    Margin   Std. Err.      z    P>|z|   [95% Conf. Interval]
-------------+----------------------------------------------------
       _cons |  .0995698   .0063502   15.68   0.000    .0871236    .112016
------------------------------------------------------------------
```

1. 整體而言，德國 429 個地方政府，有沒有「左派政黨」是會影響地方政府 6 種政府預算編列比例。

5-7 多項邏輯斯迴歸分析：12 地區宗教信仰 3 選擇之因素 (mlogit 指令)

https://stats.idre.ucla.edu/stata/examples/icda/an-introduction-to-categorical-analysis-by-alan-agrestichapter-8-multicategory-logit-models/

範例：宗教信仰 3 選擇之 multinomial logit 迴歸分析

(一) 問題說明

為瞭解 12 地區宗教信仰之影響因素有哪些？(分析單位：12 地區宗教信仰之個人)

研究者收集數據並整理成下表，此「belief.dta」資料檔內容之變數如下：

變數名稱	說明	編碼 Codes/Values
結果變數 / 依變數：belief	宗教信仰 3 選擇	1〜3
解釋變數 / 自變數：race	白人嗎	0, 1(類別資料)
解釋變數 / 自變數：female	女性嗎	0, 1(類別資料)
解釋變數 / 自變數：count	當地調查之人數	5〜371 人

(二) 資料檔之內容

「belief.dta」資料檔內容如下圖。

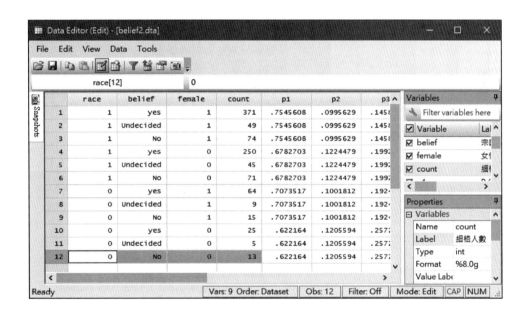

圖 5-7 「belief.dta」資料檔內容 (N=12 地區之宗教信仰)

(三) 分析結果與討論

Step 1.

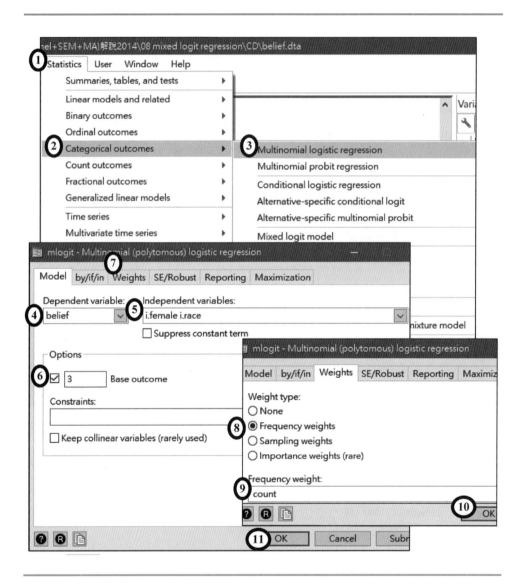

圖 5-8 「mlogit belief i.female i.race [fw=count], baseoutcome(3)」畫面

```
. use http://stats.idre.ucla.edu/stat/stata/examples/icda/belief, clear
*xi 前置指令旨在：expands terms containing categorical variables into indica-
tor（即 dummy）。新版 STaTa 已捨棄它。
```

```
* 類別自變數 level 超過 3 個，為搭配虛擬變數「i.female i.race」，故多加「xi:」前
置指令
* 以「belief=3」No 組當比較基準點
. xi: mlogit belief i.female i.race [fw=count], baseoutcome(3) nolog
```

```
i.female            _Ifemale_0-1         (naturally coded; _Ifemale_0 omitted)
i.race              _Irace_0-1           (naturally coded; _Irace_0 omitted)
```

```
Multinomial logistic regression                Number of obs   =      991
                                               LR chi2(4)      =     8.74
                                               Prob > chi2     =   0.0678
Log likelihood = -773.72651                    Pseudo R2       =   0.0056
```

```
------------------------------------------------------------------------------
    belief |     Coef.   Std. Err.      z    P>|z|    [95% Conf. Interval]
-----------+------------------------------------------------------------------
yes        |
 _Ifemale_1 |  .4185504   .171255     2.44   0.015    .0828967    .7542041
   _Irace_1 |  .3417744   .2370375    1.44   0.149   -.1228107    .8063594
      _cons |  .8830521   .2426433    3.64   0.000     .40748    1.358624
-----------+------------------------------------------------------------------
Undecided  |
 _Ifemale_1 |  .1050638   .2465096    0.43   0.670   -.3780861    .5882137
   _Irace_1 |  .2709753   .3541269    0.77   0.444   -.4231007    .9650512
      _cons | -.7580088   .3613564   -2.10   0.036   -1.466254   -.0497634
-----------+------------------------------------------------------------------
No         |  (base outcome)
------------------------------------------------------------------------------
```

1. 邏輯斯迴歸式為 $\ln\left(\dfrac{P(Y=1 \mid X=x)}{P(Y=0 \mid X=x)}\right) = \alpha + \beta_1 x_1 + \dots + \beta_k x_k$

$$信仰 \ln\left(\frac{P_{yes}}{P_{No}}\right) = \alpha + \beta_1 x_1 + ... + \beta_k x_k = 0.88 + 0.41 \times (female=1) + 0.34 \times (race=1)$$

$$信仰 \ln\left(\frac{P_{Undecided}}{P_{No}}\right) = \alpha + \beta_1 x_1 + ... + \beta_k x_k = -0.76 + 0.11 \times (female = 1)$$
$$+ 0.27 \times (race = 1)$$

Step 2. **tests that coefficients are 0.**

```
. test   _Ifemale_1

( 1)   [yes]_Ifemale_1 = 0
( 2)   [Undecided]_Ifemale_1 = 0
( 3)   [No]o._Ifemale_1 = 0
       Constraint 3 dropped

          chi2(  2) =     7.21
       Prob > chi2 =     0.0272
```

1. 卡方檢定結果，接受虛無假設 H_0：「coefficients are 0」，故 female 未能有效解釋個人是否有宗教信仰。故下一步，改求「femal, race」4 個交叉細格之信仰機率。

Step 3. 求「femal, race」4 個交叉細格之信仰機率

```
*先存三種信仰選擇之預期機率值
. predict p1, o(1)
(option p assumed; predicted probability)
. predict p2, o(2)
(option p assumed; predicted probability)
. predict p3, o(3)
(option p assumed; predicted probability)

*再變數變換
. gen c1=count*p1
. gen c2=count*p2
. gen c3=count*p3

*求 2*2 交叉細格人數(下圖)
. egen t1=total(c1), by(race female)
. egen t2=total(c2), by(race female)
. egen t3=total(c3), by(racc female)
```

*存檔
```
. save "D:\08 mixed logit regression\CD\belief3.dta"

. gen t = (belief==1)*t1 + (belief==2)*t2 + (belief==3)*t3
```

*求三聯表之平均數、人數、
```
. table race belief female, c(mean count mean t)
```

```
----------------------------------------------------------------------------
              |                   女性嗎 and 宗教信仰
              |-----------------0---------------  ---------------1---------------
 白人嗎   |   yes   Undecided       No          yes   Undecided       No
----------+-----------------------------------------------------------------
      0   |     25          5         13           64          9         15
          |  26.75305  5.184056  11.06289     62.24695  8.815945  16.93711
          |
      1   |    250         45         71          371         49         74
          |  248.2469  44.81594  72.93711     372.7531  49.18406  72.0629
----------------------------------------------------------------------------
```

*求 2*2 交叉細格之信仰機率
```
. tablist race female p1 p2 p3
```

```
+--------------------------------------------------------------------------------------+
| race   female        p1         p2         p3    _Freq_   _Perc_   _CFreq_   _CPerc_ |
|--------------------------------------------------------------------------------------|
|   0       0     .622164   .1205594   .2572766        3    25.00         3     25.00 |
|   0       1    .7073517   .1001812   .1924671        3    25.00         6     50.00 |
|   1       0    .6782703   .1224479   .1992817        3    25.00         9     75.00 |
|   1       1    .7545608   .0995629   .1458763        3    25.00        12    100.00 |
+--------------------------------------------------------------------------------------+
```

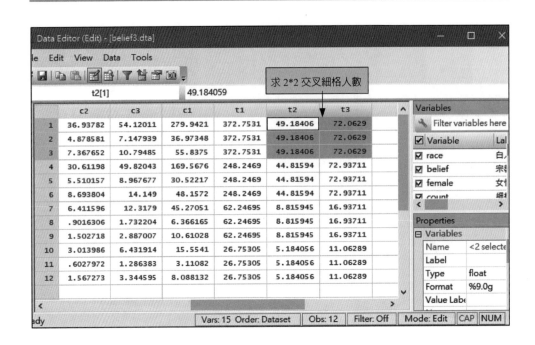

圖 5-9 「belief3.dta」資料檔內容

單層 vs. 多層次：Ordered logit 及其擴充模型 (ologit、oprobit、rologit meoprobit、asmprobit、asroprobit、heckoprobit 指令)

Ordinary least squares and categorical dependent variable models

	模型	Dependent (LHS)	估計法	Independent (RHS)
OLS	Ordinary least squares	Interval or ration	Moment based method	A linear function of interval/ratio or binary variables $\beta_0 + \beta_0 X_1 + \beta_2 X_2...$
類別依變數模型	Binary response Ordinal response Nominal response Event count data	Binary (0 or 1) Ordinal (1st, 2nd, 3rd ...) Nominal (A, B, C) Count (0, 1, 2, 3...)	Maximum likelihood method	

定義：廣義邏輯斯迴歸模型 (generalized logistic regression model)

　　此模型首先指定某一組為參考組，接著其他組一一與此參考組做比較，其數學式如下：

$$\log\left(\frac{\pi_j}{\pi_1}\right) = \alpha_j + \beta_j x \text{ , } j = 2, \cdots, J$$

若反應變數分三類。例如不重要、中等重要、很重要，則可得兩個數學式如下：

$$\log\left(\frac{\pi_{中等重要}}{\pi_{不重要}}\right) = \alpha_2 + \beta_2 x \text{ , 及 } \log\left(\frac{\pi_{很重要}}{\pi_{不重要}}\right) = \alpha_3 + \beta_3 x$$

以上兩個數學式，可視為兩個二元邏輯斯迴歸模型。

一、二元依變數 vs. 次序依變數的概念比較

在社會科學中，我們想解釋的現象也許是：

1. 二元／二分：勝／敗、(投／不投)票、票投1號／票投2號。

　當我們的依變數是二分類，我們通常以1表示我們感興趣的結果 (成功)，以0表示另外一個結果 (失敗)。此二元分布稱為二項分布 (binomial distribution)。此種 logit 迴歸之數學式為：

$$\log\left[\frac{P(Y=1)}{1-P(Y=1)}\right] = \beta_0 + \beta_1 X_1$$

$$\frac{P(Y=1)}{1-P(Y=1)} = e^{\beta_0 + \beta_1 X_1} = e^{\beta_0} (e^{\beta_1})^{X_1}$$

2. 次序多分 (等第)：例如，滿意度，從非常不滿～非常滿意。此四分類的滿意度爲：

$$P(Y \leq 1) = P(Y=1)$$

$$P(Y \leq 2) = P(Y=1) + P(Y=2)$$

$$P(Y \leq 3) = P(Y=1) + P(Y=2) + P(Y=3)$$

非常不滿意	不太滿意	有點滿意	非常滿意
$P(Y=1)$	$P(Y=2)$	$P(Y=3)$	$P(Y=4)$

截距一　　　　截距二　　　　截距三

$P(Y \leq 1)$	$P(Y > 1)$	
$P(Y \leq 2)$		$P(Y > 2)$
$P(Y \leq 3)$		$P(Y > 3)$

$$odds = \frac{P(Y \leq j)}{P(Y > j)}$$

$$\text{logit} [P(Y \leq 1)] = \log \left[\frac{P(Y=1)}{P(Y>1)}\right] = \log \left[\frac{P(Y=1)}{P(Y=2)+P(Y=3)+P(Y=4)}\right]$$

$$\text{logit} [P(Y \leq 2)] = \log \left[\frac{P(Y \leq 2)}{P(Y>2)}\right] = \log \left[\frac{P(Y=1)+P(Y=2)}{P(Y=3)+P(Y=4)}\right]$$

$$\text{logit} [P(Y \leq 3)] = \log \left[\frac{P(Y \leq 3)}{P(Y>3)}\right] = \log \left[\frac{P(Y=1)+P(Y=2)+P(Y=3)}{P(Y=4)}\right]$$

$$\text{logit} [P(Y \leq j)] = \alpha - \beta X, j = 1, 2, \cdots, c - 1$$

當 c 有 4 組，自變數解釋：

$Y \leq 1$、$Y \leq 2$、$Y \leq 3$ 時，他們對 logit 的影響，會產生 $c - 1$ 個截距，故此模型又稱爲比例勝算 (proportional odds) 模型。

3. 無序多分：三個候選人、政黨認同。

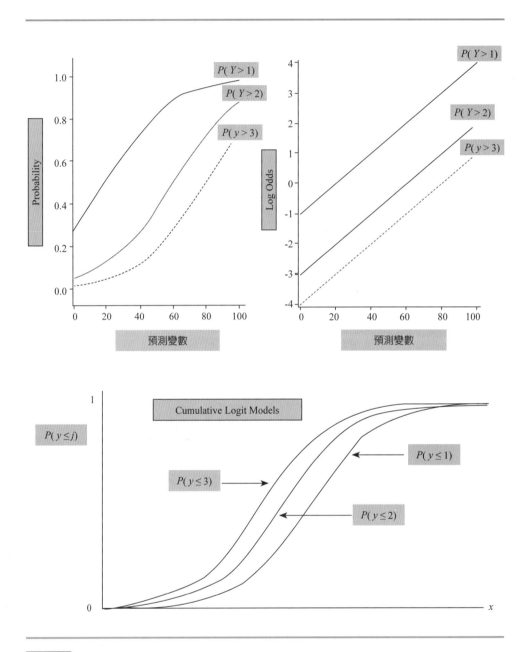

圖 6-1 cumulative logit models

二、勝算對數模型之推論之概念

1. 個別係數：Wald statistics

2. 模型適配度 (例如 null model vs. 你界定模型)：概似比檢定 (likelihood-ratio test)

$$-2\log(\frac{\ell_0}{\ell_1}) = (-2\log\ell_0) - (-2\log\ell_1) = LR\chi^2 = G^2$$

三、Ordered probit 迴歸之概念

在統計中，ordered logit model(次序迴歸或 proportional odds model)，它是一種次序迴歸模型，即迴歸模型的依變數是次序。例如 Peter McCullagh 調查問卷，受訪者回答的選擇次序為「「差」、「尚可」、「好」、「優」」("poor", "fair", "good", and "excellent")，ordered logit 分析目的旨在看到反依變數被其他解釋變數預測的強度，其中，一些解釋變數可能是定量變數。ordered logit model 也是邏輯迴歸的擴充模型，它除了適用於二元依變數外，亦允許超過兩個 (ordered) 的反應類別。

Ordered probit 模型僅可用在符合比例勝算假定 (proportional odds assumption) 的數據，其含義舉例說明如下。假設問卷受訪者之回答「「差」、「尚可」、「好」、「優」」("poor", "fair", "good", "very good", and "excellent") 的統計人口比例分別為 p1、p2、p3、p4、p5。

那麼以某種方式回答的 logarithms of the odds(非 log(概率)) 是：

$$\text{poor,} \quad \log\frac{p_1}{p_2+p_3+p_4+p_5}, \quad 0$$

$$\text{poor or fair,} \quad \log\frac{p_1+p_2}{p_3+p_4+p_5}, \quad 1$$

$$\text{poor, fair or good,} \quad \log\frac{p_1+p_2+p_3}{p_4+p_5}, \quad 2$$

$$\text{poor, fair, good or ver ygood,} \quad \log\frac{p_1+p_2+p_3+p_4}{p_5}, \quad 3$$

比例勝算假定 (proportional odds assumption) 是指：每個這些對數函數 (log) 中添加的數字得到下一個數字在每種情況下是相同的。換句話說，這些 log 形成一個算術序列 (arithmetic sequence)。

Ordered probit 模型，線性組合中的係數不能使用最小平方法來估計，而是改用最大概似 (maximum-likelihood, ML) 來估計係數，ML 用 reweighted least squares 疊代來計算最大概似之估計值。

多元次序反應類別 (multiple ordered response categories) 的例子包括：(1) 債

券評級、意見調查，反應範圍從「非常同意」到「非常不同意」。(2) 政府計畫的支出水平 (高、中、低)。(3) 選擇的保險涉入度 (無、部分、全部)。(4) 就業狀況 (未受僱、兼職、充分就業)。

假設要表徵的基本過程是：

$$y^* = x^T \beta + \varepsilon$$

其中，y^* 是不可觀察的依變數 (調查員可提出問卷回答的同意水準 (exact level of agreement))。X 是自變數向量。ε 是誤差項。β 是待估的迴歸係數向量。我們只能觀察反應的類別：

$$y = \begin{cases} 0 & \text{if } y^* \leq \mu_1, \\ 1 & \text{if } \mu_1 < y^* \leq \mu_2, \\ 2 & \text{if } \mu_2 < y^* \leq \mu_3, \\ \vdots & \quad\vdots \\ N & \text{if } \mu_N < y^* \end{cases}$$

其中，參數 μ_i 是可觀察類別的外部強加的端點。

然後，次序的 logit 技術將使用 y 上的觀察結果，y 是 y^* 一種形式的設限數據 (censored data)，以它來適配參數向量 β。

四、累積 logistic 迴歸模型

累積 logistic 迴歸模型 (cumulative logit model) 又稱為次序 logistic 迴歸模型 (ordered logit model)，適用於依變數為次序尺度，自變數為名目尺度。例如政黨偏好 (國民黨、民進黨) 與意識形態 (自由、中立、保守)、報紙 (自由、中時、聯合、蘋果) 與新聞信任度 (非常信任、信任、普通、不信任、非常不信任)。

累積 logistic 迴歸模型之數學式如下：

$$\text{logit } [P(Y \leq j)] = \alpha_j - \beta_x \quad \text{where } j = 1, \cdots, J-1$$

五、**Ordinal logit** 迴歸分析的 **STaTa** 報表解說

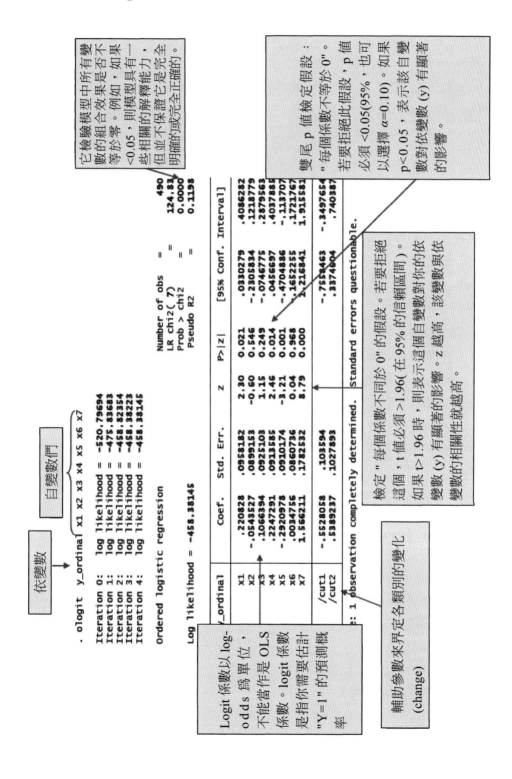

六、Ordered probit 迴歸之應用領域

1. 大臺中地區居住環境滿意度 (ordered) 之區域分析。
2. 節慶活動遊客滿意度 (ordered) 與消費行爲關係之探討——以高雄內門宋江陣活動爲例。
3. 公司信用評等 (ordered) 與董監事股權質押之關聯性。
4. 不動產從業人員所得之決定因素：次序機率迴歸模型之應用。

> 本文之目的除瞭解影響國內不動產產業從業人員所得之因素外，更進一步探討不同不動產產業從業人員其所得之差異。其次，從業人員所學背景之不同，對其從事不動產相關工作之所得是否有所差異。此外，探討取得證照者其所得是否較高。就實證方面而言，由於所得爲依變數，且多以次序尺度 (ordinal scales) 來衡量，故以往文獻上在估計所得時，均將各組或各層次 (levels) 所得取組中點爲代表來處理，即將次序尺度的資料經由組中點的處理後視爲連續性資料，然後再取對數做估計。如此，在迴歸分析中，將次序依變數轉爲連續變數的做法將產生誤導之結果。Winship and Mare(1984) 建議改採用次序機率迴歸模型 (ordered probit regression model) 來分析「從業人員所得 (ordered)」。實證結果得知，十個自變數中有七個自變數之 Wald 卡方值達到 5% 之顯著水準，其爲性別、年齡、年齡平方、教育年數、服務年數、服務年數平方及仲介業七個變數；代銷業變數則達到 10% 顯著水準，二個自變數未達到之顯著水準，其分別爲所學背景和有否證照二個自變數。

6-1 Ordered logit 及 ordered probit 模型之概念

Ordered logit model 是屬質因變數迴歸模型，其假設有 g + 1 個次序群體，從第 1 個群體到第 i 個群體發生的累積機率爲 logistic 分布，到第 g + 1 個群體的累積發生機率爲 1。對有 k 個解釋變數的樣本向量 X，X = (X_1, X_2,···, X_k)。

若 p_0 爲組別 0 的機率，p_1 爲組別 1 的機率，p_2 爲組別 2 的機率，p_3 爲組別 3 的機率，······，p_{g+1} 爲組別 g + 1 的機率。

定義：ordered logit 模型

$Y_i = \beta' X_i + \varepsilon_i$

$u_0 < Y_i \leq u_1$，則 $R_i = 1$

$u_1 < Y_i \leq u_2$，則 $R_i = 2$

$\vdots \qquad \vdots$

$u_{g-1} < Y_i \leq u_g$，則 $R_i = g$

$u_g < Y_i$，則 $R_i = g + 1$

其中：

Y_i = 理論值

X_i = 財務比率和非財務比率的自變數向量

β' = 自變數的係數向量

u_g = 等級 (order) 分界值

殘差項 ε 為標準 logistic distribution。

假設 X 屬於某個群體的發生機率為 logistic 分布，則對 X 向量來說：

$$P(R_i = g \mid X) = p_g = P(u_{g-1} < Y_i \leq u_g)$$
$$= P(u_{g-1} - \beta' X_i < \varepsilon_i \leq u_g - \beta' X_i)$$
$$= \frac{1}{1 + e^{-(u_g - \beta' X_i)}} - \frac{1}{1 + e^{-(u_{g-1} - \beta' X_i)}}$$

$P(R_i = 0 \mid X) = p_0 = X$ 屬於群體 0 的機率

$$= F(u_0 - \beta' X_i) = \frac{1}{1 + e^{-(u_0 - \beta' X_i)}}$$

$P(R_i = 1 \mid X) = p_1 = X$ 屬於群體 1 的機率

$$= F(u_1 - \beta' X_i) - F(u_0 - \beta' X_i)$$
$$= \frac{1}{1 + e^{-(u_1 - \beta' X_i)}} - \frac{1}{1 + e^{-(u_0 - \beta' X_i)}}$$

$\vdots \qquad \vdots$

$P(R_i = g \mid X) = p_g = X$ 屬於群體 g 的機率

$$= F(u_g - \beta' X_i) - F(u_{g-1} - \beta' X_i)$$
$$= \frac{1}{1 + e^{-(u_g - \beta' X_i)}} - \frac{1}{1 + e^{-(u_{g-1} - \beta' X_i)}}$$

$P(R_i = g + 1 \mid X) = p_{g+1} = X$ 屬於群體 $g + 1$ 的機率

$$= 1 - F(u_g - \beta' X_i)$$
$$= 1 - \frac{1}{1 + e^{-(u_g - \beta' X_i)}}$$

故

$$
\text{群體} R_i = \begin{cases}
0, 若 Y_i \leq u_0 \quad , P(R_i = 0 \mid x_i) = F(u_0 - x_i'\beta) = \dfrac{1}{1 + e^{-(u_0 - \beta'X_i)}} = p_0 \\[2mm]
1, 若 u_0 < Y_i \leq u_1 \quad , P(R_i = 1 \mid x_i) = F(u_1 - x_i'\beta) - F(u_0 - x_{i\beta}') = \\[2mm]
\qquad\qquad = \dfrac{1}{1 + e^{-(u_1 - \beta'X_i)}} - \dfrac{1}{1 + e^{-(u_0 - \beta'X_i)}}) = (p_0 + p_1) - p_0 \\[2mm]
\quad\vdots \qquad\qquad \vdots \qquad\qquad\qquad \vdots \\[2mm]
g, 若 u_{g-1} < Y_i \leq u_g , P(R_i = g \mid x_i) = F(u_g - x_i'\beta) - F(u_{g-1} - x_{i\beta}') = \\[2mm]
\qquad\qquad = \dfrac{1}{1 + e^{-(u_g - \beta'X_i)}} - \dfrac{1}{1 + e^{-(u_{g-1} - \beta'X_i)}}) \\[2mm]
\qquad\qquad = (p_0 + p_1 + \cdots + p_g) - (p_0 + p_1 + \cdots + p_{g-1}) \\[2mm]
g+1, 若 u_g < Y_i \quad , P(R_i = g+1 \mid x_i) = 1 - F(u_g - x_i'\beta) \\[2mm]
\qquad\qquad = 1 - \dfrac{1}{1 + e^{-(u_g - \beta'X_i)}}) \\[2mm]
\qquad\qquad = 1 - (p_1 + p_2 + \cdots + p_g)
\end{cases}
$$

上表之公式需經累積對數機率分布轉換才求機率，以下就是轉換公式：

$$
\text{Logit}(p_0) \equiv \ln\left(\frac{p_0}{1 - p_0}\right) = u_0 - \beta \mid x
$$

$$
\text{Logit}(p_0 + p_1) \equiv \ln\left(\frac{p_0 + p_1}{1 - p_0 - p_1}\right) = u_1 - \beta \mid x
$$

$$
\text{Logit}(p_0 + p_1 + p_2) \equiv \ln\left(\frac{p_0 + p_1 + p_2}{1 - p_0 - p_1 - p_2}\right) = u_2 - \beta \mid x
$$

$$
\vdots \qquad\qquad \vdots
$$

$$
\text{Logit}(p_0 + p_1 + p_2 + \cdots + p_g) \equiv \ln\left(\frac{p_0 + p_1 + p_2 + \cdots + p_g}{1 - p_0 - p_1 - p_2 - \cdots - p_g}\right) = u_g - \beta \mid x
$$

$F(u_g - x_i'\beta)$ 的值從 0 到 1，當 $u_g - x_i'\beta$ 值與事件發生累積機率 p 為正向關係時，經過 logistic 函數轉換後，可確保 p 值落於 0 與 1 之間，代表屬於某個群體及次序上小於此群體的累積機率。

6-2 Ordered logit 及 ordered probit 迴歸分析：影響親子親密關係的因素 (reg、listcoef、prgen、ologit、logit)

像本例之「親子親密程度」是屬 ordinal，其編碼為「1、2、3、4」，codes 意義是「1 分 < 2 分 < 3 分 < 4 分」，但不全是「$\frac{4分}{2分} = \frac{2分}{1分}$」。因此，若依變數是介於 binary 變數與連續變數之間，這種 ordered 依變數，採用 binary logit 與 OLS 迴歸都不太對，故 STaTa 提供「ordered logit 及 ordered probit 迴歸」。

一、範例：ordered logit 迴歸

(一) 問題說明

為瞭解影響親子親密關係的因素有哪些？

研究者先文獻探討並歸納出，影響早產的親子親密程度的關係之原因，並整理成下表，此「ordwarm2_Oridinal_reg.dta」資料檔之變數如下：

變數名稱	親子親密程度的原因	編碼 Codes/Values
warm	媽媽可以和孩子溫暖的關係	依程度分為：SD、D、A、SA 四程度。Strongly Disapprove(1), Disapprove(2), Approve(3), Strongly Approve(4).
yr89	1. yr89Survey 嗎？(老一代 vs. 新世代)	1=1989 0=1977
male	2. 男性嗎？	1=male 0=female
white	3. 白人嗎？	1=white 0=not white
age	4. 年齡	
ed	5. 受教育年數	
prst	6. 職業聲望 (prestige)	
warmlt2	Dummy variable	1=SD; 0=D,A,SA
warmlt3	Dummy variable	1=SD,D; 0=A,SA
warmlt4	Dummy variable	1=SD,D,A; 0=SA

(二) 資料檔之內容

「ordwarm2_Oridinal_reg.dta」資料檔內容如下圖。

453

	warm	yr89	male	white	age	ed	prst	warmlt2	warmlt3	warmlt4
2259	SA	1989	Men	Not Whit	33	12	32	D,A,SA	A,SA	SA
2260	SA	1989	Men	Not Whit	46	17	78	D,A,SA	A,SA	SA
2261	SA	1989	Women	Not Whit	75	12	42	D,A,SA	A,SA	SA
2262	SA	1989	Women	Not Whit	24	12	50	D,A,SA	A,SA	SA
2263	SA	1989	Women	Not Whit	31	14	23	D,A,SA	A,SA	SA
2264	SA	1989	Men	White	22	11	29	D,A,SA	A,SA	SA
2265	SA	1989	Women	White	56	8	14	D,A,SA	A,SA	SA
2266	SA	1977	Women	White	37	13	25	D,A,SA	A,SA	SA
2267	SA	1977	Men	White	36	13	56	D,A,SA	A,SA	SA
2268	SA	1989	Women	White	28	15	46	D,A,SA	A,SA	SA
2269	SA	1977	Men	Not Whit	50	14	56	D,A,SA	A,SA	SA
2270	SA	1977	Women	Not Whit	40	16	57	D,A,SA	A,SA	SA
2271	SA	1977	Women	Not Whit	32	11	19	D,A,SA	A,SA	SA
2272	SA	1989	Men	Not Whit	19	11	39	D,A,SA	A,SA	SA
2273	SA	1977	Women	White	33	16	60	D,A,SA	A,SA	SA
2274	SA	1989	Women	White	35	9	22	D,A,SA	A,SA	SA
2275	SA	1977	Women	Not Whit	29	12	46	D,A,SA	A,SA	SA
2276	SA	1989	Men	Not Whit	41	12	17	D,A,SA	A,SA	SA
2277	SA	1989	Women	White	43	16	52	D,A,SA	A,SA	SA
2278	SA	1977	Men	Not Whit	30	14	31	D,A,SA	A,SA	SA
2279	SA	1989	Women	Not Whit	27	10	39	D,A,SA	A,SA	SA
2280	SA	1977	Men	Not Whit	22	12	36	D,A,SA	A,SA	SA
2281	SA	1977	Women	Not Whit	44	11	34	D,A,SA	A,SA	SA
2282	SA	1977	Women	Not Whit	38	12	36	D,A,SA	A,SA	SA
2283	SA	1989	Men	Not Whit	28	14	50	D,A,SA	A,SA	SA
2284	SA	1989	Women	Not Whit	22	12	48	D,A,SA	A,SA	SA
2285	SA	1977	Women	White	41	14	60	D,A,SA	A,SA	SA
2286	SA	1977	Women	Not Whit	53	10	39	D,A,SA	A,SA	SA
2287	SA	1989	Women	White	36	12	18	D,A,SA	A,SA	SA
2288	SA	1989	Women	Not Whit	37	16	50	D,A,SA	A,SA	SA
2289	SA	1989	Men	Not Whit	30	10	47	D,A,SA	A,SA	SA
2290	SA	1977	Women	Not Whit	55	11	46	D,A,SA	A,SA	SA
2291	SA	1989	Women	Not Whit	39	17	63	D,A,SA	A,SA	SA
2292	SA	1989	Women	White	55	14	36	D,A,SA	A,SA	SA
2293	SA	1977	Women	Not Whit	27	12	31	D,A,SA	A,SA	SA

圖 6-2 「ordwarm2_Oridinal_reg.dta」資料檔 (N=2,293，10 variables)

瞭解各變數之特性

```
. use ordwarm2_Oridinal_reg.dta
(77 & 89 General Social Survey)

. describe

Contains  data  from  D:\STATA(pannel+SEM+MA) 解 說  2014\01  STaTa  高 等 統 計 分 析
_power\ordwarm2_Oridinal_reg.dta
  obs:          2,293                           77 & 89 General Social Survey
  vars:            10                           12 Feb 2014 16:32
  size:        32,102(99.7% of memory free)  (_dta has notes)
-------------------------------------------------------------------------------
storage  display     value
variable name   type   format      label       variable label
-------------------------------------------------------------------------------
warm          byte    %10.0g      SD2SA       Mom can have warm relations with child
yr89          byte    %10.0g      yrlbl       Survey year: 1=1989 0=1977
male          byte    %10.0g      sexlbl      Gender: 1=male 0=female
white         byte    %10.0g      racelbl     Race: 1=white 0=not white
age           byte    %10.0g                  Age in years
ed            byte    %10.0g                  Years of education
prst          byte    %10.0g                  Occupational prestige
warmlt2       byte    %10.0g      SD          1=SD; 0=D,A,SA
warmlt3       byte    %10.0g      SDD         1=SD,D; 0=A,SA
warmlt4       byte    %10.0g      SDDA        1=SD,D,A; 0=SA
-------------------------------------------------------------------------------
Sorted by: warm
. sum warm yr89 male white age ed prst

    Variable |     Obs        Mean    Std. Dev.       Min         Max
-------------+-------------------------------------------------------
        warm |    2293    2.607501   .9282156          1           4
        yr89 |    2293    .3986044   .4897178          0           1
        male |    2293    .4648932   .4988748          0           1
       white |    2293    .8765809   .3289894          0           1
         age |    2293    44.93546   16.77903         18          89
-------------+-------------------------------------------------------
          ed |    2293    12.21805   3.160827          0          20
        prst |    2293    39.58526   14.49226         12          82
```

(三) 分析結果與討論

Step 1. 線性機率迴歸分析：當對照組

```
Statistics > Linear models and related > Linear regression
```

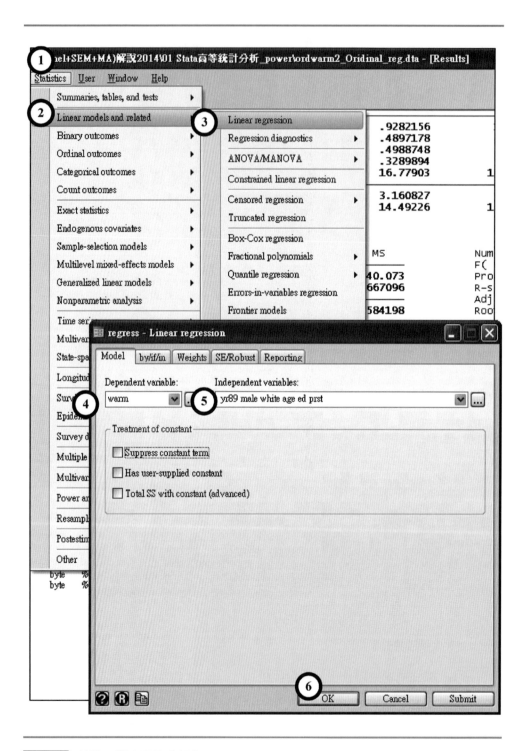

圖 6-3 線性迴歸之選擇表操作

```
. regress warm yr89 male white age ed prst

    Source |      SS       df       MS              Number of obs =    2293
-------------+------------------------------         F(  6,  2286) =   52.82
      Model | 240.438       6     40.073            Prob > F      =  0.0000
   Residual | 1734.31298  2286  .758667096          R-squared     =  0.1218
-------------+------------------------------         Adj R-squared =  0.1195
      Total | 1974.75098  2292  .861584198          Root MSE      =  .87101


-------------------------------------------------------------------------------
       warm |    Coef.   Std. Err.      t    P>|t|     [95% Conf. Interval]
-------------+-----------------------------------------------------------------
       yr89 |  .2624768  .0377971     6.94   0.000     .1883566    .3365969
       male | -.3357608  .0366127    -9.17   0.000    -.4075583   -.2639632
      white | -.1770232  .0559223    -3.17   0.002    -.2866869   -.0673596
        age | -.0101114  .0011623    -8.70   0.000    -.0123907    -.007832
         ed |  .0312009  .0075313     4.14   0.000      .016432    .0459698
       prst |  .0026999  .0015574     1.73   0.083    -.0003542    .0057541
      _cons |  2.780412  .1100734    25.26   0.000     2.564558    2.996266
-------------------------------------------------------------------------------
```

　　對親子親密程度之預測，除了職業聲望 (prst) 未達顯著外，其餘五個預測變數都達顯著水準，包括：1. yr89Survey(老一代 vs. 新世代)。2. 性別。3. 種族。4. 年齡。5. 受教育年數。

　　由於本例，依變數「親子親密程度」是 Likert 四點計分量表，故用線性迴歸有點怪的，由於不放心，故再用 ordered probit 迴歸、ordered logit 迴歸。三種迴歸做比較，即可知道 STaTa 這三種迴歸是否有相同之分析結果。

Step 2. **Ordered probit 迴歸分析：正確處理法**

Statistics > Ordinal outcomes > Ordered probit regression

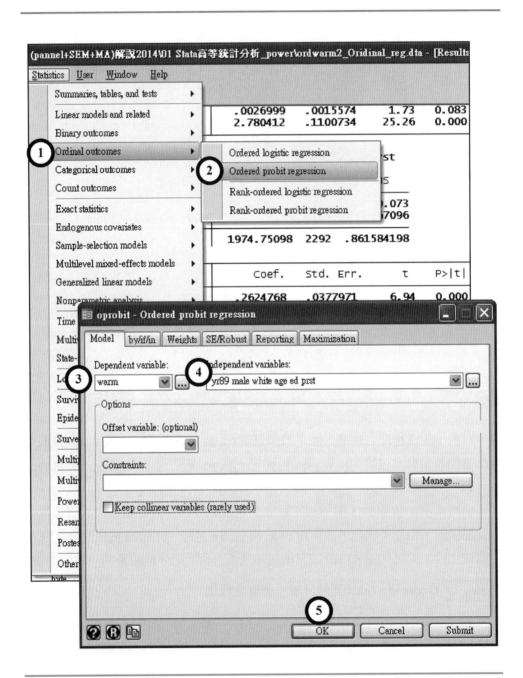

圖 6-4 ordered probit 之選擇表操作

```
. oprobit warm yr89 male white age ed prst

Ordered probit regression                    Number of obs   =       2293
                                             LR chi2(6)      =     294.32
                                             Prob > chi2     =     0.0000
Log likelihood =  -2848.611                  Pseudo R2       =     0.0491


------------------------------------------------------------------------------
     warm |      Coef.    Std. Err.      z     P>|z|     [95% Conf. Interval]
----------+-------------------------------------------------------------------
     yr89 |   .3188147   .0468521     6.80   0.000    .2269863    .4106431
     male |  -.4170287   .0455461    -9.16   0.000   -.5062974    -.32776
    white |  -.2265002   .0694776    -3.26   0.001   -.3626738   -.0903267
      age |  -.0122213   .0014427    -8.47   0.000   -.0150489   -.0093937
       ed |   .0387234   .0093241     4.15   0.000    .0204485    .0569983
     prst |    .003283    .001925     1.71   0.088   -.0004899    .0070559
----------+-------------------------------------------------------------------
    /cut1 |  -1.428578   .1387749                    -1.700572   -1.156585
    /cut2 |  -.3605589   .1369224                     -.6289219   -.0921959
    /cut3 |   .7681637   .1370569                     .4995371     1.03679
------------------------------------------------------------------------------
```

1. Ordered probit 迴歸分析結果，與線性機率迴歸相似。

2. 對親子親密程度之預測，除了職業聲望 (prst) 未達顯著外，其餘五個預測變數都達顯著水準，包括：1. yr89Survey(老一代 vs. 新世代)。2. 性別。3. 種族。4. 年齡。5. 受教育年數。

3. 因為依變數「warm」有 4 個次序，故 ordered probit 迴歸會產生 (4-1) 個截斷點 (cut)，來區別「warm」4 個次序。因此我們再 (4-1) 個截斷點 (cut) 之兩兩效果比較。

4. 三個 cut 之 95CI% 均未含「0」，表示：「warm」四個 Levels 之類別間，有顯著的差異。

5. 整個 ordered logit 迴歸模型為：

Pr(warm) = F(1.71 + 6.80×yr89 −9.16×male − 3.26×white − 8.47×age + 4.15×ed + 1.71×prst)

F(·) 為標準常態分布的累積分析函數。

在 5% 水準下，男性 (male)、年齡 (age)、白人 (white)，分別與親子親密程度 (warm) 之機率呈顯著負相關；而新世代 (yr89)、學歷 (ed) 與親子親密程度之機率則呈顯著正相關。

Step 3. **Ordered logit 迴歸分析，並與 ordered probit 迴歸做比較**

Statistics > Ordinal outcomes > Ordered logistic regression

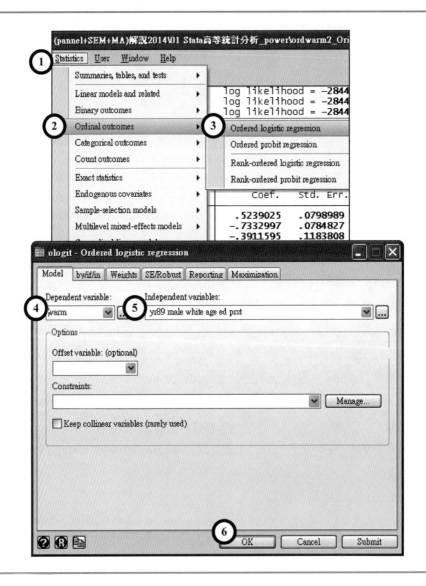

圖 6-5 ordered logit 迴歸之選擇表操作

```
. ologit warm yr89 male white age ed prst

Ordered logistic regression                 Number of obs   =      2293
                                            LR chi2(6)      =     301.72
                                            Prob > chi2     =     0.0000
Log likelihood = -2844.9123                 Pseudo R2       =     0.0504


------------------------------------------------------------------------------
       warm |     Coef.   Std. Err.      z    P>|z|    [95% Conf. Interval]
------------+-----------------------------------------------------------------
       yr89 |  .5239025   .0798989     6.56   0.000    .3673036    .6805014
       male | -.7332997   .0784827    -9.34   0.000    -.887123   -.5794765
      white | -.3911595   .1183808    -3.30   0.001   -.6231816   -.1591373
        age | -.0216655   .0024683    -8.78   0.000   -.0265032   -.0168278
         ed |  .0671728    .015975     4.20   0.000    .0358624    .0984831
       prst |  .0060727   .0032929     1.84   0.065   -.0003813    .0125267
------------+-----------------------------------------------------------------
      /cut1 | -2.465362   .2389128                    -2.933622   -1.997102
      /cut2 |  -.630904   .2333156                    -1.088194   -.1736138
      /cut3 |  1.261854    .234018                      .8031871    1.720521
------------------------------------------------------------------------------
```

1. LR 卡方值 = 301.72(p < 0.05)，表示你界定模型，至少有一個解釋變數的迴歸係數不為 0。

2. 報表「z」欄中，two-tail 檢定下，若 |z| > 1.96，則表示該自變數對依變數有顯著影響力。|z| 值愈大，表示該自變數對依變數的關聯性 (relevance) 愈高。

3. Logit 係數「Coef.」欄中，是 log-odds 單位，故不能用 OLS 迴歸係數的概念來解釋。

4. ologit 估計 S 分數，它是各自變數 X's 的線性組合：

$$S = \alpha + \beta_1 \times X_1 + \beta_2 \times X_2 + \beta_3 \times X_3 + ... + \beta_k \times X_k$$

$$S = 0.52\,yr89 - 0.73\,male - 0.39\,white - 0.02\,age + 0.06\,ed + 0.006\,prst$$

預測機率值為：

$P(y = 1) = P(S + u \leq \_cut1)\qquad\quad = P(S + u \leq -2.465)$

$P(y = 2) = P(\_cut1 < S + u \leq \_cut2) = P(-2.465 < S + u \leq -0.631)$

$P(y = 3) = P(\_cut2 < S + u \leq \_cut3) = P(-0.631 < S + u \leq 1.262)$

$$P(y = 4) = P(\_cut3 < S + u) \qquad = P(1.262 < S + u)$$

5. 在 ologit 指令之後，直接執行「predict level-1 level-2 level-3 … 」事後指令，即可儲存依變數各 levels 的機率值 (新增變數)，如下：

```
. predict SD D A SA
* 結果：在資料檔中，會新增 4 個變數「SD、D、A、SA」
```

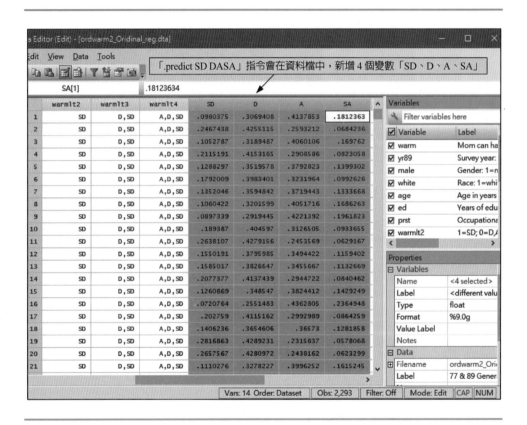

圖 6-6 「predict SD D A SA」指令會在資料檔中，新增 4 個變數「SD、D、A、SA」

Step 4. 印出 ordered logistic 迴歸預測之 SD、D、A、SA

用「findit listcoef」找到此 Package，在安裝它之後，即可執行「listcoef, std」指令。

```
. listcoef, std

ologit(N=2293): Unstandardized and Standardized Estimates

  Observed SD: .9282156
    Latent SD: 1.9410634


----------------------------------------------------------------------
    warm |     b        z       P>|z|    bStdX    bStdY    bStdXY    SDofX
---------+------------------------------------------------------------
    yr89 |   0.52390   6.557    0.000    0.2566   0.2699   0.1322    0.4897
    male |  -0.73330  -9.343    0.000   -0.3658  -0.3778  -0.1885    0.4989
   white |  -0.39116  -3.304    0.001   -0.1287  -0.2015  -0.0663    0.3290
     age |  -0.02167  -8.778    0.000   -0.3635  -0.0112  -0.1873   16.7790
      ed |   0.06717   4.205    0.000    0.2123   0.0346   0.1094    3.1608
    prst |   0.00607   1.844    0.065    0.0880   0.0031   0.0453   14.4923
```

1. 「Standardized estimates」可提供一個「標準化」比較基準點，來針對不同「測量單位」自變數之間，做預測效果的比較。

2. 「bStdX」欄位，Beta 係數之正負值，可看出該自變數與依變數是「正比或負比」相關。例如，age 的 bStdX = −0.36，表示年齡愈大，愈沒有親子親密關係。人愈老愈孤單。

3. 「bStdX」欄位取絕對值之後，可看六個預測變數對「親子親密程度」之預測效果，由高至低依序為：性別 (male)、年齡 (age)、年輕世代 (yr89) > 老世代、教育程度 (愈高親子關係愈好)、種族 (white)，最後職業聲望 (prst)。

Step 5. **Logit 迴歸求出各 levels 的機率值、機率交互作用圖**

用「prgen」package 指令前，先用「findit prgen」安裝此 ado 檔之後，即可用它來印出迴歸之預測值及信賴區間。「prgen」語法如下：

```
prgen varname, [if] [in] generate(prefix) [from(#) to(#) ncases(#) gap(#)
    x(variables_and_values) rest(stat) maxcnt(#) brief all noisily marginal
    ci prvalueci_options]
```

```
* 找 prgen.ado 指令檔，download/ 安裝它，再人工 copy 到你的工作目錄
. findit prgen

. prgen age, x(male = 0 yr89 = 1) generate(w89) from(20) to(80) ncases(7)

oprobit: Predicted values as age varies from 20 to 80.

          yr89       male       white        age         ed        prst
x=           1          0   .88939567   46.713797   11.875713   38.920182
```

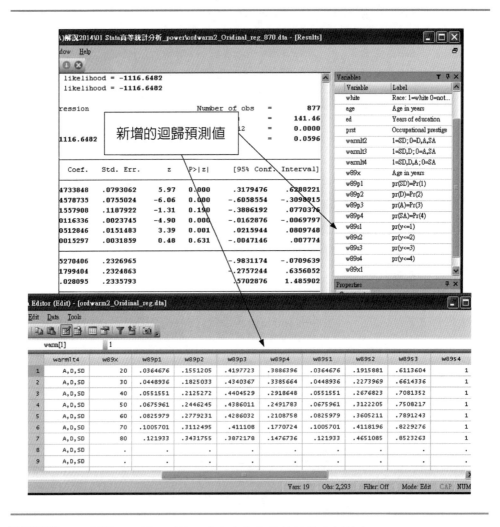

圖 6-7 指令新增的迴歸預測值，會存在你目前使用的資料檔中

Step 6. 印出 **ordered logit** 迴歸之勝算機率值、並繪出交互作用圖

```
* quietly 係指，只做迴歸分析，但不印出結果
. quietly ologit warm yr89 male white age ed prst

* 樣本只篩選女性 (male = 0) 且為新世代者 (yr89 = 1)
. prgen age, from(20) to(80) x(male = 0 yr89 = 1) ncases(7) generate(w89)

ologit: Predicted values as age varies from 20 to 80.

          yr89       male      white       age        ed        prst
x=           1          0   .8765809  44.935456  12.218055  39.585259

. label var w89p1 "SD"
. label var w89p2 "D"
. label var w89p3 "A"
. label var w89p4 "SA"
. label var w89s1 "SD"
. label var w89s2 "SD & D"
. label var w89s3 "SD, D & A"


. graph twoway(scatter  w89p1 w89p2 w89p3 w89p4 w89x, msymbol(Oh Dh Sh Th)
c(l l l l) xtitle(" 年齡 ") ytitle("Predicted Pr> obability") xlabel(20(20)80)
ylabel(0 .25 .50 ) )
```

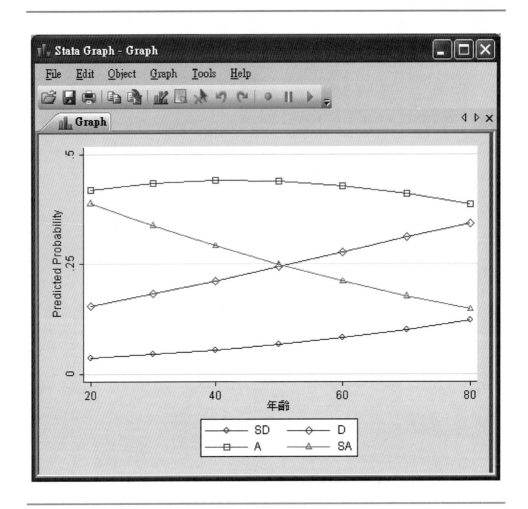

圖 6-8 各年齡層之親子親密程度之預測機率

```
. quietly ologit warm yr89 male white age ed prst

* 用「findir pttab」安裝此指令檔「pttab.ado」

* 全部樣本。男女兩性之親子親密程度的交叉機率表

. prtab yr89 male, novarlbl

ologit: Predicted probabilities for warm
* 親子親密 (warm), 1=SD.
Predicted probability of outcome 1(SD)
```

```
------------------------
        |       male
   yr89 | Women     Men
--------+---------------
   1977 | 0.0989  0.1859
   1989 | 0.0610  0.1191
------------------------
```

Predicted probability of outcome 2(D)

```
------------------------
        |       male
   yr89 | Women     Men
--------+---------------
   1977 | 0.3083  0.4026
   1989 | 0.2282  0.3394
------------------------
```

* 親子親密 (warm)，3=A.
Predicted probability of outcome 3(A)

```
------------------------
        |       male
   yr89 | Women     Men
--------+---------------
   1977 | 0.4129  0.3162
   1989 | 0.4406  0.3904
------------------------
```

Predicted probability of outcome 4(SA)

```
------------------------
        |       male
   yr89 | Women     Men
--------+---------------
   1977 | 0.1799  0.0953
   1989 | 0.2703  0.1510
------------------------
```

```
           yr89       male      white        age         ed       prst
x=    .39860445  .46489315  .8765809  44.935456  12.218055  39.585259
```

男女兩性之親子親密程度的交叉機率表，顯示「男女兩性 × 新舊世代」在親子親密程度上，有交互作用效果。

* 用「findit prchange」找此 ado 指令檔，download/ 安裝它，再人工 copy 到你的工作目錄
* 樣本只篩選女性 (male = 0) 且為新世代者 (yr89 = 1)
* 年齡 (age)、教育程度 (ed)、職業聲望 (prst) 三者之機率之 margin 效果
. prchange age ed prst , x(male = 0 yr89 = 1) rest(mean)

ologit: Changes in Probabilities for warm

age

*		非常不同意	不同意	同意	非常同意
	Avg|Chg|	SD	D	A	SA
Min->Max	.16441458	.10941909	.21941006	-.05462247	-.27420671
-+1/2	.00222661	.00124099	.00321223	-.0001803	-.00427291
-+sd/2	.0373125	.0208976	.05372739	-.00300205	-.07162295
MargEfct	.00222662	.00124098	.00321226	-.00018032	-.00427292

* 女性新世代者，age 每增一歲，親子親密程度就增加 0.222% 單位的機率。

ed

*		非常不同意	不同意	同意	非常同意
	Avg|Chg|	SD	D	A	SA
Min->Max	.14300264	-.09153163	-.19447364	.04167268	.2443326
-+1/2	.0069032	-.00384806	-.00995836	.00055891	.01324749
-+sd/2	.02181124	-.01217654	-.03144595	.00176239	.04186009
MargEfct	.00690351	-.00384759	-.00995944	.00055906	.01324796

* 女性新世代者，接受教育多一年，親子親密程度就增加 0.69% 單位的機率。

prst

*		非常不同意	不同意	同意	非常同意
	Avg|Chg|	SD	D	A	SA
Min->Max	.04278038	-.02352008	-.06204067	.00013945	.08542132
-+1/2	.00062411	-.00034784	-.00090037	.00005054	.00119767
-+sd/2	.00904405	-.00504204	-.01304607	.00073212	.01735598
MargEfct	.00062411	-.00034784	-.00090038	.00005054	.00119767

* 女性新世代者，最低級 (Min) 職業聲望升到最高級 (MAX)，親子程度就增加 4.278% 單位的機率。

*	非常不同意	不同意	同意	非常同意
	SD	D	A	SA
Pr(y|x)	.06099996	.22815652	.44057754	.27026597

	yr89	male	white	age	ed	prst
x=	1	0	.876581	44.9355	12.2181	39.5853
sd_x=	.489718	.498875	.328989	16.779	3.16083	14.4923

Step 7. 用 **logit** 迴歸，再複驗 **ordered logit** 迴歸 (以 **levels** 分群執行 **logit** 迴歸)

```
.* 新增三個 Dummy 變數：mle1、mle2、mle3
  gen mle1 =(warm>1)
. gen mle2 =(warm>2)
. gen mle3 =(warm>3)
```

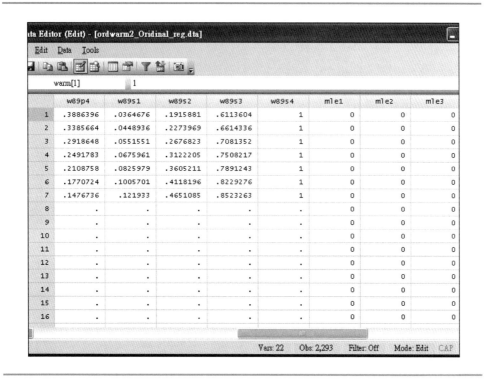

圖 6-9 新增三個 binary 變數 (虛擬變數 mle1, mle2, mle3)

```
* STaTa 新指令為 logistic；舊指令為 logit
* 第一個 Dummy 變數 mle1 之 Logit 迴歸
. logit mle1 yr89 male white age ed prst
```

```
Logistic regression                              Number of obs   =      2293
                                                 LR chi2(6)      =    128.58
                                                 Prob > chi2     =    0.0000
Log likelihood = -819.61992                      Pseudo R2       =    0.0727
```

mle1	Coef.	Std. Err.	z	P>|z|	[95% Conf. Interval]	
yr89	.9647422	.1542064	6.26	0.000	.6625033	1.266981
male	-.3053643	.1291546	-2.36	0.018	-.5585025	-.052226
white	-.5526576	.2305397	-2.40	0.017	-1.004507	-.1008082
age	-.0164704	.0040571	-4.06	0.000	-.0244221	-.0085187
ed	.1047962	.0253348	4.14	0.000	.0551409	.1544516
prst	-.0014112	.0056702	-0.25	0.803	-.0125246	.0097023
_cons	1.858405	.3958164	4.70	0.000	1.082619	2.63419

```
* 第二個 Dummy 變數 mle2 之 Logit 迴歸
. logit mle2 yr89 male white age ed prst
```

```
Logistic regression                              Number of obs   =      2293
                                                 LR chi2(6)      =    251.23
                                                 Prob > chi2     =    0.0000
Log likelihood = -1449.7863                      Pseudo R2       =    0.0797
```

mle2	Coef.	Std. Err.	z	P>|z|	[95% Conf. Interval]	
yr89	.5654063	.0928433	6.09	0.000	.3834367	.7473758
male	-.6905423	.0898786	-7.68	0.000	-.8667012	-.5143834
white	-.3142708	.1405978	-2.24	0.025	-.5898374	-.0387042
age	-.0253345	.0028644	-8.84	0.000	-.0309486	-.0197203
ed	.0528527	.0184571	2.86	0.004	.0166774	.0890279
prst	.0095322	.0038184	2.50	0.013	.0020482	.0170162
_cons	.7303287	.269163	2.71	0.007	.2027789	1.257879

```
* 第三個 Dummy 變數 mle3 之 Logit 迴歸
```

```
. logit  mle3  yr89 male white age ed prst

Logistic regression                          Number of obs   =      2293
                                             LR chi2(6)      =    150.77
                                             Prob > chi2     =    0.0000
Log likelihood = -1011.9542                  Pseudo R2       =    0.0693

-------------------------------------------------------------------------
    mle3 |    Coef.    Std. Err.      z     P>|z|    [95% Conf. Interval]
---------+---------------------------------------------------------------
    yr89 |  .3190732   .1140756     2.80    0.005    .0954891    .5426572
    male | -1.083789   .1220668    -8.88    0.000   -1.323035   -.8445422
   white | -.3929984   .1577582    -2.49    0.013   -.7021989    -.083798
     age | -.0185905   .0037659    -4.94    0.000   -.0259715   -.0112096
      ed |  .0575547   .0253812     2.27    0.023    .0078085    .1073008
    prst |  .0055304   .0048413     1.14    0.253   -.0039584    .0150193
   _cons | -1.024517   .3463123    -2.96    0.003   -1.703276   -.3457571
-------------------------------------------------------------------------
```

在 warm 2「warm>2」時，職業聲望 (prst) 額外會影響親子親密程度。

因此若依變數為 ordered 變數時，傳統 (SAS,SPSS 軟體)logit 迴歸，就要像本例這樣「分層」分三群組分別執行三次 logit 分析。但有 ordered logit 迴歸分析，一次就搞定，不但省時且有效率。

Step 8. **Ordered 依變數，各 levels 之間的 logit 迴歸分析**

```
. quietly ologit warm yr89 male white age ed prst

.* brant 檢定：parallel regression 假定
. brant, detail

Estimated coefficients from j-1 binary regressions

            y>1          y>2          y>3
 yr89    .9647422    .56540626    .31907316
 male  -.30536425   -.69054232   -1.0837888
white  -.55265759   -.31427081   -.39299842
```

```
   age   -.0164704   -.02533448   -.01859051
    ed    .10479624    .05285265    .05755466
  prst   -.00141118    .00953216    .00553043
 _cons   1.8584045    .73032873   -1.0245168
```

Brant Test of Parallel Regression Assumption

Variable	chi2	p>chi2	df
All	49.18	0.000	12
yr89	13.01	0.001	2
male	22.24	0.000	2
white	1.27	0.531	2
age	7.38	0.025	2
ed	4.31	0.116	2
prst	4.33	0.115	2

A significant test statistic provides evidence that the parallel
regression assumption has been violated.

1. 「Brant Test of Parallel Regression」檢定結果拒絕 H_0: parallelre gression，顯示：整體而言 (all)，本例子 ordered logit 迴歸分析達到顯著 ($\chi^2_{(12)}$ = 49.18, p < 0.05)，彼此預測的迴歸線係不平行，即組內迴歸係數是異質性 (p < 0.05)。

2. 但預測變數分開來看，種族 (white)、教育程度 (ed)、職業聲望 (prst)，三者在親子親密程度之組內迴歸係數卻是同質性 (p > 0.05)。

6-3 Ordered logit 迴歸分析：Copenhagen 的住房條件 (ologit、lrtest、graph bar、oprobit 指令)

範例：哥本哈根 (Copenhagen) 的住房條件：(低中高) 住屋滿意來精準配組 (ologit、lrtest、graph bar、oprobit 指令)

(一) 問題說明

為瞭解哥本哈根的住房條件之影響因素有哪些？(分析單位：個人的住房)

研究者收集數據並整理成下表，此「copen.dta」資料檔內容之變數如下：

變數名稱	說明	編碼 Codes/Values
結果變數 / 依變數：satisfaction	住房條件滿意度	1～3 分 (程度)
解釋變數 / 自變數：housing	房屋類型	1～4 分 (程度)
解釋變數 / 自變數：influence	感覺管理中的影響力	1～3 分 (程度)
解釋變數 / 自變數：contact	與鄰居聯繫程度	0, 1(binary data)
加權：n	此類別的 cases 數	3～86

(二) 資料檔之內容

「copen.dta」資料檔內容如下圖。

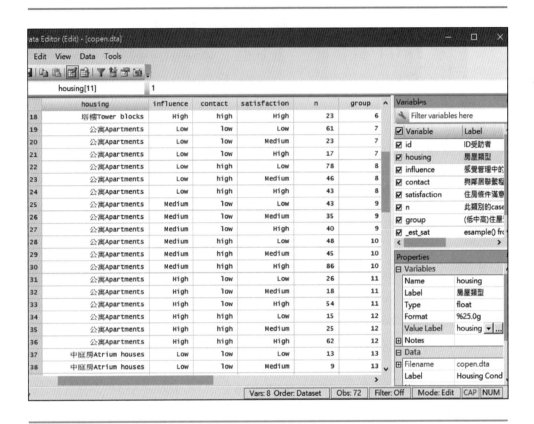

圖 6-10 「copen.dta」資料檔內容 (N=72 個人，(低中高) 住屋滿意來精準配組 J=34)

觀察資料之特徵

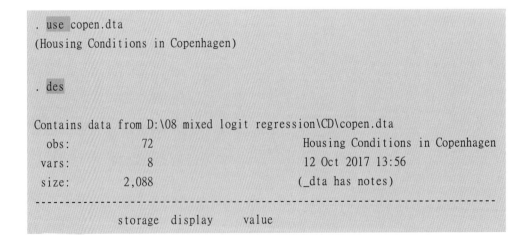

```
variable name    type    format    label        variable label
--------------------------------------------------------------------
id               float   %9.0g                   ID 受訪者
housing          float   %15.0g    housing       房屋類型
influence        float   %9.0g     lowmedhi      感覺管理中的影響力
contact          float   %9.0g     contact       與鄰居聯繫程度
satisfaction     float   %9.0g     lowmedhi      住房條件滿意度
n                float   %9.0g                   此類別的 cases 數
group            float   %9.0g                   （低中高）住屋滿意來精準配組
_est_sat         byte    %8.0g                   esample() from estimates store
```

*（低中高）住屋滿意來精準配組，存至 group 新變數。Int(x) 取整數函數
. gen group = int((_n-1)/3)+1

* 符號「i.」宣告 group 變數為 Indication(dummies) 變數
* 以「（低中高）住屋滿意來精準配組」group，來求 null model
. quietly mlogit satisfaction i.group [fw=n]

* 儲存和恢復估計結果。null model 預測值存至 sat 變數
. estimates store sat

* 印出 Log Likelihood
. di e(ll)
-1715.7108

* 求得 Log Likelihood 值為 -1715.7。

(三) 分析結果與討論

Step 1. 比例勝算模型 (proportional odds model)

```
* 開啟資料檔
. use copen.dta
(Housing Conditions in Copenhagen)

* 變數變換。類別變數 housing 四個 levels 變成三個虛擬變數：apart、atrium、ter-
race
. gen apart   = housing == 2
. gen atrium  = housing == 3
. gen terrace = housing == 4

* 巨集指令
. local housing apart atrium terrace
* 類別變數 influence 三個 levels 變成二個虛擬變數：influenceMed、influenceHi
. gen influenceMed  = influence == 2
. gen influenceHi   = influence == 3
. local influence influenceMed influenceHi
* 類別變數二個 levels 變成一個虛擬變數 contactHi
. gen contactHi     = contact == 2
```

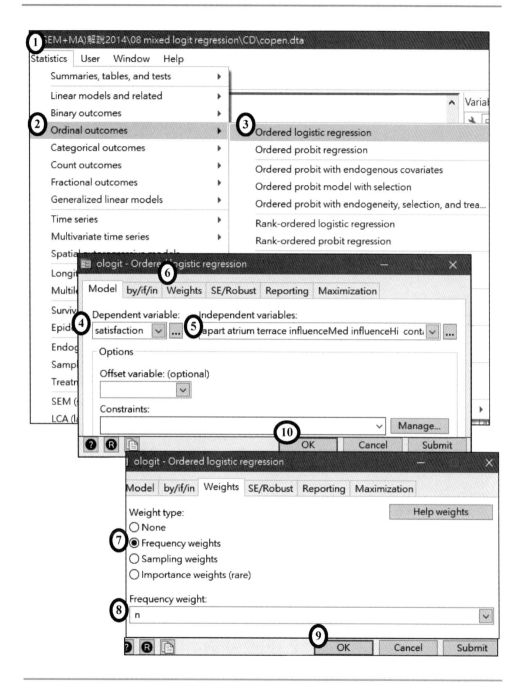

```
* fit the additive ordered logit model
* 以「此類別的 cases 數」n 來加權，進行 ordered logit model
. ologit satis apart atrium terrace influenceMed influenceHi  contactHi [fw=n]


Ordered logistic regression                    Number of obs   =       1681
                                               LR chi2(6)      =     169.73
                                               Prob > chi2     =     0.0000
Log likelihood = -1739.5746                    Pseudo R2       =     0.0465


-----------------------------------------------------------------------------
satisfaction |    Coef.    Std. Err.      z     P>|z|    [95% Conf. Interval]
-------------+---------------------------------------------------------------
      apart  | -.5723499    .119238    -4.80   0.000   -.8060521   -.3386477
      atrium | -.3661863   .1551733    -2.36   0.018   -.6703205   -.0620522
     terrace | -1.091015    .151486    -7.20   0.000   -1.387922   -.7941074
 influenceMed|  .5663937   .1046528     5.41   0.000    .361278     .7715093
 influenceHi |  1.288819   .1271561    10.14   0.000   1.039597    1.53804
    contactHi|   .360284   .0955358     3.77   0.000    .1730372    .5475307
-------------+---------------------------------------------------------------
       /cut1 |  -.496135   .1248472                    -.7408311   -.2514389
       /cut2 |  .6907081   .1254719                     .4447876    .9366286
-----------------------------------------------------------------------------

. estimates store additive


* additive ordered logit model 與 null model 的概似比
* 選項 force: force testing even when apparently invalid。若缺用會印出： test
involves different estimators: mlogit vs. ologit
. lrtest additive sat, force

Likelihood-ratio test                          LR chi2(40) =       47.73
(Assumption: additive nested in sat)           Prob > chi2 =      0.1874
```

1. LR 卡方值 = 169.73(p < 0.05)，表示你界定模型，至少有一個解釋變數的迴歸係數不為 0。

2. 報表「z」欄中，two-tail 檢定下，若 |z| > 1.96，則表示該自變數對依變數有顯著影響力。|z| 值愈大，表示該自變數對依變數的關聯性 (relevance) 愈高。

3. Logit 係數「Coef.」欄中，是 log-odds 單位，故不能用 OLS 迴歸係數的概念來解釋。

4. ologit 估計 S 分數，它是各自變數 X's 的線性組合：

$$S = \alpha + \beta_1 \times X_1 + \beta_2 \times X_2 + \beta_3 \times X_3 + ... + \beta_k \times X_k$$

$$S = -0.57apart - 0.37atrium - 1.09terrace + 0.57\text{influenceMed} + 1.29\text{influenceHi} + 0.36\text{contactHi}$$

預測機率值為：

P(y = 1) = P(S + u ≤ _cut1)　　　　　= P(S + u ≤ -0.496)

P(y = 2) = P(_cut1 < S + u ≤ _cut2) = P(-0.496 < S + u ≤ -0.691)

P(y = 3) = P(_cut2 < S + u)　　　　　= P(0.691 < S + u)

5. 在 ologit 指令之後，直接執行「predict level-1 level-2 level-3 …」事後指令，即可儲存依變數各 levels 的機率值 (新增變數)，如下：

```
. predict disatisfy neutral satisfy
* 結果：在資料檔中，會新增 3 個變數「disatisfy、neutral、satisfy」
```

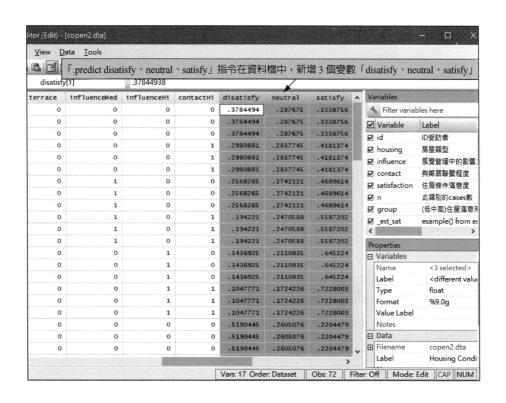

圖 6-12 「. predict disatify neutral satify」指令會在資料檔中，新增 3 個變數「disatisfy、neutral、satisfy」

補充資料：

Q1. 類別資料迴歸分析，用 LR(概似比) 檢定不用 F 檢定 ?

答：概似比統計量在大樣本漸近卡方分布。

Q2. 類別資料迴歸分析，參數估計用 MLE(最大概似法) 不用 LSE(最小平方法)?

答：在常態線性模型 LSE 就是 MLE。F 檢定是在常態群體小樣本之下做兩群體變異數推論或多群體平均數推論時，適當的統計量具 F 分布。LSE 是在線性模型假設之下的一種方法。而 MLE、概似比檢定是在多數情況，若問題適當 (符合一些「正規條件」) 則它們是適當的方法；而在適當條件下，它們具有好的大樣本性質。

Step 2. 用 "#" 來宣告二因子交互作用項

下例指令旨在比較「housing、influence、contact」三類類別變數，兩兩配對之交互作用項，哪個優呢 ?

```
* null model( 當 LR 的比較基準點 )
. quietly mlogit satisfaction i.group [fw=n]
. estimates store sat

*. Model A
. quietly ologit satis i.housing#i.influence i.contact [fw=n]
. estimates store A

. lrtest A sat, force stats

Likelihood-ratio test                        LR chi2(34) =      25.22
(Assumption: A nested in sat)                Prob > chi2 =     0.8623

-------------------------------------------------------------------------
       Model |    Obs    ll(null)   ll(model)     df        AIC        BIC
-------------+-----------------------------------------------------------
           A |   1681   -1824.439    -1728.32      14    3484.64    3560.62
         sat |   1681   -1824.439   -1715.711      48   3527.422   3787.925
-------------------------------------------------------------------------
```

```
                    Note:  N=Obs used in calculating BIC; see [R] BIC note


*. Model B
. quietly ologit satis i.housing#i.contact i.influence [fw=n]
. estimates store B

. lrtest B sat, force stats

Likelihood-ratio test                        LR chi2(37) =       39.06
(Assumption: B nested in sat)                 Prob > chi2 =      0.3773


---------------------------------------------------------------------------
     Model |   Obs      ll(null)    ll(model)      df        AIC        BIC
-----------+---------------------------------------------------------------
         B |  1681     -1824.439    -1735.242      11     3492.483   3552.182
       sat |  1681     -1824.439    -1715.711      48     3527.422   3787.925
---------------------------------------------------------------------------
                    Note:  N=Obs used in calculating BIC; see [R] BIC note
*. Model C
. quietly ologit satis i.housing i.influence#i.contact [fw=n]
. estimates store C

. lrtest C sat, force stats

Likelihood-ratio test                        LR chi2(38) =       47.52
(Assumption: C nested in sat)                 Prob > chi2 =      0.1385


---------------------------------------------------------------------------
     Model |   Obs      ll(null)    ll(model)      df        AIC        BIC
-----------+---------------------------------------------------------------
         C |  1681     -1824.439     -1739.47      10      3498.94   3553.212
       sat |  1681     -1824.439    -1715.711      48     3527.422   3787.925
---------------------------------------------------------------------------
                    Note:  N=Obs used in calculating BIC; see [R] BIC note
```

1. 「lrtest A sat, force stats」、「lrtest B sat, force stats」、「lrtest C sat, force stats」三個概似比，顯著性都 $p > 0.05$，表示 Model A 、 Model B 、 Model C

三者適配度都比 null model 優，故這三個模型都適當的。

2. 由 AIC 愈小模型愈佳來看，或 LR 卡方值愈小模型愈佳來看，適配度由優至劣，依序為 Model A 、 Model B 、 Model C 。故 Model A 最優，即「ologit satis i.housing#i.influence i.contact [fw=n]」最優。

> 資訊準則 (information criterion)：亦可用來說明模型的解釋能力 (較常用來作為模型選取的準則，而非單純描述模型的解釋能力)
>
> 1. AIC(Akaike information criterion)
>
> $$AIC = \ln\left(\frac{ESS}{T}\right) + \frac{2k}{T}$$
>
> 2. BIC(Bayes information criterion) 或 SIC(Schwartz) 或 SBC
>
> $$BIC = \ln\left(\frac{ESS}{T}\right) + \frac{k\ln(T)}{T}$$
>
> 3. AIC 與 BIC 越小，代表模型的解釋能力越好（用的變數越少，或是誤差平方和越小）。

3. Model A 最優，故再執行：自由度 6 之「housing×influence」交互作用項，如下指令。

Step 3. 類別變數「**housing × influence**」共 **3*2** 個交互作用項，改用虛擬變數來重做

```
. gen apartXinfMed = apart  * influenceMed
. gen apartXinfHi  = apart  * influenceHi
. gen atriuXinfMed = atrium * influenceMed
. gen atriuXinfHi  = atrium * influenceHi
. gen terrXinfMed  = terrace * influenceMed
. gen terrXinfHi   = terrace * influenceHi

* Model D
*再加六個交互作用項(粗斜字)
. ologit satisfaction apart atrium terrace influenceMed influenceHi apartXinfMed
apartXinfHi atriuXinfMed atriuXinfHi terrXinfMed terrXinfHi contactHi [fw=n]

Ordered logistic regression                    Number of obs   =        1681
                                               LR chi2(12)     =      192.24
                                               Prob > chi2     =      0.0000
Log likelihood =  -1728.32                     Pseudo R2       =      0.0527

-------------------------------------------------------------------------------
satisfaction |    Coef.   Std. Err.       z    P>|z|     [95% Conf. Interval]
-------------+-----------------------------------------------------------------
```

```
       apart |  -1.188494    .1972418    -6.03   0.000    -1.575081    -.8019072
      atrium |  -.6067061    .2445664    -2.48   0.013    -1.086047    -.1273647
     terrace |  -1.606231    .2409971    -6.66   0.000    -2.078576    -1.133885
 influenceMed |  -.1390175    .2125483    -0.65   0.513    -.5556044     .2775694
  influenceHi |   .8688638    .2743369     3.17   0.002     .3311733    1.406554
 apartXinfMed |   1.080868    .2658489     4.07   0.000     .5598135    1.601922
  apartXinfHi |   .7197816    .3287309     2.19   0.029     .0754809    1.364082
 atriuXinfMed |     .65111    .3450048     1.89   0.059    -.0250869    1.327307
  atriuXinfHi |  -.1555515    .4104826    -0.38   0.705    -.9600826     .6489795
  terrXinfMed |   .8210056    .3306666     2.48   0.013      .172911      1.4691
   terrXinfHi |   .8446195    .4302698     1.96   0.050     .0013062    1.687933
    contactHi |    .372082    .0959868     3.88   0.000     .1839514     .5602126
-------------+----------------------------------------------------------------
        /cut1 |  -.8881686    .1671554                    -1.215787     -.56055
        /cut2 |   .3126319    .1656627                     -.012061     .6373249
-------------------------------------------------------------------------------

. estimates store D
. lrtest D sat, force stats

Likelihood-ratio test                          LR chi2(34) =     25.22
(Assumption: D nested in sat)                  Prob > chi2 =    0.8623


-------------------------------------------------------------------------------
     Model |    Obs    ll(null)   ll(model)     df        AIC          BIC
-----------+-------------------------------------------------------------------
         D |   1681   -1824.439   -1728.32      14      3484.64      3560.62
       sat |   1681   -1824.439   -1715.711     48     3527.422     3787.925
-------------------------------------------------------------------------------
```

1. LR 卡方值愈小模型愈佳來看，$\boxed{\text{Model D}}$ 係納入 6 個「housing × influence」交互作用項，LR 卡方值 =25.22，它與 $\boxed{\text{Model A}}$ LR 卡方值相同。但基於模型愈簡單愈佳的原則，若要納入 6 個「housing × influence」交互作用項，你可選定 $\boxed{\text{Model A}}$ 為最佳模型。

2. $\boxed{\text{Model A}}$ 指令的執行結果如下：

```
*Model A 納入 12 個「housing × influence」交互作用項
. ologit satis i.housing#i.influence i.contact [fw=n]

Ordered logistic regression                    Number of obs    =     1681
                                               LR chi2(12)      =    192.24
                                               Prob > chi2      =    0.0000
Log likelihood =   -1728.32                    Pseudo R2        =    0.0527

------------------------------------------------------------------------------
  satisfaction |     Coef.    Std. Err.     z     P>|z|   [95% Conf. Interval]
---------------+--------------------------------------------------------------
housing#influence |
           1 2 |  -.1390175   .2125483   -0.65   0.513   -.5556044    .2775694
           1 3 |   .8688638   .2743369    3.17   0.002    .3311733    1.406554
           2 1 |  -1.188494   .1972418   -6.03   0.000   -1.575081   -.8019072
           2 2 |  -.2466437   .1913323   -1.29   0.197    -.621648    .1283607
           2 3 |   .4001515   .2104573    1.90   0.057   -.0123373    .8126403
           3 1 |  -.6067061   .2445664   -2.48   0.013   -1.086047   -.1273647
           3 2 |  -.0946136   .2536286   -0.37   0.709   -.5917165    .4024894
           3 3 |   .1066063   .2896558    0.37   0.713   -.4611086    .6743212
           4 1 |  -1.606231   .2409971   -6.66   0.000   -2.078576   -1.133885
           4 2 |  -.9242424   .2391896   -3.86   0.000   -1.393045   -.4554395
           4 3 |   .1072528    .320668    0.33   0.738   -.5212449    .7357505
               |
     2.contact |   .372082    .0959868    3.88   0.000    .1839514    .5602126
---------------+--------------------------------------------------------------
         /cut1 |  -.8881686   .1671554                   -1.215787    -.56055
         /cut2 |   .3126319   .1656627                    -.012061    .6373249
------------------------------------------------------------------------------
```

6-4 Extended ordered probit regression 迴歸分析：內生共變數之二階段機率迴歸 (eoprobit 指令)

在迴歸模型假定中，若「自變數 x 與誤差項 u」具有相關性，即 $cov(x,u) \neq 0$，謂之內生性 (endogeneity)。

一、內生性問題對參數估計有何影響？

1. 在內生性下，OLS 估計式之參數不再具有不偏性。

2. 在內生性下，OLS 估計式之參數不再具有有效性。

3. 在內生性下，OLS 估計式之參數不再具有一致性。

二、為何產生內生性問題？

1. 迴歸模型中，遺漏重要變數。

2. 迴歸模型中，存有測量誤差。

3. 忽略了聯立方程式。

4. 忽略了動態迴歸。

6-4-1 內生共變數：工具變數 (IV) 之重點整理

一、工具變數 **(IV)** 之示意圖

當 $Cov(x, u) \neq 0$ 時 (解釋變數 x 與殘差 u 有相關)，OLS 估計產生偏誤。此時，自變數 x 是內生 (endogenous) 的，解決辦法之一就是採用工具變數 (instrumental variables, IV)。

工具變數可以處理：(1) 遺漏變數產生偏差的問題。(2) 應用於古典變數中誤差 (errors-in-variables) 的情況 (eivreg 指令)。(3) 估計聯立方程式 (simultaneous equation) 參數。STaTa 指令則有三：ivregress(Single-equation instrumental-variables regression)、reg3(Three-stage estimation for systems of simultaneous equations)、xtivreg(Instr. var. & two-stage least squares for panel-data models)。

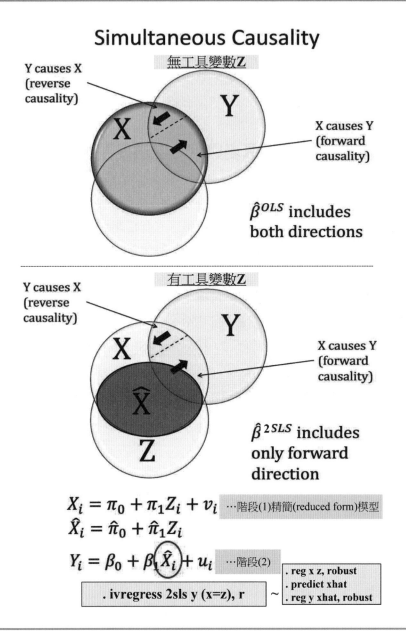

圖 6-13 simultaneous causality 中，工具變數 Z 之示意圖

由上圖中可看出：

1. 工具變數 Z 直接影響 X，但與 Y 無直接關係。

2. 工具變數 Z 與殘差 u 無關係。

二、如何選擇工具變數 (IV)？

工具變數 Z 必須符合外生性 (exogenous) 與相關性 (relevant)，然而我們該如何尋找？

1. IV 必須是外生的 (可以檢定)。

2. IV 可能來自於常識來判斷。

3. IV 可能來自於經濟理論。

4. IV 可能來自於隨機的現象，此現象造成內生變數 X 的改變。

例如，$\log(wage) = \beta_0 + \beta_1 \, educ + u$，此「學歷預測薪資」方程式中，請問：

1. 智力 IQ 是好的工具變數嗎？

2. 父母教育水準是好的工具變數嗎？

3. 家庭中小孩子數目是好的工具變數嗎？

4. 出生的季份是好的工具變數嗎？

答：

我們需找一個工具變數「某變數 Z」，它需滿足二個條件：

(1) 具有相關性 (relevant): corr(工具變數 Z_i, 內生解釋變數 x) ≠ 0

(2) 具有外生性 exogenous: corr(工具變數 Z_i, 殘差 u_i) ≠ 0

又如，學生的「測驗分數 $= \beta_0 + \beta_1$ 班級大小 $+ u$」，此方程式中工具變數 (IV) 是：與班級大小有關，但與 u 無關 (包括父母態度、校外學習環境、學習設備、老師品質等)。

小結

工具變數 Z 與殘差 U 相關性低，Z 與 X 相關性高，這樣的工具變數被稱為好工具變數，反之則稱為劣工具變數。

好的工具變數的識別：

(1) Z 與 U 不相關，即 Cov(Z, U) = 0；

由於 U 無法觀察，因而難以用正式的工具進行測量，通常由經濟理論來使人們相信。

(2) Z 與 X 相關，即 Cov(Z, X) ≠ 0。

舉例：以雙變數模型為例

$$Y = a + bX + U$$

其中，X 與 U 相關，因而 OLS 估計會有偏，假設現在有 X 的工具變數 Z，

於是有 Cov(Z, Y) = Cov(Z, a + bX + U)

= Cov(Z, bX) + Cov(Z, U)(a 為截距之常數)

= b Cov(Z, X)

所以有 b = Cov(Z, Y)/Cov(Z, X)

工具變數 Z 的優劣之判斷準則：

(1) 工具變數 Z 與殘差 U 不相關，即 Cov(Z, U) = 0；相關性越低，則越好。

(2) 工具變數 Z 與解釋變數 X 相關，即 Cov(Z, X) 不等於 0；相關性越高，則越好。

三、兩階段最小平方法 (two stage least squares, 2SLS)

考慮簡單迴歸模型：$y_i = \beta_0 + \beta_1 x_i + u_i$

兩階段最小平方法 (2SLS) 顧名思義包括兩個階段：

第一個階段：將 x 拆解為兩個部分，與殘差 u 相關的 regressors 部分，及與殘差 u 無關的 regressors 部分。

x 的變動 $\begin{cases} 與 u 相關：丟棄產生偏誤的這一部分 \\ 與 u 無關：以工具變數將此部分分離建立一致估計式 \end{cases}$

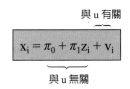

若係數 π_1 不顯著，則表示 Cov(z, x) ≠ 0 的條件可能不成立，應找尋其他工具變數。若 π_1 顯著，則進行第二階段迴歸。

第二個階段：採用與殘差 u 無關的部分估計參數，用以建立一致性的估計式。所得到的估計式稱為 2SLS 估計式。

$$y_i = \beta_0 + \beta_1 \hat{x}_1 + \varepsilon_i$$

其中，$\hat{x}_1 = \hat{\pi}_0 + \hat{\pi}_1 \hat{z}_1$，表示 x 中與殘差無關的部分。

在小樣本下，2SLS 估計式確切的分布是非常複雜的；不過在大樣本下，2SLS 估計式是一致的，且為常態分布。

假設 z 是一個工具變數 (IV)，則 z 應符合 2 項條件：

1. z 必須是外生的 (exogenous)：$Cov(z, \varepsilon) = 0$，工具變數需與殘差無關，工具變數亦爲外生 (exogenous) 解釋變數。

2. z 必須與內生變數 x 有相關：$Cov(z, x) \neq 0$，工具變數需與解釋變數相關。

四、兩階段最小平方法 (2SLS) 之重點整理

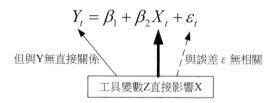

$$Y_t = \beta_1 + \beta_2 X_t + \varepsilon_t$$

但與Y無直接關係　　　與誤差 ε 無相關

工具變數Z直接影響X

通常會根據常識、經濟理論等來找尋合適的工具變數 Z。其中，兩階段迴歸分析如下：

1. 以 IV 估計簡單迴歸

第一階段，假設簡單迴歸：$y_i = \beta_0 + \beta_1 x_i + u_i$，令 Z 表示符合條件的工具變數，則：

$$Cov(z, y) = \beta_1 Cov(z, x) + Cov(z, u)$$

因此

$$\beta_1 = \frac{Cov(z, y)}{Cov(z, x)} - \frac{Cov(z, u)}{Cov(z, x)}$$

β_1 的 IV 估計式爲：

$$\hat{\beta}_1 = \frac{\sum(z_i - \overline{z})(y_i - \overline{y})}{\sum(z_i - \overline{z})(x_i - \overline{x})}$$

同質性假設：$E(u^2 \mid z) = \sigma^2 = Var(u)$

如同 OLS 的情況，漸近變異數與其估計式可以證明如下：

$$Var(\hat{\beta}_1) = \frac{\sigma^2}{n\sigma_x^2 \rho_{x,z}^2}$$

其估計式為：

$$\frac{\hat{\sigma}^2}{\text{SST}_x R_{x,z}^2}$$

(1) 第二階段 OLS 迴歸所得到的標準誤並不是 IV 迴歸的標準誤，此乃由於第二階段 OLS 迴歸是採用第一階段所得到的預測值，因此必須有所調整。

(2) 計量經濟統計軟體 (如 STaTa) 會自動調整為 IV 迴歸的標準誤。

(3) 在小樣本下，2SLS 估計式的分布是很複雜的；

(4) 在大樣本下，2SLS 估計式是一致的，且為常態分布：

$$p \lim (\hat{\beta}_1) = \beta_1$$

$$\hat{\beta}_1 \overset{a}{\sim} \text{Normal} [\beta_1, \text{se} (\hat{\beta}_1)]$$

2. IV 與 OLS 之差異比較

IV 與 OLS 估計式標準誤的差別，在於執行 x 對 z 迴歸所得到的 R^2。

$$\text{OLS：Var} (\hat{\beta}_1) = \frac{\hat{\sigma}^2}{\sum (x_i - \overline{x})^2} = \frac{\hat{\sigma}^2}{\text{SST}_x}$$

$$\text{IV：} \quad \text{Var} (\hat{\beta}_1) = \frac{\hat{\sigma}^2}{\text{SST}_x R_{x,z}^2}$$

(1) 由於 $R_{x,z}^2 < 1$，IV 的標準誤是比較大的。

(2) z 與 x 的相關性越高，IV 的標準誤越小。

(3) 當 $\text{Cov}(x, u) \neq 0$，OLS 估計式不是一致的，不過符合條件的 IV 估計式可以證明是一致的。

(4) IV 估計式並非是不偏的。

(5) 由於存在許多的工具變數可供選擇，因此 IV 估計式的標準誤並非最小。

(6) 即便 IV 估計式缺乏效率，但在眾多偏誤的估計式中是一致的。

3. 數個內生解釋變數 (endogenous regressors)

假設我們有數個內生變數，則有 3 種情況：

(1) 過度認定 (over identified)：如果工具變數 Z 個數大於內生變數 X 個數。

(2) 不足認定 (under identified)：如果工具變數 Z 個數小於內生變數 X 個數。

(3) 恰好認定 (just identified)：如果工具變數 Z 個數等於內生變數 X 個數。

基本上，工具變數至少需要與內生自變數一樣多。過度認定或恰好認定，進行 IV 迴歸才有解。在大樣本的情況下，2SLS 可獲得一致的估計式，且為常

態分布，但標準誤 (standard error) 較大。若欲降低標準誤，可找尋與解釋變數相關性較高的工具變數。值得注意的是，若所選擇的工具變數與解釋變數僅存在些許相關，甚至無關時，此法所得之估計式是不一致的。基本上，工具變數至少需要與內生的解釋變數一樣多，若工具變數個數大於內生變數個數，稱為過度認定 (over identified，有多組解)，若等於，稱為恰好認定 (just identified，恰一組解)，若小於，稱為不足認定 (under identified，無解)。當過度認定時，可進行過度認定限制檢定，檢定某些工具變數是否與誤差項相關。

6-4-2 Extended ordered probit regression 迴歸分析：健康狀況程度之因素 (eoprobit 指令)

eoprobit(Extended ordered probit regression) 的指令有五種，如下圖：

圖 6-14　五種「eoprobit -- Extended ordered probit regression」的種類

範例：**擴充次序機率模型** (extended ordered probit regression)

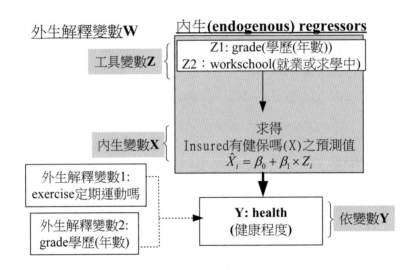

圖 6-15 「eoprobit health exercise grade, entreat(insured = grade workschool)」內生共變數之 2SLS 架構

(一) 問題說明

為瞭解健康狀況程度之影響因素有哪些？(分析單位：個人)

研究者收集數據並整理成下表，此「womenhlth.dta」資料檔內容之變數如下：

變數名稱	說明	編碼 Codes/Values
結果變數 / 依變數：health	健康狀況程度	1～5 程度
解釋變數 / 自變數：exercise	有定期運動嗎	0, 1(binary data)
解釋變數 / 自變數：grade	學歷 (年數)	0, 1(binary data)
解釋變數 / 自變數：insured	有健康保險嗎	0, 1(binary data)
解釋變數 / 自變數：workschool	就業或求學中？	0, 1(binary data)

(二) 資料檔之內容

「womenhlth.dta」資料檔內容如下圖。

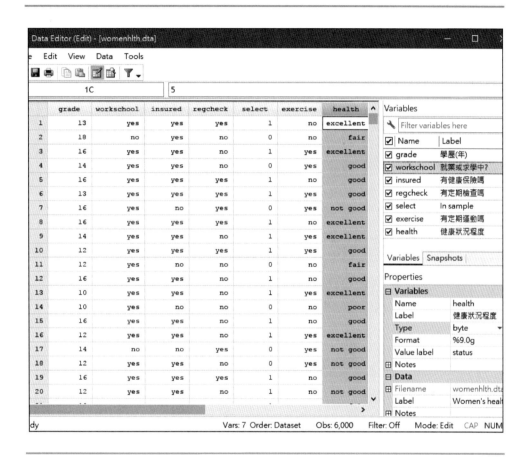

圖 **6-16** 「womenhlth.dta」資料檔內容 (N=6,000 個人)

觀察資料之特徵

```
* 開啟資料檔
. webuse womenhlth
(Women's health status)

. des health exercise grade insured workschool

                storage   display    value
variable name   type      format     label      variable label
------------------------------------------------------------------
health          byte      %9.0g      status     健康狀況程度
exercise        byte      %8.0g      yesno      有定期運動嗎
grade           byte      %8.0g                 學歷 ( 年 )
insured         byte      %8.0g      yesno      有健康保險嗎
workschool      byte      %8.0g      yesno      就業或求學中？
```

(三) 分析結果與討論

Step 1. Ordered probit regression with endogenous treatment

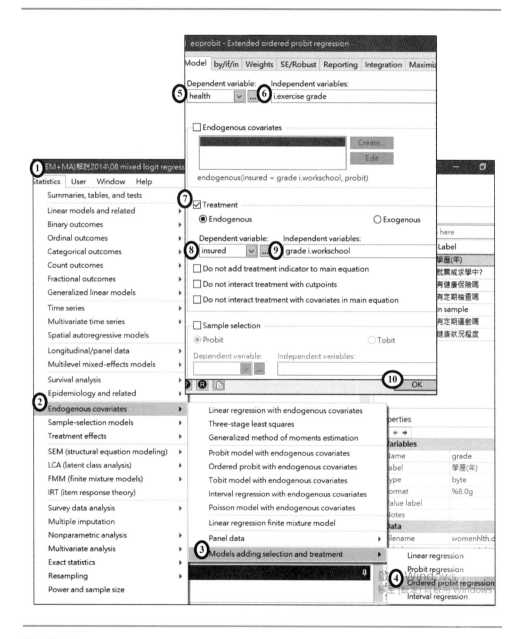

圖 6-17 「eoprobit health i.exercise grade, entreat(insured = grade i.workschool)」畫面

註：Statistics > Endogenous covariates > Models adding selection and treatment > Ordered probit regression

495

```
* 開啟資料檔
. webuse womenhlth

* Ordered probit regression with endogenous treatment
*符號「i.」宣告「exercise、workschool」二個類別變數為 Indication(dummy).
. eoprobit health i.exercise grade, entreat(insured = grade i.workschool)
*由於「exercise、workschool」是虛擬變數，故前置詞「i.」可省略,故上列指令可簡化為:
. eoprobit health exercise grade, entreat(insured = grade workschool)
```

Extended ordered probit regression

Number of obs	= 6,000
Wald chi2(4)	= 544.06
Prob > chi2	= 0.0000

Log likelihood = -9105.4376

	Coef.	Std. Err.	z	P>|z|	[95% Conf. Interval]
health						
exercise#| (2*2)交互作用項						
insured |						
yes#no |	.5296149	.0614054	8.62	0.000	.4092626	.6499672
yes#yes |	.5190249	.033697	15.40	0.000	.45298	.5850697
insured#c.grade |						
no |	.1079014	.0254855	4.23	0.000	.0579507	.1578522
yes |	.1296456	.0106352	12.19	0.000	.108801	.1504901
insured 二個工具變數(grade,workschool)對健保(insured)之預測值 $\hat{X}$						
grade |	.3060024	.0101482	30.15	0.000	.2861122	.3258925
workschool |						
yes |	.5387767	.0448199	12.02	0.000	.4509313	.6266221
_cons |	-3.592452	.1373294	-26.16	0.000	-3.861613	-3.323292
/health						
insured#c.cut1 |						
no |	.6282326	.2465266			.1450493	1.111416
yes |	-.7255086	.239525			-1.194969	-.2560482
insured#c.cut2 |						
no |	1.594089	.2365528			1.130454	2.057724
yes |	.4404531	.1956483			.0569894	.8239168
insured#c.cut3 |						
no |	2.526424	.2308273			2.074011	2.978837
yes |	1.332514	.1822525			.9753057	1.689722
insured#c.cut4 |						
no |	3.41748	.2373824			2.952219	3.882741
yes |	2.292828	.1734913			1.952792	2.632865
corr(e.insured, |						
e.health)|	.3414241	.0920708	3.71	0.000	.1502896	.5079557

1. LR 卡方值 = 544.06(p < 0.05)，表示你界定模型，至少有一個「外生、內生」解釋變數的迴歸係數不為 0。

2. 報表「z」欄中，two-tail 檢定下，若 |z| > 1.96，則表示該自變數對依變數有顯著影響力。|z| 值愈大，表示該解釋變數對依變數的關聯性 (relevance) 愈高。

3. Logit 係數「Coef.」欄中，是 log-odds 單位，故不能用 OLS 迴歸係數的概念來解釋。

4. ologit 估計 S 分數，它是各外生解釋變數 W's 及內生解釋變數 $\hat{X}$ 的線性組合：

$$S = \beta_1 \times W_1 + \beta_2 \times W_2 + (\hat{X} = \gamma_1 \times Z_1 + \gamma_2 \times Z_2)$$

$$S = 0.53(sxercise = yes, insured = no) + 0.52(sxercise = yes, insured = yes)$$
$$+ 0.11(insured = no) + 0.13(insured = yes)$$

預測機率值細分二種狀況：

(1) 當 insured = no(無健保者)，其健康程度之機率值為：

P(health = 1, insured = no) = P(S + u ≤ _cut1)　　　　 = P(S + u ≤ 0.628)

P(health = 2, insured = no) = P(_cut1 < S + u ≤ _cut2) = P(0.628 < S + u ≤ 1.594)

P(health = 3, insured = no) = P(_cut2 < S + u ≤ _cut3) = P(1.594 < S + u ≤ 2.526)

P(health = 4, insured = no) = P(_cut3 < S + u ≤ _cut4) = P(2.526 < S + u ≤ 3.417)

P(health = 5, insured = no) = P(_cut4 < S + u)　　　　 = P(3.417 < S + u)

(2) 當 insured=yes(有健保者)，其健康程度之機率值為：

P(health = 1, insured = yes) = P(S + u ≤ _cut1)　　　　 = P(S + u ≤ -0.725)

P(health = 2, insured = yes) = P(_cut1 < S + u ≤ _cut2) = P(-0.725 < S + u ≤ 0.44)

P(health = 3, insured = yes) = P(_cut2 < S + u ≤ _cut3) = P(0.44 < S + u ≤ 1.33)

P(health = 4, insured = yes) = P(_cut3 < S + u ≤ _cut4) = P(1.33 < S + u ≤ 2.29)

P(health = 5, insured = yes) = P(_cut4 < S + u)　　　　 = P(2.29 < S + u)

Step 2. 具強健標準誤內生共變數分析

```
* 具有強健標準誤 With robust standard errors
. eoprobit health i.exercise grade, entreat(insured = grade i.workschool) vce(robust)

Extended ordered probit regression              Number of obs   =      6,000
                                                Wald chi2(4)    =     516.93
Log pseudolikelihood = -9105.4376               Prob > chi2     =     0.0000

-------------------------------------------------------------------------------
                  |            Robust
                  |    Coef.   Std. Err.      z    P>|z|    [95% Conf. Interval]
```

```
--------------+--------------------------------------------------------------
health        |
     exercise#|
      insured |
       yes#no |  .5296149   .0619049    8.56   0.000    .4082835    .6509463
      yes#yes |  .5190249    .033872   15.32   0.000    .4526371    .5854127
              |
insured#c.grade |
           no |  .1079014   .0250326    4.31   0.000    .0588383    .1569645
          yes |  .1296456   .0107428   12.07   0.000      .10859    .1507012
--------------+--------------------------------------------------------------
insured       |
        grade |  .3060024   .0100506   30.45   0.000    .2863036    .3257012
              |
    workschool |
          yes |  .5387767   .0446794   12.06   0.000    .4512067    .6263466
        _cons | -3.592452   .1348431  -26.64   0.000    -3.85674   -3.328165
--------------+--------------------------------------------------------------
/health       |
insured#c.cut1 |
           no |  .6282326   .2393499                     .1591154     1.09735
          yes | -.7255086   .2470598                   -1.209737   -.2412803
insured#c.cut2 |
           no |  1.594089   .2300159                    1.143266    2.044912
          yes |  .4404531   .1986825                    .0510426    .8298636
insured#c.cut3 |
           no |  2.526424   .2241048                    2.087186    2.965661
          yes |  1.332514   .1845713                    .9707608    1.694267
insured#c.cut4 |
           no |   3.41748   .2356708                    2.955574    3.879386
          yes |  2.292828   .1760594                    1.947758    2.637899
--------------+--------------------------------------------------------------
corr(e.insured,|
    e.health)|  .3414241   .0940374    3.63   0.000    .1460223    .5111858
--------------+--------------------------------------------------------------
```

Step 3. 再考慮內生樣本選擇

```
* As above, and account for endogenous sample selection
. eoprobit health i.exercise c.grade, entreat(insured = grade i.workschool)
  select(select = i.insured i.regcheck) vce(robust)

Extended ordered probit regression        Number of obs    =      6,000
                                              Selected     =      4,693
                                            Nonselected    =      1,307
```

		Wald chi2(4)	=	367.30
Log pseudolikelihood = -9806.1189		Prob > chi2	=	0.0000

	Coef.	Robust Std. Err.	z	P>|z|	[95% Conf. Interval]	
health						
exercise#						
insured						
yes#no	.4169984	.0851131	4.90	0.000	.2501798	.583817
yes#yes	.5399986	.037546	14.38	0.000	.4664098	.6135874
insured#c.grade						
no	.1317866	.0342405	3.85	0.000	.0646765	.1988967
yes	.1343324	.0129342	10.39	0.000	.1089818	.159683
select						
insured						
yes	1.01669	.092325	11.01	0.000	.8357364	1.197644
regcheck						
yes	.5374105	.0397297	13.53	0.000	.4595417	.6152793
_cons	-.1690644	.0743716	-2.27	0.023	-.3148301	-.0232987
insured						
grade	.3057852	.0100116	30.54	0.000	.2861628	.3254076
workschool						
yes	.5314797	.0452607	11.74	0.000	.4427703	.6201891
_cons	-3.584315	.1348183	-26.59	0.000	-3.848554	-3.320077
/health						
insured#c.cut1						
no	.7262958	.3313472			.0768673	1.375724
yes	-.5450451	.3181876			-1.168681	.0785912
insured#c.cut2						
no	1.719809	.3129056			1.106526	2.333093
yes	.5683456	.2464686			.085276	1.051415
insured#c.cut3						
no	2.620793	.3056038			2.021821	3.219766
yes	1.442022	.2227768			1.005387	1.878656
insured#c.cut4						
no	3.48945	.3158536			2.870389	4.108512
yes	2.391497	.2090187			1.981828	2.801166
corr(e.select,						
e.health)	.496699	.0990366	5.02	0.000	.2795869	.665485
corr(e.insured,						

```
--------------+-----------------------------------------------------------
corr(e.select,|
    e.health)|    .496699   .0990366    5.02   0.000    .2795869    .665485
corr(e.insured,|
    e.health)|   .4032487    .121518    3.32   0.001    .1421331   .6118937
corr(e.insured,|
    e.select)|   .2661948   .0555596    4.79   0.000    .1543216   .3713287
--------------+-----------------------------------------------------------
```

6-5 Multilevel mixed-effects ordered logistic regression：社會抵抗課程的介入對健康概念程度的效果 (meologit 指令)

有關多層次模型的概念介紹，請見本書「ch08 多層次邏輯斯迴歸」。

範例：Multilevel mixed-effects ordered logistic regression(meologit 指令)

本例資料取自「Television, School, and Family Smoking Prevention and Cessation Project (Flay et al. 1988; Rabe-Hesketh and Skrondal 2012, chap. 11)」。其中，schools 是隨機分配到由兩個治療變數所定義的四組之一。每個學校的學生都巢套在 classes(classes 巢套在 schools)，故形成 two-level 之模式。在這個例子中，我們忽略了學校內 classes 的變異性。

(一) 問題說明

為了瞭解「社會抵抗課程 (cc)」並輔以「電視 (tv)」介入「前、後」對學生健康概念程度 (thk、prethk) 的教學效果？(分析單位：學生個人)。本例之教學實驗「前、後」共「k = 28 個學校，j = 135 班級，i = 1600 學生」。

研究者收集數據並整理成下表，此「tvsfpors.dta」資料檔內容之變數如下：

變數名稱	說明	編碼 Codes/Values
結果變數 / 依變數：thk	介入後，個人對香菸及健康知識的得分	1～4 分 (程度題)
分層變數：school	學校 ID	1～28 學校
分層變數：class	班別 ID	1～135 班級
解釋變數 / 自變數：prethk	介入前，個人對香菸及健康知識的得分	0～6 (程度題)
解釋變數 / 自變數：cc	social resistance classroom curriculum, =1 if present	0, 1(binary data)
解釋變數 / 自變數：tv	television intervention, =1 if present	0, 1(binary data)

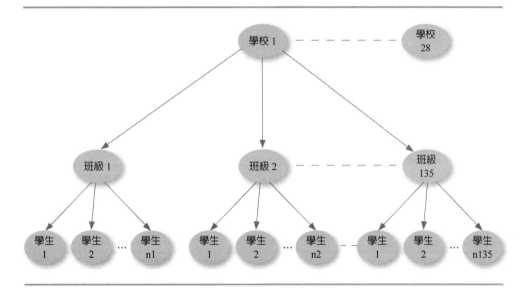

圖 6-18 非平衡之分層隨機抽樣設計

(二) 資料檔之內容

「tvsfpors.dta」資料檔內容如下圖。

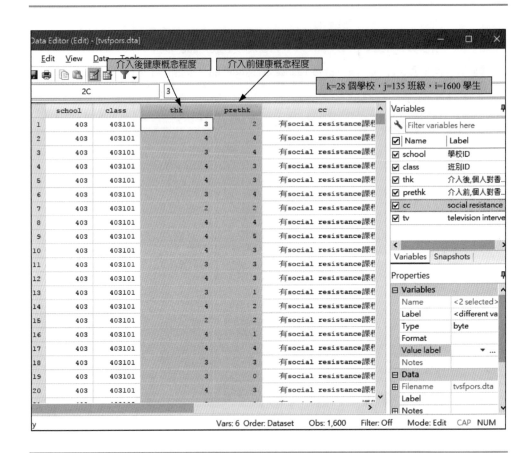

圖 6-19 「tvsfpors.dta」資料檔內容 (k=28 個學校，j=135 班級，i=1600 學生)

觀察資料之特徵

```
. webuse tvsfpors

. des

Contains data from D:\08 mixed logit regression\CD\tvsfpors.dta
  obs:         1,600
  vars:            6                          13 Oct 2017 15:53
  size:       16,000
--------------------------------------------------------------------------
              storage   display    value
variable name   type    format     label    variable label
--------------------------------------------------------------------------
school          int     %9.0g               學校 ID
class           float   %9.0g               班別 ID
thk             byte    %15.0g     tv_fmt    介入後,個人對香菸及健康知識的得分
prethk          byte    %9.0g               介入前,個人對香菸及健康知識的得分
cc              byte    %26.0g     cc_fmt    social resistance classroom
                                               curriculum, =1 if present
tv              byte    %15.0g     tv_fmt    television intervention, =1 if
                                               present
```

(三) 分析結果與討論

Step 1. 二層次 ordered logit regression

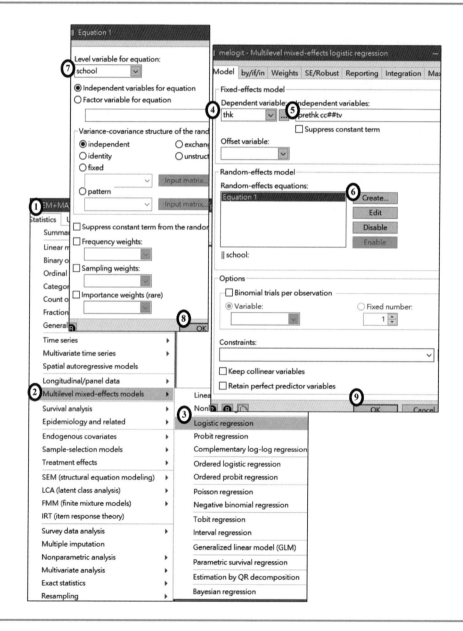

圖 6-20 「meologit thk prethk cc ＃＃ tv ‖ school：」畫面

註：Statistics > Multilevel mixed-effects models > Ordered logistic regression

```
* 開啟資料檔
. webuse tvsfpors

* Two-level mixed-effects ordered logit regression
*符號「A##B」界定為完全二因子，即 A, B, A*B 三個效果
. meologit thk prethk cc##tv || school:

Grid node 0:    log likelihood = -2136.2426

Fitting full model:
```

Mixed-effects ologit regression				Number of obs	=	1,600
Group variable:			school	Number of groups	=	28

				Obs per group:		
				min =		18
				avg =		57.1
				max =		137

Integration method: mvaghermite				Integration pts.	=	7
				Wald chi2(4)	=	128.06
Log likelihood = -2119.7428				Prob > chi2	=	0.0000

thk	Coef.	Std. Err.	z	P>|z|	[95% Conf. Interval]	
prethk	.4032892	.03886	10.38	0.000	.327125	.4794534
cc						
有 social res..	.9237904	.204074	4.53	0.000	.5238127	1.323768
tv						
有電視介入	.2749937	.1977424	1.39	0.164	-.1125744	.6625618
cc#tv						
有 social res.. #有電視介入	-.4659256	.2845963	-1.64	0.102	-1.023724	.0918728
/cut1	-.0884493	.1641062			-.4100916	.233193
/cut2	1.153364	.165616			.8287625	1.477965
/cut3	2.33195	.1734199			1.992053	2.671846
school						
var(_cons)	.0735112	.0383106			.0264695	.2041551

```
LR test vs. ologit model:  chibar2(01) = 10.72       Prob >= chibar2 = 0.0005
```

1. LR 卡方值 = 128.06(p < 0.05)，表示你界定模型，至少有一個解釋變數的迴歸係數不為 0。

2. 報表「z」欄中，two-tail 檢定下，若 |z| > 1.96，則表示該自變數對依變數有顯著影響力。|z| 值愈大，表示該自變數對依變數的關聯性 (relevance) 愈高。

3. Logit 係數「Coef.」欄中，是 log-odds 單位，故不能用 OLS 迴歸係數的概念來解釋。

4. ologit 估計 S 分數，它是各自變數 X's 的線性組合：

   $S = 0.40 \times prethk + 0.92 \times cc + 0.27 \times tv - 0.466(cc = 1) \times (tv = 1)$

   預測機率值為：

   $P(thk = 1) = P(S + u \leq \_cut1)$ $\quad\quad = P(S + u \leq -0.088)$

   $P(thk = 2) = P(\_cut1 < S + u \leq \_cut2) = P(-0.088 < S + u \leq 1.153)$

   $P(thk = 3) = P(\_cut2 < S + u \leq \_cut3) = P(1.153 < S + u \leq 2.332)$

   $P(thk = 4) = P(\_cut3 < S + u)$ $\quad\quad = P(2.332 < S + u)$

5. 概似比檢定「多層次 meologit 對比單層次 ologit model」，結果得 $\overline{\chi}^2_{(01)} = 10.72$ (p < 0.05)，表示多層次次序 logit 模型比單層次次序 logit 模型更適配本樣本。

Step 2. 三層次 ordered logit regression

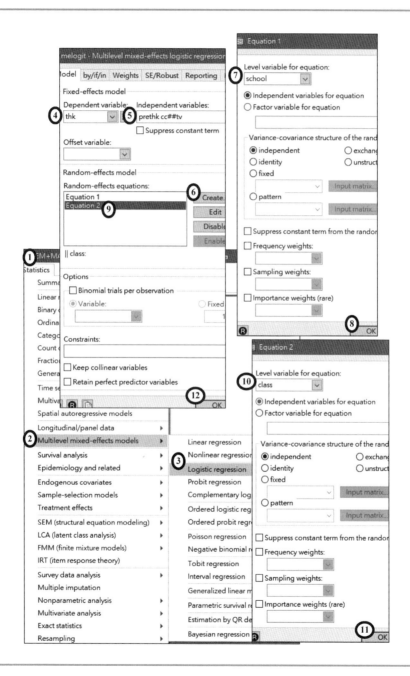

圖 6-21 「meologit thk prethk cc ＃＃ tv ‖ school：‖ class：」畫面

註：Statistics > Multilevel mixed-effects models > Ordered logistic regression

```
* Three-level mixed-effects ordered logit regression

*符號「A##B」界定為完全二因子，即 A, B,A*B 三個效果
. meologit thk prethk cc##tv || school: || class:

Mixed-effects ologit regression              Number of obs    =    1,600

----------------------------------------------------------------------
               |  No. of      Observations per Group
Group Variable |  Groups    Minimum   Average   Maximum
---------------+------------------------------------------------------
        school |     28         18      57.1       137
         class |    135          1      11.9        28
----------------------------------------------------------------------

Integration method: mvaghermite          Integration pts.  =         7

                                         Wald chi2(4)      =     124.39
Log likelihood = -2114.5881              Prob > chi2       =     0.0000
```

thk	Coef.	Std. Err.	z	P>|z|	[95% Conf. Interval]	
prethk	.4085273	.039616	10.31	0.000	.3308814	.4861731
cc						
有 social res..	.8844369	.2099124	4.21	0.000	.4730161	1.295858
tv						
有電視介入	.236448	.2049065	1.15	0.249	-.1651614	.6380575
cc#tv						
有 social res.. #|						
有電視介入	-.3717699	.2958887	-1.26	0.209	-.951701	.2081612
/cut1	-.0959459	.1688988			-.4269815	.2350896
/cut2	1.177478	.1704946			.8433151	1.511642
/cut3	2.383672	.1786736			2.033478	2.733865
school						
var(_cons)|	.0448735	.0425387			.0069997	.2876749
school>class						
var(_cons)|	.1482157	.0637521			.063792	.3443674

```
LR test vs. ologit model: chi2(2) = 21.03          Prob > chi2 = 0.0000

Note: LR test is conservative and provided only for reference.
```

1. LR 卡方值 = 124.39(p < 0.05)，表示你界定模型，至少有一個解釋變數的迴歸係數不為 0。

2. 報表「z」欄中，two-tail 檢定下，若 $|z| > 1.96$，則表示該自變數對依變數有顯著影響力。$|z|$ 值愈大，表示該自變數對依變數的關聯性 (relevance) 愈高。

3. Logit 係數「Coef.」欄中，是 log-odds 單位，故不能用 OLS 迴歸係數的概念來解釋。

4. ologit 估計 S 分數，它是各自變數 X's 的線性組合：

$$S = 0.40 \times prethk + 0.92 \times cc + 0.27 \times tv - 0.466(cc = 1) \times (tv = 1)$$

   預測機率值為：

   P(thk = 1) = P(S + u ≤ _cut1)   = P(S + u ≤ -0.096)

   P(thk = 2) = P(_cut1 < S + u ≤ _cut2) = P(-0.096 < S + u ≤ 1.177)

   P(thk = 3) = P(_cut2 < S + u ≤ _cut3) = P(1.177 < S + u ≤ 2.384)

   P(thk = 4) = P(_cut3 < S + u)   = P(2.384 < S + u)

5. 概似比檢定「多層次 meologit 對比單層次 ologit model」，結果得 $\overline{\chi}^2_{(01)} = 21.03$ (p < 0.05)，表示多層次次序 logit 模型比單層次次序 logit 模型更適配本樣本。

   Step 3. 雙層次模型 vs. 三層次模型，誰優呢？

   資訊準則 (information criterion)：亦可用來說明模型的解釋能力 (較常用來作為模型選取的準則，而非單純描述模型的解釋能力)

1. AIC(Akaike information criterion)

$$AIC = \ln\left(\frac{ESS}{T}\right) + \frac{2k}{T}$$

2. BIC(Bayes information criterion) 或 SIC(Schwartz) 或 SBC

$$BIC = \ln\left(\frac{ESS}{T}\right) + \frac{k\ln(T)}{T}$$

3. AIC 與 BIC 越小，代表模型的解釋能力越好（用的變數越少，或是誤差平方和越小）。

   一般而言，當模型複雜度提高 (k 增大) 時，概似函數 L 也會增大，從而使 AIC 變小。但是 k 過大時，概似函數增速減緩，導致 AIC 增大，模型過於複雜容易造成過適配現象。目標是選取 AIC 最小的模型，AIC 不僅要提高模型適配度 (極大概似)，而且引入了懲罰項，使模型參數儘可能少，有助於降低過適配的可能性。

```
* 雙層次模型適配度
. quietly meologit thk prethk cc##tv || school:

. estat ic

Akaike's information criterion and Bayesian information criterion

--------------------------------------------------------------------------------
        Model |      Obs    ll(null)   ll(model)       df         AIC         BIC
--------------+-----------------------------------------------------------------
          .   |     1,600           .   -2119.743        8    4255.486    4298.508
--------------------------------------------------------------------------------

* 三層次模型適配度
. quietly meologit thk prethk cc##tv || school: || class:
. estat ic

Akaike's information criterion and Bayesian information criterion

--------------------------------------------------------------------------------
        Model |      Obs    ll(null)   ll(model)       df         AIC         BIC
--------------+-----------------------------------------------------------------
          .   |     1,600           .   -2114.588        9    4247.176    4295.576
--------------------------------------------------------------------------------
```

1. 三層次模型適配度 AIC=4247.176，小於雙層次模型適配度 (AIC=4255.486)，表示三層次模型優於雙層次模型。

6-6 Multilevel mixed-effects ordered probit regression：社會抵抗課程的介入對健康概念程度的效果 (meoprobit 指令)

承「6-5」節範例，只是由「多層次 ordered logistic regression」改成「多層次 ordered probit regression」，再重做一次統計分析。

範例：**多層次** ordered probit regression(meoprobit 指令)

本例資料取自「Television, School, and Family Smoking Prevention and Cessation Project (Flay et al. 1988; Rabe-Hesketh and Skrondal 2012, chap. 11)」。其中，schools 是隨機分配到由兩個治療變數所定義的四組之一。每個學校的學生都巢套在 classes(classes 巢套在 schools) ，故形成 two-level 之模式。在這個例子中，我們忽略了學校內 classes 的變異性。

(一) 問題說明

為了瞭解「社會抵抗課程 (cc)」並輔以「電視 (tv)」介入「前、後」對學生健康概念程度 (thk、prethk) 的教學效果？(分析單位：學生個人)。本例之教學實驗「前、後」共「k=28 個學校，j=135 班級，i=1600 學生」。

研究者收集數據並整理成下表，此「tvsfpors.dta」資料檔內容之變數如下：

變數名稱	說明	編碼 Codes/Values
結果變數 / 依變數：thk	介入後，個人對香菸及健康知識的得分	1～4 分 (程度題)
分層變數：school	學校 ID	1～28 學校
分層變數：class	班別 ID	1～135 班級
解釋變數 / 自變數：prethk	介入前，個人對香菸及健康知識的得分	0～6 (程度題)
解釋變數 / 自變數：cc	social resistance classroom curriculum, =1 if present	0, 1(binary data)
解釋變數 / 自變數：tv	television intervention, =1 if present	0, 1(binary data)

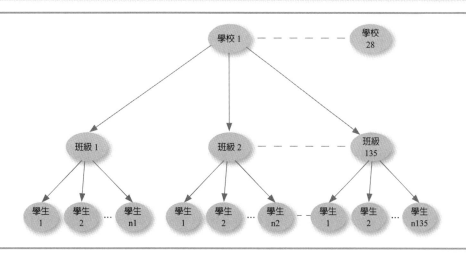

圖 6-22 非平衡之分層隨機抽樣設計

(二) 資料檔之內容

「tvsfpors.dta」資料檔內容如下圖。

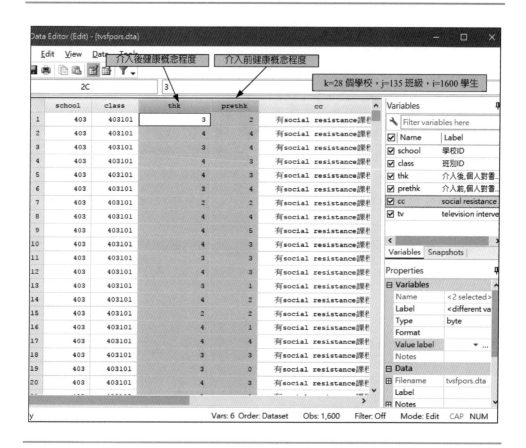

圖 6-23 「tvsfpors.dta」資料檔內容 (k=28 個學校，j=135 班級，i=1,600 學生)

(三) 分析結果與討論

Step 1. 雙層模型次序機率迴歸分析 **(Two-level mixed-effects ordered probit regression)**

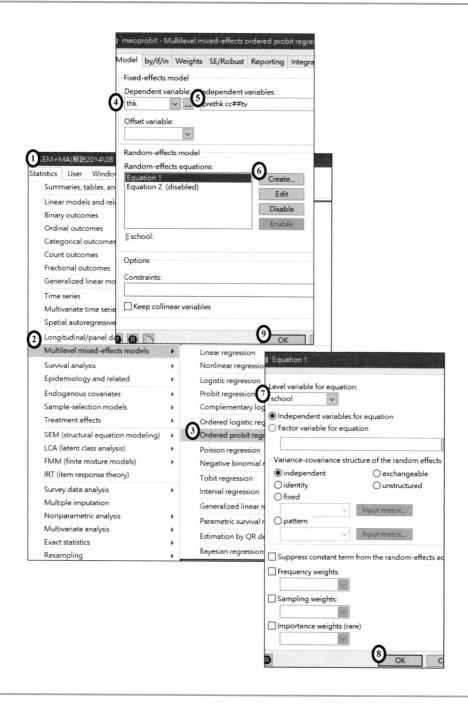

圖 6-24 「meoprobit thk prethk cc ＃＃ tv ‖ school：」畫面

註：Statistics > Multilevel mixed-effects models > Ordered probit regression

```
* 開啟資料檔
. webuse tvsfpors

*符號「A##B」界定為完全二因子，即 A, B, A*B 三個效果
*Two-level mixed-effects ordered probit regression
. meoprobit thk prethk cc##tv || school:

Mixed-effects oprobit regression          Number of obs    =      1,600
Group variable:          school           Number of groups =         28

                                          Obs per group:
                                                     min =         18
                                                     avg =       57.1
                                                     max =        137

Integration method: mvaghermite           Integration pts. =          7

                                          Wald chi2(4)     =     128.05
Log likelihood = -2121.7715               Prob > chi2      =     0.0000
```

thk	Coef.	Std. Err.	z	P>|z|	[95% Conf. Interval]	
prethk	.2369804	.0227739	10.41	0.000	.1923444	.2816164
cc						
有 social res..	.5490957	.1255108	4.37	0.000	.303099	.7950923
tv						
有電視介入	.1695405	.1215889	1.39	0.163	-.0687693	.4078504
cc#tv						
有 social res.. # 有電視介入	-.2951837	.1751969	-1.68	0.092	-.6385634	.0481959
/cut1	-.0682011	.1003374			-.2648587	.1284565
/cut2	.67681	.1008836			.4790817	.8745382
/cut3	1.390649	.1037494			1.187304	1.593995
school						
var(_cons)	.0288527	.0146201			.0106874	.0778937

```
LR test vs. oprobit model: chibar2(01) = 11.98       Prob >= chibar2 = 0.0003
```

1. LR 卡方值 = 128.05(p < 0.05)，表示你界定模型，至少有一個解釋變數的迴歸係數不為 0。

2. 報表「z」欄中，two-tail 檢定下，若 $|z| > 1.96$，則表示該自變數對依變數有顯著影響力。$|z|$ 值愈大，表示該自變數對依變數的關聯性 (relevance) 愈高。

3. Logit 係數「Coef.」欄中，是 log-odds 單位，故不能用 OLS 迴歸係數的概念來解釋。

4. ologit 估計 S 分數，它是各自變數 X's 的線性組合：

   $$S = 0.40 \times prethk + 0.92 \times cc + 0.27 \times tv - 0.466(cc = 1) \times (tv = 1)$$

   預測機率值為：

   P(thk = 1) = P(S + u ≤ _cut1)　　　　 = P(S + u ≤ -0.068)

   P(thk = 2) = P(_cut1 < S + u ≤ _cut2) = P(-0.068 < S + u ≤ 0.677)

   P(thk = 3) = P(_cut2 < S + u ≤ _cut3) = P(0.677 < S + u ≤ 1.390)

   P(thk = 4) = P(_cut3 < S + u)　　　　 = P(1.390 < S + u)

5. 概似比檢定「多層次 meoprobit 對比單層次 oprobit model」，結果得 $\overline{\chi}^2_{(01)} = 11.98$(p < 0.05)，表示多層次次序機率模型比單層次次序機率模型更適配本樣本。

Step 2. 三層次 Ordered probit regression

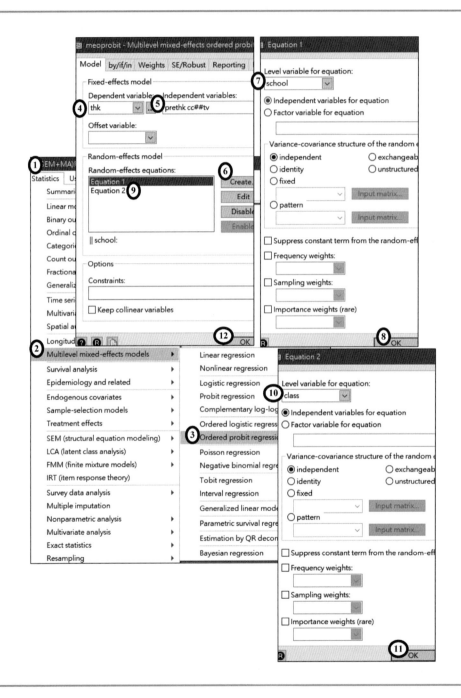

圖 6-25 「meoprobit thk prethk cc ＃＃ tv ‖ school：‖ class：」畫面

註：Statistics > Multilevel mixed-effects models > Ordered probit regression

```
*
* Three-level mixed-effects ordered probit regression
*符號「A##B」界定為完全二因子，即 A, B,A*B 三個效果
. meoprobit thk prethk cc##tv || school: || class:

Mixed-effects oprobit regression              Number of obs     =      1,600

-------------------------------------------------------------------------
                  |   No. of        Observations per Group
 Group Variable   |   Groups    Minimum    Average    Maximum
------------------+------------------------------------------------------
         school   |      28         18        57.1       137
          class   |     135          1        11.9        28
-------------------------------------------------------------------------

Integration method: mvaghermite                Integration pts.  =        7

                                               Wald chi2(4)      =     124.20
Log likelihood = -2116.6981                    Prob > chi2       =     0.0000
-------------------------------------------------------------------------
          thk |     Coef.   Std. Err.      z    P>|z|    [95% Conf. Interval]
--------------+----------------------------------------------------------
       prethk |   .238841   .0231446    10.32   0.000    .1934784    .2842036
              |
           cc |
有 social res..|   .5254813  .1285816     4.09   0.000    .2734659    .7774967
              |
           tv |
 有電視介入   |   .1455573  .1255827     1.16   0.246   -.1005803    .3916949
              |
        cc#tv |
有 social res..#|
 有電視介入   |  -.2426203  .1811999    -1.34   0.181   -.5977656    .1125251
--------------+----------------------------------------------------------
        /cut1 |  -.074617   .1029791                    -.2764523    .1272184
        /cut2 |  .6863046   .1034813                     .4834849    .8891242
        /cut3 |  1.413686   .1064889                     1.204972    1.622401
--------------+----------------------------------------------------------
school        |
  var(_cons)| |  .0186456   .0160226                     .0034604    .1004695
--------------+----------------------------------------------------------
school>class  |
  var(_cons)| |  .0519974   .0224014                     .0223496    .1209745
-------------------------------------------------------------------------
LR test vs. oprobit model: chi2(2) = 22.13            Prob > chi2 = 0.0000

Note: LR test is conservative and provided only for reference.
```

1. LR 卡方值 = 124.20(p < 0.05)，表示你界定模型，至少有一個解釋變數的迴歸係數不為 0。

2. 報表「z」欄中，two-tail 檢定下，若 |z| > 1.96，則表示該自變數對依變數有顯著影響力。|z| 值愈大，表示該自變數對依變數的關聯性 (relevance) 愈高。

3. Logit 係數「Coef.」欄中，是 log-odds 單位，故不能用 OLS 迴歸係數的概念來解釋。

4. ologit 估計 S 分數，它是各自變數 X's 的線性組合：

$$S = 0.40 \times prethk + 0.92 \times cc + 0.27 \times tv - 0.466(cc = 1) \times (tv = 1)$$

預測機率值為：

P(thk = 1) = P(S + u ≤ _cut1)　　　　　= P(S + u ≤ -0.075)

P(thk = 2) = P(_cut1 < S + u ≤ _cut2) = P(-0.075 < S + u ≤ 0.686)

P(thk = 3) = P(_cut2 < S + u ≤ _cut3) = P(0.686 < S + u ≤ 1.414)

P(thk = 4) = P(_cut3 < S + u)　　　　　= P(1.414 < S + u)

5. 概似比檢定「多層次 meoprobit 對比單層次 oprobit model」，結果得 $\chi^2_{(2)} = 22.13$(p < 0.05)，表示多層次次序機率模型比單層次次序機率模型更適配本樣本。

Step 3. 雙層次模型 **vs.** 三層次模型，誰優呢？

資訊準則 (information criterion)：亦可用來說明模型的解釋能力 (較常用來作為模型選取的準則，而非單純描述模型的解釋能力)

1. AIC(Akaike information criterion)

$$AIC = \ln\left(\frac{ESS}{T}\right) + \frac{2k}{T}$$

2. BIC(Bayes information criterion) 或 SIC(Schwartz) 或 SBC

$$BIC = \ln\left(\frac{ESS}{T}\right) + \frac{k\ln(T)}{T}$$

3. AIC 與 BIC 越小，代表模型的解釋能力越好（用的變數越少，或是誤差平方和越小）。

一般而言，當模型複雜度提高 (k 增大) 時，概似函數 L 也會增大，從而使 AIC 變小。但是 k 過大時，概似函數增速減緩，導致 AIC 增大，模型過於複雜容易造成過適配現象。目標是選取 AIC 最小的模型，AIC 不僅要提高模型適配度 (極大概似)，而且引入了懲罰項，使模型參數儘可能少，有助於降低過適配的可能性。

* 雙層次模型適配度
. quietly meoprobit thk prethk cc##tv || school:

. estat ic

Akaike's information criterion and Bayesian information criterion

```
----------------------------------------------------------------------
     Model |        Obs   ll(null)   ll(model)      df        AIC        BIC
-----------+----------------------------------------------------------
         . |      1,600          .   -2121.772       8   4259.543   4302.565
----------------------------------------------------------------------
```

* 三層次模型適配度
. quietly meoprobit thk prethk cc##tv || school: || class:
. estat ic

Akaike's information criterion and Bayesian information criterion

```
----------------------------------------------------------------------
     Model |        Obs   ll(null)   ll(model)      df        AIC        BIC
-----------+----------------------------------------------------------
         . |      1,600          .   -2116.698       9   4251.396   4299.796
----------------------------------------------------------------------
```

1. 三層次模型適配度 AIC = 4251.396，小於雙層次模型適配度 (AIC = 4259.543)，表示三層次模型優於雙層次模型。

6-7 Panel-data random-effects ordered logistic models：社會抵抗課程的介入對健康概念程度的效果 (xtologit 指令)

承「6-5」節範例，只是由「多層次 ordered logistic regression」改成「雙層次隨機效果 ordered logistic regression」，再重做一次統計分析。

範例：雙層次隨機效果 ordered logistic regression(xtologit 指令)

本例資料取自「Television, School, and Family Smoking Prevention and Cessation Project (Flay et al. 1988; Rabe-Hesketh and Skrondal 2012, chap. 11)」。其中，schools 是隨機分配到由兩個治療變數所定義的四組之一。每個學校的學生都巢套在 classes(classes 巢套在 schools)，故形成 two-level 之模式。在這個例子中，我們忽略了學校內 classes 的變異性。

(一) 問題說明

為了瞭解「社會抵抗課程 (cc)」並輔以「電視 (tv)」介入「前、後」對學生健康概念程度 (thk、prethk) 的教學效果？(分析單位：學生個人)。本例之教學實驗「前、後」共「k=28 個學校，j=135 班級，i=1600 學生」。

研究者收集數據並整理成下表，此「tvsfpors.dta」資料檔內容之變數如下：

變數名稱	說明	編碼 Codes/Values
結果變數 / 依變數：thk	介入後，個人對香菸及健康知識的得分	1～4 分 (程度題)
分層變數：school	學校 ID	1～28 學校
分層變數：class	班別 ID	1～135 班級
解釋變數 / 自變數：prethk	介入前，個人對香菸及健康知識的得分	0～6 (程度題)
解釋變數 / 自變數：cc	social resistance classroom curriculum, =1 if present	0, 1(binary data)
解釋變數 / 自變數：tv	television intervention, =1 if present	0, 1(binary data)

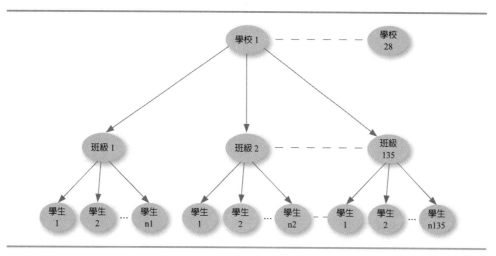

圖 6-26 非平衡之分層隨機抽樣設計

(二) 資料檔之內容

「tvsfpors.dta」資料檔內容如下圖。

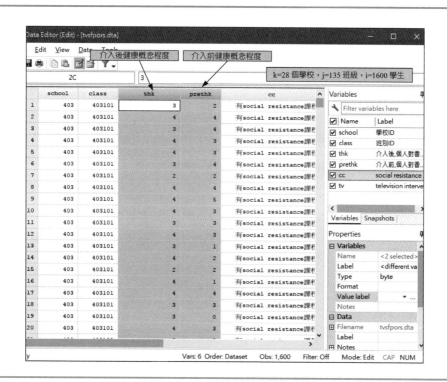

圖 6-27 「tvsfpors.dta」資料檔內容 (k=28 個學校，j=135 班級，i=1,600 學生)

(三) 分析結果與討論

Step 1. 雙層次隨機效果 ordered logistic 迴歸分析

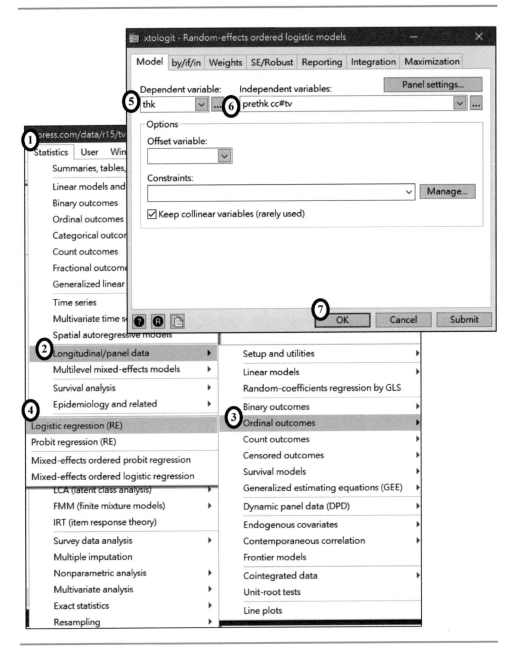

圖 6-28 「xtologit thk prethk cc ＃＃ tv」畫面

註：Statistics > Longitudinal/panel data > Ordinal outcomes > Logistic regression(RE)

```
* 開啟資料檔
. webuse tvsfpors

* 設定 school 為重複測量 /panel 變數
. xtset school
       panel variable:  school(unbalanced)

* Random-effects ordered logit regression
* 符號「A##B」界定為完全二因子，即 A, B,A*B 三個效果
. xtologit thk prethk cc##tv
```

Random-effects ordered logistic regression	Number of obs	=	1,600
Group variable: school	Number of groups	=	28

Random effects u_i ~ Gaussian	Obs per group:		
	min =		18
	avg =		57.1
	max =		137

Integration method: mvaghermite	Integration pts. =		12

	Wald chi2(4)	=	128.06
Log likelihood = -2119.7428	Prob > chi2	=	0.0000

thk	Coef.	Std. Err.	z	P>|z|	[95% Conf. Interval]	
prethk	.4032892	.03886	10.38	0.000	.327125	.4794534
1.cc	.9237904	.204074	4.53	0.000	.5238127	1.323768
1.tv	.2749937	.1977424	1.39	0.164	-.1125744	.6625618
cc#tv						
1 1	-.4659256	.2845963	-1.64	0.102	-1.023724	.0918728
/cut1	-.0884493	.1641062			-.4100916	.233193
/cut2	1.153364	.165616			.8287625	1.477965
/cut3	2.33195	.1734199			1.992053	2.671846
/sigma2_u	.0735112	.0383106			.0264695	.2041551

```
-----------------------------------------------------------------------
LR test vs. ologit model: chibar2(01) = 10.72            Prob >= chibar2 = 0.0005
```

1. LR 卡方值 = 128.06(p < 0.05)，表示你界定模型，至少有一個解釋變數的迴歸係數不爲 0。

2. 報表「z」欄中，two-tail 檢定下，若 |z| > 1.96，則表示該自變數對依變數有顯著影響力。|z| 值愈大，表示該自變數對依變數的關聯性 (relevance) 愈高。

3. Logit 係數「Coef.」欄中，是 log-odds 單位，故不能用 OLS 迴歸係數的概念來解釋。

4. ologit 估計 S 分數，它是各自變數 X's 的線性組合：

   $S = 0.40 \times prethk + 0.92 \times cc + 0.27 \times tv - 0.466(cc = 1) \times (tv = 1)$

   預測機率值爲：

   $P(thk = 1) = P(S + u \leq \_cut1)$　　　　$= P(S + u \leq -0.088)$

   $P(thk = 2) = P(\_cut1 < S + u \leq \_cut2) = P(-0.088 < S + u \leq 1.153)$

   $P(thk = 3) = P(\_cut2 < S + u \leq \_cut3) = P(1.153 < S + u \leq 2.332)$

   $P(thk = 4) = P(\_cut3 < S + u)$　　　　$= P(2.332 < S + u)$

5. 概似比檢定「panel-data xtologit 對比 ologit model」，結果得 $\overline{\chi}^2_{(01)} = 10.72$ (p < 0.05)，表示 panel-data 次序 logit 模型比次序 logit 模型更適配本樣本。

6-8 等級─次序迴歸：四種方案偏好排名 (rank-ordered logistic regression，rologit 指令)

英文 rank 意思是，優先順序的排名。例如你對汽車 5 品牌的偏好來排名次，依序爲：Benz, BMW, Porsch, Toyota, Ford。

一、等級─次序迴歸 (rank-ordered logistic regression) 概念

若你的問卷調查，受訪者對「某替代方案的所有選擇」，分別回答是排名等級 (rank)，對某項所有選擇分「最愛、次愛、不愛」來排名、或用「最重視、次重視、不重視」來排名。例如，本例，受訪者就有 4 種 options 偏好的等級排名。由於 rologit 指令需要 "long format" 資料檔格式，故每一位受訪者都有 4 筆不同的 records(observations)。

caseid	depvar	option	x1	x2	male
1	4	1	1	0	0
1	2	2	0	1	0
1	3	3	0	0	0
1	1	4	1	1	0
2	1	1	3	0	0
2	3	2	0	1	0
2	3	3	2	1	0
2	4	4	1	2	0
3	1	1	3	1	1
3	3	2	1	1	1
3	4	4	0	1	1
4	2	1	1	1	1
4	1	2	1	1	1
4	0	3	0	1	1
4	0	4	1	0	1

其中，「depvar=0」表示 subject 4 是界定他二個最愛替代方案 (alternatives)，以本例說：

subject 1 對替代方案的排名 (ranking) 為：

option_1 > option_3 > option_2 > option_4

subject 2 對替代方案的排名，有同分 (ties):

option_4 > option_2 == option_3 > option_1

subject 3 對替代方案的排名，忽略了 option 3:

option_4 > option_2 > option_1

subject 4 對替代方案的排名不完整：

option_1 > option_2 >(option_3,option_4)

二、wide 資料檔格式，轉成 long 格式

假如你的回卷調查是 "wide format"，選項排名「ranking of options」分別記錄在一序列的變數，如下：

```
caseid  opt1  opt2  opt3  opt4
   1      4     2     3     1
   2      1     3     3     4
   3      1     3     .     4
   4      2     1     0     0
```

那麼，reshape 指令就可在 "long"、"wide" 格式之間做轉換。**wide 格式轉成 long 格式**的語法如下：

```
. reshape long opt, i(caseid) j(option)
* 刪去 missing 值
. drop if missing(opt)
```

範例：等級—次序迴歸 (rank-ordered logistic regression，rologit 指令)

(一) 問題說明

為瞭解 4 個替代方案偏愛排名之影響因素有哪些？(分析單位：個人)。共 4 個受訪者，詢問每人對 4 個方案之偏好排名 (ranking)。

研究者收集數據並整理成下表，此「rologitxmpl2.dta」資料檔內容之變數如下：

變數名稱	說明	編碼 Codes/Values
結果變數 / 依變數：depvar	依變數 (ranking)	0～4(ranking)
解釋變數 / 自變數：x1	自變數 1	0～3
解釋變數 / 自變數：x2	自變數 2	0～2
分組變數：caseid	受訪者 ID	1～4 人

(二) 資料檔之內容

「rologitxmpl2.dta」資料檔內容如下圖。

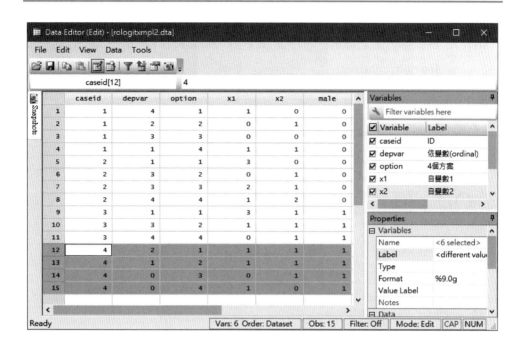

圖 6-29 「rologitxmpl2.dta」資料檔內容 (N=4 個受訪者，4 方案每人詢問其偏好排名)

觀察資料之特徵

```
* 開啟資料檔
. webuse rologitxmpl2

. des

Contains data from D:\08 mixed logit regression\CD\rologitxmpl2.dta
  obs:          15
  vars:          6                          14 Oct 2017 11:12
  size:         135
-------------------------------------------------------------------------------
              storage   display    value
variable name  type     format     label        variable label
-------------------------------------------------------------------------------
caseid        byte     %9.0g                     ID
depvar        byte     %9.0g                     依變數 (ordinal)
option        byte     %9.0g                     4 個方案
x1            byte     %9.0g                     自變數 1
x2            byte     %9.0g                     自變數 2
male          float    %9.0g                     男生嗎
```

(三) 分析結果與討論

Step 1. 四選擇方案之等級一次序 logit 迴歸 (rank-ordered logit model for the four alternatives)

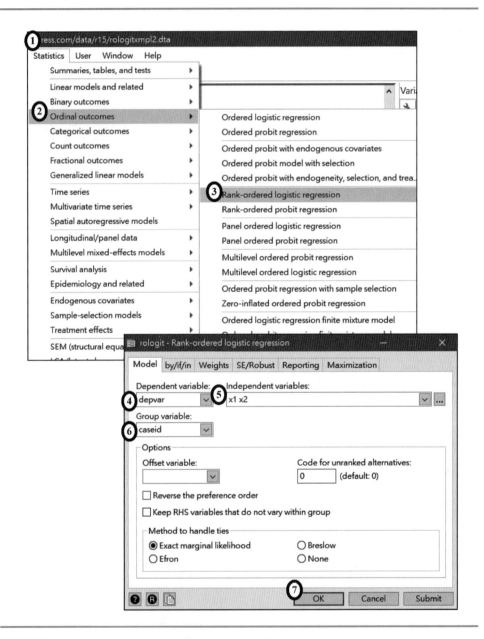

圖 6-30 「rologit depvar x1 x2, group(caseid) ties(exactm)」畫面

註：Statistics > Ordinal outcomes > Rank-ordered logistic regression

```
. webuse rologitxmpl2

* You can fit a rank-ordered logit model for the four alternatives as

* Model A
. rologit depvar x1 x2, group(caseid) ties(exactm)


Rank-ordered logistic regression          Number of obs      =        15
Group variable: caseid                    Number of groups   =         4

Ties handled via the exactm method        Obs per group: min =         3
                                                         avg =      3.75
                                                         max =         4

                                          LR chi2(2)         =      2.92
Log likelihood = -8.480076                Prob > chi2        =    0.2323


--------------------------------------------------------------------------
     depvar |     Coef.   Std. Err.      z    P>|z|    [95% Conf. Interval]
------------+-------------------------------------------------------------
         x1 | -.6701888   .5296126    -1.27   0.206   -1.70821     .3678328
         x2 |  .3950902   .9111068     0.43   0.665   -1.390646    2.180827
--------------------------------------------------------------------------

* 最近一次迴歸參數存至 A
. estimates store A
```

1. Rank-ordered logistic regression 迴歸分析之估計 value 為：

   value = $-0.670 \times x1 + 0.395 \times x2$

   但「x1, x2」這二個解釋變數之迴歸係數未達顯著性 ($p > 0.05$)。

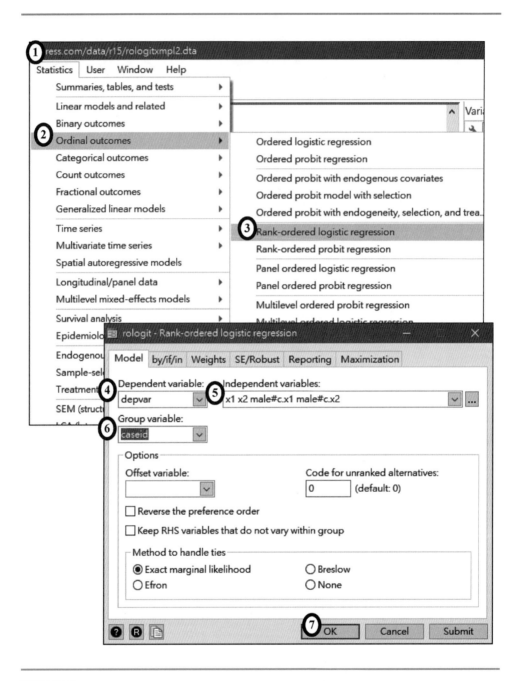

Step 2. Rank-ordered logistic regression 包含交互作用項

*More complicated models may be formulated as well.We can perform a likeli-hood-ratio test that men and women rank the options in the same way(note that the main effect of gender is not identified),

*Model B
* 符號「c.」界定該變數為 Continuous 變數
. rologit depvar x1 x2 male#c.x1 male#c.x2, group(caseid)

```
Rank-ordered logistic regression          Number of obs     =         15
Group variable: caseid                    Number of groups  =          4

Ties handled via the exactm method        Obs per group: min =          3
                                                         avg =       3.75
                                                         max =          4

                                          LR chi2(4)        =       3.78
Log likelihood = -8.051726                Prob > chi2       =     0.4372
```

depvar	Coef.	Std. Err.	z	P>|z|	[95% Conf. Interval]	
x1	-.7092929	.7068508	-1.00	0.316	-2.094695	.6761093
x2	.0539991	1.008669	0.05	0.957	-1.922956	2.030954
male#c.x1						
1	.1338869	.9929315	0.13	0.893	-1.812223	2.079997
male#c.x2						
1	34.26881	3.36e+07	0.00	1.000	-6.58e+07	6.58e+07

* 迴歸參數存至 B
. estimates store B

. lrtest A B, stat

```
Likelihood-ratio test                              LR chi2(2)  =      0.86
(Assumption: A nested in B)                        Prob > chi2 =    0.6516

-----------------------------------------------------------------------------
     Model |   Obs   ll(null)   ll(model)   df        AIC         BIC
-----------+-----------------------------------------------------------------
         A |    15   -9.939627   -8.480076    2     20.96015    22.37625
         B |    15   -9.939627   -8.051726    4     24.10345    26.93565
-----------------------------------------------------------------------------
```

1. Model A 的適配度 (AIC=20.96)，比 Model B (AIC = 24.10) 小。故 Model A 比 Model B 優。因此本例比 Rank-ordered logistic regression 不包含交互作用項較優。

6-9 特定方案之等級─次序機率迴歸 (alternative-specific rank-ordered probit regression)：四種工作特性偏好之影響因素 (asroprobit 指令)

替代方案(alternative)是指二者之一、多選一、交替、可採用方法、替換物。

次序機率模型 (rank-ordered probit model) 的數學描述和數值計算，它與多項機率模型 (multinomial probit model) 相似。唯一的區別是，次序機率模型的依變數是次序的，它替代方案之間偏好排名 (preferences among alternatives)；而多項式機率模型的 binary dependent variable，是表示你「有否」選定某替代方案。

本例，將描述如何使用潛在變數 framework 來計算排名的可能性。但是對於這些模型的潛在變數參數化以及最大模擬概似法的詳細信息，請參考 asmprobit 指令手冊。

範例：特定方案之等級─次序機率迴歸 (alternative-specific rank-ordered probit regression，asroprobit 指令)

特定方案之等級─次序機率迴歸 (rank-ordered logit model with alternativespecific variables)，樣本取自 Long and Freese (2014, 477) 對 Wisconsin 縱向研究。這是對 1957 年威斯康星州高中畢業生，要求他們對四個工作特性的相對偏好評量：(1) esteem：其他人高度重視的工作。(2) variety (多樣化)，一

個不重複的工作，允許你做各種各樣的事情。(3) autonomy (自主性)：你的主管不經常檢查你的工作。(4) security (安全)：一個低風險被裁員的工作。

　　本例 (case-specific) 共變數 (調節變數) 有二個：(1) 性別 (女性嗎 female)。(2)core：以標準差測量的一般心理能力測試的得分 (a score on a general mental abilitytest measured in standard deviations)。

(一) 問題說明

　　為瞭解 4 種工作特性 (*jobchar*) 偏好排名 (rank) 之影響因素有哪些？(分析單位：個人)。因有 4 種工作特性 (*jobchar*) 可排名，故每個受訪者有「repeated measurement」4 筆資料，即「wlsrank.dta」為 long 格式資料檔。

　　研究者收集數據並整理成下表，此「wlsrank.dta」資料檔內容之變數如下：

變數名稱	說明	編碼 Codes/Values
結果變數 / 依變數：rank	偏好度排名 (1 is most preferred; 4 is least preferred)	1～4 分
分組變數：id	受訪者 ID：每人 4 個選擇排名 (4 筆)	1～4682 人
解釋變數 / 自變數：high	高自尊的工作嗎	0, 1(binary data)
解釋變數 / 自變數：low	低自尊的工作嗎	0, 1(binary data)
alternatives 變數：*jobchar*	(供你挑選) 有 4 種工作特性	1～4 方案
過濾變數：noties	評等級無同分的選擇嗎 -no tied ranks	0, 1(binary data)
調節變數：female	女性嗎	0, 1(binary data)
調節變數：score	henmon-nelson 測驗成績	-2.84291～2.941332 分

(二) 資料檔之內容

　　「wlsrank.dta」long 格式資料檔內容如下圖。

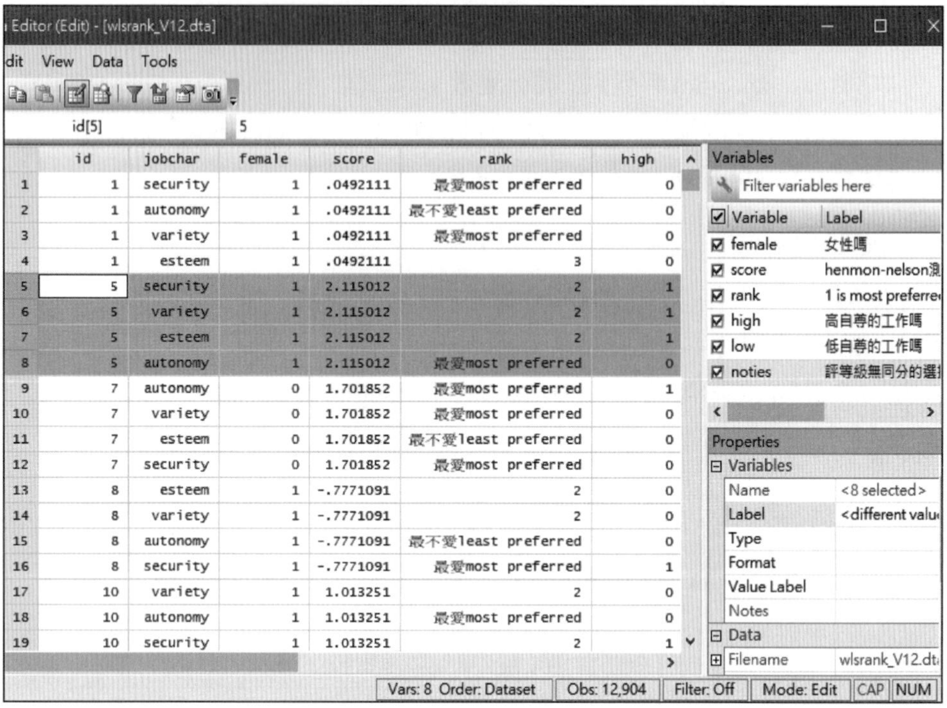

	id	jobchar	female	score	rank	high
1	1	security	1	.0492111	最愛most preferred	0
2	1	autonomy	1	.0492111	最不愛least preferred	0
3	1	variety	1	.0492111	最愛most preferred	0
4	1	esteem	1	.0492111	3	0
5	5	security	1	2.115012	2	1
6	5	variety	1	2.115012	2	1
7	5	esteem	1	2.115012	2	1
8	5	autonomy	1	2.115012	最愛most preferred	0
9	7	autonomy	0	1.701852	最愛most preferred	1
10	7	variety	0	1.701852	最愛most preferred	0
11	7	esteem	0	1.701852	最不愛least preferred	0
12	7	security	0	1.701852	最愛most preferred	0
13	8	esteem	1	-.7771091	2	0
14	8	variety	1	-.7771091	2	0
15	8	autonomy	1	-.7771091	最不愛least preferred	0
16	8	security	1	-.7771091	最愛most preferred	1
17	10	variety	1	1.013251	2	0
18	10	autonomy	1	1.013251	最愛most preferred	0
19	10	security	1	1.013251	2	1

圖 6-32 「wlsrank.dta」資料檔內容 (N=4682 人，每個受訪者有「repeated measurement」4 筆資料)

觀察資料之特徵

```
* 開啟資料檔
. webuse wlsrank, clear

. des

Contains data from D:\08 mixed logit regression\CD\wlsrank_V12.dta
  obs:        12,904                          1992 Wisconsin Longitudinal Study
  data on job
                                                values
 vars:             8                          14 Oct 2017 16:37
 size:       154,848
------------------------------------------------------------------------------
              storage  display     value
variable name   type   format      label      variable label
--------------------------------------------------------------------------------
id              int    %9.0g                  受訪者 ID
```

```
jobchar        byte      %9.0g        character   工作特性
female         byte      %9.0g                    女性嗎
score          float     %9.0g                    henmon-nelson 測驗成績
rank           byte      %21.0g       rank_fmt    1 is most preferred; 4 is least
                                                  preferred
high           byte      %9.0g                    高自尊的工作嗎
low            byte      %9.0g                    低自尊的工作嗎
noties         byte      %9.0g                    評等級無同分的選擇嗎-no tied ranks
```

```
. list id jobchar rank female score high low in 1/12, sepby(id)


     +-----------------------------------------------------------+
     |  id    jobchar   rank   female      score    high    low  |
     |-----------------------------------------------------------|
 1.  |   1   security     1        1    .0492111       0      0  |
 2.  |   1   autonomy     4        1    .0492111       0      0  |
 3.  |   1    variety     1        1    .0492111       0      0  |
 4.  |   1     esteem     3        1    .0492111       0      0  |
     |-----------------------------------------------------------|
 5.  |   5   security     2        1    2.115012       1      0  |
 6.  |   5    variety     2        1    2.115012       1      0  |
 7.  |   5     esteem     2        1    2.115012       1      0  |
 8.  |   5   autonomy     1        1    2.115012       0      0  |
     |-----------------------------------------------------------|
 9.  |   7   autonomy     1        0    1.701852       1      0  |
10.  |   7    variety     1        0    1.701852       0      1  |
11.  |   7     esteem     4        0    1.701852       0      0  |
12.  |   7   security     1        0    1.701852       0      0  |
```

　　特定方案 (alternative-specific) 之特徵變數有二個：high、low，表示被訪者目前的工作是否在自尊、多樣化、自主性或安全性方面都很高或較低。該方法使用符號 (high, low) 將每個備選方案的工作特性分成三種狀態：(1, 0)、(0 ,1) 和 (0, 0)。基於方案具有互斥性的原則，(1, 1) 被刪除，因為被調查人目前的工作不能同時是「高」工作特徵，且又「低」工作特徵。(0, 0) 分數表示受訪者目前的工作在工作特徵中不排名高或低（中性）。替代方案被「ranked=1」是最優選的替代方案，「ranked=4」是最不優選的。

(三) 分析結果與討論

為了評估第一筆資料「id=1」的 likelihood，asroprobit 必須計算：

$$Pr(esteem = 3, variety = 1, autonomy = 4, security = 2) +$$
$$Pr(esteem = 3, variety = 2, autonomy = 4, security = 1)$$

並且使用模擬估計這兩個概率。事實上，完整的數據集包含 7,237 個有序的等級 (rank-ordered)，而 asroprobit 需要大量的時間來估計參數。對於博弈論，我們通過使用沒有關係的情況來估計秩序概率模型。這些情況被標記在變數中。在博弈論 (exposition) 而言，我們使用「無同分 (without ties)」的情況來估計 rank-ordered 概率模型。此工作偏好的模式如下：

$$\eta_{ij} = \beta_1 high_{ij} + \beta_2 low_{ij} + \alpha_{1j} female_i + \alpha_{2j} score_i + \alpha_{0j} + \xi_{ij}$$

for j = 1, 2, 3, 4。並令「base alternative= esteem」，所以 $\alpha_{01} = \alpha_{11} = \alpha_{21} = 0$。

Step 1. **Alternative-specific rank-ordered probit regression(asroprobit 指令)**

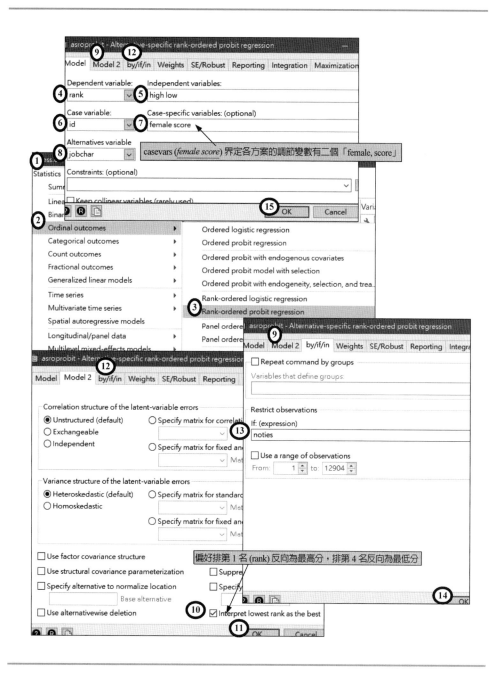

圖 6-33 「asroprobit rank high low if notes, case(id) alternatives(jobchar) casevars(female score) reverse」畫面

註：Statistics > Ordinal outcomes > Rank-ordered probit regression 「asroprobit」指令中，reverse 選項旨在反轉 ranked 排名最偏好方案，應採計為最高分。如此，潛在變數之 Cholesky-factored「變異數—共變異數」估計，才會一起反轉分數。

```
* 開啟資料檔
. webuse wlsrank, clear

* Fit alternative-specific rank-ordered probit model , excluding cases with
tied ranks; specify that lowest rank is most preferred.
* casevars(female score) 界定 各方案 的調節變數有二個「female, score」
* reverse：偏好排第 1 名 (rank) 反向為最高分 , 排第 4 名反向為最低分
. asroprobit rank high low if noties, case(id) alternatives(jobchar)
casevars(female score) reverse


Alternative-specific rank-ordered probit      Number of obs    =      1,660
Case variable: id                             Number of cases  =        415

Alternative variable: jobchar                 Alts per case: min =         4
                                                             avg =       4.0
                                                             max =         4

Integration sequence:     Hammersley
Integration points:           200             Wald chi2(8)     =      34.01
Log simulated-likelihood = -1080.2206         Prob > chi2      =     0.0000


------------------------------------------------------------------------------
      rank |     Coef.   Std. Err.      z    P>|z|    [95% Conf. Interval]
-----------+------------------------------------------------------------------
jobchar    |
      high |  .3741029   .0925685     4.04   0.000    .192672    .5555337
       low | -.0697443   .1093317    -0.64   0.524   -.2840305   .1445419
-----------+------------------------------------------------------------------
esteem     | (base alternative)( 當比較基準點 )
-----------+------------------------------------------------------------------
variety    |
    female |  .1351487   .1843088     0.73   0.463   -.2260899   .4963873
     score |  .1405482   .0977567     1.44   0.151   -.0510515   .3321479
```

```
       _cons |   1.735016   .1451343    11.95   0.000     1.450558    2.019474
-----------+---------------------------------------------------------------
autonomy |
     female |   .2561828   .1679565     1.53   0.127    -.0730059    .5853715
      score |   .1898853   .0875668     2.17   0.030     .0182575     .361513
      _cons |   .7009797   .1227336     5.71   0.000     .4604262    .9415333
-----------+---------------------------------------------------------------
security |
     female |    .232622   .2057547     1.13   0.258    -.1706497    .6358938
      score |  -.1780076   .1102115    -1.62   0.106    -.3940181     .038003
      _cons |   1.343766   .1600059     8.40   0.000     1.030161    1.657372
-----------+---------------------------------------------------------------
    /ln12_2 |   .1805151   .0757296     2.38   0.017     .0320878    .3289424
    /ln13_3 |   .4843091   .0793343     6.10   0.000     .3288168    .6398014
-----------+---------------------------------------------------------------
     /12_1 |   .6062037   .1169368     5.18   0.000     .3770117    .8353957
     /13_1 |   .4509217   .1431183     3.15   0.002     .1704151    .7314283
     /13_2 |   .2289447   .1226081     1.87   0.062    -.0113627    .4692521
-----------+---------------------------------------------------------------
(jobchar=esteem is the alternative normalizing location)
(jobchar=variety is the alternative normalizing scale)
```

1. 高自尊的工作 (high =1) 受訪者，較易影響其選擇「4 種工作特性」偏好排名 (z = 4.04, p < 0.05)；但屬低自尊的工作 (low = 1) 受訪者，則不受「4 種工作特性」偏好排名 (z=-0.64, p>0.05) 來挑選工作。

2. 上述 jobchar 自變數所建立 multinomial logit 迴歸式如下：

$$\ln\left(\frac{P_2}{P_1}\right) = \beta_0 + \beta_1 X1_i + \beta_2 X2_i + \beta_3 X3_i + \beta_4 X4_i + \beta_5 X5_i + \dots$$

$$\ln\left(\frac{P_{variety}}{P_{esteem}}\right) = 1.735 + 0.135 \times (female=1) + 0.141 \times (score)$$

$$\ln\left(\frac{P_{autonomy}}{P_{esteem}}\right) = 0.7009 + 0.256 \times (female=1) + 0.1899 \times (score)$$

$$\ln\left(\frac{P_{security}}{P_{esteem}}\right) = 1.344 + 0.2326 \times (female=1) - 0.178 \times (score)$$

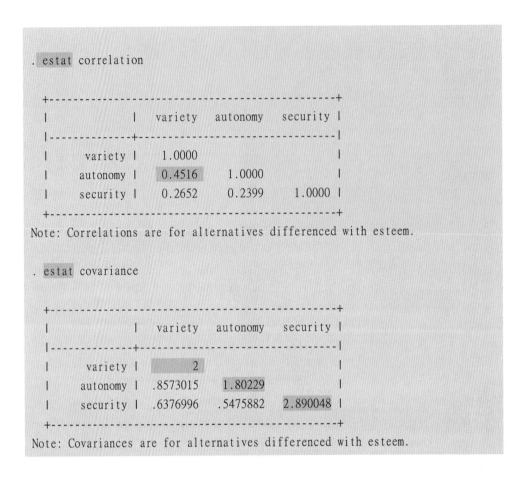

1. mprobit 指令認為，如果潛在變數誤差是獨立的，那麼各參數的相關性約 0.5 左右，變異數應該是約 2.0 左右，本例就符合這種情況。

Step 2. 界定潛在誤差項為 **xchangeable** 相關模型

```
* Specify exchangeable correlation model for latent-variable errors
* casevars(female score) 界定 各方案 的調節變數有二個「female, score」

* reverse：偏好排第 1 名 (rank) 反向為最高分，排第 4 名反向為最低分
. asroprobit rank high low if noties, case(id) alternatives(jobchar)
casevars(female score) reverse correlation(exchangeable)


Alternative-specific rank-ordered probit        Number of obs    =    1,660
```

```
Case variable: id                          Number of cases    =        415

Alternative variable: jobchar              Alts per case: min =          4
                                                          avg =        4.0
                                                          max =          4

Integration sequence:      Hammersley
Integration points:            200         Wald chi2(8)      =       34.61
Log simulated-likelihood = -1080.9141      Prob > chi2       =      0.0000


-----------------------------------------------------------------------------
       rank |     Coef.   Std. Err.      z    P>|z|     [95% Conf. Interval]
------------+----------------------------------------------------------------
    jobchar |
       high |   .3818107   .0944784     4.04   0.000     .1966365    .5669849
        low |  -.0734368   .1118343    -0.66   0.511     -.292628    .1457545
------------+----------------------------------------------------------------
     esteem |  (base alternative) 當 4 種工作特性之比較基準點
------------+----------------------------------------------------------------
    variety |
     female |    .139561   .1860201     0.75   0.453    -.2250317    .5041537
      score |   .1440457   .0985973     1.46   0.144    -.0492015    .3372929
      _cons |   1.766901   .1425974    12.39   0.000     1.487415    2.046387
------------+----------------------------------------------------------------
   autonomy |
     female |    .262867   .1666798     1.58   0.115    -.0638195    .5895535
      score |   .1934586   .0883419     2.19   0.029     .0203117    .3666055
      _cons |    .706617   .1199021     5.89   0.000     .4716132    .9416209
------------+----------------------------------------------------------------
   security |
     female |   .2373532   .2122964     1.12   0.264    -.1787401    .6534465
      score |  -.1796829   .1138263    -1.58   0.114    -.4027784    .0434126
      _cons |    1.37279   .1619251     8.48   0.000     1.055423    1.690157
------------+----------------------------------------------------------------
  /lnsigmaP1 |  -.0836054   .1244515    -0.67   0.502    -.3275258     .160315
  /lnsigmaP2 |   .3748643   .0972891     3.85   0.000     .1841812    .5655475
------------+----------------------------------------------------------------
  /atanhrP1 |  -.2463827   .1456752    -1.69   0.091    -.5319009    .0391354
------------+----------------------------------------------------------------
     sigma1 |           1 (base alternative)
```

```
    sigma2 |         1 (scale alternative)
    sigma3 |   .9197942   .1144697                    .7207047    1.173881
    sigma4 |   1.454794   .1415356                    1.202234    1.760411
-----------+------------------------------------------------------------------
   rho3_2 |  -.2415154    .137178                   -.4868328    .0391155
   rho4_2 |  -.2415154    .137178                   -.4868328    .0391155
   rho4_3 |  -.2415154    .137178                   -.4868328    .0391155
------------------------------------------------------------------------------
(jobchar=esteem is the alternative normalizing location)
(jobchar=variety is the alternative normalizing scale)
```

1. 高自尊的工作 (high = 1) 受訪者，較易影響其選擇「4 種工作特性」偏好排名 (z = 4.04, p < 0.05)；但屬低自尊的工作 (low = 1) 受訪者，則不受「4 種工作特性」偏好排名 (z = −0.66, p > 0.05) 來挑選工作。

2. 上述 jobchar 自變數所建立 multinomial logit 迴歸式如下：

$$\ln\left(\frac{P_2}{P_1}\right) = \beta_0 + \beta_1 X1_i + \beta_2 X2_i + \beta_3 X3_i + \beta_4 X4_i + \beta_5 X5_i + \ldots$$

$$\ln\left(\frac{P_{\text{variety}}}{P_{\text{esteem}}}\right) = 1.767 + 0.1396 \times (female=1) + 0.144 \times (score)$$

$$\ln\left(\frac{P_{\text{autonomy}}}{P_{\text{esteem}}}\right) = 0.7066 + 0.263 \times (female=1) + 0.193 \times (score)$$

$$\ln\left(\frac{P_{\text{security}}}{P_{\text{esteem}}}\right) = 1.373 + 0.237 \times (female=1) - 0.1797 \times (score)$$

6-10 Zero-inflated Poisson 迴 歸 vs. zero-inflated ordered probit regression(zip、zioprobit 指令)

6-10-1 零膨脹 (zero-inflated)Poisson 分布

一、零膨脹 (zero-inflated) 分布

在實際應用領域中的計數型態資料，常常有「零」值個案特別多的狀況，例如：在車禍意外研究中，未曾發生車禍之個案約為 47%，較其他值為多。

在流行病學研究中，在針對各國的癌症登記資料檔進行標準化死亡率 (standard mortality ratio) 分析時，最大的特色是許多地區完全沒有惡性腫瘤的紀錄，以惡性腫瘤與白血病為例，分別約有 61% 與 79% 的地區呈現「零」個案的狀況 (Böhning, 1998)。由於高比例的「零」值導致許多資料在使用 Poisson 模型進行適配分析時，呈現適配不佳的情形，許多學者因此致力於此種資料型態模型適配的研究，而 zero-inflated 迴歸分布便應運而生。

　　為了處理「高比例零值」的計數型態資料，Mullahy 在 1986 年提出 zero-inflated 分布 (zero-inflated distribution)。

　　假設 Y 是一組服從 zero-inflated 分布的隨機變數，其值為非負整數，則其機率密度函數為

$$g(Y = y) = \begin{cases} \omega + (1 - \omega)\Pr(Y = 0) & , \quad y = 0 \\ (1 - \omega)\Pr(Y = y) & , \quad y > 0 \end{cases}$$

其中 ω 是一機率值，$\Pr(Y = y)$ 為計數型態分布之機率密度函數。

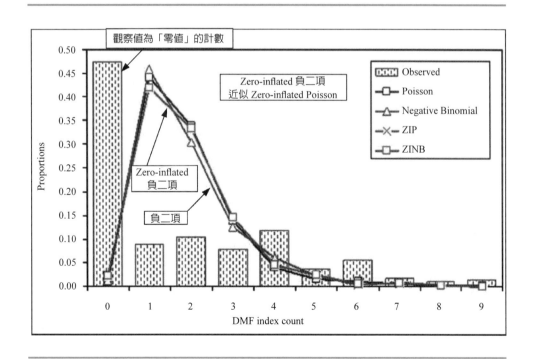

圖 6-34 zero-inflated 分布

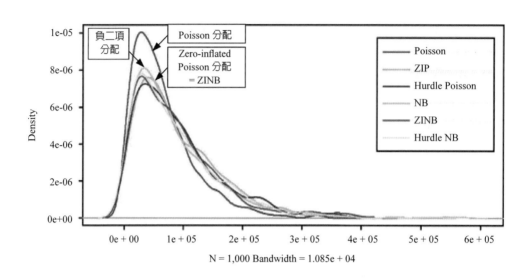

圖 6-35 Poisson 分布及負二項分布在「有 vs. 無」zero-inflated 之分布比較

二、零膨脹 (zero-inflated) 卜瓦松分布

Lambert 在 1992 年提出 zero-inflated 卜瓦松分布 (zero-inflated Poisson distribution, ZIP)，並且應用在品質管理上，隨後便有許多學者紛紛引用此篇文章作為迴歸模型分析之用。

針對「高比例零值」的計數型資料型態，zero-inflated Poisson 分布的想法是既然資料「零值」的比例較卜瓦松分布為高，於是便利用 Poisson 分布與「零」點的機率合成為一個混合模型 (mixture model)。因此 zero-inflated Poisson 隨機變數是由兩個部分組成，分別是一 Poisson 分布和一「零值」發生機率為 ω 的伯努力分布 (Bernoulli distribution)。

可知「零值」比例的來源，除了 Poisson 分布為零的機率還多加了伯努力分布中「零值」的機率 ω。如此一來，「零值」比例也因為 ω 的加入而提高許多，解決 Poisson 分布在適配「零值」比例過高的資料所出現的估計誤差。所以當計數型資料存在過多「零值」時，一般傾向使用 zero-inflated Poisson 分布來作為適配。

令 Y 為單位時間內事件的發生次數，並且假設 Y 是一組服從 zero-inflated 卜瓦松分布 ZIPoi(λ, ω) 的隨機變數，其值為非負整數，則其機率密度函數為：

$$P_r(Y = y) = \begin{cases} \omega + (1 - \omega)e^{-\lambda} & , \quad y = 0 \\ (1 - \omega)\dfrac{\lambda^y e^{-\lambda}}{y!} & , \quad y > 0 \end{cases} \quad , \quad \lambda > 0$$

其中 λ 為單位時間內事件發生的平均次數，當 λ 越大，其機率密度函數圖形也有越平緩及眾數越往右移的狀況，零值比例也越來越低。

ω 為 zero-inflation 參數 (zero-inflation parameter)，可知當 ω 越大，其零值比例也越來越高，相較之下，其他反應變數值的比例就越來越低。期望值及變異數分別為：

$$E(Y) = (1 - \omega)\lambda \text{，} \operatorname{Var}(Y) = (1 - \omega)\lambda(1 - \omega\lambda)$$

當我們觀測到的是 t 個單位時間內事件發生的次數 μ 時，令 Y 為 t 個單位時間內事件的發生次數時，其機率密度函數為：

$$\begin{aligned} P_r(Y = y) &= \begin{cases} \omega + (1 - \omega)e^{-\mu} & , \quad y = 0 \\ (1 - \omega)\dfrac{\mu^y e^{-\mu}}{y!} & , \quad y > 0 \end{cases} \quad , \quad \mu > 0 \\[2mm] &= \begin{cases} \omega + (1 - \omega)e^{-\lambda t} & , \quad y = 0 \\ (1 - \omega)\dfrac{(\lambda t)^y e^{-\lambda t}}{y!} & , \quad y > 0 \end{cases} \quad , \quad \lambda > 0 \end{aligned}$$

就 zero-inflated 分布最原始的想法來看，ZIPoi(λ, ω) 還是必須服從以下假定 (assumption)：

(1) 依變數「零」值比例較基準分布來得高。

(2) 依變數非「零」值的分布必須服從 zero-truncated 卜瓦松分布 (zero-truncated Poisson distribution)。

6-10-2 Count 依變數：零膨脹 Poisson 迴歸 vs. 負二項迴歸 (zip、nbreg、prgen 指令)

Count 依變數，一定是正整數或 0。例如，家庭人數、新生兒人數、該醫院當年度死亡人數、議會通過法案數、公務員數量、非營利組織數量等。

針對計數型資料 (count data) 的模型建置，較常使用的迴歸模型之一為卜瓦松迴歸模型 (Poisson regression model, PR)。由於卜瓦松分配的特性，此類模型

僅適用於適配資料呈現出「平均數等於變異數」的情況。

　　然而就實際的計數型資料而言，由於資料可能由不同的子群體所組成，因而造成母體異質性 (population heterogeneity) 的狀況，使得資料呈現出 over-dispersion 狀況，也就是變異數大於平均數的情況。此時，若僅僅使用卜瓦松迴歸模型來進行適配，常會低估所觀察到的變異程度。縱然這樣的模型適配對平均值的估計可能不會有太大的影響，但是卻會低估標準差，使得虛無假設 (null hypothesis) 較容易得到拒絕的結果 (Cox, 1983)，因而提高型一誤差 (Type I Error) 的犯錯機率。解決方法之一為改採可以用來處理 over-dispersion 狀況的負二項迴歸模型 (negative binomial regression model, NBR) 或廣義卜瓦松迴歸模型 (generalized Poisson regression model, GP)。

　　此處負二項迴歸模型的選用目的並非著眼於「直到第 k 次成功前，其失敗次數」的配模，而是希望藉由負二項迴歸模型來處理資料中可能存在的 over-dispersion 狀況，以便獲取適當的標準差估計值。但是由於負二項迴歸模型只能處理 over-dispersion 的情況，而廣義卜瓦松迴歸模型除了可以處理 over-dispersion 的情況外，也可用在 under-dispersion 的狀況，適用範圍較廣。

一、範例：零膨脹 Poisson 迴歸

　　Zero-inflated 迴歸，也是「categorical and limited 依變數之迴歸」。

(一) 問題說明

　　為瞭解博士生發表論文篇數的原因有哪些？

　　研究者先文獻探討以歸納出，影響「博士生發表論文篇數」的原因，並整理成下表，此「couart2_regression.dta」資料檔之變數如下：

變數名稱	博士生發表論文篇數的原因	編碼 Codes/Values
art	最近三年 PhD 發表論文數	計數 (count) 資料
fem	1. 性別	1 = female 0 = male
mar	2. 已婚嗎	1 = yes 0 = no
kid5	3. 小孩數 < 6 嗎？	1 = yes 0 = no
phd	4. PhD 學位的聲望 (名校之競爭力)	連續變數
ment	5. 指導教授最近 3 年之論文數	連續變數

(二) 資料檔之內容

「couart2_regression.dta」資料檔之內容如下圖。

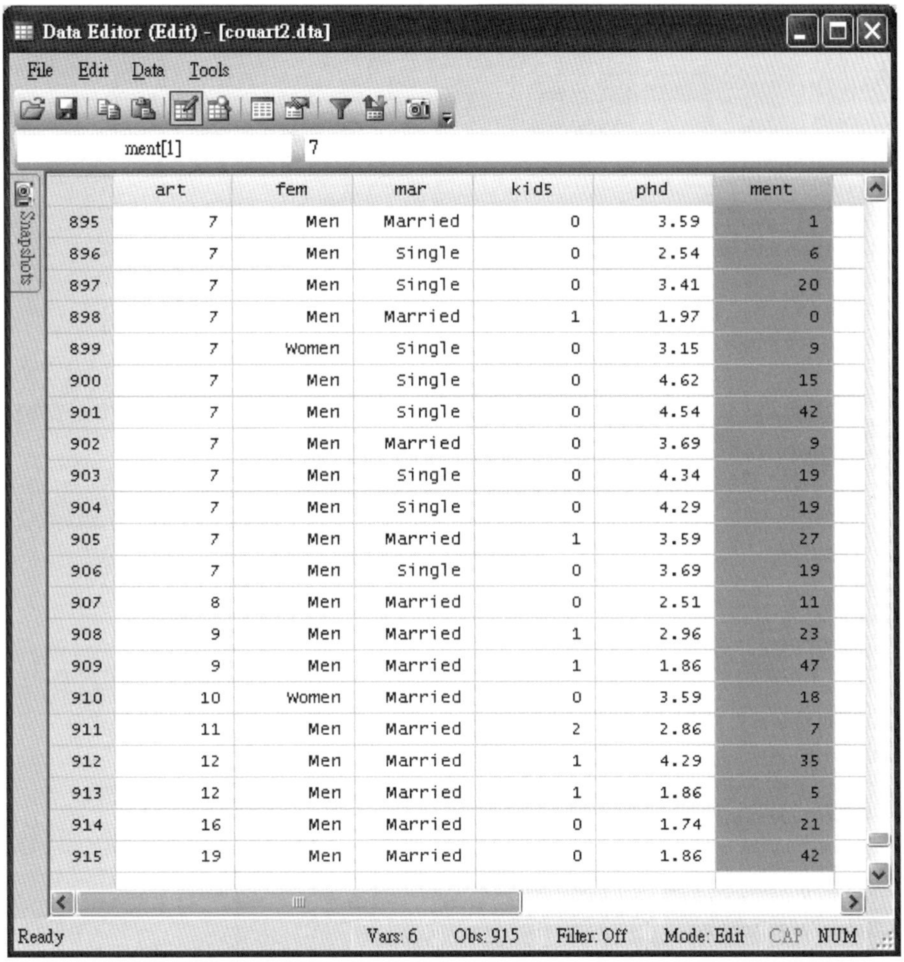

	art	fem	mar	kid5	phd	ment
895	7	Men	Married	0	3.59	1
896	7	Men	Single	0	2.54	6
897	7	Men	Single	0	3.41	20
898	7	Men	Married	1	1.97	0
899	7	Women	Single	0	3.15	9
900	7	Men	Single	0	4.62	15
901	7	Men	Single	0	4.54	42
902	7	Men	Married	0	3.69	9
903	7	Men	Single	0	4.34	19
904	7	Men	Single	0	4.29	19
905	7	Men	Married	1	3.59	27
906	7	Men	Single	0	3.69	19
907	8	Men	Married	0	2.51	11
908	9	Men	Married	1	2.96	23
909	9	Men	Married	1	1.86	47
910	10	Women	Married	0	3.59	18
911	11	Men	Married	2	2.86	7
912	12	Men	Married	1	4.29	35
913	12	Men	Married	1	1.86	5
914	16	Men	Married	0	1.74	21
915	19	Men	Married	0	1.86	42

圖 6-36 「couart2_regression.dta」資料檔 (N= 915, 6 variables)

先用 histogram 指令繪直方圖，若離散型依變數「art=0」占多數比例，就是典型零膨脹迴歸。

```
. use couart2_regression.dta
. histogram art, discrete freq
```

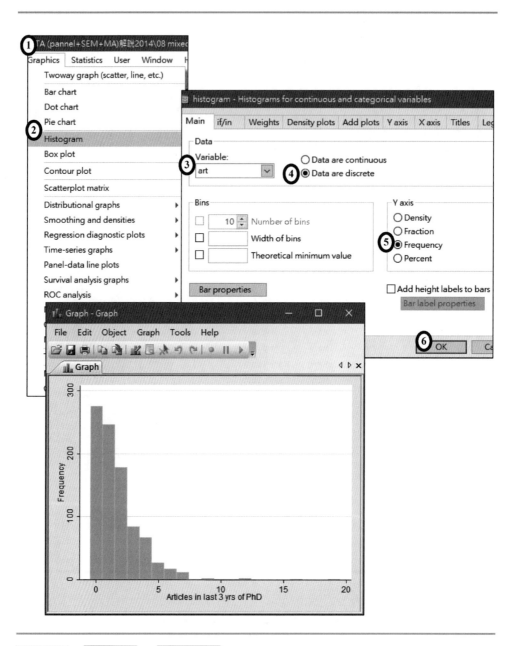

圖 6-37 「histogram art, discrete freq」繪直方圖之結果

(三) count 迴歸之選擇表操作

```
    Statistics > Count outcomes > Poisson regression
nbreg
    Statistics > Count outcomes > Negative binomial regression
gnbreg
    Statistics > Count outcomes > Generalized negative binomial regression
```

(四) 分析結果與討論

Step 1. 繪 Poisson 分布之機率圖

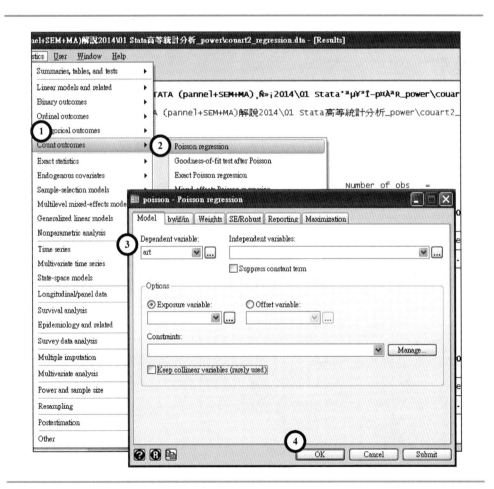

圖 6-38 Poisson regression 之選擇表操作

```
* 先
. poisson art

Iteration 0:    log likelihood = -1742.5735
Iteration 1:    log likelihood = -1742.5735

Poisson regression                              Number of obs   =       915
                                                LR chi2(0)      =      0.00
                                                Prob > chi2     =         .
Log likelihood = -1742.5735                     Pseudo R2       =    0.0000

-------------------------------------------------------------------------------
      art |     Coef.   Std. Err.      z    P>|z|    [95% Conf. Interval]
----------+--------------------------------------------------------------------
    _cons |  .5264408   .0254082    20.72   0.000    .4766416      .57624
-------------------------------------------------------------------------------
```

Poisson 迴歸分析，得標準化分數 Z = 20.72, p < 0.05，達顯著水準，顯示 915 名博士生發表論文「不同篇數 k」之間的機率是符合 Poisson 分析。

接著用「prcounts」指令 (它存在 spostado 檔)，來繪 Poisson 分布之機率圖 (如圖 6-39)。

```
* 最近一次 count 迴歸 (poisson, nbreg, zip, zinb. prcounts) 分析之後，用
prcounts 指令計來求
* 從 k=0 到 k=9 之預測比率及勝算機率。預測值暫存至「以 psn 開頭」的變數
. prcounts psn, plot max(9)
* 實際分布
 label var psnobeq "Observed Proportion"

* 用 Poisson 迴歸求得之預測值
 label var psnobeq "Poisson Prediction"

* 用 Poisson 迴歸求得之依變數的計數
 label var psnval "# of articles"

* 繪以上三者之散布圖
graph twoway(scatter psnobeq psnpreq psnval, connect(l l) xlabel(0(1)9)
    ytitle("Proba bility"))
```

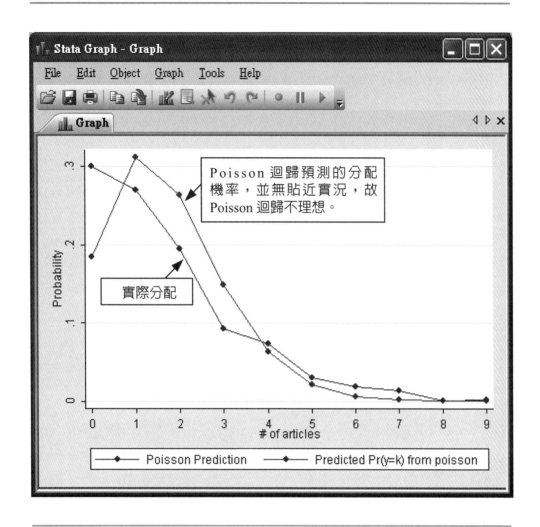

圖 6-39 繪 Poisson 分布之機率圖

瞭解各變數之特性

```
* 因為 art 變數非常態分布，故取自然對數，產生新變數 lnart 就呈常態分布，再入
* 線性迴歸
. gen lnart = ln(art + .5)
* 新變數的註解
. label var lnart "Log of(Art + .5)"
```

```
* 查詢資料新增出來的變數
. describe

Contains data from J:\STATA(pannel+SEM+MA) 解說 2014\01 STaTa 高等統計分析_
power\couart2_regression.dta
  obs:            915                      Academic Biochemists / S Long
  vars:            34                      20 Feb 2014 01:47
  size:     114,375(98.9% of memory free)  (_dta has notes)
-----------------------------------------------------------------------
              storage  display   value
variable name  type    format    label    variable label
-----------------------------------------------------------------------
art            byte    %9.0g              最近三年 PhD 發表論文數
fem            byte    %9.0g     sexlbl   性別：1=female 0=male
mar            byte    %9.0g     marlbl   已婚嗎：1=yes 0=no
kid5           byte    %9.0g              小孩數 < 6 嗎
phd            float   %9.0g              PhD 學位的聲望
ment           byte    %9.0g              指導教授最近 3 年之論文數
psnrate        float   %9.0g              Predicted rate from poisson
psnpr0         float   %9.0g              Pr(y=0) from poisson
psnpr1         float   %9.0g              Pr(y=1) from poisson
psnpr2         float   %9.0g              Pr(y=2) from poisson
psnpr3         float   %9.0g              Pr(y=3) from poisson
psnpr4         float   %9.0g              Pr(y=4) from poisson
psnpr5         float   %9.0g              Pr(y=5) from poisson
psnpr6         float   %9.0g              Pr(y=6) from poisson
psnpr7         float   %9.0g              Pr(y=7) from poisson
psnpr8         float   %9.0g              Pr(y=8) from poisson
psnpr9         float   %9.0g              Pr(y=9) from poisson
psncu0         float   %9.0g              Pr(y=0) from poisson
psncu1         float   %9.0g              Pr(y<=1) from poisson
psncu2         float   %9.0g              Pr(y<=2) from poisson
psncu3         float   %9.0g              Pr(y<=3) from poisson
psncu4         float   %9.0g              Pr(y<=4) from poisson
psncu5         float   %9.0g              Pr(y<=5) from poisson
psncu6         float   %9.0g              Pr(y<=6) from poisson
psncu7         float   %9.0g              Pr(y<=7) from poisson
psncu8         float   %9.0g              Pr(y<=8) from poisson
```

```
psncu9          float   %9.0g        Pr(y<=9) from poisson
psnprgt         float   %9.0g        Pr(y>9) from poisson
psnval          float   %9.0g        # of articles
psnobeq         float   %9.0g        Poisson Prediction
psnpreq         float   %9.0g        Predicted Pr(y=k) from poisson
psnoble         float   %9.0g        Observed Pr(y<=k) from poisson
psnprle         float   %9.0g        Predicted Pr(y<=k) from poisson
lnart           float   %9.0g        Log of(Art + .5)
------------------------------------------------------------------------
Sorted by:  art
    Note:   dataset has changed since last saved
```

* 大致查看一下，各機率值之 Mean, Min ,Max
. summarize

```
    Variable |    Obs        Mean    Std. Dev.      Min        Max
-------------+-------------------------------------------------------
         art |    915    1.692896    1.926069        0         19
         fem |    915    .4601093    .4986788        0          1
         mar |    915    .6622951    .473186         0          1
        kid5 |    915    .495082     .76488          0          3
         phd |    915    3.103109    .9842491      .755       4.62
-------------+-------------------------------------------------------
        ment |    915    8.767213    9.483916        0         77
     psnrate |    915    1.692896        0       1.692896   1.692896
      psnpr0 |    915    .1839859        0       .1839859   .1839859
      psnpr1 |    915    .311469         0       .311469    .311469
      psnpr2 |    915    .2636423        0       .2636423   .2636423
-------------+-------------------------------------------------------
      psnpr3 |    915    .148773         0       .148773    .148773
      psnpr4 |    915    .0629643        0       .0629643   .0629643
      psnpr5 |    915    .0213184        0       .0213184   .0213184
      psnpr6 |    915    .006015         0       .006015    .006015
      psnpr7 |    915    .0014547        0       .0014547   .0014547
-------------+-------------------------------------------------------
      psnpr8 |    915    .0003078        0       .0003078   .0003078
      psnpr9 |    915    .0000579        0       .0000579   .0000579
```

psncu0	915	.1839859	0	.1839859	.1839859
psncu1	915	.4954549	0	.4954549	.4954549
psncu2	915	.7590972	0	.7590972	.7590972
psncu3	915	.9078703	0	.9078703	.9078703
psncu4	915	.9708346	0	.9708346	.9708346
psncu5	915	.992153	0	.992153	.992153
psncu6	915	.9981681	0	.9981681	.9981681
psncu7	915	.9996227	0	.9996227	.9996227
psncu8	915	.9999305	0	.9999305	.9999305
psncu9	915	.9999884	0	.9999884	.9999884
psnprgt	915	.0000116	0	.0000116	.0000116
psnval	10	4.5	3.02765	0	9
psnobeq	10	.0993443	.1139905	.0010929	.3005464
psnpreq	10	.0999988	.1187734	.0000579	.311469
psnoble	10	.8328962	.2308122	.3005464	.9934426
psnprle	10	.8307106	.2791442	.1839859	.9999884
lnart	915	.4399161	.8566493	-.6931472	2.970414

註：Statistics > Summaries, tables, and tests > Summary and descriptive statistics > Summary statistics

---

Step 2. 先做線性機率迴歸 (當做 **count** 迴歸之對照組)

```
* 線性機率迴歸之依變數 art，改用 Ln(art)
. quietly reg lnart fem mar kid5 phd ment

* 可用「findit listcoef」指令，來外掛此 ADO命令檔之後，再執行「列出各迴歸係數」
. listcoef

regress(N=915): Unstandardized and Standardized Estimates

 Observed SD: .8566493
 SD of Error: .81457396
```

* 未標準化迴歸係數			顯著性	標準化迴歸係數			
lnart |	b	t	P>|t|	bStdX	bStdY	bStdXY	SDofX
fem |	-0.13457	-2.349	0.019	-0.0671	-0.1571	-0.0783	0.4987
mar |	0.13283	2.043	0.041	0.0629	0.1551	0.0734	0.4732
kid5 |	-0.13315	-3.275	0.001	-0.1018	-0.1554	-0.1189	0.7649
phd |	0.02550	0.896	0.371	0.0251	0.0298	0.0293	0.9842
ment |	0.02542	8.607	0.000	0.2411	0.0297	0.2814	9.4839

　　影響博士生論文發表篇數之預測變數，除了「就讀博士之學校權望 (phd)」沒顯著外，性別 (fem)、結婚否 (mar)、生的小孩數 < 6(5)、及指導教導等四個變數，都可顯著預測出「博士生論文之發表篇數機率」。

Step 3. 再做 Poisson 迴歸、負二項迴歸之預測度比較

Step3-1. 求 Poisson 迴歸、負二項迴歸之迴歸係數顯著性檢驗

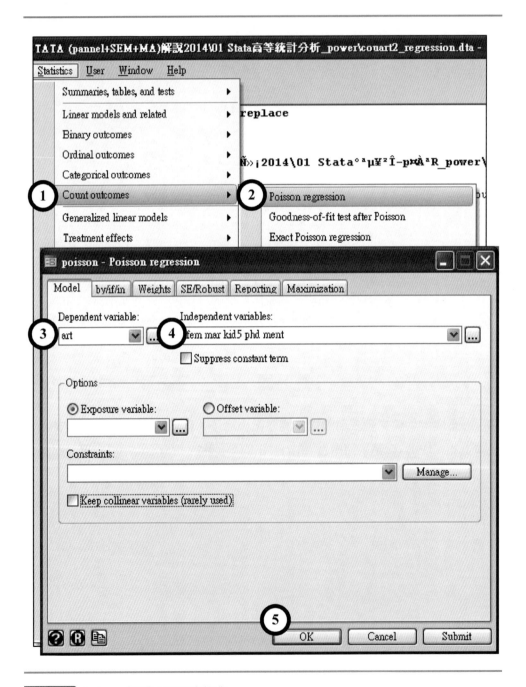

圖 6-40 Poisson 迴歸之選擇表操作

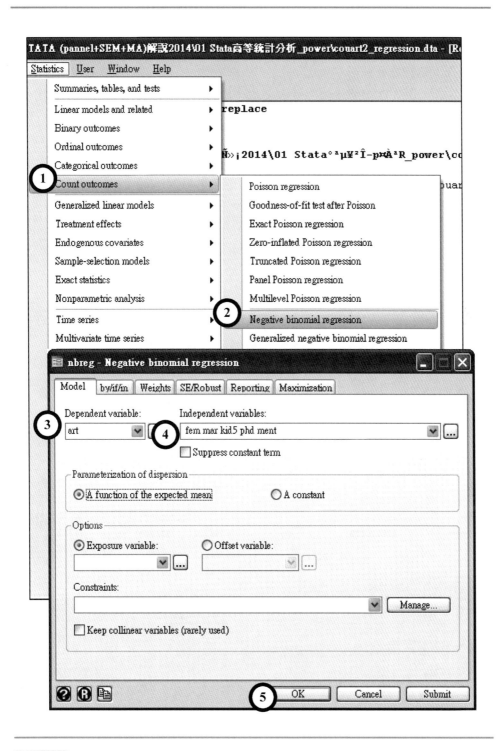

圖 6-41　負二項迴歸之選擇表操作

```
* 先做 poisson 迴歸，其依變數，可直接用「未經 ln( ) 變數變換之 art」
. quietly poisson art fem mar kid5 phd ment

. listcoef
poisson(N=915): Factor Change in Expected Count

* 各自變數對依變數 (art) 預測 count 之變化
 Observed SD: 1.926069
```

art	b	z	P>|z|	e^b	e^bStdX	SDofX
fem	-0.22459	-4.112	0.000	0.7988	0.8940	0.4987
mar	0.15524	2.529	0.011	1.1679	1.0762	0.4732
kid5	-0.18488	-4.607	0.000	0.8312	0.8681	0.7649
phd	0.01282	0.486	0.627	1.0129	1.0127	0.9842
ment	0.02554	12.733	0.000	1.0259	1.2741	9.4839

```
nbreg art fem mar kid5 phd ment, dispersion(constant)
. quietly nbreg art fem mar kid5 phd ment, dispersion(mean)
. listcoef

* 再負二項迴歸
nbreg(N=915): Factor Change in Expected Count
```

Negative binomial regression

Number of obs	=	915
LR chi2(5)	=	97.96
Prob > chi2	=	0.0000
Pseudo R2	=	0.0304

```
Dispersion    = mean
Log likelihood = -1560.9583
```

art	Coef.	Std. Err.	z	P>|z|	[95% Conf. Interval]	
fem	-.2164184	.0726724	-2.98	0.003	-.3588537	-.0739832
mar	.1504895	.0821063	1.83	0.067	-.0104359	.3114148
kid5	-.1764152	.0530598	-3.32	0.001	-.2804105	-.07242
phd	.0152712	.0360396	0.42	0.672	-.0553652	.0859075
ment	.0290823	.0034701	8.38	0.000	.0222811	.0358836
_cons	.256144	.1385604	1.85	0.065	-.0154294	.5277174
/lnalpha	-.8173044	.1199372			-1.052377	-.5822318

```
------------+------------------------------------------------------------------
    alpha |   .4416205   .0529667                          .3491069    .5586502
------------------------------------------------------------------------------
Likelihood-ratio test of alpha=0:   chibar2(01) =   180.20 Prob>=chibar2 = 0.000
```

1. Poisson 迴歸分析結果與線性機率迴歸相同，但線性機率迴歸之依變數 art 是要事先用 ln() 變數變換，但 Poisson 迴歸則否。

2. 負二項迴歸分析結果，與線性機率迴歸及 Poisson 迴歸分析相異，負二項迴歸將預測變數「結婚否 (mar)」剔除在模型之外 (z=1.833,p>0.05)。故需再進一步比較：Poisson 迴歸 vs. 負二項迴歸，何者較佳？

> **Step 3-2.** 繪 **Poisson** 迴歸、負二項迴歸之預測分布圖，看這二個迴歸誰較貼近事實？

```
* 先求得 poisson 迴歸之 9 個勝算機率
. quietly poisson art fem mar kid5 phd ment
* 用「findit prcounts」來外掛此 ado 檔，download 內定存在「C:\ado\plus\p」資料，
* 再將它用人工 copy 到你的工作目錄之後，即可執行它並產生 k=1 to 9 的勝算機率等
變數
* 預測勝算機率等變數：以 psm 開頭來命名，連號共 9 個變數。
. prcounts psm, plot max(9)
. label var psmpreq "PRM"
. label var psmobeq "Observed"
. label var psmval "# of articles"


* 再求得負二項迴歸之 9 個勝算機率
. quietly nbreg art fem mar kid5 phd ment
. prcounts nbm, plot max(9)
. label var nbmpreq "NBM"


* 繪 poisson 迴歸 vs. 負二項迴歸之勝算機率的分布圖
. graph twoway(scatter psmobeq psmpreq nbmpreq psmval, connect(l l l) xla-
bel(0(1)9) ytitle("Probability"))
```

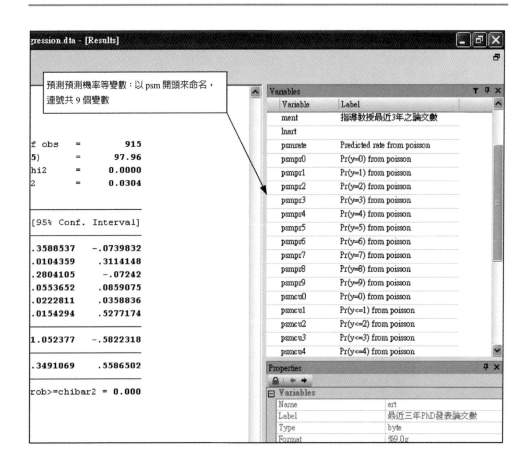

圖 6-42 Poisson 迴歸用 prcounts 產生之連號共 9 個變數

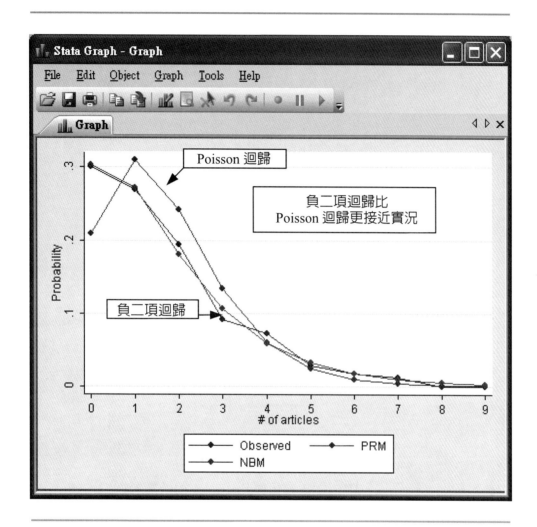

圖 6-43 Poisson 迴歸 vs. 負二項迴歸之預測精準度比較

Step 3-3. 以 phd 當 x 軸刻度，求 Poisson 迴歸、負二項迴歸之勝算機率

由於本例自變數中，只有 phd 及 ment 二個是屬連續變數，但唯有 ment 在 Poisson 及負二項迴歸中都有顯著預測效果。故單獨求「ment 對 art」勝算機率，分別在 Poisson 迴歸、負二項迴歸各做一次。

```
* 先 poisson 迴歸
. quietly poisson art fem mar kid5 phd ment
* 先用「findit prgen」指令來外掛 prgen.ado 此 packerage。
* 單獨求「ment 對 art」勝算機率之變數們 ( 命名以 pm 開頭，連號共 11 個 )，
. prgen ment, from(0) to(50) rest(mean) gen(pm) n(11)

poisson: Predicted values as ment varies from 0 to 50.

          fem         mar         kid5          phd         ment
x=   .46010929   .66229508   .49508197    3.1031093    8.7672131
. label var pmp0 "PRM"
```
* 再負二項迴歸
```
. quietly nbreg art fem mar kid5 phd ment

. * 單獨求「ment 對 art」勝算機率之變數們 ( 命名以 nb 開頭，連號共 11 個 )，
. prgen ment, from(0) to(50) rest(mean) gen(nb) n(11)

nbreg: Predicted values as ment varies from 0 to 50.

          fem         mar         kid5          phd         ment
x=   .46010929   .66229508   .49508197    3.1031093    8.7672131

. label var pmp0 "PRM"
```
* 比較上述二個迴歸所求「ment 對 art」勝算機率，繪散布圖
```
. graph twoway(scatter pmp0 nbp0 nbx, c(1 1 1) xtitle("Mentor's Articles")
ytitle("Pr(Zero Articles)") msymbol(Sh Oh))
```

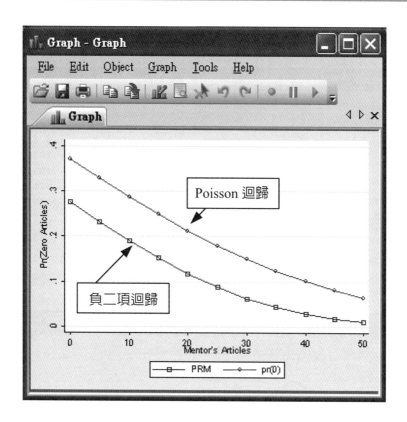

圖 6-44 比較二個迴歸所求「ment 對 art」預測機率所繪的散布圖

Step 4. **Zero-inflated Poisson 迴歸**

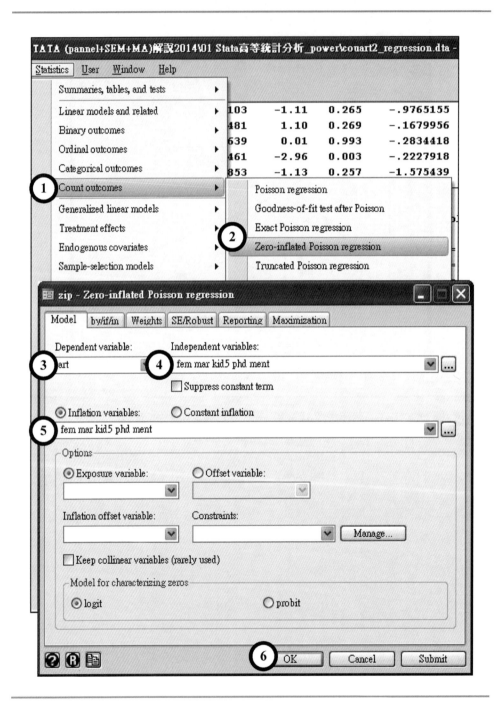

圖 6-45 「zip art fem mar kid5 phd ment, inflate(fcm mar kid5 phd ment) nolog」畫面

```
* 先 Zero-inflated poisson(zip) 迴歸
. zip art fem mar kid5 phd ment, inflate(fem mar kid5 phd ment) nolog

Zero-inflated Poisson regression              Number of obs   =        915
                                              Nonzero obs     =        640
                                              Zero obs        =        275

Inflation model = logit                       LR chi2(5)      =      78.56
Log likelihood  = -1604.773                   Prob > chi2     =     0.0000

------------------------------------------------------------------------------
     art |     Coef.    Std. Err.      z     P>|z|    [95% Conf. Interval]
---------+--------------------------------------------------------------------
art      |
     fem | -.2091446    .0634047   -3.30    0.001    -.3334155   -.0848737
     mar |   .103751    .071111     1.46    0.145     -.035624    .243126
    kid5 | -.1433196    .0474293   -3.02    0.003    -.2362793   -.0503599
     phd | -.0061662    .0310086   -0.20    0.842     -.066942    .0546096
    ment |  .0180977    .0022948    7.89    0.000     .0135999    .0225955
   _cons |   .640839    .1213072    5.28    0.000     .4030814    .8785967
---------+--------------------------------------------------------------------
inflate  |
     fem |  .1097465    .2800813    0.39    0.695    -.4392028    .6586958
     mar | -.3540107    .3176103   -1.11    0.265    -.9765155    .2684941
    kid5 |  .2171001    .196481     1.10    0.269    -.1679956    .6021958
     phd |  .0012702    .1452639    0.01    0.993    -.2834418    .2859821
    ment |  -.134111    .0452461   -2.96    0.003    -.2227918   -.0454302
   _cons | -.5770618    .5093853   -1.13    0.257    -1.575439    .421315
------------------------------------------------------------------------------
```

1. Zero-inflated 旨在將依變數 count=0 之觀察值，排除在迴歸模型之分析中。
2. 就預測變數們之迴歸係數的 p 值而言，有沒有排除「Zero-inflated」，前後二次 Poisson 迴歸之分析結果，非常相近。
3. Zero-inflated Poisson 迴歸模型為：

Pr(art) =F(−0.209(fem) − 0..143(kid5) + 0.018(ment))

Pr(博士生論文數) = F(−0.209(女性) − 0.143(小孩數 < 6 嗎) + 0.018(指導教授近 3 年論文數))

註：Pr() 為預測機率。F(·) 為標準常態分布的累積分析函數

4. 迴歸係數為「＋」就是正相關 (ment 與 art 為正相關)；為「－」就是負相關 (fem、kid5 二者與 art 為負相關)。

| Step 5. | **Zero-inflated negative binomial 迴歸**

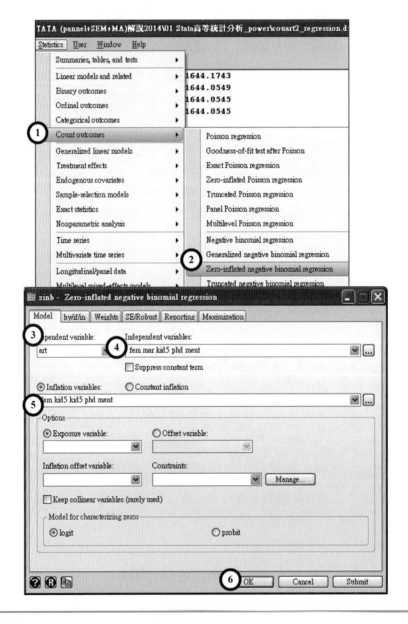

圖 6-46 Zero-inflated poisson 迴歸之操作畫面

* 再 Zero-inflated negative binomial(zinb) 迴歸
. zinb art fem mar kid5 phd ment, inflate(fem mar kid5 phd ment) nolog

```
Zero-inflated negative binomial regression      Number of obs    =      915
                                                Nonzero obs      =      640
                                                Zero obs         =      275

Inflation model = logit                         LR chi2(5)       =    67.97
Log likelihood = -1549.991                      Prob > chi2      =   0.0000


------------------------------------------------------------------------------
        art |    Coef.    Std. Err.      z     P>|z|    [95% Conf. Interval]
------------+-----------------------------------------------------------------
art         |
        fem | -.1955068   .0755926    -2.59    0.010   -.3436655   -.0473481
        mar |  .0975826   .084452      1.16    0.248   -.0679402    .2631054
       kid5 | -.1517325   .054206     -2.80    0.005   -.2579744   -.0454906
        phd | -.0007001   .0362696    -0.02    0.985   -.0717872    .0703869
        ment|  .0247862   .0034924     7.10    0.000    .0179412    .0316312
       _cons|  .4167466   .1435962     2.90    0.004    .1353032      .69819
------------+-----------------------------------------------------------------
inflate     |
        fem |  .6359328   .8489175     0.75    0.454   -1.027915    2.299781
        mar | -1.499469   .9386701    -1.60    0.110   -3.339228    .3402909
       kid5 |  .6284274   .4427825     1.42    0.156   -.2394105    1.496265
        phd | -.0377153   .3080086    -0.12    0.903    -.641401    .5659705
        ment| -.8822932   .3162276    -2.79    0.005   -1.502088   -.2624984
       _cons| -.1916865   1.322821    -0.14    0.885   -2.784368    2.400995
------------+-----------------------------------------------------------------
    /lnalpha| -.9763565   .1354679    -7.21    0.000   -1.241869   -.7108443
------------+-----------------------------------------------------------------
      alpha |  .3766811   .0510282                       .288844    .4912293
------------------------------------------------------------------------------
```

1. Zero-inflated 旨在將依變數 count=0 之觀察值排除在迴歸模型之分析中。

2. 就預測變數們之迴歸係數的 p 值而言，有沒有排除「Zero-inflated」，前後二次負二項迴歸之分析結果，亦非常相近。

3. Zero-inflated 負二項迴歸模型為：

Pr(art) = F(–0.195(fem) – 0.151(kid5) + .0247(ment))

Pr(博士生論文數) = F(–0.195(女性) – 0.151(小孩數 < 6 嗎) + .0247(指導教授近 3 年論文數))

註：Pr() 為預測機率。F(·) 為標準常態分布的累積分析函數

4. 迴歸係數為「+」就是正相關 (ment 與 art 為正相關)；為「－」就是負相關 (fem、kid5 二者與 art 為負相關)。

6-10-3 Zero-inflated ordered probit regression 練習：釣魚 (zip 指令)

Count 依變數，一定是正整數或 0。例如，家庭人數、新生兒人數、該醫院當年度死亡人數、議會通過法案數、公務員數量、非營利組織數量等。

釣魚之零膨脹 Poisson 迴歸，存在「Zero-inflated Poisson Regression.do」檔中。你可自行練習。

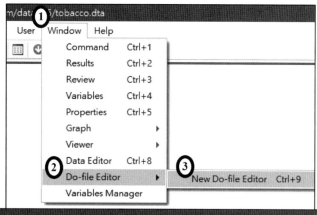

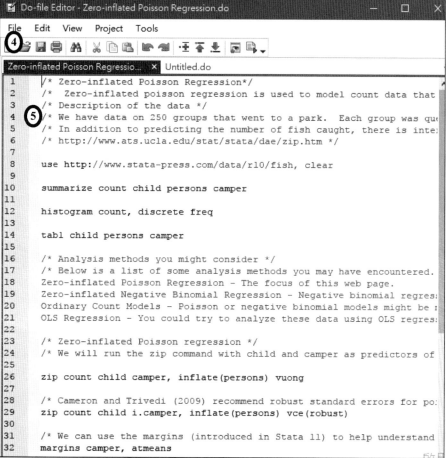

圖 6-47 Zero-inflated regression 練習：釣魚

6-10-4 零膨脹 ordered probit 迴歸分析：抽菸嚴重度之因素 (zioprobit 指令)

零膨脹模型 (zero-inflated models) 是人們在社會科學、自然中的計數資料的實際研究、觀察事件發生數中含有大量的零值。例如保險索賠次數，索賠數為 0 的機率很高，否則保險公司就面臨破產風險。這種數據資料中的零值過多，超出了 Poisson 分布等一般離散分布的預測能力。零膨脹這個概念首先是由 Lambert 在 1992 年的論文「Zero-Inflated Poisson Regression, with an Application to Defects in Manufacturing」中提出。

1994 年，Greene 根據 Lambert 的方法提出了零膨脹負二項模型 (ZINB)。2000 年，Daniel 根據 Lambert 的方法提出了零膨脹二項模型 (ZIB)。

範例：Count 依變數：zero-inflated ordered probit 迴歸分析 (zioprobit 指令)

Count 依變數，一定是正整數或 0。例如，家庭人數、新生兒人數、該醫院當年度死亡人數、議會通過法案數、公務員數量、非營利組織數量等。

(一) 問題說明

為瞭解抽菸嚴重度之影響因素有哪些？(分析單位：個人)

研究者收集數據並整理成下表，此「tobacco.dta」資料檔內容之變數如下：

變數名稱	說明	編碼 Codes/Values
第二階段變數：零膨脹迴歸依變數 tobacco	次序型變數：tobacco usage	0～3
第二階段變數：零膨脹迴歸自變數 education	學歷 (number of years of formal schooling)	0～28
第二階段變數：零膨脹迴歸自變數 income	annual income ($10000)	0～21
第二階段變數：零膨脹迴歸自變數 female	女性人口嗎	1 = female, 0 = male
第二階段變數：零膨脹迴歸自變數 age	年齡 (age/10 in years)	1.4～8.4
膨脹變數：parent	1 = either parent smoked	0=no, 1=yes
膨脹變數：religion	信仰宗教禁菸嗎 (1 = religion prohibits smoking)	0=no, 1=yes

(二) 資料檔之內容

「tobacco.dta」資料檔內容如下圖。

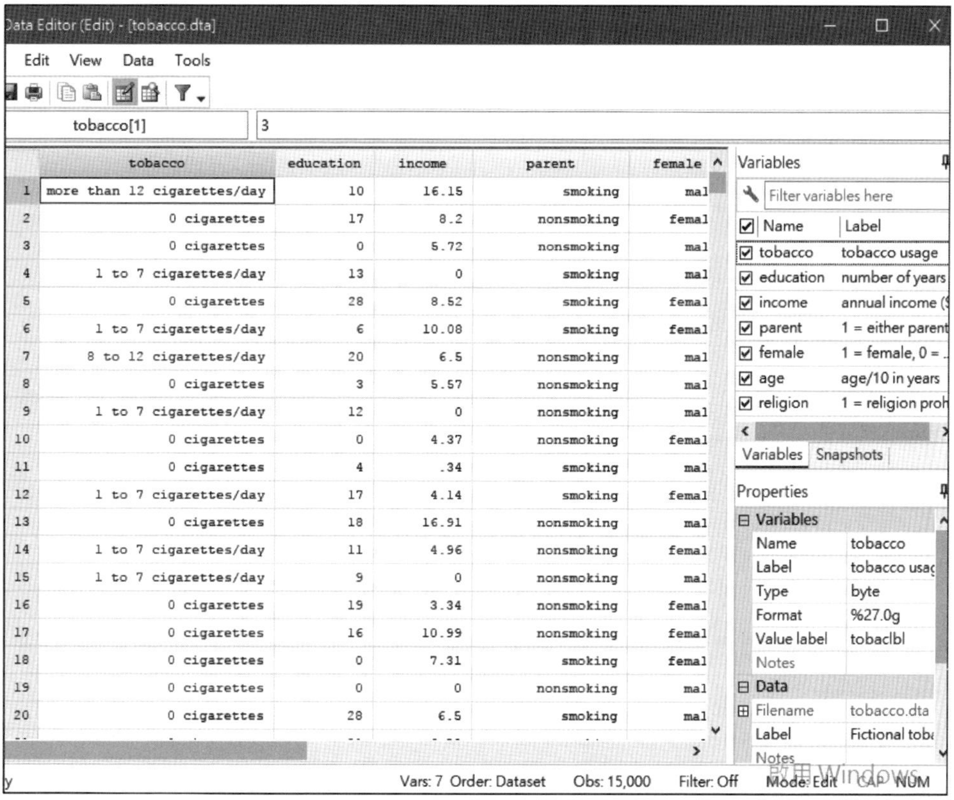

圖 6-48 「tobacco.dta」資料檔內容 (N=15,000 個人)

觀察資料之特徵

```
* 開啟資料檔
. webuse tobacco

* 第二階段變數：零膨脹之主迴歸式
. des tobacco education income female age


                storage    display    value
```

```
variable name    type     format     label     variable label
--------------------------------------------------------------------------------
tobacco          byte     %27.0g     tobaclbl  tobacco usage
education         byte     %10.0g               number of years of formal schooling
income           double   %10.0g               annual income ($10000)
female           byte     %10.0g     femlbl    1 = female, 0 = male
age              double   %10.0g               age/10 in years
```

* 第一階段變數：膨脹變數們
. des education income parent age female religion

```
                 storage  display    value
variable name    type     format     label     variable label
--------------------------------------------------------------------------------
education         byte     %10.0g               number of years of formal schooling
income           double   %10.0g               annual income ($10000)
parent           byte     %17.0g     parlbl    1 = either parent smoked
age              double   %10.0g               age/10 in years
female           byte     %10.0g     femlbl    1 = female, 0 = male
religion         byte     %19.0g     religlbl  1 = religion prohibits smoking
```

*histogram指令繪直方圖，若依變數「tobacco =0」占多數比例，就是典型零膨脹迴歸。
. histogram tobacco, discrete frequency

觀察資料之特徵

* 開啟資料檔
. webuse tobacco

*histogram指令繪直方圖，若依變數「tobacco =0」占多數比例，就是典型零膨脹迴歸。
. histogram tobacco, discrete frequency

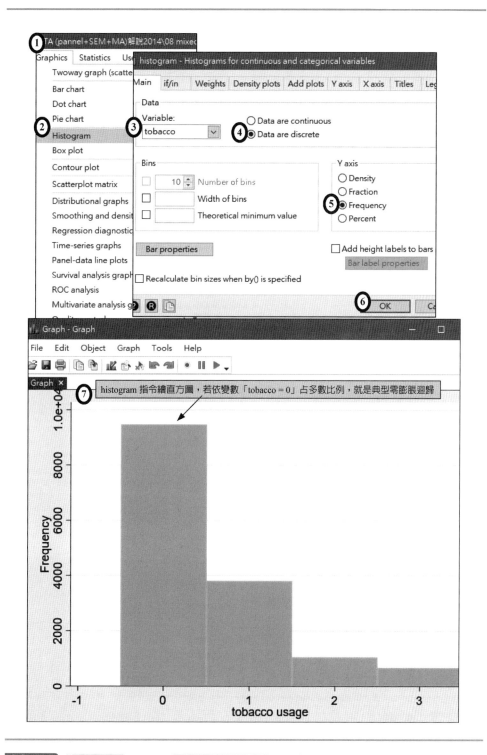

圖 6-49 「histogram tobacco, discrete frequency」繪直方圖

(三) 分析結果與討論

| Step 1. | **Zero-inflated ordered probit 迴歸分析** |

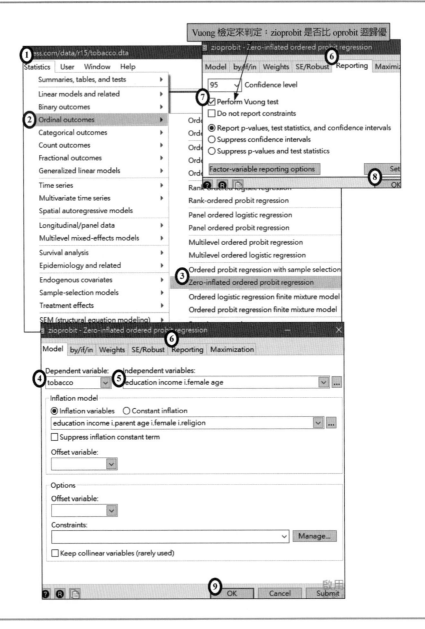

圖 6-50 「zioprobit tobacco education income i.female age, inflate(education income i.parent age i.female i.religion)」畫面

註：Statistics > Ordinal outcomes > Zero-inflated ordered probit regression

```
* 開啟資料檔
. webuse tobacco

* Zero-inflated ordered probit regression
. zioprobit tobacco education income i.female age, inflate(education income i.parent
  age i.female i.religion)

Zero-inflated ordered probit regression        Number of obs    =     15,000
                                                Wald chi2(4)     =    2574.27
Log likelihood = -7640.4738                     Prob > chi2      =     0.0000


-----------------------------------------------------------------------------
     tobacco |     Coef.    Std. Err.      z     P>|z|    [95% Conf. Interval]
-------------+---------------------------------------------------------------
tobacco      |
   education |   .5112664    .0102407    49.92   0.000     .491195     .5313378
      income |    .712975    .0144803    49.24   0.000     .6845942    .7413559
             |
      female |
      female |  -.3975341    .0416675    -9.54   0.000    -.4792009   -.3158674
         age |  -.7709896    .0182554   -42.23   0.000    -.8067695   -.7352097
-------------+---------------------------------------------------------------
inflate      |
   education |  -.0966613    .0026422   -36.58   0.000    -.1018398   -.0914827
      income |  -.1157545    .0043787   -26.44   0.000    -.1243365   -.1071725
             |
      parent |
     smoking |   .7655798    .0307553    24.89   0.000     .7053006    .825859
         age |   .1873904    .0088643    21.14   0.000     .1700168    .204764
             |
      female |
      female |  -.2639665    .0307184    -8.59   0.000    -.3241735   -.2037595
             |
    religion |
discourages ..|  -.3223335    .0496827    -6.49   0.000    -.4197098   -.2249572
       _cons |    1.27051    .0584794    21.73   0.000     1.155892    1.385127
-------------+---------------------------------------------------------------
       /cut1 |   2.959808    .0753035                      2.812216    3.1074
       /cut2 |   8.111228    .1648965                      7.788037    8.43442
       /cut3 |   11.20791    .2247711                      10.76736    11.64845
-----------------------------------------------------------------------------
```

1. Wald 卡方檢定值 = 2574.27(p < 0.05)，表示自變數至少有一迴歸係數不為 0。

2. 報表「z」欄中，two-tail 檢定下，若 |z| > 1.96，則表示該自變數對依變數有顯著影響力。|z| 值愈大，表示該自變數對依變數的關聯性 (relevance) 愈高。

3. Logit 係數「Coef.」欄中，是 log-odds 單位，故不能用 OLS 迴歸係數的概念

來解釋。

4. 邏輯斯迴歸式為 $\ln\left(\dfrac{P(Y=1\mid X=x)}{P(Y=0\mid X=x)}\right) = \alpha + \beta_1 x_1 + ... + \beta_k x_k$

上述這些自變數所建立 Zero-inflated ordered probit 迴歸式如下：

$$\alpha + \beta_1 \times X_1 + \beta_2 \times X_2 + \beta_3 \times X_3 + ... + \beta_k \times X_k$$

S=0.511×education +0.712×income-.397×(female =1)-.771×age

預測機率值為：

P(tobacco = 0) = P(S + u ≤ _cut1)　　　　　= P(S + u ≤ 2.959)

P(tobacco = 1) = P(_cut1 < S + u ≤ _cut2) = P(2.959 < S + u ≤ 8.111)

P(tobacco = 2) = P(_cut2 < S + u ≤ _cut3) = P(8.111 < S + u ≤ 11.208)

P(tobacco = 3) = P(_cut3 < S + u)　　　　　= P(11.208 < S + u)

Step 2. **Vuong** 檢定來判定：**zioprobit** 是否比 **oprobit** 迴歸優？

```
* Same as above, but test whether the ZIOP model is preferred to the ordered probit
model
. zioprobit tobacco education income i.female age, inflate(education income i.parent
age i.female i.religion) vuong

Zero-inflated ordered probit regression       Number of obs    =      15,000
                                              Wald chi2(4)     =     2574.27
Log likelihood = -7640.4738                   Prob > chi2      =      0.0000
```

tobacco	Coef.	Std. Err.	z	P>|z|	[95% Conf. Interval]	
tobacco						
education	.5112664	.0102407	49.92	0.000	.491195	.5313378
income	.712975	.0144803	49.24	0.000	.6845942	.7413559
female						
female	-.3975341	.0416675	-9.54	0.000	-.4792009	-.3158674
age	-.7709896	.0182554	-42.23	0.000	-.8067695	-.7352097
inflate						
education	-.0966613	.0026422	-36.58	0.000	-.1018398	-.0914827
income	-.1157545	.0043787	-26.44	0.000	-.1243365	-.1071725
parent						
smoking	.7655798	.0307553	24.89	0.000	.7053006	.825859
age	.1873904	.0088643	21.14	0.000	.1700168	.204764

```
      female |
      female |   -.2639665    .0307184    -8.59   0.000    -.3241735    -.2037595
             |
    religion |
discourages .. |   -.3223335    .0496827    -6.49   0.000    -.4197098    -.2249572
       _cons |    1.27051    .0584794    21.73   0.000     1.155892     1.385127
-------------+-----------------------------------------------------------------
       /cut1 |   2.959808    .0753035                        2.812216      3.1074
       /cut2 |   8.111228    .1648965                        7.788037     8.43442
       /cut3 |   11.20791    .2247711                        10.76736     11.64845
-------------------------------------------------------------------------------
Vuong test of zioprobit vs. oprobit:  z = 76.28              Pr > z = 0.0000
```

1. Vuong 檢定可判定：zioprobit 是否比 oprobit 迴歸優？結果 (z = 76.28, p < 0.05)，
   表示 zioprobit 是比 oprobit 迴歸優。

Chapter

07

配對資料的條件邏輯斯
迴歸 (clogit、asclogit、bayes:
clogit 指令)

一、邏輯斯迴歸之重點整理

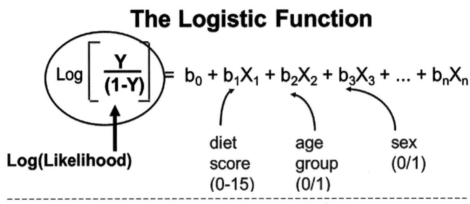

$$\hat{p} = \frac{\exp(b_0 + b_1 X_1 + b_2 X_2 + ... + b_p X_p)}{1 + \exp(b_0 + b_1 X_1 + b_2 X_2 + ... + b_p X_p)}$$

$$E(Y_i) = \frac{1}{1 + e^{-(\beta_0 + \beta_1 X_{1i} + \beta_2 X_{2i} + \cdots + \beta_k X_{ki})}} = \frac{e^{\beta_0 + \beta_1 X_{1i} + \beta_2 X_{2i} + \cdots + \beta_k X_{ki}}}{1 + e^{\beta_0 + \beta_1 X_{1i} + \beta_2 X_{2i} + \cdots + \beta_k X_{ki}}}$$

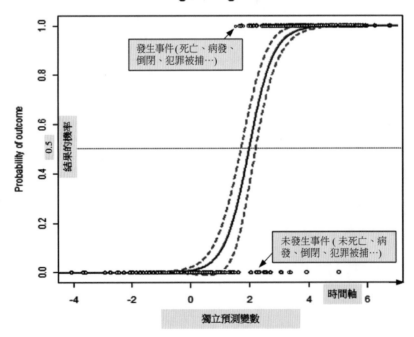

圖 7-1 multiple logistic 函數之示意圖

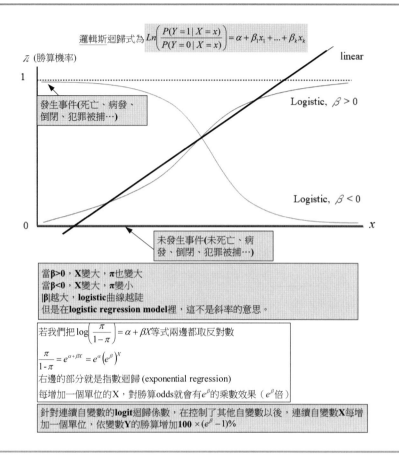

邏輯斯迴歸式為 $Ln\left(\dfrac{P(Y=1\mid X=x)}{P(Y=0\mid X=x)}\right)=\alpha+\beta_1 x_1+...+\beta_k x_k$

$\hat{\pi}$ (勝算機率)

linear

Logistic, $\beta > 0$

發生事件(死亡、病發、倒閉、犯罪被捕…)

Logistic, $\beta < 0$

x

未發生事件(未死亡、病發、倒閉、犯罪被捕…)

當$\beta>0$，X變大，π也變大
當$\beta<0$，X變大，π變小
$|\beta|$越大，logistic曲線越陡
但是在 **logistic regression model** 裡，這不是斜率的意思。

若我們把 $\log\left(\dfrac{\pi}{1-\pi}\right)=\alpha+\beta X$ 等式兩邊都取反對數

$\dfrac{\pi}{1-\pi}=e^{\alpha+\beta X}=e^{\alpha}\left(e^{\beta}\right)^{X}$

右邊的部分就是指數迴歸 (exponential regression)

每增加一個單位的X，對勝算odds就會有e^{β}的乘數效果（e^{β}倍）

針對連續自變數的 **logit** 迴歸係數，在控制了其他自變數以後，連續自變數X每增加一個單位，依變數Y的勝算增加 $100\times(e^{\beta}-1)\%$

圖 7-2 logistic 函數之示意圖二

　　若想提高研究設計之外部效度，概括來說，可用下列方法來「控制」外生 (extraneous) 變數：

1. 排除法：選擇相同外在變數之標準。例如，害怕「年齡」這個外生變數會影響自變數，所以隨機找同年齡 (如 18 歲) 的人當樣本。此種做法，雖提升了內部效度，但卻損及外部效度。

2. 隨機法：採用控制組 (對照組) 及實驗組，將樣本隨機分派至二組，以抵銷外生變數。

3. 共變數分析法 (analysis of covariance, ANCOVA)：一起記錄外生變數，將它納入研究設計中，以共變數分析來分析。例如，教師想瞭解，在排除學生「學習態度 (aptitude)」影響之後，不同的教學方法 (general vs. specific) 是否對學生的學習成就 (achieve) 有影響？可見 ANCOVA 是在調整「基本態度」之後，

才比較二種教學方法的效果。

4. 配對法：即以外生變數來配對。在實務上，可能較難找到這樣的配對再分組至實驗組及控制組中。例如下面例子，因爲產婦年齡愈高，就愈會早產。可惜醫生無法「開個處方箋」叫產婦年齡不要增長。故爲了「控制」產婦年齡這個外生變數的干擾，你可找產婦年齡相同者「精準配對」（體重過輕之早產兒 vs. 非早產兒），如此即可排除產婦年齡對早產兒的影響，進而有效發現「導至早產兒的其他因素」。

流行病學中控制干擾因子的方式之一爲配對 (matching)，將會影響疾病發生與否的干擾因子作爲配對條件，例如年齡、性別、是否吸菸等，讓這些因子在病例組與對照組間的分布是一致的，則不致干擾觀察的結果。若病例組爲罕見疾病，爲達統計上的檢定效力 (power)，病例組與對照組的比例可能要 1:n，一般的研究是 1:3，有的研究，由於對照組的母群不夠大，配對比例上則爲 m:n。

5. 重複實驗：同組的人先作實驗群，也作控制組。一群當二群用，其缺點：除了會受到 pre-test 影響外，且亦受到施測順序（實驗—控制、控制—實驗）的影響。

二、配對資料的條件邏輯斯迴歸之應用領域

條件邏輯斯迴歸之應用例子，包括：

1. 偵測財務報表不當認列——以條件式邏輯斯迴歸來評估。
2. 第二型糖尿病與居住地空氣污染指標的相關性研究。
3. 條件邏輯斯迴歸模式於二元分類法的應用探討。
4. case-conrol 樣本配對之下，腸癌危險因子包括：(x1 不良生活習慣)、(x2 愛吃油炸或鹽醃食物)、(x3 精神狀況度) 嗎？如下範例。
5. 295 地區三種汽車製造國來配對 (id 變數)，探討消費者是否購買中意車種 (choice) 之因素「(sex 性別)、(income 收入)、(car 汽車製造國)、(size 汽車大小)、(dealer 各地區經銷商員工數)」？（見本章範例）

三、條件邏輯斯迴歸之概念

一般邏輯斯迴歸分析 (logistic regression) 主要是針對二項式依變數的獨立資料。當資料爲配對資料 (case-control) 或前 vs. 後測的成對資料，資料間有時會具有較高的相依性（依賴），此時需要使用條件邏輯斯迴歸來分析二項式的依變數，利用條件式最大概似估計法來估計模式參數。

　　條件邏輯斯迴歸 (conditional logistic regression) 是邏輯斯迴歸的擴展，它允許一個考慮分層和匹配 (stratification or matching)。其主要應用領域是觀察性研究，特別是流行病學。在 1978 年由 Norman Breslow, Nicholas Day, K. T. Halvorsen, Ross L. Prentice and C. Sabai 所創始的。

　　觀察研究使用層次 (strata) 或匹配作爲控制混淆的一種方式。在匹配數據的條件邏輯斯迴歸之前，早有若干被檢定出，但他們不適合任意層次大小的連續預測變數 (continuous predictors with arbitrary strata size)。且這些傳統程序也缺乏條件邏輯斯迴歸的靈活性，特別是控制共變數方面。

　　邏輯斯迴歸可對每個層具有不同的常數項來加以分層。我們用 $Y_{il} \in \{0,1\}$ 表示 (例如，案例狀態) 第 i 層次的第 1 觀察值，且 $Y_{il} \in R^p$ 相應之預測變數的值。那麼，一次觀察的可以是：

$$P(Y_{il} = 1 | X_{il}) = \frac{\exp(\alpha_i + \beta^\top X_{il})}{1 + \exp(\alpha_i + \beta^\top X_{il})}$$

其中，截距 α_i 是第 i 層之常數項。雖然公式符合有限數量的層次，但是當層次較小時，就會發生病態行爲。

條件概似 (conditional likelihood)

　　條件概似法可處理每個層次的案例 (cases) 數量來加以處理上述病理行爲，因此不需要估計層次參數 (strata parameters)。在層次當配對的情況下，第一觀測值爲 case 組，第二觀測值爲 control 對照組，如此排列數據，它就是 case-control 研究設計，如下：

$$
\begin{aligned}
P(Y_{i1} = 1, Y_{i2} = 0 | X_{i1}, X_{i2}, Y_{i1} + Y_{i2} = 1) &= \frac{P(Y_{il} = 1 | X_{il})P(Y_{i2} = 0 | X_{i2})}{P(Y_{il} = 1 | X_{il})P(Y_{i2} = 0 | X_{i2}) + P(Y_{il} = 0 | X_{il})P(Y_{i2} = 1 | X_{i2})} \\
&= \frac{\frac{\exp(\alpha_i + \beta^\top X_{i1})}{1 + \exp(\alpha_i + \beta^\top X_{i1})} \times \frac{1}{1 + \exp(\alpha_i + \beta^\top X_{i2})}}{\frac{\exp(\alpha_i + \beta^\top X_{i1})}{1 + \exp(\alpha_i + \beta^\top X_{i1})} \times \frac{1}{1 + \exp(\alpha_i + \beta^\top X_{i2})} + \frac{1}{1 + \exp(\alpha_i + \beta^\top X_{i1})} \times \frac{\exp(\alpha_i + \beta^\top X_{i2})}{1 + \exp(\alpha_i + \beta^\top X_{i2})}} \\
&= \frac{\exp(\beta^\top X_{i1})}{\exp(\beta^\top X_{i1}) + \exp(\beta^\top X_{i2})}
\end{aligned}
$$

　　通過類似的計算，層次量 m 的條件概似，它具 k 個第一次觀察 (k first observations) 當作 cases 組，則：

$$P(Y_{ij} = 1 \text{ for } j \leq k, Y_{ij} = 0 \text{ for } k < j \leq m | X_{i1}, \cdots, X_{im}, \sum_{j=1}^{m} Y_{ij} = k) = \frac{\exp(\sum_{j=1}^{k} \beta^\top X_{ij})}{\sum_{J \in c_k^m} \sum_{j \in J} \exp(\beta^\top X_{ij})}$$

其中，C_k^m 是所有大小的子集 k 的集合 $\{1, 2, \cdots, m\}$。

四、邏輯斯迴歸分析的 STaTa 報表解說

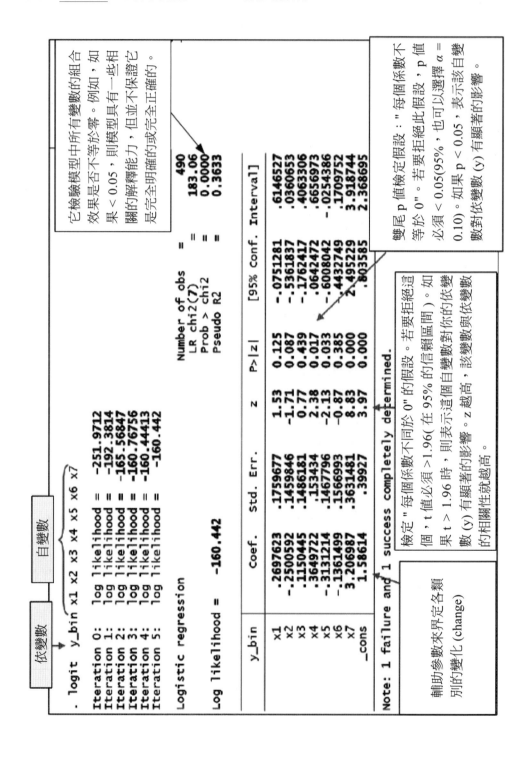

7-1 配對資料的條件邏輯斯迴歸：案例——控制研究 (**clogit** 指令)

一、配對的條件邏輯斯迴歸 (McFadden's choice 模型) 之概念

1. 病例——對照 (case-control) 研究的基本概念

在管理工作中，我們也經常要開展對照調查。例如爲什麼有的人患了腸癌，有的人卻不會患腸癌？如果在同一居住地選取同性別、年齡相差僅 ±2 歲的健康組作對照調查，調查他們與患腸癌有關的各種影響因素，這就是醫學上很常用的所謂「1:1 病例——對照研究」。生物醫學之病例——對照研究，等同社會科學之實驗法「實驗組——對照組」。

病例——對照研究資料常用條件邏輯斯迴歸 (conditional logistic regression model, CLRM)，以下稱 CLRM 模型。

2. 條件邏輯斯迴歸模型的實例

某地在腫瘤防治健康教育、社區幹訓工作中做了一項調查，內容是三種生活因素與腸癌發病的關係。調查的三種生活因素取值見下表。

請適配條件邏輯斯迴歸模型，說明腸癌發病的主要危險因素。

表 7-1　三種生活因素與腸癌發病關係的取值

變數名稱	變數值範圍
X1(不良生活習慣)	0，1，2，3，4 表示程度 (0 表示無，4 表示很多)
X2 (愛吃油炸和鹽醃食物)	0，1，2，3，4 表示程度 (0 表示不吃，4 表示喜歡吃很多)
X3(精神狀況)	0 表示差，1 表示好

表 7-2　**50 對腸癌病例組 (G=1) 與對照組 (G=0) 三種生活習慣調查結果**

	病例組 (case)				對照組 (control)			
No	pair	X1	X2	X3	No.	pair	X1	X2	X3
1	1	2	4	0	1	0	3	1	0
2	1	3	2	0	2	0	0	1	0
3	1	3	0	0	3	0	2	0	1
4	1	3	0	0	4	0	2	0	1
5	1	3	0	1	5	0	0	0	0

表 7-2　**50 對腸癌病例組 (G=1) 與對照組 (G=0) 三種生活習慣調查結果 (續)**

	病例組 (case)				對照組 (control)			
No	pair	X1	X2	X3	No.	pair	X1	X2	X3
6	1	2	2	0	6	0	0	1	0
7	1	3	1	0	7	0	2	1	0
8	1	3	0	0	8	0	2	0	0
9	1	2	2	0	9	0	1	0	1
10	1	1	0	0	10	0	2	0	0
11	1	3	0	0	11	0	0	1	1
12	1	3	4	0	12	0	3	2	0
13	1	1	1	1	13	0	2	0	0
14	1	2	2	1	14	0	0	2	1
15	1	2	3	0	15	0	2	0	0
16	1	2	4	1	16	0	0	0	1
17	1	1	1	0	17	0	0	1	1
18	1	1	3	1	18	0	0	0	1
19	1	3	4	1	19	0	2	0	0
20	1	0	2	0	20	0	0	0	0
21	1	3	2	1	21	0	3	1	0
22	1	1	0	0	22	0	2	0	1
23	1	3	0	0	23	0	2	2	0
24	1	1	1	1	24	0	0	1	1
25	1	1	2	0	25	0	2	0	0
26	1	2	2	0	26	0	1	1	0
27	1	2	0	1	27	0	0	2	1
28	1	1	1	1	28	0	3	0	1
29	1	2	0	1	29	0	4	0	0
30	1	3	1	0	30	0	0	2	1
31	1	1	0	1	31	0	0	0	0
32	1	4	2	1	32	0	1	0	1
33	1	4	0	1	33	0	2	0	1
34	1	2	0	1	34	0	0	0	1

表 7-2　50 對腸癌病例組 (G=1) 與對照組 (G=0) 三種生活習慣調查結果 (續)

	病例組 (case)				對照組 (control)			
No	pair	X1	X2	X3	No.	pair	X1	X2	X3
35	1	1	2	0	35	0	2	0	1
36	1	2	0	0	36	0	2	0	1
37	1	0	1	1	37	0	1	1	0
38	1	0	0	1	38	0	4	0	0
39	1	3	0	1	39	0	0	1	0
40	1	2	0	1	40	0	3	0	1
41	1	2	0	0	41	0	1	0	1
42	1	3	0	1	42	0	0	0	1
43	1	2	1	1	43	0	0	0	0
44	1	2	0	1	44	0	1	0	0
45	1	1	1	1	45	0	0	0	1
46	1	0	1	1	46	0	0	0	0
47	1	2	1	0	47	0	0	0	0
48	1	2	0	1	48	0	1	1	0
49	1	1	2	1	49	0	0	0	1
50	1	2	0	1	50	0	0	3	1

範例：案例──控制研究 (clogit 指令)

(一) 新建資料檔

Step 1. 依下圖操作程序，先用 Excel 建資料檔「**matched case_control logit 2.xls**」，再「**File → import**」至 **STaTa**，並「**File → Svae as**」存檔為「**matched case_control logit.dta**」。

Step 2. 變數註解之指令如下：

```
. label variable pair "配對組"

. label variable case_control "case 有 vs.control 無腸病"
. label define case_control_fmt 1 "case- 有腸癌" 2 "control- 無腸癌"
. label values case_control case_control_fmt

. label variable x1 "不良生活習慣."

. label variable x2 "愛吃油炸或鹽醃食物"

. label variable x3 "精神狀況度"

* 同一 case-control 配對組，排在一塊
. sort pair
* 存檔至 matched case_control logit_v15.dta
. save "D:\08 mixed logit regression\CD\matched case_control logit_v15.dta",
replace
```

「matched case_control logit.dta」資料檔內容如下圖。

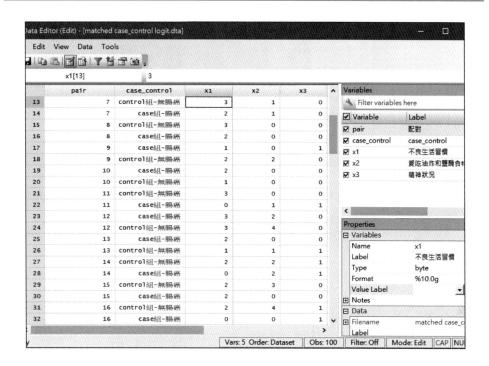

圖 **7-3** 「matched case_control logit.dta」資料檔內容 (共 50 配對)

觀察資料之特徵

```
. use matched case_control logit.dta
. des


Contains data from D:\mixed logit regression\CD\matched case_control logit.
dta
  obs:           100
  vars:            5                        6 Oct 2017 18:00
  size:          500
--------------------------------------------------------------------

              storage   display     value
variable name  type     format      label      variable label
--------------------------------------------------------------------


pair           byte     %16.0g                 配對組
case_control   byte     %16.0g      case_control_fmt
```

			case 有 vs. control 無腸病
x1	byte	%10.0g	不良生活習慣
x2	byte	%10.0g	愛吃油炸或鹽醃食物
x3	byte	%10.0g	精神狀況度

(二) 條件邏輯斯迴歸之選擇表操作

Statistics > Categorical outcomes > Conditional logistic regression

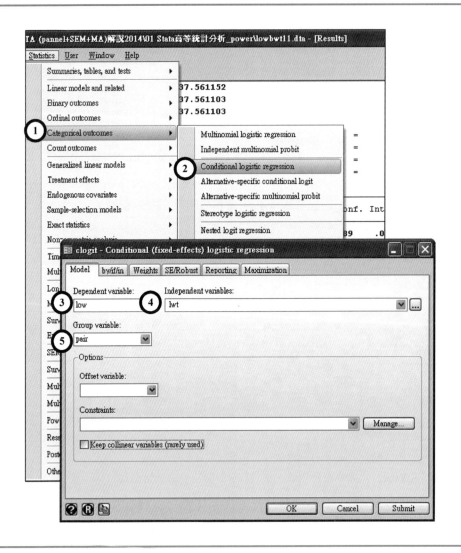

圖 7-4 條件邏輯斯迴歸之選擇表

(三) 分析結果與討論

Step 1.

```
* 開啟資料檔
. use matched case_control logit.dta
. clogit case_control x1 x2 x3, group(pair)

Conditional(fixed-effects) logistic regression

                                    Number of obs    =        100
                                    LR chi2(3)       =      22.96
                                    Prob > chi2      =     0.0000
Log likelihood = -23.176996         Pseudo R2        =     0.3313


------------------------------------------------------------------------------
case_control |     Coef.    Std. Err.      z     P>|z|    [95% Conf. Interval]
-------------+----------------------------------------------------------------
          x1 |    .823553   .2670084     3.08    0.002    .3002263    1.34688
          x2 |   .8256541   .3114162     2.65    0.008    .2152897   1.436019
          x3 |   .4989285    .517453     0.96    0.335   -.5152607   1.513118
------------------------------------------------------------------------------
* 改求 odds ratio(OR) 值
. clogit case_control x1 x2 x3, group(pair) or

Conditional(fixed-effects) logistic regression

                                    Number of obs    =        100
                                    LR chi2(3)       =      22.96
                                    Prob > chi2      =     0.0000
Log likelihood = -23.176996         Pseudo R2        =     0.3313


------------------------------------------------------------------------------
case_control | Odds Ratio  Std. Err.      z     P>|z|    [95% Conf. Interval]
-------------+----------------------------------------------------------------
          x1 |   2.278581   .6084003     3.08    0.002    1.350164   3.845408
          x2 |   2.283374   .7110795     2.65    0.008    1.240221   4.203925
          x3 |   1.646956    .852222     0.96    0.335    .5973449   4.540865
------------------------------------------------------------------------------
```

1. 顯著影響腸癌之危險因子為：x1(不良生活習慣)、x2(愛吃油炸或鹽醃食物)；而 x3(精神狀況度) 雖有正面影響，但仍未達顯著影響力。

2. 邏輯斯迴歸式為 $\ln\left(\dfrac{P(Y=1\,|\,X=x)}{P(Y=0\,|\,X=x)}\right) = \alpha + \beta_1 x_1 + \ldots + \beta_k x_k$

   $= 0.82(x1) + 0.83(x2) + 0.499(x3)$

   $= 0.82($ 不良生活習慣 $) + 0.83($ 愛吃油炸或鹽醃食物 $) + 0.499($ 精神狀況度 $)$

3. 勝算比 (odds ratio, OR)

   上列迴歸方程式可解釋為在控制 (x2 愛吃油炸或鹽醃食物) 及 (x3 精神狀況度) 的影響後，(x1 不良生活習慣 = 1) 的勝算為 (x1 不良生活習慣 = 2) 的 2.279(= $\exp^{0.8236}$) 倍，即不良生活習慣每增加一單位，腸癌危險比增加 2.279 倍，且有統計上顯著的差異 (p=0.002)。

   在控制 (x1 不良生活習慣) 及 (x3 精神狀況度) 的影響後，(x2 愛吃油炸或鹽醃食物 =1) 的勝算為 (x2 愛吃油炸或鹽醃食物 = 2) 的 2.283(= $\exp^{0.8256}$) 倍，即愛吃油炸或鹽醃食物每增加一單位，腸癌危險比增加 2.283 倍，且有統計上顯著的差異 (p = 0.008)。

   在控制 (x1 不良生活習慣) 及 (x2 愛吃油炸或鹽醃食物) 的影響後，(x3 精神狀況度 = 1) 的勝算為 (x3 精神狀況度 = 2) 的 1.647(= $\exp^{0.499}$) 倍，即精神狀況度每增加一單位，腸癌危險比增加 1.647 倍，但並無達到統計上的顯著差異 (p = 0.335)。

4. 邏輯斯迴歸式：$E(Y_i) = \dfrac{1}{1 + e^{-(\beta_0 + \beta_1 X_{1i} + \beta_2 X_{2i} + \cdots + \beta_k X_{ki})}} = \dfrac{e^{\beta_0 + \beta_1 X_{1i} + \beta_2 X_{2i} + \cdots + \beta_k X_{ki}}}{1 + e^{\beta_0 + \beta_1 X_{1i} + \beta_2 X_{2i} + \cdots + \beta_k X_{ki}}}$

7-2 配對的條件邏輯斯迴歸分析：McFadden's choice 模型 (clogit 指令)

當依變數為二元的類別變數時，若想作迴歸分析，此時不能再使用一般的線性迴歸，而應該要改用二元邏輯斯迴歸分析。

二元邏輯斯迴歸式如下：

$$\text{logit}\,[\pi(x)] = \log\left(\frac{\pi(x)}{1 - \pi(x)}\right) = \log\left(\frac{P(x=1)}{1 - P(x=1)}\right) = \log\left(\frac{P(x=1)}{P(x=0)}\right) = \alpha + \beta x$$

公式經轉換為

$$\frac{P(x=1)}{P(x=0)} = e^{\alpha + \beta x}$$

1. 邏輯斯方程式很像原本的一般迴歸線性模式，不同點於現在的依變數變爲事件發生機率的勝算比。
2. 因此現在的 β 需解釋爲，當 x 每增加一單位時，事件發生的機率是不發生的 $\exp(\beta)$ 倍。
3. 爲了方便結果的解釋與理解，一般來說我們會將依變數爲 0 設爲參照組 (event free)。

範例：配對法之 logit 迴歸，採條件邏輯斯迴歸

(一) 問題說明

為瞭解產婦年齡對早產的影響力，故以「樣本設計」：產婦年齡相同者「精準配對」(體重過輕之早產兒 vs. 非早產兒)，進而有效發現「導至早產兒的其他因素」有哪些？

產婦年齡由 14～34 歲，本例共找到 56 個配對生產 (早產兒 vs. 非早產兒) 產婦。而影響早產的原因，歸納成下表，即「lowbwt11.dta」資料檔之變數如下：

變數名稱	早產的原因	編碼 Codes/Values
pair	以產婦年齡，來 1-1 配對 (過輕 vs. 正常重量嬰兒)	1-56 歲配對 (過輕 vs. 正常重量嬰兒)
low	早產兒 vs. 非早產兒	1 爲 BWT<=2500g,0 爲 BWT>2500g
age	產婦年齡	Years
lwt	1. 最近一次月經時產婦體重 (Pounds)	Pounds
race	2. 種族	1 = White, 2 = Blac, 3 = Other
smoke	3. 懷孕時抽菸否	0 = No, 1 = Yes
ptd	4. 早產家族史	0 = None, 1 = Yes
ht	5. 高血壓家族史	0 = No, 1 = Yes
ui	6. 子宮煩躁症 (Uterine Irritability)	0 = No, 1 = Yes

(二) 資料檔之內容

「lowbwt11.dta」資料檔內容如下圖。

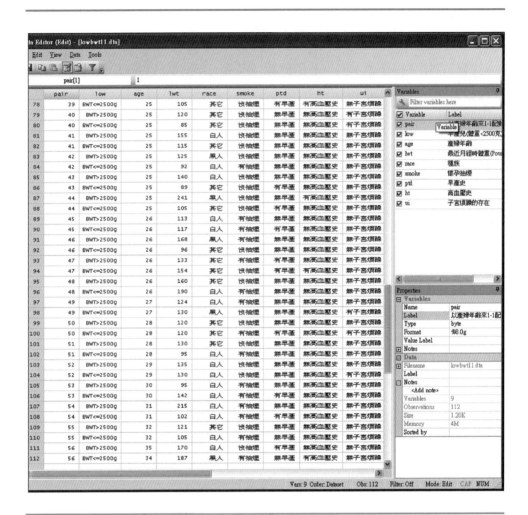

圖 7-5 「lowbwt11.dta」資料檔 (N=112, 9 variables)

(三) 條件邏輯斯迴歸之選擇表操作

Statistics > Categorical outcomes > Conditional logistic regression

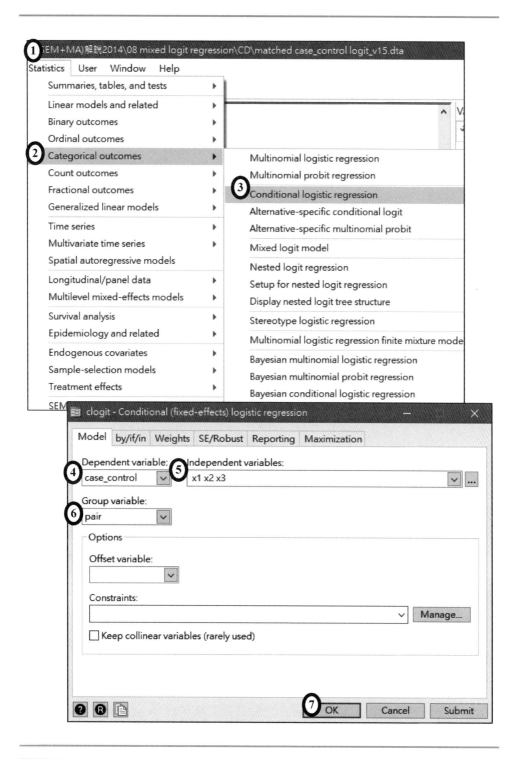

圖 7-6 條件邏輯斯迴歸之選擇表操作

(四) 分析結果與討論

Step 1. 產婦產前體重對早產的影響

```
. use lowbwt11.dta
. clogit low lwt, group(pair)


Conditional(fixed-effects) logistic regression     Number of obs   =       112
                                                   LR chi2(1)      =      2.51
                                                   Prob > chi2     =    0.1131
Log likelihood = -37.561103                        Pseudo R2       =    0.0323


------------------------------------------------------------------------------
       low |     Coef.    Std. Err.      z    P>|z|    [95% Conf. Interval]
-----------+------------------------------------------------------------------
       lwt |  -.0093749   .0061654    -1.52   0.128    -.0214589    .0027091
* 產婦胖瘦除以 10，再做一次條件 LOGIT 迴歸之勝算比
. gen lwt10 = lwt/10
* 改求 Odds Ratio(OR)
. clogit low lwt10, group(pair) or


Conditional(fixed-effects) logistic regression     Number of obs   =       112
                                                   LR chi2(1)      =      2.51
                                                   Prob > chi2     =    0.1131
Log likelihood = -37.561103                        Pseudo R2       =    0.0323


------------------------------------------------------------------------------
       low | Odds Ratio  Std. Err.      z    P>|z|    [95% Conf. Interval]
-----------+------------------------------------------------------------------
     lwt10 |  .9105114    .0561368    -1.52   0.128    .8068732    1.027461
------------------------------------------------------------------------------
```

1. $Z = -1.52 (p > 0.05)$，表示產婦產前體重每增加一磅，就會增加早產「0.0093」單位的機率。但產婦胖瘦對早產兒「未達」顯著影響力。

2. 產婦體重除以 10，再做一次條件 logit 迴歸，結果 $Z = -1.52$ 仍是一樣，「未達」顯著。但 odds ratio = 0.91，小於無效垂直線「1」，表示，產婦控制體重對早產風險機率仍小於 1。

3. 邏輯斯迴歸式為 $\ln\left(\dfrac{P(Y=1 \mid X=x)}{P(Y=0 \mid X=x)}\right) = \alpha + \beta_1 x_1 + \ldots + \beta_k x_k = 0 - 0.00937 \times \text{lwt10}$

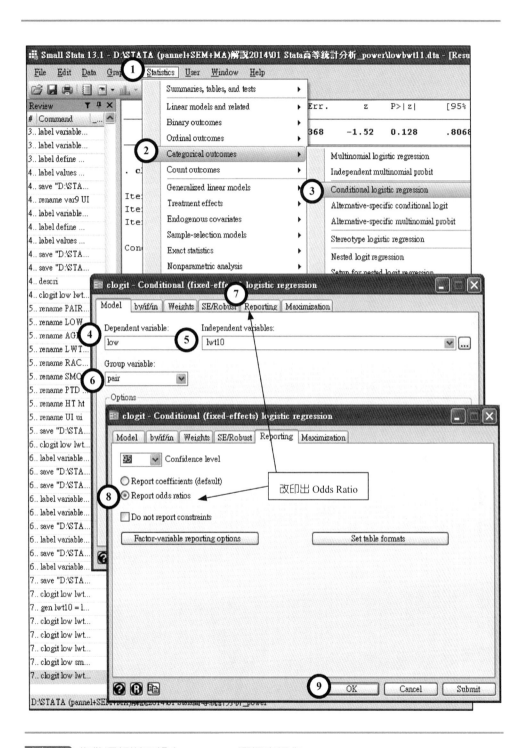

圖 7-7 條件邏輯斯迴歸之 odds ratio 選擇表操作

597

| Step 2. | 產婦抽菸對早產的影響

```
. clogit low smoke, group(pair)

Conditional(fixed-effects) logistic regression    Number of obs   =        112
                                                  LR chi2(1)      =       6.79
                                                  Prob > chi2     =     0.0091
Log likelihood = -35.419282                       Pseudo R2       =     0.0875


--------------------------------------------------------------------------------
      low |     Coef.    Std. Err.      z     P>|z|    [95% Conf. Interval]
----------+---------------------------------------------------------------------
    smoke |   1.011601   .4128614     2.45    0.014    .2024074    1.820794
```

```
. clogit low smoke, group(pair) or

Conditional(fixed-effects) logistic regression    Number of obs   =        112
                                                  LR chi2(1)      =       6.79
                                                  Prob > chi2     =     0.0091
Log likelihood = -35.419282                       Pseudo R2       =     0.0875


--------------------------------------------------------------------------------
      low | Odds Ratio   Std. Err.      z     P>|z|    [95% Conf. Interval]
----------+---------------------------------------------------------------------
    smoke |     2.75     1.135369     2.45    0.014    1.224347    6.176763
```

```
. sort pair
```

* 產婦年齡來配對，合其二人的「總抽菸人數 (test 變數)」
```
. egen test = total(smoke), by(pair)
```
* 列出前 20 筆資料，產婦之「總抽菸人數 (test 變數)」名單
```
. list pair smoke test in 1/20


     +----------------------+
     | pair    smoke   test |
     |----------------------|
  1. |   1     沒抽菸     1 |
  2. |   1     有抽菸     1 |
  3. |   2     沒抽菸     0 |
  4. |   2     沒抽菸     0 |
  5. |   3     沒抽菸     0 |
     |----------------------|
  6. |   3     沒抽菸     0 |
  7. |   4     沒抽菸     1 |
  8. |   4     有抽菸     1 |
```

```
   9. |    5    有抽菸    2 |
  10. |    5    有抽菸    2 |
      |---------------------|
  11. |    6    沒抽菸    1 |
  12. |    6    有抽菸    1 |
  13. |    7    沒抽菸    0 |
  14. |    7    沒抽菸    0 |
  15. |    8    沒抽菸    0 |
      |---------------------|
  16. |    8    沒抽菸    0 |
  17. |    9    有抽菸    1 |
  18. |    9    沒抽菸    1 |
  19. |   10    有抽菸    2 |
  20. |   10    有抽菸    2 |
      +---------------------+
```

* 配對產婦中有一人抽菸，其產婦抽菸否對早產兒之交叉表
. tab low smoke if test == 1

```
早產兒 ( 體重 |        懷孕抽菸
  <2500 克 ) |   沒抽菸    有抽菸 |    Total
-----------+---------------------+----------
BWT>2500g  |      22        8 |       30
BWT<=2500g |       8       22 |       30
-----------+---------------------+----------
   Total   |      30       30 |       60
```

1. 產婦抽菸 (smoke) 會顯著影響早產 (Z = 2.45, p < 0.05)。odds ratio = 2.75，大於無效垂直線「1」，表示，產婦抽菸比沒抽菸者之早產機率比為 2.75 倍。

2. 由於配對產婦中，有的有抽菸，有的沒抽菸。故我們只選「配對產婦中有一人抽菸」(30 名) 當中，有抽菸產婦，其早產率為 (22/30)，是無抽菸產婦的「2.75」倍 ($\frac{22/30}{8/30}$)。無抽菸產婦，其早產率為 (8/30)。顯示抽菸會嚴重影響早產率。

3. 邏輯斯迴歸式為 $\ln\left(\frac{P(Y=1\mid X=x)}{P(Y=0\mid X=x)}\right) = \alpha + \beta_1 x_1 + ... + \beta_k x_k = 0 + 1.0116 \times \text{smoke}$

Step 3. 種族對產婦早產的影響

　　Logit 迴歸，針對類別型 (非連續型) 之預測變數，你可用下列指令直接分析，或改用 STaTa 外掛之 xi3 package 指令。你可用「findit xi3」指令，來安裝 xi3 package，再執行此指令。

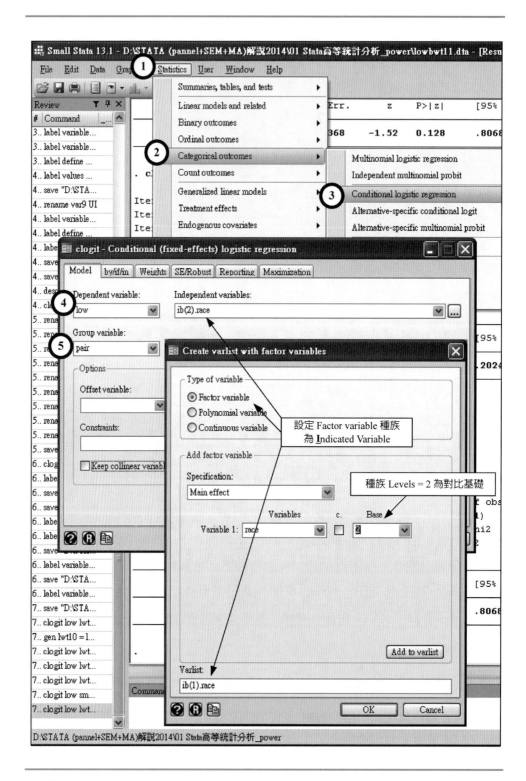

圖 7-8 種族 (race) 對產婦早產 (low) 的 conditional logit 迴歸之選擇表

```
. tabulate race low, chi2
```

種族	早產兒 (體重 <2500 克)		Total
	BWT>2500g	BWT<=2500	
白人	22	22	44
黑人	10	11	21
其他	24	23	47
Total	56	56	112

Pearson chi2(2) =   0.0689   Pr = 0.966

```
* race 變數為 Indicator variable, race 變數 Level=2 為族群間之比較基準 (base)
. clogit low ib(2).race, group(pair)
```

Conditional(fixed-effects) logistic regression

Number of obs	= 112
LR chi2(2)	= 0.06
Prob > chi2	= 0.9714

Log likelihood = -38.787243

| | | Pseudo R2 | =   0.0007 |

low	Coef.	Std. Err.	z	P>|z|	[95% Conf. Interval]
race					
白人	-.0870496	.5233129	-0.17	0.868	-1.112724 .9386249
其他	-.1160498	.4822154	-0.24	0.810	-1.061175 .8290749

```
* 算 Odds Ratio
. clogit low ib(2).race, group(pair) or
```

Conditional(fixed-effects) logistic regression

Number of obs	= 112
LR chi2(2)	= 0.06
Prob > chi2	= 0.9714

Log likelihood = -38.787243

| | | Pseudo R2 | =   0.0007 |

low	Odds Ratio	Std. Err.	z	P>|z|	[95% Conf. Interval]

```
     race |
     白人 |   .9166316    .4796852    -0.17    0.868     .3286624    2.556464
     其他 |   .8904308    .4293794    -0.24    0.810     .3460491    2.291198
------------------------------------------------------------------------------
```

1. 由「tabulate race low, chi2」指令產生的交叉表，顯示：白人早產率居中 = (22/44) = 0.5；黑人早產率最低 = (10/21) = 0.476；其他族裔早產率最高 = (24/47) = 0.51。

2.「clogit low ib(2).race, group(pair)」之「Coef. 欄」，因比較基準點設為 Race = Level 2 黑人。結果顯示：「黑人 vs. 白人」早產率比值為 −.087(負向表示「由白人轉成黑人」早產比值減少)。「黑人 vs. 其他族裔」早產率比值為 −0.116。故黑人發生早產機率是最低的

3. 由 odds ratio 來看，「黑人 vs. 白人」早產 odds ratio 為 0.916 < 1，表示「黑人比白人」早產機率低。「黑人 vs. 其他族裔」早產 odds ratio 為 0.89<1，表示「黑人比其他族裔」早產機率低。

4. 邏輯斯迴歸式為 $\ln\left(\dfrac{P(Y=1\,|\,X=x)}{P(Y=0\,|\,X=x)}\right) = \alpha + \beta_1 x_1 + \ldots + \beta_k x_k$

$$=0-0.087 \times (race=2)-0.116 \times (race=3)$$

$$=0-0.087 \times (race=\text{白人})-0.116 \times (race=\text{其他種族})$$

Step 4. 早產家庭史對產婦早產的影響

因為產婦之早產家庭史 (ptd) 是 binary 變數，只有二個 levels，故可直接視同「連續型預測變數」。

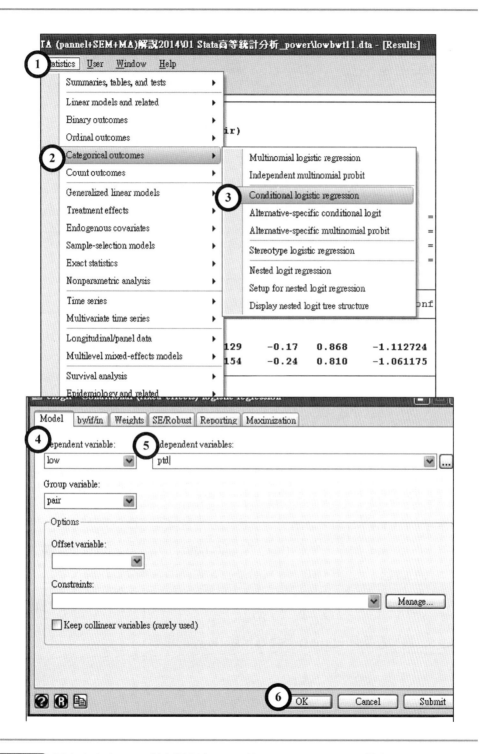

圖 7-9　早產家庭史 (ptd) 對產婦早產 (low) 的 conditional logit 迴歸之選擇表

```
. clogit low ptd, group(pair)

Conditional(fixed-effects) logistic regression      Number of obs   =       112
                                                    LR chi2(1)      =      6.78
                                                    Prob > chi2     =    0.0092
Log likelihood = -35.424856                         Pseudo R2       =    0.0874

-------------------------------------------------------------------------------
       low |     Coef.    Std. Err.      z     P>|z|    [95% Conf. Interval]
-----------+-------------------------------------------------------------------
       ptd |   1.321756   .5627314     2.35    0.019    .2188225    2.424689

. clogit low ptd, group(pair) or

Conditional(fixed-effects) logistic regression      Number of obs   =       112
                                                    LR chi2(1)      =      6.78
                                                    Prob > chi2     =    0.0092
Log likelihood = -35.424856                         Pseudo R2       =    0.0874

-------------------------------------------------------------------------------
       low | Odds Ratio  Std. Err.      z     P>|z|    [95% Conf. Interval]
-----------+-------------------------------------------------------------------
       ptd |      3.75    2.110243     2.35    0.019     1.24461    11.29872
-------------------------------------------------------------------------------
```

1. 早產家庭史 (ptd) 對產婦早產 (low) 的 Z = 2.35, p < 0.05，表示早產家庭史 (ptd) 對產婦早產 (low) 有顯著影響力。其中，Z 代表常態標準分布之 z 值。

2. 早產家庭史 (ptd) 對產婦早產 (low) 的 odds ratio=3.75，故「母親有早產」之產婦，其早產 (勝算) 率，比「母親無早產」者高出 3.75 倍的早產率。

3. 邏輯斯迴歸式為 $\ln\left(\dfrac{P(Y=1\,|\,X=x)}{P(Y=0\,|\,X=x)}\right) = \alpha + \beta_1 x_1 + ... + \beta_k x_k = 0 + 1.32 \times \text{ptd}$

Step 5. 高血壓家庭史 (pht) 對產婦早產 (low) 的影響

```
. clogit low ht, group(pair)

Conditional(fixed-effects) logistic regression      Number of obs   =       112
                                                    LR chi2(1)      =      1.65
                                                    Prob > chi2     =    0.1996
```

```
Log likelihood = -37.993413                      Pseudo R2       =   0.0212


------------------------------------------------------------------------------
     low |     Coef.   Std. Err.      z    P>|z|    [95% Conf. Interval]
---------+--------------------------------------------------------------------
      ht |   .8472975   .6900655    1.23   0.220    -.505206    2.199801
------------------------------------------------------------------------------

. clogit low ht, group(pair) or


Conditional(fixed-effects) logistic regression   Number of obs   =      112
                                                 LR chi2(1)      =     1.65
                                                 Prob > chi2     =   0.1996
Log likelihood = -37.993413                      Pseudo R2       =   0.0212


------------------------------------------------------------------------------
     low | Odds Ratio  Std. Err.      z    P>|z|    [95% Conf. Interval]
---------+--------------------------------------------------------------------
      ht |   2.333333   1.610152    1.23   0.220    .6033812    9.023218
------------------------------------------------------------------------------
```

1. 高血壓家庭史 (ht) 對產婦早產 (low) 的 Z=1.23,p>0.05，表示高血壓家庭史對產婦早產無明顯影響力。

2. 高血壓家庭史 (ht) 對產婦早產 (low) 的 odds ratio=2.33，故「父母有高血壓」之產婦，其早產 (勝算) 率，比「父母無高血壓」者高出 2.33 倍的早產率。

3. 邏輯斯迴歸式為 $\ln\left(\dfrac{P(Y=1 \mid X=x)}{P(Y=0 \mid X=x)}\right) = \alpha + \beta_1 x_1 + ... + \beta_k x_k = 0 + 2.33 \times \text{ht}$

Step 6. 子宮煩躁症 (ui) 對早產的影響

```
. clogit low ui, group(pair)


Conditional(fixed-effects) logistic regression   Number of obs   =      112
                                                 LR chi2(1)      =     4.19
                                                 Prob > chi2     =   0.0408
Log likelihood =  -36.72325                      Pseudo R2       =   0.0539
```

```
        low |    Coef.    Std. Err.      z     P>|z|    [95% Conf. Interval]
------------+-----------------------------------------------------------------
         ui |  1.098612   .5773502     1.90   0.057    -.0329738    2.230197
------------+-----------------------------------------------------------------

. clogit low ui, group(pair) or

Conditional(fixed-effects) logistic regression   Number of obs    =       112
                                                  LR chi2(1)       =      4.19
                                                  Prob > chi2      =    0.0408
Log likelihood = -36.72325                        Pseudo R2        =    0.0539


        low | Odds Ratio  Std. Err.      z     P>|z|    [95% Conf. Interval]
------------+-----------------------------------------------------------------
         ui |  2.999999    1.73205     1.90   0.057     .9675639    9.301702
------------+-----------------------------------------------------------------
```

1. 子宮煩躁症 (ui) 對產婦早產 (low) 的 Z = 1.23, p = 0.057 > 0.05，表示子宮煩躁症對產婦早產發生機率呈正相關 (Z = +1.9, p = 0.57)，且「逼近 p < 0.05」顯著影響力。

2. 子宮煩躁症 (ui) 對產婦早產 (low) 的 odds ratio = 2.33，故「有子宮煩躁症」之產婦，其早產 (勝算) 率，比「無子宮煩躁症」者高出 2.999 倍的早產率。

3. 邏輯斯迴歸式為 $\ln\left(\dfrac{P(Y=1 \mid X=x)}{P(Y=0 \mid X=x)}\right) = \alpha + \beta_1 x_1 + ... + \beta_k x_k = 0 + 1.098 \times (ui)$

小結

影響早產之預測變數	Odds Ratio 值 (OR)	醫生是否可診療其處方 (treated)
1. 最近一次月經時產婦體重 (p>0.05)	0.91	不可
2. 種族 (p>0.05)	「黑人 vs. 白人」=0.916 「黑人 vs. 其他族裔」=0.89	因天生的，故無處方
3. 懷孕時抽菸否 (p<0.05)	2.75*	可事前宣導，故 semi 可控制
4. 早產家族史 (p<0.05)	3.75*	因天生的，故無處方
5. 高血壓家族史 (p<0.05)	2.33	因天生的，故無處方
6. 子宮煩躁症 (Uterine Irritability)(p > 0.05)	2.99，「接近」顯著	醫生唯一可處理的因子

* $p < 0.05$

7-3 Alternative-specific conditional logit (McFadden's choice)：汽車銷售調查法 (asclogit 指令)

替代方案 (alternative) 是指二者之一、多選一、交替、可採用方法、替換物。如果您不想使用某一種計畫或方法，則可以使用另一種計畫或方法。

特定替代方案 (alternative-specific) 條件邏輯斯迴歸 (conditional logit) 是指某特定替代方案，經樣本配對後之邏輯斯迴歸模型。

範例：特定汽車方案 (car 變數) 在特定案例 (sex、income 變數) 之條件 (id 變數)logit 迴歸分析。以各地區經銷商員工數 (dealer) 當自變數，以 ID's 買了中意車種嗎 (choice) 當結果變數

295 地區三種汽車製造國來配對 (id 變數)，探討消費者是否購買中意車種 (choice) 之因素，包括「sex(性別)、income(收入)、car(汽車製造國)、size(汽車大小)、dealer(各地區經銷商員工數)」嗎？

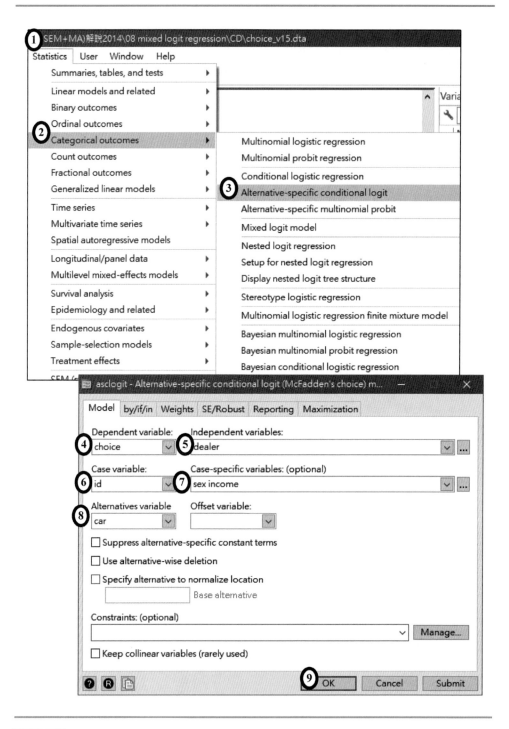

圖 7-10 「asclogit choice dealer, case(id) alternatives(car) casevars(sex income)」畫面

註：Statistics > Categorical outcomes > Alternative-specific conditional logit

```
*Setup
. webuse choice
. des
```

Contains data from D:\ 08 mixed logit regression\CD\choice.dta
```
  obs:          885
  vars:           7                           7 Oct 2017 09:37
  size:      24,780
```

```
              storage  display      value
variable name  type    format       label     variable label
```

```
id            float   %9.0g                   295 地區三種汽車製造國來配對
sex           float   %9.0g        sex        性別 (0= 女，1= 男 )
income        float   %9.0g                   收入
car           float   %9.0g        nation     汽車製造國
size          float   %9.0g                   汽車大小
choice        float   %9.0g                   ID's 買了中意車種嗎
dealer        float   %9.0g                   各地區經銷商員工數
```

```
* Fit alternative-specific conditional logit model
. asclogit choice dealer, case(id) alternatives(car) casevars(sex income)
```

```
Alternative-specific conditional logit       Number of obs    =         885
Case variable: id                            Number of cases  =         295

Alternative variable: car                    Alts per case: min =         3
                                                            avg =       3.0
                                                            max =         3

                                             Wald chi2(5)    =       15.86
Log likelihood = -250.7794                   Prob > chi2     =      0.0072
```

```
    choice |      Coef.    Std. Err.      z    P>|z|    [95% Conf. Interval]
-----------+--------------------------------------------------------------------
car        |
    dealer |  .0680938   .0344465     1.98   0.048    .00058    .1356076
```

```
-----------+----------------------------------------------------------------
American   | (base alternative) 當三替汽車的比較基準點
-----------+----------------------------------------------------------------
Japan      |
      sex  | -.5346039    .3141564     -1.70    0.089    -1.150339    .0811314
   income  |  .0325318    .012824       2.54    0.011     .0073973    .0576663
    _cons  | -1.352189    .6911829     -1.96    0.050    -2.706882    .0025049
-----------+----------------------------------------------------------------
Europe     |
      sex  |  .5704109    .4540247      1.26    0.209    -.3194612   1.460283
   income  |  .032042     .0138676      2.31    0.021     .004862     .0592219
    _cons  | -2.355249    .8526681     -2.76    0.006    -4.026448   -.6840501
-----------+----------------------------------------------------------------
```

* Replay results, displaying odds ratios and suppressing the header on the coefficient table
. asclogit, or noheader

```
-----------+----------------------------------------------------------------
    choice | Odds Ratio   Std. Err.      z     P>|z|    [95% Conf. Interval]
-----------+----------------------------------------------------------------
car        |
    dealer |  1.070466    .0368737      1.98    0.048    1.00058     1.145232
-----------+----------------------------------------------------------------
American   | (base alternative) 當三替汽車的比較基準點
-----------+----------------------------------------------------------------
Japan      | 日本汽車對美國車之勝出比
      sex  |  .5859013    .1840647     -1.70    0.089    .3165294    1.084513
   income  | 1.033067     .013248       2.54    0.011    1.007425    1.059361
    _cons  |  .2586735    .1787907     -1.96    0.050    .0667446    1.002508
-----------+----------------------------------------------------------------
Europe     | 歐洲汽車對美國車之勝出比
      sex  | 1.768994     .8031669      1.26    0.209    .7265404    4.307178
   income  | 1.032561     .0143191      2.31    0.021    1.004874    1.061011
    _cons  |  .0948699    .0808925     -2.76    0.006    .0178376    .5045693
-----------+----------------------------------------------------------------
```

1. 邏輯斯迴歸式為 $\ln\left(\dfrac{P(Y=1\,|\,X=x)}{P(Y=0\,|\,X=x)}\right) = \alpha + \beta_1 x_1 + ... + \beta_k x_k$

$$\ln\left(\frac{P_{\text{有買車}}}{1-P_{\text{有買車}}}\right) = -2.36+0.07+[(car=2)\times(-1.35-0.53\times(sex=1)+0.03\times income)]$$

$$+[(car=3)\times(-2.36+0.57\times(sex=1)+0.03\times income)]$$

其中 (car = 1) 表示若括弧內的判別式成立，則代入 1，若不成立則代入 0，其餘 (sex = 1)，依此規則代入 0 或 1。

上列迴歸方程式可解釋為在精準配對 (car 三個汽車製造國)，並在控制 sex(性別) 及 income(收入) 的影響後，dealer(各地區經銷商員工數) 每增加一個單位 (員工)，客人買車的勝算為 1.07(= $exp^{0.068}$) 倍。故汽車經銷商員工人數決定了他的銷售成功率。

2. 在美國地區 (id 為 295 地區三種汽車製造國來配對)，「有買日本汽車者」：男性有買車的勝算為女性的 0.58(= $exp^{-0.534}$) 倍，但沒有統計上顯著的差異 (p= 0.089)。在控制了性別之後，income(收入) 每增加一單位有買車的勝算為 1.033(= $exp^{0.032}$) 倍，而且達到統計上的顯著差異 (p = 0.011)。

3.「有買美國汽車者」：男性有買車的勝算為女性的 1.769(= $exp^{0.570}$) 倍，但沒有統計上顯著的差異 (p = 0.209)。在控制了性別之後，income(收入) 每增加一單位有買車的勝算為 1.033(= $exp^{0.032}$) 倍，而且達到統計上的顯著差異 (p = 0.021)。故消費者的收入決定了他會不會買車。

4. Car = 1「有買 Japan 汽車者」：sex 的勝算比 0.585 < 1，表示美國女人比男性更愛買日本車。

Car=2「有買 Europe 汽車者 (對於買 American 汽車者)：sex 的勝算比 1.769 > 1，表示美國男人比女性更愛買歐州車。

7-4 Alternative-specific conditional logit model：選擇四種釣魚模式 (asclogit 指令)

替代方案 (alternative) 是指二者之一、多選一、交替、可採用方法、替換物。如果您不想使用某一種計畫或方法，則可以使用另一種計畫或方法。

範例：Alternative specific logit 迴歸分析

(一) 資料檔之內容

「Alternative_Specific_Logit.dta」資料檔內容如下圖。

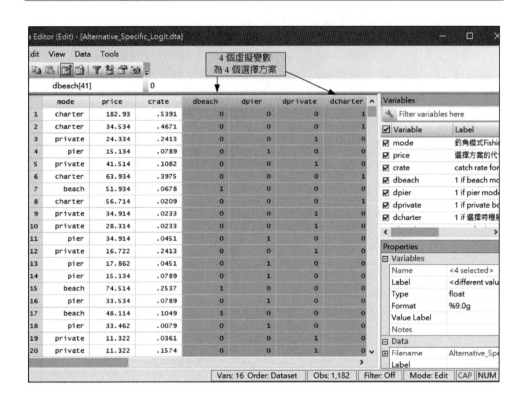

圖 7-11 「Alternative_Specific_Logit.dta」資料檔內容 (N=1182 個人)

觀察資料之特徵

```
*存至「Alternative_pecific_logit.do」指令檔
* There are 1182 observations and there is one observation for each individual. The
  choice being made is the mode of fishing; one can fish from the beach, a pier, private
  boat, or charter boat. There are choice specific variables included as well: the
  catch rate for each choice and the price for each choice. Income of each individual
  is also included.

. use Alternative_Specific_Logit.dta
* 或. use mus15data.dta

. des

Contains data from D:\08 mixed logit regression\CD\Alternative_Specific_Logit.dta
  obs:        1,182
  vars:          16                               8 Oct 2017 09:29
  size:      75,648
```

```
              storage  display   value
variable name type     format    label      variable label
------------------------------------------------------------------------
mode          float    %9.0g     modetype   釣魚模式 Fishing mode
price         float    %9.0g                選擇方案的代價
crate         float    %9.0g                catch rate for chosen alternative
dbeach        float    %9.0g                1 if beach mode chosen
dpier         float    %9.0g                1 if pier mode chosen
dprivate      float    %9.0g                1 if private boat mode chosen
dcharter      float    %9.0g                1 if 選擇特種船模式
pbeach        float    %9.0g                海灘模式的價格
ppier         float    %9.0g                碼頭模式價格
pprivate      float    %9.0g                選私人船模式的代價
pcharter      float    %9.0g                租船模式的價格 charter boat mode
qbeach        float    %9.0g                海灘模式的捕獲率
qpier         float    %9.0g                碼頭模式的捕獲率
qprivate      float    %9.0g                家船模式的捕撈率
qcharter      float    %9.0g                特種船模式的捕獲率 charter boat mode
income        float    %9.0g                月收入(千元)
------------------------------------------------------------------------
```

*You can see that the data set contains the choice(**mode**) and its **price** and **catch** rate. It also breaks the mode down into a set of indicator variables(**dbeach**, **dpier**, d**private**, **dcharter**). It includes the prices for each of the other alternatives and their respective catch rates. Finally is the individual specific variable, **income**.

. list mode price crate pbeach ppier pprivate pcharter in 1/5, clean

```
        mode     price   crate   pbeach    ppier   pprivate  pcharter
   1.  charter  182.93  .5391   157.93    157.93    157.93   182.93
   2.  charter  34.534  .4671   15.114    15.114    10.534   34.534
   3.  private  24.334  .2413   161.874   161.874   24.334   59.334
   4.     pier  15.134  .0789   15.134    15.134    55.93    84.93
   5.  private  41.514  .1082   106.93    106.93    41.514   71.014
```

. tabulate mode

```
釣魚模式 Fis |
hing mode |    Freq.    Percent      Cum.
------------+-----------------------------------
     beach |     134      11.34      11.34
      pier |     178      15.06      26.40
   private |     418      35.36      61.76
   charter |     452      38.24     100.00
------------+-----------------------------------
     Total |   1,182     100.00
```

* Most folks fish by charter(38%) or private boat(35%).

613

```
. table mode, contents(N income mean income sd income)

--------------------------------------------------------
Fishing  |
mode     |    N(income)   mean(income)    sd(income)
---------+----------------------------------------------
   beach |        134      4.051617        2.50542
    pier |        178      3.387172        2.340324
 private |        418      4.654107        2.777898
 charter |        452      3.880899        2.050029
--------------------------------------------------------

* You can also use table to summarize the alternative specific variables:
. table mode, contents(mean pbeach mean ppier mean pprivate mean pcharter)
format(%6.0f)

------------------------------------------------------------------------
Fishing  |
mode     |  mean(pbeach)   mean(ppier)   mean(pprivate)   mean(pcharter)
---------+--------------------------------------------------------------
   beach |         36            36             98            125
    pier |         31            31             82            110
 private |        138           138             42             71
 charter |        121           121             45             75
------------------------------------------------------------------------

* It is fairly clear that the beach and pier carry the same price. Also, it looks like
people are fairly price sensitive. Private boaters and charters avoid the beach and
pier when they are expensive. Beach and pier fishermen face higher prices for boat
fishing.
. table mode, contents(mean qbeach mean qpier mean qprivate mean qcharter)
format(%6.4f)

------------------------------------------------------------------------
Fishing  |
mode     |  mean(qbeach)   mean(qpier)   mean(qprivate)   mean(qcharter)
---------+--------------------------------------------------------------
   beach |      0.2792        0.2190         0.1594          0.5176
    pier |      0.2614        0.2025         0.1501          0.4981
 private |      0.2083        0.1298         0.1775          0.6539
 charter |      0.2519        0.1595         0.1772          0.6915
------------------------------------------------------------------------
```

(二) 分析結果與討論

以下分析步驟，全部存在「Alternative_pecific_logit.do」指令檔。

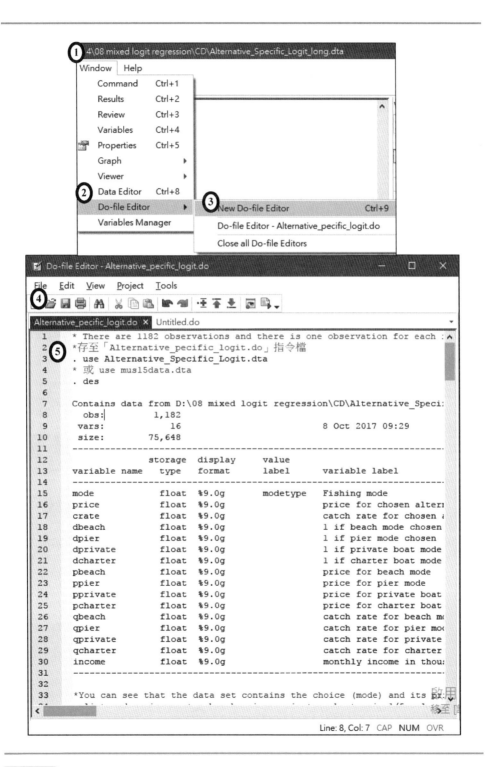

圖 7-12 「Alternative_pecific_logit.do」指令檔之內容

615

Step 1. **Multinomial logit**

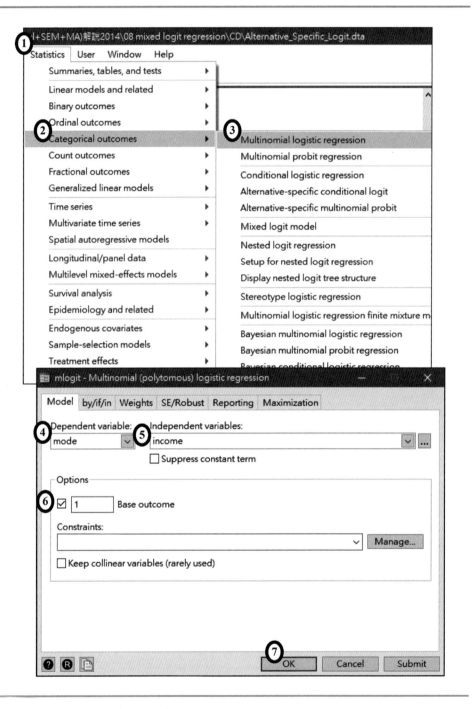

圖 7-13 「mlogit mode income, baseoutcome(1)」畫面

```
* 開啟資料檔
. use Alternative_Specific_Logit.dta
. mlogit mode income, baseoutcome(1)
```

```
Multinomial logistic regression                Number of obs   =      1182
                                               LR chi2(3)      =     41.14
                                               Prob > chi2     =    0.0000
Log likelihood = -1477.1506                    Pseudo R2       =    0.0137
```

```
-----------------------------------------------------------------------------
  釣魚 mode |    Coef.    Std. Err.      z     P>|z|    [95% Conf. Interval]
------------+----------------------------------------------------------------
beach 海灘  | (base outcome) 當比較的基準點
------------+----------------------------------------------------------------
pier 碼頭   |
      income| -.1434029   .0532884    -2.69   0.007   -.2478463   -.0389595
      _cons |  .8141503   .228632      3.56   0.000    .3660399    1.262261
------------+----------------------------------------------------------------
Private 私船 |
      income|  .0919064   .0406637     2.26   0.024    .0122069    .1716058
      _cons |  .7389208   .1967309     3.76   0.000    .3533352    1.124506
------------+----------------------------------------------------------------
charter 特種船
      income | -.0316399  .0418463    -0.76   0.450   -.1136571    .0503774
      _cons |  1.341291   .1945167     6.90   0.000    .9600457    1.722537
-----------------------------------------------------------------------------
```

```
* Now, in terms of relative risk ratios
. mlogit, rrr
```

```
Multinomial logistic regression                Number of obs   =     1,182
                                               LR chi2(3)      =     41.14
                                               Prob > chi2     =    0.0000
Log likelihood = -1477.1506                    Pseudo R2       =    0.0137
```

```
-----------------------------------------------------------------------------
  釣魚 mode |    RRR     Std. Err.      z     P>|z|    [95% Conf. Interval]
------------+----------------------------------------------------------------
```

```
beach 海灘  | (base outcome) 當比較的基準點
-----------+------------------------------------------------------------------
pier 碼頭   |
    income |  .8664049    .0461693    -2.69   0.007    .7804799    .9617896
     _cons |  2.257257    .516081      3.56   0.000    1.442013    3.5334
-----------+------------------------------------------------------------------
Private 私船|
    income |  1.096262    .0445781     2.26   0.024    1.012282    1.18721
     _cons |  2.093675    .4118906     3.76   0.000    1.423808    3.078697
-----------+------------------------------------------------------------------
charter 特種船
    income |  .9688554    .040543     -0.76   0.450    .8925639    1.051668
     _cons |  3.823979    .7438278     6.90   0.000    2.611816    5.598715
-----------+------------------------------------------------------------------
Note: _cons estimates baseline relative risk for each outcome.
```

1. 四種釣魚模式，pier 碼頭 與 charter 特種船 收入的危險率比 beach 海灘 低，但 private 私家船 收入的危險率比 beach 海灘 高。

Step 2. 邊際效果 (marginal effects)

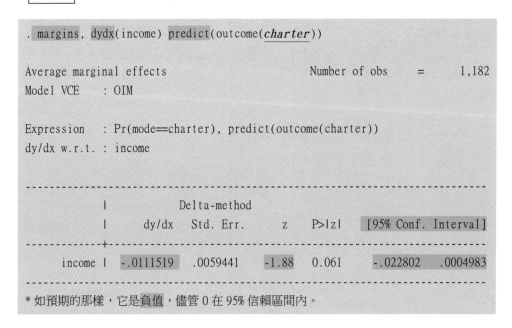

```
. margins, dydx(income) predict(outcome(charter))

Average marginal effects                        Number of obs    =       1,182
Model VCE     : OIM

Expression    : Pr(mode==charter), predict(outcome(charter))
dy/dx w.r.t.  : income


-------------+----------------------------------------------------------------
             |            Delta-method
             |   dy/dx    Std. Err.      z     P>|z|    [95% Conf. Interval]
-------------+----------------------------------------------------------------
      income |  -.0111519   .0059441   -1.88   0.061    -.022802    .0004983
-------------+----------------------------------------------------------------
```

* 如預期的那樣，它是負值，儘管 0 在 95% 信賴區間內。

邊際效果之公式爲：

$$\frac{\partial P(y=1\,|\,x)}{\partial x_c}=\frac{\exp(x\beta)}{[1+\exp(x\beta)]^2}=\Lambda\,(x\beta)(1-\Lambda\,(x\beta)\beta_c \text{ (marginal effect of } x_c)$$

$$\frac{\Delta P(y=1\,|\,x)}{\Delta x_b}=P\,(y=1|x_{-b},\,x_b=1)-P\,(y=1|x_{-b},\,x_b=0) \text{ (discrete change of } x_b)$$

Step 3-1. **Conditional logit：資料檔 wide 格式轉爲 long 格式**

* This model is probably better described as McFadden's alternative specific conditional **logit**. It is a special case of **conditional logit** where there are no characteristics(individual specific variables) and only attributes(choice specific variables). The more general conditional logit combines the two. The STaTa command used to estimate this model is **asclogit**(although you can use **clogit** if you create interactions with the indicators).

* you have to get the data into **long-form**. In this form, each observation contains the data for each alternative. With 4 choices, there will be 4 observations for each individual. The first thing to do is to create an *id* number for each individual. Then use the **reshape long** command as shown below.

```
. generate id = _n

. reshape long d p q, i(id) j(fishmode beach pier private charter) string

Data                        wide   ->   long
-------------------------------------------------------------
Number of obs.              1182   ->    4728
Number of variables           17   ->       9
j variable(4 values)               ->    fishmode
xij variables:
          dbeach dpier ... dcharter   ->   d
          pbeach ppier ... pcharter   ->   p
          qbeach qpier ... qcharter   ->   q
-------------------------------------------------------------

. list in 1/4

  +----------------------------------------------------------------------+
  | id   fishmode      mode     price   crate   d        p        q      income |
  |----------------------------------------------------------------------|
1.| 1      beach    charter    182.93   .5391   0    157.93   .0678   7.083332 |
2.| 1    charter    charter    182.93   .5391   1    182.93   .5391   7.083332 |
3.| 1       pier    charter    182.93   .5391   0    157.93   .0503   7.083332 |
4.| 1    private    charter    182.93   .5391   0    157.93   .2601   7.083332 |
  +----------------------------------------------------------------------+
```

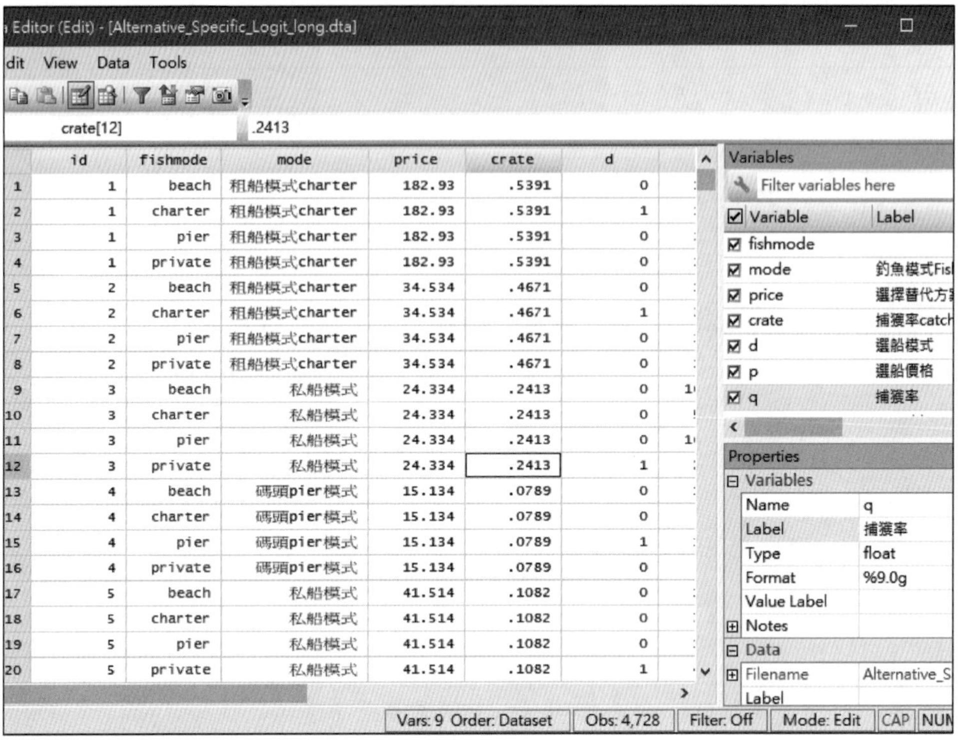

圖 7-14 「reshape long d p q, i(id) j(fishmode beach pier private charter) string」結果 (另存在「Alternative_Specific_Logit_long.dta」檔)

Step 3-2. **Conditional logit with alternative specific variables**

---

* we have generated the id variable that is to be used as what STaTa refers to as the "logical" observation, which is identified by the 'option' *i(id)*. The subovservations consist of the indicator, *price*, and catch-rate data that are prefixed by and renamed to *d*, *p*, and *q*. The *i()* command includes the variable names, or in this case, the fragment of the name, for the variables to create. The *string* option is given because the *fishmode* variable is a string. Here is what the reshaping does to the data:
. list in 1/8, table sepby(id)

```
       +------------------------------------------------------------------------+
       | id   fishmode       mode      price    crate   d        p       q      income  |
       |------------------------------------------------------------------------|
   1.  | 1      beach     charter     182.93    .5391   0      157.93   .0678   7.083332 |
   2.  | 1    charter     charter     182.93    .5391   1      182.93   .5391   7.083332 |
   3.  | 1       pier     charter     182.93    .5391   0      157.93   .0503   7.083332 |
   4.  | 1    private     charter     182.93    .5391   0      157.93   .2601   7.083332 |
```

```
    |--------------------------------------------------------------------|
 5. | 2    beach     charter   34.534  .4671   0  15.114   .1049   1.25 |
 6. | 2    charter   charter   34.534  .4671   1  34.534   .4671   1.25 |
 7. | 2    pier      charter   34.534  .4671   0  15.114   .0451   1.25 |
 8. | 2    private   charter   34.534  .4671   0  10.534   .1574   1.25 |
    +--------------------------------------------------------------------+
```

* The variables mode, price and crate refer to the choice that is made by the individual.
  The variables d, p, and q refer to the alternatives faced by the individual; these
  are the ones that will be used for asclogit.
. asclogit d p q, case(id) alternatives(fishmode)

```
Alternative-specific conditional logit      Number of obs    =     4,728
Case variable: id                           Number of cases  =      1182

Alternative variable: fishmode              Alts per case: min =       4
                                                           avg =     4.0
                                                           max =       4

                                            Wald chi2(2)     =   229.35
Log likelihood = -1230.7838                 Prob > chi2      =   0.0000
```

```
------------------------------------------------------------------------------
   釣魚模式 d |     Coef.   Std. Err.     z    P>|z|    [95% Conf. Interval]
-------------+----------------------------------------------------------------
fishmode     |
   船價格 p  | -.0247896   .0017044   -14.54  0.000   -.0281301   -.021449
   捕獲率 q  |  .3771689   .1099707     3.43  0.001    .1616303   .5927074
-------------+----------------------------------------------------------------
beach 海灘   | (base alternative) 當比較基準點
-------------+----------------------------------------------------------------
charter 特種船
       _cons |  1.498888   .1329328    11.28  0.000    1.238345   1.759432
-------------+----------------------------------------------------------------
pier 碼頭    |
       _cons |  .3070552   .1145738     2.68  0.007    .0824947   .5316158
-------------+----------------------------------------------------------------
Private 私船 |
       _cons |  .8713749   .1140428     7.64  0.000    .6478551   1.094895
------------------------------------------------------------------------------
```

* Notice that the 'slopes' are common to price(p) and catch-rate(q). Each choice
has a separate constant. The conditional logit model does not use the margins command,
instead it has its own postestimation command *estat mfx*. Here is the marginal effect
of an increase in price evaluated at the mean prices.
. estat mfx, varlist(p)

Pr(choice = beach|1 selected) = .0546071

```
-------------------------------------------------------------------------------
variable    |   dp/dx    Std. Err.     z     P>|z|  [    95% C.I.    ]      X
------------+------------------------------------------------------------------
船價格 p     |
    beach   |  -.00128    .00012    -10.66   0.000   -.001515   -.001044   103.42
  charter   |  .000614    .00006     10.25   0.000    .000497    .000732   84.379
     pier   |  .000098    .000017     5.88   0.000    .000065     .00013   103.42
  private   |  .000568    .000056    10.16   0.000    .000458    .000677   55.257
-------------------------------------------------------------------------------

Pr(choice = charter|1 selected) = .45376978
-------------------------------------------------------------------------------
variable    |   dp/dx    Std. Err.     z     P>|z|  [    95% C.I.    ]      X
------------+------------------------------------------------------------------
船價格 p     |
    beach   |  .000614    .00006     10.25   0.000    .000497    .000732   103.42
  charter   | -.006144    .000435   -14.12   0.000   -.006997   -.005291   84.379
     pier   |  .000811    .000071    11.42   0.000    .000671     .00095   103.42
  private   |   .00472    .000437    10.80   0.000    .003863    .005576   55.257
-------------------------------------------------------------------------------

Pr(choice = pier|1 selected) = .07206028
-------------------------------------------------------------------------------
variable    |   dp/dx    Std. Err.     z     P>|z|  [    95% C.I.    ]      X
------------+------------------------------------------------------------------
船價格 p     |
    beach   |  .000098    .000017     5.88   0.000    .000065     .00013   103.42
  charter   |  .000811    .000071    11.42   0.000    .000671     .00095   84.379
     pier   | -.001658    .000137   -12.07   0.000   -.001927   -.001389   103.42
  private   |  .000749    .000066    11.30   0.000    .000619    .000879   55.257
-------------------------------------------------------------------------------

Pr(choice = private|1 selected) = .41956284
-------------------------------------------------------------------------------
variable    |   dp/dx    Std. Err.     z     P>|z|  [    95% C.I.    ]      X
------------+------------------------------------------------------------------
船價格 p     |
    beach   |  .000568    .000056    10.16   0.000    .000458    .000677   103.42
  charter   |   .00472    .000437    10.80   0.000    .003863    .005576   84.379
     pier   |  .000749    .000066    11.30   0.000    .000619    .000879   103.42
  private   | -.006037    .000437   -13.82   0.000   -.006893   -.005181   55.257
-------------------------------------------------------------------------------
```

* Notice that for those that choose beach, and increase in the beach price reduces the probability of choosing beach and this is distributed across the other choices.

Step 4. **Adding characteristics(case specific variables)**

* The conditional logit can also be estimated with individual specific variables like income. STaTa calls the characteristics *"cases,"* and to use them they need to be included in the *casevars( )* option.

. asclogit d p q, case(id) alternatives(fishmode) casevars(income)

```
Alternative-specific conditional logit      Number of obs    =    4,728
Case variable: id                           Number of cases  =     1182

Alternative variable: fishmode              Alts per case: min =        4
                                                           avg =      4.0
                                                           max =        4

                                            Wald chi2(5)    =     252.98
Log likelihood = -1215.1376                 Prob > chi2     =     0.0000
```

```
  釣魚模式 d |    Coef.    Std. Err.     z     P>|z|    [95% Conf. Interval]
```
------------+---
```
fishmode   |
  船價格 p | -.0251166   .0017317   -14.50   0.000   -.0285106   -.0217225
  捕獲率 q |  .357782    .1097733     3.26   0.001    .1426302    .5729337
```
------------+---
```
beach 海灘  | (base alternative) 當比較基準點
```
------------+---
```
charter 特種船 |
   income | -.0332917   .0503409    -0.66   0.508    -.131958    .0653745
    _cons |  1.694366   .2240506     7.56   0.000    1.255235    2.133497
```
------------+---
```
pier 碼頭   |
   income | -.1275771   .0506395    -2.52   0.012   -.2268288   -.0283255
    _cons |  .7779593   .2204939     3.53   0.000    .3457992    1.210119
```
------------+---
```
Private 私船 |
   income |  .0894398   .0500671     1.79   0.074   -.0086898    .1875694
    _cons |  .5272788   .2227927     2.37   0.018    .0906132    .9639444
```

| Step 5. | 邊際效果 marginal effects

* Income and constant have separate coefficients for each choice while the attributes have common slopes. Below I've computed marginal effects(again, at the means) for the *income* variable:

. estat mfx, varlist(*income*)

Pr(choice = beach|1 selected) = .05248806

variable	dp/dx	Std. Err.	z	P>|z|	[	95% C.I.	]	X
casevars								
income	-.000721	.002319	-0.31	0.756	-.005266	.003823		4.0993

Pr(choice = charter|1 selected) = .46206853

variable	dp/dx	Std. Err.	z	P>|z|	[	95% C.I.	]	X
casevars								
income	-.021734	.00666	-3.26	0.001	-.034787	-.00868		4.0993

Pr(choice = pier|1 selected) = .06584968

variable	dp/dx	Std. Err.	z	P>|z|	[	95% C.I.	]	X
casevars								
income	-.009306	.002719	-3.42	0.001	-.014635	-.003977		4.0993

Pr(choice = private|1 selected) = .41959373

variable	dp/dx	Std. Err.	z	P>|z|	[	95% C.I.	]	X
casevars								
income	.031761	.006554	4.85	0.000	.018915	.044608		4.0993

* In this example, only the probability of fishing from a private boat increases with *income*.

Step 6-1. **MNL is CL with no alternative specific regressors**

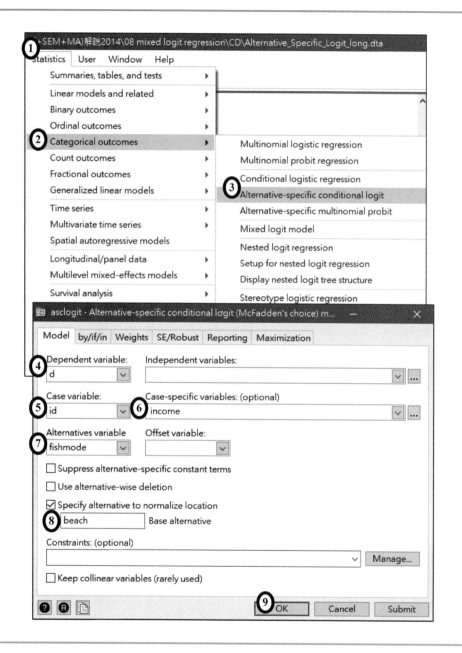

圖 **7-15** 「asclogit d, case(id) alternatives(fishmode) casevars(income) basealternative(beach)」畫面

註：Statistics > Categorical outcomes > Alternative-specific conditional logit

```
* Finally, you can also use asclogit to estimate multinomial logit. This is
handy if the variables are in long-form and you don't want to reshape them.
* MNL is CL with no alternative specific regressors

. asclogit d, case(id) alternatives(fishmode) casevars(income)
basealternative(beach)


Alternative-specific conditional logit      Number of obs    =      4,728
Case variable: id                           Number of cases  =       1182

Alternative variable: fishmode              Alts per case: min =        4
                                                           avg =      4.0
                                                           max =        4

                                            Wald chi2(3)     =      37.70
Log likelihood = -1477.1506                 Prob > chi2      =     0.0000


------------------------------------------------------------------------------
   釣魚模式 d |    Coef.    Std. Err.     z     P>|z|   [95% Conf. Interval]
-------------+----------------------------------------------------------------
beach 海灘   | (base alternative) 當比較基準點
-------------+----------------------------------------------------------------
charter 特種船
      income | -.03164    .0418463    -0.76    0.450   -.1136572     .0503773
       _cons | 1.341292   .1945167     6.90    0.000    .9600459    1.722537
-------------+----------------------------------------------------------------
pier 碼頭    |
      income | -.1434028  .0532884    -2.69    0.007   -.2478462    -.0389595
       _cons | .81415     .2286319     3.56    0.000    .3660396     1.26226
-------------+----------------------------------------------------------------
private 私家船
      income | .0919063   .0406637     2.26    0.024    .0122068     .1716057
       _cons | .738921    .1967309     3.76    0.000    .3533355    1.124507
------------------------------------------------------------------------------

* These results match those from MNL.

* 改求勝算比
```

```
. asclogit, or noheader
--------------------------------------------------------------------------
    釣魚模式 d l Odds Ratio   Std. Err.      z    P>|z|    [95% Conf. Interval]
-------------+------------------------------------------------------------
beach 海灘    l (base alternative)
-------------+------------------------------------------------------------
charter 特種船
     income l   .9688554    .040543    -0.76   0.450    .8925639   1.051668
      _cons l   3.823979   .7438279     6.90   0.000    2.611816   5.598716
-------------+------------------------------------------------------------
pier 碼頭     l
     income l    .866405   .0461693    -2.69   0.007     .78048    .9617897
      _cons l   2.257256   .5160809     3.56   0.000    1.442012   3.533399
-------------+------------------------------------------------------------
private 私家船
     income l   1.096262   .0445781     2.26   0.024    1.012282    1.18721
      _cons l   2.093675   .4118906     3.76   0.000    1.423809   3.078697
--------------------------------------------------------------------------
```

1. 自變數 incomes 在 beach 三個類別中，對依變數 d 的預測強度是不同的。

2. 自變數 incomes 在 (beach=1)，對依變數 d 的迴歸係數是 -0.03，未達顯著水準。

3. 自變數 incomes 在 (beach=2)，對依變數 d 的迴歸係數是 -0.143，達顯著水準。

4. 自變數 incomes 在 (beach=3)，對依變數 d 的迴歸係數是 0.092，達顯著水準。

5. 四種釣魚模式 (d)，charter 特種船 與 pier 碼頭 收入的勝算比 beach 海灘 低，但 private 私家船 收入的勝算比 beach 海灘 高

Step 7. 模型適配度 IC，來比較多項 logit 迴歸 vs. Alternative-specific conditional logit 誰優呢？

```
* 設定路徑
. cd "D:\08 mixed logit regression\CD"
* 同一批樣本，開啟 wide 格式檔
. use Alternative_Specific_Logit.dta
. quietly mlogit mode income, baseoutcome(1)
. estat ic
```

```
--------------------------------------------------------------------------------
      Model |    Obs    ll(null)    ll(model)      df         AIC         BIC
------------+-------------------------------------------------------------------
          . |   1182    -1497.723   -1477.151       6      2966.301    2996.751
--------------------------------------------------------------------------------

*同一批樣本，開啟 long 格式檔
. use Alternative_Specific_Logit_long.dta
. quietly asclogit d, case(id) alternatives(fishmode) casevars(income)
basealternative(beach)
. estat ic


--------------------------------------------------------------------------------
      Model |    Obs    ll(null)    ll(model)      df         AIC         BIC
------------+-------------------------------------------------------------------
          . |   4728        .       -1477.151       6      2966.301    3005.069
--------------------------------------------------------------------------------
```

1. AIC(Akaike 1974)、BIC(Schwarz 1978) 公式：

   資訊準則 (information criterion)：亦可用來說明模型的解釋能力 (較常用來作為模型選取的準則，而非單純描述模型的解釋能力)

   (1) AIC(Akaike information criterion)

   $$AIC = \ln\left(\frac{ESS}{T}\right) + \frac{2k}{T}$$

   (2) BIC(Bayes information criterion) 或 SIC(Schwartz) 或 SBC

   $$BIC = \ln\left(\frac{ESS}{T}\right) + \frac{k\ln(T)}{T}$$

   (3) AIC 與 BIC 越小，代表模型的解釋能力越好（用的變數越少，或是誤差平方和越小）。

   一般而言，當模型複雜度提高 (k 增大) 時，概似函數 L 也會增大，從而使 AIC 變小。但是 k 過大時，概似函數增速減緩，導致 AIC 增大，模型過於複雜容易造成過適配現象。目標是選取 AIC 最小的模型，AIC 不僅要提高模型適配度 (極大概似)，而且引入了懲罰項，使模型參數儘可能少，有助於降低過適配的可能性。

2. 本例，多項 logit 迴歸 (AIC = 2966.301)vs. Alternative-specific conditional logit(AIC = 2966.301)，二者 AIC 值一樣，表示二者一樣好。

7-5 Alternative-specific conditional logit (McFadden's choice)model 練習題：避孕三種選擇 (asclogit 指令)

替代方案 (alternative) 是指二者之一、多選一、交替、可採用方法、替換物。如果您不想使用某一種計畫或方法，則可以使用另一種計畫或方法。

練習題：年齡層 (ageg) 選擇三種避孕法 (cuse) 之機率，以 cases 來加權。

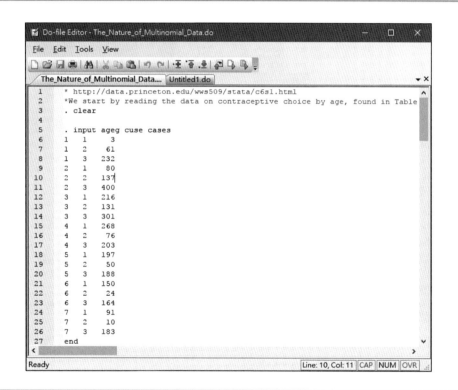

圖 7-16 「The_Nature_of_Multinomial_Data.do」指令檔的內容

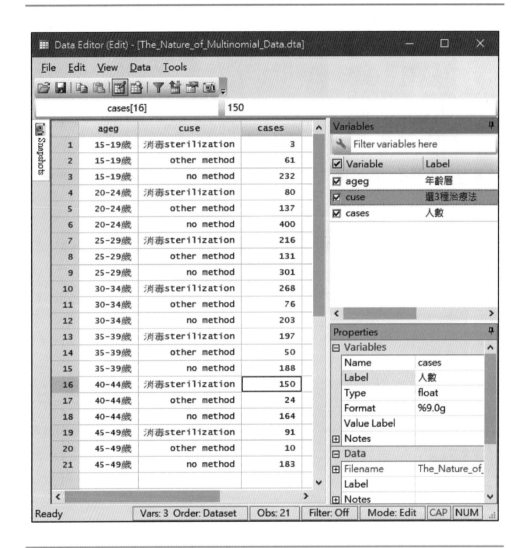

圖 7-17 「The_Nature_of_Multinomial_Data.dta」資料檔的內容

```
* http://data.princeton.edu/wws509/stata/c6s1.html
*We start by reading the data on contraceptive choice by age, found in Table 6.1
of the lecture notes. We will read the 7 by 3 table as 21 observations and
treat the counts as frequency weights:
. clear

. input ageg cuse cases
```

```
1    1      3
1    2     61
1    3    232
2    1     80
2    2    137
2    3    400
3    1    216
3    2    131
3    3    301
4    1    268
4    2     76
4    3    203
5    1    197
5    2     50
5    3    188
6    1    150
6    2     24
6    3    164
7    1     91
7    2     10
7    3    183
end

. label define cuse_fmt 1 "sterilization" 2 "other method" 3 "no method"

. label values cuse cuse_fmt

. label define ageg_fmt 1 "15-19歲" 2 "20-24歲" 3 "25-29歲" 4 "30-34歲" 5
"35-39歲" 6 "40-44歲" 7 "45-49歲"

. label values ageg ageg_fmt

. save "D:\08 mixed logit regression\CD\The_Nature_of_Multinomial_Data.dta",
replace
*--------------------
* Age as a Factor
```

*Obviously the model that treats age as a factor with 7 levels is saturated for this data. We can easily obtain the log-likelihood, and predicted values if we needed them, using factor variables

```
. quietly mlogit cuse i.ageg [fw=cases]
```
* 線性 age 之多項 logit 迴歸，參數結果存到 A
```
. estimates store A
. scalar ll_sat = e(ll)
```

* Step 1 . Linear and Quadratic Effects

* Following the notes we will consider a model with linear and quadratic effects of age. To this end we define the midpoints of age and its square. For consistency with the notes we will not center age before computing the square, although I generally recommend that. We use the baseoutcome() option to define 'no method' as the baseline or reference outcome:

```
. gen age = 12.5 + 5*ageg
. gen agesq = age^2
```

* 第 3 組當比較基準點
```
. mlogit cuse age agesq [fw=cases], baseoutcome(3)
```

Multinomial logistic regression

Number of obs	=	3165
LR chi2(4)	=	500.63
Prob > chi2	=	0.0000
Pseudo R2	=	0.0799

Log likelihood = -2883.1364

cuse	Coef.	Std. Err.	z	P>|z|	[95% Conf. Interval]
消毒 sterilization					
age	.7097186	.0455074	15.60	0.000	.6205258 .7989114
agesq	-.0097327	.0006588	-14.77	0.000	-.011024 -.0084415
_cons	-12.61816	.7574065	-16.66	0.000	-14.10265 -11.13367
other_method					
age	.2640719	.0470719	5.61	0.000	.1718127 .3563311

```
      agesq |    -.004758   .0007596    -6.26   0.000     -.0062469   -.0032692
      _cons |   -4.549798   .6938498    -6.56   0.000     -5.909718   -3.189877
------------+-------------------------------------------------------------
```
no_method | (base outcome) 當比較基準點
```
--------------------------------------------------------------------------
```

* 印出「選 消毒 sterilization」age 對 agesq 之係數比值
. di -0.5*_b[sterilization:age]/_b[sterilization:agesq]
36.46038

* 印出「選 other_method age 對 agesq 之係數比值
. di -0.5*_b[other_method:age] /_b[other_method:agesq]
27.750071

* As usual with quadratics it is easier to plot the results, which we do below. The log-odds of using sterilization rather than no method increase rapidly with age to reach a maximum at 36.5. The log-odds of using a method other than sterilization rather than no method increase slightly to reach a maximum at age 28.5 and then decline.(The turning points were calculated by setting the derivatives to zero.)

* The model chi-square, which as usual compares the current and null models, indicates that the hypothesis of no age differences in contraceptive choise is soundly rejected with a chi-squared of 500.6 on 4 d.f. To see where the d.f. come from, note that the current model has six parameters(two quadratics with three parameters each) and the null model of course has only two(the two constants).

* We don't get a deviance, but STaTa does print the log-likelihood. For individual data the deviance is -2logL, and for the grouped data in the original table the deviance is twice the differences in log-likelihoods between the saturated and this model

* 最近一次迴歸 (線性 age+ 二次方 age) 與 A(純線性 age) 做概似比檢定，結果是前者較優
. lrtest . A

```
Likelihood-ratio test                          LR chi2(8)  =      20.47
(Assumption: . nested in sat)                  Prob > chi2 =     0.0087
```

*The deviance of 20.47 on 8 d.f. is significant at the 1% level, so we have evidence that this model does not fit the data. We explore the lack of fit using a graph.

*--------------------
* Step 2 . Plotting Observed and Fitted Logits

*Let us, comparing observed and fitted logits. We start with the predict post-estimation command, which can evaluate logits, with the xb option, or probabilities, with the pr option, the default.

*If you are predicting probabilities you usually specify one output variable for each possible outcome. If you specify just one variable STaTa predicts the first outcome, unless you use the outcome() option to specify which outcome you want to predict.
*If you are predicting logits you must do them one at a time, so you will usually specify the outcome you want. Here we compute the logits for sterilization vs no method and for other method vs no method:

*（線性 age＋ 二次方 age）預測值存至新變數：fit1(cuse=消毒 sterilization),fit2(cuse=other_method)
. predict fit1, outcome(1) xb
. predict fit2, outcome(2) xb

* For the observed values we could restore the saturated model and follow the same procedure, but we can also do the calculation 'by hand' taking advantage of the fact that the data are ordered by contraceptive use within each age group:
* 因選擇方法有三種，都以" level=3" 為控制組，故比較系統變數「_n/_n+2」、「_n/_n+1」
. gen obs1 = log(cases[_n]/cases[_n+2]) if cuse==1
(14 missing values generated)

. gen obs2 = log(cases[_n]/cases[_n+1]) if cuse==2
(14 missing values generated)

* Finally we plot observed versus fitted logits, using markers for the observed values and smooth curves for the quadratics.

```
. graph twoway(scatter obs1 age, mc(green))(scatter obs2 age, mc(red) ms(t))
(mspline fit1 age, bands(7) lc(green) lw(medthick))(mspline fit2 age,
bands(7) lc(red) lw(medthick) ) , ytitle("log-odds(no method as base)")
title("Contraceptive Use by Age") legend(order(1 " 消毒 sterilization"  2
"Other method") ring(0) pos(5))
```

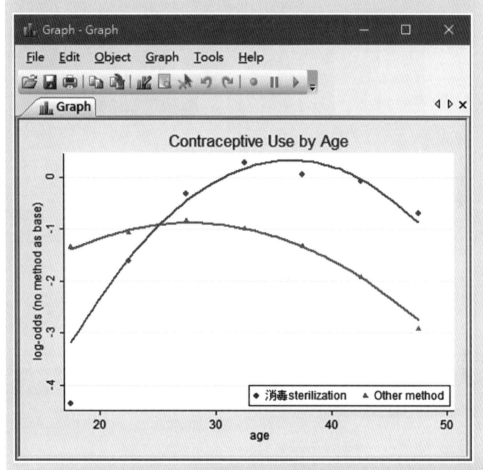

圖 7-18　選擇 1(消毒法)vs. 選擇 2(其他法) 之對數勝算比

* 存 " 圖 7-18.png" 前，先設定檔案路徑為 :
. cd "D:\08 mixed logit regression\CD"
. graph export 圖 7-18.png, width(500) replace
(file 圖 7-18.png written in PNG format)

```
*--------------------
* Step 3 . 再加虛擬數 age1519

* The graph suggests that most of the lack of fit comes from overestimation
of the relative odds of being sterilized compared to using no method at ages
15-19. Adding a dummy for this age group confirms the result:
* 新變數 age1519 為 dummy variable.
. gen age1519 = ageg==1

* 最近 1 次迴歸 (1age+ 二次方 age+ age1519) 與 A( 純線性 age) 做概似比檢定，結果是
前者無顯著較優，故可捨棄 age1519 變數

. quietly mlogit cuse age agesq age1519 [fw=cases]

. lrtest . A

Likelihood-ratio test                              LR chi2(6)  =      12.10
(Assumption: . nested in sat)                      Prob > chi2 =     0.0599

*The deviance is now only 12.10 on 6 d.f., so we pass the goodness of fit
test.(We really didn't need the dummy in the equation for other methods, so
the gain comes from just one d.f.)

*An important caveat with multinomial logit models is that we are modeling
odds or relative probabilities, and it is always possible for the odds of one
category to increase while the probability of that category declines, simply
because the odds of another category increase more. To examine this possibil-
ity one can always compute predicted probabilities.
* http://data.princeton.edu/wws509/stata/c6s2.html
```

| step 4. | The conditional logit model 之格式轉換

承前例。

*STaTa 可適配 McFadden 條件 logit 模型，即隨機效果模型，其中，選擇的預期效果可能取決於替代方案的特性，作出選擇的人的特徵，以及變量係特定於人與替代方案的組合。例如上面範例，所有預測因子都是個體特徵的多項 Logit 模型。

*STaTa 提供 asclogit 命令 (alternative specific conditional logit)，大大簡化了該模型的適配。clogit 命令是為匹配的病例—控制或固定效果的 logit 模型而設計的，並且是早期版本中唯一的選擇。之後，STaTa 提供更通用的 McFadden 條件 logit 模型，即隨機效用模型，其中選擇的預期效果可能取決於替代方案的特性，作出選擇的人的特徵，以及變量係特定於人與替代方案的組合。所有預測因子都是個體特徵的特殊情況，如上例之多項 Logit 模型。

* 我們提供選用避孕 3 種選擇數據的簡要說明。
. quietly quietly mlogit cuse age agesq age1519 [fw=cases]
* 先暫存參數，要用時再 restore
. preserve

. gen id = _n

* 將資料檔 wide 格式轉成 long 格式
*「expand 3」再 Duplicate observations：Replace each observation with 3 copies of the observation(original observation is retained and 2 new observation is created)
. expand 3
(42 observations created)

. sort id

* 依配對 (id) 來產生新變數
. by id: gen chosen = cuse == _n

. by id: replace cuse = _n
(42 real changes made)

. save "D:\08 mixed logit regression\CD\The_Nature_of_Multinomial_Data3.dta"

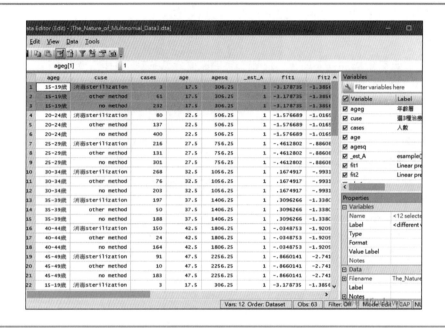

圖 7-19 「The_Nature_of_Multinomial_Data3.dta」資料檔內容

step 5. **The conditional logit model**

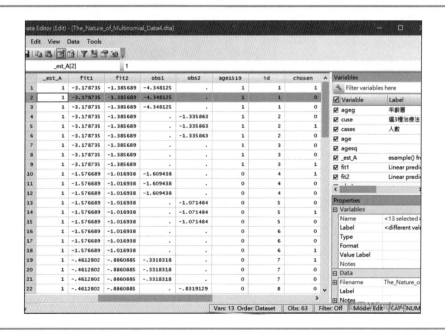

圖 7-20 「The_Nature_of_Multinomial_Data4.dta」資料檔內容

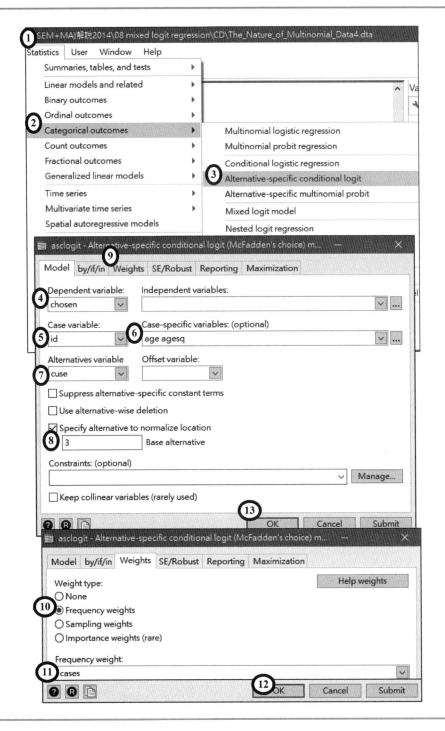

```
. sort id
. by id: gen chosen = cuse == _n
. by id: replace cuse = _n
(42 real changes made)
. save "D:\08 mixed logit regression\CD\The_Nature_of_Multinomial_Data4.dta"

. asclogit chosen [fw=cases], case(id) casevars(age agesq) alternatives(cuse)
  basealternative(3)
```

Alternative-specific conditional logit   Number of obs   =   9495
Case variable: id   Number of cases   =   3165

Alternative variable: cuse   Alts per case: min =   3
                                  avg =   3.0
                                  max =   3

                              Wald chi2(4)   = 351.79
Log likelihood = -2883.1364   Prob > chi2   = 0.0000

chosen	Coef.	Std. Err.	z	P>|z|	[95% Conf. Interval]	
消毒 sterilization						
age	.7097186	.0455074	15.60	0.000	.6205258	.7989114
agesq	-.0097327	.0006588	-14.77	0.000	-.011024	-.0084415
_cons	-12.61816	.7574065	-16.66	0.000	-14.10265	-11.13367
other_method						
age	.2640719	.0470719	5.61	0.000	.1718127	.3563311
agesq	-.004758	.0007596	-6.26	0.000	-.0062469	-.0032692
_cons	-4.549798	.6938498	-6.56	0.000	-5.909718	-3.189877
no_method	(base alternative)					

*改求勝算比 OR
```
. asclogit, or
```

Alternative-specific conditional logit   Number of obs   =   9495
Case variable: id   Number of cases   =   3165

Alternative variable: cuse   Alts per case: min =   3
                                  avg =   3.0
                                  max =   3

                              Wald chi2(4)   = 351.79
Log likelihood = -2883.1364   Prob > chi2   = 0.0000

```
-------------------------------------------------------------------------
        chosen | Odds Ratio   Std. Err.      z    P>|z|    [95% Conf. Interval]
---------------+---------------------------------------------------------
消毒 sterilization |
           age |  2.033419    .0925355    15.60   0.000    1.859906    2.22312
         agesq |  .9903145    .0006524   -14.77   0.000    .9890366    .991594
         _cons |  3.31e-06    2.51e-06   -16.66   0.000    7.50e-07    .0000146
---------------+---------------------------------------------------------
other_method   |
           age |  1.302222    .061298      5.61   0.000    1.187455    1.42808
         agesq |  .9952533    .000756     -6.26   0.000    .9937726    .9967362
         _cons |  .0105693    .0073335    -6.56   0.000    .002713     .0411769
---------------+---------------------------------------------------------
no_method      |      (base alternative)
-------------------------------------------------------------------------
```

1. 避孕 3 種選擇 (chosen)，以 level=3 no_method 當比較基準點，age 當自變數之
   logit 迴歸分析為：

   消毒 sterilization 對 no_method 的勝算比為 2.033 倍。

   other_method 對 no_method 的勝算比為 1.302 倍。

chapter

08

多層次邏輯斯迴歸

(xtmelogit、asmixlogit、bayes:

meologit 指令)

邏輯斯迴歸分析適用於依變數為二元類別資料的情形，若自變數只有一個，則稱為單變數邏輯斯迴歸分析 (univariate logistic regression)，若自變數超過一個以上，則稱為多邏輯斯迴歸分析 (multivariate logistic regression)，又可稱為多元或複邏輯斯迴歸分析 (如下圖)。

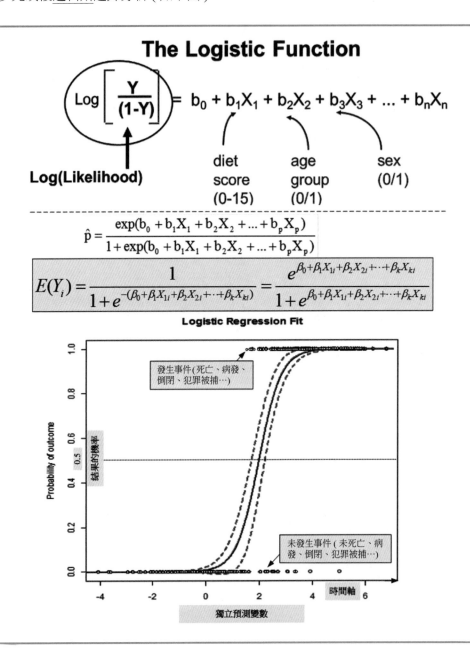

圖 8-1　multiple logistic 函數之示意圖

當依變數為二元的類別變數時，若想作迴歸分析，此時不能再使用一般的線性迴歸，而應該要改用二元邏輯斯迴歸分析。

二元邏輯斯迴歸式如下：

$$\text{logit}\,[\pi(x)] = \log\left(\frac{\pi(x)}{1-\pi(x)}\right) = \log\left(\frac{P(x=1)}{1-P(x=1)}\right) = \log\left(\frac{P(x=1)}{P(x=0)}\right) = \alpha + \beta x$$

公式經轉換為

$$\frac{P(x=1)}{P(x=0)} = e^{\alpha+\beta x}$$

1. 邏輯斯方程式很像原本的一般迴歸線性模式，不同點於現在的依變數變為事件發生機率的勝算比。

2. 因此現在的 β 需解釋為，當 x 每增加一單位時，事件發生的機率是不發生的 $\exp(\beta)$ 倍。

3. 為了方便結果的解釋與理解，一般來說我們會將依變數為 0 設為參照組 (event free)。

8-1 分層隨機抽樣

要想提高研究設計之外部效度，有 7 種方法可「控制」外生 (extraneous) 變數：

1. 排除法：選擇相同外在變數之標準。例如，害怕「年齡」這個外生變數會影響自變數，所以隨機找同年齡 (例如，18 歲) 的人當樣本。此種做法，雖提升了內部效度，但卻損及外部效度。

2. 隨機法：採用控制組 (對照組) 及實驗組，將樣本隨機分派至兩組，以抵銷外生變數。調查法則可採「分層隨機抽樣」、或完全隨機抽樣。

3. 共變數分析法：一起記錄外生變數，將它納入研究設計中，以共變數分析來分析。

4. 配對法：即以外生變數 (如年齡) 來配對。在實務上，係較難找到這樣的精準配對再分組至實驗組及控制組中。

5. 重複實驗：同組的人先作實驗群，也作控制組。一群當二群用，其缺點：除了會受到 pre-test 影響外，亦會受到施測順序 (實驗—控制、控制—實驗) 的

影響。

6. 納入法：即改用多因子實驗設計。假如害怕「年齡」這個外生變數會影響自變數，除了隨機以「年齡」分派樣本外，還可以將它納入多因子變異數分析中。

7. 分層法：按單位比例來分層抽樣，以控制樣本特徵的差異。

抽樣 (sampling) 調查係自調查對象之母體中抽取一部分個體，加以觀察，然後再推估母體之現象。

機率抽樣係指抽取之樣本是按照樣本之機率隨機抽出。分層隨機抽樣也是機率抽樣之一，它將母體按照某些特性，分成數個不重疊的組群，這些組群即稱為層，而再由各層分別抽取樣本。

抽樣之基本原則：

1. 代表性：所抽樣本能代表母體。
2. 精確性：以樣本訊息估計母體之特性，要盡可能精確，並且可測度其可信度。
3. 成本低：抽樣成本要盡量少。
4. 可行性：配合不同之母體狀況及行政限制下，採取適宜方法 (即考量實務問題)。亦即如何達到快速、準確、具代表性而又能配合實務。

一、分層隨機抽樣 (stratified random sampling)

抽樣是推論統計的必要步驟，而推論統計的目的是在於根據樣本的性質來推估母群體的性質。因為我們不知道母群體的性質，所以要抽取樣本來估計它。可見，推論統計的工作乃是由已知推論未知，由特殊而瞭解普遍的一種科學步驟。樣本既然是要用來代表母群體的，則樣本必須具有代表性 (representativeness)，否則這種樣本便無價值可言。抽樣 (sampling) 的方式有很多種，較常用的抽樣方法有簡單隨機抽樣 (simple random sampling)、系統性抽樣 (systematic sampling)、分層隨機抽樣 (stratified sampling) 及群集抽樣 (cluster sampling)。

簡單隨機抽樣的抽樣方法在直覺上是非常公平，而且不會遭受扭曲，因為在整個母群體中的每一個分子成員，都有同樣的可能性出現在樣本中。但其缺點是無法利用我們對母群體先有的一些訊息，或對母群體特性的一些判斷。例如某一城市貧富分布並非任意分布，而是貧民都居住在北區，而富人居住在南區，那麼我們可利用此一項訊息，使用分層隨機抽樣，抽樣結果更符合我們的需要。

按照某種原因或其他一定的標準，將所含抽樣單位個數分別定為 $N_1, N_2, \cdots,$ $N_h, \cdots, N_L$，但 $\sum_{h=1}^{L} N_h = N$；這些分枝的母體簡稱為層 (stratum)。再以簡單隨機抽樣法，分別從各層獨立的抽出 $n_1, n_2, \cdots, n_h, \cdots, n_L$ 個單位組成一個含有 $\sum_{h=1}^{L} n_h = n$ 個單位的樣本，根據此樣本中各單位的平均 $\bar{x}_h$ 與母體各層單位的個數 N_h 去推估母體平均。亦即 $\hat{\mu}_h = \sum_{h=1}^{L} \frac{N_h}{N} \bar{x}_h$，其中 N 為母體中單位總數，而 h 為層號。

往往調查對象的母體中，包含每一抽樣單位附隨的某種特性的變數間具有很大的變異性，即分散度很大，或具有歪度很大的分布。此時倘若置之不理，而採用簡單隨機抽樣法從整個母體中抽出樣本，則可能在分布兩端的單位便沒有被抽中的機會，或者抽出太多極端的樣本，因而失去母體的代表性，以致估計的準確度不高。反之，假如按照母體分布的狀態，將其抽樣單位分為大、小二層或更細分的，使各層內的單位間的變異程度較低，而各層間的變異程度較高。根據變異數分析原理，層間變異愈大則層內變異愈小，因此各層樣本的代表性將會增高，將其混合資料以估計整個母體總合或平均值必能獲得準確度很高的估計結果。

分層隨機抽樣在實際應用上是最常用的一種抽樣方法。通常欲調查的母體內各個抽樣單位，當其間變異甚大，即分散度很大或具有歪度 (skewness) 時，若採用簡單隨機抽樣，則可能造成分散在兩端的樣本將不被抽中或抽中太多。如此抽出的樣本不具高度代表性，反而使估計誤差過大，因此有使用分層隨機抽樣的必要。舉例來說，欲估計超級市場的平均營業額，即要對超級市場按超市大小分層後再作抽樣。

1. 分層隨機抽樣的特點

分層隨機抽樣的特點是：由於通過劃類分層，增大了各類型中單位間的共同性，容易抽出具有代表性的調查樣本。該方法適用於總體情況複雜，各單位之間差異較大，單位較多的情況。

2. 分層隨機抽樣的優缺點

分層隨機抽樣法的優點是：

(1) 可增加樣本代表性。

(2) 可提高估計的準確度。

(3) 可分別獲得各層的訊息，並做各層間的比較分析。

(4) 可在各層設立行政單位，以便於執行。

(5) 可視各層情形，採取不同的抽樣方法。

分層隨機抽樣法的限制是：

(1) 分層變數的選取 (要與所欲估計的特徵值具有高度相關)。

(2) 層數的釐定 (要適當並配合母體的分布狀況)。

(3) 分層標準的決定 (各層不能有重疊現象)。

(4) 各層樣本的配置方法。

(5) 分層後，樣本資料的整理及估計較複雜。

因此，使用分層隨機抽樣法的最佳時機，便是當 (1) 母體內樣本單位的差異較大時；和 (2) 分層後能達到層間差異大，層內差異小的原則。原則上要使層內變異小，而層間變異大；各層不能有重疊現象。

3. 分層隨機抽樣的步驟

分層隨機抽樣的使用步驟，首先我們必須把母群體分成具有較高同質性的次母群體或階層，然後再從各次母群體或階層分別抽出樣本，這種抽樣方法可以使所得到的樣本更能代表母群體的特性。一般而言，分層隨機抽樣的抽樣方法包括三個步驟：(1) 將母群體分成幾個階層；(2) 對每個階層實施隨機抽樣；(3) 估計母群體之均值。

分層隨機抽樣，也叫類型抽樣。就是將總體單位按其屬性特徵分成若干類型或層，然後在類型或層中隨機抽取樣本單位。

4. 確定各層樣本數的三方法

(1) 分層定比：即各層樣本數與該層總體數的比值相等。例如，樣本大小 n = 50，總體 N = 500，則 n/N = 0.1 即為樣本比例，每層均按這個比例確定該層樣本數。

(2) 奈曼法：即各層應抽樣本數與該層總體數及其標準差的積成正比。

(3) 非比例分布法：當某個層次包含的個案數在總體中所占比例太小時，為使該層的特徵在樣本中得到足夠的反映，可人為地適當增加該層樣本數在總體樣本中的比例。但這樣做會增加推論的複雜性。

5. 分層隨機抽樣的應用

總體中賴以進行分層的變數為分層變數，理想的分層變數是調查中要加以測量的變數或與其高度相關的變數。分層的原則是增加層內的同質性和層間的異質性。常見的分層變數有性別、年齡、教育、職業等。分層隨機抽樣在實際抽樣調查中廣泛使用，在同樣樣本容量的情況下，它比純隨機抽樣的精度高，此外管理方便，費用少，效度高。

8-2 多層次邏輯斯迴歸 (multilevel logistic regression) (xtmelogit 指令)

8-2-1 雙層次混合 logistic 迴歸 (xtmelogit 指令)

　　試問影響婦女避孕因素，是否為：城鄉文化、年齡、生 1 個小孩、生 2 個小孩、生 3 個小孩。為了「控制」61 個鄉鎮差距的干擾因素，本例擬以各鄉鎮 (district) 當作分層隨機抽樣的分層，每個鄉鎮各抽 30 名左右婦女。

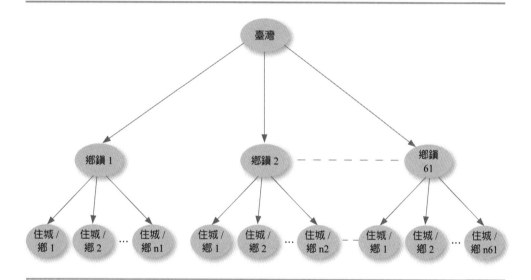

圖 8-2 非平衡之分層隨機抽樣設計

一、樣本資料之特徵

```
use bangladesh, clear
* 或網上擷取資料檔 bangladesh.dta
. use http://www.stata-press.com/data/r10/bangladesh.dta
(Bangladesh Fertility Survey, 1989)

. describe c_use urban age child1 child2 child3
```

```
                  storage   display      value
variable name     type      format       label       variable label
-------------------------------------------------------------------------
_use              byte      %9.0g        yesno       避孕嗎？(Use contraception)
urban             byte      %9.0g        urban       住城市／農村 (Urban or rural)
age               float     %6.2f                    年齡，平均為中心 (Age, mean centered)
child1            byte      %9.0g                    1 child
child2            byte      %9.0g                    2 children
child3            byte      %9.0g                    3 or more children
```

* 查看本例非平衡之分層樣本設計
. **tabulate** district urban

```
              |    城市／農村 (Urban or
              |        rural)
  District    |    rural        urban  |     Total
 -------------+------------------------+----------
           1  |      54           63   |      117
           2  |      20            0   |       20
           3  |       0            2   |        2
           4  |      19           11   |       30
           5  |      37            2   |       39
           6  |      58            7   |       65
           7  |      18            0   |       18
           8  |      35            2   |       37
           9  |      20            3   |       23
          10  |      13            0   |       13
          11  |      21            0   |       21
          12  |      23            6   |       29
          13  |      16            8   |       24
          14  |      17          101   |      118
          15  |      14            8   |       22
          16  |      18            2   |       20
          17  |      24            0   |       24
          18  |      33           14   |       47
          19  |      22            4   |       26
          20  |      15            0   |       15
          21  |      10            8   |       18
          22  |      20            0   |       20
          23  |      15            0   |       15
```

```
24 |      14      0 |      14
25 |      49     18 |      67
26 |      13      0 |      13
27 |      39      5 |      44
28 |      45      4 |      49
29 |      25      7 |      32
30 |      45     16 |      61
31 |      27      6 |      33
32 |      24      0 |      24
33 |       7      7 |      14
34 |      26      9 |      35
35 |      28     20 |      48
36 |      14      3 |      17
37 |      13      0 |      13
38 |       7      7 |      14
39 |      24      2 |      26
40 |      12     29 |      41
41 |      23      3 |      26
42 |       6      5 |      11
43 |      28     17 |      45
44 |      27      0 |      27
45 |      34      5 |      39
46 |      74     12 |      86
47 |       9      6 |      15
48 |      26     16 |      42
49 |       4      0 |       4
50 |      15      4 |      19
51 |      20     17 |      37
52 |      42     19 |      61
53 |       0     19 |      19
55 |       0      6 |       6
56 |      24     21 |      45
57 |      23      4 |      27
58 |      20     13 |      33
59 |      10      0 |      10
60 |      22     10 |      32
61 |      31     11 |      42
-----------+----------------------+----------
 Total |   1,372     562 |   1,934
```

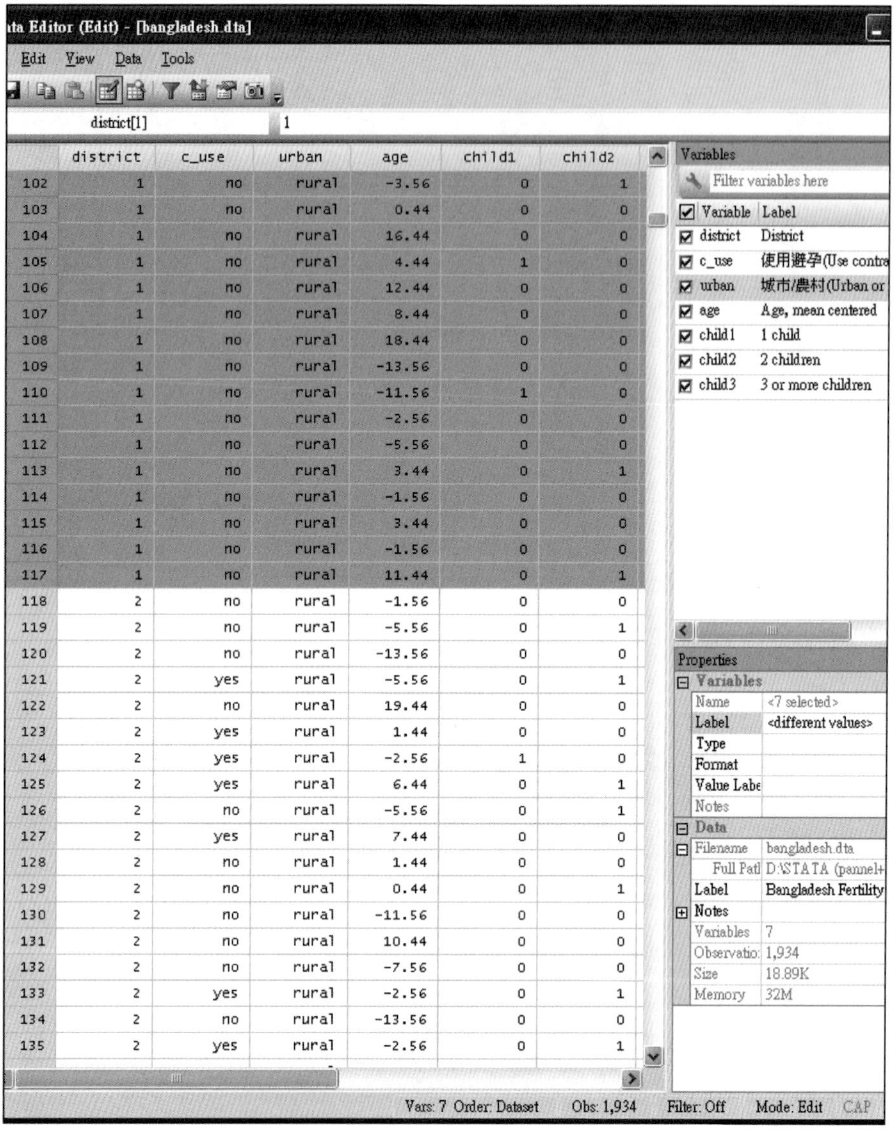

	district	c_use	urban	age	child1	child2
102	1	no	rural	-3.56	0	1
103	1	no	rural	0.44	0	0
104	1	no	rural	16.44	0	0
105	1	no	rural	4.44	1	0
106	1	no	rural	12.44	0	0
107	1	no	rural	8.44	0	0
108	1	no	rural	18.44	0	0
109	1	no	rural	-13.56	0	0
110	1	no	rural	-11.56	1	0
111	1	no	rural	-2.56	0	0
112	1	no	rural	-5.56	0	0
113	1	no	rural	3.44	0	1
114	1	no	rural	-1.56	0	0
115	1	no	rural	3.44	0	0
116	1	no	rural	-1.56	0	0
117	1	no	rural	11.44	0	1
118	2	no	rural	-1.56	0	0
119	2	no	rural	-5.56	0	1
120	2	no	rural	-13.56	0	0
121	2	yes	rural	-5.56	0	1
122	2	no	rural	19.44	0	0
123	2	yes	rural	1.44	0	0
124	2	yes	rural	-2.56	1	0
125	2	yes	rural	6.44	0	1
126	2	no	rural	-5.56	0	1
127	2	yes	rural	7.44	0	0
128	2	no	rural	1.44	0	0
129	2	no	rural	0.44	0	1
130	2	no	rural	-11.56	0	0
131	2	no	rural	10.44	0	0
132	2	no	rural	-7.56	0	0
133	2	yes	rural	-2.56	0	1
134	2	no	rural	-13.56	0	0
135	2	yes	rural	-2.56	0	1

圖 8-3「bangladesh.dta」資料檔之內容 (61 個)

二、多層 logistic 迴歸分析

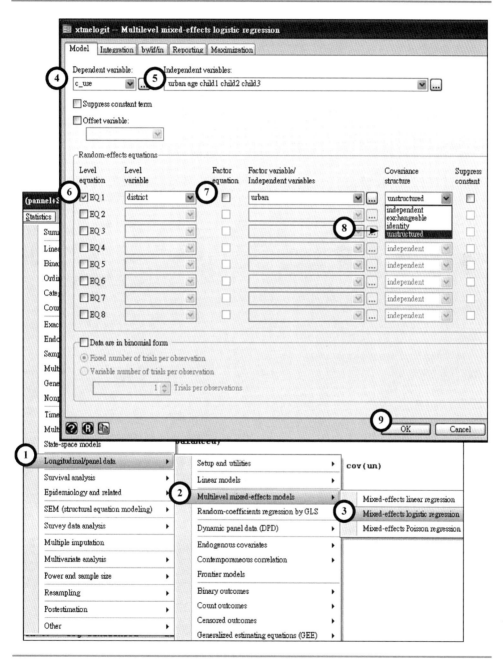

圖 8-4 「xtmelogit c_use urban age child1 child2 child3 ‖ district：urban, cov(un)」畫面

```
use bangladesh, clear

* 宣告 panel 資料檔，沒有時間 t，只有個體 district
. xtset district
      panel variable:  district(unbalanced)


. xtmelogit c_use urban age child1 child2 child3 || district: urban,
cov(unstructured)

Refining starting values:

Iteration 0:   log likelihood = -1215.8594 (not concave)
Iteration 1:   log likelihood = -1204.0802
Iteration 2:   log likelihood = -1199.7987

Performing gradient-based optimization:

Iteration 0:   log likelihood = -1199.7987
Iteration 1:   log likelihood = -1199.4774
Iteration 2:   log likelihood = -1199.3158
Iteration 3:   log likelihood =  -1199.315
Iteration 4:   log likelihood =  -1199.315
```

| Mixed-effects logistic regression | | Number of obs | = | 1934 |
| Group variable : district | | Number of groups | = | 60 |

```
                                         Obs per group: min =       2
                                                        avg =    32.2
                                                        max =     118


Integration points =  7          Wald chi2(5)       =    97.50
Log likelihood = -1199.315       Prob > chi2        =   0.0000
```

c_use	Coef.	Std. Err.	z	P>|z|	[95% Conf. Interval]
urban	.8157872	.1715519	4.76	0.000	.4795516	1.152023
age	-.026415	.008023	-3.29	0.001	-.0421398	-.0106902

```
    child1 |    1.13252    .1603285     7.06    0.000      .818282    1.446758
    child2 |   1.357739    .1770522     7.67    0.000     1.010724    1.704755
    child3 |   1.353827    .1828801     7.40    0.000     .9953881    1.712265
     _cons |   -1.71165    .1605617   -10.66    0.000    -2.026345   -1.396954
-----------------------------------------------------------------------------


-----------------------------------------------------------------------------
  Random-effects Parameters |   Estimate   Std. Err.     [95% Conf. Interval]
----------------------------+------------------------------------------------
district: Unstructured      |
                sd(urban)  |   .8162856    .1975237     .5080068     1.31164
                sd(_cons)  |   .6242943    .1035135      .451079     .8640247
        corr(urban,_cons)  |  -.7964729    .1151556    -.9361775    -.4394904
-----------------------------------------------------------------------------
LR test vs. logistic regression:      chi2(3) =     58.42   Prob > chi2 = 0.0000

Note: LR test is conservative( 保守的 ) and provided only for reference.
```

1. 雙層 logistic 模型為：

   $c\_use = -1.7 + 0.82urban - 0.03age + 1.13child1 + 1.36child2 + 1.35child3$
   有避孕嗎 = -1.7 + 0.82 住城 / 鄉 - 0.03 年齡 + 1.13 生一子 + 1.36 生二子 +
   1.35 生三子以上

2. 概似比 (LR) 檢定結果，$\chi^2_{(2)}$ = 58.42, p < 0.05，故多層 logistic 模型顯著比單層
   logistic 模型優。

3. 隨機截距模型，你可用單層次 xtlogit 指令或多層 xtmelogit 指令，但二者是
   不相同，因為 xtlogit 指令的內定整合點 (integration points) 是 12；多層次
   xtmelogi 指令內定整合點 (integration points) 是 7。

8-2-2 三層次 logistic 迴歸 (xtmelogit 指令)

   xtmelogit 指令係多層次混合效果 logistic 迴歸 (multilevel mixed-effects
logistic regression)，它可執行二元 (binary/binomial) 反應變數。混合效果係固定
效果及隨機效果的混合，混合效果係類似 (analogous) 標準迴歸來估計係數。
   雖然事後可求得隨機效果，但它係無法直接估計，它只能根據其變異數及

共變數來彙整 (summarized)。隨機截距及隨機係數都是隨機效果形式之一。樣本之分組結構 (grouping structure) 便形成鑲套組別的多層次 (multiple levels of nested groups)。

隨機效果分布係假定為高斯 (Gaussian) 常態分布。隨機效果之反應變數的條件分布係假定為 Bernoulli 分布，並由 logistic 累積分布 (CDF) 來當作反應變數的成功機率。由於對數概似 (log likelihood) 無法求得模型近似解，故 xtmelogit 指令係採用適性高斯法 (adaptive Gaussian quadrature) 來求解。

一、樣本資料之特徵

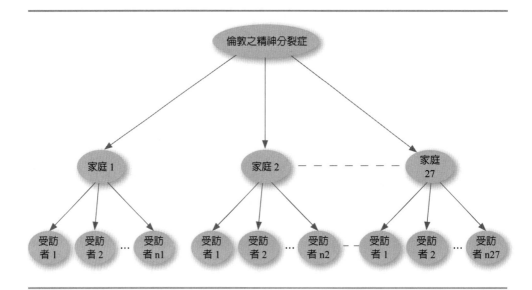

圖 8-5 三層次 logistic 模型：堆疊 27 個家庭精神分裂症

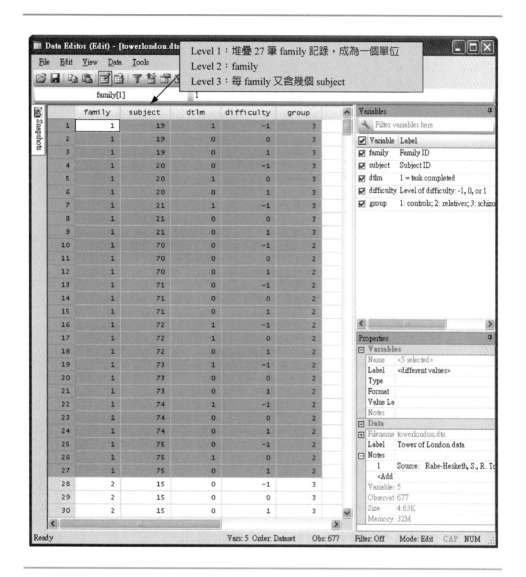

圖 8-6 「towerlondon.dta」資料檔之內容

```
* Setup
. webuse towerlondon
(Tower of London data)

. note

_dta:
    1.  Source: Rabe-Hesketh, S., R. Touloupulou, and R. M. Murray.  2001.
Multilevel modeling of cognitive function in schizophrenics and their first
degree relatives.  Multivariate Behavioral Research 36:  279-298.

* 資料之特徵
. describe

Contains data from http://www.stata-press.com/data/r12/towerlondon.dta
  obs:           677                          Tower of London data
  vars:            5                          31 May 2011 10:41
  size:        4,739                          (_dta has notes)
---------------------------------------
              storage  display   value
variable name  type    format    label      variable label
--------------------------------------------------------------------------
family         int     %8.0g                 Family ID
subject        int     %9.0g                 Subject ID
dtlm           byte    %9.0g                 1 = 任務完成 (task completed)
difficulty     byte    %9.0g                 Level of difficulty: -1, 0, or 1
group          byte    %8.0g                 1: controls; 2: relatives; 3: 精神分裂症
(schizophrenics)
--------------------------------------------------------------------------
Sorted by: family  subject
```

二、三層次 logistic 迴歸分析

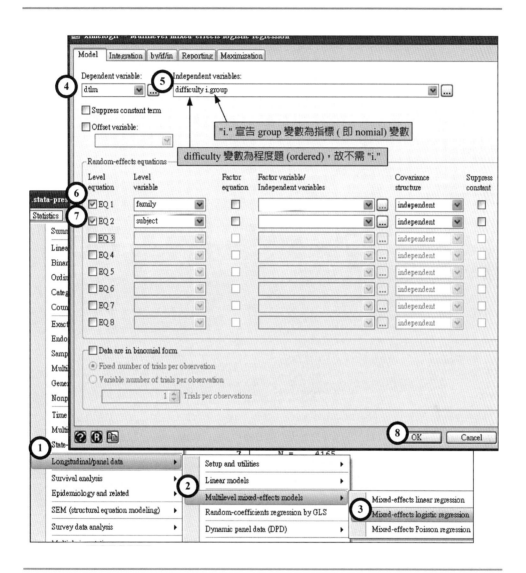

圖 8-7 「xtmelogit 指令…」三層次模型之畫面

| Step 1. | 三層 logistic 模型分析

```
* Setup
. webuse towerlondon
```

*計算 dtlm 在 group 各組之平均數
```
. oneway dtlm group, tabulate noanova
```

```
          1: |
  controls; |
          2: |
 relatives; |
          3: |
schizophren |    Summary of 1 = task completed
       ics |       Mean    Std. Dev.      Freq.
------------+------------------------------------
         1 |   .28350515   .45186554        194
         2 |   .26190476   .44042073        294
         3 |   .16402116   .3712783         189
------------+------------------------------------
     Total |   .24076809   .4278659         677
```

```
* Three-level nested model, subject nested within family
```
*因為 group 為類別變數，以「Indicator 變數」代入迴歸時，並以 group 1 為對照組
```
. xtmelogit dtlm difficulty i.group || family: || subject:
```

```
Refining starting values:

Iteration 0:    log likelihood = -310.28433
Iteration 1:    log likelihood = -306.42785 (not concave)
Iteration 2:    log likelihood = -305.26012

Performing gradient-based optimization:

Iteration 0:    log likelihood = -305.26012
Iteration 1:    log likelihood = -305.12093
Iteration 2:    log likelihood = -305.12043
```

```
Iteration 3:    log likelihood = -305.12043

Mixed-effects logistic regression              Number of obs      =      677

----------------------------------------------------------------------------
               |  No. of      Observations per Group      Integration
Group Variable |  Groups    Minimum   Average   Maximum     Points
---------------+------------------------------------------------------------
        family |   118         2        5.7        27          7
       subject |   226         2        3.0         3          7
----------------------------------------------------------------------------

                                            Wald chi2(3)      =     74.89
Log likelihood = -305.12043                 Prob > chi2       =     0.0000


----------------------------------------------------------------------------
       dt1m |    Coef.    Std. Err.     z     P>|z|    [95% Conf. Interval]
------------+---------------------------------------------------------------
 difficulty | -1.648506   .1932139   -8.53   0.000    -2.027198  -1.269814
            |
      group |
          2 |  -.24868    .3544065   -0.70   0.483     -.943304    .445944
          3 |  -1.0523    .3999896   -2.63   0.009    -1.836265  -.2683348
            |
      _cons | -1.485861   .2848469   -5.22   0.000     -2.04415  -.9275709
----------------------------------------------------------------------------


----------------------------------------------------------------------------
 Random-effects Parameters  |  Estimate   Std. Err.   [95% Conf. Interval]
----------------------------+-----------------------------------------------
family: Identity            |
               sd(_cons)    | .7544416    .3457248     .3072984   1.852213
----------------------------+-----------------------------------------------
subject: Identity           |
               sd(_cons)    | 1.066739    .3214235     .5909883   1.925472
----------------------------------------------------------------------------
LR test vs. logistic regression:     chi2(2) =     17.54   Prob > chi2 = 0.0002

Note: LR test is conservative and provided only for reference.
```

1. 「Group 2 vs. group 1」之係數為 −0.24(p > 0.05)，表示組 2 完成任務 (dtlm) 並未顯著劣於組 1。再從 ANOVA 表，亦可看出，組 1 的任務完成率為 0.2835，略高於組 2 的任務完成率為 0.2619。

2. 概似比 (LR) 檢定結果，$\chi^2_{(2)} = 17.54$, $p < 0.05$，故多層次混合 logistic 迴歸顯著比單層次 logistic 迴歸優。

Step 2. 勝算比 (odds ratios) 分析

```
* Setup
. webuse towerlondon

*計算 dtlm 在 group 各組之平均數
. oneway dtlm group, tabulate noanova


         1: |
   controls; |
         2: |
  relatives; |
         3: |
  schizophren |     Summary of 1 = task completed
       ics |      Mean     Std. Dev.        Freq.
  -----------+------------------------------------
         1 |   .28350515   .45186554         194
         2 |   .26190476   .44042073         294
         3 |   .16402116   .3712783          189
  -----------+------------------------------------
     Total |   .24076809   .4278659          677
* Replaying fixed effects as odds ratios( 勝算比 )
. xtmelogit, or

Mixed-effects logistic regression          Number of obs    =      677


              | No. of      Observations per Group      Integration
Group Variable |  Groups   Minimum   Average   Maximum      Points
---------------+------------------------------------------------------
       family |     118        2        5.7        27            4
```

```
        subject |      226            2         3.0          3          5
----------------------------------------------------------------------------------
                                              Wald chi2(3)        =        74.96
Log likelihood = -305.12348                   Prob > chi2        =       0.0000

----------------------------------------------------------------------------------
       dtlm |  Odds Ratio    Std. Err.      z     P>|z|    [95% Conf. Interval]
------------+---------------------------------------------------------------------
 difficulty |   .1924004    .0371522     -8.54    0.000     .1317773    .2809127
            |
      group |
          2 |   .7797992    .2762588     -0.70    0.483     .389429     1.561483
          3 |   .3492078    .1396245     -2.63    0.009     .1594947    .7645776
            |
       _cons |   .2263964    .064446      -5.22    0.000     .1295885    .3955237
----------------------------------------------------------------------------------


----------------------------------------------------------------------------------
Random-effects Parameters  |   Estimate   Std. Err.     [95% Conf. Interval]
---------------------------+------------------------------------------------------
family: Identity           |
              sd(_cons) |    .754869    .3447301      .3084245    1.847542
---------------------------+------------------------------------------------------
subject: Identity          |
              sd(_cons) |   1.065219    .3199697      .5912288    1.919209
----------------------------------------------------------------------------------
LR test vs. logistic regression:       chi2(2) =      17.53   Prob > chi2 = 0.0002

Note: LR test is conservative and provided only for reference.
```

1. 「Group 2 vs. group 1」之勝算比 (odds ratios) 為 0.779(< 1)，表示組 2 完成任務 (dtlm) 並未顯著劣於組 1。再從 ANOVA 表，亦可看出，組 1 的任務完成率為 0.2835，略高於組 2 的任務完成率為 0.2619。

2. 「Group 3 vs. group 1」之勝算比 (odds ratios) 為 0.349(< 1)，表示組 3 完成任務 (dtlm) 並未顯著劣於組 1。再從 ANOVA 表，亦可看出，組 1 的任務完成率為 0.2835，略高於組 3 的任務完成率為 0.164。

3. 概似比 (LR) 檢定結果，$\chi^2_{(2)} = 17.53, p < 0.05$，故多層次混合 logistic 迴歸顯著比單層次 logistic 迴歸優。

8-2-3 混合效果 logistic 迴歸 (xtmelogit 指令)

額外補充教學，請參考下列網址：

mixed effects logistic regression

https://stats.idre.ucla.edu/stata/dae/mixed-effects-logistic-regression/

https://www.stata.com/manuals13/rnlogit.pdf

8-2-4 Alternative-specific mixed logit regression(asmixlogit 指令)

額外補充教學，請參考下列網址：

https://www.stata.com/new-in-stata/mixed-logit-regression/

```
* Setup
. webuse inschoice

* Mixed logit model with a fixed coefficient for premium and random coeffi-
cients for deductible
. asmixlogit choice premium, case(id) alternatives(insurance)
random(deductible)

* Mixed logit model with correlated random coefficients for premium and de-
ductible
. asmixlogit choice, case(id) alternatives(insurance) random(deductible pre-
mium, correlated)
```

8-3 Multilevel mixed-effects ordered logistic regression：社會抵抗課程的介入對健康概念程度的效果 (meologit 指令)

有關多層次模型的概念介紹，請見本書「8-1 分層隨機抽樣」。

範例：Multilevel mixed-effects ordered logistic regression(meologit 指令)

本例資料取自「Television, School, and Family Smoking Prevention and Cessation Project (Flay et al. 1988; Rabe-Hesketh and Skrondal 2012, chap. 11)」。其中，schools 是隨機分配到由兩個治療變數所定義的四組之一。每個學校的學生都巢套在 classes(classes 巢套在 schools)，故形成 two-level 之模式。在這個例子中，我們忽略了學校內 classes 的變異性。

(一) 問題說明

為了瞭解「社會抵抗課程 (cc)」並輔以「電視 (tv)」介入「前、後」對學生健康概念程度 (thk、prethk) 的教學效果？(分析單位：學生個人)。本例之教學實驗「前、後」共「k = 28 個學校，j = 135 班級，i = 1600 學生」。

研究者收集數據並整理成下表，此「tvsfpors.dta」資料檔內容之變數如下：

變數名稱	說明	編碼 Codes/Values
結果變數 / 依變數：thk	介入後，個人對香菸及健康知識的得分	1～4 分 (程度題)
分層變數：school	學校 ID	1～28 學校
分層變數：class	班別 ID	1～135 班級
解釋變數 / 自變數：prethk	介入前，個人對香菸及健康知識的得分	0～6 (程度題)
解釋變數 / 自變數：cc	social resistance classroom curriculum, =1 if present	0, 1 (binary data)
解釋變數 / 自變數：tv	television intervention, =1 if present	0, 1 (binary data)

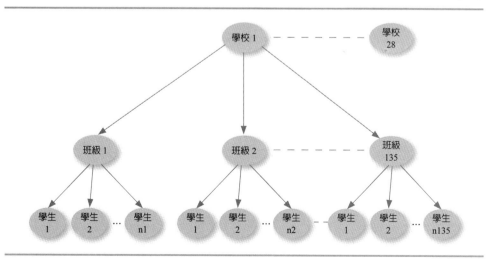

圖 8-8 非平衡之分層隨機抽樣設計 2

(二) 資料檔之內容

「tvsfpors.dta」資料檔內容如下圖。

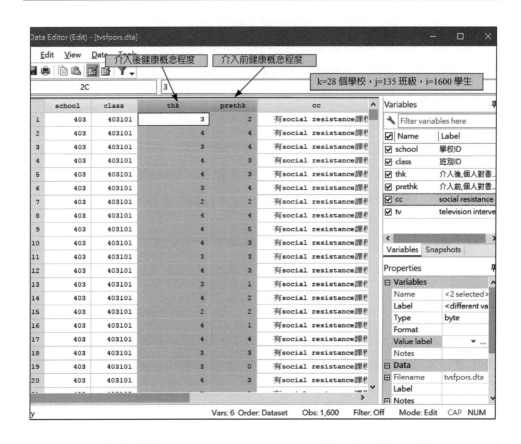

圖 8-9 「tvsfpors.dta」資料檔內容 (k = 28 個學校，j = 135 班級，i = 1600 學生)

觀察資料之特徵

```
. webuse tvsfpors

. des

Contains data from D:\08 mixed logit regression\CD\tvsfpors.dta
  obs:          1,600
  vars:             6                          13 Oct 2017 15:53
  size:        16,000
--------------------------------------------------------------------------
              storage   display    value
variable name   type    format     label     variable label
--------------------------------------------------------------------------
school          int     %9.0g                 學校 ID
class           float   %9.0g                 班別 ID
thk             byte    %15.0g     tv_fmt     介入後,個人對香菸及健康知識的得分
prethk          byte    %9.0g                 介入前,個人對香菸及健康知識的得分
cc              byte    %26.0g     cc_fmt     social resistance classroom
                                                curriculum, =1 if present
tv              byte    %15.0g     tv_fmt     television intervention, =1 if
                                                present
```

(三) 分析結果與討論

Step 1. 二層次 ordered logit regression

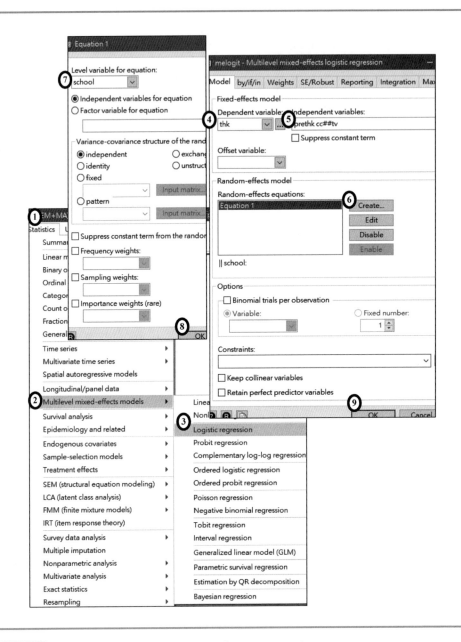

圖 8-10　「meologit thk prethk cc ＃＃ tv ‖ school：」畫面

註：Statistics > Multilevel mixed-effects models > Ordered logistic regression

```
* 開啟資料檔
. webuse tvsfpors

* Two-level mixed-effects ordered logit regression
*符號「A##B」界定為完全二因子，即 A, B,A*B 三個效果
. meologit thk prethk cc##tv || school:

Grid node 0:    log likelihood = -2136.2426

Fitting full model:

Mixed-effects ologit regression          Number of obs     =        1,600
Group variable:           school         Number of groups  =           28

                                         Obs per group:
                                                      min =           18
                                                      avg =         57.1
                                                      max =          137

Integration method: mvaghermite          Integration pts.  =            7

                                         Wald chi2(4)      =       128.06
Log likelihood = -2119.7428              Prob > chi2       =       0.0000
```

thk	Coef.	Std. Err.	z	P>|z|	[95% Conf. Interval]
prethk	.4032892	.03886	10.38	0.000	.327125	.4794534
cc						
有 social res..	.9237904	.204074	4.53	0.000	.5238127	1.323768
tv						
有電視介入	.2749937	.1977424	1.39	0.164	-.1125744	.6625618
cc#tv						
有 social res.. #|						
有電視介入	-.4659256	.2845963	-1.64	0.102	-1.023724	.0918728
/cut1	-.0884493	.1641062			-.4100916	.233193
/cut2	1.153364	.165616			.8287625	1.477965
/cut3	2.33195	.1734199			1.992053	2.671846
school						
var(_cons)|	.0735112	.0383106			.0264695	.2041551

```
LR test vs. ologit model: chibar2(01) = 10.72          Prob >= chibar2 = 0.0005
```

1. LR 卡方值 = 128.06 (p < 0.05)，表示你界定模型，至少有一個解釋變數的迴歸係數不為 0。

2. 報表「z」欄中，two-tail 檢定下，若 $|z| > 1.96$，則表示該自變數對依變數有顯著影響力。$|z|$ 值愈大，表示該自變數對依變數的關聯性 (relevance) 愈高。

3. Logit 係數「Coef.」欄中，是 log-odds 單位，故不能用 OLS 迴歸係數的概念來解釋。

4. ologit 估計 S 分數，它是各自變數 X's 的線性組合：

   $S = 0.40 \times prethk + 0.92 \times cc + 0.27 \times tv - 0.466(cc \times tv)$

   預測機率值為：

   P(thk = 1) = P(S + u ≤ _cut1)　　　　= P(S + u ≤ -0.088)

   P(thk = 2) = P(_cut1 < S + u ≤ _cut2) = P(-0.088 < S + u ≤ 1.153)

   P(thk = 3) = P(_cut2 < S + u ≤ _cut3) = P(1.153 < S + u ≤ 2.332)

   P(thk = 4) = P(_cut3 < S + u)　　　　= P(2.332 < S + u)

5. 概似比檢定「多層次 meologit 對比單層次 ologit model」，結果得 $\overline{\chi}^2_{(01)} = 10.72$ (p < 0.05)，表示多層次次序 logit 模型比單層次次序 logit 模型更適配本樣本。

Step 2. 三層次 **ordered logit regression**

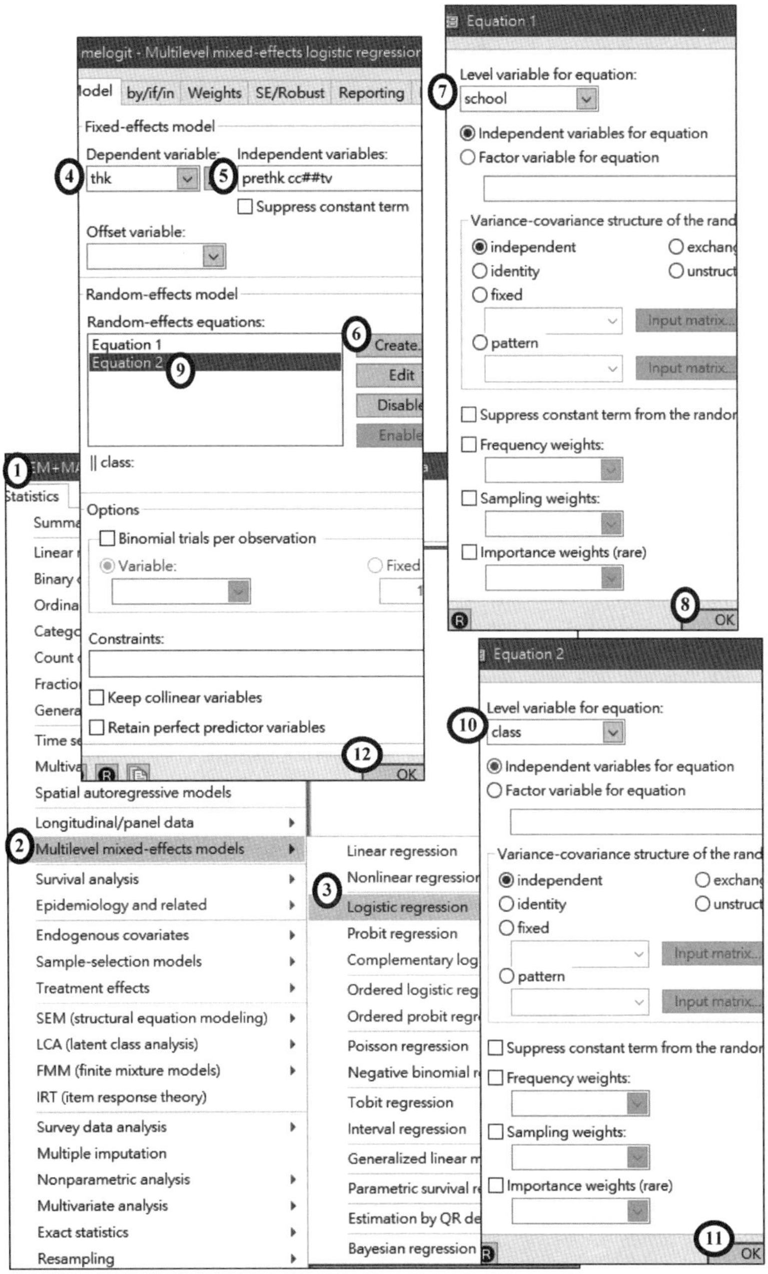

圖 8-11 「meologit thk prethk cc ＃＃ tv ‖ school： ‖ class：」畫面

註：Statistics > Multilevel mixed-effects models > Ordered logistic regression

```
* Three-level mixed-effects ordered logit regression

*符號「A##B」界定為完全二因子，即 A, B,A*B 三個效果
. meologit thk prethk cc##tv || school: || class:

Mixed-effects ologit regression              Number of obs    =      1,600

-----------------------------------------------------------------
             |   No. of      Observations per Group
Group Variable |   Groups   Minimum   Average   Maximum
-------------+---------------------------------------------------
      school |     28        18       57.1      137
       class |    135         1       11.9       28
-----------------------------------------------------------------

Integration method: mvaghermite              Integration pts. =        7

                                             Wald chi2(4)    =    124.39
Log likelihood = -2114.5881                  Prob > chi2     =    0.0000
```

thk	Coef.	Std. Err.	z	P>|z|	[95% Conf. Interval]
prethk	.4085273	.039616	10.31	0.000	.3308814	.4861731
cc						
有 social res..	.8844369	.2099124	4.21	0.000	.4730161	1.295858
tv						
有電視介入	.236448	.2049065	1.15	0.249	-.1651614	.6380575
cc#tv						
有 social res.. # 有電視介入	-.3717699	.2958887	-1.26	0.209	-.951701	.2081612
/cut1	-.0959459	.1688988			-.4269815	.2350896
/cut2	1.177478	.1704946			.8433151	1.511642
/cut3	2.383672	.1786736			2.033478	2.733865
school						
var(_cons)	.0448735	.0425387			.0069997	.2876749
school>class						
var(_cons)	.1482157	.0637521			.063792	.3443674

```
LR test vs. ologit model: chi2(2) = 21.03          Prob > chi2 = 0.0000

Note: LR test is conservative and provided only for reference.
```

1. LR 卡方值 = 124.39 (p < 0.05)，表示你界定模型，至少有一個解釋變數的迴歸係數不爲 0。

2. 報表「z」欄中，two-tail 檢定下，若 |z| > 1.96，則表示該自變數對依變數有顯著影響力。|z| 值愈大，表示該自變數對依變數的關聯性 (relevance) 愈高。

3. Logit 係數「Coef.」欄中，是 log-odds 單位，故不能用 OLS 迴歸係數的概念來解釋。

4. ologit 估計 S 分數，它是各自變數 X's 的線性組合：

   $S = 0.41 \times prethk + 0.88 \times cc + 0.238 \times tv - 0.3722(cc \times tv)$

   預測機率值爲：

   P(thk = 1) = P(S + u ≤ _cut1)　　　　 = P(S + u ≤ -0.096)

   P(thk = 2) = P(_cut1 < S + u ≤ _cut2) = P(-0.096 < S + u ≤ 1.177)

   P(thk = 3) = P(_cut2 < S + u ≤ _cut3) = P(1.177 < S + u ≤ 2.384)

   P(thk = 4) = P(_cut3 < S + u)　　　　　 = P(2.384 < S + u)

5. 概似比檢定「多層次 meologit 對比單層次 ologit model」，結果得 $\overline{\chi}^2_{(01)}$ = 21.03 (p < 0.05)，表示多層次次序 logit 模型比單層次次序 logit 模型更適配本樣本。

Step 3. 雙層次模型 vs. 三層次模型，誰優呢？

資訊準則 (information criterion)：亦可用來說明模型的解釋能力 (較常用來作爲模型選取的準則，而非單純描述模型的解釋能力)

(1) AIC(Akaike information criterion)

$$AIC = \ln\left(\frac{ESS}{T}\right) + \frac{2k}{T}$$

(2) BIC(Bayes information criterion) 或 SIC(Schwartz) 或 SBC

$$BIC = \ln\left(\frac{ESS}{T}\right) + \frac{k\ln(T)}{T}$$

(3) AIC 與 BIC 越小，代表模型的解釋能力越好（用的變數越少，或是誤差平方和越小）。

一般而言，當模型複雜度提高 (k 增大) 時，概似函數 L 也會增大，從而使 AIC 變小。但是 k 過大時，概似函數增速減緩，導致 AIC 增大，模型過於複雜容易造成過適配現象。目標是選取 AIC 最小的模型，AIC 不僅要提高模型適配

度 (極大概似)，而且引入了懲罰項，使模型參數儘可能少，有助於降低過適配的可能性。

```
* 雙層次模型適配度
. quietly meologit thk prethk cc##tv || school:

. estat ic

Akaike's information criterion and Bayesian information criterion

-----------------------------------------------------------------------
      Model |       Obs   ll(null)   ll(model)       df        AIC        BIC
------------+----------------------------------------------------------
          . |     1,600          .   -2119.743        8   4255.486   4298.508
-----------------------------------------------------------------------

* 三層次模型適配度
. quietly meologit thk prethk cc##tv || school: || class:
. estat ic

Akaike's information criterion and Bayesian information criterion

-----------------------------------------------------------------------
      Model |       Obs   ll(null)   ll(model)       df        AIC        BIC
------------+----------------------------------------------------------
          . |     1,600          .   -2114.588        9   4247.176   4295.576
-----------------------------------------------------------------------
```

1. 三層次模型適配度 AIC = 4247.176，小於雙層次模型適配度 (AIC = 4255.486)，表示本例子，三層次模型優於雙層次模型。

8-4 雙層巢狀模型：巢狀結構的餐廳選擇 (nested model，nestreg 指令)

巢狀 logit 模型 之應用例子

　　臺灣楓林面積較大的賞楓地點大多位於山區，早期這些楓林多為培育香菇而種植，近年才轉型為休閒產業的遊憩資源。近來我國政府實施週休二日，休閒旅遊的需求大量增加，但是賞楓地點過度地規劃與開發，可能對環境造成衝擊，因此環境的開發與保育工作必須適當地取得平衡。

　　因為至今仍缺少完善的評估方法來估計遊憩資源所提供的效益，本例針對臺灣賞楓景點集中的中北部山區進行抽樣，並以問卷調查遊客從事賞楓的經驗及評價，再利用巢狀 logit 模型能考量多地點，並假設決策過程有先後次序的概念，來架構賞楓活動的遊憩效益模型。研究結果顯示：

1. 巢狀 logit 模型之包絡值介於 0 到 1 之間，顯示本文對於賞楓地點的巢狀分類方式恰當。由於包絡值非常接近 0，顯示同一個賞楓地區的景點替代性很高。

2. 各賞楓景點資訊來源滿意度提高 10%、20%、30% 所衍生之平均遊憩效益，六個景點的效益每人平均增加 64.26、143.61、245.38 元。各賞楓景點楓樹數量滿意度提高 10%、20%、30%，六個景點的效益每人平均增加 50.63、110.00、182.26 元。各賞楓景點聯外交通滿意度提高 10%、20%、30%，六個景點的效益每人平均增加 15.65、32.04、49.21 元。各賞楓景點設施滿意度提高 10%、20%、30%，六個景點的效益每人平均增加 78.62、181.28、316.95 元。各賞楓景點遊憩景觀滿意度提高 10%、20%、30%，六個景點的每人效益平均增加 78.81、181.78、317.89 元。

3. 如果關閉各景點，平均一年損失之遊憩效益：石鹿古道約 3.43 萬元；秀巒公路約 0.25 萬元；東勢林場約 2372.51 萬元；楓林農場約 4.38 萬元；奧萬大約 1107.27 萬元；紅香部落約 22.38 萬元。

範例：雙層巢狀模型：巢狀結構的餐廳選擇 (nested model，nestreg 指令)

　　本例子要實作，它與「3-1-2 離散選擇模型 (DCM) 之數學式：以住宅選擇為例」非常相似，都屬巢狀 logit 迴歸模型。

　　nlogit 指令的數據架構，必須符合：每一個觀察，其每個選擇的記錄都應對
應到在樹的終端節點 (there is a record for each choice at the terminal nodes of the
tree)。即你資料結構的樹狀看起來像下圖：

```
                          .
                         / \
                        /   \
                       /     \
                 _l__ /       \__r_
                 / | \        /  \
                /  |  \      /    \
               /   |   \    /      \
              d    e    f  g        h
```

　　假設 id 為分組變數。Y 為反應變數。你可用 nlogitgen 指令新建 mid 變數來
表示此樹的中間層節點：

```
. nlogitgen mid = leaf(l:d|e|f, r:g|h)
```

　　因此，數據的前兩筆觀察值可能看起來像這樣：

rec	id	mid	leaf1	y	x1	x2	x3
1	1	l	d	0	1	2.3	-1.0
2	1	l	e	0	1	3.3	-1.1
3	1	l	f	1	0	4.5	.
4	1	r	g	0	0	1.3	-2.3
5	1	r	h	0	0	5.5	-1.7
6	2	l	d	0	1	1.2	-2.0
7	2	l	e	0	1	4.0	-0.7
8	2	l	f	0	1	2.0	-1.0
9	2	r	g	1	.	5.1	-0.9
10	2	r	h	0	0	6.1	-0.8

　　其中，每個觀察值占 5 個記錄，因為有 5 個葉節點。

若你有三個共變數「x1-x3」，最後，nlogit 指令如下：

```
. nlogit y (leaf = x1 x2) (mid = x3), group(id)
```

通常，STaTa 出現「非平衡數據錯誤 (unbalanced-data error)」，是因你的共變數含有遺漏值 (missing values)，如上面的數據列表所示。其中，變數 x1 的第 3 筆、變數 x3 的第 9 筆都是 missing values。nlogit 從分析中刪除這些記錄，進而使數據出現不完整。

(一) 問題說明

以下示例使用 STaTaCorp 網站的數據檔 "restaurant.dta"，本例子是指下面的樹結構，這意味著，吃飯有 3 種選擇方案 (type)：快餐店 (Fast Food)、家庭餐廳 (Family) 或花哨餐廳 (Fancy)。

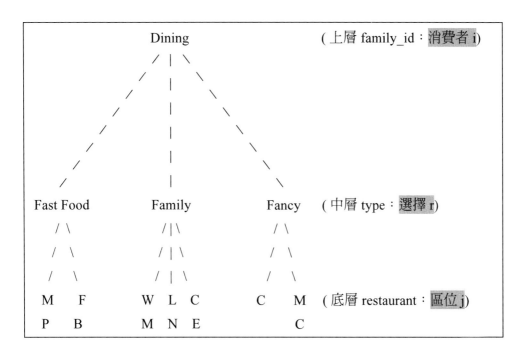

產生中間變數和一組解釋變數，然後嵌套入 logit 模型來估計。

為瞭解 (N = 300 家庭，每個家庭對當地 7 種餐廳) 選擇之因素有哪些？(分析單位：家庭)

研究者收集數據並整理成下表，此「restaurant.dta」資料檔內容之變數如下：

變數名稱	說明	編碼 Codes/Values
結果變數 / 依變數：chosen	餐廳有消費嗎	0, 1 (binary data)
解釋變數 / 自變數：cost	average meal cost per person	4.1586～32.70356
解釋變數 / 自變數：distance	家庭和餐廳之間的距離	-.97635～12.668
解釋變數 / 自變數：rating	ratings in local restaurant guide	0～5
受訪家戶別：family_id	family ID(上層)	1～300
7 方案選擇變數：restaurant	餐廳選那家？(底層)	1～7 方案可選擇
type 之自變數：income	家庭收入 household income	10～126
type 之自變數：kids	家中的孩子數	0～7
7 餐廳人工分 3 種 type	人工分餐廳種類 (中層)	1～3

(二) 資料檔之內容

「restaurant.dta」資料檔內容如下圖。

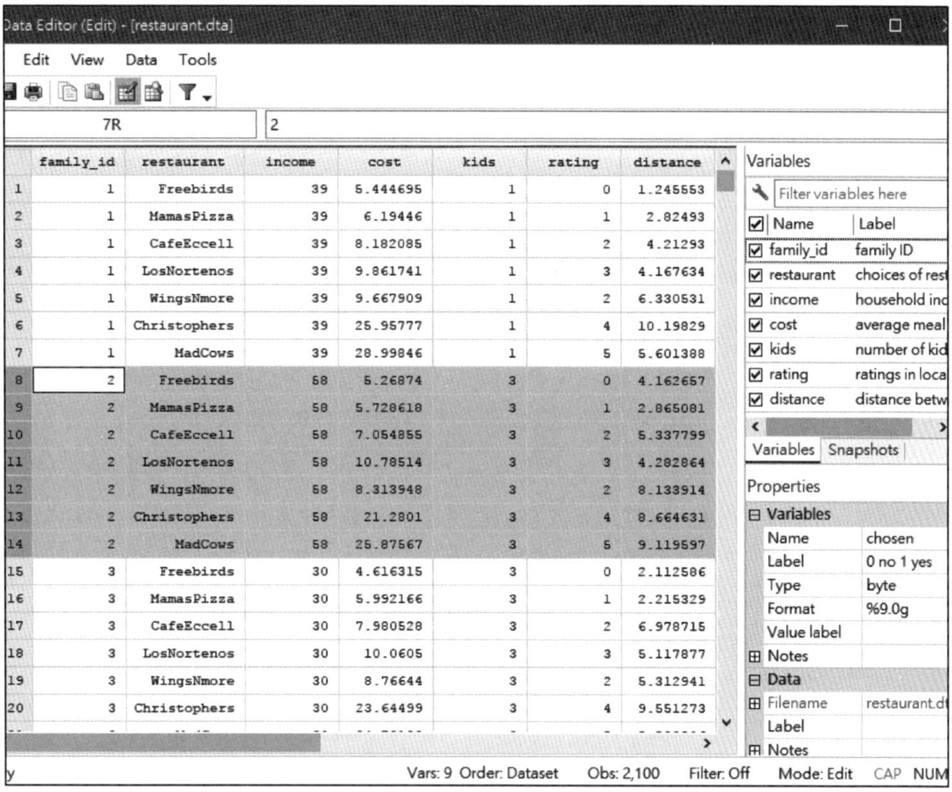

	family_id	restaurant	income	cost	kids	rating	distance
1	1	Freebirds	39	5.444695	1	0	1.245553
2	1	MamasPizza	39	6.19446	1	1	2.82493
3	1	CafeEccell	39	8.182085	1	2	4.21293
4	1	LosNortenos	39	9.861741	1	3	4.167634
5	1	WingsNmore	39	9.667909	1	2	6.330531
6	1	Christophers	39	25.95777	1	4	10.19829
7	1	MadCows	39	28.99846	1	5	5.601388
8	2	Freebirds	58	5.26874	3	0	4.162657
9	2	MamasPizza	58	5.728618	3	1	2.865081
10	2	CafeEccell	58	7.054855	3	2	5.337799
11	2	LosNortenos	58	10.78514	3	3	4.282864
12	2	WingsNmore	58	8.313948	3	2	8.133914
13	2	Christophers	58	21.2801	3	4	8.664631
14	2	MadCows	58	25.87567	3	5	9.119597
15	3	Freebirds	30	4.616315	3	0	2.112586
16	3	MamasPizza	30	5.992166	3	1	2.215329
17	3	CafeEccell	30	7.980528	3	2	6.978715
18	3	LosNortenos	30	10.0605	3	3	5.117877
19	3	WingsNmore	30	8.76644	3	2	5.312941
20	3	Christophers	30	23.64499	3	4	9.551273

圖 8-12「restaurant.dta」資料檔內容 (N= 300 家庭，每個家庭有 7 筆記錄)

觀察資料之特徵

```
* 開啟資料檔
. webuse restaurant

. des

Contains data from http://www.stata-press.com/data/r15/restaurant.dta
  obs:          2,100
 vars:              9                          2 Dec 2016 15:07
 size:         37,800
-------------------------------------------------------------------------------
              storage   display    value
variable name   type    format     label      variable label
-------------------------------------------------------------------------------
family_id       float   %9.0g                 family ID(上層)
restaurant      float   %12.0g     names      餐廳選那家?(底層)
```

```
income          float   %9.0g           家庭收入 household income
cost            float   %9.0g           average meal cost per person
kids            float   %9.0g           家中的孩子數
rating          float   %9.0g           ratings in local restaurant guide
distance        float   %9.0g           家庭和餐廳之間的距離
chosen          float   %9.0g           餐廳有消費嗎 0 no 1 yes
------------------------------------------------------------------------------
Sorted by: family_id
    Note: Dataset has changed since last saved.
. list family_id restaurant chosen kids rating distance in 1/21, sepby(fam) abbrev(10)

      +----------------------------------------------------------------+
      | family_id    restaurant   chosen   kids   rating   distance |
      |----------------------------------------------------------------|
  1.  |         1     Freebirds        1      1        0   1.245553 |
  2.  |         1    MamasPizza        0      1        1    2.82493 |
  3.  |         1    CafeEccell        0      1        2    4.21293 |
  4.  |         1    LosNortenos       0      1        3   4.167634 |
  5.  |         1    WingsNmore        0      1        2   6.330531 |
  6.  |         1   Christophers       0      1        4   10.19829 |
  7.  |         1       MadCows        0      1        5   5.601388 |
      |----------------------------------------------------------------|
  8.  |         2     Freebirds        0      3        0   4.162657 |
  9.  |         2    MamasPizza        0      3        1   2.865081 |
 10.  |         2    CafeEccell        0      3        2   5.337799 |
 11.  |         2    LosNortenos       1      3        3   4.282864 |
 12.  |         2    WingsNmore        0      3        2   8.133914 |
 13.  |         2   Christophers       0      3        4   8.664631 |
 14.  |         2       MadCows        0      3        5   9.119597 |
      |----------------------------------------------------------------|
 15.  |         3     Freebirds        1      3        0   2.112586 |
 16.  |         3    MamasPizza        0      3        1   2.215329 |
 17.  |         3    CafeEccell        0      3        2   6.978715 |
 18.  |         3    LosNortenos       0      3        3   5.117877 |
 19.  |         3    WingsNmore        0      3        2   5.312941 |
 20.  |         3   Christophers       0      3        4   9.551273 |
 21.  |         3       MadCows        0      3        5   5.539806 |
      +----------------------------------------------------------------+
```

因為每個家庭有七家餐館可選擇「消費否」？故每個家庭的問卷調查都有七個觀察結果 (互斥性)。chosen 變數編號為 0/1，其中 1 表示選定此餐廳，否則為 0。

本例亦可用條件 logit 模型 (conditional logistic regression) 來適配我們的數據。因為每個家庭中之個人收入 (income) 和孩子數 (kids) 是不變的。但我們會使用 asclogit 指令 (alternative-specific conditional logit (McFadden's choice) model)

會比 clogit 指令恰當。條件 logit 可能不合適的原因，因它假定：該模型假設隨機誤差 (shocks，誤差項) 是獨立的，因此它強制任何兩種替代方案的 odds ratio 與其他替代品是不相干，即稱為 IIA 的屬性。

IIA 假定 (assumption)

IIA 假定：影響決策者對一種替代方案的態度的不可觀察衝擊 (shocks，誤差項)，對他選擇其他替代方案的態度並沒有影響，表面上看起來是合理的，但是這種假定往往太有限制性。例如，某家決定參觀哪個餐廳時，係因為飯後他們計畫看電影而有時間限制。這種不可觀察衝擊 (匆忙) 會提高該家庭去快餐店（如 Freebirds 或 Mama's Pizza 餐廳）消費的可能性。同理，若另一個家庭可能會考慮一家餐廳來慶祝生日，因此傾向於參加一家高檔餐廳 (如 Christopher's 或 Mad Cows 餐廳)。

　　巢狀 (nested)logit 模型放寬上述 IIA 假定：獨立性假設，它允許我們組合不可觀察衝擊可能伴隨的影響之替代方案。

　　在這裡，你可將餐廳按 type (fast, family, or fancy) 來分組。本例，一個家庭，吃飯的決策樹可能看起來如下圖。

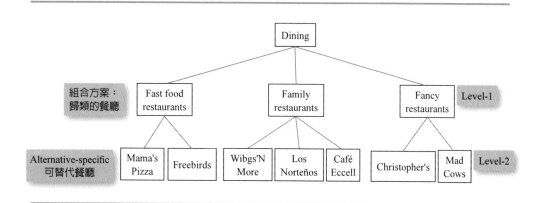

圖 8-13　吃飯的決策樹

　　在樹的底層是個別餐館 (restaurants)，因為有一些隨機衝擊 (random shocks，如時間壓力) 影響了家庭獨立地決定在那家餐廳吃飯。餐廳上方有三種

類型 (types) 的餐廳，這承認：其他隨機衝擊 (other random shocks，慶生) 會影響所選餐廳的類型。按照慣例在繪製決策樹時，頂層是一個 box，代表「family making the decision」。

接著來講 nested logit models。

1. 層 (level, decision level)

是作出決定的階層或階段。上面的例子只有兩個層次。在第一層，選擇一種類型 (type) 的餐廳 (fast food, family, or fancy)；在第二層，選擇一個特定的餐廳。

2. bottom level

是最終決定的層次。在我們的例子中，它是我們選擇特定餐廳 (specific restaurant)。

3. 替代方案集合 (alternative set)

是在任何給定決策層面的所有可能的替代方案的集合。

4. 底層替代方案集合 (bottom alternative set)

是底層所有可能的替代品的集合。這個概念通常被稱爲經濟學選擇文獻中的選擇。在我們的例子中，底部所有七個特定餐廳的替代品。

5. 替代方案 (alternative)

是替代集合中的具體替代方案。本例子的 level-1，「快餐」是另一種選擇。在 level-1，「瘋牛」是另一種選擇。在一個替代方案中，並不是所有替代方案都可以在特定階段進行選擇的人員使用，也可以是巢狀在所有更高級別決策中的人員。

6. chosen alternative

消費者選定的方案。

在我們的例子中，我們不假設家庭首先選擇是否參加「快餐、家庭或花哨的餐廳」，然後選擇特定餐廳，我們只假設：他們選擇了七間餐廳之一。

(三) 分析結果與討論

本例之樹狀選擇圖，對應的 nlogit 指令，有下列三步驟。

Step 1.

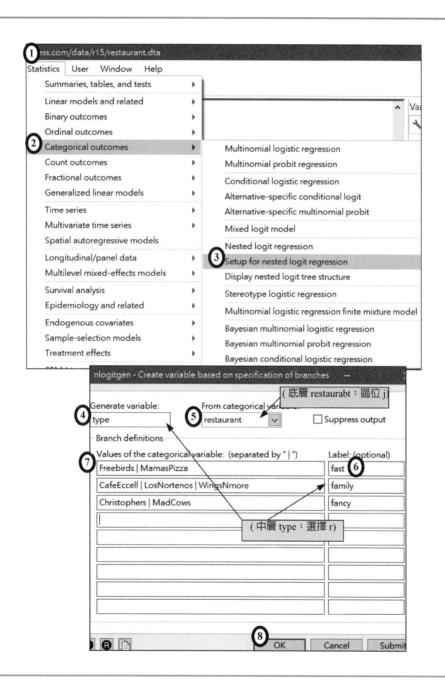

圖 8-14　「nlogitgen type = restaurant(fast ：Freebirds ｜ MamasPizza, family ：CafeEccell ｜ LosNortenos ｜ WingsNmore, fancy ：Christophers ｜ MadCows)」畫面

註 nlogitgen 在：Statistics > Categorical outcomes > Setup for nested logit regression

```
* 開啟資料檔
. webuse restaurant

* Generate a new categorical variable named type that identifies the first-
level set
* of alternatives based on the variable named restaurant
. nlogitgen type = restaurant( fast : Freebirds | MamasPizza, family :
CafeEccell | LosNortenos | WingsNmore, fancy : Christophers | MadCows)

new variable type is generated with 3 groups
label list lb_type
lb_type:
           1 fast
           2 family
           3 fancy
```

Step 2.

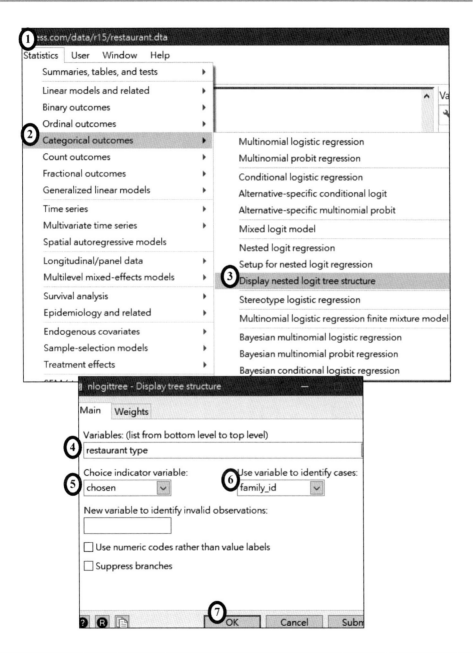

圖 8-15 「nlogittree restaurant type, choice(chosen) case(family_id)」畫面

註 nlogittree 在：Statistics > Categorical outcomes > Display nested logit tree structure

```
*  Examine the tree structure
. nlogittree restaurant type, choice(chosen) case(family_id)
tree structure specified for the nested logit model

 type    N      restaurant    N    k
------------------------------------
 fast   600 --- Freebirds    300   12
            +- MamasPizza     300   15
 family 900 --- CafeEccell    300   78
            |- LosNortenos    300   75
            +- WingsNmore     300   69
 fancy  600 --- Christophers  300   27
            +- MadCows        300   24
------------------------------------
               total       2100  300


k = number of times alternative is chosen
N = number of observations at each level

Note: At least one case has only one alternative; nlogit will drop these cas-
es.
```

Step 3. 雙層巢狀迴歸分析

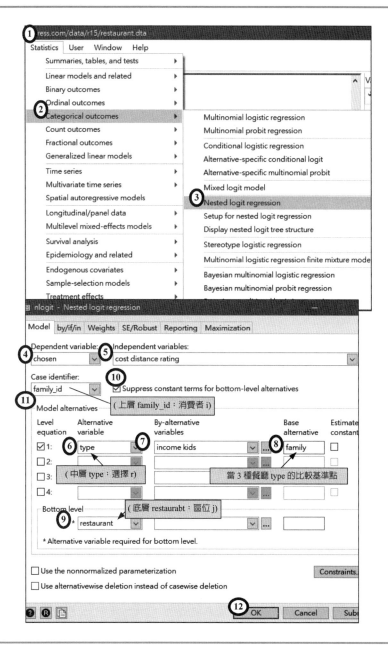

圖 8-16 「nlogit chosen cost distance rating ‖ type：income kids, base(family) ‖ restaurant：, noconst case(family_id)」畫面

註：nlogit 在：Statistics > Categorical outcomes > Nested logit regression

```
* Perform nested logit regression
. nlogit chosen cost distance rating || type: income kids, base(family) || restaurant:,
  noconst case(family_id)

tree structure specified for the nested logit model

type    N      restaurant    N    k
-------------------------------------
fast   600 --- Freebirds    300   12
           +- MamasPizza    300   15
family 900 --- CafeEccell   300   78
           |- LosNortenos   300   75
           +- WingsNmore    300   69
fancy  600 --- Christophers 300   27
           +- MadCows       300   24
-------------------------------------
              total        2100  300

k = number of times alternative is chosen
N = number of observations at each level

RUM-consistent nested logit regression        Number of obs   =      2,100
Case variable: family_id                       Number of cases =        300

Alternative variable: restaurant               Alts per case: min =        7
                                                              avg =      7.0
                                                              max =        7

                                               Wald chi2(7)    =      46.71
Log likelihood = -485.47331                    Prob > chi2     =     0.0000
```

chosen	Coef.	Std. Err.	z	P>|z|	[95% Conf. Interval]
restaurant	(底層 restaurant:區位 j)				
cost	-.1843847	.0933975	-1.97	0.048	-.3674404 -.0013289
distance	-.3797474	.1003828	-3.78	0.000	-.5764941 -.1830007
rating	.463694	.3264935	1.42	0.156	-.1762215 1.10361

type equations **(中層type:選擇r)**

fast					
income	-.0266038	.0117306	-2.27	0.023	-.0495952 -.0036123
kids	-.0872584	.1385026	-0.63	0.529	-.3587184 .1842016
family	當比較基準點				
income	0	(base)			
kids	0	(base)			

```
------------+----------------------------------------------------------
fancy       |
     income |  .0461827   .0090936     5.08   0.000    .0283595   .0640059
       kids | -.3959413   .1220356    -3.24   0.001   -.6351267  -.1567559
------------+----------------------------------------------------------
dissimilarity parameters
------------+----------------------------------------------------------
type        |
  /fast_tau |  1.712878   1.48685                    -1.201295   4.627051
/family_tau |  2.505113   .9646351                    .614463   4.395763
 /fancy_tau |  4.099844   2.810123                   -1.407896   9.607583
------------+----------------------------------------------------------
LR test for IIA (tau=1): chi2(3) = 6.87              Prob > chi2 = 0.0762
```

1. LR 卡方值 = 46.71(p < 0.05)，表示你界定模型，至少有一個解釋變數的迴歸係數不為 0。

2. 報表「z」欄中，two-tail 檢定下，若 |z| > 1.96，則表示該自變數對依變數有顯著影響力。|z| 值愈大，表示該自變數對依變數的關聯性 (relevance) 愈高。

3. 第一階段：細分餐廳的三種 type 當依變數 (中層 type：選擇 r) 之方程式，若以 family 餐廳當比較基準點。並以「income、kids」當自變數所建立 multinomial logit 迴歸式如下：

$$\ln\left(\frac{P_2}{P_1}\right) = \beta_0 + \beta_1 X1_i + \beta_2 X2_i + \beta_3 X3_i + \beta_4 X4_i + \beta_5 X5_i + \dots$$

$$\ln\left(\frac{P_{fast}}{P_{family}}\right) = -0.0266 \times \text{income} - 0.0872 \times \text{kids}$$

$$\ln\left(\frac{P_{fancy}}{P_{family}}\right) = -0.0462 \times \text{income} - 0.396 \times \text{kids}$$

4. 第二階段：最底層來看 (底層 restaurant：區位 j)，民眾對當地七家餐廳的消費與否 (chosen)，受到 cost、distance 二者顯著影響，但 rating 未達顯著影響力。

5. LR test for IIA (選擇方案彼此獨立)，求得 $\chi^2_{(3)} = 6.87(p > 0.05)$，表示本例符合「雙層式選擇方案彼此獨立」的假定。故可放心進行雙層模型分析。

Panel-data 邏輯斯迴歸

(xtgee、xtlogit 指令)

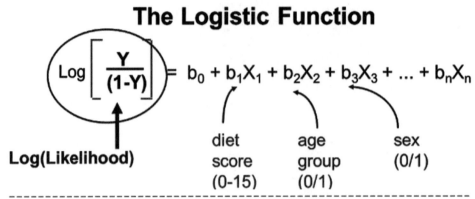

$$\hat{p} = \frac{\exp(b_0 + b_1X_1 + b_2X_2 + ... + b_pX_p)}{1 + \exp(b_0 + b_1X_1 + b_2X_2 + ... + b_pX_p)}$$

$$E(Y_i) = \frac{1}{1 + e^{-(\beta_0 + \beta_1 X_{1i} + \beta_2 X_{2i} + \cdots + \beta_k X_{ki})}} = \frac{e^{\beta_0 + \beta_1 X_{1i} + \beta_2 X_{2i} + \cdots + \beta_k X_{ki}}}{1 + e^{\beta_0 + \beta_1 X_{1i} + \beta_2 X_{2i} + \cdots + \beta_k X_{ki}}}$$

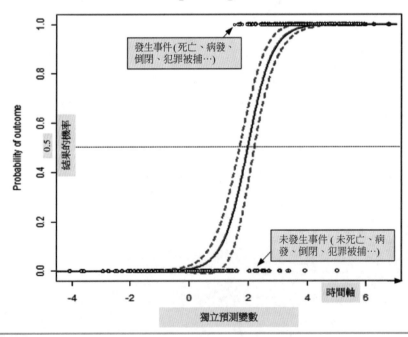

圖 9-1 multiple logistic 函數之示意圖

9-1 Panel-data 迴歸 (xtgee、xtlogit 指令)

迴歸分析與相關分析著重在兩個或是多個變數之間的線性關係，一般來說在此兩種分析模型當中我們通常會利用自變數 x 來預測依變數 y。而在時間序列分析當中通常會把時間當作是自變數來分析依變數，亦即探討依變數 y 在不同時間點的變化，並且利用過去依照時間排列的數據來預測未來的資訊。此類數據即為一時間序列，時間序列的分析則著重於研究數據序列的相互依賴關係。時間序列的資料在經過分析之後，藉由瞭解其相互關係來發展出適合的預測模型。

追蹤資料 (panel-data)(廣義 longitudinal data)，中文譯為縱橫資料、面板資料、追蹤資料或時空資料，是一種結合橫斷面與時間序列的資料型態。panel 分析又分靜態 vs. 動態兩種，其中，動態研究又分變遷研究及發展研究兩種。

有鑑於近十年來，追蹤資料 (panel-data) 在理論性和應用性的研究已經成為計量經濟的熱門主題，至令，其他學域亦相繼地改以追蹤資料 (panel-data) 作為樣本設計。

一、panel 的緣起

一般而言，當研究資料屬於結合時間序列和橫斷面的資料時，若直接以混合資料 (pooled) 做 OLS 估計將容易產生偏誤的估計量 (Kalton, Kasprzyk, McMillen, 1998; Greene, 2000)。因為利用 OLS 估計時，對橫斷面的個體觀測值假定為序列不相關，且在不同的橫斷面以及不同的時間內，誤差項為同質 (homoskedastic)。也就是說，橫斷面的個體資料間不容許具有差異，因此僅能單獨考量橫斷面或時序之資料，若遇到混合資料，則忽略了橫斷面或時間序列資料之間的差異。實務上，以橫斷面資料進行分析時常會遇到被解釋變數存在異質變異，而時間序列出現殘差項有自我相關 ρ(autocorrelation) 的問題，導致以 OLS 估計會產生無效率估計結果的情況。後續學者為了解決估計偏誤的問題，Mundlak(1961)，Balestra 與 Nerlove(1966) 等學者開始嘗試將橫斷面與時間序列資料可能反映的一些特性引入到計量模型的設定中。而後，有關追蹤資料 (panel-data) 的模型設定及分析方法，以及相關的研究文章大量的出現在各領域的研究中。

一般認為，追蹤資料 (panel-data) 分析具有一些較應用單面向資料，並直接以 OLS 估計所沒有的優點 (Hsiao, 1995)。其可以同時考量橫斷面與時間序列之

資料特性以得到較具效率性的估計結果，亦能增加估計樣本的自由度，而結合橫斷面與時序變數的資訊也可以降低遺漏變數 (omitted variable) 所可能帶來之模型認定問題 (Greene, 2000)。

Beck 及 Katz(1995) 認為，一般人對有時間序列之橫斷面特性 (time-series cross-section data, TSCS) 的資料分析所用的計量技巧，常常產生錯誤的實證結果。因為早期計量技巧尚未在 TSCS 類型的資料有突破性發展，有一部分這類追蹤資料 (panel-data) 型態的只使用由 Parks(1967) 提出的廣義最小平方法 (generalized least squares, GLS)。通常研究者分析 panel 資料時，若只採用 GLS 方法，極可能會產生標準差有很大的誤差。STaTa 提供幾種誤差之估計法，故只要你適當地認定 (indentify)panel 模型，即可以較簡單地方式來產生較精準的標準差。

時間序列與橫斷面特性的資料 (time-series cross-section data, TSCS data) 具有在固定個體 (individual) 上重複抽樣的特性，例如針對特定州或國家的調查。這些個體分析的數量一般標準範圍約 10 到 100 個樣本不等，而每一個個體的觀察時間需超過一定的長度 (通常為 20 到 50 年)。TSCS 資料在時間上與空間上的性質會使得最小平方法 (ordinary least squares, OLS) 的應用發生問題。特別是時間上與空間上相關的誤差與異質性 (heteroskedasticity) 的問題。Parks 基於 GLS 提出一個方法來處理這些模型上的缺陷。這個方法的應用會導致參數的變異在一般的研究狀況下嚴重低估。

為什麼 Parks 的方法有嚴重的問題？是著名的廣義最小平方法 (GLS) 有問題嗎？問題出在 GLS 對 TSCS 資料型態具備最適性質下，其背後假設：誤差項過程 (error process) 為已知的，但實際上並非如此。所以在這樣的分析，早期只能改用「可行的廣義最小平方法 (feasible generalized least squares, FGLS)」而非 GLS 法，迄今 STaTa「xtreg、xtgls、xtdpd、xtivreg、xtgee、xtmixed 等指令」已能完全解決此問題。所謂「可行的 (feasible)」是因為它使用了一種估計誤差項的過程，避開了 GLS 一開始就假設「誤差過程為已知」的狀態。事實上，通常在計量應用中，由於誤差項過程並不會有很多的待估參數，所以 GLS 的應用仍不會是嚴重問題。可是在 TSCS 類型的資料裡，在誤差項過程仍有太多的待估參數，所以會造成 GLS 方法在應用的偏誤，造成估計參數的標準差會低估。

過去研究多考量橫斷面的樣本或時間面的樣本，多考量單一面向，並未考量樣本與樣本間同時期與跨時期影響效果。追蹤資料 (panel-data)(縱橫資料) 分析法同時考慮橫斷面 (不同個體) 與縱斷面 (時間面) 資料，再依最適模型之適

配、估計方法、與檢定方法後，再進行分析，以確保找到真正影響之因素。

Hill, Guay 與 Lim(2008) 認為追蹤資料 (panel-data) 有三大優點是可解決長期的時間序列動態分析，又可處理大量的數據且可以保留原有的特質，較不易有變異異質性 (heterogeneity) 發生。

使用追蹤資料 (panel-data) 分析有下列優點，分述如下：

1. 可以控制個體差異性，反映橫斷面的個體特性差異。

2. 追蹤資料的樣本數較多，故可以透過增加自由度來減低變數間之共線性問題，能提升估計值之效果。

3. 能同時具有橫斷面所代表之個體差異與時間序列面所代表之動態性的兩項功能，故較能更有效的反應動態調節過程，諸如經濟政策變化量 (Δx_i) 對股市變化量 (Δx_y) 的影響等問題。例如 CD 片中，「fatality.ppt 及 fatality.do 檔」，純橫斷面分別分析美國 1982 年至 1988 年，可得「啤酒稅增加，交通造成死亡人數亦增加」這種不合理現象；但用 panel 固定效果模型，即可得「啤酒稅增加，交通造成死亡人數會減少」的合理現象。

4. 可以控制橫斷面、時間序列模型觀察不到的因子，減少估計偏誤。

5. 相對於橫斷面和時間序列，panel 可以建構和檢定更複雜的模型和假設 (hypothesis)。

6. 以計量模型誤差項的可能來源區分，如特定個體之誤差 (individual-specific error term)、特定時間之誤差項 (time-specific error term) 與隨機誤差項 (random error term)，此可減少估計偏誤，以提升結果準確性。

7. 縱橫資料迴歸模型乃綜合時間序列與橫斷面二者進行分析之組成模型，因此在資料型態上除具有豐富性和多變性之特性外，尚有自由度高、效率性佳的優點，更可控制橫斷面資料上之異質性與時間序列上之自我相關性的問題。另外，對於一些較複雜或屬於個體層次的資料，亦可利用組成模型來建構樣本資料，並進行動態調整分析，以獲取最佳的研究結果。

易言之，追蹤資料 (panel-data) 分析的功用為：

1. 控制個體行為之差異：追蹤資料 (panel-data) 資料庫顯示個體 (包括個人、企業、組織、地區或國家) 之間存在差異，而單獨的時間序列和橫斷面並不能有效反映這種差異。如果只是簡單使用時間序列和橫斷面分析結果，就可能會有偏頗。此外，追蹤資料分析能夠控制在時間序列和橫斷面研究中不能控制的涉及地區和時間為常數的情況。也就是說，當個體在時間或地區分布中存在著非時變的變數 (例如受教育程度、電視廣告等) 時，如果在模型中不考

慮這些變數，有可能會得到有偏頗結果。追蹤資料分析能夠控制時間或地區分布中的恆變數，而普通時間序列和橫斷面研究中則不能做到。

2. 追蹤資料能夠提供更多資訊、更多變化性、更少共線性、更多自由度和更高效率。反觀時間序列經常受多重共線性的困擾。

3. 追蹤資料能夠更好地研究動態調節，從橫斷面分布看上去相對穩定但卻隱藏了許多變化，追蹤資料由於包含較長時間，能夠弄清，諸如經濟政策變化對失業狀況的影響等問題。

4. 追蹤資料能更好地識別和度量純時間序列和純橫斷面資料，所不能發現的影響因素。

5. 相對於純橫斷面和純時間序列資料而言，追蹤資料能夠構造和檢定更複雜的行為模型。

6. 通常，追蹤資料可以收集到更準確的微觀單位 (個人、企業、家庭) 的情況。由此得到的總體資料可以消去測量誤差的影響。

二、財務與經濟計量方法

　　財務與經濟計量主要是運用統計學的方法來探討財務或經濟變數的關係，通常是藉助「迴歸模型 (regression model)」的架構來探討某一個變數的變動對另一個變數的影響關係，在分析的過程中對於模型的估計 (estimate)、檢定 (test) 與預測 (forecast) 均是方法論上的研讀重點。

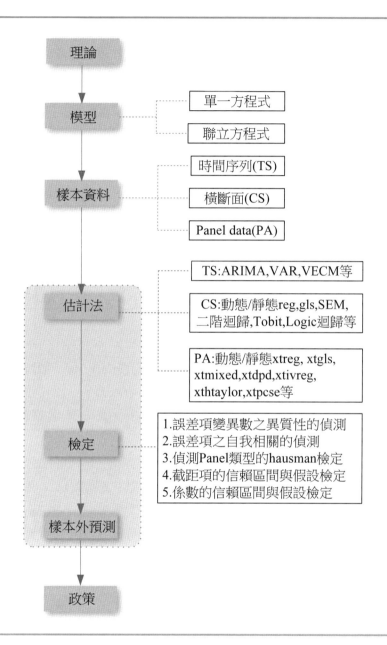

圖 9-2 財務與經濟計量方法應用之研究流程

　　追蹤資料 (panel-data)(縱橫資料) 是一個同時包含橫斷面 (cross-section) 與時間序列 (time series) 資料的資料組合方法。處理追蹤資料 (panel-data) 時，需將每個橫斷面單位 (unit) 依時間序列資料方式排列後，再堆積 (stack) 每個橫斷

面樣本。由於有些經濟效果同時混合時間序列與橫斷面而無法單獨分離測試，此時若單獨使用橫斷面或時間序列計量方法來估計經濟效果必無法正確估計其影響。而追蹤資料 (panel-data) 可使研究者對同時參雜橫斷面與時間序列的經濟現象做一有效的估計。

追蹤資料是針對相同個體 (如個人、家戶、部門、廠商、產業或國家)，連續調查多年所蒐集的資料。資料蒐集的頻率多為一年一次，少數情形有季或月等較高頻率。也就是說，其能同時包括橫斷面和時間序列兩種特性，每一年度中，可觀察到許多橫斷面個人、家戶、部門、廠商、產業或國家，或是同一對象連續觀察多年，意味著其蘊含著訊息較單純的橫斷面和時間序列資料更加豐富，不但能保有時間序列之動態性質，又能兼顧橫斷面資料之個體差異的特性。

9-2 追蹤資料 (panel-data) 分析之 STaTa 相關指令

一、STaTa panel 之前奏指令

1. 通常財經之原始資料 (original data) 是 wide 格式 (form)，即一個觀察值代表一個體 (individual) 都會出現在每一時段 (all time periods)。

2. 但 xt 開頭指令，往往卻需 long 格式 (form)，即一個觀察值代表一對「individual-time」配對。

3. 故需用「reshape long」指令，將 wide 資料檔排列格式轉成 long 格式。

4. 描述 panel 資料 xtset 指令，常被用來定義「個體 i 及期數 t」。例如，「xtset id t」，旨在允許你使用 panel 下列指令及時間序列運算子 (operators)。

5. panel 資料檔，若用「describe、summarize、tabulate」指令，就會混淆橫斷面和時間序列變化。故你應改用 panel「Setup & utilities」前奏指令，包括：

   (1) xtdescribe：某程度上 panel 是否平衡 (extent to which panel is unbalanced)。

   (2) xtsum：分別計算組內 within(over time) 及組間 between(over individuals) 的變異數。

   (3) xttab：離散資料之組內 (within) 及組間 (between) 之表格化，例如二元變數 (binary) 的表格化。

   (4) xttrans：離散資料之轉換頻率 (transition frequencies)。

   (5) xtline：每一個體繪一個時間序列線形圖。

   (6) xtdata：組內 (over time) 及組間 (over individuals) 變異數之散布圖。

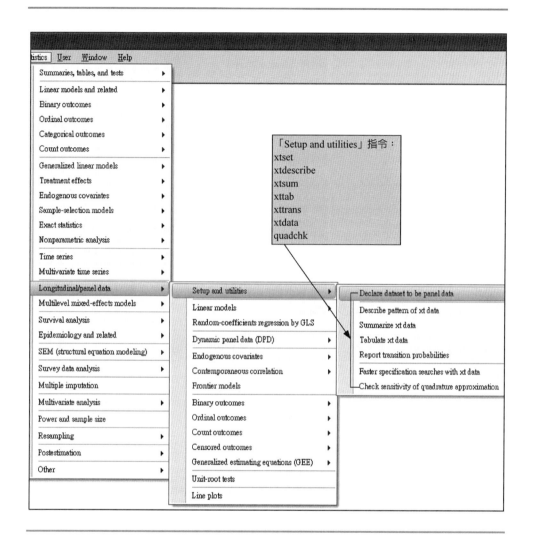

圖 9-3　panel「Setup & utilities」專用指令之對應畫面

說明	指令
panel 彙總	xtset; xtdescribe; xtsum; xtdata; xtline; xttab; xttran
混合資料 (Pooled)OLS	regress
Feasible GLS	xtgee, family(gaussian)xtgls; xtpcse
隨機效果 (Random effects)	xtreg, re; xtregar, re
固定效果 (Fixed effects)	xtreg, fe; xtregar, fe
隨機斜率 (Random slopes)	xtmixed; quadchk; xtrc
一階差分 (First differences)	regress(with differenced data)
Static IV(靜態工具變數)	xtivreg; xthtaylor; ivprobit ; ivregress; ivtobit; reg3
Dynamic IV(動態工具變數)	gmm 指令：廣義動差法 generalized method of moments

二、STaTa panel 指令之功能

STaTa 指令	說明
1. 資料管理及探索工具	
xtset	宣告資料檔為追蹤資料 (panel-data)
xtdescribe	描述 xt- 資料的模樣 (pattern)
xtsum	分別計算組內 within(over time) 及組間 between(over individuals) 的變異數
xttab	xt- 資料的表格
xtdata	xt- 資料的快速界定搜尋 (faster specification searches)
xtline	繪 xt- 資料的線形圖 (line plots with xt data)
2. 線性 panel 迴歸估計 (estimators)	
xtreg	固定效果、組間 (between)、隨機效果 (random-effects)、樣本平均 (population-averaged) 線性模型
xtregar	誤差帶 AR(1) 之固定效果、隨機效果模型 (fixed- & random-effects linear models with an AR(1)disturbance)
xtmixed	多層次混合效果 (multilevel mixed-effects) 線性模型
xtgls	使用廣義最小平方法之追蹤資料模型 (panel-data models using GLS)
xtpcse	帶追蹤校正標準誤之線性迴歸 (linear regression with panel-corrected standard errors)

STaTa 指令	說明
xthtaylor	誤差成分模型之 Hausman-Taylor 估計 (Hausman-Taylor estimator for error-components models)
xtfrontier	追蹤資料之隨機前緣模型 (stochastic frontier models)： 隨機分析 (stochastic calculus) 是機率論的一個分支。主要內容有伊藤積分、隨機微分方程、隨機偏微積分、逆向隨機微分方程，等等。最近大量應用於金融數學。 隨機性模型是指含有隨機成分的模型。它與確定性模型的不同處，在於它仍可解釋以下例子：在賭場裏賭大小，如果有人認為三次連開大第四次必然開小，那麼此人所用的即是確定性模型。但是常識告訴我們第四次的結果並不一定與之前的結果相關聯。在 19 世紀科學界深深地被黑天鵝效應和卡爾‧波普爾的批判理性主義所影響。所以現代自然科學都以統計與歸納法作為理論基礎。大體說統計學是適用確定性模型與隨機性模型作比較的一門學科。
xtrc	隨機係數迴歸 (random-coefficients regression)
xtivreg 指令	工具變數、兩階段最小平方方法之追蹤資料模型 (instrumental variables & two-stage least squares for panel-data models)

3. 單根檢定 (unit-root tests)

xtunitroot	追蹤資料之單根檢定 (unit-root tests)

4. 動態 panel-data 估計法 (estimators)

xtabond	線性動態追蹤資料之 Arellano-Bond 估計
xtdpd	線性動態追蹤資料之估計 (linear dynamic panel-data estimation)
xtdpdsys	線性動態追蹤資料之 Arellano-Bover/Blundell-Bond 估計
xtabond	Arellano-Bond 之線性動態追蹤資料估計。 *STaTa 例子：二期落遲項 (two lags) 之依變數 . webuse abdata * w 及 k 為 predetermined。w, L.w, k, L.k 及 L2.k 等落遲項都為附加的解釋變數 (additionalregressors) . xtabond n l(0/1).w l(0/2).(k ys)yr1980-yr1984, lags(2) vce(robust)

5. 結果截取 (censored-outcome) 估計法 (estimators)

. xttobit	隨機效果 tobit 模型 (random-effects tobit models)
. xtintreg	隨機效果區間資料迴歸模型 (random-effects interval-data regression models)

6. 非線性：二元依變數 (binary-outcome) 估計法

xtlogit	固定效果、隨機效果、樣本平均 (population-averaged)logit 模型

STaTa 指令	說明
. xtmelogit	多層次混合效果邏輯斯迴歸 (multilevel mixed-effects logistic regression)
xtprobit	隨機效果、& 樣本平均 (population-averaged) probit 模型
xtcloglog	隨機效果、& 樣本平均 (population-averaged) cloglog 模型
7. 非線性：次序依變數 (ordinal-outcome) 估計法	
xtologit	隨機效果 ordered logistic 模型
xtmepoisson	多層次混合效果 (multilevel mixed-effects) Poisson 迴歸
xtoprobit	隨機效果 ordered probit 模型
8. 非線性：計數依變數 (count-data) 估計法	
xtpoisson	固定效果、隨機效果、樣本平均 (population-averaged) Poisson 模型
xtnbreg	固定效果、隨機效果、樣本平均 (population-averaged) 負二項模型 (negative binomial models)
9. 廣義方程式估計法 (generalized estimating equations estimator)	
xtgee	使用 GEE 求出樣本平均 (population-averaged) 追蹤資料模型
10. 公用程式 (utilities)	
quadchk	偵測數值積分法之敏感度 (check sensitivity of quadrature approximation)
11. 多層次混合效果 (multilevel mixed-effects) 估計法	
. xtmelogit	多層次混合效果邏輯斯迴歸 (multilevel mixed-effects logistic regression)
xtmepoisson	多層次混合效果 Poisson 迴歸 (multilevel mixed-effects Poisson regression)
. xtmixed	多層次混合效果線性迴歸 (multilevel mixed-effects linear regression)
12. 廣義估計方程式 (generalized estimating equations, GEE) 估計法	
. xtgee	使用 GEE 分析樣本平均之追蹤資料 (population-averaged panel-data models using GEE)

更簡單地說，STaTa 線性 panel 之常用指令，如下表：

功能	STaTa 指令
panel 摘要	xtset; xtdescribe; xtsum(最小值，最大值等); xtdata; xtline(線形圖); xttab(次數分布); xttran(不同時段的遷移)
混合資料 (pooled)OLS	regress
隨機效果	「xtreg…, re」;「xtregar…, re」
固定效果	「xtreg…, fe」;「xtregar…, fe」

功能	STaTa 指令
隨機斜率 (random slopes)	quadchk; xtmixed; xtrc
廣義最小平方法迴歸 (feasible Generalized Least Squares, FGLS)	「xtgee, family(gaussian)」；xtgls; xtpcse 指令。
一階差分 (first differences)：有單根情況，才使用「D.」運算子。	單根動態 regress(with differenced data)。範例如下： . use invent.dta . tsset year . reg D.lgdp year L.lgdp L.D.lgdp . display "rho=" 1+_b[L.lgdp] . reg D.lgdp L.lgdp L.D.lgdp . display "rho=" 1+_b[L.lgdp]
靜態工具變數 (static IV)：內生共變	xtivreg; xthtaylor
動態工具變數 (dynamic IV)	gmm
隨機模型 (例如 , Stochastic production or cost frontier)	xtfrontier

1. regress 指令：線性迴歸 (用途包括 OLS, logit, probit 迴歸)。

2. 「xtreg…,(FE,RE,PA,BE)」指令：固定效果、隨機效果、樣本平均 (population-averaged)、組間效果之線性模型。

3. 一階差分迴歸：reg 指令搭配「D.」運算子，專門處理有單根的變數之迴歸。

4. xtgls 指令：使用 GLS 來求 panel-data 線性模型，它可同時解決誤差之自我相關及變異數異質性之問題。

5. xtdpd 指令：Linear regression with panel-corrected standard errors.

6. 「xtregar…,(FE,RE)」指令：Fixed- & random-effects linear models with an AR(1) disturbance.

7. quadchk 指令：Check sensitivity of quadrature approximation.

8. xtfrontier 指令：xtfrontier fits stochastic production or cost frontier models for 追蹤資料 (panel-data). 也就是說 , xtfrontier estimates the parameters of a linear model with a *disturbance generated by specific mixture distributions.*

9. xtivreg 指令：Instrumental variables & two-stage least squares for panel-data models.

10. xthtaylor 指令：Hausman-Taylor estimator for error-components models.

雖然 xthtaylor 及 xtivreg 都是使用工具變數來做估計，但二者的事前假定 (assumption) 是不同的：

(1) tivreg 假定：模型中，解釋變數的某部分變數 (a subset of the explanatory variables) 與特質誤差 (idiosyncratic error)e_{it} 是有相關的。

(2) xthtaylor 指令之 Hausman-Taylor 及 Amemiya-MaCurdy 估計法係假定：某些解釋變數與個體層次 (individual-level) 隨機效果 u_i 是有相關的，但有某些解釋變數卻與特質誤差 (idiosyncratic error)e_{it} 是無相關的。

11. xtabond 指令：Arellano-Bond 線性動態追蹤資料之估計 (linear dynamic panel-data estimation)。

12. xtdpdsys 指令：Arellano-Bover/Blundell-Bond 線性動態追蹤資料之估計。

13. xtdpd 指令：線性動態追蹤資料之估計。

三、STaTa panel 對應之選擇表的指令

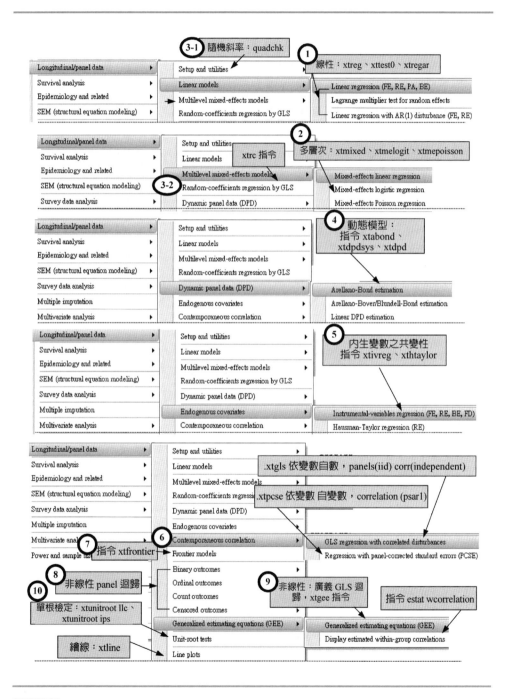

圖 **9-4** STaTa panel 對應指令

9-3 追蹤資料 (panel-data) 之基本模型

9-3-1 panel 資料型態及其模型分類

1. 實證上資料類型可分為三類，分別是時間序列 (time series)、橫斷面 (cross section)，與 panel 類型 (panel) 三種。

2. 時間序列的資料是樣本的觀察期間是以時間點的不同來作區隔的。
   例如，一段期間 (如 1990-2000 年) 的大盤指數日資料。

3. 若資料不是以時間點來作區隔，則可稱之為橫斷面資料。一般橫斷面資料比較是指一固定時點的不同觀察值。例如，上個月不同縣市的失業率。

4. panel 資料則同時包含了二種資料特性。例如，過去一年每個縣市的每月失業率就同時包含了時間與橫斷面的特性。不過，一般而言，panel 資料是指「大」的橫斷面與「短 (short)」的時間序列。
   (1) 短 (short) panel: $T < \infty$, $N \to \infty$。
   (2) 長 (long) panel: $T \to \infty$, $N < \infty$。

5. 「小」的橫斷面與「長 (long)」的時間序列的資料型態，則一般只是稱為混合資料 (pooled data)。在分析上，主要以所謂「系統模型」來處理。

6. 而 panel 資料則會以所謂的「panel 資料模型 (追蹤資料 (panel-data) models)」來分析。

   以不同屬性來分類，panel 就有下列五種分類法：

一、就自變數 (independent variables) 的個數，可分

1. 簡單迴歸模型 (simple regression model)：即僅一個解釋變數。例如：

$$y_t = \beta_1 + \beta_2 x_t + \varepsilon_t$$

2. 複迴歸模型 (multiple regression)：亦即解釋變數數目超過一個以上。
   追蹤資料 (panel-data) 的基本模型為：

$$Y_{it} = \alpha_i + \beta_1 X_{1it} + \beta_2 X_{2it} + \cdots + \beta_k X_{kit} + \varepsilon_{it}$$

$$Y_{it} = \alpha + \sum_{k=1}^{K} \beta_k X_{kit} + \varepsilon_{it}$$

其中，個體數 i = 1, 2, …, N，它代表同一時期不同 individual/ entity。時段 t = 1, 2, …, T，它為研究之期間。

$$Y_{T\times 1} = \begin{bmatrix} y_{i1} \\ y_{i2} \\ \vdots \\ y_{iT} \end{bmatrix} \quad , \quad \varepsilon_{T\times 1} = \begin{bmatrix} e_{i1} \\ e_{i2} \\ \vdots \\ e_{iT} \end{bmatrix} \quad , \quad X_{T\times K} = \begin{bmatrix} x'_{i1} \\ x'_{i2} \\ \vdots \\ x'_{iT} \end{bmatrix}$$

其中：

(1) 依變數矩陣 Y_{it}：第 i 個體 (individual, entity) 在時間點 t 之反應變數。

(2) 向量 α_i：截距項，為固定常數。

(3) (K×1) 向量 $\beta = (\beta_1, \beta_2, …, \beta_K)'$：所有解釋變數之參數，為固定係數向量。

(4) 解釋變數 (regressors) 矩陣 X_{it}：第 i 個體 (individual, entity) 在時間點 t 之解釋變數。$k = 1, 2, …, K$ 表示有 K 個解釋變量。

(5) 向量 ε_{it}：第 i 個體 (individual, entity) 在時間點 t 之隨機誤差項。

(6) X_{kit}：為第 i 個 individual/entity 於第 t 期第 k 個解釋變數的值。

(7) ε_{it}：為殘差項，$E(\varepsilon_{it}) = 0$，$E(\varepsilon_{it}, \varepsilon_{it}) = \sigma^2$，$\varepsilon_{it}$ 符合 $\overset{iid}{\sim} N(0, \sigma^2)$ 分配。

依變數	解釋 (explanatory) 變數	隨機誤差
$y_{1,1}$	$X_{1,1}$	$e_{1,1}$
:	:	:
$y_{1,T}$	$X_{1,T}$	$e_{1,T}$
$y_{2,1}$	$X_{2,1}$	$e_{2,1}$
:	:	:
$y_{2,T}$	$X_{2,T}$	$e_{2,T}$
$y_{N,1}$	$X_{N,1}$	$e_{N,1}$
:	:	:
$y_{N,T}$	$X_{N,T}$	$e_{N,T}$

上式，假設我們「將每個個體堆疊成一個資料檔 (stacking the entire data set by individuals)」，它亦可用矩陣形式來表示：

$$y_{NT \times 1} = \begin{bmatrix} y_1 \\ y_2 \\ \vdots \\ y_N \end{bmatrix} \quad , \quad \varepsilon_{NT \times 1} = \begin{bmatrix} e_1 \\ e_2 \\ \vdots \\ e_N \end{bmatrix} \quad , \quad X_{NT \times K} = \begin{bmatrix} X_1 \\ X_2 \\ \vdots \\ X_N \end{bmatrix} \quad , \quad 並定義 \; \alpha_{N \times 1} = \begin{bmatrix} \alpha_1 \\ \alpha_2 \\ \vdots \\ \alpha_N \end{bmatrix}$$

方程式亦可改寫成矩陣形式：

$$y = X\beta + D\alpha + \varepsilon$$

其中，$\underset{NT \times N}{D} = I_N \otimes V_T$。

在 panel 模型中，個體截距項 α_i 代表「所有未可觀測之解釋變數的效果」，簡稱「特定個體 i(individual-specific)」效果。

二、是否為線性模型

1. 一般線性模型 (general linear models)：上面的簡單迴歸及複迴歸二者都是線性模型。但是下面這個模型是線性嗎？

$$y_t = \alpha + \beta x_t^2 + \varepsilon_t$$

答：也是線性模型。因為，令 $z_t = x_t^2$，則上式可改為：$y_t = \alpha + \beta z_t + \varepsilon_t$。顯然是線性模型。

2. 非線性模型 (non-linear model)：當解釋變數無法經由轉換成為線性時，即為非線性模型。如下例：

$$y_t = \alpha + \beta x_t^Y + \varepsilon_t$$

非線性模型的估計與分析較線性模型複雜。基本上，仍是透過適當的「線性化 (linearize)」來處理。

三、就「方程式」的數目，可分為二類

(一) 單一方程式 (univariate equation) 模型

$$y_t = \alpha + \beta_1 x_t + \beta_2 x_{2t} + \cdots + \beta_k x_{kt} + \varepsilon_t$$

(二) 多方程式組 (sets of models)：又大致可分 4 類

1. 聯立方程式模型 (simultaneous models)：聯立方程式模型中，一方程式的被解釋變數 (即所謂的內生變數 (endogenous variable)) 可能成為其他方程式之解釋變數。例如：

$$\begin{cases} y_t = \beta_0 + \beta_1 x_1 + \beta_2 z_t + \varepsilon_t \\ z_t = \alpha_0 + \alpha_1 x_1 + \alpha_2 x_2 + e_t \end{cases}$$

在聯立方程式中，z_t 同時是解釋變數，也是被解釋變數。

STaTa 提供聯立方程式之迴歸指令，如下表所示。

聯立方程式指令	說明
.gmm 指令	廣義動差估計 (generalized method of moments estimation)
.ivregress 指令	兩階段迴歸：單一方程式工具變數之迴歸 (single-equation instrumental-variables regression)
.qreg 指令	分量 (quantile) 迴歸
.reg3 指令	三階段迴歸之聯立方程式 (three-stage estimation for systems of simultaneous equations)
.treatreg 指令	處理效果 (treatment-effects) 模型
.svy estimation 指令	調查樣本之估計指令 (estimation commands for survey data)
.mgarch 指令	多變數 GARCH 模型 (multivariate GARCH models)
.mgarch ccc 指令	固定型條件式相關多變數 GARCH 模型 (constant conditional correlation multivariate GARCH models)
.mgarch dcc 指令	動態條件式相關多變數 GARCH 模型 (dynamic conditional correlation multivariate GARCH models)
.mgarch dvech 指令	對角型 vech 多變數 GARCH 模型 (diagonal vech multivariate GARCH models)
.mgarch vcc 指令	非固定型條件式相關多變數 GARCH 模型 (varying conditional correlation multivariate GARCH models)
.sspace 指令	狀態—空間 (state-space) 模型
.var/svar 指令 (時間序列之動態模型)	向量自我迴歸模型 (vector autoregressive models)
.vec 指令 (時間序列之動態模型)	向量誤差修正模型 (vector error-correction models)

聯立方程式指令	說明
. xtivreg panel 指令	工具變數 & 兩階段最小平方之追蹤模型 (two-stage least squares for panel-data models)
. xthtaylor panel 指令	誤差成分模型之 Hausman-Taylor 估計 (Hausman-Taylor estimator for error-components models)

註：此表之範例，請見作者《STaTa 在總經及財金的應用》一書。

2. 似無相關迴歸模型 (seemingly unrelated regression, SUR)：各方程式的解釋變數皆不包括其他方程式的內生變數，亦即這些解釋變數都是外生的「即所謂的外生變數 (exogenous variable)」；SUR 可視為聯立方程式的特例。

$$\begin{cases} y_{1t} = \alpha_0 + \alpha_1 z_{1t} + \alpha_2 z_{2t} + \cdots + \varepsilon_{1t} \\ y_{2t} = \beta_0 + \beta_1 x_{1t} + \beta_2 x_{2t} + \cdots + \varepsilon_{2t} \\ y_{3t} = \gamma_0 + \gamma_1 x_{1t} + \gamma_2 x_{2t} + \cdots + \varepsilon_{3t} \\ \vdots \quad \vdots \qquad \qquad \vdots \\ y_{nt} = \delta_0 + \delta_1 x_{1t} + \delta_2 x_{2t} + \cdots + \varepsilon_{nt} \end{cases}$$

STaTa 提供的 SUR 指令，如下表所示：

SUR 指令	說明
. biprobit	雙變數機率迴歸 (bivariate probit regression)
. nlsur	非線性系統之方程式的估計 (estimation of nonlinear systems of equations)
. reg3	聯立方程式之三階段迴歸 (three-stage estimation for systems of simultaneous equations)
. sureg	Zellner's 似無相關迴歸 (seemingly unrelated regression)
. suest	似無相關估計 (seemingly unrelated estimation)

概括來說，多變數迴歸模型 (multivariate model) 也是 SUR 模型的一個特例。

3. sqreg 指令：聯立方程式 (simultaneous-quantile regression)。

4. sem 指令：結構方程模型之似不相關。請見作者《STaTa 廣義結構模型》一書。

四、就被解釋變數是否為連續性隨機變數，分為三類

1. 若是連續函數，如常態分布函數 (即高斯分布)，即為傳統的常態線性迴歸 (normal linear regression model)，人們最常用最小平方法 (OLS)。

2. 若是離散的 (discrete)，例如 y = 0 或 1 即為二元選擇模型 (binary choice model)，常見的有 probit 與 logit models。STaTa 提供的非線性 panel 指令包括：

(1) 二元型依變數 (binary outcome)：又分下列指令：

xtprobit 指令	隨機效果 (random-effects)、樣本平均 (population-averaged) probit 模型
xtlogit 指令	固定效果 (fixed-effects)、隨機效果 (random-effects)、樣本平均 (population-averaged) logit 模型

(2) 次序型依變數 (ordinal outcome)：又分下列指令：

. asmprobit 指令	特定方案 (alternative-specific) 多項式 (multinomial) probit 迴歸
. heckoprobit 指令	帶樣本選取之次序機率模型 (ordered probit model with sample selection)
. ologit 指令	次序邏輯斯模型 (ordered logistic) 迴歸
. oprobit 指令	次序機率模型 (ordered probit)
. rologit 指令	等級次序模型 (rank-ordered logistic) 迴歸
. slogit 指令	Stereotype 邏輯斯 (logistic) 迴歸
. meologit 指令	次序型邏輯斯模型 (multilevel mixed-effects ordered logisticregression)
. meoprobit 指令	多層型邏輯斯模型 (multilevel mixed-effects ordered probitr egression)

(3) 計數型依變數 (count outcome)：又分下列指令：

. poisson 指令	卜瓦松 (Poisson) 迴歸
. expoisson 指令	exact Poisson 迴歸
. glm 指令	廣義線性 (generalized linear) 模型
. nbreg 指令	負二項 (negative binomial) 迴歸
. tnbreg 指令	斷尾負二項迴歸 (truncated negative binomial regression)
. tpoisson 指令	truncated Poisson 迴歸
. zinb 指令	零膨脹負二項 (zero-inflated negative binomial) 迴歸
. zip 指令	零膨脹 (zero-inflated Poisson) 迴歸
. menbreg 指令	多層次混合效果負二項 (multilevel mixed-effects negative binomial) 迴歸

(4) 截取型依變數 (censored outcome)：又分下列 panel 指令：

. xtintreg 指令	隨機效果 (random-effects) 區間資料 (interval-data) 迴歸模型
. xttobit 指令	隨機效果 (random-effects) tobit 模型

3. 若被解釋變數的範圍受到截斷，或有所限制，如 tobit model 或 truncated regression model。

　　以上多層次模型、離散分布型依變數之迴歸，請見作者《STaTa 高統分析》一書。

五、「靜態 vs. 動態」模型

　　STaTa 動態 (dynamic) panel 模型之迴歸指令為：

動態迴歸指令	說明
. xtabond 指令	Arellano-Bond 線性動態 (dynamic) panel-data 估計法
. xtdpdsys 指令 (比 xtabond 更有效率)	Arellano-Bover/Blundell-Bond 線性動態 (panel-data) 估計法
. xtdpd 指令 (最複雜)	線性動態 panel-data 估計法
xtreg 指令搭配差分「D.」及落遲「L.」運算子	panel 共整合
xtgls 指令搭配差分「D.」及落遲「L.」運算子	panel 共整合

　　STaTa 動態模型之時間序列指令有：

動態迴歸指令	說明
. arima 指令	ARIMA, ARMAX 及其他動態迴歸模型
. dfactor 指令	動態因素模型 (dynamic-factor models)
. irf 指令	衝擊反應函數 (create & analyze IRFs)、動態乘數函數 (dynamic-multiplier functions)、預測誤差變異數分解法 (FEVDs).
. mgarch dcc 指令	動態條件相關之多變數 GARCH 模型 (dynamic conditional correlation multivariate GARCH models).
. vec 指令	向量誤差修正模型 (vector error-correction models)

動態迴歸指令	說明
reg 指令搭配差分「D.」 及落遲「L.」運算子	1. 時間序列之共整合。 2. 廣義 OLS 迴歸。

註：上表之 STaTa 範例，請見作者《STaTa 在總經及財金的應用》一書

9-3-2 追蹤資料 (panel-data) 四模型：線性 vs. 非線性模型

　　追蹤資料 (panel-data) 的內容十分豐富，這裏以 Matyas 和 Sevestre(1996) 再版的書為框架，主要從研究這種時空資料的模型角度，簡單回顧一下研究追蹤資料 (panel-data) 方法的發展。

一、線性模型

基本線性 panel 模型

・Pooled model (or population-averaged)

　　混合資料模型（樣本平均）　$y_{it} = \alpha + x'_{it}\beta + u_{it}$　　　(9-1)

・Two-way effects model allows intercept to vary over i and t

　　雙因子效果模型　$y_{it} = \alpha_i + \gamma t + x'_{it}\beta + \varepsilon_{it}$　　　(9-2)

・Individual-specific effects model

　　特定個體效果模型　$y_{it} = \alpha_i + x'_{it}\beta + \varepsilon_{it}$　　　(9-3)

where α_i may be fixed effect or random effect.

・Mixed model or random coefficients model: allows slopes to vary over i

　　混合／隨機係數模型　$y_{it} = \alpha_i + x'_{it}\beta_i + \varepsilon_{it}$　　　(9-4)

1. 單變數模型

(1) 固定效果和固定係數模型 (fixed effect models and fixed coefficient models)：

$$固定效果：y_{it} = \underbrace{\alpha_i}_{\text{它與解釋變數}x_{it}\text{有相關}} + \underbrace{X'_{it}}_{\text{它亦可為內生解釋變數}}\beta + \underbrace{\varepsilon_{it}}_{\text{殘差項}\sim N(0,\sigma^2)}$$

STaTa 以 F 檢定來判定採用混合資料 OLS 或「xtreg…,fe」固定效果來估計。固定效果包括時間效果以及「時間和個體之二因子」效果。倘若你進一步放寬 panel 條件，允許誤差有異質變異、自我相關性等情況下，則可改用「xtgls…,panels(iid) corr(independent)」來估計。

(2) 隨機效果，又稱誤差成分模型 (error components models)

$$\text{隨機效果：} y_{it} = \underset{\substack{\text{純隨機} \sim N(0,\sigma_\alpha^2) \text{，它與解釋變數} x_{it} \text{無相關}}}{\alpha} + \underset{\text{外生解釋變數}}{X'_{it}} \beta + \underset{\text{個體間誤差}}{u_{it}} + \underset{\text{個體內誤差}}{\varepsilon_{it}}$$

除 OLS 迴歸、GLS 迴歸模型外，STaTa 亦針對不同樣本特徵分別提供：組內估計 (within estimator) 或「xtreg…,re」隨機效果等估計法，甚至你若考慮誤差成分中的個體效果、或個體和時間效果，亦可用「xtgls…,panels(hetero) corr(ar1)」指令，將誤差自我相關和異質變異一併納入迴歸分析。

例如，STaTa 以「xtreg…,re」指令先執行隨機效果，再 xttest0 事後指令之 Lagrange 乘數 (multiplier) 檢定，來偵測「隨機效果 vs.OLS」模型，何者較適合？

(3) 隨機係數模型 (random coefficient models)

$$y_{it} = \alpha_i + X'_{it} \underset{\substack{\text{每一個體} i \text{的斜率都不相同}}}{\beta_i} + \underset{\substack{\text{殘差項} \sim N(0,\sigma^2)}}{u_{it}}$$

《Panel-data 迴歸模型》一書第「5-7」章節 xtrc 指令，係隨機效果 (random coefficients regression by GLS) 模型。

若模型解釋變數 (regressors) 的係數包含時間效果或個體效果，再加上一個亂數，係數通常用抽樣方法或者 Bayesian 方法來估計。

(4) 帶有隨機解釋變數 (with random regressors) 的線性模型

《Panel-data 迴歸模型》一書第 6 章 xtivreg(工具變數兩階段最小平方方法 panel-data 模型) 及 ivregress(單一方程式工具變數迴歸)、外掛指令 xtcsd(追蹤資料模型之橫斷面相依性)、第「8-5-2」章節 xtmixed(多層次混合之線性迴歸)、xtrc(隨機係數模型)。有關 xtrc 指令之範例，請見第 5、8 章的介紹。

(5) 動態線性模型 (dynamic linear models)

《Panel-data 迴歸模型》一書第 9 章 xtdpd、xtdpdsys 指令來執行動態 panel

模型。

該模型同樣又包含固定效果自迴歸模型 (通常用 LSDV 估計、Within 估計、IV 估計法估計參數)、動態誤差成分模型 (λ - 類估計、IV 估計、GMM 估計和最大概似估計等方法估計參數) 以及帶有異質性的動態線性模型 (聯立估計、組均值估計和橫斷面估計等方法估計參數，並檢定異質性)，成為近來追蹤資料 (panel-data) 單根 (unit root) 和共整合 (cointegration) 理論發展的基礎。

2. 聯立方程模型

STaTa 指令「xtivreg… (內生解釋變數 = 工具變數們), re」之 GLS 隨機效果，本身就分 G2SLS 估計法與 EC2SLS 估計法。詳情請見第 6 章實例解說。

聯立方程模型又分特定誤差成分和聯立方程 (用 GLS、最大概似估計、G2SLS、EC2SLS、G3SLS、EC3SLS 以及 FIML 等方法估計參數)，以及帶自我相關特定效果或者帶隨機效果的聯立方程模型。

3. 帶測量誤差模型

詳情請見作者《STaTa 廣義結構方程》一書及《STaTa 高等統計分析》eivreg 指令來執行 errors-in-variables 迴歸之實例解說。

包括基本迴歸模型、帶一個誤差成分結構測量誤差模型，參數估計方法包括基本估計、集合估計、差分估計。還包括具有測量誤差和異質變異的模型 (GLS 估計)，以及具有自我相關性測量誤差的模型。

4. 偽追蹤資料 (panel-data)

偽追蹤資料 (panel-data) 是指重複抽自一個橫斷面所構成的資料集，對偽追蹤資料研究包括偽追蹤資料的識別和估計。

除此之外，還有一些特殊問題如誤差成分模型形式選擇，例如豪斯曼 (Hausman) 檢定可判定你該採固定模型或隨機模型、誤差的異質性問題等處理 (見第 4 章解說)。

二、非線性模型

1. logit 和機率 (probit) 模型

STaTa 的指令包括：

> logit 指令執行時間序列之邏輯斯 (logistic) 迴歸。
> probit 指令執行時間序列之機率 (probit) 迴歸。
> xtprobit 指令執行 panel 隨機效果及樣本平均 (population-averaged) probit 模型。
> xtlogit 指令執行 panel 固定效果、隨機效果或樣本平均 (population-averaged) logit 模型。

固定效果模型 (ML 估計、CMLE 估計和半參估計方法估計模型參數) 和隨機效果模型 (MLE 估計) 用兩階段方法來檢定模型是否存在異質性。

2. 非線性潛在變數模型

詳情請見作者《STaTa 廣義結構方程》一書。

包括變數是線性的但模型是非線性的形式和變數非線性模型 (估計方法包括非一致的工具變數 (IV) 估計、最大概似 (ML) 估計、最小距離 MDE 估計、兩階段估計、近似 MLE 估計以及估計偏差調整) 以及作為變數非線性模型中的一種特殊情況：二元選擇情形，估計方法用重複 ML 估計或者條件 ML 估計。

3. 生存模型 (survival analysis models)

主要的時間序列，包括對 Cox 模型、加速生存模型、競爭風險模型研究。

4. 點過程 (point process)

STaTa 指令包括：

STaTa 外掛指令	功能說明
. amcmc	提供適性馬可夫鍵 Monte Carlo 取樣之 Mata 函數及結構 (adaptive Markov chain Monte Carlo sampling)
. bayesmixedlogit	混合 logit 模型之 Bayesian 估計
. bayesmlogit	混合 logit 模型之 Bayesian 估計
. markov	產生 Markov 機率
. mcmccqreg	使用 adaptive Markov chain Monte Carlo (MCMC) 之截取分量迴歸 (censored quantile regression)
. mcmclinear	為線性模型的 MCMC 取樣
. mcmcstats	計算 MCMC 之收斂值 (convergence and summary statistics for MCMC estimation)
. smwoodbury	計算 Sherman-Morrison-Woodbury k- 秩反矩陣 (rank-k update to matrix inverse)

點過程主要包括：Markov 過程、半 Markov 過程，以及用廣義半參方法 (generalized semi-parametric) 處理的點過程。

除此之外還包括：

5. 處理追蹤資料 (panel-data) 資料不完整而帶來的選擇偏差問題

通常不完整的追蹤資料 (panel-data) 按照對研究結果的影響分爲可忽略選擇規則 (機制) 和不可忽略選擇規則 (機制)。可忽略選擇規則 (機制) 模型參數通常用 ML 估計和 EM 演算法，而不可忽略選擇機制模型參數通常用兩階段估計，是否 (含義不清) 不可忽略選擇規則 (機制)？通常你可採用 Lagrange 乘數 (multiplier) 檢定、Hausman 檢定、變數可加性檢定來偵測。

6. GMM 估計方法使用和對非線性模型進行特殊檢定

包括使用 GMM 方法估計 Poisson 模型、非平衡追蹤資料 (panel-data)，和對 panel probit 利用 Ward, LM, Hausman 方法進行檢定。

7. 借助 Gibbs 抽樣

利用 MCMC 方法對追蹤資料 (panel-data) 模型進行推斷，主要是針對帶隨機效果高斯模型和帶隨機效果的 panel probit 模型。

9-3-3 追蹤資料 (panel-data) 模型認定 (identify) 與假設

追蹤資料 (panel-data) 模型的設定有許多不同的形式，在最基本的追蹤資料模型設定中，假設參數不會隨著時間與橫斷面的樣本單位不同而改變，且假設橫斷面樣本的殘差變異數爲同質、縱斷面的樣本殘差項彼此不相關。此一模型單純的將時序和橫斷面的數據併在一起，並利用 OLS 估計。大部分時候，這樣的設定方式與實際分析問題的資料性質並不相符，因此需做適當之修正。其中，最主要需考量的是參數 (截距) 不固定及各種假設不符所可能導致之估計偏誤。以下由基本模型開始，介紹各種延伸模型的設定方式，之後，接著介紹估計的方法，以及一些特殊情況的考量及處理方式。

一、基本模型

追蹤資料 (panel-data) 的基本模型，爲

$$Y_{it} = \alpha_i + \beta_1 X_{1it} + \beta_2 X_{2it} + \cdots + \beta_k X_{kit} + \varepsilon_{it}$$

$$Y_{it} = \alpha + \sum_{k=1}^{K} \beta_k X_{kit} + \varepsilon_{it}$$

其中，個體數 i = 1, 2, …, N，它代表 individual(或 entity)。時段 t = 1, 2, …, T，它為研究之期間。

$$Y_{T \times 1} = \begin{bmatrix} y_{i1} \\ y_{i2} \\ \vdots \\ y_{iT} \end{bmatrix} \quad , \quad \varepsilon_{T \times 1} = \begin{bmatrix} e_{i1} \\ e_{i2} \\ \vdots \\ e_{iT} \end{bmatrix} \quad , \quad X_{T \times K} = \begin{bmatrix} x'_{i1} \\ x'_{i2} \\ \vdots \\ x'_{iT} \end{bmatrix}$$

1. 依變數矩陣 Y_{it}：第 i 個體 (individual, entity) 在時間點 t 之反應變數。

2. 向量 α_i：截距項，為固定常數。

3. (K×1) 向量 $\beta = (\beta_1, \beta_2, …, \beta_K)'$：所有解釋變數之參數，為固定係數向量。

4. 解釋變數 (regressors) 矩陣 X_{it}：第 i 個體 (individual, entity) 在時間點 t 之解釋變數。$k = 1, 2, …, K$ 表示有 K 個解釋變量。

5. 向量 ε_{it}：第 i 個體 (individual, entity) 在時間點 t 之隨機誤差項。

6. X_{kit}：為第 i 個 individual/entity 於第 t 期第 k 個解釋變數的值，

7. ε_{it}：為殘差項，$E(\varepsilon_{it}) = 0$，$E(\varepsilon_{it}, \varepsilon_{it}) = \sigma^2$，$\varepsilon_{it}$ 符合 $\overset{iid}{\sim}$ $N(0, \sigma^2)$ 分配。

(一) OLS 迴歸

最小平方法 (ordinary least square, OLS) 之迴歸式可表示為：

$$Y_{it} = \alpha + \sum_{k=1}^{K} \beta_k X_{kit} + \varepsilon_{it}$$

由於 OLS 模型視不同個體間具相同之截距項，但此亦表示其認為個體間不存在有差異性。倘若個體間具有差異性則利用 OLS 模型會使得估計有所偏誤，故追蹤資料 (panel-data) 模型確實可捕捉到資料的型態而藉此修正傳統 OLS 在估計之缺失。

(二) OLS 迴歸 vs. panel 迴歸的比較

在原始 panel 資料的迴歸過程中，隱喻迴歸參數不隨時間與橫斷面樣本單位不同而改變，且假設橫斷面樣本函數的殘差變異數是同質的、橫斷面樣本函數的殘差項在時間上假設彼此不相關。由於 panel 資料在處理方式上必須符合許多假定的前提條件要求，而此與現實環境上可能有所出入。故可放寬上述假定，允許模型中的常數項或斜率可隨時間與樣本別不同而改變，允許橫斷面的截距項可隨著不同橫斷面單位別而有所差異。將 panel 資料迴歸拓展成擁有虛擬變數的固定效果模型 (fixed effect model) 或隨機效果模型 (random effect model)，二者

也是 panel 資料最常採用模型。若樣本來自「特定」母體，且個體特性不隨時間不同而改變時，使用固定效果模型可強調個體差異性；若樣本是「隨機」抽樣自母體，則使用隨機效果模型較佳。

基本迴歸模型：$Y_{it} = \alpha_{it} + \beta_1 X_{1it} + \beta_2 X_{2it} + \cdots + \beta_k X_{kit} + \varepsilon_{it}$，

它又分
$$
\begin{cases}
OLS迴歸，當\ \alpha_{it} = \alpha (所有樣本截距項都相同) \\
固定效果，當\ \alpha_{it} = \alpha_i (每一個體截距項都相同) \\
隨機效果，當\ \alpha_{it} = \underbrace{\mu}_{對y平均的影響} + \underbrace{\gamma_i}_{隨機誤差} = \alpha + \underbrace{u_{it}}_{個體間誤差} + \underbrace{\varepsilon_{it}}_{個體內誤差}
\end{cases}
$$

追蹤資料 (panel-data) 模型和最小平方法 (OLS) 最大差異在於截距項假設的不同，分述如下：(因此在進行估計之前，須先檢定截距項的型態)

1. 最小平方法：假定所有樣本都有相同的截距項，即 $\alpha_{it} = \alpha$。
2. 固定效果模型：假定橫斷面樣本有不同的截距項，即 $\alpha_{it} = \alpha_i$。
3. 隨機效果模型：假定樣本的截距項為隨機變數，即 $\alpha_{it} = \mu + \gamma_i$。

其中，

μ：一固定未知參數，表示各個體對依變數影響的平均數。

γ_i：獨立且具有相同機率分布的隨機誤差。

二、特定個體 (individual-specific) 效果模型

特定個體效果又細分固定效果 (fixed effects, FE) 及隨機效果模型 (random effects, RE)，兩者都是追蹤 / 縱橫資料最常被採用之模式。若樣本來自「特定」母體，且個體特性不隨時間不同而改變時，使用固定效果模型可強調個體差異性；若樣本是「隨機」抽樣自母體，則使用隨機效果模型較佳。

$$
Y_{it} = \underbrace{\alpha_i}_{可以是固定效果或隨機效果} + X'_{it} \underbrace{\beta}_{固定效果或隨機效果之估計值相近} + \underbrace{\varepsilon_{it}}_{殘差項 \sim N(0, \sigma^2)}
$$

又分

$$
\begin{cases}
固定效果：y_{it} = \underbrace{\alpha_i}_{\substack{它與解釋變數x_{it}有相關}} + \underbrace{X'_{it}}_{它亦可為內生解釋變數} \beta + \underbrace{\varepsilon_{it}}_{殘差項 \sim N(0,\sigma^2)} \\
隨機效果：y_{it} = \underbrace{\alpha}_{\substack{純隨機 \sim N(0,\sigma_\alpha^2)，它與解釋變數x_{it}無相關}} + \underbrace{X'_{it}}_{外生解釋變數} \beta + \underbrace{u_{it}}_{個體間誤差} + \underbrace{\varepsilon_{it}}_{個體內誤差}
\end{cases}
$$

其中，固定效果模型，亦可表示為：

$$Y_{it} = \alpha_i + \beta\sum_{i=1}^{k} X_{kit} + \varepsilon_{it} \quad , \quad i=1,2,\cdots,N\,; t=1,2,\cdots,T$$

其中，

Y_{it}：為第 i 個 individual/entity 在 t 時點的依變數數值。

α_i：為截距項係數，$i=1, 2, \cdots, N$，並假設每個影響因素皆是不同的，且在一段期間內是固定不變的。

β'：為各解釋變數的迴歸係數，且 $\beta' = [\beta_1, \beta_2, \cdots, \beta_k]$，並假設在一定期間內為固定常數。

X_{ikt}：為個體 (或 entity) i 在 t 期時，解釋變數數值。

ε_{it}：為隨機誤差。

三、混合資料 (pooled)OLS 模型或樣本平均 (樣本平均 (population-averaged), PA) 模型：

$$Y_{it} = \alpha + X'_{it}\,\beta + \underbrace{u_{it}}_{\text{殘差項} \sim N(0,\sigma^2)}$$

混合資料迴歸模型是將所有資料合併在一起，利用 OLS 估計出一條代表性的迴歸式。此單一條代表的迴歸式之截距項與斜率二者都是固定的，不隨觀察個體或時間而有差異，亦即 $\alpha_i = \alpha$，$\beta_k = \beta$。混合資料迴歸可以增加樣本數，但卻忽略了個體間或不同期間的差異，因此若個體間或不同期間具有差異性時，則使用傳統的 OLS 進行分析時會產生估計偏誤的結果。

四、固定效果模型 (fixed effects model, FE)

帶虛擬變數之 OLS 線性迴歸解說

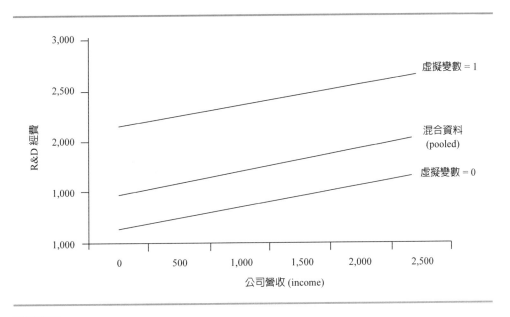

圖 9-5 虛擬變數之示意圖

假設 α_i 固定不變，且加入虛擬變數以衡量未被觀察到的變數，控制其對模型的影響，藉此可以瞭解個體間的差異並縮小模型的共變異數，因此固定效果模型又稱爲最小平方虛擬變數模型 (least square dummy variable model, LSDV)。其將個別個體之差異反映在截距項，並且此差異不會隨時間而改變。故固定效果模型中之截距項皆不相同以表現個體間之獨特性。它利用虛擬變數之方式把各個個體間之差異反應在截距項上，因此固定效果模型亦用增加虛擬變數 D_j 來表示：

$$Y_{it} = \alpha_0 + \sum_{j=1}^{J} \alpha_j D_j + \sum_{k=1}^{K} \beta_k X_{kit} + \varepsilon_{it}$$

其中，

Y_{it}：第 i 個個體於時間點 t 時之依變數。

α_0：基準個體之截距項。

α_j：虛擬變數之參數，會依不同研究樣本而改變，但在一段時間內爲固定不變，稱之爲「個體效果」。

D_j：虛擬變數，當 $i = j$ 時，$D_j = 1$。當 $i \neq j$ 時，$D_j = 0$。

β_k：第 k 個解釋變數之參數。

X_{kit}：第 i 個個體在時間點 t 時之第 k 個解釋變數。

ε_{it}：隨機誤差項，且 $\varepsilon_{it} \overset{iid}{\sim} (0, \sigma_\varepsilon^2)$。

i：第 i 個個體，$i = 1, 2, \cdots, N$。

j：第 j 個虛擬變數，$j = 1, 2, \cdots, J$。

k：第 k 個解釋變數，$k = 1, 2, \cdots, K$。

t：時間點，$t = 1, 2, \cdots, T$。

固定效果模型是將 α_i 當作特定常數，不同觀察個體具有不同的特定常數，也稱共變數模型 (covariance model)。在固定效果模型中，α_i 不隨時間變動而改變，但不同觀察個體間卻有不同的個體效果 (individual effect)，即不同觀察個體間的差異，可被不同的個體效果解釋，將每個 α_i 視為待估計之未知常數。

在追蹤資料 (panel-data) 的一般形式中，如果假設參數 α_i 為一常數 (亦即所有 individual/entity 均有相同的截距)，但實際上 individual/ entity 間存有差異時，以 OLS 估計後將會產生偏誤。固定效果模型考量個體之間的差異，讓每個 individual/entity 擁有「固定」且獨特的截距項，以用來反映個體獨特的一些特質。做法上，其利用加入虛擬變數 (dummy variable) 的方式使截距項可隨不同 individual/entity 改變，而每個變數與截距項之間具相關性 (即 $\mathrm{cov}(X_{it}, \alpha_i) \neq 0$)，故固定效果模型亦可表示為：

$$D_{nt} = \begin{cases} n = 1, D_{at} \Rightarrow 1 \\ n \neq 1, D_{at} \Rightarrow 0 \end{cases}$$

$$Y_{it} = \sum_{n=1}^{N} \alpha_i D_{nt} + \sum_{k=1}^{K} X_{ikt} \beta_k + \varepsilon_{it}$$

上式稱作最小平方虛擬變數模型 (LSDV)。

其中，

α_i：隨著橫斷面資料的不同而變化，但不隨著時間而改變的個體效果 $i = 1, 2, \cdots, N$。

D_{nt}：為固定截距項，以虛擬變數表示每個橫斷面有不同的結構。

β_k：指迴歸係數，$k = 1, 2, 3, \cdots, K$。

X_{kit}：第 i 個 individual/entity 於第 t 期第 k 個解釋變數值。$k = 1, 2, 3, \cdots, K$ 表示有 K 個解釋變量。$t = 1, 2, 3, \cdots, T$ 為時間序列之期數。

ε_{it}：為隨機誤差項，且 $\varepsilon_{it} \overset{iid}{\sim} (0, \sigma_\varepsilon^2)$。

$$\hat{\beta}_{FE} = \frac{\sum\limits_{i=1}^{N}\sum\limits_{t=1}^{T}(X_{it} - \overline{X})(Y_{it} - \overline{Y}_i)}{\sum\limits_{i=1}^{N}\sum\limits_{t=1}^{T}(X_{it} - \overline{X}_i)}$$

$$\hat{\alpha}_i = \overline{Y}_i - \overline{X}_i\hat{\beta}_{FE} \quad i = 1, 2, \cdots, N$$

由於檢視每個觀察個體的截距項是否均不同，因此 F 檢定的假設為：

$$\begin{cases} H_0: \alpha_1 = \alpha_2 = \cdots = \alpha_i \\ H_1: H_0為偽 \end{cases}$$

檢定結果若不拒絕虛無假設，則只需估計單一截距項，意涵此縱橫資料 (追蹤資料 (panel-data)) 的 N 個觀察個體，T 期觀察時間的資料，可被作 N×T 個觀察值的橫斷面或時間數列樣本，因而喪失縱橫資料的特性，成為混合資料迴歸模型。反之，若拒絕虛無假設，則各觀察個體之截距不完全相同，採用固定效果模型分析較為合適。

其檢定統計量為 F 分布：

$$F_{(N-1, NT-N-K)} = \frac{(SSE_{Pooled} - SSE_{LSDV})/(n-1)}{SSE_{LSDV}/(NT-N-K)}$$

式中 SSE_{Pooled} 來自於混合資料迴歸模型的殘差平方和，即假設上式中 $\alpha_i = \alpha$ 後，估計該式所得到之殘差平方和；SSE_{LSDV} 來自於固定效果模型的殘差平方和，即直接估計上式所得到之殘差平方和；$(N-1)$ 代表虛無假設裡限制條件的個數；$(NT-N-K)$ 是固定效果模型的自由度。

1. 固定效果之迴歸參數估計

固定效果模型是考慮在追蹤資料 (panel-data) 中，只有截距項變數產生改變，而反應參數不變。其原始模型為：

$$y_{it} = \beta_{it} + \sum_{k=2}^{K}\beta_k x_{kit} + e_{it} \tag{9-5}$$

亦可表示為：

$$y_{it} = \sum_{j=1}^{N}\beta_{ij}D_{it} + \sum_{k=2}^{K}\beta_k x_{kit} + e_{it} \tag{9-6}$$

$$\text{if} \quad j = i \quad D_{jt} = 1, \quad \text{if} \quad j \neq i \quad D_{jt} = 0$$

固定效果之迴歸式，我們亦可用矩陣形式來表示：

$$y_i = \beta_{1i} j_i + X_{st} \beta_S + e_i \tag{9-7}$$

即

$$y_i = \begin{bmatrix} y_{i1} \\ y_{i2} \\ ... \\ y_{iT} \end{bmatrix}, \quad X_{st} = \begin{bmatrix} X_{2i1} & X_{3i1} & ... & X_{Ki1} \\ X_{2i2} & X_{3i2} & ... & X_{Ki2} \\ ... & ... & ... & \vdots \\ X_{2iT} & X_{3iT} & ... & X_{KiT} \end{bmatrix}, \quad e_i = \begin{bmatrix} \varepsilon_{i1} \\ \varepsilon_{i2} \\ \vdots \\ \varepsilon_{iT} \end{bmatrix} \tag{9-8}$$

上式中，我們主要針對 β_1 和 β_S 做估計，向量 β_1 為截距項之向量，β_S 為斜率係數的向量，而且假設所有的橫斷面之斜率係數皆相同。此外，干擾向量 e 具有平均數為 0 和變異矩陣 $\delta_e^2 I_{NT}$。我們利用 Gauss-Markov 定理和最小平方估計法 (least squares estimator) 來估計 β_1 和 β_S 的估計值 b_1 和 b_S：

$$\begin{bmatrix} b_1 \\ b_S \end{bmatrix} = \begin{bmatrix} T I_N & (I_N \otimes j_T)' X_S \\ X_S'(I_N \otimes j_T) & X_S' X_Z \end{bmatrix}^{-1} \begin{bmatrix} (I_N \otimes j_T) y \\ X_S' y \end{bmatrix} \tag{9-9}$$

$$b_S = (X_S'(X_S' \otimes D_T) X_S)^{-1} X_S' (I_N \otimes D_T) y \tag{9-10}$$

$$= \left(\sum_{i=1}^{N} X_{st}' D_T X_{st} \right)^{-1} \sum_{i=1}^{N} X_{st}' D_T y_t \tag{9-11}$$

而且

$$b_{1i} = \bar{y} - \bar{x} b_S \quad , \quad i = 1, 2, \cdots, N \tag{9-12}$$

(9-11) 式中的

$$D_T = I_T - \frac{j_T j_T}{T}$$

$$\bar{y_i} = \frac{1}{T} \sum_{t=1}^{T} y_{it} \quad \bar{x_i'} = (\bar{x}_{2i}, \bar{x}_{3i}, \Lambda \, \bar{x}_{ki})$$

$$\bar{x}_{ki} = \frac{1}{T} \sum_{t=1}^{T} x_{kit} \tag{9-13}$$

我們由 (9-11) 式中可能證明 D_T 是 idempotent(等冪)，隱含 $I_N \otimes D_T$ 也可能是 idempotent，(9-11) 式改寫如下：

$$b_S = (X_S'(I_N \otimes D_T)'(I_N \otimes D_T)X_S)^{-1}X_S'(I_N \otimes D_T)'(I_N \otimes D_T)y = (z'z)^{-1}z'w \qquad (9\text{-}14)$$

再分別轉換解釋變數的觀察值和獨立變數的觀察值，如下所示：

$$Z = \begin{bmatrix} D_T X_{S1} \\ D_T X_{S2} \\ \cdots \\ D_T X_{SN} \end{bmatrix} \quad , \quad w = \begin{bmatrix} D_T y_1 \\ D_T y_2 \\ \cdots \\ D_T y_N \end{bmatrix} \qquad (9\text{-}15)$$

其中，

$$D_T X_{St} = \begin{bmatrix} x_{2i1} - \bar{x}_{2i} & \cdots & \cdots & x_{2i1} - \bar{x}_{Ki} \\ x_{2i2} - \bar{x}_{2i} & \cdots & \cdots & x_{2i2} - \bar{x}_{Ki} \\ \cdots & \cdots & \cdots & \cdots \\ x_{2iT} - \bar{x}_{2i} & \cdots & \cdots & x_{KiT} - \bar{x}_{Ki} \end{bmatrix} \qquad (9\text{-}16)$$

$$D_i y_i = \begin{bmatrix} y_{i1} - \bar{y}_i \\ y_{i2} - \bar{y}_i \\ \cdots \\ y_{iT} - \bar{y}_i \end{bmatrix} \qquad (9\text{-}17)$$

結論分析如下：在固定效果模型下，如果變數個數是小數，估計 β_1 和 β_S 可利用 (9-9) 式中的方式設立變數，再應用最小平方法。如果變數是大數，我們可以利用兩步驟：第一步利用 (9-16) 式和 (9-17) 式來設定斜率係數向量 β_S，再應用最小平方法；第二階段再利用 (9-18) 式來估計截距向量 β_1。

2. 固定效果之變異數估計

變異數的估計要先估計殘差：

$$\hat{e} = y - [I_N \otimes j_T X_s] \begin{bmatrix} b_1 \\ b_2 \end{bmatrix} = (I_N \otimes D_T)y - (I_N \otimes D_T)X_s b_s \qquad (9\text{-}18)$$

然後得到變異數的不偏估計式：

$$\hat{\delta}_e^2 = \frac{\hat{e}'\hat{e}}{NT - (N + K')} \qquad (9\text{-}19)$$

五、隨機效果模型 (random effects model, RE)

由於 panel 資料型態為縱橫面資料，因此，在計量模型上應採用固定

效果模型或是隨機效果模型來捕捉無法觀測到的異質性效果 (unobservable heterogeneity)。

固定效果模型的優點是不需假設隨機干擾項與解釋變數無關；隨機效果模型的優點則是避免固定效果模型中損失自由度的問題，但必須事先假定隨機干擾項與個體解釋變數無關，即 $E(\mu_i X_{kit}) = 0$，參數估計結果才能滿足不偏性。

隨機效果模型與固定效果模型非常類似，都是假設所有個體的斜率是一樣的，但不同的個體其截距不一樣，即對於截距的解釋二者卻完全不一樣。在固定效果模型下，假設 α_i 為常數；而在隨機效果模型下則假設 α_i 是隨機變數。在隨機效果模型下的誤差項有兩個，故隨機效果模型又稱作誤差成分模型 (error component model)，與固定效果模型相似之處，在於它也可同時考慮縱斷面與橫斷面並存的資料。然而不同的是，隨機效果模型以隨機變數型態的截距項代表每個橫斷面之間不同的結構。意味著無法觀測到的異質性效果僅由隨機產生。

隨機效果係假設截距項是隨機產生且非時變，而各單位結構或時間變動所造成的差異是隨機產生，表現形式在於殘差項。

易言之，隨機效果模型比較著重母體整體之關係，而非個體之間之差異性，但其仍容許個體間存在有不同之差異性。並主張個體之間之差異性 (亦表現在各條迴歸式之截距項) 乃是隨機產生且不會隨時間而改變。

當各個體間確實存在著差異時，設定成固定效果模型雖是較具效率的估計方式，但其固定效果未考量到不同時間將有不同差異存在問題。因此隨機效果模型將跨個體間的異質性設定為隨機，而假定 X_{it} 與 α_i 之間不相關 (即 $\text{cov}(X_{it}, \alpha_i) = 0$)；亦即，各 individual/ entity 結構或時間變動所造成的差異是「隨機」產生的，並將該表現形式置入殘差項，因此又稱為誤差成分模型 (error component model)，原因是截距項與解釋變數無相關。該模型令 α_i 為隨機的，且由兩部分組成：

$$\alpha_i = \mu_i + \gamma_i$$

其中，

μ_i：一固定未知參數，表示各個體對依變數影響的平均數。

γ_i：獨立且具有相同機率分布的隨機誤差。

因此模型可寫為：

$$Y_{it} = \alpha_i + \sum_{k=1}^{K} X_{ikt}\beta_k + \varepsilon_{it}$$

$$= (\mu_i + \gamma_i) + \sum_{k=1}^{K} X_{ikt}\beta_k + \varepsilon_{it}$$

$$= \mu_i + \sum_{k=1}^{K} X_{ikt}\beta_k + (\varepsilon_{it} + \gamma_i)$$

$$= \mu_i + \sum_{k=1}^{K} X_{ikt}\beta_k + v_{it}$$

其中，

α_i：為截距項，表示隨時間不同橫斷面而無規則地改變，所以以隨機方式呈現即該寫為 $\alpha_i = (\mu_i + \gamma_i)$，$i = 1, 2, 3, \cdots, N$。

μ_i：為代表隨機產生的截距項。

γ_i：為個體無法觀測到的隨機誤差，因此 γ_i 形成一機率分布，因此 $E(\gamma_i) = 0$，$\mathrm{Var}(\gamma_i) = \sigma_\gamma^2$，$\mathrm{Cov}(\gamma_i, \gamma_j) = 0$，因此對時間為固定不變。

X_{ikt}：個體單位 i 於第 t 期第 k 個解釋變數的值，$k = 1, 2, 3, \cdots, K$，$t = 1, 2, 3, \cdots, T$。

β_i：各解釋變數之迴歸係數，$k = 1, 2, 3, \cdots, \mathrm{K}$。

ε_{it}：為隨機誤差項，$\varepsilon_{it} \overset{iid}{\sim} (0, \sigma_\varepsilon^2)$。

v_{it}：$v_{it} = \varepsilon_{it} + \gamma_{it}$，且 $E(v_{it}) = 0$，且具同質變異數 $\mathrm{Var}(v_{it}) = \sigma_\varepsilon^2 + \sigma_\gamma^2$，假設同一 individual/ entity 的誤差項具序列相關，不同 individual/ entity 的誤差不相關。

在隨機效果模型中，雖然以 OLS 估計可以得到不偏的估計量，但卻不具效率性，因此使用 OLS 估計出的估計量將不是最佳線性不偏之估計量。基於此，隨機效果模型的估計，亦可採用廣義最小平方法 (generalized least square, GLS) (Hsiao 1986)，該估計量如下：

$$\hat{\beta}_{RE} = \frac{\sum_{i=1}^{N}\sum_{t=1}^{T}(X_{it} - \overline{X}_i)(Y_{it} - \overline{Y}_i) + \psi T(\overline{X}_i - \overline{\overline{X}})(\overline{Y}_i - \overline{\overline{Y}})}{\sum_{i=1}^{N}\sum_{t=1}^{T}(X_{it} - \overline{X}_i)^2 + \psi T\sum_{i=1}^{N}(\overline{X}_i - \overline{\overline{X}})^2}$$

其中，

$$\hat{\mu} = \overline{Y} - \overline{X}\hat{\beta}_{RE}$$

$$\psi = \frac{\sigma_\varepsilon^2}{\sigma_\varepsilon^2 + T\sigma_\gamma^2}$$

使用廣義最小平方方法 (GLS) 估計時，殘差共變異矩陣如下：

$$E\left[\varepsilon_i\varepsilon_i'\right] = \sigma_u^2 I_T + \sigma_\alpha^2 ii' = \begin{bmatrix} \sigma_u^2+\sigma_\alpha^2 & \sigma_\alpha^2 & \cdots & \sigma_\alpha^2 \\ \sigma_\alpha^2 & \sigma_u^2+\sigma_\alpha^2 & \cdots & \sigma_\alpha^2 \\ \vdots & \vdots & \ddots & \vdots \\ \sigma_\alpha^2 & \sigma_\alpha^2 & \cdots & \sigma_u^2+\sigma_\alpha^2 \end{bmatrix}$$

令 $\Omega = E(\varepsilon_i \varepsilon_i')$ 爲一 T×T 的矩陣，且 i 和 t 爲彼此獨立，則 N×T 的干擾共變異數成對角矩陣表示：

$$V = I_N \otimes \Omega \begin{bmatrix} \Omega & 0 & \cdots & 0 \\ 0 & \Omega & \cdots & 0 \\ \vdots & \vdots & \Omega & \vdots \\ 0 & 0 & 0 & \Omega \end{bmatrix}$$

以 GLS 需估計出 $V^{-1/2} = I_N \otimes \Omega^{-1/2}$，因此需對 $\Omega^{-1/2}$ 單一求解如下：

$$\Omega^{-1/2} = \frac{1}{\sigma_u}\left[1 - \left(\frac{1-\theta}{T} ii'\right)\right]$$

$$\theta = \sqrt{\frac{\sigma_u^2}{T\sigma_\alpha^2 + \sigma_u^2}}$$

但其中 θ 爲一未知數，因此在用 GLS 估計 RE 時需先解出 θ 中的 σ_u^2 及 σ_α^2，再求算 $\Omega^{-1/2}$，因此這種求解方法，謂之可行的 GLS(Feasible GLS)，簡稱 FGLS。

以下介紹隨機效果又分成二種基本模型。

1. 單因子隨機效果模型 (one-way random effects model)

追蹤資料 (panel-data) 模型亦可分爲 one-way(單因子) 模型和 two-way(雙因子) 模型。

(1) 單因子模型只考量橫斷面效果，橫斷面效果分成固定效果(reg、xtreg 指令) 和隨機效果 (icc 指令)。

(2) 單因子模型除考量橫斷面效果外，若加入了期間效果，期間效果可分成固定效果和隨機效果。

$$Y_{it} = \alpha_i + \sum_{k=1}^{K} \beta_k X_{ikt} + \varepsilon_{it} = \overline{\alpha} + \mu_i + \sum_{k=1}^{K} \beta_k X_{ikt} + \varepsilon_{it}$$

截距項中 $\overline{\alpha}$ 表示母體平均截距的固定未知參數，μ_i 代表無法觀測到的個體間隨機差異。

2. 雙因子隨機效果模型 (two-way random effects model)

$$Y_{it} = \alpha_i + \sum_{k=1}^{K} \beta_k X_{ikt} + \gamma_t + \varepsilon_{it} = \overline{\alpha} + \mu_i + \sum_{k=1}^{K} \beta_k X_{ikt} + \varepsilon_{it}$$

同時觀察特定個體效果和時間效果之模型。

小結

一、固定效果 vs. 隨機效果模型之比較

追蹤資料 (panel-data) 常見的模型有固定效果模型 (fixed-effect model) 與隨機效果模型 (random-effect model)。如何研判固定效果模型及隨機效果模型何者較為恰當，可以利用 Hausman Test 來作為評判標準。

表 9-1 固定效果與隨機效果模型之比較表

估計方式	固定效果模型	隨機效果模型
意義	將不同觀察單位的影響因素以截距項表示，且每個觀察單位擁有特定的截距項，因此其估計出的結果只能推論至使用樣本中的觀察單位。	不同觀察單位的影響以隨機變數表示，其結果可擴大到非樣本中的觀察單位。
假設	假設截距項 α_i 為特定常數	假設截距項 α_i 為隨機變數
優點	不須假設個別效果 α_i 為哪種分布，也不須假設它與隨機干擾項 ε_{it} 獨立以及和自變數間不相關。	不須使用虛擬變數進行估計。消耗的自由度較少，並提供殘差項分析。
缺點	須使用虛擬變數進行估計，易造成自由度大幅減少。	須假設個別效果 α_i 為哪種分布，也須假設它與隨機干擾項 ε_{it} 獨立以及和自變數間不相關
使用時機	當殘差項與解釋變數之間具有相關性時，則隨機效果模型所估計出的結果會有偏誤，此時宜採用固定效果模型。	若採用抽樣方法選取樣本，則採用隨機效果模型為佳；而若非透過抽樣方法以選取樣本或樣本本身即母體的情況下，則以採用固定效果模型為佳。

9-4 Panel-data logit 迴歸分析 (xtgee、xtlogit 指令)

一、線性模型，使用 xtgee 指令

在線性之 GEE 分析法，採用 xtgee 指令，進行重複性資料的比較分析 (comparisons of repeated measures)，檢定嬰幼兒於 0～4 歲的飲食營養與生長發育趨勢為何 (p for trend)？將幼兒出生至 3 歲的體重、身高分別與 4 歲做比較，結果如下表，顯示幼兒出生至 3 歲之體型均與 4 歲有顯著差異 (p < 0.01)，且男女幼兒於各階段之體位測量值 p for trend 皆達顯著 (p for trend < 0.01)。

男女幼兒 0 ～ 4 歲體重分布情形 [1]

年齡	男生 mean±SD(n)	女生 mean±SD(n)	t-value[2]	總平均 mean±SD(n)
出生	3.36±0.49(137)	3.09±0.44(148)	4.96**	3.22±0.49(285)
1 歲	10.11±1.05(108)	9.28±1.10(118)	5.82**	9.65±1.15(226)
2 歲	12.72±1.36(90)	12.00±1.53(110)	3.46**	12.32±1.50(200)
3 歲	15.24±1.88(87)	14.48±1.80(99)	2.81**	14.83±1.87(186)
4 歲	17.74±2.61(76)	16.39±2.57(88)	3.34**	17.02±2.67(164)

[1] 單位：公斤；[2]*$p < 0.05$，**$p < 0.01$

二、非線性：logistic 迴歸的假定

邏輯斯迴歸的基本假定 (assumption) 與其他多變數分析之假設不同，因為它不需要假定分布類型，在邏輯斯分布中，自變數對於依變數之影響方式是以指數的方式來變動。此意味著邏輯斯迴歸無需具有符合常態分布的假設，但是如果預測變數為常態分布的話，結果會比較可靠。在邏輯斯迴歸分析中，自變數可以是類別變數 (category variable)，也可以是連續變數。

三、Logistic 迴歸模型

如果依變數的編碼是二進制，例如違約 (Y = 1，不違約：Y = 0)，我們想知道的是預測違約的可能性，這就是典型邏輯斯迴歸，它於是創造一個潛在變數 (latent variable)Y*，令解釋變數只有一個 X，則二元資料的分析模型如下：

$$y_j^* = \beta_0 + \sum_{i=1}^{N} \beta_i x_{i,j} + \varepsilon_j$$

$$\begin{cases} y_j = 1 \text{ if } y_j^* \geq \theta \\ y_j = 0 \text{ if } y_j^* < \theta \end{cases}$$

其中，θ 為決斷值。

Logit function 轉換

原始分數代入：

$$P = \frac{1}{1 + e^{-y^*}}$$

所得機率如下。

原始分數 y^* (score)	Prob (Default)
−8	0.03%
−7	0.09%
−6	0.25%
−5	0.67%
−4	1.80%
−3	4.74%
−2	11.92%
−1	26.89%
0	50.00%
1	73.11%
2	88.08%
3	95.26%

Logit 迴歸就是利用 logit 函數來建立模型，如：

$$E(Y_i) = \frac{1}{1 + e^{-(\beta_0 + \beta_1 X_{1i} + \beta_2 X_{2i} + \cdots + \beta_k X_{ki})}} = \frac{e^{\beta_0 + \beta_1 X_{1i} + \beta_2 X_{2i} + \cdots + \beta_k X_{ki}}}{1 + e^{\beta_0 + \beta_1 X_{1i} + \beta_2 X_{2i} + \cdots + \beta_k X_{ki}}}$$

其對應的函數圖形如下圖，形狀類似 S 形，$E(Y_i)$ 其值界於 0 與 1 間，為推估 Y_i 的機率值。由上式可以解決一般線性模型其 Y 值代表機率時，Y 值超過 0 或 1 的窘境，使 logit 模型非常適合解決應變數為分類變數情形。

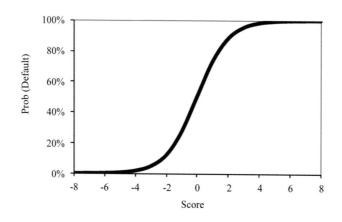

圖 9-6 Prob() 之機率圖

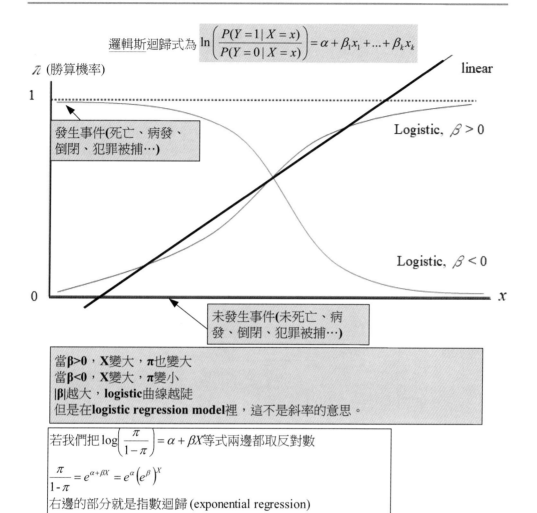

邏輯斯迴歸式為 $\ln\left(\dfrac{P(Y=1\mid X=x)}{P(Y=0\mid X=x)}\right) = \alpha + \beta_1 x_1 + \dots + \beta_k x_k$

π (勝算機率)

1

linear

發生事件(死亡、病發、
倒閉、犯罪被捕⋯)

Logistic, $\beta > 0$

Logistic, $\beta < 0$

0

x

未發生事件(未死亡、病
發、倒閉、犯罪被捕⋯)

當$\beta > 0$，**X**變大，π也變大
當$\beta < 0$，**X**變大，π變小
|**β**|越大，**logistic**曲線越陡
但是在**logistic regression model**裡，這不是斜率的意思。

若我們把 $\log\left(\dfrac{\pi}{1-\pi}\right) = \alpha + \beta X$ 等式兩邊都取反對數

$$\frac{\pi}{1-\pi} = e^{\alpha+\beta X} = e^{\alpha}\left(e^{\beta}\right)^X$$

右邊的部分就是指數迴歸 (exponential regression)
每增加一個單位的**X**，對勝算odds就會有e^{β}的乘數效果（e^{β}倍）

針對連續自變數的**logit**迴歸係數，在控制了其他自變數以後，連續自變數**X**每增
加一個單位，依變數**Y**的勝算增加$100 \times (e^{\beta}-1)\%$

圖 9-7 logistic 函數之示意圖

四、xtgee 指令 corr 選項

　　xtgee 指令指在「使用 GEE 的樣本平均追蹤資料之適配工作 (population-averaged panel-data models by using GEE)」。其中，xtgee 指令可搭配的 corr 選項：相關結構 (correlation structures) 與可被允許觀察值空間型 (spacing of observations within panel)。

相關矩陣	可被允許		
		不平等 (Unequal)	
	非平衡型 panel	空間型 (spacing)	間隙型 (Gaps)
Independent	yes	yes	yes
Exchangeable	yes	yes	yes
自我相關 (ar k)	yes(*)	no	no
stationary k	yes(*)	no	no
nonstationary k	yes(*)	no	no
unstructured	yes	yes	yes
fixed	yes	yes	yes

(*) 所有小群組 (panels) 必需至少有 k+1 觀察值。

五、範例：Logit panel 模型，使用 xtgee、xtlogit 指令

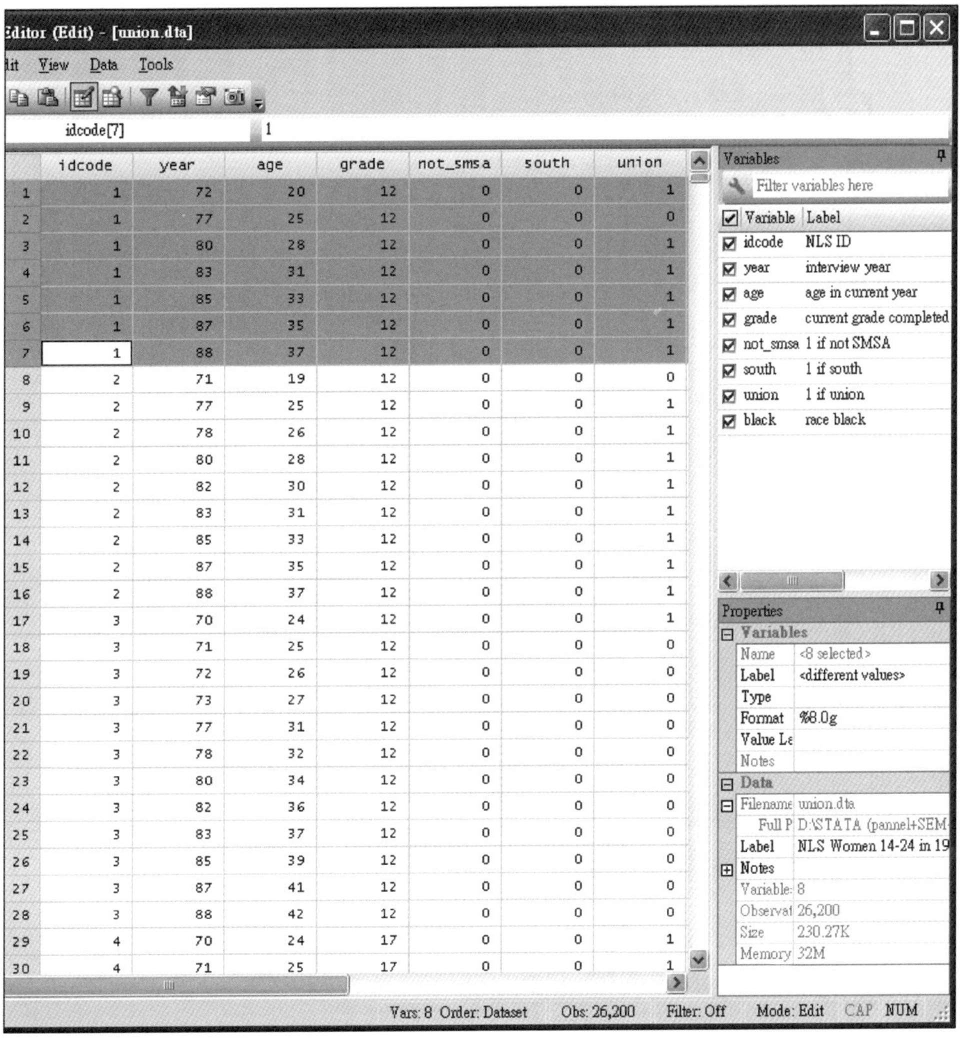

	idcode	year	age	grade	not_smsa	south	union
1	1	72	20	12	0	0	1
2	1	77	25	12	0	0	0
3	1	80	28	12	0	0	1
4	1	83	31	12	0	0	1
5	1	85	33	12	0	0	1
6	1	87	35	12	0	0	1
7	1	88	37	12	0	0	1
8	2	71	19	12	0	0	0
9	2	77	25	12	0	0	1
10	2	78	26	12	0	0	1
11	2	80	28	12	0	0	1
12	2	82	30	12	0	0	1
13	2	83	31	12	0	0	1
14	2	85	33	12	0	0	1
15	2	87	35	12	0	0	1
16	2	88	37	12	0	0	1
17	3	70	24	12	0	0	1
18	3	71	25	12	0	0	0
19	3	72	26	12	0	0	0
20	3	73	27	12	0	0	0
21	3	77	31	12	0	0	0
22	3	78	32	12	0	0	0
23	3	80	34	12	0	0	0
24	3	82	36	12	0	0	0
25	3	83	37	12	0	0	0
26	3	85	39	12	0	0	0
27	3	87	41	12	0	0	0
28	3	88	42	12	0	0	0
29	4	70	24	17	0	0	1
30	4	71	25	17	0	0	1

圖 9-8 「union.dta」資料檔內容

方法 1 : 使用 **xtlogit** 指令之隨機效果 (當對照組)

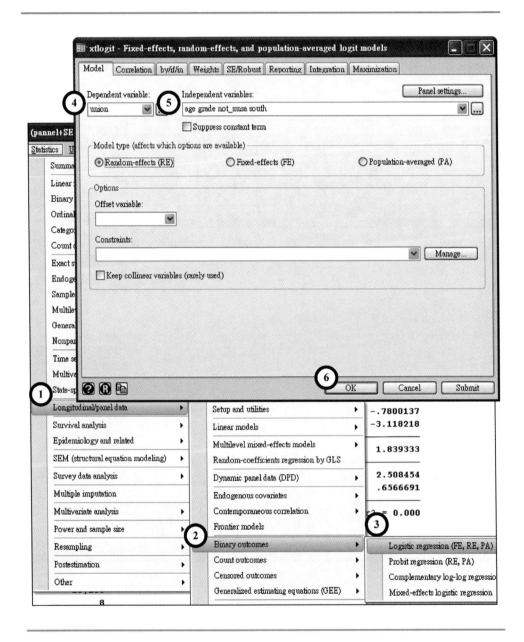

圖 9-9 「xtlogit union age grade not_smsa south, re」畫面

方法 2 : 使用 **GMM** 基礎 **GEE** 之 **logit panel** 模型

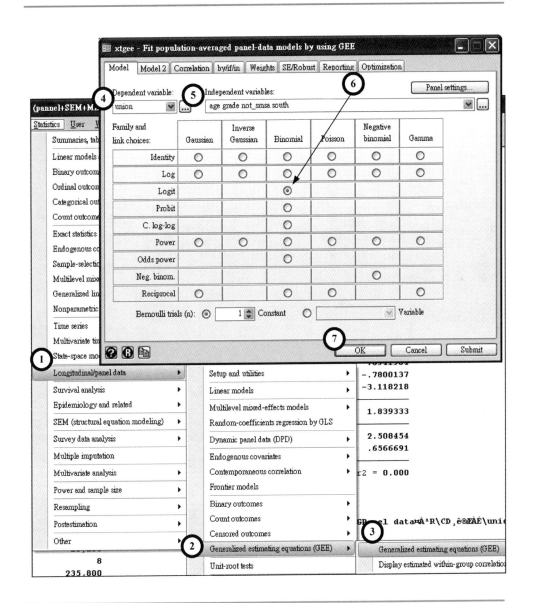

圖 9-10 「xtgee union age grade not_smsa south, family(binomial) link(logit))」畫面

　　由於依變數 union(參加工會否？) 為二元變數，故屬於「family(binomial) 搭配 link(logit)」型。

xtgee 指令 corr 選項：相關結構 (correlation structures) 與可被允許觀察值空間 (spacing of observations within panel)。

相關矩陣	可被允許		
		Unequal	
	非平衡	spacing	Gaps
Independent	yes	yes	yes
Exchangeable	yes	yes	yes
自我相關 (ar k)	yes(*)	no	no
stationary k	yes(*)	no	no
nonstationary k	yes(*)	no	no
unstructured	yes	yes	yes
fixed	yes	yes	yes

(*) All panels must have at least k+1 obs.

```
. webuse union
. xtset id year
* Fit a logit model


* 方法1 : 使用 xtlogit 隨機效果 ( 當對照組 )
. xtlogit union age grade not_smsa south, re
Random-effects logistic regression          Number of obs     =      26200
Group variable: idcode                       Number of groups  =       4434

Random effects u_i ~ Gaussian                Obs per group: min =          1
                                                            avg =        5.9
                                                            max =         12

                                             Wald chi2(4)      =     221.29
Log likelihood  = -10544.769                 Prob > chi2       =     0.0000

------------------------------------------------------------------------------
      union |     Coef.    Std. Err.      z    P>|z|    [95% Conf. Interval]
------------+-----------------------------------------------------------------
        age |   .0169145    .003667     4.61   0.000     .0097274    .0241016
```

```
      grade |    .0880223    .0176218     5.00   0.000     .0534843     .1225603
    not_smsa |   -.2553606    .0822272    -3.11   0.002    -.4165229    -.0941984
       south |   -.9376588    .0804326   -11.66   0.000    -1.095304    -.7800137
       _cons |   -3.600577    .2461061   -14.63   0.000    -4.082936    -3.118218
-------------+----------------------------------------------------------------
    /lnsig2u |    1.747216    .0469996                      1.655098     1.839333
-------------+----------------------------------------------------------------
     sigma_u |    2.395538    .0562946                      2.287705     2.508454
         rho |    .6356118    .0108855                      .6140221     .6566691
------------------------------------------------------------------------------
Likelihood-ratio test of rho=0: chibar2(01) =  6003.65 Prob >= chibar2 = 0.000
```

* 方法2 : 使用 GMM 基礎 GEE

```
. xtgee union age grade not_smsa south, family(binomial 1) link(log)
corr(exchangeable)
```

```
GEE population-averaged model              Number of obs      =      26200
Group variable:                    idcode  Number of groups   =       4434
Link:                                 log  Obs per group: min =          1
Family:                          binomial                 avg =        5.9
Correlation:                  exchangeable                 max =         12
                                           Wald chi2(4)       =     230.97
Scale parameter:                        1  Prob > chi2        =     0.0000
```

```
------------------------------------------------------------------------------
       union |      Coef.   Std. Err.      z    P>|z|     [95% Conf. Interval]
-------------+----------------------------------------------------------------
         age |    .0072704    .0016183     4.49   0.000     .0040986     .0104422
       grade |     .050291    .0082536     6.09   0.000     .0341142     .0664678
    not_smsa |   -.0915269    .0381284    -2.40   0.016    -.1662572    -.0167966
       south |   -.4552249    .0395922   -11.50   0.000    -.5328242    -.3776256
       _cons |   -2.249332    .1147505   -19.60   0.000    -2.474239    -2.024425
------------------------------------------------------------------------------
```

* 誤差相關矩陣為 AR(1)，故改用 Fit a probit model with AR(1) correlation
```
. xtgee union age grade not_smsa south, family(binomial) link(probit)
corr(ar1)
```
*(略)

1. 方法 1：**xtlogit** 隨機效果指令，求得 logit panel 模型：

$$Pr(union_{it}) = F(-3.6 + 0.02age_{it} + 0.09grade_{it} - 0.26not\_smas_{it} - 0.94south_{it} + u_{it})$$

F(·) 為標準常態分布的累積分析函數

在 5% 水準下，勞工年齡 (age)、教育水準 (grade)、非 SMSA(not_smsa)、南方人嗎 (south)，都與員工是否參加工會 (union) 之機率呈顯著正／負相關。

2. 方法 2：GMM 基礎 GEE 迴歸分析，求得動態 panel 模型：

$$Pr(union_{it}) = F(-2.25 + 0.007age_{it} + 0.05grade_{it} - 0.09not\_smas_{it} - 0.46south_{it} + u_{it})$$

3. xtdpdsys 動態指令和 GMM 迴歸，二者在係數、標準誤、顯著性 p 值都相近。故二種估計法有著異曲同工之妙。

9-5 Panel-data random-effects ordered logistic models (xtologit 指令)

範例：Panel-data random-effects ordered logistic models：社會抵抗課程的介入對健康概念程度的效果 (xtologit 指令)

承「5-5」節範例，只是由「多層次 ordered logistic regression」改成「Panel-data ordered logit regression」，再重做一次統計分析。

(一) 問題說明

為了瞭解「社會抵抗課程 (cc)」並輔以「電視 (tv)」介入「前、後」對學生健康概念程度 (thk、prethk) 的教學效果？(分析單位：學生個人)。本例之教學實驗「前、後」共「k = 28 個學校，j = 135 班級，i = 1600 學生」。

研究者收集數據並整理成下表，此「tvsfpors.dta」資料檔內容之變數如下：

變數名稱	說明	編碼 Codes/Values
結果變數 / 依變數：thk	介入後，個人對香菸及健康知識的得分	1～4 分 (程度題)
分層變數：school	學校 ID	1～28 學校
分層變數：class	班別 ID	1～135 班級
解釋變數 / 自變數：prethk	介入前，個人對香菸及健康知識的得分	0～6 (程度題)
解釋變數 / 自變數：cc	social resistance classroom curriculum, =1 if present	0, 1 (binary data)
解釋變數 / 自變數：tv	television intervention, =1 if present	0, 1 (binary data)

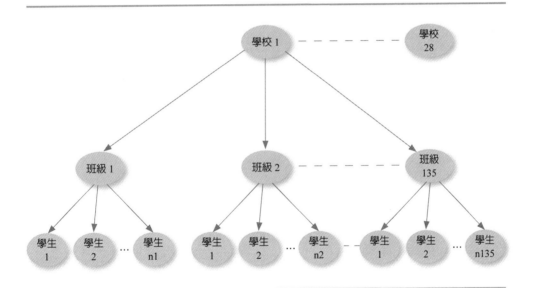

圖 9-11 非平衡之分層隨機抽樣設計

(二) 資料檔之內容

「tvsfpors.dta」資料檔內容如下圖。

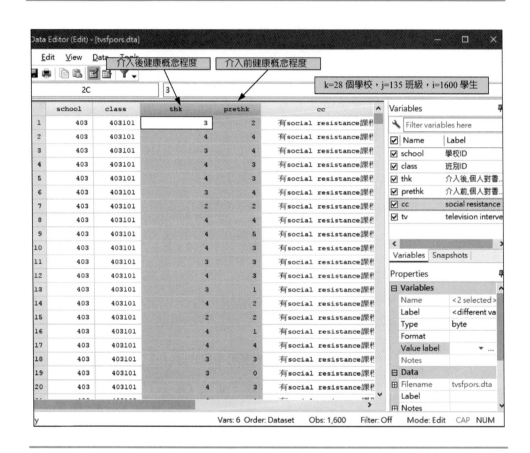

圖 9-12 「tvsfpors.dta」資料檔內容 (k=28 個學校，j=135 班級，i=1600 學生)

(三) 分析結果與討論

Step 1. **Random-effects ordered logit regression**

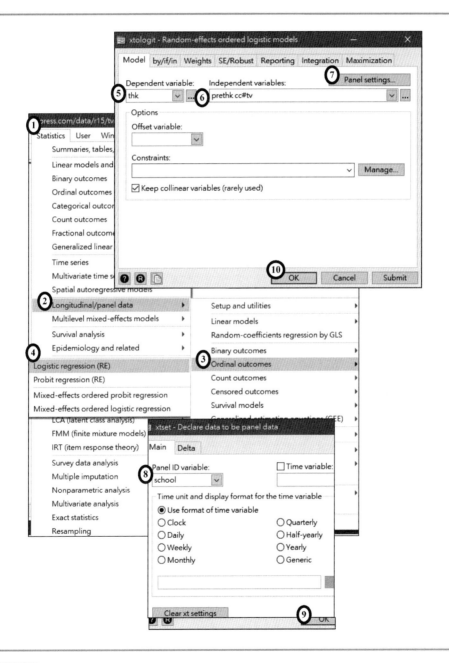

圖 9-13 「xtologit thk prethk cc ＃＃ tv」畫面

註：Statistics > Longitudinal/panel data > Ordinal outcomes > Logistic regression (RE)

```
* 開啟資料檔
. webuse tvsfpors
. xtset school


* Random-effects ordered logit regression
. xtologit thk prethk cc##tv
```

Random-effects ordered logistic regression   Number of obs   =   1,600
Group variable: school   Number of groups =   28

Random effects u_i ~ Gaussian   Obs per group:
                                                          min =   18
                                                          avg =   57.1
                                                          max =   137

Integration method: mvaghermite   Integration pts. =   12

                                               Wald chi2(4)   =   128.06
Log likelihood = -2119.7428   Prob > chi2   =   0.0000

----
         thk | Coef.   Std. Err.   z   P>|z| [95% Conf. Interval]
-------------+---
      prethk | .4032892   .03886   10.38   0.000   .327125   .4794534
        1.cc | .9237904   .204074   4.53   0.000   .5238127   1.323768
        1.tv | .2749937   .1977424   1.39   0.164   -.1125744   .6625618
             |
       cc#tv |
         1 1 | -.4659256   .2845963   -1.64   0.102   -1.023724   .0918728
-------------+---
       /cut1 | -.0884493   .1641062   -.4100916   .233193
       /cut2 | 1.153364   .165616   .8287625   1.477965
       /cut3 | 2.33195   .1734199   1.992053   2.671846
-------------+---
    /sigma2_u | .0735112   .0383106   .0264695   .2041551

LR test vs. ologit model: chibar2(01) = 10.72   Prob >= chibar2 = 0.0005
```
```

1. LR 卡方值 = 128.06 (p < 0.05)，表示界定模型，至少有一個解釋變數的迴歸係數不為 0。

2. 報表「z」欄中，two-tail 檢定下，若 |z| > 1.96，則表示該自變數對依變數有顯著影響力。|z| 值愈大，表示該自變數對依變數的關聯性 (relevance) 愈高。

3. Logit 係數「Coef.」欄中，是 log-odds 單位，故不能用 OLS 迴歸係數的概念來解釋。

4. ologit 估計 S 分數，它是各自變數 X's 的線性組合：

$S = 0.40 \times prethk + 0.92 \times (cc = 1) + 0.27 \times (tv = 1) - 0.466(cc \times tv)$

預測機率值為：

P(thk = 1) = P(S + u ≤ _cut1)　　　　 = P(S + u ≤ -0.088)

P(thk = 2) = P(_cut1 < S + u ≤ _cut2) = P(-0.088 < S + u ≤ 1.153)

P(thk = 3) = P(_cut2 < S + u ≤ _cut3) = P(1.153 < S + u ≤ 2.332)

P(thk = 4) = P(_cut3 < S + u)　　　　 = P(2.332 < S + u)

9-6 Random-effects ordered probit models： 社會抵抗課程的介入對健康概念程度的效果 (xtoprobit 指令)

範例：Random-effects ordered probit models：社會抵抗課程的介入對健康概念程度的效果 (xtoprobit 指令)

承「5-5」節範例，只是由「多層次 ordered logistic regression」改成「Random-effects ordered Probit regression」，再重做一次統計分析。

(一) 問題說明

為了瞭解「社會抵抗課程 (cc)」並輔以「電視 (tv)」介入「前、後」對學生健康概念程度 (thk、prethk) 的教學效果？(分析單位：學生個人)。本例之教學實驗「前、後」共「k = 28 個學校，j = 135 班級，i = 1600 學生」。

研究者收集數據並整理成下表，此「tvsfpors.dta」資料檔內容之變數如下：

變數名稱	說明	編碼 Codes/Values
結果變數 / 依變數：thk	介入後，個人對香菸及健康知識的得分	1～4 分 (程度題)
分層變數：school	學校 ID	1～28 學校
分層變數：class	班別 ID	1～135 班級
解釋變數 / 自變數：prethk	介入前，個人對香菸及健康知識的得分	0～6 (程度題)
解釋變數 / 自變數：cc	social resistance classroom curriculum, =1 if present	0, 1 (binary data)
解釋變數 / 自變數：tv	television intervention, =1 if present	0, 1 (binary data)

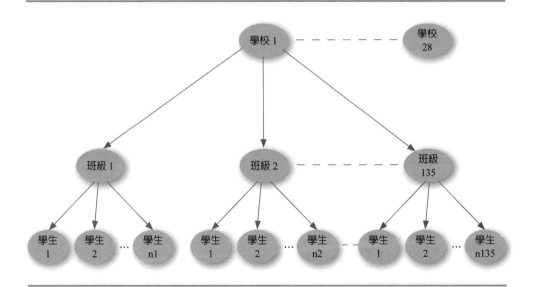

圖 9-14 非平衡之分層抽樣設計

(二) 資料檔之內容

「tvsfpors.dta」資料檔內容如下圖。

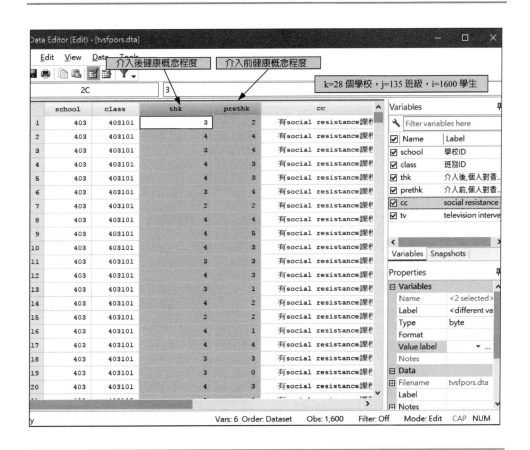

圖 9-15 「tvsfpors.dta」資料檔內容 (k=28 個學校，j=135 班級，i=1600 學生)

(三) 分析結果與討論

Step 1. **Random-effects ordered probit regression**

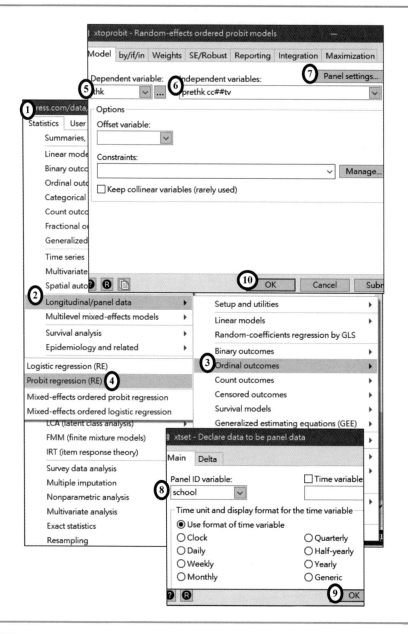

圖 **9-16** 「xtoprobit thk prethk cc ## tv」畫面

註：Statistics > Longitudinal/panel data > Ordinal outcomes > Probit regression (RE)

```
* 開啟資料檔
. webuse tvsfpors
. xtset school


* Random-effects ordered probit regression
. xtoprobit thk prethk cc##tv


Random-effects ordered probit regression      Number of obs     =      1,600
Group variable: school                         Number of groups  =         28


Random effects u_i ~ Gaussian                  Obs per group:
                                                            min =         18
                                                            avg =       57.1
                                                            max =        137


Integration method: mvaghermite                Integration pts.  =         12


                                               Wald chi2(4)      =     128.05
Log likelihood = -2121.7715                    Prob > chi2       =     0.0000


------------------------------------------------------------------------------
         thk |      Coef.   Std. Err.      z    P>|z|     [95% Conf. Interval]
-------------+----------------------------------------------------------------
      prethk |   .2369804   .0227739    10.41   0.000     .1923444    .2816164
        1.cc |   .5490957   .1255108     4.37   0.000      .303099    .7950923
        1.tv |   .1695405   .1215889     1.39   0.163    -.0687693    .4078504
             |
       cc#tv |
         1 1 |  -.2951837   .1751969    -1.68   0.092    -.6385634    .0481959
-------------+----------------------------------------------------------------
       /cut1 |  -.0682011   .1003374                     -.2648587    .1284565
       /cut2 |     .67681   .1008836                      .4790817    .8745382
       /cut3 |   1.390649   .1037494                      1.187304    1.593995
-------------+----------------------------------------------------------------
     /sigma2_u |   .0288527   .0146201                     .0106874    .0778937
------------------------------------------------------------------------------
LR test vs. oprobit model: chibar2(01) = 11.98      Prob >= chibar2 = 0.0003
```

1. LR 卡方值 = 128.05 (p < 0.05)，表示界定模型，至少有一個解釋變數的迴歸係數不為 0。

2. 報表「z」欄中，two-tail 檢定下，若 |z| > 1.96，則表示該自變數對依變數有顯著影響力。|z| 值愈大，表示該自變數對依變數的關聯性 (relevance) 愈高。

3. Logit 係數「Coef.」欄中，是 log-odds 單位，故不能用 OLS 迴歸係數的概念來解釋。

4. Random-effects ordered probit regression 估計 S 分數，它是各自變數 X's 的線性組合：

$$S = 0.237 \times prethk + 0.549 \times (cc = 1) + 0.169 \times (tv = 1) - 0.295(cc \times tv)$$

預測機率值為：

P(thk = 1) = P(S + u ≤ _cut1)   = P(S + u ≤ -0.068)

P(thk = 2) = P(_cut1 < S + u ≤ _cut2) = P(-0.068 < S + u ≤ 0.677)

P(thk = 3) = P(_cut2 < S + u ≤ _cut3) = P(0.677 < S + u ≤ 1.391)

P(thk = 4) = P(_cut3 < S + u)   = P(1.391 < S + u)

9-7 互補 log-log 迴歸 (random-effects and population-averaged cloglog models)：加入工會嗎 (xtcloglog 指令)

9-7-1 對數邏輯分布 (log-logistic)：偏態分布

Logistic 迴歸 (logistic 指令) 旨在估計勝算比 (odds ratio); Cox 迴歸 (stcox、svy: stcox 指令) 及參數存活模型 (streg、svy: streg、stcrreg、xtstreg、mestreg 指令) 旨在估計危險比 (hazard ratio)。

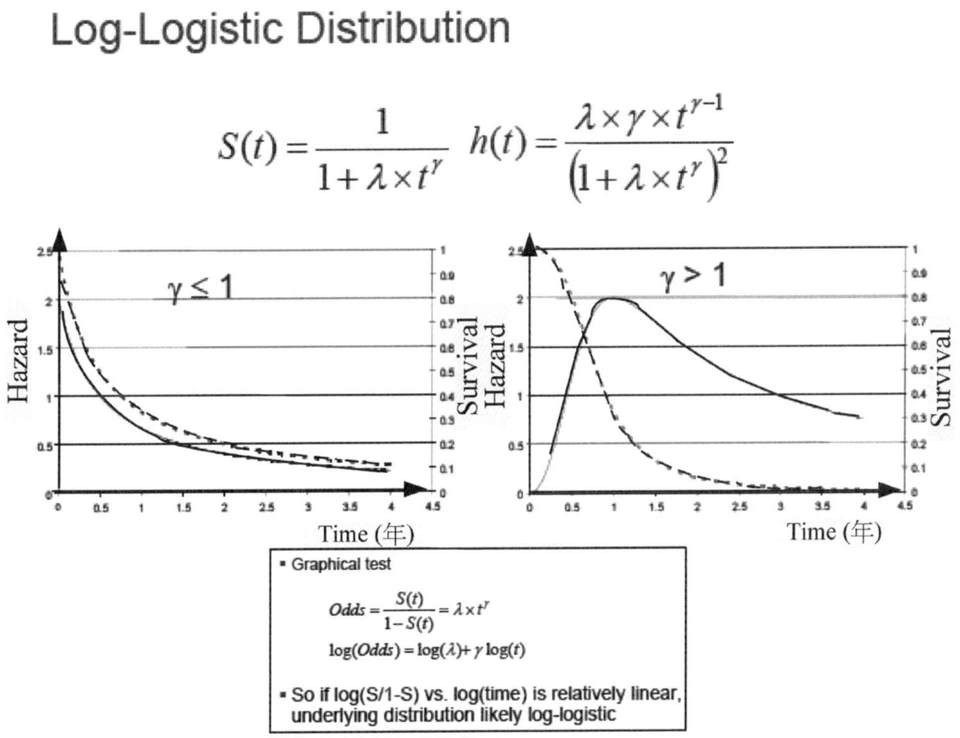
Log-Logistic Distribution
$S(t)=\frac{1}{1+\lambda\times t^{\gamma}}$ $h(t)=\frac{\lambda\times\gamma\times t^{\gamma-1}}{\left(1+\lambda\times t^{\gamma}\right)^2}$
γ ≤ 1
γ > 1
Hazard
Survival
Time (年)
Graphical test
$Odds=\frac{S(t)}{1-S(t)}=\lambda\times t^{\gamma}$
$\log(Odds)=\log(\lambda)+\gamma\log(t)$
So if log(S/1-S) vs. log(time) is relatively linear, underlying distribution likely log-logistic

圖 9-17 Log-logistic 分布之存活函數 S(t) 與危險函數 h(t) 之關係

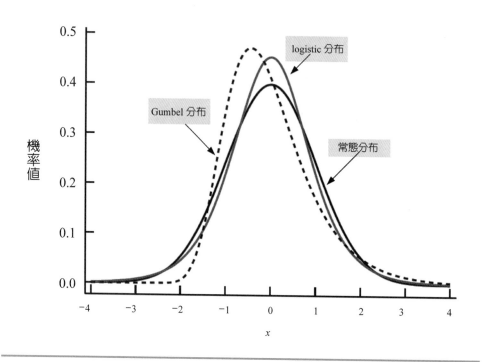

圖 9-18 Gumbel、常態、logistic 密度函數之比較，其平均數 1，變異數 1

一、Logistic 迴歸之期望值 π

　　因為誤差項的分布與反應變數的伯努利分布有關，所以用以下的方式表達簡單 logistic 迴歸模型會更好些。

　　Y_i 為服從伯努利分布的獨立隨機變數 (即存活時間 T)，且具有期望值 $E\{Y\}$ = π，其中

$$E\{Y_i\} = \pi_i = \frac{\exp(\beta_0 + \beta_1 X_i)}{1 + \exp(\beta_0 + \beta_1 X_i)}$$

二、Logistic 迴歸的原理：勝算比 (odds ratio) 或稱為相對風險 (relative risk)

　　「受訪者是否 (0, 1) 發生某事件 (event)」(死亡、病發、倒閉、犯罪被捕⋯) 之類型，即二元 (bianry) 依變數的類型。logistic 迴歸係假設解釋變數 (x) 與受試者是否發生某事件 (event)(y) 之間必須符合下列 logistic 函數：

$$P(y \mid x) = \frac{1}{1 + e^{-\sum b_i \times x_i}}$$

其中 b_i 代表對應解釋變數的係數，y 屬二元變數 (binary variable)，若 y = 1 表示受訪者有發生某事件 (event)(死亡、病發、倒閉、犯罪被捕…)；反之，若 y = 0 則表示該受訪者未發生某事件 (event)。因此 P(y = 1|x) 表示當自變數 x 已知時，該受訪者有發生某事件的機率；P(y = 0|x) 表示當自變數 x 已知時，該乘客受訪者未發生某事件的機率。

Logistic 函數之分子分母同時乘以 $e^{\sum b_i \times x_i}$ 後，上式變爲：

$$P(y \mid x) = \frac{1}{1 + e^{-\sum b_i \times x_i}} = \frac{e^{\sum b_i x_i}}{1 + e^{\sum b_i x_i}}$$

將上式之左右兩側均以 1 減去，可以得到：

$$1 - P(y \mid x) == \frac{1}{1 + e^{\sum b_i \times x_i}}$$

再將上面二式相除，則可以得到

$$\frac{P(y \mid x)}{1 - P(y \mid x)} == e^{\sum b_i \times x_i}$$

針對上式，兩邊同時取自然對數，可以得到：

$$\ln\left(\frac{P(y \mid x)}{1 - P(y \mid x)}\right) == \ln\left(e^{\sum b_i \times x_i}\right) = \sum b_i \times x_i$$

經由上述公式推導可將原自變數非線性的關係，轉換成以線性關係來表達。其中 $\frac{P(y \mid x)}{1 - P(y \mid x)}$ 可代表受訪者有發生某事件 (e.g. 死亡、病發、倒閉、犯罪被捕…) 的勝算比 (odds ratio) 或稱爲相對風險 (relative risk)。

三、Log-logistic 分布

若將隨機變數 X 取自然對數函數之後的機率分布 (如 ln(Y) = X)，它若具有 logistic 分布特性，謂之 log-logistic 分布 (The log-logistic distribution is the probability distribution of a random variable whose logarithm has a logistic distribution.)。log-logistic 分布很像 log-normal 分布，但它卻有厚尾 (heavier tails) 分布。它也不像 log-normal 分布，其累積分布函數可以寫成封閉形式 (closed form)。

在概率和統計領域中，log-logistic 分布 (在經濟學稱爲 Fisk 分布) 是一個非負數隨機變數之連續概率分布 (continuous probability distribution)。它很適合於參數存活模型，尤其對於事件初始速率增加、但快結束時速度放緩的事件，例如：癌症診斷或癌症治療後之死亡率。log-logistic 分布亦常應用在水文之水流模型和沉澱。在經濟學亦可當作財富分配和收入模型。

(一) Log-logistic 之 PDF(probability density function)

$$F(x; \alpha, \beta) = \frac{(\beta/\alpha)(x/\alpha)^{\beta-1}}{(1+(x/\alpha)^{\beta})^2}$$

其中，存活時間 x > 0，位置參數 α > 0，形狀參數 β > 0。在 PDF 分布圖中，β 值越大，機率曲線越像常態分布；β 值越小則越像標準指數分布。

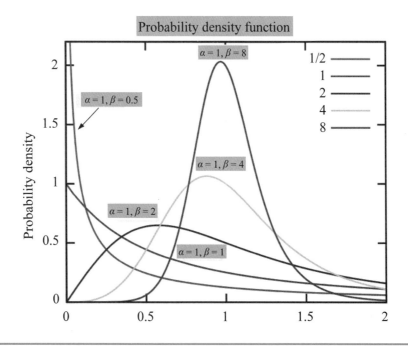

圖 9-19 Log-logistic 之 PDF

(二) Log-logistic 之 CDF(cumulative distribution function)

$$F(x; \alpha, \beta) = \frac{1}{1 + (x/\alpha)^{-\beta}}$$

$$= \frac{(x/\alpha)^{\beta}}{1 + (x/\alpha)^{\beta}}$$

$$= \frac{x^{\beta}}{1 + \alpha^{\beta} + x^{\beta}}$$

其中，存活時間 $x > 0$，位置參數 $\alpha > 0$，形狀參數 $\beta > 0$。當 $\beta > 1$，此分布是 unimodal(見下圖)，在 CDF 分布圖中，β 值越大，機率曲線越陡。

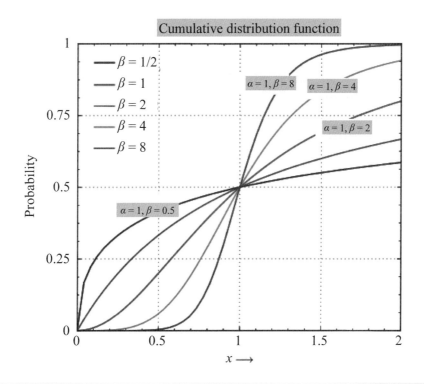

圖 9-20 Log-logistic 之 CDF

（三）Log-logistic 之存活函數 (survival function)

$$S(t) = 1 - F(t) = [1 + (t/\alpha)^\beta]^{-1}$$

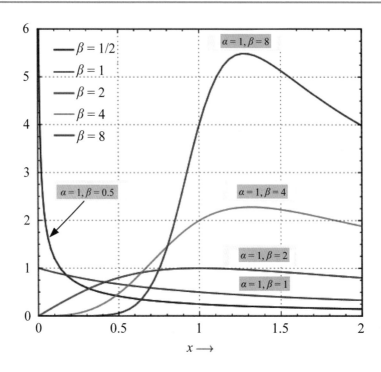

圖 9-21 Log-logistic 之存活函數

（四）Log-logistic 之危險函數 (hazard function)

$$h(t) = \frac{f(t)}{S(t)} = \frac{(\beta/\alpha)(t/\alpha)^{\beta-1}}{1 + (t/\alpha)^\beta}$$

(五) Log-logistic 常見的統計量

Parameters(參數)	$\alpha > 0$ scale $\beta > 0$ scape
Support	$x \in [0, \infty)$
PDF	$\dfrac{(\beta/\alpha)(x/\alpha)^{\beta-1}}{(1+(t/\alpha)^{\beta})^2}$
CDF	$\dfrac{1}{1+(x/\alpha)^{-\beta}}$
Mean(平均數)	$\dfrac{\alpha\pi/\beta}{\sin(\pi/\beta)}$ if $\beta > 1$, else undefined
Median(中位數)	α
Mode(眾數)	$\alpha\left(\dfrac{\beta-1}{\beta+1}\right)^{1/\beta}$ if $\beta > 1, 0$ otherwise

四、概似函數

假設每一個 Y_i 都是服從<u>伯努利</u>分布的隨機變數，其中：

$$P(Y_i=1)=\pi_i$$

$$P(Y_i=0)=1-\pi_i$$

則其機率分布為：

$$f_i(Y_i)=\pi_i^{Y_i}(1-\pi_i)^{1-Y_i} \quad Y_i=0, 1; \quad i=1, \cdots, n$$

假設每一觀測值 Y_i 是獨立的，則他們的聯合機率函數為：

$$g(Y_1, \cdots, Y_n)=\prod_{i=1}^{n} f_i(Y_i)=\prod_{i=1}^{n}\pi_i^{Y_i}(1-\pi_i)^{1-Y_i}$$

再者，對其聯合機率函數取對數，是基於方便來找最大概似估計值：

$$\log_e g(Y_1, \cdots, Y_n)=\log_e \prod_{i=1}^{n}\pi_i^{Y_i}(1-\pi_i)^{1-Y_i}$$

$$=\sum_{i=1}^{n}\left[Y_i \log_e \pi_i + (1-Y_i)\log_e(1-\pi_i)\right]$$

$$=\sum_{i=1}^{n}\left[Y_i \log_e\left(\frac{\pi_i}{1-\pi_i}\right)\right]+\sum_{i=1}^{n}\log_e(1-\pi_i)$$

因為 $E\{Y_i\} = \pi_i$ 且 Y_i 為二元變數。代入下式之 logistic 平均反應函數：

$$E\{Y_i\} = \pi_i = F_L(\beta_0 + \beta_1 X_i) = \frac{\exp(\beta_0 + \beta_1 X_i)}{1 + \exp(\beta_0 + \beta_1 X_i)}$$

由上式，可得：

$$1 - \pi_i = [1 + \exp(\beta_0 + \beta_1 X_i)]^{-1}$$

進一步，代入下式

$$F_L^{-1}(\pi_i) = \log_e\left(\frac{\pi_i}{1 - \pi_i}\right)$$

可得

$$\log_e\left(\frac{\pi_i}{1 - \pi_i}\right) = \beta_0 + \beta_1 X_i$$

9-7-2 Random-effects complementary log-log model：加入工會嗎 (xtcloglog 指令)

對數邏輯分布 (log-logistic distribution)

在機率及統計學，對數邏輯分布 (經濟學的風險分布) 是一個連續概率分布且為一個非負隨機變數。它用於生存分析，作為速率初始增加並隨後降低的事件的參數模型，例如診斷或治療後的癌症死亡率。它也被用於水文模擬流量和降水，在經濟學中作為一個簡單的模型分配財富或收入，以及網路化時來模擬網絡和軟體的數據傳輸時間。

對數邏輯分布是一個隨機變數的概率分布，即 log(邏輯分布)。它的形狀與對數常態 (log-normal) 分布相似，但尾部較重。但與對數常態不同，其累積分布函數可以是封閉形式（closed form）。

範例：Random-effects and population-averaged cloglog models:(xtcloglog 指令)

(一) 問題說明

為瞭解員工「加入工會否」之影響因素有哪些？(分析單位：個人)

研究者收集數據並整理成下表，此「union.dta」資料檔內容之變數如下：

變數名稱	說明	編碼 Codes/Values
結果變數 / 依變數：union	有加入工會嗎	0, 1 (binary data)
解釋變數 / 自變數：age	面談時幾歲－重複測量	16～46 歲
解釋變數 / 自變數：grade	面談時學歷－重複測量	就讀 0～18 年
解釋變數 / 自變數：south	南方人嗎	0, 1 (binary data)
解釋變數 / 自變數：year	那年面談－重複測量	70～88 年

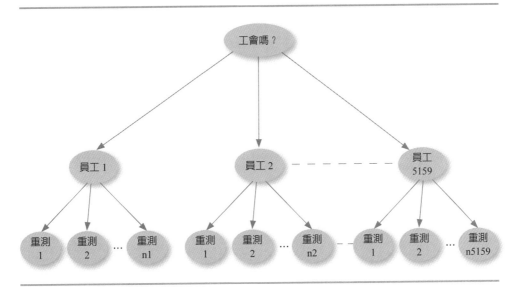

圖 9-22 加入工會之研究架構

(二) 資料檔之內容

「union.dta」資料檔內容如下圖。

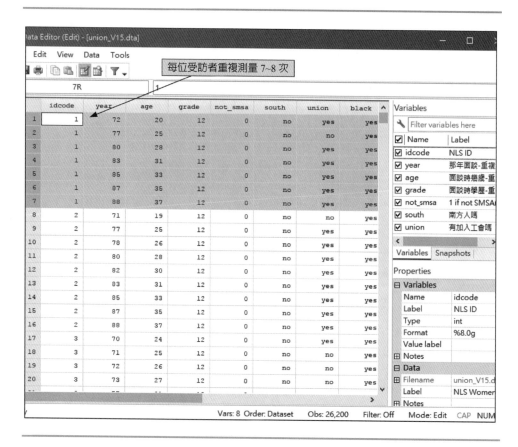

圖 9-23 「union.dta」資料檔內容 (N = 5159 個人，每位受訪者重複測量 7～8 次)

觀察資料之特徵

```
* 開啟資料檔
. webuse union
(NLS Women 14-24 in 1968)

. des union age grade south year

             storage   display   value
variable name  type    format    label       variable label
-------------------------------------------------------------------
union        byte      %8.0g     yes_fmt     有加入工會嗎
age          byte      %8.0g                 面談時幾歲 - 重複測量
grade        byte      %8.0g                 面談時學歷 - 重複測量
south        byte      %8.0g     yes_fmt     南方人嗎
year         byte      %8.0g                 那年面談 - 重複測量
```

(三) 分析結果與討論

Step 1. **Random-effects model**

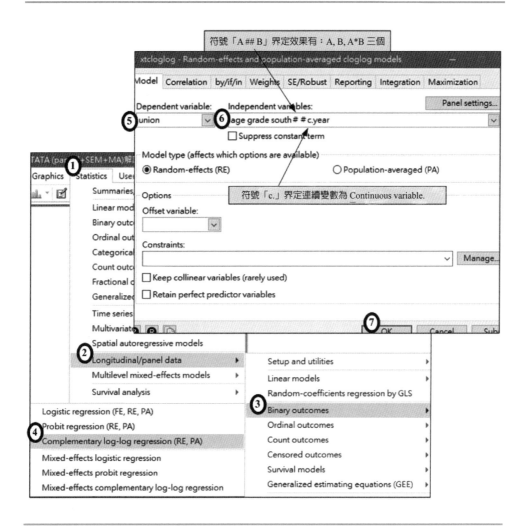

符號「A ## B」界定效果有：A, B, A*B 三個

xtcloglog - Random-effects and population-averaged cloglog models

Model | Correlation | by/if/in | Weights | SE/Robust | Reporting | Integration | Maximization

Dependent variable: Independent variables: Panel settings...

⑤ union   ⑥ age grade south # # c.year

☐ Suppress constant term

Model type (affects which options are available)

● Random-effects (RE)   ○ Population-averaged (PA)

Options   符號「c.」界定連續變數為 Continuous variable.

Offset variable:

Constraints:

☐ Keep collinear variables (rarely used)

☐ Retain perfect predictor variables

⑦ OK | Cancel | Sub

TATA (par +SEM+MA)解

Graphics | ① Statistics | User

Summaries

Linear mod

Binary outc

Ordinal out

Categorica

Count outc

Fractional

Generalized

Time series

Multivariate

Spatial autoregressive models

② Longitudinal/panel data ▶

Multilevel mixed-effects models ▶

Survival analysis ▶

Logistic regression (FE, RE, PA)

Probit regression (RE, PA)

④ Complementary log-log regression (RE, PA)

Mixed-effects logistic regression

Mixed-effects probit regression

Mixed-effects complementary log-log regression

Setup and utilities ▶

Linear models ▶

Random-coefficients regression by GLS

③ Binary outcomes ▶

Ordinal outcomes ▶

Count outcomes ▶

Censored outcomes ▶

Survival models ▶

Generalized estimating equations (GEE) ▶

圖 9-24 「xtcloglog union age grade south ＃＃ c.year」畫面

註：Statistics > Longitudinal/panel data > Binary outcomes > Complementary log-log regression (RE, PA)

```
* 開啟資料檔
. webuse union
(NLS Women 14-24 in 1968)

* Random-effects model
. xtcloglog union age grade south##c.year
```

Random-effects complementary log-log model	Number of obs	=	26,200
Group variable: idcode	Number of groups	=	4,434

* 隨機效果係假定誤差 u 符合常態分布

Random effects u_i ~ Gaussian		Obs per group:	
		min =	1
		avg =	5.9
		max =	12

Integration method: mvaghermite		ntegration pts. =	12

	Wald chi2(5)	=	239.21
Log likelihood = -10540.632	Prob > chi2	=	0.0000

union	Coef.	Std. Err.	z	P>|z|	[95% Conf. Interval]	
age	.0132392	.0119289	1.11	0.267	-.0101411	.0366195
grade	.0729355	.0138088	5.28	0.000	.0458707	.1000004
south						
yes	-2.095491	.4886806	-4.29	0.000	-3.053288	-1.137695
year	-.0013264	.0123837	-0.11	0.915	-.0255979	.0229452
south#c.year						
yes	.0167809	.006063	2.77	0.006	.0048976	.0286642
_cons	-3.313987	.6602931	-5.02	0.000	-4.608138	-2.019836
/lnsig2u	1.248245	.0461494			1.157794	1.338696

```
     sigma_u |   1.866608    .0430714                       1.78407    1.952964
         rho |   .6792974    .0100537                      .6592815     .698675
-------------------------------------------------------------------------------
LR test of rho=0: chibar2(01) = 6036.29              Prob >= chibar2 = 0.000
```

*加 report 選項「eform」，改求 odds ratio,
. xtcloglog union age grade south##c.year, re eform


```
Random-effects complementary log-log model     Number of obs    =     26200
Group variable: idcode                         Number of groups =      4434

Random effects u_i ~ Gaussian                  Obs per group: min =        1
                                                              avg =      5.9
                                                              max =       12

                                               Wald chi2(5)     =    239.21
Log likelihood  = -10540.632                   Prob > chi2      =    0.0000


-------------------------------------------------------------------------------
      union |    exp(b)    Std. Err.      z     P>|z|     [95% Conf. Interval]
------------+------------------------------------------------------------------
        age |   1.013327    .0120879     1.11   0.267    .9899102    1.037298
      grade |   1.075661    .0148536     5.28   0.000    1.046939    1.105171
    1.south |   .1230098    .0601125    -4.29   0.000    .0472035    .3205572
       year |   .9986745    .0123673    -0.11   0.915    .9747269     1.02321
            |
south#c.year|
         1  |   1.016922    .0061656     2.77   0.006     1.00491    1.029079
            |
      _cons |   .0363709    .0240154    -5.02   0.000    .0099704    .1326772
------------+------------------------------------------------------------------
   /lnsig2u |   1.248245    .0461494                     1.157794    1.338696
------------+------------------------------------------------------------------
    sigma_u |   1.866608    .0430714                      1.78407    1.952964
        rho |   .6792974    .0100537                     .6592815     .698675
-------------------------------------------------------------------------------
Likelihood-ratio test of rho=0: chibar2(01) =  6036.29 Prob >= chibar2 = 0.000
```

1. LR 卡方值 = 239.21(p < 0.05)，表示界定模型，至少有一個解釋變數的迴歸係數不爲 0。

2. 報表「z」欄中，two-tail 檢定下，若 |z| > 1.96，則表示該自變數對依變數有顯著影響力。|z| 值愈大，表示該自變數對依變數的關聯性 (relevance) 愈高。

3. Logit 係數「Coef.」欄中，是 log-odds 單位，故不能用 OLS 迴歸係數的概念來解釋。

4. 邏輯斯迴歸式爲 $\ln\left(\dfrac{P(Y=1 \mid X=x)}{P(Y=0 \mid X=x)}\right) = \alpha + \beta_1 x_1 + ... + \beta_k x_k$

$$\ln\left(\frac{p_{有加入工會}}{1-P_{有加入工會}}\right) = 0.04 + 1.01 age + 10.8 grade + 0.12(south=1) + 0.99 year$$

$$+ 1.02[(south=1) * year]$$

5. 上列迴歸方程式可解釋爲，在控制 grade、south 及 year 程度的影響後，年齡 (age) 每增加 1 歲，員工有加入工會的勝算爲 1.013 (= $\exp^{0.015}$) 倍，但並無達到統計上的顯著差異 (p = 0.267)。

在控制 age、south 及 year 程度的影響後，學歷 (grade) 每增加 1 年，員工有加入工會的勝算爲 1.076 (= $\exp^{0.057}$) 倍，且達到統計上的顯著差異 (p = 0.000)。

在控制 age、學歷 (grade) 及 year 程度的影響後，南方員工 (south = 1) 比北方員工有加入工會的勝算爲 0.123 (= $\exp^{-1.739}$) 倍，且達到統計上的顯著差異 (p = 0.000)。

Step 2. 當對照組：改用樣本平均模型 (population-averaged model)

```
* Population-averaged model
* 符號「c.」界定連續變數為 Continuous variable.
* 符號「A ## B」界定效果有：A, B, A*B 三個
. xtcloglog union age grade south##c.year, pa

GEE population-averaged model          Number of obs      =      26,200
Group variable:                idcode  Number of groups   =       4,434
Link:                         cloglog  Obs per group:
Family:                      binomial                min =           1
Correlation:             exchangeable                avg =         5.9
                                                     max =          12
                                        Wald chi2(5)       =      229.55
```

```
Scale parameter:                    1     Prob > chi2       =     0.0000
------------------------------------------------------------------------
     union |   Coef.    Std. Err.     z     P>|z|     [95% Conf. Interval]
-----------+------------------------------------------------------------
       age | .0153643   .0081158    1.89   0.058    -.0005423    .0312709
     grade | .0566971   .0094878    5.98   0.000     .0381014    .0752928
           |
     south |
       yes |-1.738564   .3380293   -5.14   0.000    -2.40109    -1.076039
      year |-.0117788   .0084115   -1.40   0.161    -.0282651    .0047076
           |
south#c.year|
       yes | .0151222   .0041636    3.63   0.000     .0069618    .0232826
           |
     _cons |-1.517684   .4467901   -3.40   0.001    -2.393376    -.6419912
------------------------------------------------------------------------
```

Step 3. 改用具有強健誤差之樣本平均模型 (population-averaged model with robust variance)

```
* Population-averaged model with robust variance
. xtcloglog union age grade south##c.year, pa vce(robust)

GEE population-averaged model          Number of obs    =     26,200
Group variable:              idcode    Number of groups =      4,434
Link:                       cloglog    Obs per group:
Family:                    binomial                min =          1
Correlation:            exchangeable                avg =        5.9
                                                    max =         12
                                       Wald chi2(5)     =     154.34
Scale parameter:                  1    Prob > chi2      =     0.0000

                        (Std. Err. adjusted for clustering on idcode)
------------------------------------------------------------------------
           |             Semirobust
     union |   Coef.    Std. Err.     z     P>|z|     [95% Conf. Interval]
```

```
-----------+----------------------------------------------------------------
       age|   .0153643    .0079458     1.93   0.053    -.0002091    .0309377
     grade|   .0566971    .0117019     4.85   0.000     .0337618    .0796325
          |
     south|
       yes |  -1.738564    .485842     -3.58   0.000    -2.690797   -.7863315
       yea |  -.0117788    .0085718    -1.37   0.169    -.0285791    .0050216
          |
south#c.year|
       yes |   .0151222    .0060421     2.50   0.012      .00328     .0269644
          |
     _cons|  -1.517684    .4921287    -3.08   0.002    -2.482238   -.5531293
-----------------------------------------------------------------------------
```

* 加 report 選項「eform」，改求 odds ratio,
. xtcloglog union age grade south##c.year, pa vce(robust) eform

```
GEE population-averaged model            Number of obs     =      26200
Group variable:                  idcode  Number of groups  =       4434
Link:                           cloglog  Obs per group: min =          1
Family:                        binomial                avg =        5.9
Correlation:                exchangeable                max =         12
                                         Wald chi2(5)      =     154.34
Scale parameter:                      1  Prob > chi2       =     0.0000
```

(Std. Err. adjusted for clustering on idcode)

```
            |             Semirobust
     union |    exp(b)    Std. Err.      z    P>|z|    [95% Conf. Interval]
-----------+----------------------------------------------------------------
       age |  1.015483    .0080688     1.93   0.053    .9997909    1.031421
     grade |  1.058335    .0123846     4.85   0.000    1.034338    1.082889
   1.south |  .1757726    .0853977    -3.58   0.000    .0678268    .4555128
      year |  .9882903    .0084714    -1.37   0.169    .9718254    1.005034
          |
south#c.year|
        1  |  1.015237    .0061341     2.50   0.012    1.003285    1.027331
          |
     _cons |  .2192191    .107884     -3.08   0.002     .083556    .5751472
-----------------------------------------------------------------------------
```

1. LR 卡方值 = 154.34 (p < 0.05)，表示界定模型，至少有一個解釋變數的迴歸係數不為 0。

2. 報表「z」欄中，two-tail 檢定下，若 |z| > 1.96，則表示該自變數對依變數有顯著影響力。|z| 值愈大，表示該自變數對依變數的關聯性 (relevance) 愈高。

3. Logit 係數「Coef.」欄中，是 log-odds 單位，故不能用 OLS 迴歸係數的概念來解釋。

4. 邏輯斯迴歸式為 $\ln\left(\dfrac{P(Y=1\,|\,X=x)}{P(Y=0\,|\,X=x)}\right) = \alpha + \beta_1 x_1 + ... + \beta_k x_k$

$$\ln\left(\frac{P_{有加入工會}}{1-P_{有加入工會}}\right) = -1.52 + 0.015 age + 0.06 grade - 1.74(south=1) - 0.01 year$$

$$+ 0.015[(south=1)*year]$$

5. 上列迴歸方程式可解釋為，在控制 grade、south 及 year 程度的影響後，年齡 (age) 每增加 1 歲，員工有加入工會的勝算為 1.015(= exp$^{0.015}$) 倍，但並無達到統計上的顯著差異 (p = 0.053)。

在控制 age、south 及 year 程度的影響後，學歷 (grade) 每增加 1 年，員工有加入工會的勝算為 1.058(= exp$^{0.057}$) 倍，且達到統計上的顯著差異 (p = 0.000)。

在控制 age、學歷 (grade) 及 year 程度的影響後，南方員工 (south = 1) 比北方員工有加入工會的勝算為 0.175 (= exp$^{-1.739}$) 倍，且達到統計上的顯著差異 (p = 0.000)。

參考文獻

Agresti, Alan, (1990). Categorical Data Analysis. New York: Wiley.

Amemiya, T., (1985). Advanced Econometrics, Harvard University Press.

Amemiya, Takeshi (1981). Qualitative Response Models: A Survey. Journal of Economic Literature (19 (December),1483-1536.

Andersen, E. B. (1970). Asymptotic properties of conditional maximum likelihood estimators. Journal of the Royal Statistical Society, Series B 32: 283-301.

Archer, K. J., and S. Lemeshow. (2006). Goodness-of-fit test for a logistic regression model fitted using survey sample data. Stata Journal 6: 97-105.

Beggs, S., S. Cardell, and J. A. Hausman. (1981). Assessing the potential demand for electric cars. Journal of Econometrics 17: 1-19.

Ben-Akiva, Moshe, and Steven R.Lerman (1985). Discrete Choice Analysis：Theory and Application to Travel Demand. Cambridge, Mass. : MIT Press.

Berry, W. D., and Feldman, S. (1985). Multiple Regression in Practice. Sage University Paper Series on Quantitative Applications in the Social Sciences, 07-050. Beverly Hill, CA: Sage.

Blevins, J. R., and S. Khan. (2013). Distribution-free estimation of heteroskedastic binary response models in Stata. Stata Journal 13: 588-602.

Brady, A. R. (1998). Adjusted population attributable fractions from logistic regression. Stata Technical Bulletin 42: 8-12. Reprinted in Stata Technical Bulletin Reprints, vol. 7, pp. 137-143. College Station, TX: Stata Press.

Breslow NE, Day NE, Halvorsen KT, Prentice RL, Sabai C (1978). Estimation of multiple relative risk functions in matched case-control studies.. Am J Epidemiol. 108 (4): 299-307.

Breslow, N.E.; Day, N.E. (1980). Statistical Methods in Cancer Research. Volume 1-The Analysis of Case-Control Studies. Lyon, France: IARC. pp. 249-251.

Buis, M. L. (2010a). Direct and indirect effects in a logit model. Stata Journal 10: 11-29.

Buis, M. L. (2010b). Stata tip 87: Interpretation of interactions in nonlinear models. Stata Journal 10: 305-308.

Bulletin Reprints, vol. 6, pp. 152-158. College Station, TX: Stata Press.

Cameron, A. C., and P. K. Trivedi. (2010). Microeconometrics Using Stata. Rev. ed. College Station, TX: Stata Press.

Chamberlain, G. (1980). Analysis of covariance with qualitative data. Review of Economic Studies 47: 225-238.

Cleves, M. A., and A. Tosetto. (2000). sg139: Logistic regression when binary outcome is measured with uncertainty. Stata Technical Bulletin 55: (20-23. Reprinted in Stata Technical Bulletin Reprints, vol. 10, pp. 152-156. College Station, TX: Stata Press.

Collett, D. (2003). Modelling Survival Data in Medical Research. 2nd ed. London: Chapman & Hall/CRC. de Irala-Est evez, J., and M. A. Mart ınez. (2000. sg125: Automatic estimation of interaction effects and their confidence intervals. Stata Technical Bulletin 53: 29-31. Reprinted in Stata Technical Bulletin Reprints, vol. 9, pp. 270-273.College Station, TX: Stata Press.

Daniel, B. Hall. (2000). Zero-Inflated Poisson and Binomial Regression with Random Effects: A Case Study. Biometrics. 56 (4): 1030-1039.

Day, N. E., Byar, D. P. (1979). Testing hypotheses in case-control studies-equivalence of Mantel-Haenszel statistics and logit score tests. Biometrics. 35 (3): 623-630.

De Luca, G. 2008. SNP and SML estimation of univariate and bivariate binary-choice models. Stata Journal 8:190-220.

Dupont, W. D. (2009). Statistical Modeling for Biomedical Researchers: A Simple Introduction to the Analysis of nComplex Data. 2nd ed. Cambridge: Cambridge University Press.

Flay, B. R., B. R. Brannon, C. A. Johnson, W. B. Hansen, A. L. Ulene, D. A. Whitney-Saltiel, L. R. Gleason, S. Sussman, M. D. Gavin, K. M. Glowacz, D. F. Sobol, and D. C. Spiegel. 1988. The television, school, and family smoking cessation and prevention project: I. Theoretical basis and program development. Preventive Medicine 17:585-607.

Freese, J. (2002). Least likely observations in regression models for categorical outcomes. Stata Journal 2: 296-300.

Garrett, J. M. (1997). sbe14: Odds ratios and confidence intervals for logistic regression models with effect modification. Stata Technical Bulletin 36: 15-22. Reprinted in Stata Technical Bulletin Reprints, vol. 6, pp. 104-114. College Station, TX: Stata Press.

Gould, W. W. (2000). sg124: Interpreting logistic regression in all its forms. Stata Technical Bulletin 53: (19-29. Reprinted in Stata Technical Bulletin Reprints, vol. 9, pp. 257-270. College Station, TX: Stata Press.

Greene, W. H. 2012. Econometric Analysis. 7th ed. Upper Saddle River, NJ: Prentice Hall.

Greene, William H. (1994). Some Accounting for Excess Zeros and Sample Selection in Poisson and Negative Binomial Regression Models. Working Paper EC-94-10: Department of Economics, New York University.

Greene, William H. (2012). Econometric Analysis (Seventh ed.). Boston: Pearson Education. pp. 824-827. ISBN 978-0-273-75356-8.

Hair, J. F., Jr., W. C. Black, and B. J. Babin, and R. E. Anderson. (2010). Multivariate Data Analysis. 7th ed. Upper Saddle River, NJ: Pearson.

Hamerle, A., and G. Ronning. (1995). Panel analysis for qualitative variables. In Handbook of Statistical Modeling for the Social and Behavioral Sciences, ed. G. Arminger, C. C. Clogg, and M. E. Sobel, 401-451. New York: Plenum.

Hardin, J. W. 1996. sg61: Bivariate probit models. Stata Technical Bulletin 33: 15-20. Reprinted in Stata Technical

Harvey, A. C. (1976). Estimating regression models with multiplicative heteroscedasticity. Econometrica 44: 461-465.

Heckman, J. 1979. Sample selection bias as a specification error. Econometrica 47: 153-161.

Hilbe, J. M. (1997).sg63: Logistic regression: Standardized coefficients and partial correlations. Stata Technical Bulletin 5: 21-22. Reprinted in Stata Technical Bulletin Reprints, vol. 6, pp. 162-163. College Station, TX: Stata Press.

Hilbe, J. M. (2009).Logistic Regression Models. Boca Raton, FL: Chapman & Hill/CRC.

Hole, A. R. (2007). Fitting mixed logit models by using maximum simulated likelihood. Stata Journal 7: 388-401.

Hosmer, D. W. , Lemeshow, S. (2000). Applied logistic regression. New York;

Chichester, Wiley.

Kleinbaum, D. G., and M. Klein. (2010). Logistic Regression: A Self-Learning Text. 3rd ed. New York: Springer.

Lambert, Diane,(1992).Zero-Inflated Poisson Regression, with an Application to Defects in Manufacturing. Technometrics. 34 (1): 1-14.

Lemeshow, S., and D. W. Hosmer, Jr. (2005). Logistic regression. In Vol. 2 of Encyclopedia of Biostatistics, ed. P. Armitage and T. Colton, 2870-2880. Chichester, UK: Wiley.

Lemeshow, S., and J.-R. L. Gall. (1994). Modeling the severity of illness of ICU patients: A systems update. Journal of the American Medical Association 272: 1049-1055.

Lokshin, M., and Z. Sajaia. 2011. Impact of interventions on discrete outcomes: Maximum likelihood estimation of the binary choice models with binary endogenous regressors. Stata Journal 11: 368-385.

Long and Freese, Regression Models for Categorical Dependent Variables Using Stata, 2nd Edition.

Long, J. S., and J. Freese. (2006). Regression Models for Categorical Dependent Variables Using Stata. 2nd ed. College Station, TX: Stata Press.

Long, J. S., and J. Freese. (2006). Regression Models for Categorical Dependent Variables Using Stata. 2nd ed. College Station, TX: Stata Press.

Marden, J. I. (1995). Analyzing and Modeling Rank Data. London: Chapman & Hall.

McCullagh, Peter (1980). Regression Models for Ordinal Data. Journal of the Royal Statistical Society. Series B (Methodological). 42 (2): 109-142.

McFadden, D. L. (1974). Conditional logit analysis of qualitative choice behavior. In Frontiers in Econometrics, ed. P. Zarembka, 105-142. New York: Academic Press.

McFadden, D. L. (1974). Conditional logit analysis of qualitative choice behavior. In Frontiers in Econometrics, ed. P. Zarembka, 105-142. New York: Academic Press.

Menard, S. (1995) Applied Logistic Regression Analysis. Sage University Paper Series on Quantitative Applications in the Social Sciences,07-106. Thousand Oaks, CA: Sage.

Miranda, A., and S. Rabe-Hesketh. (2006). Maximum likelihood estimation of endogenous switching and sample selection models for binary, ordinal, and count variables. Stata Journal 6: 285-308.

Mitchell, M. N., and X. Chen. (2005). Visualizing main effects and interactions for binary logit models. Stata Journal 5: 64-82.

Pagano, M., and K. Gauvreau. (2000). Principles of Biostatistics. 2nd ed. Belmont, CA: Duxbury. Pampel, F. C. (2000). Logistic Regression: A Primer. Thousand Oaks, CA: Sage.

Paul, C. (1998). sg92: Logistic regression for data including multiple imputations. Stata Technical Bulletin 45: 28-30.Reprinted in Stata Technical Bulletin Reprints, vol. 8, pp. 180-183. College Station, TX: Stata Press.

Pearce, M. S. (2000).sg148: Profile likelihood confidence intervals for explanatory variables in logistic regression. Stata Technical Bulletin 56: 45-47. Reprinted in Stata Technical Bulletin Reprints, vol. 10, pp. 211-214. College Station, TX: Stata Press.

Pindyck, R. S., and D. L. Rubinfeld. 1998. Econometric Models and Economic Forecasts. 4th ed. New York:McGraw-Hill.

Poirier, D. J. 1980. Partial observability in bivariate probit models. Journal of Econometrics 12: 209-217.

Pregibon, D. (1981). Logistic Regression Diagnostics, Annals of Statistics, Vol. 9, 705-724.

Pregibon, D. (1981).Logistic regression diagnostics. Annals of Statistics 9: 705-724.

Punj, G. N., and R. Staelin. (1978). The choice process for graduate business schools. Journal of Marketing Research 15: 588-598.

Rabe-Hesketh, S., and A. Skrondal. 2012. Multilevel and Longitudinal Modeling Using Stata. 3rd ed. College Station, TX: Stata Press.

Reilly, M., and A. Salim. (2000. sg156: Mean score method for missing covariate data in logistic regression models.

Schonlau, M. (2005). Boosted regression (boosting): An introductory tutorial and a Stata plugin. Stata Journal 5: 330-354.

Van de Ven, W. P. M. M., and B. M. S. Van Pragg. 1981. The demand for deductibles in private health insurance:A probit model with sample selection. Journal of Econometrics 17: 229-252.

Vittinghoff, E., D. V. Glidden, S. C. Shiboski, and C. E. McCulloch. (2005). Regression Methods in Biostatistics: Linear, Logistic, Survival, and Repeated Measures Models. New York: Springer.

Xu, J., and J. S. Long. (2005). Confidence intervals for predicted outcomes in regression models for categoricaloutcomes. Stata Journal 5: 537-559.

國家圖書館出版品預行編目資料

邏輯斯迴歸及離散選擇模型：應用STaTa統計
／張紹勳著. ――初版. ――臺北市：五南,
2018.04
　面；　公分
ISBN 978-957-11-9652-7(平裝附光碟片)

1.統計套裝軟體　2.統計分析

512.4　　　　　　　　　　107004083

1H0Q

邏輯斯迴歸及離散選擇模型：
應用STaTa統計

作　　　者 ― 張紹勳

發 行 人 ― 楊榮川

總 經 理 ― 楊士清

主　　　編 ― 侯家嵐

責任編輯 ― 黃梓雯

文字校對 ― 鐘秀雲

封面設計 ― 盧盈良

出 版 者 ― 五南圖書出版股份有限公司

地　　　址：106台北市大安區和平東路二段339號4樓

電　　　話：(02)2705-5066　　傳　　　真：(02)2706-6100

網　　　址：http://www.wunan.com.tw

電子郵件：wunan@wunan.com.tw

劃撥帳號：01068953

戶　　　名：五南圖書出版股份有限公司

法律顧問　林勝安律師事務所　林勝安律師

出版日期　2018年4月初版一刷

定　　　價　新臺幣900元